宁波简志

宁波市人民政府地方志办公室　编

创于1897 商务印书馆 The Commercial Press

图书在版编目（CIP）数据

宁波简志 / 宁波市人民政府地方志办公室编 .
北京：商务印书馆，2025.
ISBN 978 - 7 - 100 - 25300 - 0

Ⅰ. K295.53

中国国家版本馆 CIP 数据核字第 2025HL6713 号

宁 波 简 志

宁波市人民政府地方志办公室 编

商 务 印 书 馆 出 版
（北京王府井大街36号 邮政编码 100710）
商 务 印 书 馆 发 行
徐州绪权印刷有限公司印刷
ISBN 978 - 7 - 100 - 25300 - 0

2025年6月第1版　　开本 889×1194 1/16　字数 630千
2025年6月第1次印刷　印张 34½　插页 8

定价：298.00元

《宁波简志》编委会

主　　任：汤飞帆
副 主 任：赵海滨　奚　明　李关定
成　　员：黄荣程　杨馥源　励志纲
　　　　　焦　剑　何兴法　华弼天
　　　　　邢孟军

《宁波简志》编修组

主　　编：何兴法
执行主编：邢孟军
总　　纂：张世清
副 总 纂：方　宁　邬建麟　杨　艳

宁波市地图

（二〇二三年）

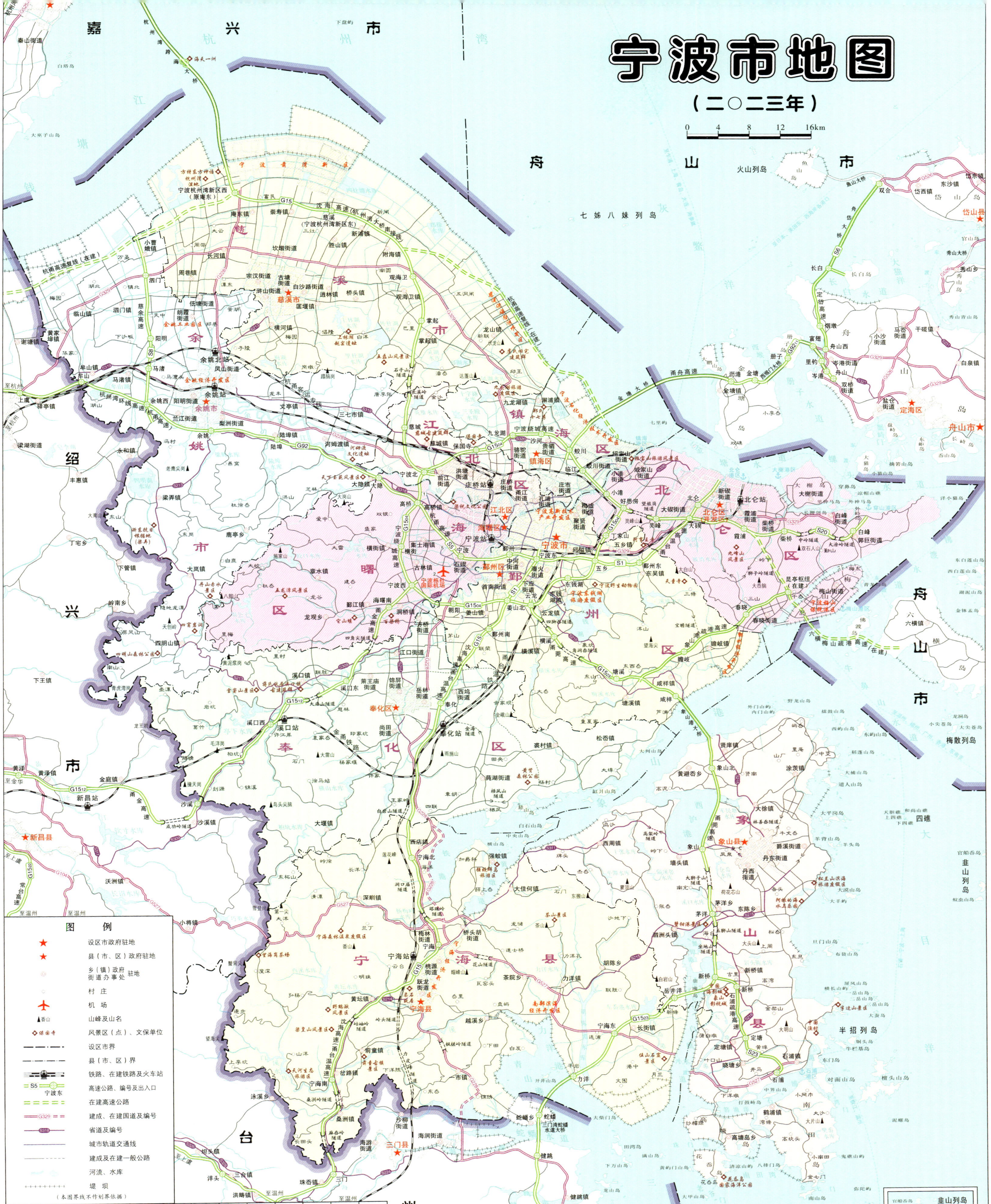

	海曙区	江北区	镇海区	北仑区	鄞州区	奉化区	余姚市	慈溪市	宁海县	象山县	合计
镇(个)	7	1	2		10	4	14	14	14	10	73
乡(个)	1						1		3	5	10
街道(个)	9	7	5	11	15	8	6	5	4	3	73
村(个)	164	65	43	153	202	283	261	294	332	355	2152
社区(居委会)(个)	112	73	52	78	207	44	62	105	55	52	840
面积(平方千米)	595	208	246	599	814	1268	1501	1361	1843	1382	9816

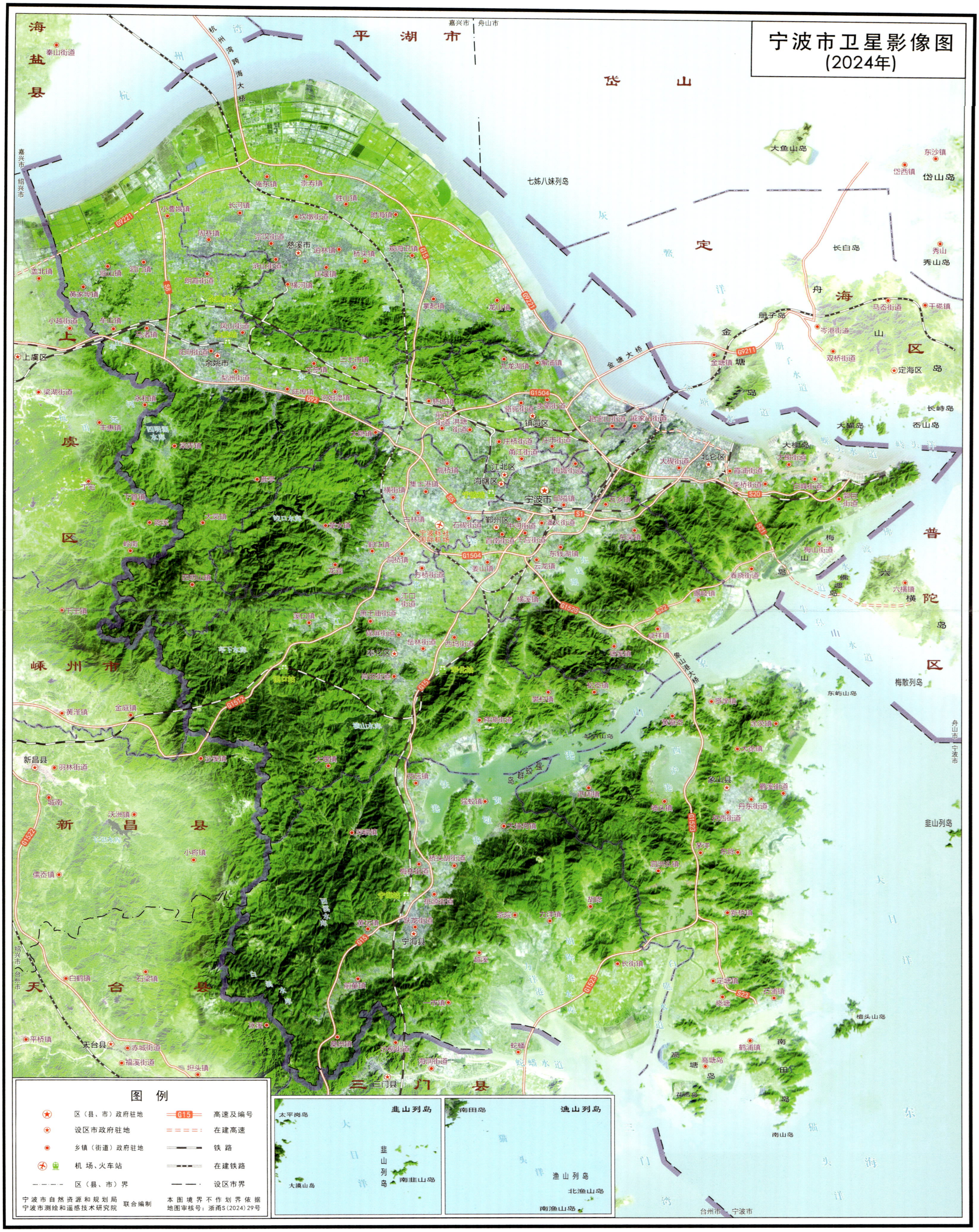
宁波市卫星影像图
(2024年)
图例
区（县、市）政府驻地
设区市政府驻地
乡镇（街道）政府驻地
机场、火车站
区（县、市）界
高速及编号
在建高速
铁路
在建铁路
设区市界
宁波市自然资源和规划局
宁波市测绘和遥感技术研究院
联合编制
本图境界不作划界依据
地图审核号：浙甬S(2024)29号
韭山列岛
渔山列岛
宁波市
慈溪市
余姚市
宁海县
象山县
镇海区
北仑区
江北区
海曙区
鄞州区
奉化区
舟山市
嘉兴市
台州市
绍兴市

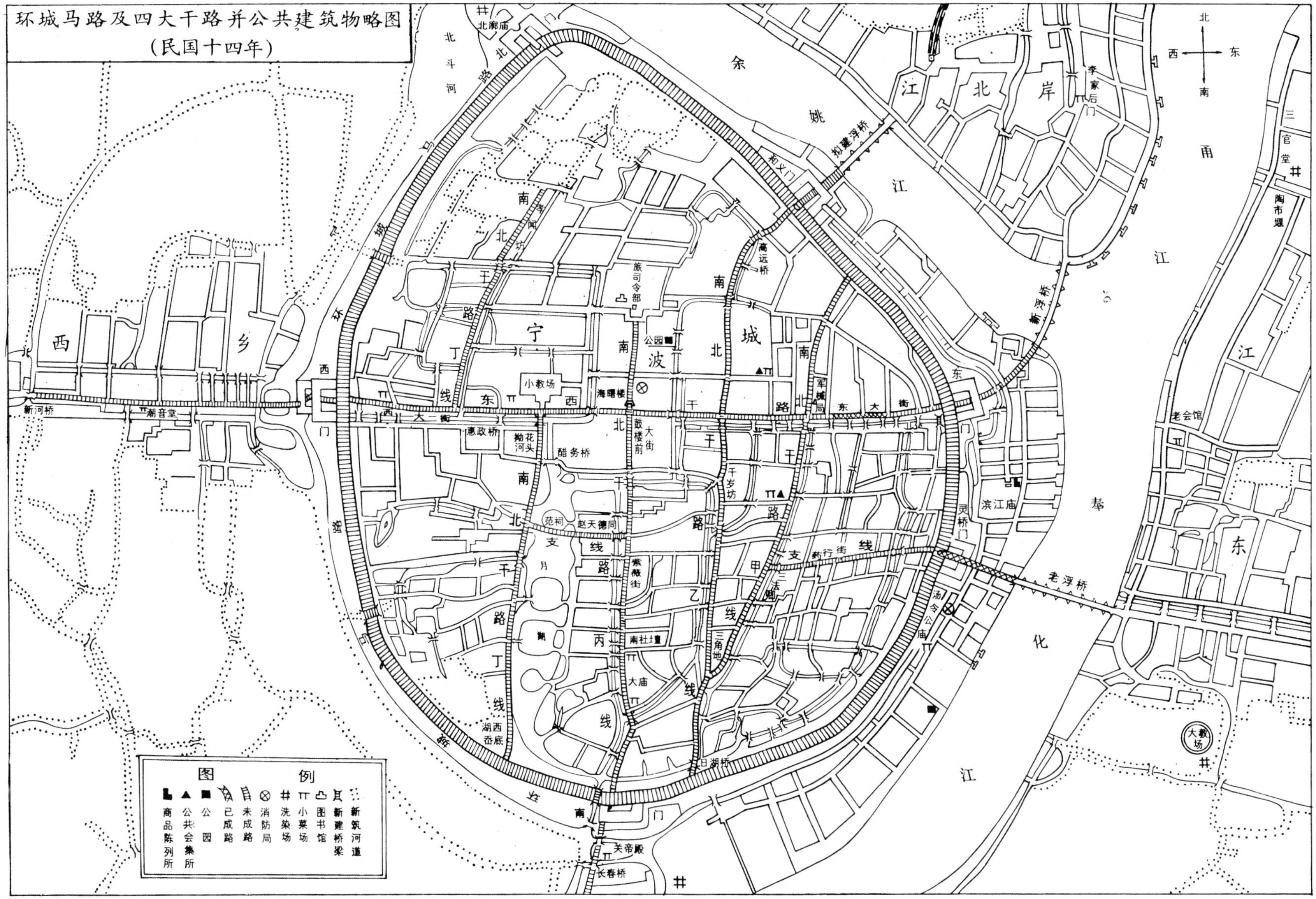

参照当时市政筹备处制地图绘制

环城马路及四大干路公共建筑物略图1925年（一轮市志）

航运大厦（2024年5月）

中银大厦（2019年4月）

宁波中心（2024年12月）

宁波市中心城区三江口（2022年8月，市航拍协会供稿）

宁波市中心城区东部新城（2022年12月，市航拍协会供稿）

东部新城·宁波中心（2024年）

宁波国际会议中心全景（2022年11月，市航拍协会供稿）

杭州湾跨海大桥（2008年，二轮市志）

镇海口的镇海港区（2007年，二轮市志）

宁波港穿山港区（2024年，宁波舟山港集团供稿）

白溪水库（二轮市志）

东钱湖

天一阁博物馆（二轮市志）

宁波大学（二轮市志）

宁波东方理工大学（暂名，2025年4月）

宁波南部高教园区局部（二轮市志）

改造前月湖区块（1998年前，二轮市志）

改造后月湖区块（2001年，二轮市志）

改造前天一广场与开明街（2000年前，二轮市志）

改造后天一广场区块夜景（2004年，二轮市志）

改造前老外滩（2001年前，二轮市志）

改造后老外滩（2008年，二轮市志）

序

"国有史，方有志，家有谱。"地方志是"一方之全史"、一地之百科全书，是地方文化的集大成者，承载着丰富的地方记忆，具有记录历史、传承文明、启润心智、资政辅治、服务发展等功能。

宁波素称"方志之乡"，名志迭出。从历史上熠熠生辉、独树一帜的"宋元四明六志"，到明清数轮《宁波府志》，乃至近年第一、二轮《宁波市志》，皇皇巨著，近两千万言，全面、客观、系统地记述宁波历史发展历程及璀璨成就。然而欲便捷、快速了解宁波，知悉"何以宁波""宁波何以"，翻检上述诸志，因其体制庞大，甚为不便。溯诸历史，仅在明成化初年编有《宁波简要志》，距今已550余年。今日，全面梳理第一、二轮《宁波市志》及其后报章档案文献史料，吸收最新研究成果，创编《宁波简志》，既顺应时需，又承续以往。

修志问道，以启未来。《宁波简志》坚持马克思主义唯物史观，客观系统记述宁波8000年的自然、经济、政治、社会、文化等发展脉络、变化特征，是一部治市通鉴、市情百科、乡土教材。全志以资政辅治、教化育人为着力点，融思想性、科学性、资料性于一体，努力突显宁波发展的主流主线、重要成就及地域特色。

直笔著信史，彰善引风气。本志不是对此前诸志的简单浓缩，而是结构性再造。本志虽名简志，然又努力避免过于简要，总体上采用中编体，既充分覆盖自然、经济、政治、社会、文化及人物等大部类，又适当展现宁波特色亮点，从大部类中撷取若干重点展开记述。本志设立经济、农业、工业、服务业、文化等领域的发展概略，兼顾事物发展的完整性及延续性，对个别内容的下限作适当延伸，以便完整呈现宁波历史发展脉络。同时，采撷在宁波地方发展中具有重要地位、鲜明特色的事物，如宁波港、跨海大桥、民营经济、石化产业、河姆渡、翠屏山、月湖、天一阁、宁波籍海内外人士、两院院士等宁波"名片"，以及宁波改革开放先行先试等特色工作，予以篇目上的升格，作浓墨重彩的详细记述。

按照当前经济社会发展要求，本志在完整呈现历史发展脉络的同时，力补前志之阙漏，订前志之讹误。对各区（县、市）予以简要记述，并集中于一目之下；根据新发现史料，增加宁波精神、土特产等篇目，对鄞江古城等内容进行订正。在记述上，主要以点面结合方式，在展现面上总体情况的基础上，突出重要、特色内容的记述，适当增设细分类目。为缩减篇幅，尽量不配图表，不设大事记、专记、附录等。

本志立足于“以史为鉴，鉴古知今”，精心撷取多方面资料，力争成为一部经世致用的精品佳志。然而编纂一部贯通8000年的简志，是一项开拓性尝试，殊非易事。由于编者理论水平不高、专业素养不足、编纂经验欠缺以及掌握的资料有限，谬误和遗漏等不当之处在所难免，谨请史志学界同仁和读者不吝指正。

编　者

2025年4月

凡 例

一、本志坚持以马克思列宁主义、毛泽东思想、邓小平理论、“三个代表”重要思想、科学发展观、习近平新时代中国特色社会主义思想为指导，坚持辩证唯物主义和历史唯物主义的立场、观点、方法，在国家法律法规和规定范围内，客观记述。

二、本志为贯通古今的通纪体简志，记述上限为事物发端，下限为2022年。为保持完整性和连贯性，部分事物的记述下限有所下延。

三、记述地域范围以宁波市现行的行政区划为基础，个别内容涉及市域外地区。

四、体裁以志为主，不设大事记、专记、附录；记述以文字为主，个别配置表格、图照。

五、坚持简明扼要、特色为先，重点记述宁波发展的大事要事，突出地方特色、时代特征。采用中编体，从区域环境、城市建设、经济建设、政治社会、文化、人物等方面，分设25卷，每卷下设若干目及子目。

六、一般采用公元纪年，个别重要事件采用历史纪年，并注明相应的公元纪年。

七、部分时间、空间概念使用特定代称。解放是指1949年5月25日宁波解放。“一五”“二五”时期分别指1953—1957年、1958—1962年；从1966年起，每五年对应一个五年计划（规划）时期。“市三区”“老三区”“老城区”“老市区”指当时的海曙、江东、江北3区。

八、遵循国家文字出版、宣传等规范，部分采用地方性、行业性习惯用法，并作统一的规范，如以前的“县（市）、区”和“县（市）区”等写法，统一改作“区（县、市）”。

九、计量单位一般采用国家法定计量单位，个别保留“亩”“石”“里”等惯用计量单位。除温度、角度外，其余单位一般使用汉字表示。历史上的度量衡单位视情况沿用旧制，必要时加注国家法定计量单位。

十、资料来源于《宁波市志》（1995年版）、《宁波市志（1991—2010）》、历年《宁波年鉴》、2011年以后各部门公开档案和文献，以及相关研究成果。

目 录

总　述

宁波市简称“甬”，介于北纬28° 51′ 至30° 33′ 、东经120° 55′ 至122° 16′ 之间。东邻舟山群岛，北濒杭州湾，西接绍兴市的上虞区、嵊州市、新昌县，南临三门湾，与台州市的三门县、天台县相连。陆域总面积9816平方千米（以国家85高程基准0米等深线起算），海域总面积8355.8平方千米。宁波枕山臂海、拥江揽湖，地势西南高、东北低。四明山脉和天台山脉逶迤西南，形成山地丘陵地貌；东北部和中部属宁绍冲积平原，翠屏山丘陵横贯其间；陆域北、东、南三面临海，杭州湾、象山港、三门湾环抱，大小海湾港汊众多。气候温和湿润，四季分明，属于亚热带湿润性季风气候，夏季台风活动较多。境内湖泊水库星罗棋布，河道纵横交织，以甬江、奉化江和余姚江组成的浙江省八大水系之一甬江水系为主，南部多独流入海溪流。动植物资源丰富，樟树和茶花被命名为市树、市花。

宁波历史悠久，井头山、河姆渡、田螺山等考古发掘证明，8000年前已有先民在宁波繁衍生息。公元前222年（秦王政二十五年），开始设立县级建制，有鄞、鄮、句章、余姚4县。公元738年（唐开元二十六年），设置明州，从此与越州分离。821年，修筑明州子城，这是宁波历史文化名城（州城）建城之肇端。南宋改称庆元府，元代改置庆元路，明初改作明州府。1381年（明洪武十四年），取“海定则波宁”之意，称宁波，此后沿用。解放后，宁波专区（地区）、宁波市并设。1983年7月，地、市合并，实行市管县体制。1987年，被列为计划单列市。1988年，获批成为有制定地方性法规权限的“较大的市”。1994年，被确定为副省级城市。2024年，宁波市管辖海曙、江北、镇海、北仑、鄞州、奉化6个区，宁海、象山2个县，代管余姚、慈溪2个县级市；全市常住人口977.7万人（市区532.9万人），城镇人口比重80%；户籍人口624.4万人（市区318.4万人）。

宁波是国家历史文化名城，人文荟萃，光耀中外。王守仁开创“阳明学派”天下流传；黄宗羲“浙东史学”影响深远；民族英雄张苍水浩气长存；京剧艺术家周信芳，著名作家殷夫、唐弢，书法巨擘虞世南、沙孟海，国画大师潘天寿等名闻全国；商界巨子吴锦堂、包玉刚、邵逸夫、王宽诚等享誉海外；122名宁波籍人士跻身中国“两院”院士行列；太空中10颗小行星以宁波籍人士命名。“无宁不成市”。宁波人以重工兴商、诚信务实、敢闯敢冒、勤恳朴实闻名于世，历史上形成国内著名商帮“宁波帮”。1984年，邓小平高瞻远瞩地做出“把全世界的‘宁波帮’都动员起来建设宁波”的指示，广大宁波籍海内外人士积极响应，建设宁波，回报桑梓。宁波文化遗产丰富多彩。有相传为秦代徐福成功东渡起点的达蓬山，中国四大传说之一“梁山伯与祝英台”的古庙古墓；有唐宋形成的“海上丝绸之路”启航地，中国四大古代水利工程之一的它山堰，名窑瓷器“一代宗师”的越窑青瓷，国内现存最古老的藏书楼天一阁；有明清以至近代抗倭、抗英、抗法、抗日的镇海口海防遗址，浙东（四明山）抗日根据地等革命胜迹；有国家级风景名胜区蒋氏故里溪口，天下禅寺五刹之一的天童寺，珍藏释迦牟尼真身舍利的阿育王寺，江南现存最古老的木结构建筑保国寺。宁波自然遗产千姿百态，有幽谷飞瀑、壁立千仞的溪口雪窦山，被誉为“西子风韵，太湖气魄”的东钱湖，海天一碧的松兰山一湾金沙，晶莹可人的天明山南溪温泉等。

宁波是现代海洋城市，“向海而生，倚港而兴”。境内港口区位、海岛岸线、海洋生物资源等基础优势明显，海洋文化和旅游资源丰厚。2020年度全国十大考古新发现之一的余姚井头山遗址，证明宁波与海洋相依相存的时间线至少可以延伸到8000年前。宁波是记载“海上丝绸之路”历史的“活化石”，有越窑青瓷、永丰库、庆安会馆、海防炮台等东汉晚期至清代中期海洋文化遗存120余处。吴越时期，句章港已是中国重要港口。公元752年，3艘日本“遣唐使”船在宁波靠泊，标志宁波港正式开埠，此后发展成为唐宋时期中国三大外贸港、元代中国四大港口、1844年“五口通商”口岸之一。解放后，宁波港口发展蒸蒸日上。1974年获准建设镇海港区，1978年动工兴建北仑港区，完成从内河港到河口港再到海港的历史跨越。在“以港兴市、以市促港”战略的持续推动下，宁波港迅速发展成为一个集内河港、河口港和海港于一体的多功能、综合性的现代化国际深水大港，促使宁波形成以港口为龙头，高速公路、铁路、轨道交通、航空和水路有机衔接、便捷畅通、安全可靠的全方位、立体型交通网络，成为全国性综合交通枢纽城市。进入21世纪以后，省委、省政府积极推动宁波、舟山港口一体化。2015年9月29日，宁波舟山港集团有限公司揭牌，两港实现以资产为纽带的实质性一体化；2016年1月1日，启用“宁波—舟山港”名称；2018年5月1日，改称“宁波舟山港”。宁波舟山港快速成长为全球一流的深水枢纽港，其“硬核力量”不断彰显。2024年，宁波舟山港完成货物吞吐量13.77亿吨，连续16年位居全球港口第一；集装箱吞吐量3930.1万标准箱，连续7年居全球港口第三。其中，宁波港域完成货物吞吐量6.9亿吨、集装箱吞吐量3577.9万标准箱。

宁波是长三角地区重要的中心城市。早在8000年前，宁波大地上就已出现史前的原始经济。至商周时期，开始向传统经济过渡。秦汉以后，宁波仍属于边缘地区，经济社会发展相对落后。直至唐中期，宁波才得到比较好的开发。唐宋以后，宁波逐步成为中国著名的工商业城市和东南沿海对外交往的重要港口，经济结构一直以农业、手工业为主。1844年以后，宁波经济社会迎来近代化变革。1887年，宁波第一家近代工厂（通久源轧花厂）成立；到1921年末，拥有39家近代工厂。然而，由于时局动荡以及帝国主义资本、官僚资本的双重挤压，宁波民族工业举步维艰，经营规模小、投资少，人民生活困苦。1925年，中国共产党宁波支部成立。自此，中国共产党领导宁波人民历经大革命、土地革命、抗日战争、解放战争等24年艰苦卓绝、英勇顽强的斗争，终于在1949年5月25日迎来解放。

解放后，中国共产党领导宁波人民建立和巩固人民民主政权，医治战争创伤，恢复和发展国民经济，完成农业、手工业和私营工商业的社会主义改造，走上社会主义道路。但是地处中国东部沿海的宁波，是国家军事战略要地，极少有国家建设项目落户，经济社会发展受到严重制约。然而，宁波坚持“自己动手，丰衣足食”的方针，主攻农业，解决人民温饱问题，力所能及地推进城市建设，发展地方工业，创办社队企业，初步奠定社会主义经济基础。1974年以后，镇海港区、浙江炼油厂、镇海发电厂、镇海清水浦渔业基地“四项工程”相继开工，为宁波乃至浙江经济发展腾飞奠定坚实基础。要而言之，从中华人民共和国成立到改革开放前，宁波经济建设一直处在“全国一盘棋”和“上下一条线”的大格局上，主要依靠自身力量，推动经济社会发展，实现三次产业结构由1949年的1＞3＞2到1960年的1＞2＞3，再到1975年的2＞1＞3的两次转型，初步实现由农业主导的消费型城市向以工业为主的生产型城市转变。

中共十一届三中全会召开后，宁波市坚持以经济建设为中心，不断深化改革开放，加快推进国民经济和社会发展。1980年，中共宁波市第五次代表大会首次提出要把宁波市建成现代化的港口城市。1984年，宁波被确定为全国14个进一步对外开放的沿海港口城市之一。1992年以后，宁波市进一步解放思想，加快改革开放步伐，集中力量搞经济建设。进入21世纪以后，践行“八八战略”，加快现代化港口城市建设步伐，走出一条切合中国特色、富含时代特征、具有宁波特质的港口城市发展道路。特别是中共十八大召开以后，宁波全市上下拥抱产业变革、科技变革、数字变革大潮，主动对标国内、国际先进城市，奋力争先创优进位，大力推进“港产城文”深度融合发展，港口、开放、制造等特色优势不断增强，经济总量跨越式增长、人民生活大踏步前进、城乡面貌日新月异、民生保障全方位加强、共富先行稳步推进，城市综合实力、竞争力、创新力、美誉度全面提升，现代化滨海大都市建设开创新局面。

经济总量跨越式增长，综合实力显著提升。宁波市地区生产总值在1949年仅有2.16亿元，1970年突破10亿元，1988年突破100亿元，1999年突破1000亿元，2018年突破1万亿元，2023年达16452.8亿元（第五次全国经济普查修订为17146.6亿元），居全国城市第12位，2024年上升到第11位（初步核算18147.7亿元）。人均地区生产总值从1949年86元（按户籍人口计算）升至2024年186379元（按常住人口计算），按年平均汇率折合26171美元。财政收入持续提升，财政总收入从1978年的4.97亿元上升到2024年的3359.3亿元，一般公共预算收入从2000年的64.4亿元增加到2024年的1790.04亿元，城市软实力同步增强，2003年以后获评首批中国优秀旅游城市、国家环境保护模范城市、国家园林城市、国家卫生城市、国家森林城市、全国创业先进城市、世界文化遗产城市等，自2005年至2022年实现全国文明城市“七连冠”。

三次产业协调发展，经济结构优化升级。解放初期，宁波经济的重头是农业，第一产业比重高达74.1%。经过70余年的发展，第一产业发展方式发生深刻转变，第二产业在相当长的时间里担当宁波经济发展主引擎角色，第三产业快速发展，2019年占比首次超过第二产业。三次产业比重由1949年的74.1∶9.7∶16.2发展为2024年的2.5∶43.4∶54.1。农业实现从传统农业到高效生态农业进而向绿色都市农业发展，从集体经营向家庭承包经营进而向农业产业化经营的历史性转变。工业实现从“三支半烟囱”①到现代化产业体系，从工业小市到工业大市、工业强市的历史性跨越，形成以临港重化工业为龙头、传统优势产业为主体、高新技术产业为新增长点的产业体系。服务业对经济增长的贡献日益突出，社会消费品零售总额稳步增长，金融业、旅游业、会展业等蓬勃发展，成为国内“会展名城”。

科技力量不断增强，创新发展成效显著。解放初期，宁波科技基础极为薄弱。1958年，建立第一家专业科研机构——宁波市工业研究所。改革开放后，开始引进、建立高

① “三支半烟囱”，是指宁波解放初期的和丰纱厂、永耀电力公司、太丰面粉厂和时开时停的通利源榨油厂。

层次研究院所，加快区域科技创新体系建设。特别是20世纪90年代末，开始大规模引进培养人才，大力培育创新型企业，加快科教事业发展，科技创新成果快速增加。1988年，引进第一家国字号研究机构——中国兵器工业集团公司第五二研究所宁波分所（1999年改建为中国兵器科学研究院宁波分院）。2004年，引进共建中国科学院宁波材料技术与工程研究所。2018年，成为首个“中国制造2025”试点示范城市。2018年以后，密集引进、建设高水平研究机构10多家。2022年，启动建设甬江科创区和宁波东方理工大学（暂名）；全市人才总量达到240.99万人，其中高技能人才78.03万人。至2024年底，全市有高新技术企业9000多家，规模以上工业新产品产值率达32.7%；当年，全市获得专利授权量71425件，其中发明专利12593件。

对外开放纵深拓展，城市国际化程度日益提高。1984年，国家批准宁波为沿海开放港口城市。此后，宁波相继获准设立宁波经济技术开发区等9个国家级开发区。自营进出口总额从1985年的1029万美元增加到2023年的1813.5亿美元（12779.3亿元），其中出口总额从1985年的389万美元增加到2023年的1176亿美元（8287.8亿元），2024年分别增至1.42万亿元、9455.3亿元，外贸规模居全国城市第五位；国际服务贸易、跨境电商迅速崛起，2023年实现跨境电商进出口额2301.8亿元、网络零售额3411.4亿元，完成国际服务贸易进出口额1728.3亿元（出口额1156.7亿元）。2024年实现网络零售额3875.4亿元，完成国际服务贸易进出口额1238.9亿元（出口额645.1亿元）。中国—中东欧国家经贸合作示范区和浙江自贸试验区宁波片区建设联动推进，新型国际贸易中心和国际消费中心城市建设全面推进。利用外资节节攀高，实际利用外资从1980年的5万美元增至2024年的31.2亿美元，境外世界500强企业中有75家在宁波投资兴办162个项目（分支机构）。出境投资范围不断扩大，并逐步向物流服务、文化交流等领域发展。国际交流日益深化，至2024年，累计与日本长冈京市等15个国际城市结为友好城市，与西班牙巴塞罗那市等56个城市结为友好交流关系城市。

社会事业全面发展，人民生活实现高水平全面小康。大力推进文化建设，建成投用宁波大剧院、宁波博物馆、宁波文化广场等公共文化设施，保护近1200个文物单位（点），传承近500项非物质文化遗产项目。大幅提升教育质量，实现全民文化素质提升，持续全面普及九年制义务教育；稳步提高医疗卫生水平，协调推进群众体育与竞技体育；不断完善社会保障制度，建立统一的城乡居民基本养老、基本医疗保险制度。至2024年，全市拥有各级各类学校1634所，其中普通高校15所；各类医疗卫生机构5291家，其中医院225家。稳妥有序推进碳达峰与碳中和，实施“蓝天保卫”“五水共治”“清废净土”等行动，全方位实施环境综合治理和生态保护，全面建设“污水零直排区”，成为国家生态文明建设先行示范区，拥有国家级、省级生态文明建设示范县（区）15个，实现所有县（市）成功创建浙江省森林城市，绿色低碳生活成为新风尚。人民群众生活达到普遍富裕水平，城镇居民人均可支配收入由1978年的306元增长到2024年的83110元，农村居民人均可支配收入从1980年的222元增长到2024年的51203元。至2024年，连续15次获评“中国最具幸福感城市”。

社会治理创新发展，团结奋进局面持续巩固。全力打造“锋领港城”，党的领导不断加强，党建质量全面提升。大力发展社会主义政治文明，构建多样、畅通、有序的民主渠道，创造出民生实事项目人大代表票决制、人大代表督事制度、“请你来协商”、政协委员会客厅等践行全过程人民民主的“宁波经验”。持续提升“法治宁波”建设水平，推进司法体制综合配套改革、“大综合一体化”行政执法改革，构建亲清政商关系，率先探索移动微法院、村级“小微权力”清单等法治实践新平台，入选中国营商环境标杆城市，成为首批全国法治政府建设示范市。平安建设成效卓著，从2004年起，全市刑事发案、安全生产事故、信访投诉等持续下降，连续获评全省社会治安综合治理优秀市，实现“平安市”创建“十八连冠”，夺得“二星平安金鼎”。基层治理全面推进，以区域化党建为根基，推行“党建+治理”工作模式，实施社区“大党委制”，探索“网格建党”模式，发挥党建核心引领作用。打牢基层治理网格基础，构建全市统一的基层治理网格体系。全面推广“村民说事”“居民议事会”等基层协商制度。

栉风沐雨创造历史辉煌，踔厉奋发谱写时代新篇。在中国共产党的坚强领导下，宁波人民上下团结一心，坚决扛起建设现代化滨海大都市，推进高质量发展建设共同富裕先行示范市的新使命，继续开创宁波发展新辉煌。

卷一　政区　人口

区　位

宁波市位于浙江省东北部，居中国大陆海岸线中段、长江三角洲东南隅、宁绍平原东端，地处北纬28° 51′ 至30° 33′ 、东经120° 55′ 至122° 16′ 之间。东与舟山市隔海相望，北濒杭州湾，与嘉兴市、上海市相峙；西接绍兴市的上虞区、嵊州市、新昌县，以四明、天台两山为界；南临三门湾，陆地与台州市的三门县、天台县相连。

宁波是全国性综合交通枢纽城市。以公路里程计，东至舟山市区80千米，西至绍兴市区120千米、杭州市区150千米，南至台州市区170千米，北至嘉兴市区150千米、上海市区220千米。通过铁路可西抵绍兴、杭州，西南通金华，南达厦门、深圳；东连舟山、北接嘉兴和上海的铁路正在规划建设中。航空连通国内主要城市，并与中国香港、新加坡、泰国曼谷、越南芽庄、匈牙利布达佩斯等地通航。海上航运通达世界100多个国家、600多个港口。

宁波历代政区屡变，1964年10月以后基本稳定。2022年，市境陆域东至北仑大咀头，东南至大目洋，南至台州三门县乌礁，西南至奉化溪口镇西岙村，西至余姚梁弄镇东山西岙，西北至慈溪建塘海岸，北至慈溪龙山镇海岸，东北至镇海口缘。东西宽约175千米，南北长约192千米。陆域总面积9816平方千米（以国家85高程基准0米等深线起算），海域总面积8355.8平方千米，岛屿611个，面积277平方千米。

建　置

宁波文化历史可上溯至8000年前的井头山文化遗址，其后7000年前的河姆渡、田螺山等文化遗址亦是中华文明源头。夏商周时代，宁波地属“东夷”，名“鄞”，古书上有“甬句东”“甬东”之称。春秋时期，为越国地。公元前473年（周元王三年），越王勾践获封伯爵，随即在句余筑城，以表彰霸功，称“句章”，这是宁波境内筑城的最早记载。

公元前222年（秦王政二十五年），秦降越君，置会稽郡，在今市境设立鄞、鄮、句章、余姚4县，隶属于会稽郡。公元前85年（西汉始元二年），鄞县划出南部的回浦乡（今宁海和象山部分地区属之）设立回浦县，隶属于会稽郡。公元前24年，会稽郡东部都尉由章安（今台州市椒江区章安街道）迁至鄞县，不久因寇盗袭扰，移至句章县治城山，后迁回章安。公元14年，鄞县改名谨县、鄮县改名海治县，约公元25年恢复原名。280年（西晋太康元年），鄞县、临海县分别划出部分地区设立宁海县，隶属于临海郡。400年（东晋隆安四年），句章县治城山被孙恩起义军摧毁，于是迁往今海曙三江口区域，一说迁到小溪（今海曙鄞江镇）。589年（隋开皇九年），会稽郡改为吴州，所辖的鄞、鄮、余姚3县并入句章县，这是宁波历史上最大的县境；宁海县并入临海县，隶属于处州。605年，吴州被撤销，析出部分地区设立越州（607年改为会稽郡，621年又改为越州），句章县隶属于越州。621年（唐武德四年），句章县被撤销，以原鄞、鄮、句章3县设立鄞州，以原余姚县设立姚州，均隶属于越州总管府（3年后改总管府为中都督府）；宁海县恢复建制，隶属于海州（622年改为台州）。624年，姚州恢复为余姚县，宁海县并入章安县。625年，鄞州改为鄮县。689年，宁海县恢复建制，先后隶属于台州、临海郡。705年（神龙元年），台州宁海县、越州鄮县划出部分地区设立象山县，隶属于台州。

738年8月3日（唐开元二十六年七月十三日），江南东道采访处置使齐澣奏请朝廷，将鄮县划分为鄮、慈溪、奉化、翁山（今舟山市）4县，设立明州（以境内有四明山而得名，一说还有郡名——奉化）管辖此4县。从此，明州与越州分离。742年，明州改为余姚郡，余姚县仍隶属于越州；758年，余姚郡改为明州。764年，象山县划归明州。771年，翁山县并入鄮县。809年（元和四年），在鄮县东境甬江口地区设立望海镇，直属于浙江东道。821年（长庆元年），在三江口筑明州子城（内城）作为州署驻地，上虞县并入余姚县（822年恢复建制）。897年，望海镇更名静海镇。909年（后梁开平三年），吴越国王钱镠以明州为节镇，设立望海军，称明州望海军；避后梁太祖朱温祖父朱茂琳名讳，鄮县改名鄞县；翁山县从鄞县析出、恢复建制；静海镇升为望海县（910年改称定海县，今镇海区），隶属于明州。960年（宋建隆元年），望海军改名奉国军，称作明州奉国军。978年，吴越国纳土归宋，明州奉国军隶属于两浙路；同年，翁山县并入鄞县。1073年（宋熙宁六年），以原翁山县境及鄞、象山2县的滨海地区设立昌国县。至此，明州奉国军管辖鄞、慈溪、奉化、象山、定海、昌国6县，余姚、宁海仍分属于越州、台州。

1194年，赵扩即皇帝位，是为宋宁宗。赵扩于1179年在藩邸遥领明州观察使之职，即皇帝位后，于1195年1月7日（宋绍熙五年十一月二十四日）升明州奉国军为府，改称庆元府。1276年（元至元十三年），元政府在庆元府设置宣慰司。1277年，庆元宣慰司改为庆元路（隶属于江浙行中书省），设总管府，辖县如旧。1278年，昌国县升为昌国州，仍属于庆元路。1280年，重新设立昌国县，隶属于昌国州。1290年，撤销昌国县，保留昌国州。1295年，奉化县升为奉化州，仍属于庆元路；余姚县升为余姚州，隶属于绍兴路。至此，庆元路管辖奉化、昌国2州，鄞、慈溪、定海、象山4县。1302年，浙东道宣慰司自婺州迁驻鄞县。1355年，方国珍攻占庆元路，据有庆元、台州、温州及余姚，设治所于庆元。1367年，方国珍归顺朱元璋。1368年（明洪武元年），明朝廷嫌恶“庆元”有“庆贺元朝”之意，将庆元路改为明州府。1369年，昌国、奉化、余姚3州改为县。至此，明州府管辖鄞、慈溪、奉化、象山、定海、昌国6县，余姚、宁海分属于绍兴府、台州府。

1381年3月20日（明洪武十四年二月二十四日），避国号讳，取“海定则波宁”之意，明州府更名宁波府，宁波作为政区名称始于此。1387年，昌国县并入定海县。至此，宁波府管辖鄞、慈溪、象山、定海、奉化5县。1418年，慈溪县官印失落，恐官印复出，遂改写作慈谿（1956年国务院公布《汉字简化方案》后，恢复原名）。清沿明制，宁波府的辖县未变，余姚、宁海隶属如旧。1688年（清康熙二十七年），以明初昌国县境设立定海县，原定海县改为镇海县，均隶属于宁波府。1753年（乾隆十八年），置道员，专其任，分巡宁绍台道成为实质性政区，管辖宁波府、绍兴府、台州府，道署驻宁波府城。1824年，宁波府海防同知迁驻象山县石浦（或称石浦厅，属于散厅，不是与县同级的抚民厅）。1841年，定海县升为定海直隶厅，直属于宁绍台道。1851年，避道光皇帝旻寧名讳，“寧波”“寧海”分别改写作“甯波”“甯海”。1861年12月，太平军攻克宁波，改宁波府为宁波郡；次年5月，太平军撤离，复名宁波府。1909年（宣统元年），以“南田八岛”（今象山县南田、高塘、花岙、对面山、檀头山、南渔山、北渔山和坦塘）置南田厅，派驻抚民通判，隶属于宁波府。

1911年11月5日，宁波光复，宁波军政分府成立。1912年2月，宁波府被撤销，各县直属于浙江军政府，定海直隶厅改为定海县，南田厅改为南田县（象山县的石浦等地并入，1913年秋复归象山）。1914年6月，以清时宁绍台道政区设立会稽道，道尹行政公署驻鄞县城区，管辖鄞、慈谿、镇海、奉化、象山、南田、定海、宁海、余姚、绍兴、萧山、诸暨、上虞、嵊、新昌、临海、黄岩、天台、仙居、温岭20县。1927年3月，会稽道被撤销，各县直属于省。同年7月，宁波市成立，管辖鄞县城厢及近郊，直属于省。1931年1月，并入鄞县。

1932年10月，浙江省划设7个行政督察区，设专员公署。第七区专署驻新昌（1933年改为第五区，专署迁驻鄞县），管辖鄞、慈谿、镇海、奉化、象山、南田、定海、宁海、余姚、上虞、嵊、新昌12县，后来增加绍兴、诸暨、萧山3县。1935年6月，浙江省改设9个行政督察区，第六区专署驻鄞县，管辖鄞、慈谿、镇海、奉化、象山、定海、南田7县；余姚、宁海分别属于第三、第七区。1938年，宁海改归第六区管辖。1940年1月，浙江省改设10个行政督察区，第六区专署驻鄞县，管辖鄞、慈谿、镇海、奉化、象山、定海、宁海7县；余姚、南田分别属于第三、第七区。同年11月，南田县被废，其境与临海、宁海2县的三门湾地区合并设置三门县，隶属于第七区。1941年4月20日，宁波被日本侵略军占领，第六区专署退驻宁海县，号称管辖鄞、慈谿、镇海、奉化、象山、定海、宁海7县，后来增加上虞、嵊、新昌3县。1943年2月，浙江省改设11个行政督察区，第六区驻宁海，号称管辖鄞、慈谿、镇海、奉化、象山、定海、宁海7县；余姚属于第三区。1945年9月15日，第六区专署迁回宁波。宁波沦陷期间，汪伪政权、浙东抗日根据地民主政权亦在宁波划设政区。1946年4月，奉化县改名中正县，不久改回原名。1947年夏，第六区被撤销，第三区专署自绍兴县迁驻余姚县，管辖绍兴、上虞、嵊、新昌、余姚、慈谿、鄞、镇海、奉化、象山、定海11县；宁海县隶属于第五区。1948年4月，第三区改为第二区，管辖区域增加诸暨县。同年7月，浙江省改设9个行政督察区，第二区专署驻地、辖县不变，宁海县隶属于第六区；8月，决定以四明山为中心，划出奉化、鄞、慈谿、余姚、上虞、嵊、新昌7县边境地区设置四明县。1949年1月，四明县成立；5月23日，余姚县解放，四明县随之消亡。

1949年5月25日，宁波解放。5月28日，宁波市军事管制委员会宣告成立。6月5日，浙江省第二区专员公署成立（10月10日改称浙江省人民政府宁波区专员公署，1955年5月改称浙江省宁波专员公署），辖区称宁波专区，有鄞、慈谿、镇海、奉化、象山、定海、余姚、上虞、绍兴、诸暨、嵊、新昌12县；6月21日起，改为管辖鄞、慈谿、镇海、奉化、象山、定海、余姚7县。6月24日，宁波市人民政府成立，为浙江省辖市。1950年6月，庵东盐区从余姚县划出，作为特区，直属于宁波专区（1953年5月改为普通区，隶属于余姚县；1954年3月恢复特区建制，直属于宁波专区；1956年6月改为普通区，划归慈溪县）。1952年1月，原绍兴专区的上虞、嵊、新昌3县划归宁波专区；10月，宁海县由台州专区划归宁波专区。1953年2月，省直属的绍兴县、绍兴市划归宁波专区；3月，定海县从宁波专区划出，成立舟山专区；5月，绍兴市改为省直属，仍由宁波专署监督领导。1954年4月，象山县划归舟山专区；5月，原台州专区的临海、天台、三门3县划归宁波专区；10月，为设置棉区县，以慈谿、余姚、镇海3县北部（俗称三北）设置新的慈谿县，原慈谿县的南部区域划归余姚县、宁波市、镇海县。1956年3月，仙居县由温州专区划归宁波专区。1957年7月，台州专区重新成立，管辖宁海、临海、天台、三门、仙居5县；8月，金华专区的诸暨县和省直属的萧山县划归宁波专区。1958年2月，省直属的绍兴市并入绍兴县；10月，镇海县并入宁波市，新昌县并入嵊县，宁海县并入象山县（隶属于台州专区）。1959年1月，鄞县并入宁波市，象山、天台2县划归宁波专区，萧山县划归杭州市。1960年1月，舟山县划归宁波专区。1961年8月，宁海、新昌2县恢复建制，隶属于宁波专区。1962年3月，鄞县恢复建制，隶属于宁波专区；4月，天台县划归台州专区，舟山县划归舟山专区。1963年1月，镇海县恢复建制，隶属于宁波专区。1964年9月，绍兴专区重新成立，管辖绍兴、诸暨、上虞、嵊、新昌5县。至此，宁波专区管辖鄞、余姚、慈溪、镇海、奉化、宁海、象山7县，形成今宁波市境域。1967年3月，宁波地区革命委员会取代专署，专区开始改称地区（1970年内部文件通知宁波专区改称宁波地区），宁波市在实际工作中开始由宁波地区直接领导。1967年11月，宁波军事管制委员会取代宁波地区、宁波市革命委员会，直至1969年1月地、市革命委员会重新建立。1978年7月，镇海县划归宁波市。同年9月，地区革命委员会改称地区行政公署，宁波市改由浙江省直接领导；镇明、海曙、江东、江北4区改为市辖区一级（县级）政权建制，郊区办事处成立，均由宁波市领导。

1983年7月，宁波地区行政公署被撤销，所辖的鄞、慈溪、余姚、奉化、宁海、象山6县划归宁波市领导，实行市管县体制。1983年12月26日，国务院批准（1984年1月实施）海曙、镇明2区合并为新的海曙区，郊区并入江北区（在实施中，西郊乡、北郊乡分别划归海曙、江东2区，其他乡镇并入江北区）；以镇海县城关、俞范、新碶3镇，以及清水浦、青峙2乡设置滨海区。1985年7月，撤销镇海县，以甬江为界，在江之南、北分设滨海区（1987年9月改名北仑区）、镇海区；撤销余姚县，改设余姚市。1988年10月，撤销慈溪县、奉化县，分别改设慈溪市、奉化市。2002年2月，撤销鄞县，改设鄞州区。2016年9月，撤销鄞州区、江东区，鄞州区奉化江以西区域（鄞西）划归海曙区，奉化江以东区域（鄞东）与江东区合并成立新的鄞州区；撤销奉化市，改设奉化区。到2023年底，宁波市管辖海曙、江北、镇海、北仑、鄞州、奉化6个区，宁海、象山2县，代管余姚、慈溪2个县级市。

区 划

唐代以前，县以下区划不明。各县设置乡的记载始见于唐代，但大多数乡名无考，乡以下设里、村。宋初因之，鄞县有18乡（990年增至19乡）、象山有19乡、奉化有5乡。1006年，象山、奉化分别合并压缩至8乡、3乡。1073年，鄞县划出3乡设立昌国县；1077年，又将3乡划归定海。1078年，定海将1乡划归昌国。至此，昌国有4乡，定海有6乡。宋熙宁年间（1068—1077），开始推行保甲法，将乡村民户编为保、大保、都保。宋元丰时期（1078—1085），慈溪的21乡合并为5乡，余姚保持15乡不变，宁海有6乡。此后，直至清末，宁波的乡级区划未有大变化，唯鄞县广德湖田未有乡名，实为乡，管辖数隅。南宋时期，鄞县、定海、慈溪、奉化、昌国实行乡—里（管）—村制，象山实行乡—里—保制，余姚、宁海为乡—里（管）制。元初，各地推行都图制，将乡、里改为都、图，同时在农村以50家立一社，设社长一人专司劝农。明清时期，推行乡—里—都—图制，图下设村、岙，同时编户为保甲。

清宣统年间（1909—1911），实施《城镇乡地方自治章程》，划设城区、镇，将大乡拆分为若干小乡，鄞、慈谿、镇海、奉化、象山、余姚、宁海7县划设131区（镇、乡）。1928年，实行村里制，县以下设区、村里，农村百户以上为一村（不足百户的由数村联合为一村），城镇百户以上为一里；鄞、慈谿等7县及宁波市共划设57区。此后，部分县合并部分区。1932年，各县将村里改为乡镇，乡镇以下设闾、邻；鄞、慈谿等7县划设47区、1325乡镇。1933年，慈谿增设63乡镇。1934年，象山缩减68乡镇。1935年，各县实施保甲制，整理乡镇，裁撤区（后有所恢复）。到1940年，鄞、慈谿等7县划设33区、430乡镇；1941年，缩减3区，划出宁海17乡镇归三门县。1941年4月19日宁波沦陷后，各县区划因战争影响有所调整。抗日战争胜利后，各县调整区划，撤区并乡。1947年，鄞、慈谿等7县划设19镇、211乡；其中，镇海、奉化、余姚3县还划设22区，余姚有1县属镇。

1949年宁波解放后，各地逐步废除保甲制，调整区、镇、乡设置，建立乡、村行政委员会和（城市）居民委员会及居民小组；至年底，鄞、慈谿、镇海、奉化、象山、余姚、宁海7县划设38区、32镇、220乡，宁波市划设4区。1950年，为适应剿匪反霸斗争和土地改革需要，各县开始改大区乡为小区乡，划设51区、43镇、587乡。1956年，各地撤区并乡，鄞、慈溪等7县及宁波市仅保留13区，设置35镇、240乡，宁波市建立16个街道办事处。1958年，人民公社化运动兴起，各县推行政社合一制，大体以原来的县属区所辖范围成立人民公社，以乡镇设生产大队（不久，改为管理区），下辖耕作队（不久，有的改称生产大队）。1960年6月，宁波市撤销街道办事处，成立城市人民公社及分社。1961年，人民公社体制调整，恢复区公所，撤销大公社，大体以管理区或传统乡镇建立公社，下辖生产大队，大队管理若干生产队。1969年12月，宁波市改4个城市人民公社为4区，下属14个分社改为街道办事处。此后，各地陆续恢复一批建制镇。

1983年10月，中共中央、国务院发出《关于实行政社分开建立乡政府的通知》。随后，余姚长丰公社等5个公社试点“撤社建乡、政社分开”，改公社为乡政府，在具备条件的集镇设立镇政府，改生产大队为行政村。1984年，全市实行政社分设，共设42个区、27个镇、323个乡、14个街道办事处；生产大队改设村民委员会。此后，全市加强城镇培育，撤乡设镇。到1991年底，全市有42个区、98个镇、249个乡、20个街道办事处，下辖行政村5159个。1992年，全市撤区扩镇并乡（街道），县以下行政区调整为113个镇、37个乡、15个街道办事处。此后，继续撤乡建镇，扩大行政村、社区规模。1998年底，慈溪率先开展撤并小自然村、扩大行政村规模、建设中心村的试点。此后，余姚、镇海等地陆续跟进。2000年以后，随着城市化推进，街道办事处、社区显著增多。2006年，全市完成村级区划全面调整，行政村由2000年4831个调整为2654个。2020年，全市大幅度调整行政村规模，行政村由2019年2477个调整为2169个。至2024年底，全市有74个街道办事处、74个镇、9个乡，辖2146个村民委员会、756个（社区）居民委员会。

表1-3-1：2024年末宁波市行政区划和陆域面积表

地区	街道办事处（个）	镇（个）	乡（个）	居民委员会（个）	村民委员会（个）	陆域面积（平方千米）
全　市	74	74	9	756	2146	9816
海曙区	9	7	1	110	163	595
江北区	7	1	0	75	65	208
镇海区	5	2	0	51	37	246

续表

地区	街道办事处（个）	镇（个）	乡（个）	居民委员会（个）	村民委员会（个）	陆域面积（平方千米）
北仑区	11	0	0	78	151	599
鄞州区	15	10	0	202	207	814
奉化区	8	4	0	36	282	1268
余姚市	6	14	1	46	261	1501
慈溪市	6	14	0	81	293	1361
宁海县	4	12	2	44	332	1843
象山县	3	10	5	33	355	1382

表1-3-2：2024年末宁波市乡镇（街道）名录表

地区	乡镇（街道）名称
海曙区	街道：南门、江厦、西门、月湖、鼓楼、白云、段塘、望春、石碶 镇：高桥、横街、集士港、古林、洞桥、鄞江、章水 乡：龙观
江北区	街道：外滩、孔浦、文教、甬江、庄桥、洪塘、前江 镇：慈城
镇海区	街道：招宝山、蛟川、骆驼、庄市、贵驷 镇：澥浦、九龙湖
北仑区	街道：大榭、新碶、小港、大碶、霞浦、柴桥、戚家山、春晓、梅山、郭巨、白峰
鄞州区	街道：下应、钟公庙、梅墟、中河、首南、潘火、百丈、东胜、明楼、白鹤、东柳、东郊、福明、新明、聚贤 镇：瞻岐、咸祥、塘溪、东钱湖、东吴、五乡、邱隘、云龙、横溪、姜山
奉化区	街道：锦屏、岳林、江口、西坞、萧王庙、方桥、尚田、莼湖 镇：溪口、莼村、大堰、松岙
余姚市	街道：梨洲、凤山、兰江、阳明、低塘、朗霞 镇：临山、黄家埠、小曹娥、泗门、马渚、牟山、丈亭、三七市、河姆渡、大隐、陆埠、梁弄、大岚、四明山 乡：鹿亭
慈溪市	街道：宗汉、坎墩、浒山、白沙路、古塘、陆中湾 镇：掌起、观海卫、附海、桥头、匡堰、逍林、新浦、胜山、横河、崇寿、庵东、长河、周巷、龙山

续表

地区	乡镇（街道）名称
宁海县	街道：跃龙、桃源、梅林、桥头胡 镇：长街、力洋、一市、岔路、前童、桑洲、黄坛、大佳何、强蛟、西店、深甽、茶院 乡：胡陈、越溪
象山县	街道：丹东、丹西、爵溪 镇：石浦、西周、鹤浦、贤庠、墙头、泗洲头、定塘、涂茨、大徐、新桥 乡：东陈、晓塘、黄避岙、茅洋、高塘岛

说明：宁波国家高新技术产业开发区受委托管理鄞州的梅墟、聚贤、新明和镇海贵驷4个街道，宁波前湾新区受委托管理慈溪的陆中湾街道和庵东、崇寿2镇。

城　区

公元821年（唐长庆元年），明州在三江口修建子城（内城），宁波城区开始形成。982—898年（景福元年至乾宁五年），修筑罗城（外城），宁波城区基本成形。唐代，城区的行政区划在旧籍上没有记载，仅从零星墓志铭上发现有万龄乡。宋代，城区分属于武康乡、清道乡、万龄老界乡、万龄手界乡。元代，城内设社，隶录事司，分设东南隅、西南隅、东北隅、西北隅；城外，东有万龄老界乡甬东隅，西有清道乡城西隅。明清时期，城内设坊，仍分四隅，武康乡小江里管辖东南、东北隅，东安乡白坛里管辖西南、西北隅；城外，东有老界乡甬东隅，西有清道乡城西隅。1927年7月至1930年1月，宁波设市，管辖原鄞县城厢及郊外六七里地，北至倪家堰、李碶渡，东北至孔浦余隘渡，西北至新渡，东至西洞桥，东南至白鹤桥，南至道士堰，西南至启文桥、侍郎桥，西至望春桥，分置5个区，面积43.225平方千米。1932年，城区分设5区，管辖73镇、5乡，面积42.975平方千米。1935年，城区设11个镇。

1949年5月，宁波解放，城厢设灵塔、长春、镇明、海曙、西郊、北郊、江东、江北8镇。1951年5月5日，镇海县庄市区白沙、压赛2乡划归宁波市（同年8月由宁波市郊区管辖），宁波市区面积41.2平方千米。1954年11月，为保卫机场安全、建立机场特区，宁波市成立庄桥区，划入镇海县的团桥、新团、梅堰乡，慈溪县的庄桥镇、灵阳、姜颜乡，宁波市郊区的白沙、压赛乡，市区面积达71.5平方千米。1958年11月21日，撤销镇海县建制，其辖区划归宁波市（1963年1月恢复镇海县建制）。1959年1月3日，撤销鄞县建制，其辖区划归宁波市（1962年3月恢复鄞县建制）。1960年10月，余姚县慈城人民公社划归宁波市。1970年4月1日，在原宁波市、鄞县、余姚县姚江联合养鱼场的基础上，成立姚江渔业人民公社，归宁波市管辖。1984年1月，郊区撤销，所辖慈城、慈东等12个乡镇并入江北区；原郊区的东郊乡、鄞县的福明乡和潘火乡矮柳、仇毕等村划归江东区；原郊区的西郊乡和鄞县石碶乡段塘村、丁家村、段塘居委会划归海曙区。同月，以镇海县城关、俞范、新碶3镇和清水浦、青峙2乡设立滨海区。4月，镇海县的路林、联成、双桥3村划入江北区北郊乡。1985年7月，撤销镇海县，以甬江为界，江之南北分设滨海（1987年9月改名北仑）、镇海2区，以组团形式划入城区。

2002年2月，鄞县撤县设区，与老城区连片。2016年9月，奉化撤市设区，划入城区。至此，城区管辖面积达3730平方千米，占全市陆域面积的38%。在市区扩展过程中，建成区面积不断扩大，1956年老市区建成区面积10平方千米，1982年达18.3平方千米，1990年增至27平方千米。1991年宁波市区建成区面积62.7平方千米，2010年增至271.59平方千米，2021年达395平方千米，2022年为397.4平方千米。2023年，宁波市城市建成区面积677.16平方千米（2022年666.68平方千米）。

地 名

市境内县级以上政区名称源由多样，大抵可分为五类。一是流传下来的越语地名，如甬、鄞、句章、鄮、余姚等。二是以地理实体命名，如明州、甬、象山、北仑等以山得名，慈溪以河得名，南田以岛得名，江东、江北以与奉化江、甬江相关联而得名，宁波、定海、镇海、宁海以与海相关联而得名。三是以古建筑物命名，如海曙。四是以教化、祈愿等命名，如奉化、昌国。五是以帝王年号命名，如庆元。

宁波　公元738年，明州初立，以境内有四明山得名，俗称四明。四明山脉大俞山有四窗岩，清雍正《浙江通志》卷十三载："上有方石，四面如窗，中通日月星宿之光，故曰四明山。"1195年，赵扩继帝位为宁宗，改元庆元，因其在12岁以后曾遥领明州观察使，于是升明州为府，并以年号名庆元府，元朝改为庆元路。1368年，明朝嫌恶"庆元"有"庆贺元朝"之意，改庆元路为明州府。1381年，朱元璋允准鄞县单仲友奏请，因明州府与国号同名，于是以府有定海县（今镇海区），取"海定则波宁"之意，更名宁波。"甬"是宁波的简称，早在周朝已有此称。"甬"字是古代大钟的一个象形字。在海曙、奉化交界处的江口山，有峰峦很像古代的倒扣的钟，故称甬山，山下的江就叫甬江，这一带地方被称为“甬”地。

老市区　为区别1984年以后新划入市区的各区，称1984年以前的海曙、江东、江北3区为老市区。宁波古城墙上有谯楼，明万历十三年（1585）重建后，取“波宁海定、沧海为曙”之意，称“海曙楼”，海曙区因境内有此楼而得名。镇明区旧有人工山岭，以“雄镇四明”之义而得名。江北区因地处余姚江、甬江之北而得名。江东区因地处奉化江、甬江之东而得名。

鄞州　阚骃《十三州志》载：“勾践之地，南至句余，其后并吴，因大城句余，章（彰）伯（霸）功以示子孙，故曰句章。”句读gōu，有宗族氏族之义；“句章”即“彰明霸业之族”居住之所。“鄞”系越语地名。《国语·越语上》载：“勾践之地，南至于句无，北至于御儿，东至于鄞，西至于姑蔑。”后人释“鄞”，众说纷纭。《吴越春秋》载：“县有赤堇山，故加邑为鄞”；《方舆纪要》载：“堇，草名也（赤堇草），加邑为鄞”；另一说堇本赤土，四明山多赤土，故以赤土名草，以草名山，以山加邑而名县。至于赤堇山，诸说不一，今奉化西坞街道的鄞城山又名赤堇山，鄞东塘溪镇亦有赤堇山，绍兴市柯桥区平水镇有赤堇山，莫辨孰是。“鄮”以鄮山（原名贸山）得名，山在鄞州五乡镇宝幢阿育王寺的后面。《十道四番志》载：“以海人持货贸易于此，故名。”以贸加邑为鄮。

镇海　旧城濒海而建，故唐代置藩镇之初名望海。以其地控制出海口，取“威镇海疆、海洋镇定”之意，先后更名静海、定海。1687年，清政府以山名为舟，则动而不静，因而改舟山为定海山。1688年，以昌国县旧境设置定海县，为避同名，原定海县改为镇海县。镇海的甬江口古称浃口，别称蛟川。蛟即蛟门山，位于招宝山东7.1千米海域，海拔37.3米，周围多礁石，两侧皆能航行，但波涛翻腾，水流湍急，似有蛟龙潜藏于其中，故名“蛟门”。凡海上船只行至蛟门山即到镇海，故镇海亦称蛟城。蛟门内即大、小浃江（大浃江即甬江），汇合处大江称川，故称蛟川。

北仑　北仑区北部海域有形如车轮之山，旧名“北轮山”，后衍作“北仑山”。因山而命名附近港口为北仑港，因港口声誉日隆，故将区名由滨海区改为北仑区。滨海区因位于东海之滨而得名。

奉化　一说因明州成立时以奉化为郡名，以郡名作县名。二说以“民皆乐于奉承王化”而得名。三说来源于县东奉化山，即南山。

余姚　地名由来，史志记载不一，约有三说。一是人名说。《史记·五帝本纪第一·括地志》云：“越州余姚县。顾野王云‘舜后支庶所封之地，舜姓姚，故云余姚’。”《越绝书·外传记地记第十》曰：“越之先君无余，乃禹之世，别封于越，以守禹冢。”清光绪《余姚县志》引乾隆《余姚县志》案："万历《绍兴府志》谓：无余封会稽，姚乃属邑，故曰余姚。"二是山川说。《山海经·内经》曰："句余之山，无草木，多金玉。"郭璞注："（句余山）在会稽，余姚县南，句章县北，故此二县因此为名。"三是方言说。晚清李慈铭《越缦堂日记》曰："盖余姚为余暨、余杭之比，皆越之方言，犹称于越、句吴也。姚、暨、虞、剡，亦不过以方言名县，其义无得而详。"而"余"，《越绝书》卷八云："朱余者，越盐官也。越人谓盐曰余……"

慈溪 旧时，县南三十里有慈溪，又名大隐溪，在今余姚市大隐镇，流注余姚江。相传东汉时，董黯母亲嗜饮此溪水，黯乃筑室溪边，汲水敬奉其母，后人遂名慈溪，后又以溪名县。1954年以后的慈溪城关习称"浒山"，原系海口小屿，10世纪以后渐与陆地相连，滨水曰浒，山名浒山，以山名镇。

宁海 地处海滨，为祈求海域宁静，因以名之。明万历《郡县释名·浙江编》载："邑以濒海，名宁海者犹宁波之谓。"《重修浙江通志稿》谓：宁海系"取海疆安宁之意"。宁海城关初以南北朝时期南梁靖边侯田什筑城定居，故名侯城。明永乐间，以方孝孺自称"侯城小儒""侯城子"，人们缅怀方氏，但为避朝廷忌嫌，称方孝孺为缑城先生，从而称宁海为"缑城"。

象山 南宋《乾道四明图经》载：象山"县有一山，其势壮负，雄压海垠，前后瞻望，屹如象形。县控此山，因以名之"。此山在今丹城北侧，系射箭山（一名郑行山）东南支脉，形如"伏象"，由象鼻山（鼻）、圆峰（头）、沙地岗（腿）、千丈岩（背）、炼丹山（臀）等组成，合称象山。1552年，象山县城初筑，形如蚶，称蚶城。清康熙年间，以南北朝陶弘景在城西边的山中凿井炼丹，改称丹城。南宋《宝庆四明志》载：昌国县"其地东控日本，南亘瓯闽，西通吴会，北接登莱，实海中之巨障，足以壮昌国势，故名昌国"。南田县得名于县治驻地南田岛。民国《象山县志》载：此岛地处象山县南，"田尽膏腴，其塘田皆天造，不假人工"，故称"南田"。

城市地位

宁波市是历史悠久的典型江南水乡兼海港城市，是中国大运河南端出海口、"海上丝绸之路"东方始发港。唐代，宁波成为"海上丝绸之路"起点之一，与扬州、广州并称中国三大对外贸易港口。宋代，与广州、泉州并称中国对外贸易三大港口。鸦片战争后，成为"五口通商"城市之一。此后，上海港兴起，宁波地位一度衰落。

1978年改革开放后，宁波城市地位逐步提升。1984年5月4日，中共中央、国务院批转《沿海部分城市座谈会纪要》，宁波市被确定为14个进一步对外开放的沿海港口城市之一。1984年8月1日，邓小平在北戴河做出“把全世界的‘宁波帮’都动员起来建设宁波”的指示。1985年11月23日，国务院办公厅印发《关于加快宁波经济开发问题会议纪要》，国务院宁波经济开发协调小组据此于12月10日在北京召开第一次会议并宣告成立（1988年3月召开第六次会议后撤销）。1986年11月10日，国务院批复并原则同意宁波市城市总体规划，明确宁波市是全国的重要港口城市，华东地区和浙江省重要的工业城市。1986年12月8日，国务院公布宁波市为第二批国家历史文化名城。1987年2月24日，国务院批复同意宁波市在国家计划中单列户头，享有相当于省一级的经济管理权限，收支直接与中央挂钩（当年下半年，宁波市开始在金融、外资、外经领域实施单列，1988年全面实施单列）。从此，宁波市成为国家社会与经济发展计划单列市，简称“计划单列市”。1988年3月5日，国务院批复同意将宁波列为“较大的市”，赋予制定地方性法规、行政规章的权限。1988年3月18日，国务院发出《关于扩大沿海经济开放区范围的通知》，余姚、慈溪、奉化、宁海、象山、鄞县被划为沿海经济开放区。至此，宁波市实现经济全域对外开放。1994年2月25日，中央机构编制委员会明确宁波等16个城市为副省级市（1997年重庆升为直辖市），按照有关规定继续享受原有的管理权限。1999年7月2日，国务院批复同意宁波市城市总体规划，明确宁波市是长江三角洲南翼经济中心，中国东南沿海重要的港口城市。2006年8月3日，国务院批复同意新一轮宁波市城市总体规划，明确宁波市是中国东南沿海重要的港口城市、长江三角洲南翼经济中心、国家历史文化名城。2019年12月1日，中共中央、国务院印发《长江三角洲区域一体化发展规划纲要》，明确宁波市是上海大都市圈重要城市，推动杭州都市圈与宁波都市圈的紧密对接和分工合作，实现杭绍甬一体化。2022年1月18日，国务院印发《“十四五”现代综合交通运输体系发展规划》，明确宁波市为国际门户枢纽城市。2024年11月10日，国务院批复《宁波市国土空间总体规划（2021—2035年）》，明确宁波是长三角地区重要的中心城市、国家历史文化名城、现代海洋城市、全国性综合交通枢纽城市，要发挥全国先进制造业基地、区域性科技创新高地、全国航运物流中心、“一带一路”港航合作重要节点城市等功能。

其间，宁波市获得诸多称号。1994年7月22日，获评“全国双拥模范城”（至2020年连续八次获评）。1999年1月2日，获评首批“中国优秀旅游城市”。2001年6月1日，获评

“国家环境保护模范城市”。2003年4月16日，获评“国家卫生城市”（2008年、2020年连续通过复审）。2005年10月26日，获评首批“全国文明城市”（至2023年连续七次获评）。2010年4月27日，获评“国家森林城市”。2015年9月29日，当选“东亚文化之都”（可在2016年以“东亚文化之都”名义开展文化活动）。

人口

唐代以前，明州未立，今宁波市境内的户口数字无明确记载。南宋《乾道四明图经》卷二《鄞县》载：晋太康中，户1660。其他各县均无记载。公元738年，析越州置明州，始有户口记载。《旧唐书·地理志》卷四十志第二十《地理三》载：明州领县四，有42027户，207032口。北宋《太平寰宇记》卷九十八《江南东道十·明州》载：唐开元有42400户；北宋有主户（占有土地，要纳税）10878户，客户（不占有土地、不纳税）16803户。南宋《宝庆四明志》卷五《叙赋上·户口》载：北宋天禧年间（1017—1021），明州有主户104725户、256576口，客户31347户、74413口。《元史·地理志五》载：元代庆元路有241457户，511113口。明《成化宁波郡志》卷四《户口考》载：1391年，宁波府有213534户，730801口。明《嘉靖宁波府志》卷十一《志八·户口》载：1552年，宁波府有111045户，333676口。清《雍正宁波府志》卷十二《户赋》载：1671年，宁波府有103256户，214710口。（以上的计算口径以成年男子为口）清《嘉庆一统志》载：1820年，宁波府有561809户，2354674人。民国《东方杂志》载：1920年，今市境有2712304人。国民政府内政部统计：1935年，今市境有681924户，2827149人，其中男性1542184人、女性1284965人。《宁波时事公报》载：1946年，545409户，2259562人，其中男性1201297人、女性1058265人。《浙江民政手册》载：1948年，今市境有595735户，2519961人，其中男性1291079人、女性1228882人。民国时期，宁波城区人口大体稳定。1912年，鄞县城厢141617人。1928年，宁波市有44607户，212397人。1931年，鄞县城区48134户，244151人；1934年，56917户，300995人；1942年，51724户，215815人；1946年，188234人；1947年，50896户，220012人。

1949年末，全市（今境域，下同）总人口252.04万人，其中市区28.71万人。此后，七次全国人口普查（第一至四次以当年7月1日零时为标准时间，第五至七次以当年11月1日零时为标准时间）显示，全市常住人口分别为：第一次（1953年）274.10万人，其中市区20.75万人；第二次（1964年）357.99万人，其中市区36.35万人；第三次（1982年）

474.16万人，其中市区46.82万人；第四次（1990年）509.09万人，其中市区108.54万人；第五次（2000年）596.63万人，其中市区156.75万人；第六次（2010年）760.57万人，其中市区349.16万人；第七次（2020年）940.43万人，其中市区505.71万人。2024年末，全市常住人口977.7万人，其中市区532.9万人；分区（县、市）看，慈溪常住人口最多，达188.9万人。超过百万人口的还有鄞州、余姚和海曙。

户籍人口　解放以后，宁波市户籍人口总量平稳增长。1949年全市户籍人口2520432人，其中老市区272070人；1950年分别为2567132人，269525人；1960年为3262304人，359239人；1970年为4139059人，378138人；1978年为4576951人，422372人；1980年为4659866人，442649人；1990年为5107620人，1084570人；2000年为5409422人，1240552人；2010年为5740836人，2233453人。2020年，全市户籍人口6136558人，其中市区3063053人。2022年，全市户籍人口达6210691人，其中市区3142120人。2024年，全市户籍人口624.4万人，其中市区318.4万人。

表1-7-1：2020—2024年部分年份宁波市人口地区分布情况表

单位：万人

地区	常住人口			户籍人口		
	2020年	2022年	2024年	2020年	2022年	2024年
宁波市	940.43	961.8	977.7	613.66	621.10	624.4
海曙区	104.13	105.8	107.2	63.76	64.33	64.5
江北区	48.89	50.3	51.8	27.10	28.33	29.1
镇海区	51.05	51.6	53.2	28.43	30.17	31.3
北仑区	82.94	87.9	90.4	43.54	44.95	45.7
鄞州区	160.96	166.2	171.1	95.53	98.77	100.3
奉化区	57.75	58.6	59.2	47.94	47.66	47.5
余姚市	125.40	126.4	126.7	83.43	83.09	82.5
慈溪市	182.95	186.5	188.9	106.17	106.91	107.4
宁海县	69.60	70.9	71.3	63.33	62.98	62.7
象山县	56.77	57.6	57.9	54.42	53.88	53.4

人口寿命　民国时期，全国人口平均寿命35岁。1963年，全市人口平均寿命65.18岁，其中男63.58岁，女65.64岁。1981年，上升至70.64岁，其中男68.43岁，女72.96岁。

1990年，升至男70.96岁，女75.90岁。2000年以后全市人口平均预期寿命有一定程度的提高，2005年以后增长幅度越来越大。2000年为75.70岁，2005年为76.05岁，2010年为79.43岁。2020年，宁波市人口平均预期寿命81.94岁，其中男性79.76岁、女性84.30岁。2023年，平均预期寿命达82.9岁，其中女性84.3岁、男性80.5岁。市辖各区的平均预期寿命高于市属各县（市），象山县人口平均预期寿命一直处于相对较低水平。全市人口长寿水平（80岁以上长寿者占60岁以上人口之比），1953年为4.97%，1964年5.33%，1990年9.22%，2010年14.6%，2020年13.8%，2021年达到13.9%。人口长寿水平的典型表现是百岁老人日渐增多。1990年7月1日零时第四次全国人口普查为21人，其中男3人、女18人，最高年龄102岁。1999年全市有百岁老人64人，2000年60人。2003年72人，其中女性57人。2004年78人，其中女性58人。2005年100人，其中女性81人。2006年117人，其中女性92人。2007年132人，其中女性110人。2008年141人，其中女性120人。2009年133人，其中女性108人。2010年154人，其中女性119人。1998年，市人民政府开始向百岁老人（100周岁以上老人）发放营养补助费。2011年宁波市在全省率先建立高龄老人生活津贴制度，2015年全面推行以老年人为重点的契约式家庭医生制服务，高龄老人得到越来越多的保障。2014年全市有百岁老人197人，2015年252人，2016年278人，2017年317人，2018年331人，2019年399人，2020年470人，2021年518人，2022年654人，2023年533人。

城乡构成　解放初期，宁波以农业为主，城区属消费型城市，乡村人口比重大，城镇人口增长缓慢。1952年，城镇人口54.08万人，占总人口20.2%；乡村人口214.11万人，占79.8%。1960年，城镇人口增至72.27万人，占总人口22.2%。1962年，第二次全国人口普查表明，城镇总人口降至56.6万人，占总人口15.8%。改革开放后，城镇人口迅速增长。1983年，城镇人口突破百万，占总人口22.5%。1990年，城镇人口为196.21万人，占总人口38.55%。2010年，居住在城镇的人口为5195162人，占总人口68.31%。2020年，第七次全国人口普查显示，全市常住人口中，居住在城镇的人口为7335604人，居住在乡村的人口为2068679人，城镇人口占总人口的比重为78.0%。2023年末，全市常住人口中，城镇人口为774.3万人，乡村人口为195.4万人，城镇人口占总人口的比重为79.9%。

性别构成　宁波男性历来多于女性，性别比（以女性为100，男性对女性比例）偏高。1929年男性158.8万人，女性130.55万人，性别比为121.6；1935年性别比为120.02。第一至第四次全国人口普查，市区人口性别比分别为101.22、99.18、102.10和104.89，各县（市）平均分别为105.7、104.61、106.25、104.25。1990年全市人口性别比为104.25，2000年降至103.41。2000年以后呈上升趋势，2005年升至110.54。常住人口男女性别比上升主要是外来流动人口中男性比重增加所致。2010年全市常住人口性别比为104.34。2020年升至109.05，比2010年提高4.71个百分点。2023年末，全市常住人口中，男性508.2万人，女性461.5万人，性别比为110.1。

年龄构成 解放以后，宁波市少年儿童人口比重在20世纪60年代中期以前明显上升，然后持续下降，老年人口比重则持续上升。0—14岁少年儿童占总人口比重，1953年36.75%、1964年42.45%、1982年26.43%、1990年20.97%、2000年16.17%、2010年11.69%；65岁及以上老年人口占总人口比重，分别为4.49%、4.41%、5.76%、6.81%、11.81%、13.26%。对照国际通用人口类型的划分标准，全市人口年龄类型，由1953年、1964年两次人口普查时年轻型到1982年成年型再到1990年开始向老年型过渡。“十五”时期，大量外来年轻人口流入，中老年人口比重有所回落，老龄化趋势有所缓解，随后仍持续上升。2020年，第七次全国人口普查显示，全市常住人口中，0—14岁人口为1153372人，占12.26%；60岁及以上人口为1702566人，占18.10%，其中65岁及以上人口为1184189人，占12.59%。2023年末，全市常住人口中，0—14岁的人口为113.5万人，占总人口的11.7%；60岁及以上的人口为200.1万人，占总人口的20.6%，其中65岁及以上人口为141.4万人，占总人口的14.6%。

教育程度 解放以后，宁波市人口受教育程度不断提升。小学以上文化人口占6岁及其以上年龄人口的比重，1947年22.27%、1964年43.91%、1982年76.68%、1990年83.51%、2000年91.63%、2010年95.48%。1964年与1990年相比，有文化人口由小学向高中以上文化程度转移，男性文化程度高于女性；每万人拥有小学以上文化程度人口，由3795人增至7657人，其中大学由18人增至115人，高中（含中专）由116人增至787人，初中由467人增至2561人，小学由3194人增至4194人。2000年以后，全市受教育人口结构发生较大变化，男性人口受教育程度明显高于女性，城镇人口明显高于农村人口。2020年，全市常住人口中，小学以上文化程度人口达8703454人，其中大学（指大专及以上）1677495人，高中（含中专）1297540人，初中3283968人，小学2444451人；每10万人拥有小学以上文化程度的人口达92548人，其中大学（指大专及以上）17838人，高中（含中专）13797人，初中34920人，小学25993人；文盲人口（指15岁及以上不识字的人）为145782人，文盲率由1982年25.92%、1990年17.17%、2000年6.98%、2010年3.83%，下降到1.55%。

民族构成 宁波是典型的少数民族输入型散居地区。1953年，有回族、满族、侗族、藏族、苗族、黎族6个少数民族，计130人。1964年，新增蒙古族、壮族、彝族、畲族、朝鲜族、瑶族6个，合计12个、540人（含民族不详的17人），另有入中国籍的外国人8人。1982年，新增高山族、锡伯族、白族、布依族、土家族、羌族、傣族7个，合计19个、1169人（含民族不详1人），另有入中国籍的外国人6人。1990年，新增仫佬族、水族、维吾尔族、土族、仡佬族、纳西族、拉祜族、傈僳族、达斡尔族、撒拉族、京族11个，合计30个、3958人（含未识别民族4人），另有入中国籍的外国人2人。1991年以后，中西部地区许多少数民族居民到宁波择偶婚嫁，投亲靠友，务工经商，求学深造。2010年，全市登记的少数民族有52个、154594人（含未识别民族1321人、入中国籍的外国人2人）。2020年，全市有53个少数民族（无乌孜别克族和珞巴族），共369536人；万人以上的有苗族、土家族、布依族、彝族、壮族、回族、侗族，其人口数量占全市少数民族总人口的82.30%。

姓氏构成　2010年，全市共有1142个姓氏，王、陈、张、李、徐、周、胡、杨、刘、吴等50个姓氏人口总和约占全市总人口的四分之三，稀有姓氏有231个；市三区人数排名前三位的姓氏为陈、王、张，镇海为王、陈、张，北仑为王、张、胡，鄞州为陈、王、张，奉化为王、陈、张，余姚为陈、张、王，慈溪为陈、胡、王，宁海为王、陈、胡，象山为陈、张、王。2020年，在宁波940.43万常住人口中，人数排名前十位的姓氏分别是王、陈、张、李、周、徐、杨、刘、胡、吴，占全市常住人口的38.4%；其中王、陈、张、李前四大姓，分别有64.51万人、57.63万人、53.23万人、40.38万人，人口总和占全市常住人口的22.9%；周姓有26.01万人，徐姓25.75万人，杨姓24.98万人，刘姓23.88万人，胡姓23.52万人，吴姓20.80万人。

区（县、市）概况

海曙区

位于宁波市中心城区西部，东临奉化江，北濒余姚江（中段与江北接壤），西与余姚接壤，南与奉化相连。东西长32.6千米，南北宽30.3千米，陆域面积595.5平方千米；由西部四明山和东部宁波平原组成，南塘河、中塘河、西塘河等河流贯全境，大体呈现“五山一水四分田”的地貌格局。唐代以后，曾为明州、庆元路（府）、宁波府、宁波市及鄞县的治所驻地。全区辖9个街道办事处、7个镇、1个乡，区政府驻鼓楼街道县前街61号。2024年末，全区常住人口107.2万人，户籍人口64.5万人；经初步核算，全年完成地区生产总值1750.2亿元，三次产业结构比1.1∶26.6∶72.4；实现一般公共预算收入125.3亿元；城镇、农村居民人均可支配收入分别为88193元、52496元。

海曙位于宁波国家历史文化名城的核心区，是最具宁波味的城区。公元821年（唐长庆元年）修建的宁波子城，标志着宁波历史文化名城建城的开端。天一阁是中国现存最早的私家藏书楼，月湖素有“浙东邹鲁”之称，两者相得益彰，成为全市唯一在城区的国家5A级旅游景区——天一阁·月湖景区。它山堰是世界灌溉工程遗产，梁祝文化公园是梁祝故事的发祥地。浙东史学派代表人物万斯同和全祖望、诺贝尔奖获得者屠呦呦等都是海曙人。海曙历为浙东首善之区，拥有全市最繁华的地段“三江口”，建有宁波栎社国际机场、铁路宁波站、宁波市客运中心、轨道交通1号线与2号线交会的地下会客厅等重大交通枢纽，宁波影都、逸夫剧院、宁波群艺馆（文化馆）等重大文化设施。社区教育在全市首屈一指，81890公共信息服务平台和首创的社区居家养老模式，成为全省乃至全国公共服务名片。

海曙素为通海商埠，早在唐宋时代就“贾舶往来，物货丰满”，清代有“走遍天下，不如宁波江厦”之称。拥有宁波的城市客厅天一广场、“浙东第一街”中山路、东鼓道、龙湖天街等商业特色街，以及南塘老街、城隍庙、莲桥第、月湖盛园、鼓楼沿街巷、秀水街、郁家巷等历史文化街区。西南的四明山区有中国单体面积最大的竹海、中国最美的赏樱基地、中国最大的赏桂佳处、五龙潭风景名胜区等，盛产浙贝母、蔺草等，获得中国蔺草、贝母、桂花之乡等称号。以临空经济和体验经济为特色的现代化产业体系已成规模，纺织服装产业集群颇具实力，建有国家纺织面料馆宁波分馆。

江北区

位于宁波市中心城区西北部，东南与鄞州隔甬江相望，西南临余姚江（中段越江与海曙接壤），西接余姚，北与慈溪以翠屏山为界，东北毗邻镇海。东西长27千米，南北宽20千米，陆域面积208平方千米；由西北丘陵和东南平原组成，慈江等河纵横全境，大体呈现“二山一水七分田”的地貌格局。全区辖7个街道办事处、1个镇，区政府驻外滩街道新马路61弄。2024年末，全区常住人口51.8万人，户籍人口29.1万人；经初步核算，全年完成地区生产总值1012.9亿元，三次产业结构比0.9∶27.6∶71.6；实现一般公共预算收入109.5亿元；城镇、农村居民人均可支配收入分别为86028元、54025元。

江北区有2500年的建城史（句章城）、1200年的建县史（慈溪县）和180年的近代通商史（老外滩）。傅家山遗址展现7000年前的宁波先民历史，句章城标志着宁波有城之始，保国寺是长江以南最古老、保存最完整的木结构建筑。全国历史文化名镇慈城，在

738年至1954年间是原慈溪县治，拥有江南地区唯一保存较为完整的古县衙，2009年获得联合国亚太地区文化遗产保护荣誉奖。江北是宁波近代文化的肇始区域，宁波最早的城市市政体系、新式教育、西式体育和近代文化发展以及爱国卫生运动，均肇始于此。拥有宁波大剧院、宁波美术馆、宁波奥体中心等标志性文体设施，以及宁波老外滩、宁波文创港等新地标，打造出“中华慈孝节”“星期六·相约老外滩”等文化品牌，拥有宁波大学、宁波工程学院、宁波纺织服装学院等高校。

宁波最早的港口是位于江北区城山渡的句章港。江北老外滩是中国近代开埠最早的口岸之一，衍生发展出宁波舟山港重要沿江港口宁波港区、宁波最早的火车站、宁波最大的货运站宁波北站等交通设施。江北历来是宁波的工业重地，浙江最早的机器轧花厂通久源轧花厂、全省最早的火柴厂慈溪火柴厂、宁波最早的机械业顺记机器厂，以及宁波最早工人阶级和产业工人党组织都诞生在江北。在投资创业中心等地建成投产大批现代工厂企业，成为宁波市重要工业基地。江北拥有比较发达的城郊型和都市型农业，形成粮食、蔬菜、奶业、渔业四大基础产业和精品水果发展格局。

镇海区

位于宁波市区东北部，东濒灰鳖洋，西与江北接壤，南与鄞州、北仑以甬江中心线为界，北接慈溪。东西长33千米，南北宽16.8千米，陆域面积246平方千米；由西北部翠屏山丘陵、东南部甬江水网平原以及七里屿岛组成，大体呈现“一水二山七分田”的地貌格局。全区辖5个街道办事处（其中贵驷街道委托宁波国家高新技术产业开发区管理）、2个镇，区政府驻骆驼街道民和路569号。2024年末，全区常住人口53.2万人，户籍人口31.3万人；经初步核算，全年完成地区生产总值1512.1亿元，三次产业结构比0.5:64.0:35.5；实现一般公共预算收入91.1亿元；城镇、农村居民人均可支配收入分别为87783元、53370元。

镇海自古就是对外交往的主要口岸，系古代“海上丝绸之路”起碇港。甬江出海口北濒杭州湾，有较深水道与外海沟通，1978年建成宁波首座万吨码头，逐步发展成宁波舟山港镇海港区及国内最大的液体化工码头，成为海铁联运物流枢纽。洪（塘）镇（海）铁路支线使镇海成为海铁联运的起点，杭州湾跨海大桥、舟山跨海大桥、宁波绕城高速公路和宁波轨道交通使镇海成为北接上海、东出舟山的长三角南翼交通节点。依凭港口、交通优势，以镇海炼化、宁波石化经济技术开发区为中心，形成石油化学、精密机械、电子信息等特色产业集群，获评“中国紧固件之都”。

镇海在6500年前就创造出鱼山·乌龟山遗址文化，衍生出海防、商帮等文化，发展出澥浦船鼓、蛟川走书等民俗文化。镇海素来崇文重商，以镇海中学、蛟川书院为代表的基础教育发达，拥有“院士之乡”的称号，吸纳中国科学院宁波材料技术与工程研究所、天津大学浙江研究院、宁波东方理工大学（暂名）等科技创新资源。镇海是“宁波帮”的重要发源地，涌现出方液仙、包玉刚、邵逸夫等“宁波帮”名士，建有宁波帮博物馆。镇海自古即海防要地，素称“浙东门户”“海天雄镇”，在招宝山巅建造炮台、碉堡、戍所等军事设施，现存威远城、安远炮台等30余处古迹，均为中国人民抗击倭寇、抗英、抗法、抗日的历史见证，建有镇海口海防历史纪念馆。

北仑区

位于宁波市区东部、全省陆域最东端，东濒东海，北临杭州湾，南临象山港，西南接鄞州，西北与镇海以甬江为界。东西长52千米，南北宽30.1千米，陆域面积599平方千米；由西北和中部的大碶—柴桥平原、灵峰山、长山平原，东南部丘陵及环山峡谷小平原和29个岛屿组成，小浃江、岩河、泰河、芦江河北流入海。全区辖11个街道办事处，区政府驻新碶街道长江路1166号。2024年末，全区常住人口90.4万人，户籍人口45.7万人；经初步核算，全年完成地区生产总值3035.0亿元，三次产业结构比0.3∶42.0∶57.7；实现一般公共预算收入404.1亿元；城镇、农村居民人均可支配收入分别为85700元、53405元。

北仑区港口资源极为丰富，海岸线总长150.2千米，岸陡坡峭，水深流急，不冻不淤，南北两条深水航道可供超大型船舶通航。1979年开始建造北仑港，先后建成北仑、大榭、穿山和梅山4个港区，是中国大陆大型和特大型深水泊位最集中、10万吨级以上超大型船舶进出港航次最多的港口，成为中国港航“硬核力量”。依托港口优势，在区内建成宁波经济技术开发区、宁波保税区（宁波保税物流园区）、宁波大榭开发区、浙江宁波出口加工区、宁波梅山保税港区以及浙江自由贸易试验区宁波片区，建立石化、能源、钢铁、汽车、船舶、造纸等临港产业基地，形成塑机、服装、模具、文具、港口物流等优势产业集群。同时，推进一二三产交叉互动、融合发展，形成以花木、特色茶果为主导，粮蔬、畜牧、渔业为补充的农业产业格局。

北仑区背山面海，是浙东门户、军事要地。北仑人民富有敢闯敢干的创造和革命精神。新石器时代，北仑先民就创造出大榭遗址，历经数千年发展，衍生出海塘文化、海防文化、渔盐文化等，形成穿山造趺、蛟川走书、唱新闻等民俗文化，涌现出爱国实业家李善祥、“党章守护者”张人亚、“浙东女英雄”李敏等乡贤名士、革命志士。明代的抗倭，近代的抗英、抗法、抗日战争都曾在北仑区内发生激烈战斗，留下戚家山营垒、金鸡山瞭台、靖远炮台等海防遗址。在滨海滩涂上建立起现代化国际港口城区，建成一批特色的工业社区，为企业发展提供全链条营商环境保障服务；在全省首创“九村一社区”统筹管理模式，成为全国统筹城乡发展的典型。

鄞州区

位于宁波市中心城区东南部，东北毗邻北仑，东南临象山港，南接奉化，西与海曙以奉化江为界，西北及北与江北、镇海隔甬江相望。东西长42千米，南北宽32千米，陆域面积814平方千米；由中部宁绍平原、鄞东山区、鄞东北大嵩平原组成，甬江、奉化江流经西北边缘，东北大嵩江独流入海，前塘河、中塘河、后塘河以及东钱湖流布中部平原。自唐至清为明州、庆元府（路）、宁波府的附郭县，2014年以后为宁波市政府所在地。全区辖15个街道办事处（其中梅墟、新明、聚贤街道委托宁波国家高新技术产业开发区管理）、10个镇，区政府驻首南街道惠风东路568号。2024年末，全区常住人口171.1万人，户籍人口100.3万人；经初步核算，全年完成地区生产总值3112.7亿元，三次产业结构比1.1∶27.1∶71.8；实现一般公共预算收入302.6亿元；城镇、农村居民人均可支配收入分别为91698元、56491元。

鄞州素称“诗书之乡”“商贾之乡”“中国博物馆之乡”，是佛教文化的重要传播地。天童寺、阿育王寺、七塔禅寺、东钱湖石刻群、庆安会馆等古迹以及宁波（鄞州）博物馆、宁波服装博物馆、宁波科学探索中心等都坐落在鄞州。素有重教崇文传统。自唐宋至清末，有学术专著并由县志著录的有1550人，民国《鄞县通志·艺文编》辑录典籍4400余种，书法家沙孟海、生物学家童第周、油画家沙耆、昆虫学家周尧都是鄞州人。

鄞州新城区建设起步于1995年，综合配套能力覆盖33平方千米，集聚宁波诺丁汉大学、浙大宁波理工学院等8所院校，拥有联合国人居奖（中国）优秀范例奖、中国生态城市等称号。东部新城成为宁波市的政治、经济、文化和商业中心。鄞州农业发达，邱隘雪菜、湾底桑果等颇具影响。改革开放后，逐步从农业大县成长为工业强区、二三产融合发展的都市经济强区，拥有金属制品业、通用设备制造业、计算机通信、电梯关键配套件、汽车零部件等优势制造业，形成以金融保险、港航服务、会展商务、楼宇经济等为特色的都市产业体系。

奉化区

位于宁波市区南部，东濒象山港，隔港与象山相望，南连宁海，西接余姚和绍兴市的新昌、嵊州，北与鄞州、海曙相交。东西长70.5千米，南北宽42千米，陆域面积1268平方千米；由东北部宁奉平原、西北及西南的四明山和天台山山地、沿象山港低平地带及港内24个岛屿组成，剡江、县江和东江由西南山地盘旋而出，汇聚成奉化江，东南部10余条溪河流注象山港，大体呈现“六山一水三分田”的地貌格局。全区辖8个街道办事处、4个镇，区政府驻锦屏街道锦屏南路1号。2024年末，全区常住人口59.2万人，户籍人口47.5万人；经初步核算，全年完成地区生产总值1102.2亿元，三次产业结构比3.5∶58.8∶37.7；实现一般公共预算收入87.2亿元；城镇、农村居民人均可支配收入分别为73485元、46510元。

奉化人文底蕴深厚。早在五六千年前，创造出名山后文化。距今4200年前，以白杜为中心的堇子国是宁波区域政治、经济和文化中心。五代后梁有布袋和尚（弥勒佛），奉化因此被称为“弥勒圣地”。宋代有“梅妻鹤子”林逋。元代有“江南夫子”戴表元。奉化是中国优秀旅游城市，拥有宁波市首个国家5A级旅游景区——溪口—滕头景区，蒋氏故里溪口、“天下禅宗十刹”雪窦寺及露天弥勒大佛驰誉中外，溪口镇和“全球生态500佳”“世界十佳和谐乡村”滕头村分别入选中国2010年上海世界博览会城市未来馆亚洲唯一代表案例和城市最佳实践区唯一乡村案例。

奉化物产丰饶，“琼浆玉露”水蜜桃、“罗汉圣果”芋艿头以及草莓、青梅等享誉中外。汽车摩托车及零部件、气动元件、厨卫家居等工业颇具优势，是全国汽车零部件生产基地、国家气动元件集群示范基地、中国厨卫配件产业基地；拥有“中国服装之乡”称号和省级非物质文化遗产奉化红帮裁缝技艺，创造出“罗蒙”“金海乐”“荣昌祥”等100多个商标。城区建设于2016年撤市设区后快速推进，进入宁波“半小时通勤圈”，建成浙江药科职业大学校区、城市文化中心等，由“一辆三轮车就能逛遍”的县城跨越到现代化新城区，实现社会民生同城化。

余姚市

位于宁波市西北部，东邻江北、海曙，南枕四明山，与奉化、绍兴市的嵊州接壤，西连绍兴市的上虞，北接慈溪，西北濒钱塘江、杭州湾。东西宽46.9千米，南北长67.3千米，陆域面积1501平方千米；由北部滨海平原、中部姚江河谷平原、南部四明山组成，余姚江穿境而过，大体呈现“五山二水三分田”的地貌格局。全市辖6个街道办事处、14个镇（小曹娥镇是前湾新区的直管区）、1个乡，市政府驻兰江街道北兰江路1号。2024年末，全市常住人口126.7万人，户籍人口82.5万人；经初步核算，全年完成地区生产总值1682.8亿元，三次产业结构比3.3∶57.9∶38.9；实现一般公共预算收入137.7亿元；城镇、农村居民人均可支配收入分别为79704元、51286元。

余姚历史悠久，有8000年前的井头山、7000年前的河姆渡和田螺山等遗址，是世界水稻起源地之一。余姚历史见于文献记载从虞舜开始，先后有“舜耕历山”“禹藏秘图”之说。素有“文献名邦”“东南最名邑”之称，是姚江学派发祥地。东汉有以高风亮节称世的严光，晋有中国最早发现“岁差”的虞喜，隋唐有书法家虞世南，元有医学家滑寿，明清有集心学之大成的王守仁、中日文化交流先驱朱之瑜、浙东史学派奠基人黄宗羲，现代有文学家楼适夷、教育家蒋梦麟等，抗日战争时期在以梁弄为中心的浙东抗日根据地涌现出谭启龙、何克希等大批抗日志士。历史文化遗产众多，1991年被列为浙江省历史文化名城，有河姆渡文化遗址、浙东抗日根据地遗址、王守仁故居、黄宗羲墓等名胜古迹1000余处。

余姚品牌农业、休闲农业较强，拥有中国杨梅、榨菜、茭白、蜜梨、红枫、高山云雾茶之乡等称号，建成榨菜、茶叶等省级“土特产”全产业链，以及优质农产品基地、休闲观光农业示范基地20余个。余姚有中国“塑料王国”“模具之乡”之称，拥有汽车零部件、电动工具等块状特色产业21个，获得中国灯具、水暖器材、消防器材之乡等称号。建成远东工业城、中国轻工（余姚）模具城、中国裘皮产业园以及中国塑料城等专业市场，形成家用电器、塑料模具、机械五金、化纤纺织四大传统优势产业，新材料、光电信息、新能源汽车及关键零部件、机器人及智能装备产业链形成新优势，中国机器人峰会在世界人工智能领域的知名度不断攀升。

慈溪市

位于宁波市西北部，东及东南以翠屏山丘陵接镇海区、江北区，西及西南连余姚市，北濒杭州湾。东西长约54千米，南北宽约29千米，陆域面积1361平方千米；由南部翠屏山丘陵和北部平原组成，其中平原以大古塘河为界分南北两部分，沿山散布上林湖、白洋湖等湖泊，系严重缺水地区，大体呈现“二山一水七分田”的地貌格局。全市辖6个街道办事处、14个镇（庵东、崇寿镇为前湾新区的直管区），市政府驻白沙路街道三北大街655号。2024年末，全市常住人口188.9万人，户籍人口107.4万人，是全国4个步入Ⅱ型大城市行列的县级市之一；经初步核算，全年完成地区生产总值2928.6亿元，三次产业结构比2.2∶54.2∶43.6；实现一般公共预算收入227.3亿元；城镇、农村居民人均可支配收入分别为79731元、53289元。

慈溪有“唐涂宋地”之称，自古就是围垦、移民地区，孕育出围垦、移民、青瓷、慈孝等地域文化，并建有浙江杭州湾国家湿地公园。传说秦代，名士徐福在慈溪达蓬山起航东渡日本；三国时期始创的浙东第一古寺五磊寺，为历代游览朝拜、吟咏流连之所；晋唐上林湖越窑是青瓷生产中心，经海上陶瓷之路远销海外。历史上名人荟萃，南宋江湖派诗人高翥与哲学家黄震，近代商界巨子吴锦堂与虞洽卿，辛亥革命先驱马宗汉与马克思主义教育家杨贤江等都出自慈溪。浙东工农红军第一师、三北敌后抗日根据地曾建于慈溪市境内。

慈溪盐、棉“二白”因围垦而兴盛，曾有“棉都”“盐仓”之称。直到20世纪末棉花种植仍占相当大比重，盐业于2001年停止生产；如今形成创汇蔬菜、名优水果、特色水产、花卉苗木、食草畜禽（蜂）等优势农产品，获得中国杨梅、黄花梨之乡等称号。慈溪是中国三大家电生产基地之一、全国重要的现代制造业基地，拥有占地30公顷以上工业集聚区30多个，坐拥前湾新区、慈东工业园区，形成智能家电、机械基础件、汽车及零部件等优势产业链，以及全国最大电熨斗生产基地、全国最大电吹风生产基地等块状特色产业37个，享有中国“家电之都”“轴承王国”“轻纺基地”“打火机世界”“模具之乡”和“毛绒名城”等称号。

宁海县

位于宁波市南部，北连奉化，东北濒象山港，东接象山，东南临三门湾，南邻台州市的三门，西与台州市的天台、绍兴市的新昌为界。东西长64.4千米，南北宽49.4千米，陆域面积1843平方千米；由西部及东北部山地、中部低山丘陵、东部及南部海积平原、城北河谷平原、42个岛和55个礁组成，白溪、凫溪、清溪等溪河短促，大体呈现“七山一水二分田”的地貌格局。全县辖4个街道办事处、12个镇、2个乡，县政府驻跃龙街道县前街18号。2024年末，全县常住人口71.3万人，户籍人口62.7万人；经初步核算，全年完成地区生产总值1068.0亿元，三次产业结构比5.4∶47.3∶47.4；实现一般公共预算收入70.2亿元；城镇、农村居民人均可支配收入分别为78165元、47510元。

宁海人文底蕴深厚，拥有前童、许家山、龙宫等古镇、古村，以及平调耍牙、十里红妆婚俗、泥金彩漆、前童元宵灯会等民俗文化，是“中国古戏台文化之乡”“中国婚嫁文化之乡”。《资治通鉴》注释者胡三省、明代大儒方孝孺是宁海文脉的象征和“台州式硬气”的示范者。宁海是明代《徐霞客游记》开篇地和“中国旅游日”发祥地，有南溪温泉、望海茶等生态资源，建有双峰国家森林公园、桃花溪省级森林公园、南溪省级森林公园3个自然保护地，是“中国茶文化之乡”，2003年获评全市首个国家级生态示范区。

宁海农渔并重，拥有宁海白枇杷、宁海土猪、长街蛏子、凫溪香鱼等优势农渔产品，建成蔬菜、竹笋、茶叶、柑橘、枇杷、土鸡和生猪等生产基地，被农业部命名为“海水养殖基地”，是国家级制种大县。工业特色鲜明，拥有中国模具产业、文具产业、汽车橡胶部件产业、压铸产业和汽车零部件制造5个“国字号”基地，正在建设新能源产业集群，宁波南部滨海经济开发区成为环杭州湾产业带和温台沿海产业带的重要联接点。宁海是首批国家全域旅游示范区，拥有宁海湾、东海云顶、伍山石窟、梁皇山等名胜景观，建成国内首条“国家登山健身步道”，是中国运动休闲大会永久性会址，中国（宁海）徐霞客开游节和十里红妆婚俗文化成为浙江文旅“金名片”。

象山县

位于宁波市东南部，居象山港与三门湾之间，北及西北临象山港，与鄞州、奉化隔港相望，东濒大目洋，南接猫头洋，西南与台州市的三门隔海相峙，西连宁海。东西宽127.75千米，南北长108.50千米，陆域面积1382平方千米；由象山半岛东部、沿海505个岛屿及其海域组成，平原多沿海散布，溪河源短流急、独流入海，大体呈现“七山一水二分田”的地貌格局。全县辖3个街道办事处、10个镇、5个乡，县政府驻丹东街道后堂街21号。2024年末，全县常住人口57.9万人，户籍人口53.4万人；经初步核算，全年完成地区生产总值943.0亿元，三次产业结构比16.6∶35.6∶47.8；实现一般公共预算收入67.9亿元；城镇、农村居民人均可支配收入分别为75293元、46453元。

象山是海洋资源大县。北部象山港为深水良港，南部石浦港是国家中心渔港；拥有韭山列岛国家级自然保护区、渔山列岛国家级海洋生态特别保护区、花岙岛国家级海洋公园、象山港白石山岛海域海洋牧场试验区，获评首批国家级海洋生态文明建设示范区，素称“海山仙子国”，是风情独特的“千年古渔乡”。全县18个乡镇（街道）都临海，都有浓郁的渔乡风情，获得“中国水产之乡”“中国梭子蟹之乡”“中国海鲜之都”等称号。海洋渔文化、海防文化、“不老”文化等海洋特色文化丰富，是全国唯一以县域为单元的国家级海洋渔文化生态保护区。石浦渔港古城连年举办的中国开渔节获评全国十大民俗节庆。

象山工业以船舶修造、针织服装、汽配、输变电及控制设备制造、电力、模具、水产品加工等为主，临港装备产业成为工业经济的核心产业集群，拥有象山经济开发区、浙台经贸合作区、宁波象保合作区、宁波市影视文化产业区、大目湾海洋青创城等平台。象山是浙江省政府第一批命名的“建筑之乡”，建筑企业施工量常年占宁波市的三成。针织产业是象山县最具特色和优势的主导行业，有“中国针织名城”之称，是国内最大的针织服装出口生产基地之一。依托“海洋、生态、文化”优势，2023年亚帆中心成功承办杭州2022年第19届亚洲运动会帆船帆板、沙滩排球赛事，海洋生态旅游业成为重点支柱产业。

卷二　自然环境

地　质

地质演变　宁波市地质演变历史共有6次构造运动和地槽、地台及活动陆缘3个阶段。20亿年前，全省统一的花岗质上地壳属中华古陆。古元古代（约25亿～16亿年前）至中元古代（约16亿～10亿年前），古陆裂解、扩张，市境上形成广海型海槽，接受沉积，开始进入地槽发展阶段。古元古代晚期（约18亿年前），中条运动发生，地槽抬升成陆，构成浙东南最早的结晶基底。中元古代中期（约14亿年前）以后，浙东南古陆发生裂解、分离，海盆不断扩展。中元古代末期（约10亿年前），早晋宁运动发生，海盆隆起成陆。至晋宁运动末期（约8亿年前），地槽阶段结束，全省成为统一的华南古陆。晋宁运动之后，浙西北进入地台发展阶段，经历加里东运动、印支运动，宁波陆块隆起、剥蚀。至印支运动末（约2.05亿年前），浙江形成完全统一的古陆，地台阶段结束，进入活动陆缘发展阶段。中生代（约2.52亿～6600万年前）晚侏罗世初（约1.55亿年前），燕山运动拉开序幕，形成茶山破火山、涂茨破火山、灵峰山火山穹窿等火山构造。白垩纪（约1.45亿～6600万年前），燕山运动继续，形成宁波盆地和姚江谷地、宁海盆地、丁家畈盆地等断陷盆地。白垩纪末期，湖盆消亡，燕山运动结束。新生代古近纪（约6500万～2330万年前），由中生代火山岩、沉积物和侵入岩组成的地面崎岖不平，长河凹陷受流水侵蚀和风化剥蚀而形成近千米厚的泥沙碎屑和少量火山岩堆积，喜马拉雅运动拉开序幕。新近纪（约2300万～258.8万年前）中新世（约2300万～530万年前）早期，宁波陆块稳定隆升，长河凹陷湖盆消亡。至中新世中早期，宁波陆块形成低起伏的平坦地面——夷平面（在余姚市罗成山可见残留的夷平面和花岗岩表部古风化壳）。中新世晚期至上新世（约530万～258.8万年前）早期，受太平洋板块碰撞影响，形成分布广泛、产状平缓的熔岩台地地貌，在宁海的茶院、岔路等地形成玻基辉橄岩筒。上新世晚期至第四纪（约258.8万年前至今）早更新世（约258.8万～73万年前），气候变凉变干，海平面下降，夷平面和覆盖层开始遭受侵蚀、剥蚀。中更新世（约73万～13万年前），断裂活动明显变强，夷平面和熔岩台地被切割、肢解，四明山等块体隆升，宁波盆地、姚江谷地等地块下沉。同时，气候发生冷暖变化，引起海侵海退。至晚更新世（约13万～1.17万年前）末期，海平面降至历史最低点，流水侵蚀作用异常剧烈，在沟谷、山麓部位形成沟谷平原、山前斜地等堆积，下降区形成冲洪积和海陆交互堆积等平原。至全新世（约距今1.17万年以后的时代），气候由冷变温热，海平面大幅上升，距今6500年前的海平面比现今海平面高2～4米；流水侵蚀作用减弱，风化剥蚀作用和堆积作用变强，山体高度不断蚀低，夷平面和熔岩台地被侵蚀成“桌状山”“平顶山”，出露的花岗岩形成独特的“石蛋地貌”，宁波平原等平原堆积厚度增加、范围变大。距今约5500年前，海面开始下降，沉积环境经历浅海—潮间带—湖沼—陆地变化。距今约4000年前，宁波平原等现代平原形成。与此同时，海洋动力作用不断改造海岸带，形成现代海岸带海蚀、海积地貌。

地层　市境内地层包括前第四系地层（岩石地层）和第四系地层，可划分为23组。前第四系地层，属华南地层大区、东南地层区、沿海地层分区。出露的地层主要为上侏罗统火山岩系，其次为白垩系火山—沉积岩系，中元古界变质岩、下侏罗统碎屑沉积岩和新近系基性熔岩夹河湖碎屑沉积零星分布，古近系湖相碎屑沉积夹少量火山岩隐伏于三北平原西部。根据沉积环境和沉积特点，第四系地层分为山区第四系地层和平原第四系地层，为一套冲积、洪积和海陆交互相的碎屑沉积，广布于全市。

岩石　市境内出露的岩石以火成岩（包括火山岩、侵入岩）为主，其次为沉积岩，少量变质岩。火山岩以火山碎屑岩最发育，广布于低山丘陵；熔岩零星分布在茶山破火山、灵峰山火山穹窿等火山构造的火口及四周。侵入岩于燕山期、喜山期形成，以燕山晚期较多，多呈岩株、岩枝产出。燕山早期侵入岩，仅有澥浦侵入体一个，分布于镇海的澥浦—九龙湖—慈溪的龙山一带。燕山晚期侵入岩，主要有奉化袭村，宁海马岙、西店，象山爵溪、墙头，余姚梁弄，鄞州育王寺，北仑白峰等侵入体。喜山期侵入岩不发育，仅见5处小侵入体，以岩筒产出，分布在宁海茶院、一市、岔路和西溪。沉积岩以碎屑岩为主，少量化学岩，分布在宁波盆地、姚江盆地、丁家畈盆地、宁海盆地，以及象山石浦、宁海长街等地，均属早白垩世河湖相沉积物；在慈溪长河盆地也有分布，属古近纪河湖相沉积物。变质岩仅在余姚湖山、慈溪相公殿隐伏于第四系之下，镇海九龙山、慈溪金夹岙和伏龙山等地也有小面积分布。

断裂构造　市境属于浙东南褶皱带大地构造单元，发育6条主要断裂及配套的小断裂。温州—镇海深断裂宁海—镇海段，纵贯宁波市境，市境内长约110千米，走向10°～30°，宽10～13千米，沿断裂带分布有晚侏罗世灵峰山火山穹窿，以及宁波、宁海2个白垩纪盆地。丽水—余姚深断裂余姚段，分布于余姚城区西侧，市境内长40余千米，走向10°～30°，对古近纪长河凹陷具有控制作用。丽水—奉化大断裂奉化—北仑段，斜贯宁波市境，市境内长约85千米，走向40°～60°，宽5～15千米，对宁波、天台2个盆地的形成发展具有控制作用。昌化—普陀大断裂余姚—镇海段，分布于余姚与慈溪交界的东西向山脉部位，市境内长约60千米，走向近东西，宽约10千米，对姚江谷地和丘陵展布具有控制作用。孝丰—三门湾大断裂宁海段，分布于市境南部，长约40千米，走向北西，市境内构造形迹不十分清晰，仅见断裂两侧分布新近纪玄武岩。余姚—宁波断裂，西起钱塘江，东至鄞州五乡镇宝幢，长约87千米，走向北西西；西段为长河凹陷南界，中段控制姚江谷地的形成和发展，东段切错宁波盆地沉积层。

火山构造　市境位于环西太平洋火山带，中国东南沿海中、新生代火山活动带北段，圈定有晚侏罗世1个火山穹窿、2个破火山，早白垩世4个火山构造洼地。灵峰山火山穹窿，属晚侏罗世火山构造，分布在宁波平原与大碶平原之间的灵峰山、四顾山、双峰山，北北东向展布，椭圆形，面积150平方千米。茶山破火山，晚侏罗世火山构造，分布在宁海茶山，圆形，面积约410平方千米。涂茨破火山，晚侏罗世火山构造，分布于象山涂茨、爵溪一带，出露不全，圆形，直径约14千米。早白垩世的宁波、姚江谷地、宁海、丁家畈4个火山构造洼地，因构造背景由挤压转为拉张，先沿断裂带发生断块下陷，再被火山碎屑沉积岩充填而形成，也称断陷盆地。中新世的余姚大陈盾火山，分布于余姚大岚镇大陈村一带，叠在丁家畈火山构造洼地之上，平面呈等轴状，面积约7平方千米，由火山碎屑锥及熔岩被组成，构成熔岩台地。

盆地构造　市境内有中生代早白垩世宁波盆地、姚江谷地、宁海盆地、丁家畈盆地，新生代古近纪长河凹陷。宁波盆地，受断裂控制呈北东向长条形展布，南起奉化，北向潜入海洋，西连姚江谷地，东至丘陵，陆地面积1070平方千米。姚江谷地，受北西向断裂控制，长条形分布，西起余姚马渚，东至江北慈城，长约37千米，宽3.7～6.2千米，面积约180平方千米。宁海盆地，受温州—镇海深断裂控制，呈北北东向展布，南起宁海桑洲，北至宁海强蛟，长约16千米，宽1～7千米。丁家畈盆地，分布于四明山区余姚大岚、鹿亭一带，受北东向断裂制约，呈北东向展布，形态不规则，市境内面积约70平方千米。长河凹陷，受丽水—余姚断裂和余姚—宁波断裂联合控制，隐伏于第四系地层之下，北东向展布，面积大于375平方千米。

工程地质 市境内的前第四系地层力学性质良好，工程建设中常作为良好的基础持力层。平原区第四系地层厚度大，岩性和成因类型复杂，宁波平原亚区、大碶平原亚区、咸祥平原亚区为50～100米，慈北平原亚区、长街平原亚区超过130米，山麓沟谷区较薄。第四系地层中，海相沉积的淤泥质土和软黏性土力学性质差，压缩性高，是拟建物的主要压缩层，工程建设中一般不选作基础持力层；陆相沉积地层力学性质良好，工程建设中常选作基础持力层。

地 貌

宁波市地势西南高、东北低，拥有“五山一水四分田”的地貌格局和陆阔海深、两港一湾包夹的地理优势。2016年，第一次地理国情普查查明，全市陆域面积9365.58平方千米（以海岸线起算）。其中，山地4811.92平方千米，占51.38%；水域598.82平方千米，占6.39%；平坦地3954.84平方千米，占42.23%。西南部为浙东低山丘陵区，主要是仙霞岭山脉入境后形成的天台山脉、四明山脉，两者以剡溪和沙溪为界，从东南、西北两翼钳夹宁波平原。东北部和中部为甬江流域平原（属于宁绍冲积平原），河流纵横。西南部山地最高979米，东北部平原标高2～3米，三江口城区海拔4～5.8米，郊区海拔3.6～4米。市境陆域有3个地貌区：四明山—天台山构造侵蚀低山丘陵区，主要分布在宁海、奉化、海曙西部和余姚南部，由四明山脉和天台山余脉构成，余姚丁家畈、新宅，宁海道士桥、大岗头等剥蚀平原散布其间，面积约2097平方千米；北仑—象山沿海丘陵平原及岛屿区，位于市境东部，北界宁波平原东侧，在丘陵间有北仑道头、三山、大碶，鄞州大嵩，奉化松岙、裘村，象山西周、贤庠、珠溪、南庄、王家、鹤浦，宁海长街、力洋等沿海堆积小平原，面积2796平方千米；宁波—慈北平原区，位于市境中北部，由宁波平原、姚江平原和三北平原组成，属浙北平原区的组成部分，面积3845平方千米。

四明山脉 又名句余山，位于浙东南火山喷发带宁波—仙居喷发亚带上，为仙霞岭北支山脉，系曹娥江、奉化江分水岭。山脉由宁波市境西南即奉化西部、余姚南部入境，北北东向蜿蜒。山体呈长方形，四周边界清晰。山上部分地形较平坦，山体四周边缘较险峻。山脉南部高、北部低，最高峰扑船山海拔1021米，主峰四明山海拔1012米，均在绍兴的嵊州市。市境内最高峰青虎湾岗海拔979米，位于余姚四明山镇辖区内。另有大俞山，位于余姚、海曙交界处，主峰山巅下方约6米陡崖处横列四洞，洞口朝西南，面对抬杠岭，无路。四洞实则二穴。东首一穴独立且小，深2米余，宽约3米。西首三穴，穴前崖壁突兀似平台可歇息，东洞口广大，高约2米，宽近10米；中洞、西洞口低小，允一人弯腰或匍匐而进；入洞内，则三洞石室相通，东广西狭，前部高里壁低，顶有石乳倒悬，壁则乱石珠缀，深6米许，宽近15米。骈列洞穴，仰望犹楼之窗户，历称“四窗”“四明之目”，此为四明山得名之一说。

天台山脉　斜跨浙东南火山喷发带宁波—仙居、定海—黄岩两火山喷发亚带上，为仙霞岭中支山脉，系曹娥江、甬江、灵江分水岭。天台山主干山脉在台州的天台县，宁波市境内为其余脉，自宁波市境西南即宁海西南入境，北东向绵延斜贯市境东南。山脉整体呈北东走向，入境后分中段、北东段两支。中段山脉呈北北东走向，位于奉化白杜至宁海桑洲、剡江间；北东段山脉呈北东走向，沿布象山港两岸，分隔为南北两支。山体含奉化西南部与宁海西部的低山丘陵，以及东南部低山丘陵港湾区内的所有山地。主峰华顶海拔1098米，最高峰苍山海拔1113米，均在台州的天台县。市境内最高峰蟹背尖海拔954米，位于宁海、台州天台、绍兴新昌县交界处。

翠屏山丘陵　四明山余脉北渡姚江谷地即翠屏山丘陵，主要由凝灰岩组成。东西走向，横贯慈溪、余姚2市和江北、镇海2区，绵延40余千米。东端低丘，海拔100米左右。中部高而宽，海拔300～400米，最宽处9千米；至慈溪横河镇石堰，下陷为东横河，逾河西端，高100～200米。南部山丘众多，山脊平缓，相对高差50～100米；北坡相对陡峭，沟谷较深，多古潟湖演变而成的淡水湖泊。最高峰蹋脑岗，又名急风岗，海拔446米，位于慈溪匡堰镇。另有五磊山，内外五峰环聚。五磊山南有两岩屹立如门，以通出入，位于慈溪观海卫镇与掌起镇交界处。

宁波平原　浙东较大平原之一，在市境中部偏东北。呈北北东走向，东界北仑小港—鄞州莫枝—奉化东山一线，西界镇海澥浦—海曙樟村—奉化岩坑一线，南界奉化锦屏南—奉化溪口、岩坑一线，北向潜入灰鳖洋。面积约1200平方千米，含海曙、镇海、江北和鄞州大部，以及北仑东部、奉化北部。侏罗纪末形成盆地基底，第四纪形成平原，厚120余米。环绕浅切割低丘，南西向北东微倾。余姚江、甬江流经北部，奉化江流贯南部，格状水网发育，系粮油作物集中种植区和高产区。属滨海湖沼淤积平原，湖沼相有机质黏土夹泥炭层。由于沉积环境差异，南部奉化萧王庙、海曙鄞江等较大山间河谷，及其两侧山麓地带为砂砾石洪积冲积平原；奉化尚桥为含砾亚黏土山前洪积平原；甬江口为亚黏土、亚砂土冲海积平原；镇海骆驼桥至招宝山一线以北为淤泥质亚黏土滨海海积平原。平原西部，可见到高出平原1～2.5米的海积阶地。

三北平原　因地处1954年以前的慈溪、余姚、镇海3县北部，故名。呈东西走向，南界慈溪龙山、洋山、浒山、横河至余姚低塘、临山一线，北向呈扇面形凸入杭州湾，含慈溪北部平原、余姚北部西端，西连绍兴平原。面积730平方千米，为宁波市第二大平原、唯一沉积下第三系平原，厚1127～1738米。水网密布，系棉花集中种植区。属海积平原，潮流挟带泥沙堆积而成。零星散布的孤丘坡麓，海蚀痕迹明显。1047年（宋庆历七年），沥海、历山、浒山、观城一线开始筑塘围田，因淤积扩张，历代海塘层层外移，遂成三北百里平川。今淤积扩张仍在继续。

姚江平原　位于余姚中部、慈溪南部、江北西部。呈东西走向，北界余姚临山、低塘至慈溪浒山、洋山一线，南界余姚长丰、陆埠至江北乍山一线，东连宁波平原，北接三北平原。面积720平方千米，东端属江北，东南属海曙，其余属余姚、慈溪。系粮油作物种植区。属潟湖湖沼、海积平原。发展历史与宁波平原相同。有井头山、河姆渡、田螺山等文化遗址和句章古城遗址。平原两侧，可见到高出平原1～2.5米的海积阶地。

水　系

按中国水系划分，宁波市河流属于中国浙闽台沿海诸河流域，集水面积10平方千米以上的山地河流126条，河长1500千米，河道面宽5米以上的平原河流4142条，河长8774千米。市境内水系可分为入海江溪和内河水网。入海江流，主要有甬江、奉化江和余姚江组成的甬江水系，其流域面积4518平方千米，其中余姚江、甬江是中国南北大运河浙东运河的终段。入海溪流，主要分布在象山港沿岸（95条）和三门湾北岸（16条），源近流短，流域面积50平方千米以上的河流共13条，其中100平方千米以上的6条，自北向南依次为大嵩江、凫溪、中堡溪、茶院溪、白溪、清溪，以白溪流域面积最大。内河水网，分为鄞西（今海曙）、鄞东南、江北与姚慈4个河网区，前三者毗邻宁波城区，构成城区向四乡辐射的网络；余姚、慈溪、镇海一些平原河流汇入杭州湾，集水面积1500多平方千米。此外，宁海、余姚有几条山地河流的流域涉及曹娥江水系。全市山溪—平原混合型河流多，其上游山区流域边界清晰，下游平原流域边界无法界定；山溪河段源短、坡陡、流急、汇水快，平原河段排泄受潮水顶托，易发生洪灾和平原内涝；枯水期流量小，山溪径流滞蓄困难，遇少雨干旱时常出现断流；感潮河段长，受潮汐影响大，闸外易淤积；平原河网调蓄能力不足，河水流动性差，环境容量小。2008年，宁波市划定首批9条市级河道。2012年，省水利厅部署全省河道等级划分工作。此后，省、市、县三级陆续公布相应等级河道，市境内共有省级河道1条（甬江）、市级河道18条、县级河道168条。

在海侵时期，海水直拍四明山麓，平原为浅海区，山区剥蚀下泄泥沙在海潮推顶作用下，沉积成沙洲，并逐步扩大外移。海侵水退后，外缘形成海岸，内侧形成潟湖。潟湖经沼泽化逐步淤成平原，低洼处遗留、淡化而成湖泊。故甬江流域及余姚江北部山麓地带遗留一大批海迹湖。市境内曾有湖泊近百处，北宋末年以后，由于淤塞、开垦等原因，古湖泊大多不存，如广德湖、小江湖、马湖、日湖、白沙湖、槎湖、雁湖、桐下湖、楂湖、松阳湖、乌戎湖、寺湖、小楂湖、乐安湖、臧墅湖、蒲阳湖、莫家湖、赵兰湖、西泉湖、鸭荡湖、汝仇湖、余支湖、东泉湖、黄沙湖、附子湖、独姥湖、新湖、新海湖、鲤子湖、桐树湖、烛溪湖、银淀湖、乌玉湖、烛溪西湖、白沙湖、花墅湖、仁湖、劳家湖等均湮废，仅剩穴湖、上岙湖、上林湖、梅湖、前溪湖、牟山湖、千金湖、凤湖、窖湖、灵湖、杜湖、白洋湖、月湖、东钱湖、慈湖共15处，且大多面积缩小；其中穴湖、上林湖、梅湖、前溪湖、杜湖改建成水库。

甬江　是浙江省八大水系之一，有余姚江、奉化江两源。余姚江干流、奉化江干流于宁波市区三江口汇合成甬江干流，至镇海口注入东海。以三江口起算，至外游山长跳咀（东侧），长25.8千米，称甬江，古称大浃江。根据浙江省水利厅《浙江省河流手册》（2016年版），以“河长唯长、面积唯大、水量唯大”，并结合河流发育情况，综合确定甬江以奉化江为主流，河长119米；余姚江为支流，但按以往习惯，仍称余姚江为甬江源头。流域地势西南部高、东北部低，干流总趋势为西南—东北向。流域面积50平方千米以上的一级支流有康岭溪、县江、东江、鄞江、通明江、中山河、洋溪河、大隐溪8条，其中前5条流域面积在100平方千米以上。

奉化江　是甬江的最大支流，干流全长93.1千米，流域面积2223平方千米，平均比降8.1‰，河源高程715米，流域最大高程967米。干流发源于奉化、余姚、嵊州三地交界的大湾岗东坡（位于绍兴的嵊州市金庭镇董家彦村境内），至奉化溪口镇公棠村的河段称晦溪。在公棠村右纳康岭溪后称剡江，经溪口镇至萧王庙街道，筑橡胶坝，拦上游来水至鄞奉平原。续流至方桥附近三江口，与东江、县江汇合后称奉化江，向西北流至海曙石碶街道横涨村谢家獿左纳鄞江，横涨以下河道蜿蜒曲折，流至宁波市区三江口，与余姚江汇合后称甬江。奉化江中下游系感潮河段，咸淡水交替，江道为甬奉间水运要道。

余姚江　习称姚江，又称舜江，河长103.9千米，流域面积1934.1平方千米，平均比降6.2‰，河源高程665米，流域最大高程687米。干流发源于余姚大岚镇大岚村夏家岭东北眠岗山西坡，自河源西北流经梁弄镇入四明湖水库，称梁弄溪；出四明湖水库至新江口称四明江，在新江口与通明江汇合后称余姚江；至曹墅桥以后，左岸先后连通平原河流马渚中河、食禄桥江；流经余姚城区后，河道蜿蜒曲折，中山河、洋溪河依次汇入，左连平原河流慈江，右纳大隐溪，向东南流至宁波市区三江口与奉化江汇合。以四明湖水库大坝起算，至三江口，余姚江干流总长80.9千米。1959年姚江大闸建成后，姚江大闸上游成为内河，下游3.3千米河段仍为感潮河段。2005年蜀山大闸建成后，习称蜀山大闸上游为上姚江，下游为下姚江。

内河河网 位于城区西侧的鄞西河网区，内含南塘河、中塘河、西塘河、湖泊河、千丈镜河等，流域面积294平方千米。该水网在皎口水库建成之前经常枯竭。位于城区东南方向的鄞东南河网区，内含小浃江、后塘河、中塘河、九曲河等，流域面积586平方千米。位于城区北部的江北河网区，内含江北大河、前大河、中大河、沿山大河、万弓塘河等，流域面积364平方千米。该河网水源在姚江大闸建成后，多由余姚江供给。姚慈河网区，内含马渚横河、高桥江、青山港、长泠江、西江、中江、东江、四塘横河、七塘江、四灶浦、水云浦、新浦、洋浦、高背浦、淹浦、古窑浦、淞浦等，总长1911千米。

东钱湖 位于鄞州区东钱湖镇，东南背靠青山，西北紧依宁波平原，距宁波市区三江口约15千米。系远古时期地质运动形成的天然潟湖，溪水72条汇集于此，南北长8.5千米，东西宽6.5千米，环湖周长45千米，面积22平方千米，平均水深2.2米，总蓄水量3390万立方米，是浙江省最大的（天然）淡水湖。全湖原有3个部分，西部以师姑山、笠大山为界，称谷子湖；东北部以湖里塘为界，称梅湖（1960年废湖造田）；其余部分称外湖。湖水通过前塘河、后塘河、中塘河及小浃江，与奉化江、甬江相通。湖区原有陶公钓矶、余相书楼、百步耸翠、霞屿锁岚、双虹落彩、二灵夕照、上林晓钟、芦汀宿雁、殷湾渔火、白石仙坪十景，后有南宋石刻公园、岳鄂王庙、福泉山等胜景，有“西子风韵，太湖气魄”之誉。晋朝时已有此湖记载。古时候称“钱湖”，以其上承钱埭之水；又以其利溥，称“万金湖”；曾称“西湖”“东湖”，以其在唐代县治（鄮山）之西、宋代县治（三江口）之东而得名。744年（唐天宝三年），鄮县县令陆南金率众修筑堤坝。此后，王安石、李夷庚、吕献之等历代地方官除葑清界、增筑设施。东钱湖既具灌溉航行之利，又有淤积之弊，因而历代存在捍湖与废湖之争。1978年，建成湖心塘，东西长达4千米，以利轮流疏挖。历经整治，环湖建有七堰九塘。2001年，宁波市东钱湖旅游度假区成立，对东钱湖实施整体整治开发，构建“一心、两区、四带、七景”，2015年入选首批国家级旅游度假区。

气 候

市境濒海，属北亚热带湿润性季风气候，南部具有向中亚热带过渡的特征。四季分明，夏冬长，各平均历时133天、90天；春秋短，各平均历时76天、66天。冬季主要受西风带冷空气控制，夏季受副热带高压、台风和西南气流影响，多异常天气。

全市平均气温呈东高西低、北高南低分布，主要暖区在主城区（海曙、江北、鄞州3区），年平均气温17.6℃，暖中心在鄞州中心区；中部、北部平原区系均温场，温差不大；奉化西部、宁海西南部和象山是低温区。全市年平均最高气温22.0℃，主城区极端最高气温41.3℃（2009年7月20日），全市极端最高气温41.7℃（2003年7月17日余姚）；主城区极端最低气温-6.5℃（1991年12月30日和2009年1月25日），全市极端最低气温-8.1℃（1991年12月30日余姚）。无霜期一般为230～240天。

市境内多年平均降水日数152天（日降水量不低于0.1毫米），最多的年份有185天，最少的年份仅118天，多年平均降水量1523.3毫米（在1250～1800毫米之间）。雨量分布，南部多于北部，且由沿海向内陆递增；多雨区集中在西部山区，宁海双峰、余姚大岚为主要多雨中心，年降水量1800毫米以上；北部滨海地区为少雨区，年降水量不足1300毫米。主城区多年平均降水量1431.5毫米，年内有2个相对雨期，即3—7月的春雨连梅雨，8—9月的秋雨兼台风雨，5—9月降水量占全年的60%。以北纬29° 45′ 为界，北部平原区日照时数明显多于南部山地丘陵地区；主城区年平均日照时数1724.7小时。全市平均相对湿度约78%，属全国最湿润地区之一。全市分地区年均蒸发量1075～1530毫米，北部多于南部，高蒸发量时段4—10月，高峰期7月、8月蒸发量200毫米左右。雾日呈现沿海多于内陆的特征，最多为石浦，年均56.6天，最少为宁海，年均11.1天。内陆5—9月少雾，月均雾日1～2天，沿海7—11月少雾。初霜日一般在11月24日前后，平均终霜日自南而北在3月10—18日，无霜期240～258天。4月1日以后，日最低气温小于等于4℃为晚霜冻，频率10年一遇。降雪一般出现在11月至次年3月，最多时在1—2月。积雪一般出现在12月至次年3月，最多时在1—2月；主城区年均积雪2.1天。冰冻在内陆出现多且早，沿海出现少且迟。平均冰冻初、终间日数最长为奉化，82.0天，最短为石浦，45.7天。

市境内具有典型的季风特征。夏季多偏东南风，冬季多偏西北风；春秋两季为冬夏季风交替期，风向不稳定，春季多偏南风，秋季多偏北风。正常年份，主城区9月至次年3月偏西北风居多，4—8月以偏东南风为主。风速以隆冬、初春大，初夏、秋日小。各风向风速，一般是西北至东北风向大于东至东南、西南风向。主城区年均风速每秒2.1米；沿海石浦站风速最大，年均每秒4.8米，极大每秒47.2米。风力8级或以上的大风日，内陆1～8天，主要出现在1月、8月；沿海25～70天，全年均可出现。部分地区大气条件较佳，可观测到的天文现象比较多，其中2008年的金木双星拱月和2009年的日全食较为罕见。

土　壤

市境内土壤有明显的区域分布特征，可分为滨海平原区、水网平原区、河谷区和丘陵山地4个土区，共9个土类，其中水稻土、红壤、粗骨土和滨海盐土4类分布面积较大。改革开放后，全市土壤质量总体略有下降，有重金属污染风险，有效磷、速效钾含量明显上升，全氮与有机质含量略有下降。2007年，市环境监测中心调查全市土壤环境质量状况，大部分背景点的监测项目均未超标，大部分金属元素和稀土总量均有所升高。2009年，宁波市启动土壤污染治理工作，土壤质量趋于稳定。“十三五”时期，污染地块安全利用率达到100%。此后，受污染耕地安全利用率、重点建设用地安全利用率均达到并超过省定目标。

土类土种　第二次土壤普查（1979—1984年）查明，市境内土壤有11个土类、20个亚类、58个土属和135个土种。其中，水稻土384.26万亩、红壤377.42万亩、粗骨土226.63万亩、滨海盐土193.38万亩、潮土94.31万亩、黄壤37.42万亩、紫色土11.18万亩、新积土2.25万亩、石质土0.85万亩、中基性火山岩土0.12万亩、山地草甸土不足100亩。根据《中国土壤分类与代码》（GB/T17296—2009），市境内土壤有9个土类、18个亚类、49个土属和87个土种。此后，工业化、城市化征用大量的耕地资源进行建设，杭州湾、象山港、三门湾等地海岸线治理，使得市境内土类面积和分布发生较大变化。

耕地质量　1979—1984年，第二次土壤普查查明，市境内耕地稳产高产田面积16.75万公顷，占耕地总面积的52.7%；中低产田面积15.01万公顷，占47.3%。2008—2010年，市、县两级农业部门调查检测全市20.95万公顷耕地的质量，划分为三等六级。其中，一、二、三等田面积分别为10.49万公顷、10.43万公顷、267公顷。耕地中性土壤面积占8%，微酸性土壤占26.5%，微碱性土壤占22.1%，酸性土壤占37.8%，强酸性占4.1%，强碱性土壤占1.5%，其中旱地土壤酸化程度重于水田。2022年，监测显示：土壤pH值中值，水田5.92，以微酸性为主，旱地7.26，以中性为主；土壤（每千克，下同）有机质平均含量，水田42.81克，旱地15.13克；土壤全氮平均含量，水田2.47克，旱地1.08克；土壤有效氮（碱解氮）平均含量，水田196.00毫克，旱地93.91毫克；土壤有效磷平均含量，水田28.46毫克，旱地78.30毫克；土壤速效钾平均含量，水田104.82毫克，旱地220.43毫克；土壤缓效钾平均含量，水田394.00毫克，旱地604.71毫克。

植　被

市境处于亚热带常绿阔叶林区域—东部（湿润）常绿阔叶林地带—中亚热带常绿阔叶林亚区域—浙闽山丘甜槠、木荷林区。全市森林植被可分为针叶林、阔叶林、竹林、灌丛、草丛5个植被型组，含13个植被类型、38个植被群系。

植被水平分布　纬向从南至北无明显差异，主要森林植被马尾松遍布南北，栽培农作物种类基本相同。栽培引种林木、园艺作物表现出一定适应性：南部地区为亚热带水果适生区，澳大利亚引种的木麻黄、桉树的越冬范围以象山港南为限；中部地区分布亚热带、温带相交的水果群落；北部地区分布温带落叶水果群落。经向从东至西植被类型差异较大。东部濒海，天然植被多盐蒿、芦苇，栽培植物以水稻、棉花为主；西部丘陵山地，主要分布山丘植被类型，沿海植物极少见。

植被垂直分布　海拔50米以下，为栽培作物综合区，栽种的农作物主要有水稻、棉花、油菜、蔬菜、蔺草、贝母、紫云英等，栽培的树种常见的有垂柳、杨、楝、乌柏、喜树等。水网地区栽植水杉、池杉、落羽杉、白榆、美国白蜡等作为防护林和四旁绿化树种，田间草本植被丰富，以马唐、飞蓬、狼尾为主；滨海地带常见植被有盐蒿、芦苇等，沟旁、河边分布水浮莲、水葫芦、空心莲子草、游丝草等植被。海拔500米以下，为缓坡丘陵区，自然植被是以常绿阔叶树为主的次生混交林，主要有青冈、苦槠、樟树、紫楠、木荷、甜槠、石栎等常绿阔叶树及枫香、鹅耳枥、南酸枣等落叶阔叶树；其余丘陵的植被为马尾松、黑松、短叶松、柳杉、金钱松、日本扁柏、湿地松、毛竹、杉木、茶、桑、桃、橘等树，除马尾松、短叶松部分为天然林外，其余多为人工引种栽植、封山育林后发育；林下有杜鹃、马银花、檵木、乌饭树等，草本有狗脊、芒萁、沙草等。海拔650～750米，为山地丘陵区，分布常绿阔叶林、落叶阔叶混交林、常绿针叶林及竹林等树种组成的群系，林下有檵木、乌饭树、映山红、狗脊等。海拔800米以上的山区，以马尾松、黄山松、柳杉、金钱松等针叶林为主，散生银杏、马褂木、青钱柳及槭类等落叶阔叶林，还有箬竹、矮灌木及草丛。

自然资源

土地资源 1993年10月，宁波市完成土地详查，有耕地287370.89公顷，园地54792.79公顷，林地330155.72公顷，牧草地136.84公顷，居民点及工矿用地63660.23公顷，交通用地10788.93公顷，水域155645.73公顷。1995年，启动首次土地变更调查，并于1996年10月底完成。1996年以后，除详查年份，每年进行一次土地利用变更调查。第三次全国国土调查显示，2019年底，全市有耕地145521.56公顷，内有水田107934.32公顷、旱地37587.24公顷，慈溪、余姚和宁海占全市的56.60%；园地66705.06公顷，慈溪、宁海、余姚和象山占全市的70.84%；林地411669.75公顷，宁海、奉化、象山和余姚占全市的74.76%；草地11142.42公顷，慈溪、余姚、象山、宁海、镇海和北仑占全市的93.69%；湿地51734.49公顷，象山、慈溪和宁海占全市的88.70%；城镇村及工矿用地171397.50公顷；交通运输用地30632.96公顷；水域及水利设施用地86259.08公顷，宁海、余姚、慈溪和象山水域面积较大，占全市的72.31%。2022年，全市有耕地14.61万公顷，园地6.28万公顷，林地40.88万公顷，草地1.17万公顷，湿地5.07万公顷，城镇村及工矿用地17.66万公顷，交通运输用地3.29万公顷，水域及水利设施用地8.51万公顷。

湿地资源 2008年，专项调查显示，宁波市湿地资源丰富，有近海及海岸湿地、河流湿地、沼泽湿地和人工湿地4类18型，面积389191.24公顷，居浙江省之首。其中，近海及海岸湿地182828.56公顷、河流湿地25230.34公顷、沼泽湿地1.00公顷、人工湿地181131.34公顷。2公顷以上的湿地389190.24公顷，相当于全市区域总面积的33.6%；8公顷以上的湿地23.1万公顷，占全市区域总面积的21.8%。以天然湿地为主，有208059.90公顷，占全市湿地面积的53.5%；人工湿地181131.34公顷，占全市湿地面积的46.5%。第三次全国国土调查显示，2019年底，全市湿地51734.49公顷，分7个二级地类。其中，沿海滩涂51023.86公顷，占98.63%，内陆滩涂710.22公顷，占1.37%，沼泽地0.41公顷；湿地主要分布在象山、慈溪和宁海，占全市湿地的88.7%。至2022年，全市列入国家重要名录湿地1个（杭州湾国家湿地公园）、省级重要名录湿地11处（含镇海九龙湖省级湿地公园、杭州湾国家湿地公园）。

水资源 宁波市水资源分区有曹娥江百官以上的入曹区、姚江区（余慈区）、奉化江及甬江干流区、象山港及三门湾区。径流深等值线的面上分布，自西部山区向东部沿海递减，山区大于平原。径流的年内分配不均匀性明显，多年平均5—9月的径流量占全年径流量的55%～70%，而多年平均10月至次年4月的径流量仅占全年径流量的40%左右，某些年份一个月的径流量甚至可达全年的35%。2005年，宁波市第一次水资源调查评价结果显示：全市水资源总量75.31亿立方米，河川径流总量73.36亿立方米，平均径流系数0.55，平均产水模数为每平方千米83.03万立方米；地下水资源量19.05亿立方米，其中与地表水重复计算量17.10亿立方米；潜水蒸发量（平原区地下水与河川径流不重复量）1.948亿立方米，降水入渗补给系数0.14，产水系数0.56，产水模数为每平方千米85.24万立方米。2020年，宁波市第三次水资源调查评价结果显示，全市水资源总量80.68亿立方米，其中地表水（河川径流量）75.87亿立方米，地下水20.94亿立方米，扣除与地表水重复计算量（16.13亿立方米）后为4.81亿立方米，产水系数0.55，产水模数为每平方千米82.2万立方米。2022年，全市水资源总量94.20亿立方米（人均979.4立方米），其中地表水89.07亿立方米，地下水22.79亿立方米，扣除与地表水重复计算量（17.66亿立方米）后为5.13亿立方米，产水系数0.58，产水模数为每平方千米96.0万立方米。

矿产资源 市境内有金属矿产8种，非金属矿产和建筑石料矿产15种，能源矿产2种，探明矿产地共239处。编入《浙江省矿产资源表》的矿产地17处、矿产13种（铅、锌、铁、钼、银、萤石、石英岩、珍珠岩、叶蜡石、地开石、明矾石、高岭土、泥炭）。总体上看，金属矿产资源匮乏，主要有铅、锌、多金属、铁、金、银、钨、钼等，仅宁海储家铅锌矿为小型矿床，其余均为矿（化）点；查明资源储量中，铅金属69183吨，锌金属98266吨。全市建筑石料分布在丘陵低山区，储量较大，质量优，开发利用潜力大，有一般石料和特色石料两种。一般石料分布于鄞州同岙、东吴，余姚大隐和宁海长街等地，资源潜力大；岩性为浅灰色玻屑凝灰岩，块度大，可制作石板、石柱和块石，用于道路、墓道、民房等建设。特色石料有梅园石（小溪石）、虎斑石、大隐石，质地较好。其他非金属矿种有萤石、石英岩、叶蜡石、沸石、明矾石、珍珠岩、饰面石材、高岭土、陶土、膨润土、黏土、建筑用砂等。全市建筑用砂有河砂、海砂两种。河砂主要分布于奉化剡江、县江、东江流域和宁海白溪中下游，预测资源量6000万吨。海砂主要分布于北仑港区附近海域、穿山半岛东侧海域，预测资源量4000万吨。另有矿泉水、温泉、地热等资源，如宁海深甽温泉、宁波市区浅层地热能等，具有较大的开发潜力；全市查明天然矿泉水资源8处，日涌水量2860吨。2000年，宁波市开始治理矿山生态环境，通过土地复垦、再开发、林业生产、景观再造等方式，改善矿山特别是废弃矿山生态环境，建设绿色矿山。

植物资源 市境内植物成分复杂，种类繁多，热带、温带植物兼有。南宋《宝庆四明志》载有36种，明嘉靖《宁波府志》记录426种，民国《鄞县通志》收录441种。到2021年，全市查明野生、归化及露地常见栽培的维管植物214科1173属3256种，其中野生植物191科847属2183种，裸子植物9科22属59种，被子植物151科677属1407种；列入国家重点保护野生植物51种，其中，国家一级重点保护野生植物有中华水韭、南方红豆杉、银缕梅、象鼻兰4种，国家二级重点保护野生植物有秤锤树、华顶杜鹃、水蕨等47种。市境内保存着古南大陆起源的许多被子植物，如榆科的榆属和壳斗科的栎属等原始种。原生常绿阔叶林罕见，但遗留有较多的古树名木。至2023年底，全市有古树名木6267株，其中，一级古树（500年以上）590棵，二级古树（300～499年）993棵，三级古树（100～299年）4682棵，名木8株。树龄最长的是奉化尚田街道的古银杏（1500多年），胸径最大古树是宁海的五叉樟（胸径479厘米），宁海古树名木数量最多（超过1800株）。树种以香樟（27%）、枫香（12%）、枫杨（8%）、银杏（6%）、朴树（5%）等为主。全市有浙江省古树名木文化公园6处：海曙区茅镬金钱松古树文化公园、象山县九顷村香樟古树文化公园、鄞州区童村枫香古树文化公园、宁海县夏家村糙叶树古树文化公园、余姚市棠溪村金钱松古树文化公园、奉化区吴江村香樟古树文化公园。

动物资源 市境内野生动物种类繁多。8000多年前的余姚井头山文化遗址发掘出土数量巨大的各种海生贝类，排在前5名的是蚶、螺、牡蛎、蛏、蛤，还有鹿科、猪、狗、圣水牛、水獭等动物，以及多种海鱼的骨头等。余姚河姆渡文化遗址发掘出土距今7000～6000年前的动物遗骸61种。明嘉靖《宁波府志》记载动物133种，民国《鄞县通志》收录160种。在近代，镇海、余姚、奉化、宁海、慈溪等地虎、熊、豺等兽类时有出没，至20世纪50年代末绝迹。据历史记载和调查，宁波市陆生野生动物有4纲、32目、92科、455种。到2021年，全市查明野生陆生脊椎动物546种，海洋鱼类440种、虾类121种、蟹类240种。根据2021年公布的《国家重点保护野生动物名录》，全市列入国家重点保护陆生野生动物91种，其中，一级有中华凤头燕鸥、中华秋沙鸭等19种，二级有獐、鸳鸯等72种。全市野生兽类动物有49种，常见物种有赤腹松鼠、社鼠、针毛鼠、灰麝鼩、青鼬、华南兔、野猪、小鹿等，珍稀物种有云豹、黑麂、河麂、鬣羚、小灵猫、豹猫、鼬獾、穿山甲等。宁波处于东亚—澳大利西亚的候鸟迁徙路线的中段，鸟类较多，共记录349种，以候鸟居多，占三分之二；留鸟占三分之一，有115种。候鸟中，以冬候鸟为最多，有125种；夏候鸟、旅鸟较少，分别有53种、54种；迷鸟有2种。野生两栖动物有23种，常见种类有日本林蛙、花臭蛙、棘胸蛙、华南蛙等，平原农业地区常见种类有中华

大蟾蜍、黑斑蛙、泽蛙、金钱蛙、饰纹姬蛙、虎纹蛙等。在镇海、北仑海拔100 ～ 200米的山脚地带尚有义乌小鲵、镇海棘螈分布，其中镇海棘螈是宁波市特有种，仅见于北仑柴桥、城湾。野生爬行动物有50种，主要种类有石龙子、蓝尾石龙子、蝘蜓、宁波滑蜥、北草蜥、黑脊蛇、黄链蛇、玉斑锦蛇、紫灰锦蛇、翠青蛇、竹叶青、烙铁头等，珍稀濒危物种有黑眉锦蛇、滑鼠蛇、眼镜蛇、五步蛇等，其中赤峰锦蛇在全省仅见于慈溪。

生物资源保护　1997年，宁波市野生动物保护管理办公室成立，各区（县、市）相应成立野生动物保护管理站，负责陆生野生动物保护管理等工作。2004年7月，宁波市野生动物保护协会成立。2006年10月，宁波市陆生野生动物救护中心成立，并设立救护基地。2007年8月，宁波市水生野生动物救护中心成立，救助水生野生动物。自2002年奉化市斑竹生态林保护区设立白颈长尾雉保护小区以后，宁波市加快建立生物多样性自然保护地体系。至2010年，全市建有17个野生动植物保护区，总面积达28866公顷；建有湿地类型自然保护区4个、保护小区12个，杭州湾湿地中心被全球环境基金（GEF）选定为东亚海洋陆源污染削减示范样板工程，湿地保护和合理利用实现有序的良性循环。到2022年，全市建成28个省级以上自然保护地，17个野生动植物保护小区，保护总面积近1500平方千米。其中，国家级自然保护区1个、省级以上自然保护地27个，国家级生物多样性保护区包括杭州湾国家级湿地公园、韭山列岛国家级自然保护区、渔山列岛国家级海洋生态特别保护区以及象山港马鲛鱼国家级种质资源保护区等。同时，划定生态保护红线，将人类干扰程度降到最低。到2022年，全市划定海洋生态保护红线小区24个，合计3139平方千米；划定陆域生态保护红线4个大类型54个功能小区，合计1670平方千米。

自然灾害

市境内自然灾害主要有干旱、洪涝、台风海潮、风雹、寒雪、病虫害，其中前三者占灾害总次数的80%以上，故绝大部分自然灾害是由灾害性天气造成。地质灾害主要是由台风暴雨等极端天气以及建房、修路等工程建设中的不规范削坡等引发的。海洋灾害较为严重，主要有赤潮、风暴潮、灾害性海浪等。随着环境污染、全球气候变暖和海平面上升，海洋灾害的影响有所加大，海啸开始成为潜在灾害。农作物病虫害在专业化防治下逐步得到有效控制。

地震　宁波市属于少震弱震地区。有文献记载，公元334年至1990年，发生地方地震44次，波及地震30次。以地方地震计，明朝11次，平均25年一遇；清朝26次，平均10.3

年一遇。3.5级以下地震震中在境内的24次，占地方地震总次数53.3%。据史料记载，1523年，镇海口发生5.5级破坏性地震。现代地震多发生在山区水库附近区域，但震级比较小。多次较明显的地震活动均发生在海曙皎口水库附近地区。较大有感地震发生在1993年3月至1994年4月间，震级3.9级、4.7级；2009年9月至10月间，最大震级2.9级；2019年5月28日，震级2.7级、2.8级。

台风 宁波市属于台风次重影响区。一旦台风在西太平洋生成、发展并向西北方向移动，宁波极易成为台风正面袭击或侧面侵扰的对象。台风影响期为5—12月，其中8—9月为集中影响期。台风路径不同，造成影响各异。长江口至温州一线登陆的台风，威胁最大；东经125°以西近海转向北上的台风，会出现较大风雨；闽粤登陆的台风，若北上或登陆前后形成台风倒槽，则出现暴雨天气。台风影响时，一般会出现狂风、暴雨并引发山洪、泥石流等次生灾害，如遇大潮汛顶托则积水不易退去，致使涝害趋重。造成严重破坏的台风有1956年13号台风、1997年11号台风、2005年“卡努”、2009年“莫拉克”、2013年“菲特”、2015年“杜鹃”、2017年“玛莉亚”、2019年“利奇马”等。

气象灾害 市境内气象灾害除台风外，暴雨、连阴雨、干旱、雷电等灾害也比较多。宁波市出现日降水量大于等于50毫米的暴雨天气年均为2.8～5.0天，由南向北减少，宁海平均年暴雨日5.0天；出现在5—6月梅雨期的，占平均年总暴雨次数26%；出现在7—9月台汛期的，占60%。台风带来的暴雨灾害最为严重，其他气象因素带来的暴雨也偶有发生。连续4天以上日降水量超过0.1毫米的连阴雨，多发生在2月、3月、5月、11月。一年四季均可发生干旱，若以气象干旱等级在“中旱”以上且持续时间超过10天作为发生一次干旱过程，则干旱主要集中在8月、11月，其次为7月、10月，即以伏旱或夏秋连旱为主；旱情相对较重的为象山、宁海丘陵山区，以及自然降水存蓄率不高的慈溪。全年各月都可能出现雷暴，平均年雷暴日35.5天，多发生于3—9月；出现最多的是7月、8月，平均每月8.7次、8.1次；10月至次年2月极少，历年平均每月都不足1次。全市冰雪、低温、龙卷风、冰雹、雾、浮尘等灾害偶有发生。三江口城区降雪日数多的年份可达14天，少则无雪；全市年均降雪日数最多的是余姚7.2天，最少的是北仑5.2天；最大积雪深度出现在2008年2月2至3日，余姚22厘米、慈溪19厘米，其他地区不足10厘米，引发严重的低温灾害。

地质灾害 主要有崩塌、滑坡、泥石流、地面塌陷和地面沉降5个类型，其中地面沉降为缓变型地质灾害，其余为突发性地质灾害。2010年底，全市共有突发性地质灾害点252处，其中威胁到常住人口的有153处（崩塌61处、滑坡57处、泥石流35处），主要分布在宁波市境南部、西北部等丘陵山区，多数为山区削坡建路、建房等造成山体稳定性受到破坏所致。至2016年底，全市列入监管的突发性地质灾害点有210处，其中威胁到常住人口的有140处。2022年，全市有地质灾害风险防范区795个，入库地质灾害隐患点37个。地面沉降主要发生在市中心城区。市中心城区地下水开采始于20世纪30年代，50年代后期进入大量开采阶段，60年代中期出现区域地面沉降。地面沉降中心位于江东和丰、江北孔浦一带，地面沉降漏斗边界东近邱隘，南至栎社，西越望春，北近骆驼，面积191.25平方千米。2002年，和丰地面沉降中心沉降速度达到每年9.9毫米。经过大量压缩和严格控制地下水的开采量，地面沉降得到基本控制，年沉降速率逐渐减小。2005年，和丰地面沉降中心沉降速率降至每年3.5毫米。此后，因工程建设引起的地面沉降成为新的沉降因素。2016年，宁波市首次地理国情普查发现，市区约500平方千米存在不同程度地面沉降，主要为每年小于10毫米的弱发育沉降，每年大于10毫米的中度发育沉降面积约175平方千米；市中心城区地面沉降漏斗面积464.4平方千米，市地面沉降监测中心年沉降量5.9毫米，累计沉降量594.4毫米，地面沉降有所趋缓；主要成因是城市化过程中大面积填土堆载和交通动负荷的工程性沉降。

病虫害　市境内水稻病虫害主要是“三虫三病”，即水稻二化螟、稻飞虱、稻纵卷叶螟，纹枯病、白叶枯病、稻瘟病。其发生、危害损失程度在不同年份有较大差异。蔬菜病害主要有猝倒病、立枯病、灰霉病、早疫病、菌核病、绵疫病、根腐病、白粉病、枯萎病、霜霉病、蔓枯病、炭疽病、黑腐病、软腐病、细菌性角斑病、青枯病、病毒病等；虫害主要有小地老虎、菜青虫、小菜蛾、豆野螟、蚜虫、烟粉虱、红蜘蛛、斜纹夜蛾、甜菜夜蛾、瓜螟、菜螟、猿叶甲、黄条跳甲、棕榈蓟马、二化螟、斑潜蝇等。此外，还有棉花黄萎病、柑橘木虱、柑橘溃疡病、柑橘黄龙病、红火蚁及葡萄根瘤蚜等蔬果病虫害，以及松材线虫病、竹螟、竹卵圆蝽、竹蝗害虫、竹叶绢夜蛾等林业虫害，有时形成疫情，造成损害甚大。特别是松材线虫病，蔓延面积广，持续时间长，对林业危害极大，造成大面积松林被毁。

外来物种入侵　市境内大部分外来物种属人为引进，其中部分成为入侵物种，造成较大危害。20世纪80年代末，鄞县邱隘镇将福寿螺作为名特水产品引进，并大量养殖，后由于经济效益不佳被淘汰，从此分布于宁波市区、余姚、奉化等地的水沟、河道、稻田，主要危害水稻、茭白等水生作物田。加拿大一枝黄花，20世纪30年代作为庭园花卉从北美引入中国，80年代逃逸扩散成为恶性杂草。1996年，在北仑荒地上首次被发现，此后通过交通活动和风等传播媒介迅速扩散至宁波市全境。美洲斑潜蝇，1994年10月首次发现于北仑新碶蔬菜基地，后蔓延至全市。蔗扁蛾是随巴西木的大量进口而传入的一种突发性检疫害虫，危害性极大。宁波市发生的蔗扁蛾大多是从广州市调运花卉而传入的。烟粉虱有24种生物型，其中以B型、Q型等危害最大，且极易产生抗药性，属于外来入侵灾害性昆虫，在全市普遍发生。

环境治理

环境质量　20世纪60年代以后，随着自然环境变迁、经济社会发展，宁波生态环境日趋恶化。特别是改革开放后，废水、废气、废弃物排放量增多，各种环境问题不断涌现。经过连续治理，市区大气环境在“八五”“九五”时期明显好转：环境空气质量综合指数五年平均值分别为2.29、1.92；地表水恶化趋势在20世纪90年代后期基本得到遏制，地表水质量开始稳步提升；噪声在“九五”时期开始呈下降趋势。2001年以后，市区空气污染程度又快速加重。随着治理力度的加大，开展全市生态环境状况综合评价，生态环境质量总体向好，多年为优。至2022年，全市生态质量指数（EQI）为67.8，处于二类水平（55≤EQI＜70）。中心城区空气质量优良天数比率为89%，环境空气质量综合指数下降到3.16，在全国168个重点城市中排名第17位，六项常规污染物年均浓度连续6年达到国家二级标准；平均酸雨频率从90%以上下降到50.6%。地表水市控断面水质优良率93.6%，功能达标率100%；大中型水库水质普遍较好，基本为Ⅰ、Ⅱ类，县级及以上集中式饮用水源水质保持100%达标，地下水水质基本保持稳定；近岸海域水质优良率（即一类、二类比例）56.8%，四类与劣四类海水水质海域面积占比34.6%，无机氮、活性磷酸盐浓度较高。全市功能区声环境昼间达标率99.1%，夜间达标率93.1%，夜间噪声存在部分超标现象；市区昼间区域环境噪声均值为56.5分贝，声环境质量一般；昼间道路交通噪声均值为67.2分贝，道路交通声环境质量属“好”。全市辐射环境质量总体良好，电离、电磁辐射水平保持稳定，未见异常。一般工业固体废物分类处置有效，综合利用率99.71%、处置利用率99.99%；危险废物实现100%无害化处置。受污染耕地安全利用率97.39%（省定目标93%），重点建设用地安全利用率100%（省定目标95%）。

污染防治　1925年，宁波市政筹备处《宁波市工程计划书》，提出将污染水源屠宰场搬出城外；1932年，鄞县县政府《鄞县建设五年计划》，提出解决城区自来水水源、填没污染严重河道、开挖自流井等措施。随后，填河挖井有所实施，但污染仍趋严重。1956年，老市区一些工厂开始综合利用工业废弃物。1964年，提出消灭工业烟囱冒黑烟现象，启用消烟除尘装置。1969年，提出要净化处理“三废”（废水、废气、废渣），但很少实施。1979年，开始实施《中华人民共和国环境保护法（试行）》。1980年，开始征收排污费。1983年，环境保护成为基本国策，宁波市开始加强生态环境保护，取得“一控双达标”、余姚江流域综合治理等保护成果。2001年6月，获得“国家环境保护模范城市”称号，成为省内首批获此称号的城市之一，开始推动区域环境保护向整体治理转变。2003年，启动生态市建设。2010年，提出创建全国生态文明建设示范区的目标，环境保护工作转入生态文明发展阶段。此后，按照生态优先原则，实行差别化区域管理和负面清单管理，推进河（湾、滩）长制、排污权有偿使用和交易、生态损害赔偿、“区域环评+环境标准”等改革，打响“蓝天、碧水、净土、青山”保卫战，开展减污降碳协同创新城市试点，持续深入推进节能减排和全域绿色创建，持续加强生态保护修复，创建生态示范区、生态城镇和乡村，建设“美丽宁波”。到2023年，全市生态环境满意度实现12年连续提升，连续6年获得省“大禹鼎”，获评首批省级四星级“无废城市”，成功创建国家生态文明建设示范县（区）6个，实现省级生态文明建设示范县（区）全覆盖。

水源治理　宁波市蓄淡御咸、泄洪排涝，全恃沿海沿江修筑的碶闸、堰坝。唐代以前，山区的堰坝多系小型，主要用以引水灌溉沿溪梯田。唐代以后，开始修建较大的堰坝，如奉化龙潭堰、畸山堰，海曙仲夏堰、它山堰，鄞州金鸡堰；同时，开始兴筑碶闸，如慈溪的古窑浦、淹浦诸闸，镇海的贵胜堰节制闸，北仑的穿山碶，象山的朝宗碶、会源碶，余姚的运河新闸。解放前的碶闸多数孔径小，以条石、石灰浆砌筑，人力启闭，结构简单，内河节制闸多闸坝（堰）结合。解放后，大兴碶闸，规模增大，分布较广。1952年，动工修建象山东谷湖水库，这是解放后宁波境内修建的第一座水库。20世纪60年代，开始大规模兴建水库、山塘等蓄水工程，同时将部分古湖泊改建成水库，但是新建堰坝趋少，部分堰坝成为水库配套设施。80年代，水源地保护工作起步。1990年，全市有大小堰坝5675座，累计修建水闸832座，其中中型水闸49座；有水库367座，其中大型水库3座（四明湖水库、皎口水库和亭下水库）、中型水库17座。1991年以后，全市修建的水库不多，但基本是大中型水库，如横山水库、白溪水库、周公宅水库等，在建的有清溪水库、柏坑水库（扩容）等中型水库，以及以储能为主的茶山抽水蓄能电站水库。2007年，开始全面保护饮用水水源地，将饮用水水源地保护范围扩展到大中型水库，保护内容拓展到治理污水和修复水土流失，建立水源地生态补偿机制。至2022年底，全市有水闸2136座，库容大于等于10万立方米的水库396座。其中，大型水库6座，总库容78527万立方米；中型水库27座，总库容81867.5万立方米；小型水库363座，总库容32756.89万立方米。

堤岸治理 宋代，宁波开始修建海塘，防御台风暴潮袭击，保护土地。1041—1053年，建成镇海王公塘。1047—1341年，基本建成西接上虞、东抵慈溪洋浦的大古塘。1187—1189年，修竣镇海后海塘。清中叶，海塘修筑扩展至象山港沿岸。至解放前夕，在古海岸线外增加海塘内土地保护面积约1200平方千米。20世纪50年代，余姚、慈溪筑八塘，镇海筑梅山岛塘（今属北仑），象山筑中央、门前涂塘。60年代中期至70年代末，余姚、慈溪筑九塘、十塘，镇海筑江北塘、新碶塘、五七塘、昆亭塘（后3处今属北仑），宁海筑团结塘、群英塘，象山筑昌国塘、白岩山塘、新桥塘。历代修筑的海塘标准较低，多为土塘，常被台风暴潮损毁。1956年，台风登陆，海塘损毁严重，后经修复加固。1974年，再遭台风严重损毁。于是，各地开始按闭塞区逐条建设标准海塘。1978年，宁海县在全省率先试点建设标准海塘——伍山塘。到1990年，全市建成标准一线海塘205千米。1997年，9711号台风损毁223千米标准塘，市委、市政府决定建设“沿海长城”高标准海塘。至2004年底，全市建成新标准一线海塘444千米。此后，维修加固标准海塘，建设下洋涂、陆中湾、道人涂、泥螺山、高塘岛、花岙岛等海塘，至2016年全面竣工。自宁波解放至此，全市累计增加海塘内土地保护面积932.07平方千米。早期修建的江塘多为土塘，未形成统一的闭合区。解放后，不断改建、重建或加固增高江塘；到1990年，江塘形成统一闭合保护区，且在宁波市城区“三江六岸”形成一道防洪堤防，但防洪标准较低。1996年6月，市政府开始组织实施“三江六岸”城市防洪整治工程。至2004年底，建设任务基本完成，形成集防洪、交通、市政、园林、景观、休闲等功能于一体的堤防76千米，防洪能力达到百年一遇标准。此后，有针对性加固加高海塘，修建新的海塘。2020年，启动海塘安澜工程，推出设计防潮标准为三百年一遇的海塘、标准示范生态海塘等海塘品牌工程。至2023年，全市堤防长度2848.61千米，累计达标堤防长度1564.84千米。

卷三 | 海洋环境

海洋地理

海洋地质地貌 宁波市海域外侧为舟山海域，舟山海域外侧为东海。东海西靠大陆，东临太平洋，北达黄海，南通南海，呈向东南弧形凸出的扇面。在构造上，宁波市海域属于东海陆架的一部分，基本为沿岸入海河流泥沙堆积台地的前沿斜坡区，地形坡度较大。其港湾和岛屿为全新世海侵以后形成的，宁波北部、杭州湾南岸海区为粉砂—淤泥质潮滩，渔山列岛海域为倾斜的陆架堆积平原，其余海域大部分属于水下堆积岸坡。杭州湾海域地形平坦，北深南浅，水深大多在15米以内，零星分布着一些岛礁，湾外是舟山群岛。南部是淤涨区域，等深线平行于岸线，呈弧形或平直展布，凸出部分多呈舌状向海延伸。岸外发育三北浅滩，宽约2～6千米，水深在5米以内。七姊八妹列岛南部至杭州湾海域东南界，水下地形向西南缓慢抬升，局部地区发育水下浅滩，如庵东浅滩，滩面最宽处约11千米。宁波—舟山港区水下以侵蚀的潮流冲刷沟槽为骨干，其次是以淤积物为主的淤泥质水道边滩。该区域各岛屿周围均被水深10米以内的海域包围，水深条件优良，最大水深达118米。象山港是一个循北东向的向斜断裂谷发育的潮汐通道，后被北东向断裂利用和改造成S形，其海岸曲折，岸滩淤涨缓慢，大小港湾发育，基岩岬角与潮滩相间分布。象山港基岩海岸或岩滩海蚀地貌不发育，口门段北岸滩涂比较平坦，湾内岛屿众多，分布较大淤泥滩，放射状潮沟发育；湾顶端掩护条件好，水色较清，淤积甚微，岸滩涂稳定；口部海域总体水深0.2～55.3米，南北深，中部浅，西面沿岸段发育潮滩及水下岸坡地貌单元，平均坡度约6.31度；口外及东北侧均有冲刷区发育。象山东部海域岸线曲折，基岩岬角深入海中，发育基岩海岸和砂砾质海岸；基岩岬角之间发育较大的海湾，发育开敞型基岩港湾淤泥质海岸。三门湾海域地形破碎，多港海河汊，

湾内岛屿罗列，拥有大量广阔的舌状潮滩，发育基岩海岸、淤泥质海岸。水下地貌主要有湾口水下平原和潮汐通道，潮汐通道部分向内分叉，与舌状潮滩相间排布，自然状态下水深良好、稳定。

海洋水文　市境内海域潮汐多为正规半日潮，其中杭州湾南岸至穿山半岛海域及象山港内为典型的非正规半日潮——涨潮历时长，落潮历时短，涨、落潮历时差为2分至2小时。市境内海域属于强潮区，潮差普遍较大，杭州湾澉浦实测最大潮差8.93米，三门湾海域最大潮差约7.8米，宁波舟山港海域最大潮差4～5米。从月份上看，南部海域8—10月潮差较大，6—7月潮差较小，北部海域1—3月潮差较大，6—8月潮差较小。余流是海流中剔除周期性潮流后剩下的部分，其量级较潮流小，但其远距离运输作用显著，对泥沙、沉积物及污染物有较大的转移、稀释作用。市境内海域处于沿岸锋以西至大陆沿岸流系范围内，受长江、钱塘江、甬江等陆域径流和季风影响明显，诸岛周围余流总的趋势是夏季流向偏北，冬季偏南，夏季流速稍大于冬季，表层大于底层。流速最大每秒0.40米左右，最小小于每秒0.05米。海浪以风浪和混合浪为主，春季出现明显的涌浪，西南向的海浪较少，春夏季节以西北向、东北向、东南向较多，秋冬季节以西北向为主。海况主要介于2～4级（小浪、轻浪、中浪），波高小于0.5米的海浪最为常见，出现频率夏季达97.2%，最大波高和最大有效周期均出现在冬季，分别达1.4米和5.8秒。

海洋气象　市境内海域太阳辐射条件较好，受大气和海洋环流的明显影响，冬夏季风交替明显，气温适中，雨量充沛，属于北亚热带湿润性季风气候。冬无严寒，夏无酷暑。年平均气温在15～18℃之间，年平均最热为7月，26～28℃；最冷为1月，4～7℃。多年平均日照1900～2100小时，空间分布上由北向南减少，年平均日照百分率为北部48%，南部43%；最多为8月，平均245.9小时，最少为2月，平均106.5小时；平均太阳辐射量为每平方厘米109.5千卡，其中北部为每平方厘米111.2千卡。多年平均年降水量1426.6毫米，空间分布上呈沿海向内陆递增趋势；5—6月和8—9月分别是梅雨期和台风季节，雨量分别占全年总雨量的25%、26%；12月至翌年1月为少雨期，月平均降水量在60毫米以下。海域开阔，全年风力较大，年平均风速为每秒2.9～5.5米，7—9月是热带气旋与台风期，最大风速出现在台风期；冬季盛行干燥寒冷的偏北与西北风，夏季盛行湿热的偏南和东南风，春秋两季风向不稳定，春多偏南风、秋多偏北风。

海洋灾害　市境内海洋灾害较为严重，其中赤潮、风暴潮、灾害性海浪等灾害影响较大，海啸开始成为潜在灾害。改革开放后，近海水体污染加剧，赤潮日趋严重。赤潮主要发生在象山港海域以及象山东部海域如大目洋、渔山列岛海域，引发赤潮物种多样，有具齿原甲藻、裸甲藻、红色中缢虫、新月菱形藻、长崎裸甲藻、塔玛亚历山大藻、中肋骨条藻、旋链角毛藻等。进入21世纪以后，随着污染源防治，入海水质不断提升，赤潮发生频率和面积都大幅减少。风暴潮是市境内危害最大的海洋灾害。夏季主要为台风风暴潮，秋冬季主要为温带风暴潮，特别是台风适逢天文大潮时风暴潮破坏尤为严重。1956年8月1日，宁波市遭受第13号强台风袭击，仅象山县就有102艘船舶被冲走，246艘渔船被毁坏，1465处海塘、碶门被毁，沿海12个村庄全部被毁。1997年8月19日，宁波市遭受历史罕见的特大台风侵袭，50艘木船被撞破，37291亩虾塘、38725亩外荡、10817亩池塘、61817亩网箱、5350亩低坝高网被冲垮。2010年10月25至26日，受强冷空气及天文大潮的共同影响，宁波市沿海出现近10年罕见的温带风暴潮。灾害性海浪是市境内仅次于风暴潮的另一种主要海洋灾害。宁波市沿海及邻近海域出现4米以上巨浪日数年平均约17天，多时可达27天，对渔业捕捞和水产养殖造成不同程度的影响，严重时造成人员伤亡。

海湾岬角

大型海湾自北至南有杭州湾、象山港、三门湾。沿海大小港湾60余处，分布于甬江及其河口、环穿山半岛，以及象山东部沿海，以宁波港、镇海港、北仑港、穿山港、西沪港、石浦港著称，狮子港、黄墩港、力洋港、白峤港、青山港、旗门港等也颇有影响。港湾之间分布岬角，有长跳咀、老鼠山嘴、峙头角、老虎嘴、牛鼻子、园山嘴、狮子尾巴、凤凰山嘴等岬角137个。

杭州湾　古曾称钱塘港、钱塘湾。位于市境北端，处于北纬29° 58′ ～ 30° 52′、东经120° 55′ ～ 121° 57′ 间。西起嘉兴海盐县西北东南嘴与余姚西山闸之间的连线，东至上海浦东新区芦潮港闸与甬江口外长跳咀之间的连线，入东海，因地近杭州，故名。是钱塘江河口区组成部分，属于典型的喇叭口形强潮河口湾，呈东至西北走向，总面积5000平方千米以上。东西长110千米，湾口（浦东新区圩角闸至镇海外游山咀）宽100.6千米（平均潮位时），向内愈益束狭，乍浦段湾面宽30.2千米，至大尖山湾面宽11.8千米。湾内有大小岛屿69个，岸线长约258千米。南岸高潮位低于北岸，低潮位高于北岸，北岸潮差大于南岸。一般流速每秒2米，大潮涌潮时达每秒8 ～ 9米。湾口含沙量较湾头少，北部比南部少，庵东浅滩输沙系数最大，底层含沙量高达每立方米10.06千克。有记载以来，两岸呈南涨北塌态势，南岸最快平均每年向海推进20米。南岸古为大海，春秋以后逐渐形成扇形向北凸出的大陆。两岸筑海塘护岸，南岸大规模修筑海塘始于1041年的大古塘，现在局部岸线修筑至十一、十二塘。湾内水深从西向东、由南向北逐渐变大。钱塘江口深约2～5米，湾口水深8米；南岸滩宽水浅，北岸遭侵蚀后退，深槽逼岸，水深30余米，一般10～14米。除季风外，7—10月有台风，风力一般在8级以上；多东风与东南风，风能集中于北岸。海域水温5.6～30.4℃，年平均17.2℃；盐度5.37%～30.67%，年平均12.3%，等盐线密集，由西向东南递增，水平梯度大。海洋生物资源较少，涂面广布自然贝类，主要经济种与优势种为泥螺、彩虹明樱蛤、四角蛤蜊和焦河蓝蛤，其中慈溪“龙山黄泥螺”闻名遐迩；主要经济鱼种有鮸鱼、鲳鱼、大黄鱼、蓝点马鲛鱼、梅童鱼、黄鲫等，虾蟹类占一定比重，尚有鳗鲡和河蟹苗资源，由于捕捞过度，已无鱼汛。滩涂湿地生物资源较为丰富，是候鸟南北迁徙的重要通道，鸟类颇多。1979年，慈溪开始在南岸低洼盐碱地与废弃老化盐田开挖鱼塘，发展水产养殖业；1992年，开始发展潮间带滩涂养殖。随后，余姚、镇海相继跟进。杭州湾历来为守卫要地。1937年11月，日军舰艇在湾内浒山洋面集结，由北岸金丝娘桥登陆攻占上海等地。2008年5月1日，全长36.48千米的杭州湾跨海大桥正式通车，横跨杭州湾，连接南北两岸的宁波慈溪市与嘉兴海盐县，天堑变通途。2022年11月30日，通苏嘉甬高铁浙江段举行开工仪式，杭州湾跨海铁路大桥正式开建，将极大地提升杭州湾南北两岸的交通效率和便利性。

象山港　位于市境东部沿岸中段，穿山半岛南，象山半岛北，南岸有象山县，故名。海域在北纬29° 22′～29° 45′、东经121° 04′～121° 25′间，范围从北仑白峰街道官山头起，经梅山岛东侧盘峙山向南延至汀子山，过海至象山长沙中央岩东南咀连线以西的海域。是口宽、内窄、湾深的半封闭海湾，由东北向西南伸入内陆，湾口连接大目洋北域，外列六横诸岛为障壁。主干中心线长55～60千米，口门宽20千米，内宽3～8千米。三面群山环绕，海岸线全长280.5千米，总面积563.27平方千米，其中岸线至0米线滩涂171.53平方千米，0米线以下海域391.73平方千米。平均水深8～10米，中段最深为47米，形成两端较浅、中间凹陷的舟状盆谷。年平均风速每秒3.8米，静风频率平均11%。水温6.68～30.55℃，平均18℃；盐度21.9～29.12，湾口高于湾底。潮性属于正规半日潮，潮流多往复流，湾口略带回旋，平均流速每秒0.5～1米；潮差湾口小，湾底大，平均3.18米，至黄墩港达5.9米；沉积微小，每年约0.01米，主槽水深长期稳定。海洋生物资源丰富。底栖、潮间带生物经济品种主要有毛蚶、泥蚶、牡蛎、缢蛏、菲律宾蛤仔、泥螺、彩虹明樱蛤及浒苔等，主要经济鱼种有蓝点马鲛鱼、黄鲫、银鲳、河豚、黑鲷、鲈鱼、斑鰶、鲻梭鱼、舌鳎、弹涂鱼、梭子蟹、青蟹、日本对虾、脊尾白虾及头足类等。

冬春季中西部墨氏胸刺水蚤等大量繁衍，形成“虾仔汛”。鲎被誉为“活化石”，湾内分布较多，5—11月湾内均可见。渔获量湾底最高，湾口次之，中间较低。象山港周围平原狭小，植被较好，集雨面积1445平方千米；两岸滩涂广、坡缓，大者宽1～2千米，较大的有27处。湾内散列大小岛屿59座，最大为梅山岛，缸爿山、悬山、白石山等而次之。湾内有西沪港、黄墩港、铁港等汊港3处；除大嵩江、凫溪、颜公河外，汇注港内的尚有常年性和间歇性溪川87条，源短流急，年平均径流量12.89亿立方米，年产砂量15万吨。象山港是宁波市海水养殖生产基地、省内最大的网箱养殖基地与鲜活鱼出口产地，桐照、栖凤、大嵩的大捕作业在浙北大黄鱼汛期渔场曾称雄一时；也是避风良港，万吨级船舶可通航和锚泊避风。湾口曾有汽渡，2012年12月29日象山港大桥正式通车，两岸交通更为便捷。2022年1月14日，宁波市域铁路象山线先行节点工程开工，将进一步方便两岸往来。

三门湾　位于市境南端，象山半岛南，以湾东北的三门湾口（象山石浦镇与高塘岛乡之间）有庵山、狗山、万金山3岛砥柱中流，分水道为北、中、南3条航道，俨若“三门”，故名。曾名沙门湾。海域在北纬28°57′～29°07′、东经121°47′～121°58′间，范围从台州市三门县浦坝港镇牛密塘东南咀，向北至三门岛叶坤山东嘴，经象山县草鞋耙屿灯标至南山岛激流嘴连线，过金漆门、下湾门、东门、铜瓦门水道至北侧灯标，其连线以西海域。湾口向东南，口宽、纵深、腹地大，湾口宽50千米，主干线长55千米，海域总面积775平方千米，其中岸线滩涂295平方千米、浅海480平方千米（其中宁波市境内滩涂207平方千米、浅海203平方千米）。水深一般5～10米，风浪小。水温8.7～28.5℃，年平均18.7℃；盐度22.97～27.67，平均25.14。潮汐为正规半日潮，湾北高潮位7.68米，低潮位1.11米。潮流多往复流，涨潮流向西北，流速每秒0.77～1.03米；落潮流向东南，流速每秒0.77～1.29米。湾内（宁波市境内）海域多港汊，车岙、毛屿、胡陈、大塘等港已堵拦挡潮蓄淡，尚有力洋、白峤、岳井、蟹钳、青山、旗门及石浦等港口。湾南部有健跳港、海游港，归三门县所辖。岛屿大体分两群：西群多为内陆港湾岛屿，旧称三门列岛，离陆岸近；南群有大小33座岛屿，五子岛、三门岛列湾之中央。湾内滩涂坡度小，属于缓慢淤涨型，涂质肥沃，海洋生物资源丰富，冬春季墨氏胸刺水蚤大量繁殖，形成“虾仔汛”；软体动物在底栖、潮间带生物中占绝对优势，主要为缢蛏、菲律宾蛤仔、毛蚶、泥蚶、泥螺、渤海鸭嘴蛤等；游泳生物主要品种与象山港相仿。三门湾是宁波市海水养殖生产基地之一，长街蛏子闻名遐迩，紫菜、对虾、泥螺等养殖，以及滩涂围栏与浅海网箱养殖亦有较快发展。浅海捕捞品种主要有泥螺、蛤蜊、毛蚶、青蟹、沙蟹、弹涂鱼及鲻梭鱼等。2019年1月16日，三门湾跨海大桥通车，将此湾变成南北通途。

半岛岛礁

半岛 穿山半岛、象山半岛踞市境东部沿海，于象山港北、南隔港遥望，地理位置重要。穿山半岛在杭州湾南、象山港北，东临大海，有舟山、桃花、六横诸岛为屏障，以建有重要集镇穿山而得名。向东突入海中，北倚大榭岛，南邻梅山岛，形势险要，古为海防要地。地形以丘陵为主，大多海拔在200米左右，主峰太白山海拔656.9米。南侧象山港岸大嵩平原为较大平原。北侧沿岸有宁波经济技术开发区和北仑港，萧甬铁路北仑支线通此，杭州至沈家门公路通至白峰，经越海轮渡可去定海。象山半岛在象山港南、三门湾北，濒临东海，东南有韭山列岛、檀头山岛、南田岛和渔山列岛为障壁。以其上有象山，由山名县，亦由此名半岛。三面环海，仅西部以象山港的支港黄墩港与三门湾的支港力洋港之间的狭窄地段与大陆相连。丘陵广布，系天台山余脉，境内主峰茶山海拔872.6米。北侧象山港岸贤庠平原、东侧海岸南庄平原、南侧三门湾沿岸长街平原为较大平原。海岸曲折，多港汊，三门湾、象山港沿岸滩涂发育，东海岸岛屿棋布，南端石浦港为著名渔港。

海洋岛礁 市境内海岛主要分布在东部海域，北起镇海七里峙，南至象山石浦镇南渔山，介于北纬28° 51′ 34″ ～ 30° 03′ 53″、东经121° 27′ 00″ ～ 122° 16′ 10″ 间。据2006年统计，全市有面积大于等于500平方米的海岛516座，其中无居民海岛503座。根据2009—2012年全国海域海岛地名普查，全市有海岛618座，其中有居民海岛19座，无居民海岛599座。随着海岸线治理，部分岛屿与大陆相连。2022年，全市有大小岛屿611座，面积267平方千米，其中无居民海岛592座。北仑的大榭岛、梅山岛，象山的高塘岛、南田岛，为乡级以上政府驻地岛；三门湾内的六敖长屿、灶窝山岛、田湾岛、满山岛4座海岛隶属关系未划定。全市呈群岛、列岛形式展布的海岛，占海岛总数的三分之一左右，大多数分布在水深小于20米的近岸浅海内，而且有相当数量的海岛分布在距大陆岸线10千米左右的海域内，还有部分海岛位于大陆滩（涂）上。全市海岛以基岩岛为主，仅北仑的馒头礁为沙泥岛。海岛地貌主要由丘陵坡地（58.5%）、平地（11.1%）和滩涂（30.4%）组成，陆域水面极少。丘陵坡地，一般海拔50 ～ 100米，多由火山凝灰岩构成。无居民海岛陆域以自然林地和荒草地、裸石砾地为主，一般土地贫瘠，滩涂以泥涂为主，有少量砂砾质涂。除裸岩比例较大的岛礁外，宜林岛约有175个，占岛屿总数的三分之一，但面积占80%，多数保留着基本原始风貌和独特的海岛生态景观。无居民海岛岸线资源比较丰富，很多海岛周围广泛分布10米以上深水岸线。拥有深水岸线和周边航道资源的岛屿主要有大榭岛周边无居民海岛，象山港内大（小）列山、悬山、白石山，象山东北部的东、西屿山，石浦港内岛屿，韭山和渔山列岛等。海岛旅游资源丰富，有海蚀岸线景观、海岛地貌、沙滩、泥涂、港湾等，比较集中地分布在象山港内和象山东部黄金海岸旅游线近岸岛屿。绝大多数无居民海岛缺乏淡水资源，是海洋生物的索饵、产卵、繁殖场所。渔山列岛、韭山列岛及白石山等海岛形成独特的岛礁生态系统，是岩礁性鱼类和洄游性鱼类的繁殖区。海岛滩涂贝类资源较为丰富，且有不少是天然苗种场。

南田岛　隶属于象山鹤浦镇。位于象山南端，东临东海，南濒三门湾，西隔林门港与高塘岛相望，北滨石浦港，西北隔下湾门水道与对面山相望。东西宽10.9千米，南北长14.6千米，陆地面积84.4平方千米，滩涂面积16.5平方千米，是宁波市第一大岛。全岛陆域地貌主要是侵剥蚀丘陵地貌，山体高峻，丘陵遍布，最高峰大片山海拔405.4米。鹤浦、四都、吉港等沿海平原系由滩涂演变而成。岸线总长783千米，其中基岩岸线54.5千米，砂砾质岸线1.4千米，人工或淤泥质岸线22.5千米。潮间带地貌主要为潮滩，黏土质粉砂为主。周边水下地貌主要有潮汐浅槽、潮汐深槽和水下浅滩或边滩。周围港道众多，不少地方是渔船的停泊和避风港。深水岸线长、港湾资源丰富，北部鹤浦港及南部金七门均是良好的建港区。岛上还有形态各异的海蚀地貌，拥有潜在的旅游资源。

高塘岛　隶属于象山高塘岛乡。位于石浦水道西段与花岙岛之间，东隔林门港与南田岛相望，西濒三门湾。东西长10.9千米，南北宽3.9千米，陆地面积39.1平方千米，滩涂面积8.6平方千米，是宁波市第二大岛。岛上丘陵主要属于侵剥蚀地貌，最高峰笔架山海拔282米。平原属于堆积地貌，主要是海积平原。潮间带地貌有黏土质粉砂、砂砾滩等。水下地貌主要有三门口、珠门、金高椅等潮流深槽，石浦水道、珠门、林门等水道水深小于20米的潮流浅槽，水下浅滩主要是水道交会处的浅滩。岸线总长46.1千米，其中基岩岸线20.0千米，人工或淤泥质岸线26.1千米；北侧有深水岸线5千米，可开发港区。周围有箬渔洋、石浦、林门、珠门等航道和锚地，具备优良的航行和锚泊条件。

大榭岛　隶属于北仑大榭街道。位于宁波市东部，南隔穿山港与穿山半岛相望，西临北仑港，北濒金塘水道，东接峙头港，离大陆最近处约400米。南北宽6.5千米，东西长6.8千米，陆地面积28.37平方千米，是宁波市第三大海岛。海岛地貌以丘陵为主，山体呈东高西低、南北相当的趋势，一般高程100～150米，最高峰七顶山海拔334米。平原主要包括位于坡麓和沟谷出口处的堆积平原和东西岙沿岸的海积平原。潮间带地貌主要为潮滩。水下地貌有潮流浅槽和潮流深槽，分别位于穿山港、穿鼻港、穿山港西北和穿山、螺头、金塘等水道。大榭岛有一定的土地、植被以及海岛周边海洋生物资源，曾发现国家珍稀植物舟山新姜木子，但主要自然资源是港口岸线资源。岛屿西北至东北沿岸潮滩狭窄，200～600米处的水深超过20米，是良好的深水岸线。岛屿周边有金塘、螺头等水道，水深、流顺、浪小，10万吨级船舶可以自由进出，建有中石化原油中转基地、招商国际集装箱码头等。大榭岛东南侧的穿山港及东侧的穿鼻港，是主要的水上通道，沿岸建有各种吨位的码头泊位。1993年，国务院批复同意由中国国际信托投资公司成片开发大榭岛，享受国家级经济技术开发区政策；2012年，开发建设主体由中信集团转变为宁波市政府；2022年1月23日，与宁波经济技术开发区、宁波保税区、宁波梅山综合保税区整合成立新的宁波经济技术开发区。

梅山岛　隶属于北仑梅山街道。位于象山港口门东北部，西北隔梅山港与穿山半岛相望，相距500米左右，东南隔佛渡水道与舟山市的六横、佛渡岛相望。原为若干小岛，经长期泥沙沉积、构筑海塘相连而成，长约9千米，宽5～6千米，陆地面积26.9平方千米，滩涂面积12.19平方千米，是宁波市第四大岛。2011年，岸线治理工程竣工，陆域面积增至38.3平方千米。海岛陆域地貌以海积平原为主，占岛屿面积的81.96%；岸滩以淤泥质为主，淤泥质岸线长14.49千米，基岩海岸长6.07千米；潮间带均为黏土质粉砂，遍布岛屿四周。水下浅滩分布在岛东北、西南两侧，水下缓坡主要位于汀子门、青龙门、双屿门等水道西口外。潮流浅槽有梅山水道、佛渡水道、汀子门水道等浅水区；潮流深槽主要位于汀子门水域，水深大于20米。深水岸线主要位于盘峙山西南岸段，长约3千米，距10米等深线仅300～500米，梅山港与大陆间的梅山水道水深5～10米。淡水资源量平均1614.1万立方米，地下水资源量184.6万立方米，人均水资源量990立方米。海岛森林覆盖率仅9%，岛上发现的珍稀植物有徐长卿、百仙子、刺子莞等。1958年至1980年间，先后围涂建立宁波市国营梅山盐场、梅西联办盐场、碑塔盐场、梅东盐场、淡水蓄水塘、七姓涂盐场等。2008年2月24日，经国务院批准设立宁波梅山保税港区；2010年，设立梅山国际物流产业集聚区；2015年，设立宁波国际海洋生态科技城；2018年，春晓部分区域获准创建宁波梅山先进制造高新技术产业园区；2020年5月12日，获准将宁波梅山保税港区整合优化为综合保税区；2020年9月21日，经国务院批准，与宁波北仑港综合保税区、宁波保税区共同成为浙江自由贸易试验区宁波片区；2022年1月23日，与宁波经济技术开发区、宁波保税区、大榭开发区整合成立新的宁波经济技术开发区。

近海资源

海洋岸线 公元4世纪（东晋时期），宁波的海岸线基本以今329国道为界；18世纪（清朝康熙年间），海岸线外扩到庵东、小曹娥一带。这1400多年间，宁波海岸线延长14千米。20世纪50年代，是宁波海岸线最长的时期。2009年，全市大陆岸线总长796.284千米（调查数据），其中人工岸线627.985千米，基岩岸线159.801千米，河口岸线4.933千米，砂砾质岸线3.565千米。根据2019年海岸线修测成果，全市海岸线总长约1686千米，其中大陆海岸线833千米，海岛岸线853千米。北仑北部岸线主要是港口码头及修造船厂等人工岸线，岸线长且水深浪静，不冻不淤，陆域腹地广阔，是宁波港的主要作业区，码头与海塘相间分布。杭州湾南岸的慈溪及镇海大部海岸线均为标准海塘，并仍在有计划地建设中。象山港为人工岸线与基岩岸线相间分布，多系养殖海塘，夹有小型河流的河口岸线。象山南部石浦镇岸线开发程度较高，码头林立，多为渔港和修造船厂等所利用。三门湾的岸线，除岳井洋湾顶处存在较多基岩岸线外，其他均为标准海塘岸线。基岩岸线主要分布在穿山半岛东部海岸、强蛟半岛、西沪港口门两侧、象山北部和东部海岸、岳井洋湾顶等地。砂砾质岸线主要分布在象山东部海岸，长约3.57千米，都是基岩岬角之间发育的沙滩，代表性砂砾质海岸线有涂茨镇长流村的砾石海滩、松兰山风景区的沙滩等。河口岸线总长4933米，包括甬江口（招宝山大桥）和独流入海的一些小型河流，如宁海的凫溪河口等。在近海各港湾间及其通往外海间，有许多条件良好的水道和锚地。如北航道、南航道、佛渡水道、金塘水道、穿山航道、牛鼻山水道、石浦港航道、象山港航道、甬江航道等港湾航道水深；已开发锚泊地20余个，其中沿海有金塘锚地、七里锚地、虾峙门北锚地等17个锚地，是得天独厚的港口资源。

海洋滩涂 宁波市沿海岸滩淤积形成滩涂所需要的泥沙，主要有三个来源。第一个是长江入海泥沙。长江年平均输沙总量4.86亿吨，其中20%～30%沿海岸线扩散南下，一部分在潮流作用下淤积在宁波市近岸形成滩涂。第二个是沿海入海河流的输沙。如钱塘江年平均输沙总量659万吨，曹娥江129万吨，甬江36万吨。第三类为内陆架的供沙。在波浪、潮流作用下，内陆架泥沙被搬运到附近岸滩。夏季，含沙量低值区明显扩大，含沙量普遍低下；冬季，含沙量普遍提高，高值区范围也很大。根据《浙江省滩涂围垦总体规划（2005—2020）》，全省拥有滩涂26.04万公顷，其中宁波市9.73万公顷，约占全省的37.4%，居浙江省之首。据1978—1979年浙江省滩涂土壤考察、1983—1985年浙江省海岸带和滩涂资源综合调查，宁波市滩涂土壤构成主要有三类：以甬江口为界，以北的钱塘江河口杭州湾主要为粉砂涂，属于沙壤土质地，含盐量不高，有机质及养分也较低，易于开发利用；甬江口以南的象山港、三门湾一带属于半封闭港内滩涂，主要是黏涂，其质地属于重黏土，盐分和养分的含量都较高；分布在开敞式平直海岸及岛屿的滩涂多为泥涂，其质地属于重黏土，主要集中在大目洋沿岸；亦有少量沙滩，如象山松兰山沙滩、石浦皇城沙滩等，极具旅游开发价值。

海洋生物

浮游生物 宁波市海域有浮游动物6个类群，85种。其中，刺胞动物17种，栉板动物2种，节肢动物48种，毛颚动物4种，脊索动物3种，各类幼体13种。有浮游植物197种，以暖温低盐近岸种和近岸广布种为主，夏秋季有一定数量的大洋种。其中，硅藻144种，优势种有角刺藻、圆筛藻、根管藻；甲藻48种，主要为多角藻、多甲藻。四季平均细胞密度为每立方米1569万个，其中夏季6207.6万个，冬季38.6万个，秋季24.3万个，春季7.7万个；三门湾5271万个，象山港225.8万个，大目洋5892万个，明显高于浙江近海年平均每立方米68万个与外海年平均每立方米11万个。种数变化为夏季（8月）161种，秋季（11月）84种，春季（5月）76种，冬季（2月）52种。

底栖生物 宁波市海域有大型底栖生物11个类群，258种。其中，腔肠动物10种，多毛类动物57种，软体动物63种，甲壳动物60种，苔藓动物4种，棘皮动物17种，底栖鱼类42种，缢虫2种，星虫1种，纽虫1种，涡虫1种。平均生物量每平方米20.16克，平均栖息密度每平方米68.9个，南部浅海数量大于北部浅海。象山港年平均生物量每平方米9.32克，栖息密度每平方米91.5个；三门湾年平均生物量每平方米5.51克，栖息密度每平方米89.3个；杭州湾年平均生物量每平方米0.35克，栖息密度每平方米13.5个。

潮间带生物 宁波市海域潮间带生物有7个类群，289种。其中，软体动物114种，甲壳动物66种，多毛类动物37种，藻类30种，棘皮动物5种，腔肠动物7种，鱼类21种，其他类9种。年平均生物量每平方米841.9克，栖息密度每平方米526.4个。生物量以甲壳动物居多，占60.2%，藻类占30.7%，软体占7.1%；栖息密度上，软体动物占比最大，其次为甲壳类，多毛类占比最小。不同底质生态环境种数差异较大，泥沙质181种，基岩质94种，沙质11种。优势种方面，软相质海岸为半褶织纹螺、泥螺、缢蛏、彩虹明樱蛤、珠带拟蟹守螺、渤海鸭嘴蛤、寻氏肌蛤、长足长方蟹、日本大眼蟹、明秀大眼蟹、锯缘青蟹、毛蚶、菲律宾蛤仔、弹涂鱼、中华尖狼牙虾虎鱼、长蛸、短蛸、真蛸、舌鳎、中国鲎等；岩相质海岸为藤壶、牡蛎、滨螺、龟足、青蚶、荔枝螺、鼠尾藻、石花菜、紫菜、羊栖菜等；沙质海岸为等边浅蛤、文蛤等。

游泳生物　2021年，宁波市查明管辖海域有游泳生物801种，渔业资源丰富。其中，鱼类440种，虾类121种，蟹类240种。主要经济鱼类有大黄鱼、小黄鱼、带鱼、鳓鱼、鲳鱼、海鳗、马鲛鱼、黄姑鱼、白姑鱼、鮸鱼、毛鲿、鲐鲹鱼（类）、沙丁鱼、舌鳎（类）、河豚（类）、梅童鱼、鲻梭鱼、鲥鱼、黄鲫、鲚鱼、鳀鱼、龙头鱼、鲨鱼（类）、石斑鱼、鲼鳐（类）、弹涂鱼、黑鲷、鲈鱼等；虾蟹类有哈氏仿对虾、葛氏长臂虾、鹰爪虾、中华管鞭虾、中国毛虾、安氏白虾、日本对虾、细螯虾、鼓虾、口虾蛄、脊尾白虾、梭子蟹、青蟹等；头足类有曼氏无针乌贼、长蛸、短蛸以及腔肠类的海蜇等。在近岸的灰鳖洋、峙头洋、乱礁洋、大目洋、猫头洋、韭山、渔山七大渔场，有小黄鱼、大黄鱼、乌贼、带鱼、鳓鱼、鲳鱼、梭子蟹、鲐鲹鱼（类）、马面鱼、海蜇、蓝点马鲛鱼（清明节前后洄游至象山港，称“鰆鯃”）、毛虾、海蜇等传统鱼汛。其中，传统“四大渔产”大黄鱼、小黄鱼、带鱼、乌贼因捕捞过度而数量锐减，带鱼、鳓鱼、梭子蟹资源也在逐渐减少。随着近海渔业资源的衰退，远洋渔业成为渔业经济的主要发展方向。21世纪初，开辟出太平洋、印度洋的鱿鱼和金枪鱼渔场。

大型海藻　1990年，《全国海岛资源综合调查》首次记录浙江近海大型海藻78种。2010年前后，渔山列岛共调查出半球鞘丝藻、蜈蚣藻、石莼、鼠尾藻、羊栖菜、坛紫菜等底栖海藻85种。其中有经济价值的大型海藻46种，关键性种类有昆布（俗称吐血菜、鹅掌菜，是渔山列岛的特有种）、裙带菜、坛紫菜（俗名紫菜、乌菜）。韭山列岛海域共调查出舌状蜈蚣藻、孔石莼、鼠尾藻等海藻56种，其中经济海藻有28种。象山东部海域共调查出大型海藻92种。

海洋哺乳动物　据20世纪90年代资料记载，中国东海区有须鲸亚目6种、齿鲸亚目13种、鳍脚目2种，共21种。由于遭到日本等捕鲸国家猎杀破坏，很多种类几乎绝迹，故宁波市海域广泛分布的海洋哺乳类动物以江豚为最多，曾有中华白海豚、小须鲸、花斑海豚等入境记录，其他种类多因渔民误捕或迷失方向而进入管辖的海域，自然分布几乎没有。

海洋鸟类　宁波市海陆相接，处于东亚—澳大利西亚候鸟迁徙路线中段，是重要的候鸟迁徙通道，所见鸟类多为候鸟。据20世纪80年代资料及早年鸟类调查，有鸟类349

种（含亚种）。此后，越来越多的鸟种被发现，有记录的鸟类400多种。在杭州湾海区观察到鸟类16目45科91属326种，其中非雀形目105种，雀形目58种，留鸟38种，夏候鸟12种，冬候鸟65种，旅鸟48种；在韭山列岛观察到鸟类12目34科108种。据狭义海鸟定义，中国海鸟种类仅78种，宁波市的海鸟种类更少，较典型的有海鸥、中华凤头燕鸥、震旦鸦雀、罗纹鸭、东方白鹳、黑脚信天翁等数种。

近海植被　宁波市近海自然植被分布广泛，涉及针叶林、阔叶林、竹林、灌丛、草丛、沼生水生、木本栽培和草本栽培8个植被型组，19个植被型，约有102个群系。针叶林是海岛植被中最重要、资源量最大的植被类型，在海岛、大陆海岸上均有分布，以常绿针叶林为主，其中马尾松林和黑松林最多。阔叶林在大陆海岸和海岛上广泛分布，主要有落叶阔叶林、常绿阔叶林，还有少量的常绿落叶阔叶混交林。其中，落叶阔叶林有旱柳林、麻栎林、白栎林、朴树林、黄连木林、枫香林和南京椴林等，常绿阔叶林有青冈林、石栎林、红楠林、香樟林和木荷林等，常绿落叶阔叶混交林面积不大。竹林呈小块状广泛分布，主要有散生竹林、混生型竹林，另有少量的丛生型竹林。散生竹林主要品种有毛竹、小径竹，混生型竹林多为苦竹。灌丛分布十分广泛，多分布在地形陡峭、土层薄的区域，主要有落叶灌丛、常绿灌丛、蔓生灌丛3种。其中，落叶灌丛分布最广、面积最大，在大多数地区和海岛均有分布，主要种类有白栎萌生灌丛、短柄枹萌生灌丛、日本野桐萌生灌丛、映山红灌丛、白鹃梅灌丛和芙蓉菊灌丛。草丛是宁波市近海区域主要植被类型，主要种类有五节芒、山类芦、假俭草、白茅、双穗雀稗、芒萁和加拿大一枝黄花等。沼生和水生植被主要分布在平原性岛屿、大岛上，多在潮间带和岛屿水域地段。沼生植被种类有芦苇、糙叶薹草、互花米草和大米草等，水生植被主要有菱、喜旱莲子草、凤眼莲、浮萍、满江红和穗花狐尾藻等。木本栽培植被和草本栽培植被主要分布在各大岛和有人居住岛上，多为经济林（茶园、苗圃）、人工红树或半红树林（海滨木槿）、果园（杨梅、柑橘）、农作物和防护型草本群落等。

海洋矿产

宁波市海域的海底矿产资源比较贫乏。市境内海域尚未发现石油、天然气存在。东海油气资源主要分布在陆架盆地东部的西湖和基隆凹陷，距离宁波市大陆较远，约有350千米。重矿物高值区主要在杭州湾海域，富含锆石、黄铁矿、独居石及磷钇矿等矿物资源。主要矿产为海砂，分布区面积为132.14平方千米，占浙江省海砂资源分布区的

8.89%。宁波市濒临开敞的东海，潮差大，波浪高，常年风力较大，蕴藏着丰富的潮汐能、潮流能、波浪能、风能等海洋能资源，慈溪、象山等地建有规模较大的海上风力发电场。

海滨矿产（海砂）　市境内的海砂主要分布在紧邻舟山海域的大双岛西北，东、西白莲岛南北水道，头洋港至佛渡水道，汀子门和青龙门及东屿山西南潮流深槽；象山港内沿港及其以西、西沪港口门、狮子口—铁港，三门湾的下湾门西北、高塘西北三门口、珠门港—金高椅港潮流（汐）港汊等海域。潜在资源量38100.84万立方米，占浙江省海砂资源量的7.58%。按每吨1.7立方米、每吨2.7立方米的海砂比重分别进行估算，全市潜在海砂资源量分别为64771.43万吨、102872.27万吨。但是非法采砂活动比较严重，对海洋生态环境、通航安全和渔业资源产生较为重大的影响和危害，还会侵蚀海岸、破坏旅游风景环境、影响水产养殖、破坏珍稀动物的栖息地和诱发海洋地质灾害等。

海水　宁波市传统的海水利用方式是晒盐，海盐晒制技艺成为国家级非物质文化遗产。历史上杭州湾南岸和北仑、鄞州、象山、宁海等地均建有盐场。唐代，慈溪沈师桥一带设灶制盐。宋代，有鸣鹤、石堰、龙头等盐场分布于慈溪、余姚，玉泉盐场创办于象山，长亭盐场设在宁海，为浙江重点产盐区。民国时期，庵东有“浙江盐都”之称。1949年，宁波生产海盐5.18万吨，占全省盐产量69%。解放初，设立庵东、石浦2个盐场特区。20世纪50至80年代，梅山盐场成为宁波市的一面旗帜。象山贤庠、鄞州咸祥两镇均以盐场（谐音）而命名。1979年，宁波生产海盐31.89万吨，为历史最高年份。20世纪80年代起，受滩涂淤涨和经济效益等方面的影响，盐田面积锐减。1995年，开始转废海水浓度低、生产工艺落后、产量低、质量差的盐场，实行工业开发和水产养殖等。此后，仅在北仑白峰街道外峙岛、象山高塘岛乡花岙岛等地有少量海盐生产。随着临港工业快速发展，滨海热电、化工、冶金等大型企业如国华宁海电厂、大唐乌沙山电厂、宁波钢铁有限公司、宁波台塑化工有限公司等，纷纷利用海水替代淡水作为工业冷却用水。据统计，每年海水冷却利用量达72.34亿吨。海水淡化在宁波市尚处于起步阶段，除船舶用小型淡化装置，仅象山乌沙山电厂建有规模化海水淡化工程（日产淡水10万吨）。此外，海水冲洗和海水农业也是宁波市海水利用的主要方式，用大量的海水冲洗码头和船舶，清洗鱼货、冲刷海产品加工场所等。由于滩涂盐生植物种植，海水浇灌正悄然兴起，如慈溪杭州湾高滩区盐生植物种植试验区利用海水浇灌种植物。

海洋保护

宁波市海域污染严重，主要污染源为陆源排污，海水养殖和海洋倾废也是重要污染源。为缓解和控制海洋污染，宁波市加强甬江、排污口和海洋垃圾入海污染物监测，采取措施保护海洋环境。启动涉海工程项目海洋环境保护，建立海域使用管理机制。调查海洋污染基线和象山港海域环境容量，摸清污染底数。跟踪评价近岸海域水质和海水增养殖区、海水浴场水质，发布海洋环境质量公报。建立韭山列岛、渔山列岛2个国家级海洋保护区，以及东海带鱼、象山港蓝点马鲛2个国家级水产种质资源保护区。开展象山港海洋生态环境保护与修复技术研究，建立水生野生动物救助机制，投放人工渔礁，实施渔业资源增殖放流。合理利用海洋资源促进经济社会发展，涉及渔业、工业、交通运输、旅游娱乐、海底工程、排污倾倒、围海造地，以及科研、教育、军事等领域。同时，在海洋管理过程中，严格执行国家、省级的各类法律法规和制度，制定地方性法规规章，依法保护海洋。

近海环境质量　1997年，宁波海洋污染基线调查查清全市海洋环境质量状况的“零点”资料。2000年，宁波市开始对陆源入海污水排放进行监测。2001年，开始发布《宁波市海洋环境公报》。2002年，启动入海排污口和重点海洋功能区环境跟踪监测。2005年，开始监测甬江污染物入海量。2009年，开始监测海洋垃圾。2010年，《宁波市海洋环境公报》显示，全市海域主要受长江、钱塘江、甬江等入海河流的影响，营养盐污染严重，其中严重污染海域面积6625.76平方千米，占全市海域总面积的67.9%。2020年，全市近岸海域一类、二类、三类、四类和劣四类面积分别占全市海域面积的32.2%、24.2%、12.4%、10.6%和20.6%；富营养化程度总体较高，其中杭州湾南岸最高。2022年，全市近岸海域国控点水质优良率（即一类、二类比例）56.8%，四类与劣四类海水水质海域面积占比34.6%；8个主要近岸海域功能区除大目洋为四类水质外，其他为劣四类水质；主要近岸海域功能区水质富营养化水平较高，其中杭州湾南岸最高，镇海—北仑—大榭、象山港、外干门近岸、峙头洋、梅山保税港、石浦港、大目洋富营养化指数依次降低。

海洋生态保护区　宁波市建有韭山列岛国家级海洋生态自然保护区、渔山列岛国家级海洋特别保护区。韭山列岛海洋生态自然保护区于2001年获准成立省级自然保护区。保护区总面积1149.5平方千米，以韭山列岛为中心设立核心区、缓冲区、实验区

3个功能区。核心区内禁止一切人为活动；缓冲区内禁止开展生产经营活动，可适当进行科学研究、考察、教学实习、标本采集活动；实验区在保护的前提下，可根据情况适当开展生态旅游、科普教育、科研活动。保护区主要保护对象是大黄鱼产卵场及其苗种资源，带鱼产卵场，曼氏无针乌贼产卵场、索饵场及其幼体资源，江豚的生存环境，黑尾鸥、黑嘴凤头燕鸥等鸟类的繁殖栖息场所及与之相关的岛礁生态系统等。2009年11月18至20日，环境保护部组织专家评审，韭山列岛通过评审，成为国家级海洋生态自然保护区。保护区设立以后，大黄鱼和曼氏无针乌贼的资源出现恢复迹象，极危鸟类中华凤头燕鸥从被估计全球少于50只已增长到100只左右，并在该海域发现国家二级保护动物——水獭。渔山列岛海洋特别保护区于2008年8月获国家海洋局同意设立。保护区总面积57平方千米，包括保护区范围内所有岛礁及周围海域，其中岛屿54个，岛陆面积约2平方千米。据调查，渔山海域有浮游植物135种，浮游动物65种，底栖生物119种，是宁波市大型海藻集聚分布的典型区域；享有“亚洲第一钓场”之称，主要有石斑鱼、真鲷、黑鲷、黄鳍鲷、石鲷、黑毛、鲈鱼、褐菖鲉等10多种名贵鱼种，厚壳贻贝和条纹隔贻贝等也久负盛名。重点保护的生物对象是贝类和藻类。保护区分保护和开发利用2个区域，建立渔山列岛无居民海岛岛礁资源保护区、北渔山和南渔山贝藻类资源保护区、伏虎礁领海基点保护区，修复海岛岛礁和植被资源，投放人工鱼礁，开展增殖放流工作。此外，2008年、2010年，农业部分别批准设立东海带鱼、象山港蓝点马鲛国家级水产种质资源保护区。东海带鱼国家级水产种质资源保护区，位于台州列岛至杭州湾北部的浙江东北部海域，是带鱼、小黄鱼、银鲳等东海区主要经济鱼类最为主要的产卵场、索饵场及洄游通道，主要保护对象有带鱼、大黄鱼、小黄鱼、鲐、鲹、灰鲳、银鲳、鳓、蓝点马鲛等重要经济鱼类。象山港蓝点马鲛国家级水产种质资源保护区，位于象山港内，是东海区域蓝点马鲛的主要繁殖场之一，每年清明前10天左右蓝点马鲛鱼从舟山海域进入象山港繁殖，7月上旬大部分马鲛鱼亲鱼和幼鱼都向外海洄游，小部分马鲛鱼在港内生活生长；主要保护对象是蓝点马鲛，同时保护银鲳、大黄鱼、小黄鱼、黄姑鱼、黑鲷等。

地方性海洋法规 针对地域特点和存在的典型问题，制定具有宁波特色的地方性法规。1989年，《宁波市象山港水产资源保护条例》正式施行，成为宁波市第一部关于海洋渔业和环境保护的地方性法规。此后，随着象山港水产资源的开发利用和海洋环境的变化，于1997年、2004年两次修正。《条例》规定水生动植物重点保护对象和采捕标准，设立禁渔期和禁渔区，明确禁止使用的渔具和捕捞方法；禁止沿港两岸兴建严重污染港内水域、滩涂的项目，污染严重的企事业单位必须限期完成治理任务，污染严重但又难以治理的要限期转产、搬迁或关闭等。2005年，鉴于象山港海洋资源开发利用和环境状况的变化，开始施行《宁波市象山港海洋环境和渔业资源保护条例》，同时废止《宁波市象山港水产资源保护条例》。新《条例》遵循统筹规划、海陆兼顾、经济持续发展与生态环境保护相统一的原则，对在象山港内从事航行、勘探、开发、生产、旅游、渔业、科学研究及其他活动做出明确的保护、限制和禁止性规定。《宁波市韭山列岛海洋生态自然保护区条例》于2006年获批准、公布，于次年7月1日起施行，宁波市成为国内首个为海洋生态自然保护区制定地方性法规的城市。《宁波市无居民海岛管理条例》于2004年获批准，2005年1月1日起实施。《条例》规定在保护的前提下，对无居民海岛进行有限度的利用。

卷四 | 城乡建设

旧城城垣

宁波城 宁波在三江口建城，最早可追溯到东晋时期，刘牢之筑城以守御三江口，后因墙基上生有竹筱，俗称“筱墙”。821年（唐长庆元年），因明州官署“北邻鄞江，地形卑隘”（许多学者认为此处鄞江是海曙三江口区域的江流），明州刺史韩察将州治迁至鄮县治，在明州旧治南面高地设置鄮县治，撤除鄮县旧署，于其西修筑子城，设立东、南、西、北4门，周长420丈，环以水。子城今址，约南至鼓楼，北至中山公园后园，东至蔡家巷稍东（恒隆中心），西至呼童街。城内为衙署，百姓居于子城外。892—898年，为保境安民，明州刺史黄晟在子城外兴工构筑罗城。罗城呈梨形，周长2527丈，以奉化江为东面屏障，余姚江为北面屏障，西与南皆为源自它山堰之水环绕。设10座城门：西有望京门（上有“明山”楼，并设水门，通漕运），南有甬水门（设水门，通漕运），东南有鄞江门，东有灵桥门、东渡门、来安门（原无名，因在市舶务之右而称作市舶务门，后以城外的来安亭命名，舶货入则开），东北有渔浦门，北有盐仓门（又名下卸门，盐入则开）、达信门，西北有郑堰门。城下有濠，但灵桥门以北、郑堰门以东，因滨江而无濠。此后，历代进行修葺、增建。963年，奉国军节度使钱亿主持在子城南门前开挖清澜池，连通子城南面的东西河，将所挖的土筑成镇明岭（今镇明路鄮山街一带）。1017—1021年，明州知州李夷庚认为从子城南门至罗城长春门的大路形似蜈蚣，不吉利，便遵循“万物相生相克”思路，命人在今中山公园前建造一座金鸡山，取“金鸡啄蜈蚣”之意，并修浚清澜池，运土增建镇明岭，意为“雄镇四明”，使蜈蚣动弹不得。1130年正月，金兵攻破明州，掳掠焚城，城市建筑和民宅大部分被毁。南宋定都临安后，经过近40年建设才逐步恢复。1225—1227年，子城设有东、南、西、北4门，南门建有谯楼；

罗城剩7门开通，鄞江门、渔浦门、达信门关闭。1243年，庆元知府陈恺重修子城，疏水濠，扩通道，东立1座牌坊，西立2座牌坊，阻隔内外。1259年，罗城盐仓门楼改名和义门，郑堰门、望京门改为永丰门、朝京（后改名迎恩）门。元初，将地方城市城墙拆除，庆元的子城、罗城全部被拆除。1308年正月，日本商人焚掠庆元城，城市建筑大面积被焚毁，重要的官府建筑及寺庙、道观等均被毁。1352年（元至正十二年），浙东都元帅纳麟哈剌为防备方国珍侵扰，重新修城。筑成子城南门（1585年更名海曙楼），修筑罗城周长18里、高1丈8尺的城墙，置东渡、灵桥、长春、望京、永丰、和义6门，门有楼。其后，罗城历经修葺、增建。清末，城墙周长2527丈，墙基宽22尺，城上宽15尺，高22尺（按清朝工部尺计算）。仍有6门，城上有门楼，门外有月城，又称瓮城；城墙上有镝楼46个、雉堞3564个、警铺65所。城外有濠2144丈，城门有跨越濠的吊桥。还设有南、西2座水门，引水贮蓄于城内的日湖和月湖，贯通城内河道，并经水喉、食喉、气喉和总闸与江连通。1920年，有拆城墙造环城马路之议，3年内拆除6座城门的月城。1924年，开始拆除东渡门、灵桥门。1927年7月宁波市政府成立后，全面拆除城墙，至1931年城墙尽除。现在环城马路除江厦街和灵桥路北端外，即当时罗城墙基，故命名为灵桥、长春、望京、永丰、和义路，东渡路也是罗城墙基。1855年重建的海曙楼被留存下来，1935年在三楼明间安置水泥钢骨正方形瞭望台及警钟台，并设置标准钟，报时报火警。位于今长春路、柳汀街口附近的庆云楼，建于1641年，是罗城的钟楼，高三层，八角形，俗称八角楼，与鼓楼相呼应；后几经毁坏、重建，1929年拆除城墙时被保留，1949年破损严重，1958年拆除。

句章古城　相传公元前472年（周元王四年）为越王勾践所筑。秦设置句章县，县治即在句章古城。直至公元400年（东晋隆安四年）句章古城被孙恩起义军摧残破坏，戍将刘裕（后即帝位为宋武帝）迁县治于他处（一说今海曙鄞江，一说今海曙三江口区域），历800余年，被誉为“宁波第一城”。句章古城在今江北慈城镇王家坝村城山渡、余姚江北岸。城址面积约27万平方米，中心区面积约5万平方米。2004—2009年，文物部门在今余姚大隐镇城山村与江北慈城镇王家坝村，先后4次考古勘察，出土一批战国至东晋时期的筒瓦、陶、瓷、漆木等生活用具，揭露出木构干栏式建筑、木构式码头、官署建筑倒塌堆积、斜坡式卵石路面、墓葬区、窑址区等与句章古城（港）密切相关的遗迹现象。2018年1月，古城遗址被公布为江北区文物保护单位。2023年6月29日，被公布为第八批浙江省文物保护单位。

小溪古城　公元400年，设在城山的句章县城被孙恩起义军破坏，县治他迁。一说迁至小溪（今海曙鄞江镇）。589年，鄞、鄮、余姚3县并入句章县，移县署于今鄞江镇它山之左。其后的鄞州、鄮县治所亦在此处。738年，明州成立，治所亦在小溪。771年，鄮县县治迁至今海曙三江口区域。821年，明州州治迁至鄮县县治，鄮县县治迁至小溪，尔后小溪镇改称光溪镇。直至909年，县治再次移至三江口与州治同设。但是多年来对小溪古城存在质疑之声，2011—2015年的考古调查、勘探发掘和航空遥感、地球物理探测，未发现与县署相关的地下遗存。同时，《乾道四明图经》载：明州“旧治鄮县，今阿育王山之西、鄮山之东”，771年“海寇袁晁作乱于翁山，而鄮久弗能复，乃移治鄞，鄞东取鄮城阅三十里”;《宝庆四明志》亦载：625年废鄞州为鄮县，“当时县治乃今州治，非古鄮县治”。两部旧志都不支持小溪曾为鄮县、明州州治。故现在学者多认为句章城被毁坏后，迁县治于今海曙三江口区域，其后的鄞州、鄮县、明州、鄞县治所均设在三江口区域。

同谷鄮城　公元前222年秦立鄮县，治所在同谷（今鄞州五乡镇宝幢一带），迄589年并入句章，历800余年。《宝庆四明志·郡志一》载：“古鄮县在阿育王山之西，鄮山之东。”《明一统志》卷四十六载：鄮城“在府城东三十里，汉鄮县治此，又名官奴城”。明嘉靖《宁波府志》记贸山云：“初，县在贸山之阴，乃加邑为鄮，俗传鄮邑在鹿山者非。”又云：“同谷山，以东西两岙同一谷口故名。”今鄞州五乡镇宝同村，有东岙、西岙两自然村，旧称同谷，后山谷因地质演变而消失，1983年改称同岙。县署遗址无考，或云同谷口即今同岙。

白杜鄞城　公元前222年秦立鄞县，治所在白杜（今奉化西坞街道白杜村），至589年并入句章，历800余年，古为明州、台州要冲。白杜村北面不到1千米处有鄞城山，亦名赤堇山，即“堇加邑为鄞”处。山近处南岙、山厂有秦汉六朝墓葬群和古窑址，隔山相邻的今鄞州横溪镇的钱岙遗址有古陶出土。东汉晚期至三国东吴时期，古鄞县才进入“无邑不墙”的时代。2015—2018年，探明西、北、东3段夯土城墙，共长360米，部分墙基仍蜿蜒可见。水系位于城之东、南，与城墙形成合围，至六朝时可能被淤塞成为新的居住区。以夯土城墙和水系为界，居住区（包括官署区）主要位于城内，手工业作坊区、墓葬区和部分居住区位于城外。

镇海县城　相传始建于公元897年（唐乾宁四年），为泥城，周长450丈。元初，被拆毁。1368年，千户王及贤设置木栅于旧址。1374年，守御千户端聚以石易栅。1387年，汤和建镇海卫时拓建，周长1288丈，高2丈4尺，方圆9里，辟有6座城门。1415年，都指挥余成因城北濒海，堵其门，留5座城门：东镇远、南南薰、更南清川、西武宁、次西向辰。1832年重修，周长1416丈。民国时期，陆续拆城筑路。现存的后海城塘和鼓楼，以及城河东路、城河西路、西城巷均为城址。

奉化县城 原无城。1555年（明嘉靖三十四年），因倭寇猖獗，县令萧万斛筑城。城周长1018丈，高2丈4尺，后据锦屏，前依玉几，左临大泽，右旁凤山。设4座城门：东迎恩、西顺成、南贞明、北起凤；有2座水门：西为上水门，东为下水门。1658年，增建城垛厚2尺、高4尺，改四门名：东太乙、西金嶂、南薰时、北拱极；清道光（1821—1850）以后，复原名。民国时期，城墙被拆除。部分墙基今为城基路。

余姚县城 分南北两城，隔江合璧。公元200年，三国吴将朱然任余姚长时，开始修筑北城，城址在龙泉山东，周围1里250步，高1丈。1357年，方国珍防备朱元璋攻击，增建城墙，逾月城成，周长1465丈，方圆9里，高1丈8尺，墙基宽2丈。有3座水门，5座陆门：东通德（清代改名澄清），西龙泉（清代改名迎恩），南齐政（即舜江楼），北武胜、后清（清代改名候青）。四面环江为濠，西面包括龙泉山。此后，历有修葺。1557—1558年，为防御倭寇，保护北城不能容纳的百姓，遂修筑南城。周长1440丈，有东泰、西城、南明（清代改名南溟）、北固4座陆门，恩波、流泽2座小陆门，左通、右达2座水门。北固门枕江，与北城舜江楼相望，通济桥沟通南北两城。清代，续有修葺。1930年，余姚开始拆城墙修道路；至1938年，除保留舜江楼基一段城墙外，南北两城尽除。北城墙基南段为北滨江路，东段为三官堂路，西段为舜水路，西北段为南河沿路，东北段为余姚化纤棉纺织总厂。南城墙基东南段为城下路，西段为舜水路，北段为南滨江路。

慈城 即慈溪县城。唐立慈溪县，治所在德润湖（今江北慈城镇慈湖）南，无城。1556年（明嘉靖三十五年），倭寇突入县治，焚掠殆尽，寇退开始筑城，次年竣工。城高2丈余，墙基宽2丈4尺，方圆10里，辟4座城门：东镇海、南景明、西望京、北环山，东西有小门，称小西门、小东门。设水门于东西左右。环以濠，北半里临山段没有濠。迄清，历有修葺。1939年，为防御日军飞机轰炸，便于疏散居民，拆除城门。解放后，拆除城墙，墙基现为路或地。

宁海县城 公元689年（唐永昌元年），复置宁海县，治所在广度里（今跃龙街道），有城无濠，设4座城门，周长600步。1554年（明嘉靖三十三年），建新城，周长1541丈，高2丈4尺，基广1丈8尺。有6座城门：东靖海、南迎薰、西登台、北拱辰；西南有小南门，称登瀛；西北有小北门，称望阙。历有修葺。1958年以后，逐步拆除，改建环城路和房舍。

象山县城　1064—1067年（宋治平年间），县令林旦修筑土城，环以河，设2座城门：东登瀛、西登台。1554年，为防御倭寇，县令毛德京改筑石城，周长1809丈，置4座城门：东宾阳、南来薰、西迎恩、北拱极。因城形似蛸，故称蛸城。清康熙年间，以南朝梁代陶弘景炼丹于城西山中，雅称“丹城”。清末城圮，民国时渐废。

城乡规划

宁波城乡建设规划始自1925年宁波市政筹备处《工程计划书》，1932年《鄞县建设五年计划》再度规划城区建设、城乡交通、工商经济等。中华人民共和国成立后，宁波市前6次编修的城市规划，均未形成正式文件，即1951年《宁波市都市计划》、1956年《宁波市城市规划示意图说明》、1958年《宁波市城市规划总图说明（草案）》、1959年《宁波市总体规划说明书》、1974年《宁波市近期建设规划图》、1982年《宁波市总体规划说明书》，其中1982年规划具有很好的指导作用，但因即将实行市管县体制而未获省政府批准。1986年11月10日，国务院批复原则同意《宁波市城市总体规划（1986—2000年）》，这是宁波市首份具有法律效力的城市总体规划。此后，宁波市2次修编、2次调整城市总体规划，即1994年6月30日市第十届人民代表大会常务委员会第十次会议审查通过的《宁波市城市总体规划（1994—2000年）》（即“86年总规”调整版），1999年7月2日国务院批复原则同意的《宁波市城市总体规划（1996—2010年）》，2006年8月3日国务院批复原则同意的《宁波市城市总体规划（2004—2020年）》，2015年3月18日国务院批复原则同意的《宁波市城市总体规划（2006—2020年）（2015年修订）》。

2017年6月，宁波市启动《宁波2049城市发展战略》研究和新一轮城市总体规划修编工作。2019年，《宁波2049城市发展战略》完成，提出要实施超级枢纽、区域协同、动能转型、魅力港城、全域统筹等五大战略。通过空港、海港、陆港、高铁等基础设施建设和联通，把宁波建设成为全球资源配置新高地；通过全面对接上海、杭甬一体、甬义联动、甬舟同城、甬台合作，以三大城市为核心（上海、杭州、宁波），引领和共筑世界级大湾区；转变增长模式，从依靠规模扩张转向依靠知识、质量的提升；通过“文化+”“生态+”“服务+”“风貌+”等手段，营造长三角世界级城市群最富宜居魅力的文化名城；以统筹为核心思路，明确全域理想空间格局，大力提升土地利用效率，实现资源价值的最大化利用。全市要形成“一主两副多中心”，统筹全域城镇空间格局。一主即市区（都市核心区），两副即北部余慈副城区、南部宁象副城区，多中心即全域多中心网络化的城镇空间体系。以“三江三湾大花园”明确全域生态空间格局，统筹管控全域“山水林田岛、江河湖海湾”。2019年8月，启动《宁波市国土空间总体规划（2021—2035年）》编制工作；2024年11月10日，获国务院批复同意。这是宁波市首部覆盖全域全要素，融合主体功能区规划、土地利用规划、城乡规划等规划的“多规合一”国土空间规划。

自2006年开始，按照《宁波市城市总体规划》，各县（市）分别编制县（市）域总体规划，市规划部门编制分区规划。控制性详细规划编制范围从三江口核心区扩大至市中心城区建设用地全部范围。同时，市中心城区及干道两侧等重要地区的城市设计和景观规划逐步展开，港口建设、综合交通等专项规划被纳入总体规划。

《宁波市城市总体规划（1986—2000年）》 1985年5月至1986年11月，市政府委托浙江省城乡规划设计研究院负责编制。1986年11月10日，国务院批复原则同意，明确宁波是国家“七五”时期重点开发的地区之一，是中国的重要港口城市、华东地区和浙江省重要的工业城市，“把宁波市建设成为布局合理、交通便捷、生活方便、环境优美的社会主义现代化城市”。规划提出：至2000年，全市人口控制在510万～540万人，市区建成区人口控制在100万人左右，市区城市建设用地达100.07平方千米。城市由三江口向甬江下游出海口和口外滨海段呈跳跃状发展，重点是甬江口两岸的滨海地段；老市区主要向江东发展，避免与镇海发展区的建设连成一片；形成以老市区为中心，由老市区、镇海发展区和北仑开发区三大片组成，生产生活相对独立的组合型大城市。

《宁波市城市总体规划（1994—2000年）》 1992年8月，开始调整城市总体规划。1994年6月30日，市第十届人民代表大会常务委员会第十次会议审查通过。规划提出：城市性质为社会主义现代化国际港口城市。主要发展职能为建设成为华东地区重要的对外贸易口岸，发展成为长江三角洲及沿海地区重要的工业基地，形成人文景观和自然环境良好的历史文化名城。市区建成区人口规模到2000年达90万～105万人，远景控制在250万～280万人；城市建设用地到2000年达138平方千米，远景控制在320～400平方千米。老市区重点向东发展，镇海区向西、南发展，北仑区沿甬江和海岸线呈带状发展，形成沿江、沿海T状组团。

《宁波市城市总体规划（1996—2010年）》 1995年7月5日，市政府成立城市总体规划修编领导小组及其办公室，启动编制。1999年7月2日，国务院批复原则同意。规划提出：城市性质为中国东南沿海重要的港口城市、国家历史文化名城、长江三角洲南翼经济中心，用30年左右的时间建成现代化国际港口城市。完善1个中心城—5个副中心城—15个中心镇—88个一般镇的四级城镇体系网络。市域人口规模到2010年达580万～600万人，城镇化水平达65%。老城区、鄞县中心区、科技产业园区、邱隘为三江片，镇海规划建设区和江南新区为镇海片，北仑规划建设区和大榭岛为北仑片，以三江片为核心，镇海片、北仑片为次核心，组成开敞组群式的宁波中心城。

《宁波市城市总体规划（2004—2020年）》 2001年2月20日，市政府成立总体规划修编领导小组及其办公室，启动修编工作。2006年8月3日，国务院批复原则同意。规划提出：城市性质为中国东南沿海重要的港口城市、长江三角洲南翼经济中心、国家历史文化名城；城市职能主要为东北亚航运中心深水枢纽港，华东地区重要的先进制造业基地、现代物流中心和交通枢纽，长江三角洲南翼重要对外贸易口岸，浙江省对外开放窗口和高教、科研副中心，东南沿海重要风景旅游城市；通过20年左右的时间，建设成为布局合理、功能完善、环境优美的兼具国际港口和江南水乡特色的生态型现代化城市。到2020年，市域常住人口810万人，中心城实际居住人口250万人，城市化水平在70%以上，中心城建设用地面积311.9平方千米。建设都市区核心（中心城）、都市区外部组团（余慈地区、奉化—鄞南）、二级中心城市（宁海、象山）、中心镇（13个）、一般建制镇（41个）五级城镇体系网络，形成以中心城为中心，二区（北部都市区、南部生态发展区）、T轴（杭州湾南岸滨海线与沿海国道等交通干线构成）为主体，面向杭州湾的开放式空间布局结构，以慈城、集士港、鄞江、姜山、咸祥为中心形成5片城镇组群。中心城形成“两带三片双心”组团式结构，即滨海产业带、沿三江生活带，三江片、镇海片、北仑片，三江片的三江口中心和东部新城中心。三江片近期重点向东发展，中远期重点发展北部，适度发展西部和南部，镇海片、北仑片沿海岸线发展。

《宁波市城市总体规划（2006—2020年）（2015年修订）》 2013年11月28日，住房和城乡建设部批复同意进行修改。2015年3月18日，国务院批复原则同意。规划提出：城市性质是中国东南沿海重要的港口城市、长江三角洲南翼经济中心、国家历史文化名城；城市职能为国际贸易物流港、东北亚航运中心深水枢纽港、华东地区重要的先进制造业基地、长江三角洲南翼重要对外贸易口岸、浙江海洋经济发展示范区核心。到2020年，中心城区常住人口395万人，城市建设用地420平方千米；市域常住人口控制在1000万人以内，城镇化水平达到75%以上。建设“一核两翼、两带三湾”多节点网络化市域空间格局，即宁波市区为一核，余姚市、慈溪市和杭州湾新区组成北翼，奉化市、宁海县和象山县组成南翼，两带为东部滨海城镇产业带和西部山区生态人居带，三湾为杭州湾、象山港和三门湾，节点为卫星城、中心镇和新市镇。中心城区呈“一主两副，双心三带”的空间结构，一主即三江片，两副即北仑片、镇海片，双心即三江口中心、东部新城中心，三带即依余姚江、奉化江、甬江形成3条滨江生活带。三江片在进一步完善东部的基础上，重点向西、向北发展，适度发展南部；北仑片、镇海片沿海岸线发展；在中心城区外围形成慈城、东钱湖、东部滨海、九龙湖—澥浦4个组团；中心城区远景重点向南发展。

《宁波市国土空间总体规划（2021—2035年）》 2019年8月23日，正式启动编制。2022年12月22日至23日，市十六届人大常委会第七次会议审议通过。2024年11月10日，国务院批复原则同意。规划提出，宁波是长三角地区重要的中心城市、国家历史文化名城、现代海洋城市、全国性综合交通枢纽城市，要发挥全国先进制造业基地、区域性科技创新高地、全国航运物流中心、“一带一路”港航合作重要节点城市等核心功能，加快打造全球制造创新之都、国际开放枢纽之都、东方滨海时尚之都、全国文明典范之都、城乡幸福共富之都、一流智慧善治之都，奋力建设现代化滨海大都市。人口到2025年达1000万人，到2035年达1150万人（服务人口1350万人）。至2025年，宁波成为浙江建设新时代全面展示中国特色社会主义制度优越性重要窗口的模范生；至2030年，基本建成城市与自然生态和谐相融、海洋特色全面彰显的现代化滨海大都市；至2050年，建成具有全球竞争力和国际风范的社会主义现代化滨海大都市。空间格局：一体两翼多组团、三江三湾大花园。一体，即市域一体化的现代化滨海大都市；两翼，即三江平原和三北平原组团联动的北翼都市集聚发展区，山海蓝湾交相辉映的南翼都市特色发展区；多组团，即全域多中心网络化、高效集约的城镇组团；三江，即余姚江、甬江、奉化江串联的三江走廊，打造甬江创新走廊、余姚江文化走廊、奉化江魅力走廊；三湾，即统筹杭州湾、象山港、三门湾组成的海陆两侧地区，形成综合生态带、产业带、人文带的都市滨海复合发展带；大花园，即以翠屏山、东钱湖、象山港等构建都市绿心，以四明、天台山脉为核心建设生态屏障区，以“连山—串城—通海”生态廊道为骨架，打造全域美丽生态大花园。

城市布局

空间格局 北翼，形成“一园双城两带”格局。一园，即建设中的翠屏山中央公园。双城，即中心城区和余慈城区：中心城区，包括三江片、镇海片、北仑片、奉化片、东部滨海片构成的宁波大都市行政中心、金融中心、航运中心、文化中心、创新中心；

余慈城区，包括余姚片、慈溪片、前湾新区片构成的组团化、网络型的组合城区，功能定位为全球领先的先进智造中心。两带，即滨海产业带和平原城镇带。滨海产业带定位为滨海产业大平台，支撑世界一流强港建设；平原城镇带，沿泗门—慈溪—慈东—中心城区、余姚—运河片—中心城区，强化组团网络、紧凑高效布局，有效保障职住平衡。南翼，形成双湾双城多点格局。双湾，即象山港和三门湾。象山港建设生态海湾公园，三门湾和象山东部滨海打造北纬30度最美海岸带，彰显山海旅游、休闲度假功能。双城，即宁海城区、象山城区。多点，即奉化的松岙，象山的象保合作区、象山影视城、石浦、涂茨，鄞州的咸祥，宁海的力洋、西店、深甽。

功能格局　全市"一盘棋"，形成"四梁八柱"现代化滨海大都市功能体系。四梁，即港口、产业、文化、都市。八柱，即综合枢纽——宁波舟山港、宁波西枢纽，港航贸易——浙江自贸试验区宁波片区、中国—中东欧国家经贸合作示范区，先进制造——滨海产业带（前湾新区、宁波经济技术开发区等），科技创新——甬江科创区，中央商务——中央活动区（三江口、东部新城、南部新城）、余慈中心区（余姚、慈溪、前湾新区），公共服务——市级重点公共服务设施集聚区，都市休闲——翠屏山中央公园、象山港海湾公园、东钱湖文化湖区、象山东部海岸带、四明山生态大屏障（含溪口镇、梁弄镇、四明山镇等），历史文化——宁波罗城、大运河（宁波）国家文化公园、三江文化长廊。

生态格局　全市形成"一带两脉多廊"格局。一带，即生态海岸带，包括杭州湾娱乐休闲区、甬江口都市形象展示区、梅山都市新经济展示区、象山港山海活动集聚区、松兰山滨海休闲度假区、石浦渔业海岛体验区，连通沿海风景公路，建设滨海绿道，提升海塘安全标准，形成滨海生态走廊。两脉，即四明山脉、天台山脉，通过生态保护与修复，构成绿色生态屏障。多廊，即山—城—海生态大通廊，通过自然资源保护修复，形成生态优越、系统循环的生态网络格局。

农业空间格局　全市形成四区一带多点格局。四区，即北部精品农业区、中部都市农业区、西部生态农业区、南部特色农业区。一带，即东部蓝色农业带。多点，即多个现代农业园区、农业产业强镇。

城镇体系　形成"两区双城七镇若干点"城镇体系，构建"城市主中心—城市副中心—片区中心"三级中心体系。两区，即中心城区、余慈城区。中心城区，人口500万人以上，由三江片、镇海片、北仑片、奉化片、东部滨海片构成的组合城区；余慈城区，人口250万人以上，由余姚片、慈溪片、前湾新区片构成的组合城区。双城，即宁海县城、象山县城，每城人口规模20万～50万人。七镇，即泗门、观海卫、龙山、溪口、西店、西周、石浦7个重点镇，每镇人口规模10万～20万人。若干镇，即人口在10万人以下的56个一般镇。城市主中心2个，即中央活动区（三江口、东部新城、南部新城）、余慈中心区（余姚、慈溪、前湾新区）。城市副中心13个，即宁海城区、象山城区、奉化城区、北仑城区、镇海新城、姚江两岸6个综合型副中心，甬江科创区（科创教育）、宁波西枢纽（会展贸易）、东钱湖（文化交往）、东部滨海组团（海洋航运）、慈溪高铁新城（创新转化）、余姚高铁新城（旅游服务）、中意生态园（先进智造）7个专业型副中心。片区中心32个，即梁弄、陆埠、河姆渡、泗门、周巷、观海卫、龙山、九龙湖、庄市、庄桥、慈城、丁家、五乡、咸祥、姜山、新星、鄞江、集士港、方桥、溪口、松岙、莼湖、西店、强蛟、力洋、长街、前童、西周、大目湾、新桥、象保合作区、石浦。

卫星城市及中心镇 2009年，市委、市政府开始部署卫星城市试点和中心镇培育工作。当年底，颁发《关于深化中心镇改革加快卫星城市发展的若干意见》，余姚泗门、象山石浦、江北慈城、奉化溪口、慈溪观海卫、宁海西店、鄞州集士港（今属海曙）、慈溪周巷（2011年9月列入）被确立为卫星城试点。此后，试点镇所在区（县、市）通过直接交办、委托、延伸机构等方式，下放近300项行政审批权限和400多项行政处罚权限，赋予卫星城相当于区（县、市）一级的主要经济社会管理权限。市政府以地方立法的形式对下放管理权限予以保障。至2015年，8个卫星城市试点镇地区生产总值年均增长率、投资年均增长率均高于全市平均值，城乡面貌日新月异，逐渐成为新的区域中心和城市体系中的重要节点。同年12月，市政府颁发《关于加快特色小镇规划建设的实施意见》，市政府办公厅印发《关于进一步加快卫星城市和中心镇创新发展的意见》，加大卫星城市、中心镇及特色小镇培育力度，加快培育余姚马渚、梁弄、陆埠，慈溪龙山、逍林，奉化莼湖、松岙，宁海长街、岔路，象山西周、贤庠，鄞州姜山、咸祥等中心镇，以及鄞州量化金融小镇、鄞州现代电车小镇、海曙月湖金汇小镇、余姚模客小镇、余姚塑料家电O2O小镇、慈溪服务机器人小镇、象山影视星光小镇、象山滨海智造小镇、奉化滨海养生小镇、宁海智能汽车小镇、宁海森林温泉小镇、江北前洋E商小镇、江北动力小镇、杭州湾滨海欢乐假期小镇、梅山海洋金融小镇、江东时尚创意小镇等特色小镇。此后，卫星城市、中心镇及特色小镇稳步快速发展。至2020年，完成小城市试点和特色小镇2.0版打造，实施慈城、鄞江“千年古城”复兴计划，建成10个省级和10个市级美丽城镇样板。

公用事业

供水　旧时，城区浅井水色浊、味恶，深井大都味咸。居民饮水多以水缸盛“天落水”（即雨水），洗涤用河水、井水。遇天旱，则通宵吊掏井水，加明矾以澄清。偶有运水船入城售水，但价贵，仅少数富户有能力购买。宁波旧时城区供水问题的真正解决始自833年建成的它山堰及南塘河。1117年，开挖中塘河、西塘河，进一步解决城市供水问题。1910年，江北岸工程处开始凿自流井，井深100～800米。1926年，裘天宝银楼业主在东后街64号（今中山东路交通银行址）独资开办通泉源自来水公司，以深井水为水源，敷设管道至东门口一带。1931年7月，因水质差、使用者少而停业。1934年9月，和丰纱厂董事长俞佐宸等集资10万元，于水厂旧址开办宁波自来水股份有限公司，敷设管道至东大街、江厦街、药行街等地段。1936年供水，1943年倒闭。1955年3月，市政府筹建自来水厂（江东水厂），择址江东四眼碶附近，上游为东钱湖水源，次年8月建成。1957年，总表用户380户，居民公用给水站95处，药行街石板巷中药厂为第一个用水户。此后，不断新建、扩建自来水厂，扩展供水范围。1985年，开始封闭停用水井，随后向地下进行人工补给回灌水。最初，自来水水源多为河网水。1993年以后，动工开建萧镇（北渡）、横山水库、英雄水库、横溪水库、白溪水库、皎口（周公宅）水库等上游河网和水库引水工程，提升原水水质。1999年，开始实施“一户一表”改造。2000年，启动屋顶水箱取消和改造工作。2001年，开始实施农村饮用水改造。2005年，市区实现供水管道联网，停止使用绝大多数水井。2007年，开始在自来水管网覆盖范围内封存地下水开采井，到2008年底，除个别留作监测、战备等应急井，全部封存。同时，相继实施境内外引水、联网联调等工程，推行城乡一体化供水，敷设大口径供水干管，提高城市供水保障能力。到2022年，全市有乡镇级以上公共水厂56座，总供水能力为每日499.69万吨，全市供水、用水总量22.18亿立方米（不含河湖生态配水量）。城乡居民生活用水水厂的供水量中，水库水的供水比例为97.6%，其中向市区供水的江东水厂等5座水厂，水库水的供水比例为100%。供水保障情况总体良好，供水普及率100%。

排水　古代城区无专用排水管渠，以明沟引雨水、污水排入河道，诸多内河经喉闸泄入外江。唐代，以西南高、东北低的地势修筑穿城水道以通江。宋代，有水喉、食喉、气喉，总称“三喉”，以调节内河水位。1242年，庆元知府陈垲在平桥侧设置水尺，以水高三尺为平，超过三尺则命人至四乡开闸泄水，同时在江东大石碶构筑平水石堰，作为日常水量监察基准。1253—1258年间，知府吴潜在平桥畔书“平”字石碑，称“水则”，又称“平水尺”。水过“平”字开闸泄水，在“平”字以下则关闭闸门。1534年，水则废。东渡门下的水喉，泄西来水注江；灵桥门北的食喉，泄东南支河水入江；狮子桥东的气喉，泄岳庙西河水入东南濠河。后来“三喉”断塞，1796—1820年复修“三喉”，并于羊府庙前浦口建“三喉”总闸，引水喉、食喉水，经方井头汇至总闸，泄入江中。1925年，疏浚城河，于和义门、永丰门之间修筑新闸，泄城西污水入余姚江。城区下水道肇始于1922年敷设少量小口径排水管道。1949年，老市区有下水道35.62千米，石板阴沟96.4千米。此后，随着城市建设，不断修筑、改建下水道。下水道走向均流入“三江”和内河，排向“三江”的重要出水口配置螺杆闸门。1982年，排水系统开始由雨污合流制逐步改为雨污分流制。市区雨、污排泄方向依靠城市主干道路的排水管道，支路管道排入主干道路管道；生活小区排水、排污接入支路管道，雨水出口就近排入河道。同年，第一座污水泵站——高塘污水泵站建成，排放西郊路东段以北和高塘新村污水。此后，污水泵站越来越多，将污水泵入“三江”、内河、下水道、污水管。1997年12月28日，市区第一座集中生活污水处理厂——江东北区污水处理厂开建；1999年3月底，整体试运行，改写宁波市居民生活污水直排河道历史。此后，相继建成南区污水处理厂、新周污水处理厂、北区污水处理厂（二期）等生活污水处理厂。2000年以后，在部分河道实施截污纳管工程，疏通整合沿河小区雨污管网，并敷设截污主管。2006年，输送海曙污水至南区污水处理厂的2条过江管道——宁中、环南泵站过江管道建成投用，直接改变宁波三江片西南部生活污水直排江河的现状。2018年6月，新周污水处理厂成为全市第一家执行浙江省地方标准的处理厂，也是全市首座四类水出水标准的污水处理厂。至此，甬江“喝”上优质水，江河污染物排放量显著削减。2021年10月，宁波市成为首批国家典型地区再生水利用配置试点城市。2022年6月，江北区下沉式再生水厂（一期）投入运行，这是宁波首座下沉式再生水厂，也是国内首座地上地下统筹开发的再生水厂。至2022年底，全市城区基本形成以雨污分流为主的排水体系，有集中式生活污水处理厂32座，处理规模为每日262.7万吨，全年处理污水总量8.44亿立方米，实际日均污水处理量239.24万立方米，运行负荷率91.1%。

城市内河　古时城内城外河道网结，承担城市供排水功能。今中山东路、中山西路、县前街、孝闻街、开明街、药行街、横河街、西河街、大沙泥街等街路昔时均傍河或前街后河。入城的有南关、西关2个水系。南关水系自鄞江桥经南塘河入城，接平桥河，为城内纵向河道；西关水系自横街大雷经中塘河、西塘河由望京水门入城，东接县前河，为城内横向河道。两个水系纵横交织，共有45条支河，遍布全城。城外，江东有前塘河、中塘河、后塘河，引东钱湖水；江北有颜公渠引水至桃渡；城西有南塘河、西塘河、中塘河，引它山小溪水、大雷山水入城；环城除余姚江、奉化江，还有濠河。1929年，开始填埋淤塞河道，首先填埋东门口至羊府庙800米护城河及岳庙西河、廿条桥河、药行街后河、天封塔东河。1933年，制订《整治城河计划》，相继填埋淤塞河道17条，总长4157米。解放后，继续填河造路。1990年，老市区尚存内河11条，最长北郊河，其次高塘河、后塘河。至2022年，老市区除月湖、江东3条塘河、西南部3条塘河和北斗河、护城河外，其余均被填埋。新拓展的城区，尽量保留原有河道，并加以堤岸修建、绿化等。

供气　1976年12月，筹建市液化石油气站；次年3月，设站。1978年9月，首批供气用户3300户，用气人口1.16万，钢瓶拥有量12502只，气源由镇海石化总厂提供。1980年1月，市煤气公司成立（1999年12月更名宁波兴光煤气集团公司）。1987年11月，获准建设日供气30万立方米的煤制气厂。1992年5月25日，市九届人大常委会第一次会议同意市政府提出的采用扩大液化石油气供应方式代替管道煤气工程，停止筹建煤制气工程。1993年4月2日，启动6000立方米液化石油气储存量的扩建工程；6月21日，液化气扩建工程白鹤供应站开业。此后，供应站网点迅速扩张。1994年9月30日，市煤气公司筹建成立管道燃气公司；1995年12月，宁波太阳公寓管道瓶组气化站点火通气，宁波市开始跨入管道液化气时代。2000年，建成联丰混气站，为海曙、江北两区供应混气。2001年5月，海怡花园成为首个使用人工天然气的小区。2006年2月26日，启动主城区的天然气置换工作，梅盛苑小区成为全省第一个通上天然气的居民小区，宁波市开始进入管道天然气时代。2007年6月22日，江东明楼社区通气点火，市区大规模天然气转换工作基本结束。同年，市区老小区天然气改造试点在江东安居幸福苑启动。2008年，开始大规模实施老小区天然气改造，开建全省第一座公交CNG加气站。从2011年4月起，建设“禁燃区”，全面淘汰煤炭、重油、直接燃烧的生物质等高污染燃料。至2013年底，“禁燃区”建成。2014年11月，实现全市高压天然气环网闭环。2021年6月，建成宁波镇海LPG/LNG应急气源合建站。同年12月，北仑门站—高压环网天然气管道全线贯通。至2022年底，全市有管道燃气经营企业14家，用户169.3万户，年供气量18.6亿方；瓶装液化气经营企业52家、储配站56座，活跃用户172万户，年供气量24万吨；天然气汽车加气经营企业16家、加气站39座，加气量1.35亿方。全市城乡气化率达40%，乡镇（街道）管道天然气通达率83.3%，实现市区双气源供应。

供热　宁波城区集中供热，萌芽于宁波农药厂热电分厂。1989年10月，宁波农药厂热电站一期工程（3000千瓦背压式汽轮发电机组）竣工，作为宁波首个热电联产工程投入试生产，向原江东化工区9家企业供应蒸汽。1990年12月，宁波经济技术开发区在金鸡山西侧的热电站建成试运行，1992年12月开始集中供热。1997年，宁波长丰热电厂建成投产，成为当时三江片区唯一的热源点。1999年底，庆丰热电三期扩建工程竣工，成为当时宁波市区集中供热的主要热源基地之一。2000年10月，凯利大酒店用热，城区集中供热进入实质性运作。2003年，宁波明耀环保热电公司投运，蒸汽主要供应宁波经济技术开发区、北仑区和宁波保税区。至2005年，全市有27家地方电厂，其中公用的热电联产企业13家，发电的同时还供热；市区以长丰热电厂和庆丰热电厂为热源，有各类热用户160余家，其中有雅戈尔、奥克斯、东港大酒店等企业用户，以及永达花园、中山名都等小区用户，年供蒸气量超过100万吨。随着城市建设的推进，在节能减排、环境保护的倒逼下，2010年，宁波明耀环保热电公司关停，北仑区内企业由北仑电厂统一供热；2017年9月，长丰热电厂关停，新建的长丰热电热力站点火试运行。2013年4月，宁波科丰燃机热电二期项目建成，为宁波国家高新区、东部新城以及江东福明路以东区域集中供热。2017年，大榭集中供热率达90%以上。2022年，全市共有供热企业16家（中心城区12家）、供热用户933户，全年蒸汽最大供热能力为每小时6250吨，供热总量合计2310万吨。

路灯　宁波城区用电灯作路灯始于1915年，使用白炽灯，由宁波永耀电力公司承办。1928年，市政府工务局设路灯管理处；市政府撤销后，由鄞县路灯管理委员会接办；1949年初，复由永耀电力公司经办；1951年1月，市建设局设立路灯股，重新由政府承办。早期灯型为壁灯，后改装在电线杆上，悬挑长度1～3米。20世纪50年代，安装吊灯。1963年，因有碍交通，全部改装圆弧形钢管悬挑灯架，长6～7米。1959年，部分路灯改装日光灯，因入冬启动困难，于1967年被淘汰，改装高压水银灯。1985年，主要街道改用钠灯，拓宽后的中山西路首先改架空线路为地下电缆，并首先采用“Y”型双挑灯架。1986年，药行街、灵桥路、江东南路、兴宁桥立交段，首先采用半球形金属灯罩。1987年，和义路首先采用光控开关。1988年，永丰桥首先安装5头庭院灯4盏。1989年，火车南站广场首先安装高13.5米高杆钠灯。1990年，手控路灯开关全部改为自动光控，姚江大桥、江厦街、铁路立交桥、西郊路等处首先安装双挑臂球形金属灯罩，东门口首先安装三挑臂球形钠灯2盏。1994年，白炽灯基本被淘汰。1995年，甬江大桥、灵桥、江厦桥率先安装景观照明灯。1997年，开始使用金卤灯。1999年，机场路率先使用变功率镇流器，三江六岸景观照明工程投用。2000年，镇明路首先采用高显色高压钠灯，月湖景区率先使用可倾倒式路灯。2002年，通途路首先实行半夜、全夜线路分开制度，后半夜关闭双挑灯的后排灯。2007年，探索使用节能灯，滨江大道绿地试用太阳能路灯，京华苑周边道路试用LED（发光二极管）路灯。2008年，南站广场试用无极灯，和义大道使用飞利浦暖白光道路照明系统，新建道路开始用高光效长寿命高压钠灯替代传统的高压钠灯。2011年，启动“十城万盏”半导体照明应用工程，开始对路灯进行半导体照明产品节能改造，到2015年基本完成。至2022年，城区形成以道路照明为脉络、跨江桥梁照明为节点、高层楼宇立面照明为主体的多层次城市夜景。

市容市貌

园林绿化 古代，城内园林绿化甚少，唯月湖景观盛于南宋，后逐渐衰落。历代官府内园、豪绅庭园，构筑假山水池、水榭亭阁、园林小品，藏而不露。明代筑独秀山，清代建后乐园，在今中山公园内尚有遗迹可寻。清初，天一阁增建精巧假山和庭园。尔后，紫金巷林宅修建小园，秀水街吴宅修筑水榭。1927年，以旧道署、府衙、后乐园址建设中山公园，余姚江南岸永丰路段修建江滨公园，月湖碧沚（芳草洲）有私营茂盛花园。当时，行道树寥寥，仅在濠河埠头一带有稀疏百余株。1949年，城区绿地面积2.15公顷。1951年，中山公园修复。1958年，月湖西畔的烟屿洲修建月湖公园。1960年，解放北路种植首批行道树，而后各街道逐步种植。1964年，宁波市获评浙江省绿化先进城市。1980年10月18日，建成全市第一座街心花坛——灵桥西环岛花坛。1983年，获全国绿化先进城市称号。1984年2月，市绿化委员会等7单位联合发起评选市树、市花活动；9月，市八届人大常委会第八次会议决定，以香樟为市树、茶花为市花。1990年，宁波市有中山公园、动物园2座市级公园，13座区级公园，2座小游园；公共绿地25.54万平方米，人均0.57平方米，绿化覆盖率19.12%。此后，每年建成和开放一批城市公园和公共绿地，如丹凤公园（1991年）、姚江公园（1992年）、樱花公园（1997年）、中山广场（1998年扩建）、月湖公园（2000年改造）、儿童公园（1999年）、日湖公园（2004年）、宁波雅戈尔动物园（2004年）、宁波植物园（2016年）等。1992年，首次颁布施行《宁波市城市绿化条例》。1997年，建成市区第一个休闲广场——阳光广场，完成中山路绿化升级改造，使之成为全市景观丰富、绿化美化第一街。1999年4月9日，为倡导人人爱绿、护绿的社会风气，在植树节期间向市民公开征招“护绿使者”，第一批2134名市民代表签订为期一年的公共绿地义务认管责任书。2000年，开始施行“一街一树种，一树一景观”绿化，丰富行道树树种。2002年，宁波市成为全省首个省级园林城市；2003年，被建设部命名为国家园林城市。此后，随着城市建设推进，公园、广场以及沿街、沿河绿地、绿化带不断扩展。2006年，开始在城市道路群落式布置乔、灌、草，强化生态效果。2018年，开始明确综合公园—社区公园—口袋公园三级公园绿地体系，改建和新建400～10000平方米的口袋公园。2022年，成功创建全市首个智慧公园——日湖公园。至2023年，全市有225个公园被纳入分级分类管理范围，其中五星级公园23个、四星级公园49个，累计建成口袋公园203个、甬小园68个；中心城区建成区绿化覆盖率43.43%，绿地率40.07%，人均公园绿地面积14.88平方米；576千米省级绿道主线基本贯通，镇海九龙湖绿道入选省级最美绿道；高品质“三江六岸”滨江空间建成面积达342.1公顷；海绵城市面积210平方千米，占城市建成区面积的35.9%。

院士林（公园） 1999年9月14日，路甬祥等32名中国科学院院士、中国工程院院士，在月湖东岸、柳汀街南侧种下32棵银杏树，这是院士林的首批林木。此后，凡宁波籍的两院院士到宁波，就被邀请到此处种植一棵银杏树。2004年6月，市科学技术协会在院士林修建院士林碑，镌刻86位宁波籍院士的姓名和植树位置。到2022年底，已达118棵，每棵代表一位宁波籍院士，大部分由其亲手所栽。院士林已成网红景点，每到秋季，游人络绎不绝。院士公园，以纪念宁波籍院士而得名，位于宁波高教园区南区，北靠鄞县大道，南至鄞州大道，西临钱湖南路，东接学府路及宁波诺丁汉大学。2005年7月，正式对游客开放，总占地面积约62.8公顷，其中水域面积10.2公顷、绿化面积44.9公顷，由北往南分为文化休闲区、运动休闲区、科教休闲区、生态休闲区，是一座文化休闲公园。文化休闲区展示院士文化，在首南路北面的院士雕塑台地园等比例复制童第周、贝时璋、谈家桢等89位宁波籍院士的人身雕塑，雕像旁边镌刻院士的名字、出生日期及个人特长。还建有一座约150米长、镌刻110名院士简介的文化墙。

城市雕塑 2001年，宁波市开始结合“三江六岸”绿地改造，在市国际会展中心、高教园区、外滩等大型建设项目中建成一批雕塑作品。至2010年，中心城区共有雕塑235件（不包括居住区及机构企事业单位内部的雕塑作品），其中27件为群组雕塑，其余为单体雕塑；小型雕塑129件，中型77件，大型26件，巨型3件。主要集中于三江口核心区，约75%布置于公园绿地、广场，其余分布在宁波大剧院、北仑区体艺中心等城市公共建筑周边和道路交叉口、道路绿化带内。纪念性雕塑，主要有历史人物雕像13件；主体性雕塑，主要有濠河公园的音乐雕塑系列、共青路“清风拂月湖”系列雕塑73件；装饰性雕塑为132件；标志性雕塑，有市国际会展中心的《定海神针》、北仑《托起未来》等12件；功能性雕塑数量较少，主要结合照明和休闲座椅功能设置，共5件。2010年，由公众评选出“我最喜爱的宁波十大城市雕塑”:《梁祝》《冲刺》《日月龙凤雕柱》《芦雁行》《天一广场音乐系列雕塑》《宁波帮》《远行组雕》《院士林》《大卫》《托起未来》。此后，城市雕塑越来越多地出现在甬城各地，如永丰门遗址公园的《王安石敦请杜醇》《医德兰雅谷》，宁波爱心公园主题雕塑《大爱无声》等。还有不少因对外友好交流而获赠的雕塑，如中山公园的新西兰土著毛利族图腾柱，宁波大剧院的大卫雕像、足球雕塑、朱丽叶雕像、八马碑、普希金雕像，宁波书城的但丁塑像，宁波文化广场的罗宾汉雕像。但总体上布局零星、分散，主题多有重复，与周边环境协调度不高。

环境卫生　旧时，居民使用“桶”，倒粪便于露天粪缸。宁波城市环境卫生管理始于粪便管理。1919年，江东肥料公司成立，经营城市粪肥获利，开始修建简陋粪坑。1931年，鄞县城区开始配备清道夫15人，清扫主要街道和菜场，次要街巷由积肥农民自扫收集；因清道夫不足，大街小巷垃圾堆积，遇有大员抵甬，警察催促沿街商户、居民临时打扫。1932年，鄞县划区分片修建公坑，每区15座。1936年，城区开始设垃圾箱，共595只，用石板及砖砌成（解放后逐步拆除）。1950年下半年，开始推行一日两次手推车摇铃收集垃圾，增建公共厕所。1951年，拆除私厕和粪缸，改由环卫工人手推车摇铃收集。1953年，开始配备改装的洒水车1辆，喷洒主干道路面。1958年，开始在开明街实行定人定地段保洁，次年推广到主要街道。1962年，开始配备清河工打捞内河水面漂浮物，沿街放置果壳箱。1974年10月，在江东百丈街道试设民办保洁员，后在市区推广。1980年7月，开始使用冲水车冲洒主要街道。1980年以后，新建住宅配有冲水厕所，加之化肥增加，农民不再自运城市垃圾作农肥，垃圾堆放在近郊或在洼地填埋。1981年，开工建设首个垃圾填埋场——姚江垃圾堆场。1982年2月，在居民区放置铁制有盖垃圾桶，试行容器化收集。1987年，开始沿街放置铁制垃圾桶，后逐步移置到住宅小区。1990年，争创卫生城市，分三类建筑标准建设公厕。1992年，开始统一处理建筑垃圾。1993年，试行生活垃圾袋装收集，定时投放到指定地点。1998年，建成江东桑家粪便预处理厂，开始无害化处理粪便。1999年，开工建设首个垃圾焚烧发电厂——枫林垃圾焚烧发电厂（2001年投用）。2000年，开始推行“全覆盖、立体式、动态化”保洁模式，实行一条道路的车道与人行道由同一家作业单位保洁。2001年，要求新建公厕以一类为主，有条件的要建设无障碍设施，主要地段建设特级公厕。2003年，把“三乱”（乱张贴、乱涂写、乱刻画，俗称“牛皮癣”）治理纳入日常保洁范围，实行城区道路18小时不间断清扫保洁，街巷和居民区12～16小时动态保洁，开展生活垃圾分类收集试点。2004年，市六区粪便处理完全达到无害化标准，开始对城区所有道路实行16～18小时动态保洁。2005年以后，新建住宅区基本不设置垃圾房，而是定点放置垃圾桶。2006年，开始实施餐厨垃圾集中清运处理，基本建立独立的居民装潢垃圾收运体系。2007年，开始对铁路宁波站广场、开明街等窗口区域实行24小时动态保洁，对公厕实行24小时全天候开放。2010年，在海曙、江北、江东试点居民生活垃圾分类投放、收运、处理。2012年4月，中心城区评出首批星级公厕，其中五星级1座、四星级7座、三星级181座。2013年7月，世界银行贷款宁波城镇生活废弃物收集、循环利用示范项目开始在海曙白云街道、江东百丈街道、江北文教街道实施（2015年在全市全面实施），这是亚洲第一个由政府实施的生活垃圾分类项目。2015年，宁波市生化处理厂的粪便无害化处理及资源化利用项目获2015年中国人居环境范例奖。2017年，“垃圾去哪儿了”公益环保考察项目获2017年中国人居环境范例奖。2019年，设立宁波市生活垃圾分类全民行动日（每年12月21日），成立全国首个垃圾分类公益基金，创立全国首个市级垃圾分类学院，首次实现生活垃圾负增长。2020年，全市城镇垃圾分类覆盖率100%，实现全市生活垃圾零填埋。2021年，全市城乡生活垃圾分类覆盖率、资源化利用率、无害化处理率均达100%。2022年，启动世界银行贷款中国塑料垃圾减量项目——宁波城镇生活垃圾智慧分类、收集、循环利用示范项目，开展投放点、归集点、垃圾房（“两点一房”）规范化管理提升行动，实施建筑垃圾减量化、资源化利用三年行动。当年，全市垃圾总量实现连续3年负增长，建筑垃圾综合利用率达98.8%；建成省级生活垃圾分类示范小区195个、示范片区12个，进度全省第一；建成城镇环卫公厕1598座，其中创建五星级21座、四星级36座、三星级286座。

城市更新

城区框架　20世纪80年代的宁波中心城区，由老城区（海曙）和江东、江北城区组成，“外环线”由长春路、望京路、永丰路、和义路、灵桥路组成。1987年，七塔寺以东区域仍是一片农田。随着解放桥、兴宁桥、江厦桥、甬江大桥等桥梁的建成，隔江相望的海曙、江东、江北3个城区变成一个整体。其中，兴宁桥、兴宁路的开通，使江东片区的开发成为可能，并化为现实。20世纪90年代，中山西路铁路道口公铁立交桥和柳汀立交桥的落成，打通城市西扩的交通瓶颈。此后，“外环线”向西扩展到环城西路，向北扩展到环城北路，向东扩展到中兴路，向南扩展到鄞奉路和兴宁路。1994年，甬江新区管理委员会成立，规划面积31.05平方千米，北起镇海庄市，南至通途路，西至世纪大道，东与鄞县五乡镇交界。1995年，鄞县中心区建设启动，规划面积26平方千米（2002年鄞县撤县设区后，扩大到33平方千米）。1997年，宁波科技工业园区成立，东临世纪大道，南到通途路，西达福明路，北至江南路，规划面积1平方千米。1999年，甬江新区、科技工业园区合并成立宁波市科技园区，甬江以北区域划出规划范围。其间，一大批道路、桥梁工程陆续开工建设，城市向东西延展。"外环线"在东西方向再次扩展，东为世纪大道，西为机场路。同年，宁波市提出城市东扩战略；2002年，启动东部新城开发计划；2004年，启动东部新城开发建设；2005年1月，市十二届人大常委会第十七次会议决定开发建设宁波市东部新城。东部新城规划范围西起世纪大道，南至铁路桥，北到通途路，东临东外环路，总用地面积约15.85平方千米，其中核心区面积8.45平方千米。其后，北仑新区、镇海新区等区域开发建设全面启动。在此前后，东边在世纪大道以东5千米建成东外环路，南边建成环城南路，北边建成北外环路。之后，绕城高速公路大幅拓展城市框架，颠覆宁波人原有的空间概念。此外，各县（市）都大幅度扩展城区，建设新城区，如2009年决定建设的杭州湾新区（今前湾新区）已成规模，2014年决定建设的宁波南部滨海新区已现雏形。

旧城改造　1988年，宁波市开始实施旧城改造计划。20世纪90年代初，开始大规模改造旧城，包括低洼地段、非成套住宅、城中村改造及老小区整治等，并同步实施大规模道路绿化建设、重点区域绿化改造工程。1994年，开始实施以"三横四纵十卡口"为重点的骨架主干道拓宽改造。1998年，开始以"顺畅枢纽、沟通干道、形成网络、完善功能、美化环境"为重点，实施城区改造。同年10月，市委、市政府召开月湖建设工程拆迁动员大会，启动月湖整体保护性改造工程。2000年1月，整体改造工程基本完成，对外开放；11月，有"精品园""园中园"之称的东入口和"月园"建成。同年，三江口区域改造工程启动；2002年，当时全省最大的旧城改造项目天一广场落成开放，迅速成为商业中心和宁波旅游重要景点，带动周边开发建设。2003年以后，主要围绕完善城市功能，加快城市交通基础设施和环境保护基础设施建设。2005年，参照上海"新天地"多业态混合开发模式，对老外滩历史街区进行更新改造，使历史风貌和经济效益更好地融合。至2009年，市区累计实施拆迁项目560余个，拆迁房屋建筑面积942.5万平方米。2011年，启动中心城区背街小巷综合整治，对全市266条背街小巷实施改造。2013年，启动"旧住宅区改造、旧厂区改造、城中村改造、拆除违法建筑"三年行动，改造5万户，建筑面积450万平方米。2014年，启动以危旧住宅区为重点的城市棚户区改造，通过回迁重建和征收两种方式改造旧住宅。2015年，开展“美丽宁波”品质提升等专项行动，将城市重要空间和环境整治纳入城市更新工作中。2017年，宁波市入选国家第二批“城市双修”（生态修复、城市修复）试点城市，实施水乡魅力、绿地系统、老城历史、名镇名村、特色空间、社区生活圈、慢行漫游等优化行动。2018年，市政府提出，构建“一核三线多点”的空间结构，实施五大专项更新，推进城市有机更新。2019年10月，宁波市入选新一轮全国城镇老旧小区改造试点城市。2021年11月，入选国家首批城市更新试点。2022年12月8日，市政府办公厅印发《宁波市城市更新试点实施方案》，提出未来社区创建、城中村改造、历史街区（老街）改造等任务；全年完成城市更新投资436.10亿元，实现204个总面积1057万平方米老旧小区全部开工改造，完成159个小区共827万平方米的改造；协同改造城中村与宁波西枢纽、甬江科创区、现代化港区等重大片区，全年完成改造1076.30万平方米，开工建设安置房389.80万平方米。

城中村改造 1999年，宁波市开始有计划地推进城中村改造；2005年，开始加快城中村更新步伐。2005—2007年，分期分批逐步启动海曙、江东、江北3区15个村的改造工作，实现从“项目建设开发带动”向“市、区共同改造”“特定主体封闭运作”及“政府包干”3种模式转变。2010年，市政府印发《关于加强和改进市区三江片城中村改造工作的若干意见》，进一步明确“市抓统筹，区为主体”的改造机制。至2018年，市区三江片共完成57个城中村改造，涉及住宅2.3万余户共400多万平方米。2019年，城中村改造范围扩展至全市。2019—2022年，全市累计完成城中村改造2745万平方米，3年总量超过前10年。至2022年，全市有19个村获评省级美丽宜居示范村，37个社区获评省级未来社区，建成城乡风貌区44个。

建筑格局 晚唐时期，明州东渡门外三江口到余姚江渔浦门一带为集市所在，沿江为船舶停靠码头，码头有大道通向集市。在明州建立以前，建有东南隅的天封塔、开元寺。公元832年，明州刺史应彪于东渡门外跨奉化江架设东津浮桥。862—905年，城内相继兴建白檀寺、国宁寺（后称天宁寺）、惠灯寺、乾符寺等寺庙和相应的大道。至南宋后期，罗城内建有沿海制置使司、庆元府两家官方机构所属的仓、场、库、务、局、坊、园等各色官府建筑；子城内建筑布局则以南门奉国军门为中心轴线，设置官署建筑和道路。元代，罗城内建有浙东海右道肃政廉访司分司、万户府、总管府、推官厅、司狱司、录事司等各色官府建筑。明代，宁波府城内有府衙、府学、提举司、海道司等官府建筑，天封塔、城隍庙、天宁寺等各色建筑，月湖、日湖等景观。至嘉靖年间，宁波城内有街巷197条。到清代，虽然城区的范围没有扩大，但城墙、城门、官署、学校、寺庙、祭祠等设施完备，经济更显繁荣。至20世纪80年代，明清时期罗城内的鼓楼东直街、鼓楼西直街、鼓楼前直街等主要街道和宁波府衙署、鄞县衙署、城隍庙、天封塔等核心区域，成为今中山东路、灵桥路、药行街、开明街等商业街道，江厦、开明街口、鼓楼小区、西门口、城隍庙小区等商业小区；城内的天封塔、城隍庙、海曙楼、天一阁等建筑物保留至今。1989年，位于中山路东门口8层高的交通邮电大楼，是当时宁波第一高楼。此后，随着旧城改造、城市东西延展、鄞州中心区建设、城市东扩，宁波高层建筑大量建成，中农信国际商厦、电信综合大楼、华联二号楼、中山首府、中银大厦、航运大厦、宁波商会国贸大厦、宁波中心等一批超百米高楼相继涌现。三江口区域、南部商务区、东部新城的高层建筑分布尤为集中，大都市风貌逐步形成。同时，东南亚、欧洲、美洲等地的经典建筑文化、建筑元素涌入宁波。城市住宅风格既保留和复塑明清时期的中式风格，又融入欧洲元素的塔楼柱式、线条、装饰，如青林湾住宅区的“三段式”外立面和“四坡顶”屋檐、斗拱、窗棂格、镂空石雕等；也参考国外“开发一处、美化一处”的住宅发展模式，如天水家园、亲亲家园、水岸心境、水尚阑珊等住宅小区。

农村建设

历史上，宁波农村建设一直是分散地、自发地进行，建筑结构以土木结构为主，公共建筑一直处于滞后状态。改革开放后，随着农村经济发展，村庄建设步伐不断加快。农村公路、水利等设施建设投入，从农民贡献土地、分摊投劳为主，政府支援炸药、钢钎、水泥等物资为辅，转变为各级政府或行业分别承担、市场主体承建为主，农民在土地转用上予以配合为辅。

1981年，全市农村开始建造自来水厂（站）。1986—1998年，全市开展农村用电“标准村”“合格村”建设。在此期间，农村绿化与农村环境卫生整治逐渐成为全市农村环境整治建设的主题。1988年，鄞县云龙镇上李家村建成全省第一个村级沼气综合工程；1992年3月，获联合国“全球500佳国际环境保护村”称号。8月，鄞县龙观乡（今属海曙）10个行政村开通程控电话，是浙江省第一个村村通程控电话的县。1993年6月，奉化萧王庙镇滕头村获联合国“地球生态500佳”称号。1998年，全市共实施3轮广播电视村村通工程，实施一、二期农村电网建设与改造。1999年9月28日，全市提前实现村村通广播电视的目标。2001年，全市农村开展“整治社会风气”和“整治居住环境”的“双整治”活动；在全省率先启动村落文化宫建设，修建一批面积在200平方米以上，集教育、娱乐、求职、健身、休闲功能于一体的综合文化活动室。2003年，开始实施“百村示范、千村整治”工程，全面启动农村（村级）公路建设，推动公路由低等级砂石路发展到村村通水泥路、沥青路，逐步形成村际公路网络。2004年，启动“农村小康体育工程”，逐步在农村普遍设置体育健身设施。至2005年底，乡镇和行政村有线广播电视联网率达100%。2006年，实现村村通邮。2007年，全市农村不仅实现村村通电、公路、有线电视、电话，而且基本实现村村通班车，84%的村通宽带互联网，农民基本喝上清洁饮用水，新农村电气化工程在全市范围内实施，9个区（县、市）完成村庄布点规划编制（海曙、江东除外）。2008年，在全国率先实现农民饮用水工程全覆盖。2009年，以城镇规划区、中心村农民集中居住区和库区、山区、海岛移民安置点为重点，启动农村住房制度改革和农村住房集中改建工作，引导农民居住由分散向适度集中转变，由单家独院向多层公寓转变。当年底，江北区新农村电气化县建设通过考评验收，宁波在全省率先实现“县县电气化”。2010年，全面启动中心村培育工作，建成一批环境优美、布局合理、基础设施和公共服务较为完善的农村新型社区（至2014年累计创建中心村101个）。此后，持续深化“百千工程”，推动乡村建设从环境整治向乡村全面振兴拓展。

2013年，加快推进农村生活垃圾和生活污水处理项目建设。2017年，实现市六区全域城乡大网供水，建成农村电信基站1151个，4G网络农村覆盖率96%以上。2018年，加强乡村规划建设管理，规划保留村调整为1447个，推进“一村一规划”工作。至2020年底，全市生活垃圾分类行政村覆盖率100%。2021年，在全国率先开展“安居示范村”创建，成功创建615个村，完成率153%。至2022年底，全市累计创建省级美丽乡村示范县8个、示范乡镇78个、特色精品村231个、美丽庭院31.2万户，实现新时代美丽乡村全覆盖；累计建成56条美丽乡村风景线、5条共同富裕示范带，联动创建未来乡村38个、A级旅游景区村1308个；累计创建省级善治（示范）村1217个、清廉村居1154个，22个市级农房改建示范村、34个省级美丽宜居示范村通过创建验收。全市农村生活垃圾分类减量处理、农村生活污水治理设施、农村无害化公厕基本实现行政村全覆盖；农村生活污水治理行政村覆盖率达75.9%，农村标准化学校达标率、物流点覆盖率、农网供电可靠性和城乡同质化供水覆盖率均在96%以上，村级医疗卫生机构规范化建设率达83.7%。

农村“双整治” 1998年，在镇海区试点的基础上，全市启动农村区域环境整治。2000年3月，明确市区周边的10个乡镇，国道、省道沿线的乡镇，15个中心镇和风景旅游点及区（县、市）所在地的周边镇村为重点整治范围。2001年，全市农村开展为期3年的“整治社会风气”和“整治居住环境”活动。“整治居住环境”以“硬化、净化、绿化、美化”为主要内容，包括开展爱国卫生运动、改水改厕、推广三格式公厕、集中处理垃圾、普及垃圾袋装化，以及公路、河岸、城镇、社区、校园、企业、庭院绿化和道路、河道保洁等。“社会风气整治”主要包括加强科普教育，讲究卫生，培养良好的生活习惯和健康的生活方式；实施殡葬改革，推行生态型葬法；反对封建迷信，制止非法建造寺庵和神庙；开展禁毒禁赌斗争，严厉打击卖淫嫖娼，坚决打击文化娱乐场所非法经营活动等。三年中，全市累计整治道路9680多千米、河道6920多千米，清理垃圾670多万吨，清除露天粪缸和简易户厕57万多个，建设公厕1.3万多座，粪便无害化处理率71.7%，卫生厕所普及率78.3%，清理污染源6240余处，新增绿化面积830多万平方米，农村环境面貌得到改观。

“百千工程” 2003年6月5日，省委谋划部署“千村示范、万村整治”的“千万工程”。同年9月，根据省委部署，市委、市政府颁发《关于实施“百村示范、千村整治”工程的意见》，提出用5年时间，全面整治1200个行政村，把其中150个行政村建设成为全面小康示范村（2008年改称全面小康村）和“村美、户富、班子强、风气好”的农村新社区。2006年，确定基础较好的17个乡镇（街道）为成片连线推进村庄整治建设先行单位。2008年2月，市委、市政府颁发《关于进一步推进“百村示范、千村整治”工程的实施意见》，提出到2012年基本完成对规划保留村的高标准整治。2010年7月，启动“美丽乡村”建设规划试点。至2010年底，全市基本实现环境整治行政村全覆盖，30个乡镇（街道）通过成片连线整治验收，农村“脏乱差散”面貌得到极大改观。2011年10月，市委、市政府颁发《关于全面开展幸福美丽新家园建设的意见》，启动以“百村精品、千村美丽”为主题的第二轮“百千工程”。至2015年底，累计创建全面小康村613个，培育中心村119个、特色村115个、美丽宜居示范村102个、精品线31条。2016年，启动“提升农村品质，建设美丽乡村”三年行动计划，累计改造农村住房20多万户，新建改建面积近3000万平方米，农村生活污水治理覆盖率达92%，象山县成为全省首批美丽乡村示范县。2017年，中共十九大决定“实施乡村振兴战略”。次年5月，市委、市政府颁发《全面实施乡村振兴战略三年行动计划（2018—2020年）》，提出到2020年全面消除农村“脏乱差”现象，率先构建“环境美、村庄美、住房美、乡风美、生活美”的美丽宜居乡村建设新格局。2018年，浙江省“千万工程”获联合国“2018地球卫士·行动与激励奖”，宁波市有8个集体、34人被省政府记功，17家单位、133人受到省委、省政府通报表彰。2020年6月，市委、市政府颁发《关于高水平建设新时代美丽乡村的实施意见》，提出以乡村产业振兴行动和新时代美丽乡村工程为抓手，加快建设新时代富裕、文明、宜居的美丽乡村。到2021年，全市所有行政村的集体经济总收入在30万元以上，经营性收入在15万元以上，总收入100万元以上的村占比75%；农村生活垃圾资源化利用率达99.1%，有省级高标准农村生活垃圾分类处理示范村79个；全市有省级历史文化（传统）村落保护利用重点村29个，培育出艺术振兴乡村的片区组团128个（涉及729个村），形成艺术特色村79个。2022年，中共二十大提出要建设宜居宜业和美乡村；同年11月，全省深化“千万工程”建设新时代美丽乡村现场会强调，要构建“千村未来、万村共富、全域和美”乡村振兴新格局，高质量创建乡村振兴示范省。2022年12月20日，中共宁波市委十四届三次全会提出，要构建“百村未来、千村共富、全域和美”乡村振兴新格局，启动以“百村未来、千村共富”为主题的新一轮“百千工程”。至2024年，全市累计创建省级新时代和美乡村952个、未来乡村115个；累计创建省级历史文化村落保护利用重点村25个、市级艺术赋能村156个、市级“一环十线”美丽乡村风景线8条。

卷五 交通运输

城区道路

1840年以前，宁波城市道路总体延续唐、明时期的罗城格局，主要局限在罗城内。城内河道纵横交织，沿着水网形成“一道街渠一道水”的“井”字形路网，呈现典型的江南水乡特色。东西向的主干道有3条，第一条是从东渡门经乾符寺、鼓楼、天宁寺至西门一线，即今中山东路、中山西路雏形；第二条与东津浮桥连接，时称车轿大街（即今药行街一段）；第三条是天封塔修建（用沙泥堆高）时形成的大沙泥街和小沙泥街。南北向的干道有鼓楼、镇明岭至南门甬水门，即今镇明路雏形；另一条自开明坊至纺丝巷通到三角地，即开明街雏形；第三条是唐代修筑穿城水道时所建的碶闸，以后形成碶闸街。这些只是大致轮廓。1842年宁波开埠通商后，江北甬江沿岸建设“外国人居留地”，形成沿江带状路网；老城区填埋部分河道，拓宽道路，打通东西和南北干道网络，奠定东西向的中山路、药行街、沙泥街和南北向的孝闻街、解放路、镇明路、开明街等道路的雏形。1925年，宁波开始拆除城墙，至1933年全部拆除，在墙基上修建和义路、永丰路、望京路、长春路、灵桥路，与江厦街一道形成环城马路，其间还翻修、改建、拓宽东大街、公园路等街道，修建东渡路、尚书街、西河街，填埋天封塔东河等河道修筑道路，将奉化江上的浮桥改造成钢桥（今灵桥）。全面抗日战争时期，道路建设停顿。抗日战争胜利后，除修补破碎路面，很少新建道路。1949年，老市区道路465条，其中路41条、街91条、巷弄333条，总长146.8千米。老市区路网被三江隔成三块相对独立的路网，其中海曙呈网状式，江东为方格式，江北呈倒三角式。

1949年5月宁波解放后，重点抢修空袭炸毁的路桥，将部分干路要道改为沥青或水泥路面，新建道路不多。1959年宁波火车站在海曙南门建成后，海曙铁路线以内的城市路网逐步完善；江北人民路、大庆北路、宁镇公路向镇海方向延伸，慈城至云湖、乍山、半浦和老市区至裘市、洋市、费市、北郊的近郊公路相继建成；江东区拓展到甬港路，沿江带状路网格局转变成向江岸纵深延伸格局。1978年以后，重点修建老市区外围道路、整条改造原有道路，新建环城北路、兴宁路、中兴路、环城西路、育才路等道路，拓宽改建中山东路、中山西路、鄞奉路、西郊路、江厦街、大河路、百丈东路、人民路、大庆南路、大庆北路等。至1990年底，老市区道路总长320.77千米，面积188.67万平方米。其中市管道路85条，但道路总体上狭窄，多为砖石路面。

1994年，开始实施以“打通干道、疏通卡口”为重点的道路建设工程。至1997年，完成“三横四纵十卡口”骨架主干道拓宽改建。“浙东第一街”中山路向东、西延伸，老城区干道继续向外拓展，环城北路、环城南路、机场路、世纪大道等城市“外环线”雏形逐渐形成。20世纪90年代住房体制改革后，江东建设大量住宅小区，配合修筑中兴路、桑田路、福明路、沧海路等主次干路，直接形成小区的四至边界。2000年，开始以城市向东的路网框架、外环路网框架为重点，建设城市中心骨架道路，完善市内交通网络，启动“三横二纵”（三横即通途路、中山东路延伸段、兴宁路延伸段，二纵即东外环路、福明路）、“五路四桥”（五路即通途路西段、惊驾路—城庄路、机场路北延、南外环路东延、东外环路，四桥即跨余姚江的湾头大桥和青林湾大桥、跨甬江的外滩大桥和明州大桥）等工程。至2010年，除明州大桥外，全部建成通车，6条绕城高速公路连接线建成通车；有市管道路63条，车行道总长142636.1米，面积4721624.9平方米。

2011年，机场快速路建成通车，宁波城市道路从此进入立体交通时代。又经过10余年建设，主城区形成由机场路—北环快速路—东外环路—环城南路组成的准快速环路，建成机场路南延、世纪大道北延、北环东路、环城南路西延等向外放射线快速路，拉近宁波主城区与周边组团的空间距离。在东部新城，采用混合的小尺度街区模式，建设成快速路、主次干路和支路级配合理的道路网系统，形成方格网小尺度街区格局，路网间隔总体在100～200米。同时，建成穿山疏港、象山湾疏港高速公路，以及进港路、海天路等货运主通道，进一步分离港、城交通，形成客货分离路网格局。至2022年，全市快速路总里程达142.1千米，中心城区形成“中”字形快速交通格局。

桥梁隧道　宁波市三江片由三江分隔，昔时城内河道纵横交织，桥梁是沟通城区的重要市政设施。宁波三江上最早的桥梁为始建于公元823年的东津浮桥，民间俗称江桥，横跨奉化江。1862年，英国商人台弗逊于宁波旧城墙盐仓门外关帝殿道头修建浮桥，横跨余姚江，从江北岸桃花渡口直达东渡门，称新江桥（1970年三孔钢筋混凝土新江桥建成，移址今解放桥址；1981年解放桥建成，移址今江厦桥；1990年江厦桥落成，浮桥消失），因而称东津浮桥为老江桥，以示区别。1928年，城区有桥梁227座。1929年，开始填河拆桥；至1942年，共拆除桥梁110座。1930—1935年，修建桥梁5座。1936年，老江桥改建成单跨钢骨拱桥——灵桥，这是宁波第一座跨江现代化桥梁，成为宁波象征。1949年，城区有桥梁134座，总长度1283米。1949年5月宁波解放后，随着填河造路和道路改扩建，许多桥梁被拆除；至1959年，城区有桥梁87座，总长度1094米。1960—1979年，桥梁数量在85至89座之间。1980年，有桥梁85座，总长度1474米，沟通“三江六岸”的只有灵桥和新江桥。嗣后，桥梁座数、总长度均有增长。至1990年，城区累计（自1929年起）在32条河道上拆除191座桥梁，保存桥梁113座，有建于1084年的月湖桥、1840年的启文桥、1893年的向阳桥、1899年的甬水桥（夏家桥），民国时期的望京桥、马园桥、碧浊小桥、竹洲古津（观基小桥）、惠安桥、镇安桥、望湖桥，其余系1950年以后新建或改建的桥梁，其中1959年姚江大闸桥、1970年新江桥、1981年解放桥、1985年兴宁桥、1990年江厦桥和姚江大桥是跨度100米以上的桥梁。此后20年间，甬江大桥、江北大桥、永丰桥、琴桥、芝兰桥、长丰桥、庆丰桥、湾头大桥、华辰大桥、青林湾大桥、外滩大桥、招宝山大桥等跨江桥梁以及甬江隧道（1995年）、常洪隧道（2002年）竣工通车，使隔江相望的城区交通更加便捷。2010年以后，又建成清水浦大桥、明州大桥、中兴大桥、新典桥、三官堂大桥、西洪大桥、澄浪桥等跨江桥梁。随着城区的拓展，建成大批跨内河桥梁以及立交桥、人行天桥和过街地道，如柳汀立交桥、三市立交桥、东门口二百过街天桥（2004年拆除）、久久天桥（2010年拆除）、中兴路—兴宁路人行天桥、开明街过街地道等。2022年，有市管桥梁143座，高架3座（南外环、机场路、北外环），隧道3座（常洪隧道、夏禹路隧道、尹江路隧道），人行天桥5座，地下通道4座（法院巷、日新街、药行街、东苑立交地下通道），中心城区过江通道30条。

市域道路

宁波古代道路一般分为官马大路、民间大路和民间小路三等。平原地区以石板路和卵石路为主，山区、半山区则以砂土路、卵石路为主。最早的道路可追溯到春秋时期的甬吴大道。相传春秋时期，越国筑成甬吴大道，起自鄞，经慈溪（今慈城镇）、余姚、山阴（今绍兴）、余暨（今萧山），北渡浙江（今钱塘江）至钱塘（今杭州），折东北经由拳（今嘉兴）至吴（今苏州），全长约785里。其中，鄞至钱塘段约415里，与以后的杭甬运河大体平行，为境内主要官道之一。今余姚车厩，相传为越王勾践停车秣马的地方，故名。1910—1914年，在此道路基上修建杭甬铁路。唐代，修筑甬榕大道，为浙闽间主要干道，起自明州，经奉化、宁海、临海、乐清至温州，长约706里；再由温州南经平阳，出分水关入闽境，至福州，长约440里。明州至宁海段约206里，石板、卵石路面，沿途设亭置铺；1929年以后，随着鄞奉、奉新等公路的建成，宁波境内段遂废。宁波区域内部的古道也较为发达，其中宁波通往四周的主要道路有东塘路、中塘路、前塘路、南塘路、西中塘路、西塘路、甬定路、三北路等，后皆因现代公路修筑而改建或废弃。各县通往村庄的古道比较多，如今被开发利用的有40多条，如鄞州横溪亭溪岭古道、海曙章水仾坪古道，余姚羊额古道、宁海梁皇山徐霞客古道等。其中许多古道还被列为文物保护单位（点），如鄞州东钱湖亭溪岭古道、东吴少白岭古道、瞻岐狭石岭古道，海曙集士港鹫岭古道等。但是绝大多数古道或改路还田，或为县乡公路更替。

1927年，宁波至奉化公路（鄞奉公路）始建，于1929年5月19日通车，长49千米。至1934年，宁波筑有宁波至观城、横山、穿山等公路14条，长447千米，初步形成以鄞县城厢为中心的公路框架。1937年12月，为阻止日军入侵宁波，国民政府下令逐段毁坏公路。1941年宁波沦陷后，公路全部中断。抗日战争胜利后，大部分公路被修复，至1949年通车里程达242.15千米。1949年5月，国民党军队撤离宁波，部分公路再次遭到毁坏。解放后，人民政府迅速组织抢修公路，恢复通车。10月19日，宁波—穿山公路经抢修通车。1955年，余（姚）梁（弄）公路建成通车，这是解放后宁波修筑的第一条县乡公路。此后，以民建公助形式修筑县乡公路。至1978年，全市公路通车里程达2046.12千米。1981年，国务院批准使用国家干线公路网编号，杭州至沈家门公路编号为329号。随后，省政府开始命名省级干道编号（2010年7月起，普通省道编号由2位数调整为字母S加3位数组成），宁波境内有9条，即33号浒溪线（慈溪浒山—奉化溪口，S213）、34号甬临线（宁波—临海，S214）、36号江拔线（奉化江口—新昌拔茅，S309）、38号象西线（象山丹城—新昌西山，S311）、59号甬梁线（宁波—余姚梁辉，S318）、61号甬余线（宁波—余姚，S319）、71号盛宁线（鄞县盛垫—宁海，S215）、79号骆霞线（镇海骆驼—北仑霞浦，S320）、80号茅石线（象山茅洋—石浦，S216）。此后，重点改造旧路和建设县乡道。1990年，全市公路通车里程达3558.58千米，所有乡镇都通公路。

1992年12月，为解决公路建设资金问题，省政府颁布“四自”政策（自行贷款、自行建设、自行收费、自行还贷），宁波各级政府和社会各界运用多种融资方式推进公路建设。1996年12月，宁波建成第一条高速公路——杭甬高速公路，紧接着甬台温等高速公路相继开建，329国道、甬临线等国、省道陆续改造升级，高速公路连接线和城市向外延伸的一级公路县道等陆续建成。2003年以后，实施“村村通”“联网公路”“提升改造”“四好农村路”等项目，持续大规模建设农村公路，修建高速公路破除市域内外交通瓶颈，全市公路通车里程特别是农村公路道路里程快速增长。2015年以后，受城市规划调整等因素影响，公路里程增长趋势放缓。

2021—2022年，《国家公路网规划（2013年—2030年）》《浙江省普通省道公路网布局规划（2021—2035年）》印发实施，宁波境内国、省道线路数量和里程有较大增长。但是新增的大部分是由原县道组成，致使全市县道公路网布局和功能被打乱，县道里程由3073千米减少至2021年底的2664千米。其中，高速国道有沈（阳）海（口）高速公路（G15）、宁波绕城高速公路（G1504）、甬金（华）高速公路（G1512）、杭州湾地区环线高速公路（G92）、舟山大陆连岛高速公路（G9211）、甬莞（东莞）高速公路（G523）、杭甬高速公路复线（G9221）；普通国道有G329（浙江舟山—河南鲁山）、G228（辽宁丹东—广西东兴）、G527（浙江象山—浙江义乌）；高速省道有穿山疏港高速公路（S20，北仑华峙穿山港区—黄梅堰）、北仑支线（S1，北仑大碶北仑港区—姜山枢纽，系甬台温高速公路组成部分）、宁波支线（S5，杭甬高速公路高桥枢纽—大朱家段、甬台温高速公路大朱家—潘火枢纽段）、余慈高速公路（S8，杭甬高速公路肖东互通—杭甬高速公路复线小曹娥互通）、石浦疏港高速公路（S23，甬莞高速公路新桥枢纽互通——石浦镇白门头石浦互通）；普通省道有嘉象线（S202，嘉善姚庄—象山高塘岛）、鄞玉线（S203，鄞州首南—玉环芦浦）、余温线（S204，余姚兰江—温岭温峤）、嘉余线（S206，嘉善陶庄—余姚四明山）、奉庆线（S209，奉化江口—庆元龙溪）、镇萧线（S306，镇海骆驼—萧山南阳）、北上线（S307，北仑郭巨—上虞梁湖）、鄞开线（S309，鄞州咸祥—开化桐村）、奉桐线（S310，奉化西坞—桐庐旧县）、北嵊线（S312，北仑郭巨—嵊州黄泽）、普宁线（S313，普陀普陀山—宁海强蛟）、象天线（S314，象山东陈—天台福溪）。

2022年底，全市公路总里程达11480.2千米，其中高速公路583.9千米，基本形成以“国省道为骨架、县道为基础、乡道为支线、村道为末梢”的公路网体系。有国道干线公路9条，其中高速公路6条、普通公路3条；省道干线公路17条，其中高速公路5条、普通公路12条；县道261条。高速公路形成“六射”布局，分别为杭州湾跨海大桥南岸连接线、杭甬高速公路、甬金高速公路、甬台温高速公路、甬舟高速公路、甬莞高速公路。普通国道形成“一纵两横”布局，分别是G228、G329和G527。普通省道形成“五纵七横”布局，规划12条。全市农村公路总里程9933千米（含县、乡、村道），占全市公路总里程86.6%。其中县道30.8%，乡道21.9%，村道47.2%。农村公路全部为等级公路，基本为高级路面（沥青混凝土路面和水泥混凝土路面），尚有少量的简易铺装路面和未铺装的砂石路面。

国道G329 系宁波境内的第一条国道，最初称杭沈公路。1929年被列入省公路网路线计划。1930年9月宁波经澥浦至观城段动工，1933年8月完工；1933年宁波至穿山段动工，1934年5月竣工；1934年12月百官至观城段完工。至此，百官经宁波至穿山段贯通。1938年、1939年为阻止日军入侵而两次掘毁，1945年8月开始修复，1948年4月至1949年初修复宁波至淞浦、璎珞段，以及临山至观城段。1949年5月国民党军溃退舟山时破坏璎珞至穿山路段，9月10日修复通车，后遭到国民党军飞机轰炸而中断，1950年5月修复；1953年修复淞浦至观城段；1955年修复百官至临山段、穿山至白峰段。至此，宁波境内段贯通。1962年以后，不断改建、扩建，并多次调整线路，宁穿路等路段成为城市道路。

杭甬高速公路 系宁波市第一条高速公路，起自杭州市彭埠，经萧山钱江、绍兴三江、上虞边墩、余姚梁辉、海曙岐阳、海曙段塘，过奉化江，终点在鄞州大朱家，再以支线连接江南公路，以通往北仑港。全长145.26千米，宁波段长66.38千米（含支线2.48千米），设计行车速度每小时120千米，路基宽26米，双向四车道，全封闭、全立交。在宁波境内，除高桥枢纽—大朱家段属省道S5（宁波支线）外，其余均属国道G92（杭州湾地区环线高速公路）。1978年省政府提出建设杭甬高速公路设想，1989年11月国家计划委员会批准立项，这是全国沿海水网地带的第一条高速公路。建设总投资23亿元（概算），其中138千米利用世界银行1.85亿美元贷款修建，国家在车辆购置附加费中补助4亿元，其余由浙江省自筹。1991年9月12日杭甬高速公路建设宁波指挥部成立。1992年9月25日开工，1996年12月6日完工。

甬台（州）温（州）高速公路 北起宁波（甬），经台州（台），南抵温州（温）的分水关，全长252.7千米。在宁波境内，姜山枢纽—宁海桑洲麻岙岭段为国道G15（沈海高速公路）组成部分，北仑主线收费站—姜山枢纽段为省道S1（北仑支线），大朱家东延至宁波东枢纽（潘火）段也属于甬台温高速公路（支线），现与杭甬高速公路高桥枢纽—大朱家段合编为省道S5（宁波支线）。宁波段长124.24千米，双向四车道。此线是宁波市自行筹资、建设、管理的第一条高速公路。宁波段分2期施工，1995年10月开工，2001年12月建成。2023年9月，甬台温高速公路宁波西坞至麻岙岭段改扩建工程开工，路线全长69.055千米，采用双向八车道高速公路标准改扩建。

铁路轨道

铁路线　1910年，沪杭甬铁路曹娥至宁波（江北槐树路，今江北公园处）段开始修筑，1914年通车营业，宁波境内线路长59千米。此后10余年，铁路建设缓慢推进。至1933年，孔浦支线（用于机车调度），龙山、育王轻便铁道（仅行驶小火车）相继建成。抗日战争全面爆发后，为阻止日军入侵，国民政府下令拆毁铁路。至1941年宁波沦陷，宁波境内铁路全部被拆除。1953年7月，人民政府开始分段修建萧甬铁路，计划延伸至镇海穿山（今属北仑），故曾名萧穿铁路。1955年12月12日，萧山至庄桥段接轨贯通；1956年5月1日，通车营业。1958年1月，白沙支线建成。1959年9月30日，庄桥至宁波南门段竣工通车。至此，萧甬铁路全线修通，以宁波站为终点站，全程147.767千米（宁波段81.3千米），但宁波至穿山段停建。嗣后，相继建成洪镇（洪塘至镇海）线、北仑线（宁波站至北仑港区）及专用线、专用铁道。1990年，全市有铁路线4条、专用线10条、专用铁道2条，境内铁路总延长245.9千米。1992年10月18日，余慈铁路开工建设；1997年2月15日，通车运营，系省内首条地方铁路，全程13.7米。进入21世纪以后，宁波铁路发展驶上快车道。2005年10月27日，甬台温铁路开工建设（2009年9月28日通车运营，首批动车到站），宁波从铁路末端一跃成为浙江省两大铁路枢纽之一、中国南北大通道的重要节点。2009年4月1日，杭甬客运专线（沪深高铁杭甬段）开工建设（2013年7月1日通车运营，首批高铁到站）。2009年12月28日，宁波铁路枢纽货运北环线开工建设（2015年12月27日全线通），实现客走市内、货运外绕，形成南客北货、客货分流格局。2017年6月10日，利用萧甬铁路，采用地铁运营模式开行宁波站至余姚站城际铁路（2023年8月1日贯通至杭州南站）。2019年10月29日，甬金铁路全线开工（2023年12月31日开通运营），起自宁波云龙站，终于金华义乌站，设计时速160千米，全程约188.3千米。2019年12月26日，宁波穿山港铁路开通；2020年4月15日，正式启用；2021年4月15日，实现封关运行，穿山港区成为继北仑港区、镇海港区之后，宁波舟山港第三个具备海铁联运作业能力的港区。2022年11月2日，甬舟铁路（宁波至舟山）全线开工，起自宁波东站，终于定海区白泉镇，正线长76.396千米，其中跨海段10千米，建设世界最长海底高铁隧道——金塘海底隧道。2022年11月30日，通苏嘉甬高铁浙江段控制性工程杭州湾跨海铁路大桥开工建设，系双线高速铁路桥，全程跨海，总长约29.2千米，设计时速350千米，是当时世界上在建长度最长、建设标准最高的高速铁路跨海大桥。2019年12月，铁路宁波枢纽庄桥至宁波段增建三、四线工程开工（2024年6月28日正式启用），进一步提高杭甬通道运输能力。至2022年底，宁波地区铁路线路营运总里程达375千米，其中干线265.1千米、支线62.2千米、地方铁路47.7千米；杭甬客专为客运专用铁路，萧甬铁路和甬台温铁路为客货兼运铁路，镇海支线、穿山港支线、北仑支线、北环线为货运专用铁路。

城市轨道　宁波市轨道交通建设起步较晚。2000年，启动首版轨道交通线网规划；2003年，完成轨道交通线网规划，规划建设三主三辅6条轨道交通线。2008年8月12日，《宁波市城市快速轨道交通建设规划（2008—2015年）》获国务院批准，规划建设轨道交通1号线一期、2号线一期、1号线二期工程，总里程72.1千米。宁波市成为全国第二批10个启动规划审批城市中首个获得批准的城市，也是全国第16个获准建设轨道交通的城市。2009年6月26日、2010年12月23日，宁波轨道交通1号线一期（高桥西站—东环南路站）、2号线一期（栎社国际机场站—清水浦站）先后开工建设，分别于2014年5月30日、2015年9月26日通车运营；2016年3月19日，1号线二期（东环南路站—霞浦站）开通试运营。至此，宁波轨道交通“十”字骨架成型，衔接栎社机场、段塘客运站、铁路宁波站、城隍庙、鼓楼、宁波大学、宁波经济技术开发区等城区重点区域。2013年11月5日，《宁波市城市快速轨道交通建设规划（2013—2020年）》获国务院批准，规划建设轨道交通3号线一期、2号线二期、4号线、5号线一期、3号线二期工程，总里程100.1千米。2014年12月23日，3号线一期（大通桥站—金海路站）开工建设（2019年6月30日大通桥站—高塘桥站段、2019年9月28日高塘桥站—明辉路站段、2020年9月27日明辉路站—金海路站相继开通运营）。2015年10月30日，2号线二期（清水浦站—红联站）开工建设（2020年5月30日清水浦站—聪园路站段、2022年12月1日聪园路站—红联站段相继开通运营）。2015年11月30日，4号线（东钱湖站—慈城站）开工建设（2020年12月23日全线开通运营）。2016年9月28日，5号线一期（布政站—兴庄路站）开工建设（2021年12月28日开通运营）。2019年12月2日，3号线二期（兴庄路站—骆驼北站）开工建设（2024年6月28日开通运营）。2020年12月14日，《宁波市城市轨道交通第三期建设规划（2021—2026年）》获国务院批准，规划建设轨道交通6号线一期、7号线、8号线一期、1号线西延、4号线延伸等5个项目，总里程约106.5千米。2021年2月25日，4号线东延段

（东钱湖站—国际会议中心站）开工建设。2022年1月5日、5月30日、6月28日、11月22日，7号线（俞范站—云龙站）、8号线一期（姜村站—江北大道站）、6号线一期（宁波西站—红联站）、4号线延伸（慈城站—慈城西站，2025年1月10日开通运营）先后开工建设。同年，1号线西延（高桥西站—石路头站）启动工程前期工作；市域（郊）铁路象山线（轨道交通12号线）于1月14日开工，起自鄞州小洋江站，跨越象山港，终于象山大目湾站；市域（郊）铁路慈溪线（轨道交通10号线）于11月2日开工，起自江北孔浦站，终于慈溪高铁站。至2022年底，全市轨道交通运营里程达到185.1千米。2023年7月22日，《宁波市轨道交通线网规划（2021—2035年）》获市政府批复。此规划提出，远期（2035年）全市有16条轨道交通线路，总里程1162.5千米，未来轨道交通网络覆盖中心城区、余慈城区、宁海城区和象山城区。

宁波站　初建于1912年10月，站址在江北槐树路（今江北公园处），客货兼营。1936年6月15日，易名鄞县站，有站屋及候车室8间，旅客站台3座。抗日战争全面爆发后，车站被日军飞机炸毁。1956年，萧甬铁路修至庄桥，客运站设在庄桥。1958年2月，庄桥至白沙段通车，客运站设在北站白沙货场。1959年9月29日，移至海曙南门（亦称宁波南站），有2股到发线、1股存车线。随着客运车次的增加，于1973年增建到发线1股、旅客站台1座。1985—1986年，又增建站线6股，扩建和新建旅客站台、雨棚、地道等客运服务设施。至此，宁波站有站线10股（其中到发线5股），旅客站台2座，成为二等站。1987年4月1日，开工重建客运大楼；1988年2月10日，建成启用。大楼坐南朝北，呈船形，建筑面积5060平方米，可同时容纳2500名旅客候车。此后，在客运大楼北侧扩建客运广场，1988年7月竣工。1998年5月20日，宁波站动工改扩建；9月30日竣工，成为一等客运站，有站线11股（其中到发线4股），旅客站台3座。2009年12月30日，宁波站举行宁波铁路枢纽工程建设动工仪式。2010年9月8日，宁波站开始停办客运业务，由宁波东站承接；10月6日，宁波站启动主体改造。2013年12月28日，宁波铁路枢纽——宁波站建成投用（宁波东站停用），并开放南广场。2015年9月18日，宁波站完成改造工程；9月26日，宁波站北广场开放，宁波轨道交通2号线开通运营，在宁波站地下穿行并与宁波站贯通。2020年12月23日，宁波轨道交通4号线开通运营，在宁波站地下穿行并与宁波站贯通。改造后的宁波站用地面积40万平方米，总建筑面积12万平方米，站房建筑面积6.3万平方米，可同时容纳9000余名旅客候车。主体建筑为“宁波甬浪”造型，设南北站房、高架候车大厅、旅客出站厅及南北城市通廊、无站台柱雨棚等。站场规模为8台16线（上下行线相等），外侧各有长站台3座，可停靠普速列车。

机场航线

民国时期，宁波市先后建成段塘水上机场、南泓机场、庄桥机场、栎社机场共4座机场。最早的机场是段塘水上机场，位于宁波城南段塘的奉化江边（今海曙芝兰桥南），占地3600平方米，供军政界人士座机升降用。1932年1月31日，鄞县政府建设科监造，段塘人周公记承建，沿江涂修筑水泥停机坪1处，5月18日竣工；9月设立宁波航空站，后废弃。1935年，南泓机场开工建设，位于镇海南泓（今南洪村），占地0.49平方千米，由镇海县政府建设科监造。1936年6月19日竣工，供军政界人士座机升降用。因栎社机场建成投用，1938年南泓机场被废弃（1946年成为耕地）。1937年、1945年，先后建成栎社机场、庄桥机场，供军政要人座机和战机起降；至中华人民共和国成立前，均被废弃。1953年，驻甬航空兵部队重建庄桥机场。1954年，为攻打一江山岛，栎社机场被大修，短暂使用。1984年，庄桥机场改为军民两用机场。1990年，在栎社机场旧址新建的民用机场投用，庄桥机场复为军用机场。此后，栎社机场经历多次改扩建。2020年12月3日，宁海通用航空机场开工建设，这是宁波首个通航机场，主要用于工农业生产、航空器试飞、航空应急救援、航空驾驶技术培训、航空旅游等航空活动，以及开展通用航空器销售、托管、维修、租赁等航空服务。2021年11月26日，杭州湾新区通用航空机场开工建设，主要用于航空器试飞、海上旅游、应急救援等通用航空飞行。至2022年底，宁波栎社国际机场有34家航空公司参与运营，开通客运正班航线115条（国内航线113条，地区航线2条）、航点81个（国内79个，地区2个），开通国际客运包机航线2条、航点2个；全年累计运营货运航线10条，其中客改货航线1条、全货机航线9条（国内1条，地区2条，国际6条）。

庄桥机场　1944年9月，为抵御盟军在浙东沿海登陆，侵华日军强抓数千民夫，在宁波城区西北4千米慈溪县庄桥镇东占地3600亩（涉及慈溪县庄桥镇、灵汉乡和镇海县压赛乡），围地毁稻、迁坟拆屋，修筑机场。附近居民破家荡产、流离失所上千户，甚至有上吊、投河、服毒自杀者。1945年2月完工；4月，盟军7架次飞机轰炸机场，摧毁日机2架、汽油库1座。抗日战争胜利后，国民政府空军接管庄桥机场，1947年3月废弃。1953年，重新扩建，为中国人民解放军东海舰队航空兵专用，占地4.2平方千米。1984年9月14日，国务院、中央军委批复同意宁波民航与海军合用庄桥机场，使用安-24飞机，开辟民用航线；11月16日，宁波至上海航线开通，这是宁波民航班机的开端。停机坪1000平方米，业务用房1幢，建筑面积850平方米，辟有甬沪、甬杭、甬京、甬穗、甬厦航线5条。1990年7月1日，民航业务移至新建的栎社机场。

栎社机场　因位于城区西南栎社汽车站西侧，故名。1936年，鄞县政府建设科设计监造，占地1000亩。跑道呈T型，一条跑道系南北走向（长1000米，宽25米），另一条跑道从南北跑道中点向西延伸，四周有河道与外相隔。1937年8月至1941年4月，日军先后出动430架次飞机轰炸近20次，掷弹3600余枚，机场破坏严重。经抢修，飞机仍可起降。1941年宁波沦陷前，为防日军利用，拆毁机场。次年，日军强抓民夫修复。1945年，日军投降，机场荒弃。1948年春，鄞县政府批准宁波空军站电请，令石碶、栎社、布政、古林、和益5乡的18—45岁壮丁义务赶修。1949年5月宁波解放后，中国人民解放军东海舰队航空兵接管。1954年，为攻打一江山岛而大修，将南北跑道向南延伸500米，供战斗机起降，战后不久关闭。1985年8月7日，国务院、中央军委批准在原栎社机场新建二级民用机场。最初，按二级机场、供MD-82机型起降要求设计，后调整按波音747机型要求设计。工程分2期实施。1987年7月开工，1990年6月27—29日通过竣工验收，定名为宁波栎社机场，7月1日交付使用。一期占地面积1800万平方米，候机楼建筑面积4036平方米，跑道长2500米、宽60米（其中主跑道宽45米），停机坪2.1万平方米，进场公路与省道甬临公路相接。1992年7月，国务院批准栎社机场航空口岸对外开放；同年，开通宁波至香港直达航班。1993年5月1日以后，机场二期各项工程陆续开建，有的项目还历经多次扩建、改建。2002年10月8日，宁波栎社机场新航站楼（今T1航站楼）启用，建筑面积4.5万平方米。2005年11月29日，经中国民用航空总局批复，更名为宁波栎社国际机场（12月17日揭牌启用）。2006年2月8日，飞行区扩建工程竣工，跑道延长至3200米。2009年7月2日，飞行区平行滑行道系统投入使用；同月，机场取得4E级民用机场运营许可证。2015年12月2日，机场三期工程全面开工。2019年12月29日，建筑面积11.24万平方米的T2航站楼启用，T1航站楼同步关闭，34.5万平方米停机坪、45个机位（其中20个近机位）、5.5万平方米交通中心等设施一并投用。机场年旅客运输保障能力达1200万人次，货邮吞吐能力达30万吨。2020年7月6日，新货运区投运。2022年2月23日，中国共产党宁波市第十四次代表大会提出要建设宁波市西枢纽，随后展开工程前期工作。此枢纽的核心工程是综合交通中心，集航空、铁路、轨道交通和其他交通方式于一体，集成各种旅客服务配套功能和城市会客厅功能。2022年4月8日，T1航站楼改造工程开工（2023年12月22日重新启用），总建筑面积4.35万平方米，停机坪面积14.2万平方米，有25个在用停机位（其中6个近机位）。

跨海隧桥

宁波地处水乡，桥梁史可追溯到河姆渡文化时期的“累石架木”或桥梁，建造坚实规整的桥梁则始于唐宋，盛于明清。宁波古代桥梁多为梁桥，现存古桥以石拱桥为多，著名的有海曙的百梁桥、高桥、惠明桥，江北的郭塘桥、彩虹桥、廿板王桥，镇海的团桥、憩桥、骆驼桥，北仑的永济桥、东岗桥、柴桥，鄞州的碧环桥、大涵山桥、定桥，奉化的广济桥、福星桥、居敬桥，象山的欧阳桥、长庆桥、瑞安桥，宁海的戊己桥、万年桥、归锦桥，余姚的通济桥、学士桥、季卫桥，慈溪的七星桥、沈师桥、后溪桥等。据调查，宁波境内现存的古桥梁有415座。

1929年，跨鄞江的元贞桥改建为宁波境内第一座公路桥（在海曙洞桥镇鄞奉公路上）。后随着公路的修建，公路桥日增，古代桥梁多被改建或废弃。1949年，宁波境内公路桥有201座。1962年以后，新建公路桥多为钢筋混凝土结构的永久性桥。至1978年，新建公路桥皆为永久性桥梁。1990年境内有公路桥1155座，2010年为5391座，2019年达5758座。至2022年，全市有公路桥近6000座，其中高速公路桥近900座，更多的是位于普通国省道、县道、乡道以及农村公路上的桥梁。同时，由于四明山、天台山绵延境内，随着筑路技术提升，公路、铁路隧道逐渐增多。1975年象山首先修筑全市第一座公路隧道——东岙隧道（在茅洋乡境内），到1990年全市建成公路隧道14座，2010年增到86座。此后，新修公路途经山区多开挖隧道，规模较大的有宝瞻隧道、麻岙岭隧道、千石岩隧道（铁路）、大狮子隧道等。

在宁波公路上更具建设难度和特色的是跨海桥隧。受长江、杭州湾、象山港、三门湾等天堑的阻隔，宁波长期处在陆上交通末端。跨海大桥开通之前，宁波开车到上海要绕行经过杭州，到舟山只能排队等候渡轮，去象山要从鄞州咸祥镇横山码头乘渡轮或绕行宁海，去台州、温州只能走拥挤的甬台温高速公路或甬临线。随着2008年杭州湾跨海大桥、2009年舟山跨海大桥、2012年象山港大桥、2019年三门湾跨海大桥的建成通车，宁波市从长三角Z型公路交通末端转变为重要交通枢纽。此外，市域内建成宁波大榭公铁两用桥、大榭二桥、铜瓦门特大桥、三门口特大桥、梅山大桥、梅山春晓大桥等跨海大桥，另有国道G228上的旗门港特大桥（主线长2.24千米）、西店湾跨海隧道（主线长2.25千米）、一市港特大桥（主线长3.38千米），以及甬舟铁路海底隧道、象山港市域铁路桥、杭州湾跨海铁路大桥等正在建设当中。

杭州湾跨海大桥　系国道主干线G15（沈海高速公路）跨越杭州湾的便捷通道，北起嘉兴海盐县西塘桥的郑家埭，南至宁波慈溪市庵东的水路湾，往北可接乍嘉苏、杭浦高速公路，往南可接杭甬高速公路复线、宁波绕城高速公路等。桥梁全长36千米，双向六车道，设计时速100千米。2003年6月8日奠基，2003年11月14日开工，2007年6月26日合龙贯通，2008年5月1日通车运营。此桥是中国自行设计、自行建设、自行投资、自行管理的特大型交通基础设施，也是21世纪初世界上最长的跨海大桥。大桥使宁波到上海的公路距离缩短约120千米。杭州湾跨海大桥建设创造出许多桥梁建设方法和经验。

金塘大桥　是舟山跨海大桥工程（又名舟山大陆连岛工程）的第五座跨海大桥，系甬舟高速公路（G9211）组成部分。舟山跨海大桥起于舟山本岛，至宁波的镇海炼化西侧，由金塘、西堠门、桃夭门、响礁门和岑港5座跨海大桥及接线公路组成，全长48.16千米，双向四车道，设计时速100千米。金塘大桥起自舟山金塘小岭（K28+957），跨越灰鳖洋海域，终于镇海老海塘西侧426米处（K49+977），与宁波绕城高速公路（G1504）、杭甬高速公路复线（G9221）互通。金塘大桥全长26.54千米，桥长21029米，是舟山大陆连岛工程中规模最大的跨海大桥。2005年11月25日开工，2008年6月25日合龙贯通，2009年12月25日通车运营。

象山港大桥　系沈海高速公路浙江段（甬台温高速公路）复线宁波—东莞高速公路（G1523）的组成部分，北起鄞州咸祥镇里蔡村，于山岩岭横跨象山港，至象山贤庠镇小蔚庄村。象山港大桥为双塔双索面斜拉桥，可抵抗14级台风的冲击，主塔桥墩可抵御5万吨级船舶撞击，通航等级为5万吨级，通航净高达53米，均为当时中国之最。全长6761米，双向四车道，设计时速100千米。2008年12月30日开工，2012年7月11日合龙贯通，2012年12月29日通车运营。象山港大桥将象山港天堑变通途，象山县城丹城至宁波市区公路距离从120千米缩短至52千米。至此，高速公路覆盖到宁波市所有区（县、市），象山半岛区域交通末端地位得到彻底改变。

三门湾跨海大桥　又名浙江三门湾大桥，系沈海高速公路浙江段（甬台温高速公路）复线宁波—东莞高速公路（G1523）的组成部分。三门湾跨海大桥及接线工程起自象山戴港，经茅洋、岳井洋、宁海长街，通过蛇蟠岛跨越三门湾，止于台州三门县六敖。工程全线长55千米，有多处跨海桥梁，其中崇搀门大桥、马岙门大桥、力洋港大桥、青山港桥在宁波境内。宁海长街至蛇蟠岛南岸的三门湾大桥主线跨海桥梁总长11.76千米，双向六车道，设计时速100千米。2014年12月17日三门湾大桥及接线工程（宁波段）开工，2019年1月16日通车。三门湾跨海大桥极大地缓解甬台温高速公路交通压力。

运河航道

宁波市境内河网水道密布，有三江六塘河，即甬江、奉化江、余姚江，鄞州的前塘河、中塘河、后塘河，海曙的南塘河、中塘河、西塘河以及东钱湖、九龙湖等大型水域。内河航运是旧时宁波地区特别是平原地带的主要交通方式，至20世纪90年代仍居主要地位。1990年底，全市内河航道通航里程1474千米，其中水深1米以上航道782.42千米。随着公路交通网络的普及，内河航运迅速衰落。2010年，全市有内河航道68条，其中具有通航功能的51条；通航里程891.82千米，其中四级及以上航道95.3千米；仅有少数内河航运仍在运营。

2017年，市政府公布全市内河通航水域（第一批），有甬江、杭甬运河宁波余姚段、奉化江（含东江、剡江、鄞江部分河段）、五余线以及东钱湖、九龙湖、上林湖、梅湖、白溪水库（2018年为保护饮用水源而停运）等水域。其中，杭甬运河宁波余姚段起自余姚安家渡，终于宁波三江口（长68.2千米），经甬江可至镇海甬江口（长25.8千米），可常态化通航500吨级船舶，散货、集装箱船均可通航。奉化江干线航道起自奉化方桥三江口，终于宁波三江口的江厦桥（长27.68千米），经甬江可至镇海甬江口，300～500吨级船舶可候潮进出。2019年2月19日，交通运输部海事局公布，东钱湖、上林湖水库、梅湖水库、宁波九龙湖、白溪水库为C级航区。

杭甬运河 古称浙东运河，至今已有2500多年历史，是中国至今仍在沿用和保存最好的运河。最初开凿的是位于绍兴境内的山阴故水道，始建于春秋时期。西晋，会稽内史贺循主持开挖西兴运河，后与曹娥江以东运河连通，形成西起钱塘江，东到东海的完整运河。主河道全长239千米。西起杭州滨江区西兴街道，东向至绍兴柯桥区钱清镇与钱清江故道相交，继续东向在绍兴越城区与曹娥江相交，这段运河又名“萧绍运河”。过曹娥江后，运河进入绍兴上虞区，分为两支：北支运河又名“虞姚运河”，从曹娥江东岸的百官上堰头至宁波余姚曹墅桥连接余姚江；南支运河又名“四十里河”，自曹娥江至通明坝汇入余姚江，另有后新河、十八里河并行。此后，主河道为余姚江，在余姚丈亭镇向左分出支流——慈江，在海曙高桥镇大西坝向右分出支流——西塘河。主河道在宁波三江口与奉化江汇合成甬江，最后在镇海招宝山东面汇入东海。慈江自西向东，在慈城南面向右分出支流——刹子港（即官山河），在小西坝连通余姚江；慈江干流经过化子闸改称中大河，进入镇海区，经张鑑碶汇入甬江。西塘河向东到达宁波老城（海曙区）望京门，连接护城河和城内水系，并与奉化江相连。在自然河道形成内外江平行的格局，是为避让外江潮汐并裁弯取直。由于浙东地区地势南高北低，河流多为南北向，故东西走向的浙东运河需要穿越多条自然河流。为维持不同区域的水位并保证船只能够顺利通过，运河中建有许多碶闸、堰坝、桥梁。由于杭州湾潮水凶猛，航行较为危险，因而古代浙东船只多取道浙东运河前往杭州。直到20世纪50年代末，浙东运河上的短程航运依然发达。改革开放后，随着道路条件的大幅改善，浙东运河航运作用逐渐被取代。2002年，因承载力受限，浙东运河启动改建工程，2009年竣工，形成通航能力更强的杭甬运河，这是当时中国大陆历史上单项工程投资规模最大的内河改造建设项目。杭甬运河西起杭州八堡船闸，经萧山、绍兴，在曹娥江东岸赵家闸（建有升船机）进入虞北平原内河，又东行过上虞的驿亭、五夫和余姚的马渚、斗门诸闸进入余姚江，然后顺余姚江到达宁波市区，通过姚江大闸进入甬江，顺甬江至镇海入海。此后，杭甬运河经历多次大修，形成4级航道，航道宽40米，船舶吃水2.2米，可以通航500吨级的内河船舶。2008年11月，浙东运河被列入中国大运河遗产项目，申报世界文化遗产。2013年5月，作为大运河的组成部分，浙东运河被公布为第七批全国重点文物保护单位；2014年6月22日，入选“世界遗产名录”。

船闸　旧时，内河船舶通过堰坝，采用扛撬、绳拉的方式。1964年，开始采用机械电动斜面平运升船机。1976年，开始采用半自动继电器控制高低轮、惯性过顶的升船机。至1990年，有姚江、大通堰、澄浪堰等18座升船机站。此后，由于内河运输逐步让位于快速发展的陆上运输，升船机设施也因年久失修先后废弃，或改建为船闸（水闸）。2010年，全市有废弃的升船机站15座，新建的船闸或水闸6座。姚江船闸位于江北区湾头区域，原余姚江升船机处，西南距姚江大闸250米，与宁波大剧院隔江相望。系杭甬运河改造重点工程之一，2000年10月开工，2005年2月竣工，总投资1.4亿元，用地2万平方米。上下闸首各有长16米、宽12米、高2.5米的闸室1座，可通行300吨级船舶；建有长40米、宽9米的300吨级浮码头1座。蜀山大闸位于余姚凤山街道蜀山村。2003年9月开工，2005年11月竣工，总投资1.98亿元。将原舜江、皇山、竹山、郁浪浦4座节制闸拆除，合并建立水（船）闸，以集中控制上游水位，闸址往下游东移至蜀山村的余姚江上。船闸长200米、宽12米，可通行500吨级船舶。

内河码头　船舶自古靠泊河埠头，多为石墈式，称道头。民国时期，修建石砌码头，有一百五六十处。至1990年，有渡口119处，其中交通渡4处，主要客货码头有四眼碶（鄞州）、南站（海曙共青桥旁）、西郊（西门口—环城西路的中山西路中段）、下茅塘（鄞州铸坊巷口）、奉航（海曙濠河路东端）、周宿渡、余姚联运（余姚城关三江口）、浒山、内河港区（江北湾头）等9座。此后，随着公路交通网和城市建设的扩展，这些旧式码头都被废弃。2006年12月，宁波市交通管理部门制定《宁波内河港总体规划》，将宁波内河港划分为海河联运港区（北仑王家洋、镇海2个作业区）、城郊港区（慈城半浦、钟公庙2个作业区）、奉化港区（方桥作业区）、余姚港区（东、西2个作业区）、慈溪港区（浒山作业区）5个港区，共8个主要作业区。此后，随着杭甬运河改造提升，沿线一些码头得到改造提升，如余姚境内的风顺物流码头、兴财码头、凤凰山码头、宁波西内陆港（东港区）码头、杭甬运河余姚东港区码头、海曙高桥镇民乐村的物流配送码头、鄞州周宿渡奉化江的游船码头等。

管道线路

1976年3月，浙江炼油厂（今镇海炼化，即中国石油化工股份有限公司镇海炼化分公司）从北仑区算山码头穿越甬江至生产厂区，敷设原油输送管道，1978年1月投产。这是宁波境内第一条运输管道。此后，敷设的运输管道越来越多、越来越长，运输品类逐步由原油扩展到成品油、液化石油气、天然气、化学原料（液体）、化学气体、蒸汽（热力）以及轻裂解焦油、重裂解焦油、裂解碳五、抽余油、裂解碳九等其他油品。运输地域范围有码头到厂区、不同企业的生产区之间的，也有市域内跨区域、跨地市甚至跨省市的，如甬沪宁原油运输管道、甬绍（兴）金（华）衢（州）成品油运输管道、镇海炼化至上海漕泾石脑油运输管道、镇海炼化至杭州萧山油库和康桥油库成品油运输管道等。在宁波石化经济技术开发区建有化学工业运输管道走廊。到2022年，宁波市域内跨区域的各类石油天然气长输管道有23条，总长941.6千米，管道沿线基本覆盖全市各区（县、市）。管道运行企业有7家，投运的油气长输管道21条，其中石油成品油管道518.1千米，天然气管道402.5千米；在建管道1条（大榭天然气支线21千米），建成但未投运管道1条（象山支线30.2千米）。

甬沪宁进口原油管道　2002年9月，获国家发展计划委员会批准建设，系国家重点工程、国家石油战略储备项目，也是中国石油化工股份有限公司上市A股募股披露项目。2002年9月28日起，上海、江苏、浙北、浙南标段先后打火开焊；2004年6月29日，建成投用。管线管径700毫米，全长645千米，设计年输送量2000万吨，是当时国内口径最大，距离最远，连接炼油厂、油库最多的进口原油运输管道。此管道起自中石化大榭岛油库，途经中石化镇海澥浦商业储备库、国家战略储备库，再穿越杭州湾海底到嘉兴白沙湾油库，然后再分两路：一路去上海石化、上海浦东高桥石化，一路直通南京金陵石化并穿越长江抵达扬子石化。2005年11月，舟山册子岛原油中转码头通过启用验收，可以接驳油轮。至此，长达680千米的甬沪宁原油管网每年可输送原油4000万吨。2006年6月6日，甬沪宁原油管道沿着长江延伸到武汉，总长921千米。

航空煤油输送管道　2000年11月，镇海炼油化工股份有限公司（今镇海炼化）与浙江省石油公司各出资50%，建成镇海炼化至杭州萧山油库、康桥油库成品油长输管道，可密闭顺序输送汽油、柴油和航空煤油。镇海至萧山长约153千米，萧山至康桥长约43.6千米。最大输送量为每年312万吨，其中汽油116万吨、柴油176万吨、航空煤油20万吨。2010年10月，中国航油有限责任公司宁波分公司出资建设镇海炼化至宁波栎社国际机场航空煤油管道，2011年11月投运。该管道长49千米，设计年输送量65万吨。

甬绍金衢成品油管道　2010年10月，浙江省石油公司出资建设甬绍（兴）金（华）衢（州）成品油管道，2013年4月8日投运，可密闭顺序输送汽油、柴油。此管道始于镇海炼化算山油库，止于衢州龙游油库，全长约378千米，设计年输送量760万吨。此管道远期规划延伸到江西，是国家“东油西运”能源战略规划的组成部分，也是浙江省能源“东油西进”主干线项目。

甬台温油气输送管道　2012年7月19日，中国石油化工集团有限公司投资的甬台（州）温（州）成品油和天然气输送管道开工建设；2018年3月2日，建成投运。其中，天然气管道起自鄞州区春晓首站，止于温州鹿城区温州末站，全长505千米，设计年输气量95亿立方米；成品油管道起自镇海炼化算山首站，止于温州瑞安末站，全长430千米，设计年输油量600万吨。两条管道在鄞州春晓至温州瑞安段并线敷设，并线长度约339千米。

化学工业公共管廊　2005年3月，宁波化学工业园区（今宁波石化经济技术开发区）开工建设化学工业公共管廊。至2010年底，建成从镇海港区液化品码头到澥浦片的化工主管廊和湾塘片的一期化工支管廊，两条管廊总长19.65千米。园区有22家企业在公共管廊上敷设58条管线，总长达280千米。至2020年，公共管廊延展至28.6千米，敷设管线长度逾650千米，服务企业34家。2022年8月30日，沿海管廊二期（南段）主线全部贯通，长约6.5千米。公共管廊项目是物流输送一体化，用户可以在最短的时间内获得所需的化学原料、天然气、液化石油气、工业气体、蒸汽等，同时将产出的废弃物集中收集处理，避免“跑冒滴漏”现象。

旅客运输

人力车客运　在古代，宁波陆上客运工具主要是轿子、独轮车。轿子亦称“肩舆”，由轿夫肩抬，解放后逐渐消失，改革开放后在旅游景点复现。独轮车载货量可达100千克，亦可载客，民国时期山区农村有见，解放后逐渐消失。1915年，两轮人力车（俗称黄包车）开始出现在宁波客运市场，利捷车行投用人力车200辆。至1930年，城区有车行12家，车1590辆。1947年6月，迅安三轮车行投运人力三轮车。此后，黄包车渐减；至1954年4月，全部为三轮车替代。1958年以后，机动三轮车逐渐增多，人力三轮车渐减。1984年，市三轮车公司撤销，人员、资财转入市汽车出租公司，保留下来的三轮车实行租赁制。2005年7月16日，宁波老市区开始分区域逐步取消三轮车客运。此后，北仑（2007年）、余姚（2011年）、鄞州（2015年）等地在核心区域相继取消三轮车客运。2013年9月22日，宁波公共自行车服务开通，首批32个网点、800辆公共自行车投用。2016年11月16日，“哈罗”（Hello bike）在宁波率先投用无桩共享自行车。2017年8月27日，“小遛共享”在宁波率先投用无桩共享电动自行车。2019年，全市有公共自行车4.2万辆，全年累计租车2797.2万辆次。随后受新型冠状病毒肺炎疫情影响，2022年分别降至2.7万车、1534.8万辆次；当年，全市互联网租赁自行车备案企业6家，备案总量12.98万辆，其中单车10.33万辆、电动自行车2.65万辆。

出租汽车客运　宁波客运出租汽车业肇始于1982年10月，市三轮车公司投运宁波生产的624型12座“快鹿”牌中型客车3辆；12月，成立市汽车出租公司。此后，各运输企业竞相投资开办出租汽车客运业务。1994年6月28日，宁波市首次公开竞拍客运出租车有偿营运权（证）；当年，车辆由1993年1607辆剧增到2758辆。2001年以后，针对出租汽车竞拍价过高、公众交易价大幅上涨的现象，管理部门以价格为标的，运用服务质量招投标与有偿出让相结合、价格封顶与摇号抽签相结合的办法，使价格趋于稳定并逐步下降。2010年以后，经过出租汽车审批制度改革，出租车数量稳步增长。2017年2月28日，市公共交通客运管理局向神州专车、首汽约车、曹操专车签发《网络预约出租汽车经营许可证》，宁波市开始出现网络预约出租汽车经营客运业务，后又有多家企业获得网约车许可证，对出租汽车运营冲击较大。2019年，全市共有出租汽车6267辆，网约车是其2倍多。2022年，受新型冠状病毒肺炎疫情影响，出租汽车数量降至6135辆，但网约车逆势增长，共有网约车平台32家、合规网约车23632辆，总业务量6332.8万笔。

公共交通客运　1956年2月6日，老市区永宁桥至庄桥火车站（当时火车终点站）1路公共汽车开通；28日，西郊航船埠头至江东太丰面粉厂2路公共汽车开通。此后，线路不断扩展。至1990年，老市区共有27条线路，里程295.84千米；市区线路有11条，单条线路长度不超过30千米，且营运范围局限在老城区中心地域。1992—2005年，市区相继开辟白天线、夜间线、旅游景点线、双层巴士线，以及居民小区区间线。其间，1994年开通第一条无人售票线15路，2001年全面实行无人售票。2008年以后，通过“公交化改造”，城乡短途（公路）客运班线开始转型为城市公交线路。2009年以后，以空白路网、大型居民区、偏远乡村为重点，新辟、调整公交线路。2010年，市六区拥有公交线路318条，总里程5677千米，并在江北、镇海近郊乡镇区域内形成“村村通”公交化客运体系，甚至覆盖到四明山区乡村。此后，配合轨道交通出行，开通循环公交线路，将社区、学校、乡镇与轨道交通站点连接起来。至2022年，全市有公交运营企业15家（市六区8家），公交场站企业1家，运营线路1226条（市六区668条），运营车辆9063实台，拥有车辆9936标台（市六区6130实台）；公交客运量29648.7万人次，其中市六区常规公交客运量22131.7万人次。

公路客运　1929年5月，鄞奉公路筑成，省公路局开通宁波至奉化大桥镇、江口至溪口入山亭班车，首开宁波公路客运业务。至1936年，宁波有6家商营公路客运公司，日发客车266班次。宁波沦陷时期，客车多被日军掠用，损失殆尽；抗日战争胜利后，开始恢复；至1949年，客运量达142万人次。1950年1月，有大客车72辆、小客车4辆。此后，随着道路修复、新建公路扩展，公路客运逐步发展壮大，并开辟跨省线路。1988年，宁波开始经营旅游汽车客运。20世纪90年代中期起，市汽车运输公司等以货运为主的运输企业，借多种经营之道，陆续经营客运业务。至2000年，全市有经营班车客运企业1761家，营运客车3605辆、班线1421条，年客运量2.2亿人次。2006年，全市整合、重组、提升客运班线资源。2010年，全市有经营班车客运企业264家，营运客车3943辆、班线1141条，年客运量2.8亿人次，经营网络遍布31个省、自治区、直辖市。2010年以后，随着高铁发展和市域城乡客运“公交化改造”，公路客运发展势头有所衰减。2015年，全市公路客运量9430万人次；2019年，降至3829万人次。2020年，受新型冠状病毒肺炎疫情影响，公路客运量大幅度下滑，全年公路客运量2426.4万人次，较2019年下降36.6%。至2022年，全市共有取得道路客运资质的企业45家（班车18家、包车41家），营运客车1963辆，道路客运班线231条，班线客车580辆，班车客运量1327万人次。

铁道客运 1912年12月，宁波至慈溪县城（今江北慈城）铁路建成通车，开行客车1列、2节车厢。1920年3月，甬曹铁路每日开行客车5对。1934年，客运量达145万人次。1935年，受公路运输影响，降至127万人次。1956年，萧甬铁路通至庄桥，每日开行客运、客货混合列车各1对，年旅客发送量57.03万人次。1958年2月，庄桥至白沙段通车，客运站设北站白沙货场，每日发送甬沪、甬杭客车各1对。1959年6月，庄桥至南门段铁路动工；9月，竣工，增开甬杭客货混合列车1对。1960年4月21日，停开甬杭慢车1对，增开甬杭快车1对。1993年7月，宁波至包头直通旅客列车开行，宁波铁路客运开始不再局限于宁波至杭州、上海。2009年9月28日，甬台温铁路通车，宁波进入动车时代。2013年12月28日，杭甬客运专线通车，宁波迎来高铁时代。当年，全市铁路旅客发送量1273.1万人次。2014年5月30日，宁波轨道交通1号线开通运营，当年客运量达1387.51万人次。2019年，铁路、轨道交通客运量分别达6197.9万人次、1.67亿人次。后受新型冠状病毒肺炎疫情影响，铁路旅客发送量大幅下降，轨道交通客运量因新线路开通而不断增长。2022年，铁路客运量降至2964.3万人次，轨道交通客运量增至2.57亿人次。

航空客运 1984年11月16日，首架民用客机（中国民航安-24型客机）飞抵庄桥军民两用机场，当年客运量1200人次。受机场条件限制，旅客流量增长缓慢，至1990年6月29日迁到宁波栎社机场前，累计客运量仅为23.4万人次。1990年6月30日，宁波栎社机场启用，当年客运量突破10万人次，翌年达21.2万人次。1993年，航站在市政府支持下，争取航空公司开辟新航线、增加航班，在宁波市辖区和台州、舟山、新昌等地设立代销处、增加机票销售网点，邀请杭甬高速公路沿线各地新闻媒体宣传推介，吸引旅客流量。1996年，客运量突破100万人次，达106.6万人次。1997—2003年，客运量在108万～130万人次徘徊。2004年，在周边地区开通“城市值机”“直通班车”业务，提升机场服务水平，吸引航空公司增加航班，开辟新航线，增加旅客流量。2005年客运量突破200万人次，2007年突破300万人次，2009年突破400万人次，进入全国繁忙机场行列。2018年11月9日，突破1000万人次，全年达1171.8万人次，迈入全国大型繁忙机场行列。2019年，增至1241.4万人次。后受新型冠状病毒肺炎疫情影响，客运量大幅下降，2022年仅为616.6万人次。

内河渡（客）运 内河渡运分为交通渡、农渡。宋代，明州已置北渡和桃花渡。明清时期，渡运比较普遍，有横山渡、周宿渡、段塘渡、番石渡等。民国时期，有一百五六十处，均为私人经营。20世纪50年代组织运输小组、合作社，70年代改建运输公司。其间，随着经济社会发展进步，渡运有较大发展。1990年，全市有渡口119处，渡运量2747.6万人次。此后，随着陆上交通的发展，内河客运逐渐被陆上交通客运替代。2001年2月，航行于宁波南站至鄞江镇航线的“鄞航47”号轮停航。至此，定线定班的内河客运业务暂告结束，内河客运功能逐步向内河旅游客运转型发展。2010年，全市完成内河旅客运输量30.6万人次，客流主要分布在白溪水库（2018年开始停运）、东钱湖和九龙湖三大景区；此外，市区三江口和余姚舜江、最良江等旅游观光水域有少量客流。2022年，全市有6家内河旅游客运企业，旅游船42艘，客位2104个。

货物运输

人力车货运　独轮车可载货一二百斤，亦可载客，适用于乡间狭窄小路，民国时期山区农村有见，解放后逐渐消失。手拉车（双轮）于1874年传入城区，1949年城区专业运输行业共有66辆，1966年有3649辆。20世纪70年代以后，由于汽车和拖拉机发展而减少，1987年尚有1407辆。1990年以后，老市区城区交通企业不再使用。解放前，人力车（黄包车）曾充当货运工具，后来被人力三轮车替代。1996年7月，微型载货汽车开始进入老市区城区内货运市场，手拉车（三轮车）货物运输趋向衰退。2005年7月起，除市政、环卫、废旧品回收、运菜和送奶的人力三轮车外，禁止运营人力三轮车、自备人力三轮车及其他人力三轮车在老市区城区行驶，俗称“三车整治”。此后，老市区城区人力车（三轮车）运营运输方式退出运输市场。

公路运输　1930年，鄞奉汽车公司开通整车运输货运路线。1938年10月，通运汽车公司开办零担运输业务。1980年10月，市汽车运输公司在全市率先开办集装箱运输业务。1985年，浙江省汽车运输宁波分公司试行集装箱零担货运。此后，随着市场化，联托运代理业日渐成为经营公路长途普通货物运输的主体，跨省市公路长途货运专线运输开始形成。1996年7月，宁波市长途汽车运输公司货运分公司率先投用0.35吨装载量的微型载货汽车100辆（即货运出租车），此后获准运营的车辆不多（至2007年仅有1088辆，2008年以后放开限制）。2006年1月，全市16家最大联运（物流）企业组建快运联盟，经营货运专线近1000条，营运范围基本覆盖全国大中城市。2009—2010年，推行“海铁联运”“双重运输”“无缝衔接运输”等运输模式。2010年以后，宁波公路货运快速发展，持续在综合运输中保持主体地位。2017年底，全市共有道路货运经营户3.3万户，承担全市55%以上的货运量，且以散户群体和小型运输企业为主。2022年，全市公路货运量达4.5吨，占全市综合运输货运量的56.57%。

铁路货运 1913年10月，曹娥至慈城铁路开通，兼营货运，抗日战争全面爆发后中止。1956年，萧甬铁路通至庄桥，每日开行客货混合列车1对，年货运量30万吨。1958年，宁波铁路北站建成，货运量激增；至1965年，到发量达132万吨。1979年1月1日起，宁波北站承办集装箱运输。1990年，全市每日到发货物列车18对，货物到发量1164万吨，到达集装箱57074个，发送集装箱55822个。1993年10月，宁波铁路集装箱中转站投入运营，年发送2.3万标准箱。1999年6月，宁波铁路口岸开通，开办发往满洲里的40英尺国际集装箱运输业务。2005年12月10日，宁波口岸开通海铁联运业务，首列装载国际集装箱的铁路专列从北仑铁路港站驶往目的地金华。同月31日，开通进出口双向运输海铁联运业务，义乌的20个标准箱货物通过铁路直达宁波港区，再搭乘海轮运往欧洲。2009年2月28日，首趟海铁联运集装箱班列在宁波—义乌间开通。此后，杭甬客运专线、宁波铁路枢纽货运环线通车运营，进一步推动铁路货运持续快速发展。2022年，宁波铁路货运量达3503万吨，集装箱海铁联运量达145.2万标准箱，海铁联运业务辐射16个省、63个地级市，常态运行班列23条，运输范围延伸至中亚、北亚及东欧国家。

航空货运 1984年，民用航空初通，货物运输系客货同运，以客为主，全年发送货物20吨。此后，航线增多，航班增密，货物运量增加。1989年，货运量增至786吨。1990年宁波栎社机场启用后，货运量快速增长。1991年，突破1000吨，达1055吨，较1990年的818吨增长近30%。1992年7月，国务院批准栎社机场航空口岸对外开放，国际货物主要通过中国台湾、中国香港和韩国首尔等地客运航班中转，货运量快速增长，当年货运量达2185吨。2000年，航空货运量突破1万吨，达1.1万吨。2004年，机场组建市场开发部，开拓航空客货运输业务；同年1月17日，宁波—珠海全货机航线开通，这是宁波货运包机业务的开端。2005年3月，东方航空公司开通宁波—香港货运包机航线，这是宁波航空运输史上首条定期货运包机航线，当年11月停飞。2007年3月28日、4月3日，澳洲航空公司“湿租”美国阿特拉斯航空公司波音747型全货机（宁波航空运输史上保障的最大机型），自美国阿加尼亚运输400头种牛至宁波，这是宁波首条国际货机航线。2010年5月28日，奥凯航空公司开通宁波—深圳全货机航班，宁波开始朝“客货并举、以货为主”方向发展。此后，随着客运航班特别是货运航班增加，航空货运量快速增长。2014年，航空货运量突破10万吨，达11.4万吨；至2019年，达17.1万吨。此后，受新型冠状病毒肺炎疫情影响，货运量明显下降，2020年降至11.9万吨，2022年仅有8.5万吨。

内河货运 唐宋以后，随着“三江六塘河”的沟通，各塘河间开始通航船舶。1063年，连接东钱湖的“七堰九塘”建成，形成以明州为中心的内河水运网络。南宋迁都临安（今杭州）后，浙东运河成为宁波与杭州间的主要通道。到1876年，宁波内河货运量达17868吨。1912年，宁波至镇海、西坞、奉化、余姚等地都有客货轮通航，全年货运量174554吨。当时，各地内河营运船舶大都客货兼载，各埠还有砂石船。到1948年，行驶宁波区间的内河货船有197艘。到1990年，全市内河运输企业有货运船舶847艘、1.28万载重吨，全年货运量326.4万吨。此后，随着公路建设和公路运输发展，内河货运呈逐年萎缩之势，并在历史低点徘徊。2000年，全市拥有内河运输船舶134艘、1.16万载重吨，全年货运量92.3万吨。2010年，下降至20艘、6754载重吨、57万吨。杭甬运河宁波段自2013年12月31日正式通航，常态化通航能力逐步由300吨级提升至2016年的500吨级，全市内河货运量也随之逐年攀升，由2013年15441万吨增长到2018年26325万吨。2017年2月27日，宁波镇海—金华兰溪煤炭运输航线开通。2019年12月24日，宁波—绍兴内河集装箱运输开通，进一步带动内河货运发展，当年全市内河货运量达29798万吨。2020年12月1日，江海联运船“新金增2”轮越过姚江大闸向西航行，杭甬运河宁波段告别海船无法入江、江船无法出海的历史，实现江海连续运输，促进内河货运业发展。2020年，全市内河货运量达30044.9万吨；到2022年，增至31279万吨。

管道运输　1978年1月，浙江炼油厂（今镇海炼化）第一条输油管道投用，当年输入原油10.41万吨，输出重油1万吨。20世纪80年代，中国石油化工总公司镇海石油化工总厂（今镇海炼化）输油管线增加，运输总量随之增长，1981年为55.86万吨，1990年增至445.9万吨，其中输入原油288万吨，输出成品油157.9万吨。此后，在镇海炼化带动下，根据国家能源战略布局和社会经济发展需要，宁波市区及周边区域形成一定规模的管道运输，运输量也快速增长。2010年，管道运输量4911.21万吨，其中成品油周转量105.98亿吨千米。此后，随着跨地市管线和化学工业公共管廊的延展，全市管道运输量持续增长。

寄递配送　公元738年明州建立后，置驿站传递官方文书，沿袭至清。1403—1424年，宁波人设立民信局，为民间传递书信物品和办理汇款。1844年宁波开埠后，英、美、法等国在甬开办邮政，称“客邮”；同时，民间信客业兴起，开办信件和物品捎带业务。1878年11月，宁波海关书信馆开始收寄中外公众邮件。1897年1月，宁波邮政局成立。1933年，宁波各民信局被取缔。1958年10月，信客业被取缔。此后，邮政业快速发展。至1990年，全市有邮电局所442处，邮路5389千米。1994年5月，宁波首家货物快递公司成立，从事市区货物配送服务。2000年以后，随着电子商务发展和中国加入世界贸易组织，快递业迅猛发展，邮政部门也参与其中，于2003年5月开办老市区内物流配送业务（限货物类物品），2010年6月开办跨省市快递配送业务。2013年5月12日宁波快递行业协会成立后，全市快递行业得到更加规范、快速的发展。2020年，邮政、快递行业实施“快递进村”“快递进厂”“快递出海”行动。2022年，邮政系统建成县级分拨中心3个、快递进村综合服务网点和共富驿站138处，开通快递进村客货邮融合发展线路27条；建成全省规模最大的邮政园区——宁波国际邮件互换中心新园区，这是全市首个快递行业与制造业协同发展项目（至2023年12月有282个）。至2022年末，全市邮政、快递行业年寄递业务量达177900.2万件，有邮政普遍服务营业网点270个，快递法人企业136家、分支机构595家、末端网点7950家（含快递柜6862组）。

卷六 | 港口　口岸

港埠环境

岸线　宁波大陆海岸线北起钱塘江口南岸的余姚西界横塘，经杭州湾口外南侧金塘水道、螺头水道，绕穿山半岛至象山港，经象山东部至三门湾顶的宁海南界东岙。1933年8月，鄞县政府收回江北岸外滩“白水权”（即岸线使用权）。1984年，《宁波港港口管理规则》规定宁波港岸线范围：新江桥至大游山东端25.5千米，灵桥至长跳咀26.5千米、长跳咀至穿山客渡口19千米，大榭涂泥嘴灯桩至穿山客渡口7.5千米，大游山北端至海浦山滩地19千米，合计97.5千米。1985年，划定岸线总长67939米（不含岛屿岸线）。1990年底，使用岸线38845米（其中1969—1987年累计批准使用岸线23196米），尚未开发8924米，不宜开发17920米。2006年8月1日，宁波市港航管理局公布：宁波沿海港口可利用岸线总长624.18千米，可开发的深水岸线在120千米以上，且水域不冻不淤，可终年通航。

航道　宁波港自然条件得天独厚，水深、流顺、风浪小，进港航道水深在18.2米以上，25万～30万吨船舶可候潮进出港。沿海主要航道有北航道、南航道、佛渡水道、穿山航道、石浦港航道、象山港航道、甬江航道等。北航道，自长江口，经大戢山、七里屿至镇海甬江口，可通航2.5万吨级以下船舶。南航道，从桃花岛与虾峙岛之间的虾峙门驶入，经虾峙门水道、螺头水道、金塘水道直抵北仑、镇海、金塘、大榭、穿山等港区，可通航30万吨级以下船舶。虾峙门水道，从东口的桃花岛灯塔与虾峙岛东挑嘴连线至西口的上溜网重岛灯桩与桃花岛西南端连线，为天然航道，呈西北—东南走向；螺头水道，介于大猫山、摘箬岛与大榭岛、穿鼻岛、穿山半岛之间，呈东西走向；金塘水道，位于金塘岛与南侧大陆和大榭之间。佛渡水道，在穿山半岛、梅山岛东南侧，可通航15万吨级船舶，可候潮通航20万吨级船舶。甬江航道，兼内河航道，自镇海口至宁波市区三江

口，可通行1000～20000吨级船舶。其中，招宝山大桥至甬江口段可通航1万吨级船舶，可候潮通航2万吨级船舶；招宝山大桥至明州大桥段可通航3000吨级船舶；明州大桥至白沙作业区段可通航1000吨级船舶。宁波港在大榭、峙头、虾峙设有雷达导航站，对船舶进行全天候导航。

锚地 宁波港内及港区附近船舶锚地，因各时期船舶构成、港区水深、码头条件各异，多有变动。1918年，浙海关理船厅发布宁波理船章程，规定镇海自安远炮台至南岸盐田上边、宁波洋人坟地至新江桥为轮船锚地，宁波白沙铁路材料栈下游相离1英里处为危险品锚地，相离2英里处为检疫锚地。1955年，宁波港港章规定，宁波信号旗杆至白沙路煤栈东端的甬江中心为轮船锚地，镇海金塘道头至正大道头、宁波江东盐道头至广润道头、江北白沙煤栈东等处水域为木帆船锚地。1965年，规定以七里峙灯标正东1海里处为中心的半径为半海里的圆内水域为轮船待泊、检疫锚地；镇海自记水位站至张鑑碶东闸、偏江北岸为轮船锚地；镇海招宝山炮台至新水产道头，客班轮码头至海军码头、清水浦小班轮码头下游，孔浦碶闸至宁波海洋渔业公司，及宁波江北、江东等处水域为木帆船、小型船舶锚地。1980年，规定大型船舶引水、检疫锚地设于虾峙岛东虾峙门锚地，避风锚地设于沈家门马峙岛西南马峙锚地，万吨级船舶引水、避风锚地设于金塘岛西南金塘锚地，3000吨级船舶引水、检疫、待泊锚地设于七里锚地，危险品及千吨以下船舶锚地设于常洪，小型机动船、木帆船锚地分布招宝山、镇海、白沙、新江桥、滨江路等划定水域。1990年，宁波港有锚地10处，即虾峙门、马峙、金塘、七里峙、游山、镇海、常洪、白沙、新江桥、滨江路。1991年以后，随着宁波港的发展，锚地不断增加。2022年，宁波港域有七里、金塘、虾峙门北等21个沿海锚地，以及姚江青林湾锚地、2号锚地等2个内河锚地。

航标 1865年，浙海关税务司、宁绍台道修建甬江入口处虎蹲山、七里峙灯塔2座，设备简陋。1870年，设置花鸟山灯塔。1872年，建成鱼腥脑灯塔。1907年，建成唐脑山灯塔。民国时期，建成下三星、菜花山2座灯塔。1915年，设置甬江最狭窄处镇海大道头灯桩1座。1936年，设置张鑑碶、梅墟灯桩2座，游山江礁浮筒1座。至1949年5月，宁波港域有虎蹲山、七里峙、花鸟山等灯塔13座；除虎蹲山、七里峙2座灯塔尚完好，其余都是有塔无灯。1953年以后，宁波港域航标逐渐增多，至1990年达184座，2010年增至394座。其间，1996年12月16日，中国首座无人值守灯塔——半洋灯塔在镇海航标区半洋礁投入运行。2013年3月5日，11座百年灯塔以“浙东沿海灯塔群”名义，被公布为第七批全国重点文物保护单位，其中在宁波海域的有3座，即镇海口的七里屿（峙）灯塔、象山海域的北渔山灯塔和东门灯塔。2018年，宁波海事局辖区共有386座专用航标。此后，根据需要不断设置、撤除、位移航标。至2021年，宁波港域共有航标482个，其中桥梁标志205个、灯浮171个、灯桩48个、AIS航标48个、雷达应答器8个、导标2个。

港埠变迁

句章港　公元前473年，越王勾践消灭吴国后，在其东疆拓地修建句章城及港口，这是句章古港（在今江北慈城镇王家坝城山渡、余姚江北岸一带）的开端。从句章港顺余姚江而东22千米达三江口，再沿甬江25.8千米由镇海出海，溯江而上可达余姚城区。句章港系越国通海门户，是中国最古老港口之一。公元前222年，秦立句章县，设县治于此，后成为重要的海上交通、军事港口。三国吴嘉禾年间（232—238），孙权集中人力开凿一条运河，以建业城南的方山埭为起点，向东经云阳到苏州，穿过太湖至钱塘，过钱塘直达会稽（山阴），再循浙东运河至三江口，经甬江入东海，形成以三江交汇地段为中心的浙东水运枢纽。晋时，句章港海上航路北至渤海湾，南达台湾岛、海南岛、交趾（今越南河内附近）。399年，东晋镇北将军刘牢之率部击退孙恩起义军后，在三江口修筑城堡；400年，句章县城被孙恩所部摧残破坏。此后，句章港逐渐衰落。当时，小溪需要经过鄞江、奉化江到达甬江，东行出海，或西去余姚、会稽，均不及句章港便捷。港口遂东迁至三江口。

明州港　752年，3艘日本孝谦朝遣唐使船在宁波靠泊[①]，标志宁波港正式开埠。821年，明州刺史韩察在三江口修筑子城（即内城），遂形成明州港。892—898年，刺史黄晟修筑罗城（即外城），罗城东渡门至渔浦门外一带为市集所在，沿江停泊船舶，向西沿岸是船舶修造工场，月湖柳汀有水驿站。唐五代时期，明州与广州、泉州、扬州一道成为中国对外贸易重要港口。高丽、日本、大食和东南亚各国乃至非洲国家的使者、商旅纷纷选择由明州港出入唐朝，著名高僧鉴真也是从明州成功东渡日本。明州盛产的丝绸、陶瓷与茶叶大量销往朝鲜、日本和东南亚乃至埃及的古都福斯塔达，明州港成为“海上陶瓷之路”和“海上丝绸之路”启发港。北宋，明州与广州、杭州成为中国三大对外贸

① 据考证，659年日本第四次遣唐使团途遇强风，副使津守吉祥漂流至明叶鄮县。这是日本遣唐使船首次抵达宁波。详见施存龙《宁波对外开放于一千三百五十年前——宁波历史上对外开放诸说考辨》（《浙东文化》2001年第2期）。

易港口（后期增加泉州、密州）。1080年，由于山东半岛至京城开封道路受辽国威胁，朝廷规定明州是与高丽贸易的特定港口。当时，温州、泉州、福州去日本、高丽的船只，常在明州港发舶放洋。其间，高丽使团、波斯商旅抵达明州港朝贡、贸易最多，在镇海修建航济亭，在州城内修建高丽使馆、波斯馆、清真寺，设立高丽司（又称来远局），建造“百柁画舫”2艘，优厚接待高丽、波斯等国使团；修造“鼎新利涉怀远康济”“循流安逸通济”神舟出使高丽。渔浦门外有2处石墈码头（俗称道头）：一在奉化江西岸（今新江桥至灵桥段），称江厦码头，因古江下（厦）寺得名；一在余姚江南岸（今新江桥西侧宁波影都一带），称甬东司道头。宋室南迁后，明州港成为南宋重要门户、海防要塞。

庆元港 1195年，明州改名庆元府，港口随之更名。同年，杭州、温州、秀州、江阴4个市舶司被撤销，庆元港成为高丽、日本及东南亚、西亚诸国商旅以及中国商人出入南宋的唯一港口。此时，除官办、市舶司造船场，庆元的民间造船业颇为兴盛，减轻船体摇摆的“舭龙骨”技术要比国外早六七百年。1276年，元军占领庆元府，改称庆元路。庆元港与广州港、泉州港同为元代三大主要贸易港口，海外贸易、国际航运比宋代更加繁盛。通航国家、地区有140多个，其中有欧洲威尼斯，非洲利比亚，亚洲伊朗、阿曼、也门、印度、占城（越南）、爪哇、吕宋、日本、朝鲜等。进口货品种类有220多种。为海运漕粮，庆元港原断航多年的北路航线得到恢复。当时，北方山东、江苏商船，逐渐在庆元立足，形成南北商业船帮。

锁边性口岸港 明初，即改庆元港为明州港，并于1371年开始禁止与国外海上往来。1381年，明州改名宁波，港口遂称宁波港。1522—1566年（明嘉靖年间），沿海倭患日重，一度禁止渔船下海，民间贸易皆废，宁波港被指定为与日本勘合贸易（即朝贡贸易）的唯一港口。1523年，宁波发生“争贡事件”，明朝政府下令闭关禁海，停止对外贸易。直至1567年才放开海禁，允许民间海上贸易，施行“引票”制度，以征收商税。但倭患未靖，对外贸易规模甚小。1573—1620年（万历年间），规定“不得与倭夷互市，且悬赏格捕下海者”。不久，因地理位置优越，宁波港成为中国南北货物转运枢纽，“南北商号”（即南北商业船帮）得到发展。清初，厉行海禁锁边政策，颁行“迁界令”，将沿海及舟山群岛居民迁至内陆，禁止船只下海。直至1683年清军攻下台湾后的第二年十月，颁布“展海令”，允许沿海及舟山群岛民居迁回故地，准许500石以下船只出海贸易。1685年，在宁波设立浙海关（常关）。此后，日本、英国等国商旅纷至沓来。1736—1795年（清乾隆年间），朝廷鉴于外国商船至宁波者多，便加税阻其进入，于1757年停止宁波（含定海）对外开放。但是沿海、沿江诸港贸易发展迅速，各地商人或海上或内河，往

来不息，众多商户于奉化江东岸辟建码头，江东沿岸逐渐发展成为商业区。1830年以后，宁波商业船帮进入发展黄金期，南北商号不下六七十家，最盛时有海船约400艘。1853年，北号船帮建立庆安会馆（即甬东天后宫）；1868年，南号船帮重修福建会馆（即东门外天妃宫，始建于1191年）；宁波水运中心——江厦，达到帆船码头全盛时期。

条约口岸港　1844年1月1日，宁波港以“条约口岸”开埠，成为鸦片战争后“五口通商”口岸之一。此后，宁波港开始从帆船港转变为轮船港。轮船作业区域在江北岸三江口至下白沙一带，航道平均水深6.25米，可供3000～5000吨级轮船出入，有石堋码头，供驳船和洋式帆船使用，轮船进港，采用过驳上栈。随着轮船增多，港口码头、仓场、航标等设施亦有革新。1862年开始修建趸船式浮码头，1874年开始修建栈桥式铁木结构趸船码头等，可直接靠泊轮船。此后，出入港船舶更趋轮船化，带动港口快速发展，宁波港由原先的鱼盐粮食码头逐步发展成“百货码头”。1877年温州开埠，1896年杭州开埠，宁波港腹地相应缩小，由转运过境货物变为转销当地产品为主。至1936年，宁波港有轮船码头20余座（其中镇海7座），泊位30个（其中镇海8个），小轮船、帆船道头、埠头100余个。1937年，抗日战争全面爆发后，上海、杭州沦陷，宁波港成为内地货物、战区军用物资转运口岸。1940年7月下旬，日军首次进犯镇海，政府征调大批轮船及少数战舰予以凿沉，设置封锁线；宁波城防司令部向浙海关调用缉私舰载石沉于甬江梅墟附近，堵塞航道。1941年4月宁波沦陷后，码头、仓库等设施尽遭破坏；抗日战争胜利后开始修复，至1948年有码头7座。

区域性内河港　1949年，在国民党轰炸、封锁下，宁波港吞吐量仅有4万吨。1950年5月17日舟山解放后，海空封锁缓解，宁波港逐渐恢复沿海航线，开始增建、改建港口设施，加强港务、航务管理。1954年，制定《宁波港港章》。此后，相继制定木船停泊、港区岸线管理等各项规则、规定、办法，并修建专用码头10余座。客货运输主要集中在装卸一区（今江北外滩宁波美术馆一带），装卸二区（在江东）货运量极微。1959年6月，姚江大闸建成投用，致使河道淤积，港运能力下降，余姚江水运断绝，奉化江难以通航50吨级以上船舶，沪甬客班轮容易搁底，需要候潮进出。至20世纪70年代初，宁波港靠泊能力及航道水深局限于3000吨级水平。

现代化深水大港　1973年2月，周恩来号召“三年改变港口面貌”。7月，国务院港口建设领导小组组长粟裕率队考察宁波，确定扩建宁波老港区、修建镇海港区。1974年，镇海港区第一期工程动工；至1978年，1万吨级、3000吨级煤炭专用码头，浙江炼油厂（今镇海炼化）原油码头（即算山原油码头）等设施建成投用，宁波港从内河港发展成河口港。1978年1月，苏振华、倪志福、彭冲、叶飞等在宁波考察后，确定配套上海宝钢的北仑港中转码头地址。经国家批准，1979年1月1日起，宁波（老）港、镇海港、北仑港三港合并，统称为宁波港。同月10日，北仑港区开始打桩。1979年6月1日，宁波港对外开放。至1982年12月，北仑港区建成1个10万吨级卸船码头、2个2.5万吨级装船码头等设施，成为全国最大矿石中转码头，宁波港一跃成为海港。此后，各港区不断新建、改扩建码头、泊位、客运站等设施。1984年，宁波港被交通部列为全国四大国际深水中转港之一，成为由内河港、河口港、海港不同类型港区组成、货物吞吐功能齐全、大小泊位配套的综合性大港。2000年，穿山港区开工建设（2004年建成试生产）。2002年10月17日，国务院批复同意宁波口岸大榭港区对外国籍船舶开放。2006年，象山港、石浦港作为港区被纳入宁波港体系。2010年，宁波梅山保税港区开港。到2014年，宁波港成为多功能、综合性的现代化亿吨级深水大港，拥有泊位332个（含万吨级及以上102个），开辟集装箱航线228条（含远洋干线114条、近洋支线62条），基本形成公路、铁路、航空和江海联运、水水中转等全方位立体集疏运网络。当年，完成货物吞吐量5.26亿吨，居中国大陆港口第3位、世界港口第4位；集装箱吞吐量1870万标准箱，居中国大陆港口第3位、世界港口第5位。

宁波舟山港　1996年，《宁波舟山港口中期规划》首次提出，宁波、舟山两港要统一规划、统一建设、统一管理。2003年，省委做出整合宁波、舟山两港资源，加快两港一体化建设的决策。2004年3月20日，舟山甬舟集装箱码头有限公司成立，两港一体化迈出实质性步伐。2005年6月，省委、省政府先后研究确定宁波、舟山两港统一规划、统一建设、统一品牌、统一管理的原则；12月，宁波—舟山港管理委员会成立，协调两港一体化重大项目建设。经交通部同意，自2006年1月1日起启用“宁波—舟山港”名称，不再使用“宁波港”“舟山港”名称（在实际中仍在使用）。2015年8月7日，浙江省海港投资运营集团有限公司成立，统一管理宁波—舟山港、温州港、嘉兴港、台州港和义乌港。同年9月29日，宁波舟山港集团有限公司揭牌，两港实现以资产为纽带的实质性一体化。2016年1月1日，“宁波舟山港”名称正式启用。同年11月，省海港集团与宁波舟山港集团实行“一套机构、两块牌子”模式。2018年3月，交通部公告，明确自5月1日起，《中国港口代码》（JT/T24—2015）中涉及港口名称“宁波—舟山”的文字全部修改为“宁波舟山”。2017年12月27日9时，宁波舟山港成为全球首个年货物吞吐量突破10亿吨的大港，全年达10.1亿吨。2023年11月，国务院批复同意宁波港口岸扩大穿山、象山港和石浦3个港区开放面积58.13平方千米。至此，宁波港域8个港区全部实现口岸开放，对外开放及临时开放泊位119个。至2024年底，宁波舟山港有19个港区，万吨级以上生产泊位约200座，其中宁波港域拥有8个港区，万吨级及以上生产泊位118个；集装箱航线305条，其中远洋干线148条；海铁联运线路超100条，其中固定班列27条。当年，完成货物吞吐量13.8亿吨，连续16年位居全球港口第一位；集装箱吞吐量3930.1万标箱，连续7年居全球港口第三位。其中宁波港域完成货物吞吐量6.9亿吨，集装箱吞吐量3577.9万标准箱。

港域港区

宁波港域由甬江港区、镇海港区、北仑港区、大榭港区、穿山港区、梅山港区、象山港港区和石浦港区组成。

甬江港区 系原宁波港区扩展而成的内河港区，位于甬江大桥至镇海招宝山大桥的甬江水域。是宁波舟山港的一般港区，主要服务地方经济、临港产业和旅游客运发展，以散杂货运输为主。岸线长46.4千米，甬江航道长22千米，宽80～120米。历史上最大通航能力达7500吨级，后因航道泥沙淤积，最大通航能力降至2000～3000吨级。有500吨级以上泊位110余个。

镇海港区 位于甬江招宝山大桥与甬江入海口两岸，西起后海塘港监信号杆，东至甬江口大、小游山。是宁波舟山港的重要港区，以煤炭、成品油及液体化工品、杂货运输为主，兼顾内贸集装箱运输。港域面积490万平方米，港口条件优越，游山北水深10米左右，最深达44米，甬江口门处航道水深稳定，可通航万吨级以上船舶。自然岸线长24千米，规划港口岸线5.3千米，有0.5万～7万吨级泊位18个，其中万吨级以上泊位14个。自西向东形成煤炭作业区，通用散杂货和内贸集装箱作业区，油气及液体化工储运区。

北仑港区 位于甬江口东侧金塘水道南岸，西起甬江口长跳咀灯桩，东至穿山北港区。是宁波舟山港的主要港区，以集装箱、大宗干散货、原油、成品油及液体化工品、粮食和杂货运输为主，兼顾邮轮客运。港域面积宽阔，大部分海域水深50米以上。航道最窄处宽度在700米以上，30万吨级重载海轮可自由进出。岸线长17.5千米，其中13千米岸线规划建设万吨级以上深水泊位50座。有万吨级以上泊位37个，10万吨级以上泊位15个。其中10万吨级集装箱泊位9个，10万吨级矿石泊位3个，20万吨级矿石泊位1个，30万吨级原油泊位2个。自西向东形成水运工业区、西部算山企业码头区、中部公用码头区、东部企业码头区和穿山西口通用泊位发展区。

大榭港区　位于北仑的大榭岛，面积28.37平方千米，南距陆岸最近点0.5千米，经跨海大桥与陆域连接。自然岸线长24.84千米，规划港口岸线22.8千米。是宁波舟山港的主要港区，以集装箱、原油、成品油及液体化工品运输为主，主要为大榭开发区工业企业所需原材料和产成品提供运输服务。有万吨级以上泊位22个，其中25万吨级以上油泊位3个（含45万吨级原油泊位1个）。总体上形成3个功能区：东部大宗散货中转储运区（A、B区），西北临海工业港区（C区）和集装箱码头区（D区），西南部通用件杂货码头区（E区）。

穿山港区　位于穿山半岛以北，西起牛轭江东口，东至沙湾嘴，三面环山。是宁波舟山港的主要港区，以集装箱、大宗散货运输为主，兼顾液化天然气、成品油及液体化工品运输。自然岸线长68.3千米，规划港口岸线22.7千米。有万吨级以上泊位17个，其中15万吨级集装箱泊位9个，26.6万立方米液化天然气接收站1座，15万吨级和30万吨级矿石泊位各1个，形成西部集装箱作业区和东部大宗散货作业区。

梅山港区　位于穿山半岛南侧的梅山岛，航道呈西南—东北走向，北依大陆山丘，出西南口与象山港相接，出东北口是佛渡水道。是宁波舟山港的主要港区，依托梅山保税港区，以集装箱运输为主，兼顾商品汽车滚装运输。自然岸线长22.6千米，规划港口岸线10.5千米。梅山岛东侧扑蛇山至梅山化工厂南段的7.2千米岸线，水深10～20米，是较好的深水岸线资源。有7万～10万吨级集装箱泊位5个，7万吨级滚装杂货泊位1个。

象山港港区　位于穿山半岛和象山半岛之间，北仑白峰街道宫山与梅山岛东侧盘峙山以西的象山港区域，呈东北—西南走向。是宁波舟山港的一般港区，以散杂货运输和电厂煤炭接卸为主，兼顾沿海客运，主要服务地方经济、临港产业和旅游客运发展。海湾可使用岸线223.63千米，规划港口岸线45千米，其中深水岸线27.7千米。港区四周环山，避风条件好。有万吨级以上泊位9个。

石浦港区　位于象山石浦港内，介于象山半岛与东门岛、对面山、牛头山、尖洋岛、白玉湾岛之间。是宁波舟山港的一般港区、国家一级渔港，以煤炭、杂货等物资运输为主，兼顾沿海客运，主要服务地方经济、临港产业和旅游客运发展。自然岸线长726千米，其中大陆岸线229千米，规划港口岸线45.7千米。港口地界适中，史称“浙洋中路重镇”。港区外有众多岛屿作为天然屏障，是一个多口门的优良避风港，也是中国台湾渔船在大陆最集中的避风和补给港口之一。有500吨级以上泊位38个，形成石浦、珠门、金七门3个功能区。

港口运输

宁波港，是中国大陆著名的深水良港，扼南北水路要冲，内外交通便捷。海上至香港、高雄、釜山、大阪、神户均在1000海里之内；向内连接沿海各港口，以江海联运沟通长江、京杭大运河，直接覆盖整个华东地区及长江流域，是中国沿海向北美洲、大洋洲和南美洲等地港口进行远洋运输的理想集散地。唐五代与宋元时期，宁波港是全国重要对外贸易港口。明清两朝，屡兴海禁，海运几度中断。近代，发展缓慢，趋于落后地位。中华人民共和国成立后，受国际封锁等影响，发展受到很大制约。改革开放后，宁波港快速崛起，跻身世界大港行列，形成以欧洲、北美洲、中东为骨干，南美洲、大洋洲、非洲等为辅助，以东南亚、日本、韩国近洋支线为支撑，国内支线为补充的货物运输体系，与世界100多个国家和地区的600多个港口通航。

散货运输　宁波港早期历史上无货物吞吐量统计，1844年1月宁波开埠至1849年5月宁波解放，只能从贸易额窥探吞吐量。开埠当年，对外贸易额50万元（墨西哥鹰洋）；嗣后，因上海港崛起而衰落，至1849年只有5万元。1861年，浙海关（新关）成立，开始统计进出港船舶总吨位。按照船舶总吨位与吞吐量约1∶0.4的比值推算，1861年吞吐量为4.88万吨，直到1902年均在50万吨以下。1903年，首次突破100万吨，达125.69万吨。1903—1934年，除1905年、1913年外，都在100万吨以上，最高195万吨（1932年）。1940年前后，因日军侵华，内地交通中断，大后方物资依赖宁波港转运上海，加上走私偷运，一时呈畸形繁荣，日吞吐量最高达3万吨，为战前6倍左右。1941年4月20日，日军侵占宁波后，进出港船舶几乎绝迹；抗日战争胜利后开始恢复。至1946年底，恢复至1172艘次，近90万总吨。1947年，达到170余万总吨。1949年，进出港船舶885艘次，611359总吨，吞吐量仅4万吨。1950年5月，舟山群岛解放，沿海运输恢复。1952年吞吐量达到30万吨。1959年突破百万吨，达137万吨。1960年为162.7万吨，尔后下降，1962年仅有75万吨。1963年开始回升，1966年增至93.7万吨。此后，呈马鞍形上升。1973年以后，大规模建设港口，疏运能力提高，货运量除1974年外稳步上升，1978年增至214万吨。此后，货运量与经济发展同步增长。1985年，突破1000万吨大关，达1040万吨；1990年，增至2553万吨，从全国大陆沿海港口第12位跃居第6位。随后，在“以港兴市、以市促港”战略推动下，港口生产建设呈现跨越式发展。2000年11月8日，跻身当时世界上为数不多的亿吨大港行列，货物吞吐量达10048万吨，全年为11547万吨。2004年，达2.26亿吨，成为大陆沿海港口货物吞吐量突破2亿吨大关的第二个港口。2006年突破3亿吨，2010年突破4亿吨，2013年突破5亿吨，2020年突破6亿吨，2022年增至6.4亿吨，2023年达6.7亿吨。

集装箱运输　宁波港集装箱运输始于1984年。7月22日，镇海港区首次完成集装箱的卸船作业（“衢江”轮的10个集装箱）；8月，中国远洋运输总公司浙江省公司“鳌江”轮由镇海港区装载10个20英尺标准箱首航香港。因尚无集装箱专用码头及装卸设施，吞吐量、装卸效益较低，当年吞吐量仅为543个标准箱。1986年4月，中国远洋运输总公司浙江省分公司全集装箱船“浙鹏”轮，投入宁波至香港集装箱定期班轮，这是宁波港集装箱定期班轮的发端。此后，相继开辟宁波至日本、韩国等国际航线。1990年4月，首座集装箱码头——3.5万吨级国际第三代集装箱码头建成投用，当年全港集装箱吞吐量增至2.2万标准箱。随着集装箱专用深水泊位建成，以及现代化集装箱装卸设备投用，集装箱吞吐量获得较快增长。2000年，集装箱吞吐量达90.2万标准箱。进入21世纪以后，集装箱运输迅猛发展（被业界称为“宁波港速度”）。2001年，集装箱吞吐量首次突破100万标准箱。2005年12月10日，宁波口岸开通海铁联运业务。2008年，集装箱吞吐量首次突破1000万标准箱，达1084.6万标准箱，居大陆沿海港口第4位、世界港口第8位。2009年2月28日，首趟海铁联运集装箱班列开行，当年联运量1690标准箱。此后，线路扩展、班列增加，联运量快速增长。2010年，宁波港集装箱吞吐量达1300.4万标准箱，首次居中国大陆沿海港口第3位、世界港口第6位。2013年，海铁联运突破10万标准箱。2014年，集装箱吞吐量达1870万标准箱，跃居全国第3位、世界第5位。2015年，集装箱吞吐量达1982.4万标箱；2016年，突破2000万标准箱。2020年，海铁联运量突破100万标准箱。2022年，宁波港域集装箱吞吐量突破3000万标准箱，达3077.8万标准箱，海铁联运量达145.2万标准箱。2023年，分别增长到3230.2万标准箱、165.21万标准箱。

旅客运输　1862年3月，美商旗昌洋行创办上海轮船公司，首开甬沪航线客运，3个月后停航。1864年，江西轮、湖北轮率先开行甬沪线定期航船。1875年5月10日，中国招商局开辟甬沪航线定班客运，每月4航次。1880年，宁波开始统计客运人数，当年客运量12.6万人次。至1936年，宁波有定期客运航线11条，营运客船23艘，年客运量300万人次以上。1941年4月，日军侵占宁波，沿海客运仅有甬沪线在运行。抗日战争胜利后，各航线相继恢复。1961年，客运量达124万人次，为1950年以后首次超过100万人次。随着改革开放推进，沿海客（渡）运快速发展。1985年，沿海客运量首破200万人次，达283万人次。1990年，沿海客运量295万人次，仅次于上海、大连，居全国第3位；沿海渡运有53处渡口，渡运量274.7万人次。1995年，甬沪线年客运量135.89万人次，达到此航线历史最高峰。此后，由于陆上交通的快速发展，沿海客运业持续萎缩、低迷，宁波至温州、海门、香港等多条沿海客运航线陆续关闭停航。2001年，宁波至上海客运航线全部停航。由于大批汽车客渡船投入营运，宁波至舟山及市域内各岛的沿海渡运量一度增长，2009年达1248.22人次的历史最高峰。2010年，甬舟跨海大桥等连岛桥梁通车，沿海客（渡）运大幅衰减。当年，全市有10条沿海客运航线，客运量85万人次，渡运量137.07万人次。此后，海岛居民搬迁、沿海干线道路和三门口大桥的通车投用，保留的沿海客运航线转型为旅游航运，主要是沟通宁波至舟山各岛的水路客运及市域内陆岛间的水路客（渡）运航线。至2022年，宁波运营的沿海客（渡）运航线有22条航线，其中市际航线5条，客运量122.5万人次（含内河客运量）。

无水港　2002年3月，宁波港与金华市中宇货联运有限公司、金华金三角国有资产投资经营有限公司合资，在金华市金三角工业园区成立浙江金华甬金国际集装箱有限公司；5月，与绍兴市自来水有限公司和绍兴市排水管理有限公司合资，在绍兴袍江工业区成立绍兴市国际物流中心有限公司。2003年9月8日，浙东地区首个具有码头延伸功能的直通式内陆口岸——余姚东方国际物流有限公司暨余姚集装箱监管堆场正式成立并投入运营。2008年1月，在江西上饶成立物流公司。2009年2月3日，宁波市口岸协调委员会召开第七次全体会议，要求加强无水港“港口联盟”建设；9月4日，衢州通港国际物流中心开通运营；12月26日，江西上饶国际物流中心开业，这是宁波港在省外投入使用的第一个无水港。同年，在萧山国际物流中心、绍兴物流中心推行“重进重出”双重集装箱运输模式。此后，陆续在省内外建成一批无水港。至2014年，宁波港建成12个无水港（省内9个、省外3个）；至2021年底，发展至31个，成为宁波港开拓省内及周边甚至西南、西北腹地货源的“桥头堡”。

口岸开放

按照开放程度，口岸分为允许中国籍和外国籍人员、货物、物品和交通工具直接出入境的一类口岸，以及仅允许中国籍人员、货物、物品和交通工具直接出入境的二类口岸。宁波港域8个港区均为一类口岸，还有空港口岸宁波栎社国际机场、陆路口岸铁路宁波北站海关监管点。

海港口岸　1974年，宁波港开始筹备重新对外开放工作。按照1978年11月4日《国务院关于宁波港开放问题的批复》和1979年5月24日交通部《关于宁波港对外开放的函》，

1979年6月1日，宁波港重新对外开放，北航道及金塘、七里锚地同时开放；8月22日，首艘外轮——日本籍“湖山丸”号抵达宁波港，装载进口化肥3000吨。1981年9月11日，舟山海区虾峙门航道及相关锚地获国务院、中央军委批准对外开放。1993年3月22日，石浦国轮外贸运输装卸点获省政府批复同意对外开放，成为二类口岸；1997年12月17日，象山港黄避岙国轮外贸运输起运点获省政府批复同意对外开放，成为二类口岸。2002年10月17日，大榭港区获国务院批复同意对外开放，成为一类口岸；2003年8月28日，正式对外开放。2005年，《浙江省人民政府关于划定宁波港口岸开放范围的批复》确认宁波港口岸开放范围为：宁波市灵桥、新江桥以下甬江水域，大榭跨海大桥（后称大榭跨海大桥一桥）以北，镇海澥浦泥螺山与金塘岛太平山灯桩连线以南，金塘岛东南端宫山与大榭岛涂泥嘴灯桩连线以西水域及其岸线（不包括甬江和镇海的军用码头及其附近允许外籍船舶无害通过的水域）。2009年8月25日，省政府办公厅转发8月4日《海关总署关于同意浙江省港口口岸开放范围确认方案的复函》，确认2002年以前宁波港口岸已开放的52个码头泊位；确认至2008年底前，宁波港口岸已正式开放甬江港区（9个泊位）、镇海港区（20个泊位）、北仑港区（34个泊位，包括穿山港区的泊位）、大榭港区（11个泊位）4个港区，共74个码头泊位。2008年1月14日，国务院批复同意北仑港区四期集装箱码头3号至11号泊位对外国籍船舶开放（2011年8月15日对国际航行船舶正式开放）。2012年3月2日，国务院批复同意扩大开放梅山港区1号至5号泊位和北仑港区四期集装箱码头2号泊位（2015年1月13日对国际航行船舶正式开放）；2012年10月，穿山港区（北）获交通运输部批准可以临时进靠国际航行船舶；11月19日，国务院办公厅批复同意宁波梅山保税港区为汽车整车进口口岸，这是全国第七个整车进口沿海口岸。至此，宁波港成为国内级别最高、进口功能最全的口岸之一。2018年7月12日，穿山港区（北）4个码头8个泊位对国际航行船舶正式开放。2023年10月28日，国务院批复同意宁波港口岸扩大开放，增加穿山、象山港和石浦3个港区开放面积58.13平方千米，共增加9个泊位、1894米岸线对外开放。其中，象山港港区和石浦港区是首次获批对外开放。至此，宁波港域8个港区全部实现口岸对外开放。

航空口岸　1991年，宁波直达香港临时客运包机航线开通。1992年9月2日，国务院口岸领导小组办公室同意开放宁波航空口岸，宁波至香港临时客运包机航线转为正式航班。1993年，香港港龙航空公司加入宁波至香港航线，成为在宁波栎社机场营运的首家境外航空公司。1995年，国务院口岸领导小组办公室认为将宁波列入通航点并对外国籍飞机开放的条件尚不成熟，同意宁波航空口岸开通国际包机航线，且使用中国籍飞机飞行。1998年，宁波国际航空货运报关报验中心启用，宁波栎社机场开通国际航空货运业务，结束没有国际航空货运的历史。2005年4月1日，国务院同意宁波航空口岸扩大对外国籍飞机开放；9月，宁波栎社机场通过开放验收；11月，中国民航总局批复宁波栎社机场更名为宁波栎社国际机场（12月17日揭牌启用）。

铁路口岸　1999年6月，宁波铁路货运北站（江北大庆北路65号）海关监管点成立，随后开通宁波至满洲里、阿拉山口、二连浩特、霍尔果斯等陆路口岸的进出口货物铁路转关运输业务，改变宁波口岸无陆路通道的历史。2000年8月，宁波海关与上海海关合作，开通宁波至上海间进出口货物转关运输的海铁联运业务，实现口岸延伸。2014年8月28日，位于江北庄桥街道申明亭路的新宁波北站投用，这是华东三省一市（浙皖苏沪）规模最大、设备最完善的货运站；首次设计开行的宁波至中亚的国际集装箱班列，是畅通新丝绸之路的又一快速通道。

宁波海港口岸通关中心　1995年3月，宁波市政府决定口岸检查检验单位在北仑港区联合办公。5月1日，市口岸办公室和宁波海关、宁波边检、宁波港监、宁波卫检、宁波商检、宁波动植检6家查验单位抽调联合办公人员，在北仑港区开展口岸联合办公，实行24小时值班、12小时联合报关报检制度。1996年5月20日，北仑港区口岸联合办公新大楼启用，市口岸办和宁波海关等18家口岸查验及服务单位入驻，在全国港口率先实行“1年365天每天24小时服务1小时通关”（即“365–24–1”）制度。1997年3月，宁波海监局船勤业务进驻。至此，联合办公现场可以为企业提供全方位、多功能“一站式”窗口服务。2002年，市委、市政府决定在宁波港重要物流区域内设立集中报关报检场所，整合口岸查验、港口生产、运输服务等相关部门，提供“一站式”“一条龙”通关服务。2003年1月，市政府召开专题会议，明确宁波保税区商务大厦为“一站式”通关中心新址，定名“宁波海港口岸通关中心”。2004年10月，通关中心投入使用，北仑港口联合办公业务全部转至此中心，海关、检验检疫、港航、代理、报关、金融、理货等50多家单位进驻，实行企业、货主出口货物“5+2”（7天）工作制，进口货物双休日预约制和船勤“365–24–1”制度。

宁波空港口岸通关中心　1997年1月，市口岸办公室开始在宁波栎社机场筹建宁波国际航空货运报关报验中心；1998年12月，报关报验中心启用，国际航空货运业务同时开通，结束宁波航空口岸只有国际客运业务没有国际货运业务的历史。随后，市政府投资建设国际航空货运通关中心，1999年11月16日启用。2009年11月，宁波空港口岸通关中心（宁波栎社国际机场航空快件监管中心）奠基开工；2010年11月29日，试运行；

2011年11月1日，正式开通运营，并开通首条以国际快件业务为主的全货机航线——宁波至香港航线，报关报验中心担负的国际航空货运报关报验业务全部移至空港通关中心办理，为进出口快件提供集货、分拣和一次安检、一次称重、一次报关的高效便捷通关服务。

宁波国际航运服务中心 2004年9月，江东区百丈东路1130号一幢七层楼宇投用。一年多以后，温州、台州、舟山等地的10多家海洋运输类企业入驻，高峰时20余家，成为宁波市第一家特色楼宇——“海运港”。宁波国际货代和航运物流服务企业开始集聚。2006年，全市第一幢甲级写字楼——位于百丈路和彩虹路交界处的波特曼交付，世界最大船级社美国船级社等国际航运巨头入驻。此后，在以波特曼为中心的彩虹路沿线形成航运物流特色街，全球最大的10家航运物流企业、全球前20强班轮公司，近一半在此设立分支机构，一度创造宁波港约三分之一的集装箱吞吐量。2006年10月，为更好地发挥集聚效应，宁波国际航运服务中心一期工程开工建设（2008年12月开始试运行，2009年2月正式运行）；2009年9月，二期工程——宁波环球航运广场开工建设（2015年9月投用）。此中心位于宁波东部新城中心商务区，东临承源路，西靠江澄路，南靠惊驾路，北临宝华街。一期有口岸查验机构及近百家航运服务企业进驻，二期主要集聚国际著名港航、物流、贸易公司及其他关联企业（2016年4月26日宁波舟山港集团有限公司总部迁入），两者相呼应。航运中心是宁波口岸迈入“一门式通关”时代的标志，是航运及服务企业集聚的窗口平台。2012年9月18日，宁波航运交易所在航运中心开业运行。2013年9月7日，宁波航运交易所首次发布海上丝路指数之宁波出口集装箱运价指数，这是首个宁波航运经济指数。

口岸大通关 2001年，宁波市政府成立宁波口岸大通关协调领导小组及其办公室，开始实施口岸大通关建设，提高通关效率，引起国家相关部门重视。5月28—30日，市政府应海关总署、对外贸易经济合作部联合邀请，在珠海召开的全国第二次关贸协作会议上做典型发言，介绍口岸大通关建设经验。2004年1月，市政府、宁波海关、宁波出入境检验检疫局、宁波港集团和中国电子口岸数据中心宁波分中心共同出资，成立宁波波特国际物流信息有限公司（2005年更名宁波电子口岸物流信息有限公司）。2004年9月，宁波海关公共服务信息网与宁波港口EDI中心网完成两网合一，建立统一门户网站，启用宁波口岸物流信息平台，将原来分散在企业、海关、检验检疫和港务等单位的信息系统整合起来，实现“一次输入，多次使用；一个窗口，全面查询；一套系统，分类服务；一次修改，全线更换；一次交费，全程通关”。10月，海关总署、市政府签署《关于建设宁波电子口岸的合作备忘录》。2005年11月，全国地方电子口岸建设现场会在宁波召开，宁波电子口岸建设“起步晚、周期短、投资少、见效快”的做法得到会议的高度评价和充分肯定。2006年9月1日，“属地申报，口岸验放”模式在上海、宁波等10个城市推行；2007年5月，长三角区域大通关建设协作机制形成。2012年，在全国率先启动通关作业无纸化改革。2015年9月1日，宁波国际贸易“单一窗口”发布，这是宁波电子口岸平台的升级版，共设置8个板块，有300多项功能；2018年，宁波国际贸易“单一窗口”标准版试点在全国率先取得突破，次年8月正式上线。此后，宁波市不断完善国际物流信息平台，国家口岸职能或管理部门可以通过该平台进行跨部门、跨行业联网及时核查数据，企业可以在网上便捷地办理各种进出口通关业务。2021年6月，开始施行《宁波市口岸管理和服务实施细则》，这是宁波市首部全面性、系统化的口岸管理和服务领域行政规范性文件。

海　关

市舶司　公元989年，宋太宗诏设两浙市舶司于杭州，管理港口出入。992年，两浙市舶司由杭州迁至定海县（今镇海），旋迁至明州，993年又迁回杭州。999年，明州、杭州各置市舶司（后改称市舶提举司，北宋时期曾两度短暂撤销），下设市舶务。1080年，改签证放行发舶地为广州、明州两港，限明州港为发舶去日本、高丽特定港口。1085年，令杭州、明州、广州三港签证“发过南海船舶”。1132年，降明州市舶司为市舶务。1166年，撤销杭州市舶司，保留明州市舶务，驻原北宋明州市舶务旧址（今海曙又新街一带）。元沿宋制，于1277年设立庆元路市舶司，1304年撤销，1308年恢复并改名庆元路市舶提举司，1312年又撤。1314年复置，并禁止商船出海外贸易。1320年撤销，1322年又立，隶属于江浙等处行中书省。1370年，明政府于明州府设市舶提举司，1374年撤销。1403年，因对日本实行勘合贸易，设立宁波市舶司；1523年，因“争贡事件”撤销。1560年复置，1565年又罢。1596年，重设市舶提举司。

浙海关　清初，实行海禁，直至1684年颁布“展海令”，允许开展海上贸易。1685年，改明代浙海钞关为浙海关。1695年，设置浙海关署于府治南（今中山西路鼓楼东侧）；1763年，迁至江东木行路（今江东北路常关弄一带），因商船往来均在此验税，俗称“税关”。1861年，税务司设于江北岸，征收国际贸易税，以关税抵付赔款和外债，名义归海关道（又称海关监督，由宁绍台道道员兼领），实则海关监督形同虚设。税务司及其下设的理船厅（1901年设立，后改名港务长），皆由外国人负责，并不断扩大管辖范围。自此，海关行政、税收权落入外国人之手，遂称江东木行路的浙海关为“常关”，江北岸的税务司浙海关为“新关”（习称“洋关”）。“常关”只能管理距宁波50里外的小关口，如石浦、江下埠等，凡征收国际贸易之税以及国内大宗货物税，都归洋关办理。1861年12月9日，太平军进驻宁波城，驱逐海关监督、税务司，在原清浙海关署设“天宁关”；1862年5月10日，太平军撤离，恢复旧制。1911年11月5日，宁波光复，军政分府成立，都督兼海关监督。1912年，实行《总税务司代收关税代付债款办法》；同年6月，浙海关监督署在清浙海关署内成立，设海关监督1人，由中华民国大总统委派。1937年9月30日，浙海关监督署被裁，留监督1人；次年2月28日，监督亦裁，海关事务全归税务司浙海关掌管。1941年4月宁波沦陷后，日军霸占浙海关，于1943年5月成立“海关转口税宁波征收所”。1945年9月25日，国民政府接收日伪“海关转口税宁波征收所”，恢复浙海关，关署设在江东“常关”。1947年3月31日，浙海关迁至新址（江北岸外马路66号）。1948年9月1日，浙海关改为上海江海关宁波分关。

宁波海关　1949年5月25日，宁波市军事管制委员会接管江海关宁波分关。1950年2月下旬，由行政接管。3月，更名中华人民共和国上海海关宁波分关。12月，改组为上海海关宁波支关。1951年12月，海关总署下令裁撤宁波支关。1975年11月，宁波地区革命委员会批准成立宁波海关筹建处，隶属于宁波地区对外贸易局。1978年9月，国务院批准成立中华人民共和国宁波海关。1980年2月，宁波海关划归海关总署直接领导，机构规格为正处级。1985年2月，划归杭州海关领导。1994年11月，调整为海关总署直属机构，为副厅局级。2002年4月，国务院同意升格为正厅局级。1975年1月，中华人民共和国杭州商品检验局宁波商品检验处成立（1985年11月更名宁波进出口商品检验局），隶属于宁波地区对外贸易局（1995年12月直属于国家商检局）。1978年7月，国务院同意建立中华人民共和国宁波卫生检疫所（1989年1月由卫生部卫生检疫总所领导，1990年12月加挂中华人民共和国宁波进口食品卫生监督检验所牌子）。1978年9月，镇海港口动植物检疫所成立（1979年6月更名宁波动植物检疫所，1992年4月更名宁波动植物检疫局）。1999年7月，宁波进出口商品检验局、宁波卫生检疫局、宁波动植物检疫局合并组建中华人民共和国宁波出入境检验检疫局，机构规格为副厅局级，实行以国家检验检疫局领导为主的垂直领导体制。2002年11月，升格为国家质量监督检验检疫总局正厅局级直属局。2018年4月，宁波出入境检验检疫局的出入境检验检疫职责和队伍划入宁波海关。

海关监管　宋代，民间船舶持市舶司签发的“公凭”，可运货至海外贸易。元代“公凭”制度与宋代稍异，商人先申请“公据”，在海外购买货物，详细填写在“公据”附页内，作为回国后纳税的依据。明初至嘉靖年间，只准朝贡贸易，实行定期、定船数、定人数的“勘合”制度。清康熙年间，开放海禁，凡商船从闽粤等地载货进口，须委托进口地牙行代为申报。1861年，税务司浙海关（洋关）建立后，对进出口货物实施监管及申报制度，凡商船呈报进口货单，须自备报单。1900年，对转关零星货物开始实施“红箱”制度（特殊标记，进关无须再缴税费）。1931年，实行领事签证货单制度。1938年，执行“特种许可证”验放制度。1946年11月，实行许可证验放制度。解放初期，海关监管业务甚少。1979年6月，宁波港重新对外开放，宁波海关主要监管海运进出口货物、转关或转运铁路陆运进出口货物。1980年1月1日，开始实施进出口货物报关单制度。1984年5月，宁波成为进一步对外开放的沿海港口城市，监管业务扩大到来料加工、来件装配、来样加工、补偿贸易、租赁贸易、中外合资、中外合作、技术改造等方式的进出口业务。1986—1989年，开始实行出口货物分类验收制度，选派海关义务监管员，直接参与重点建设工程项目货物进口验放手续。1990年以后，陆续推行通关“一条龙”“口岸直通车”“智能查验”等通关模式，实现出口货物当天报关、当天查验完毕、当天放行和“365天24小时”通关。

征收关税　公元999年，明州市舶司对舶货抽解（即征税）十分之一、博买（官价收买）十分之三，实际抽解十五分之一、五分之一不等。南宋初，依北宋旧法。1144年，改抽十分之四。1147年，市舶务上疏抽解太重，致使舶货减少。后予以调整，降低抽分，取消博买，不分货物粗细优润，统一抽解。此后，入港商船增多。元初，细色十抽一、粗色十五抽一，后略有升降变化，未实行博买。1280年以后，加征船舶税三十抽一，定“双抽”“单抽”制，即蕃货抽分（抽解）率两倍于土货。1314年，重订市舶管理条例，抽分率提高一倍。1567年，明朝开放“海禁”，对国内出洋商船征税办法有：引税，领“引票”时依船只征收；水饷，按船只大小征收船税；陆饷，按进口货物多寡、价值征收货物税；加增饷，去吕宋的商船回港，每船征收银150两，1590年减为120两。对外国商船入港、离港征税办法有：抽分，即抽解十分之二或十分之三货物；水饷，按船只阔狭征收船税；陆饷，依货物多寡、价值征收。明代税率较高，中国商船征25%左右，外国商船45%，分别高于元代13%、25%。1685年，浙海关（常关）成立，向往来商船征收关税。1757年，禁止西方商船入港，对国内商船征收船钞（船税，亦称梁头税）、货税（正税）、规例（附加杂税）。船税按船梁头尺寸征收；货税按所载货物总值征收

（初时，国货税率4.6%、洋货14%～16%）；规例（附加杂税）名目繁多，有放关入口税、放关出口税、签押人员规银等，实征税则远远超过规定税则，附加杂税极重。鸦片战争后，《南京条约·协定关税》规定，征收英国商品进出口税率，须与英国商定。《五口通商章程》规定“值百抽五”。1861年以后，新定转口贸易纳税办法、子口贸易税法，规定外商进口米谷免税，外商贩运中国土产贸易于沿海，出口港纳出口正税（5%），进口港纳半税（2.5%）；子口税即洋货输入内地，一次纳税2.5%。太平天国建立“天宁关”后，征收商税较轻，如当时棉花税率0.5%左右，即按1860年涨价前9元一包计，税率仅1%余。1862年以后，对出口国外的土货，优待以子口税，较内地转运税负轻；对进口洋布等洋货优惠以子口税，其通商口岸价格与内地相差无几，有利于外商倾销附加价值较高的工业品。1951年，因闭关，征收关税中断。1978年9月，重建宁波海关，仅计征国际航行船舶服务人员携带进口行李物品关税。1980年1月1日起，计征国营外贸公司进口货物关税、代征工商税、外籍国际航行船舶吨税。1982年以后，计征34种出口商品关税。1983年1月1日，开征台湾地区进口货物调节税。1984年11月，取消原海关代征工商税，改征产品、增值税。1985年5月1日，代交通部征收进口车辆购置附加费；7月16日，开征若干国家控制商品进口调节税。1985年4月1日起，执行出口退税政策。1986年10月1日起，船舶吨税划归交通部管理，改为海关代征交库。1989年，可批准1万元以下滞纳金的减免（2001年取消）。1990年以后，主要征收税种包括货物进口关税、货物出口关税、关税附加税、行邮物品税，以从价税为主，少数商品依据其商品属性采用其他征收方式。自1993年1月1日起，取消集中纳税制度，所有进出口货物均在口岸纳税。2002年，开始推广网上支付的纳税方式。2003年，开始由职能部门指定专人维护税率，确保计税的准确性。2007年，与银行合作推出网上支付税费担保业务。2015年，开始推行“集中汇总征税”。此后，推出关税保证保险，探索企业集团财务公司担保，实行以企业为单元的税款担保改革，降低外贸企业获得担保的准入资格。2021年，落实属地纳税人管理制度，建立企业纳税信用底账，划分出高、中、低3个等级的纳税遵从度，按照“一企一策”原则，予以服务引导和风险防控。

查缉走私　走私屡禁不绝。1017年，大食国（今阿拉伯国家）商人麻思利，企图以进贡为名输入珍珠，逃避明州市舶司的抽解。明嘉靖年间，沿海走私贸易猖獗。国外以日本人为主，兼有葡萄牙、暹罗（泰国）、彭亨（今马来西亚彭亨州）等国的商人，国内以浙江、安徽的海商为主，相互勾结，形成多种武装走私集团，以宁波口外的双屿港（在今六横岛与佛渡岛之间）等海岛为根据地。1548年，浙江巡抚朱纨发兵捣毁双屿港走私基地，走私贸易减少。1821年以后，鸦片走私扩大，1830年以后愈演愈烈。宁波是英国鸦片走私重要地点，鸦片战争前后，宁波港鸦片走私约占全国总量的十分之一。1861年税务司浙海关（洋关）开设后，沿海口岸查缉走私由“常关”各分关、分卡负责。1935年“海清”“海绥”2艘大型巡缉舰在浙海关服役后，宁波海上走私开始大幅减少。1939年、1940年，宁波转运贸易畸形发展，偷运、走私尤其严重。1939年海关缉获私货价值法币62.9万元，1940年为18.23万元，实际走私额要多得多。1949年宁波解放后，海运未恢复正常，只有零星走私活动。1979年宁波港重新对外开放后，一度出现规模较大的以境内外差价大商品为主的走私潮。1992年宁波至香港空中航线开辟以后，旅客携带印刷品、音像制品及其他走私货物现象时有发生。此后，重点涉税商品走私和行业性走私日渐增多:“洋垃圾”，野生动物，假冒伪劣疫情防控物资，象牙等濒危物种，成品油等重点涉税商品，粮食、冻品、食糖等农产品，涉枪涉毒物品，资源性产品，骗退税等走私现象和行为屡屡出现。为此，宁波海关不断加强缉私力量，添置缉私装备，在陆上、海上、行邮、贸易等渠道加强查缉。1995年建成浙江省规模最大的缉私基地——镇海缉私基地，1999年成立走私犯罪侦查分局（2001年改称走私犯罪侦查局，2003年改称缉私局），开展“春潮”“海马”“鳄鱼”“国门利剑”“蓝天”“护卫”等缉私专项（系列）和集中行动，侦破一批在全国有影响的大案要案，快速、有效地遏制走私势头。

检验检疫　1894年，浙海关开始办理检疫事务。1979年，宁波港重新对外开放，开始推行联合检查制。联检单位联合登轮或卫生检疫所先登轮检疫，遇到染疫或染疫嫌疑船舶，由卫生检疫所单独检疫。1980年5月，首次检疫进口动植物——美国水貂105只；8月，首次检疫出口动植物——獭兔皮、速冻蔬菜。1982年7月，首次检验进口食品——巴拿马籍货轮运载的5000吨泰国原糖。1983年4月，实施交通工具、口岸范围饮水饮食从业人员一年一次体检、签发健康证制度。1985年，开始实施部分出入境人员体检制度，签发国际旅游健康证。1986年5月，港务局、卫生检疫所开始联合创建无鼠害港；1987年12月，通过国家级无鼠害港鉴定。1988年初，开始创建卫生港；1990年11月，交通部、卫生部授予国家卫生港称号。随着改革开放和经济建设的推进，特别是2000年1月1日商品检验、动植物检疫、卫生检疫等“三检”业务开始全面融合后，出入境检验检疫数量快速增长、范围不断扩大。全年检验检疫出入境货物12.6万批，货值84.9亿美元，分别比1999年增长72.7%、89.8%。此后，不断改进检验检疫技术和设施，建立以电子监管为核心的电子检验检疫体系，率先构建进出口企业信用管理体系、实施“进口全申报、出口全备案”制度和出口食品农产品风险动态管理等。其间，还推行各类国际认证，帮扶企业增强国际市场竞争力；创建国际卫生港，增强口岸卫生安全保障能力。首先是大榭港区于2008年底率先启动国际卫生港创建工作，并于2011年3月通过世界卫生组织的实地测评，成为浙江省首个、全国第五个国际卫生港。2012年12月，宁波在国内首次提出并启动“全港创卫”目标；至2016年11月，宁波所有对外开放的海港和空港口岸全部成功创建国际卫生港，宁波成为全国首个“全港创卫示范城市”。

海　事

1931年11月，宁波航政办事处设于镇海，隶属于交通部上海航政局。1941年4月日军侵占前夕，撤至海门（今属台州市椒江区），与海门办事处合署办公，改为交通部直辖宁波航政办事处。宁波沦陷后，先后由日本海军特务部、汪伪建设部上海航政局办理船舶登记、税务。1945年9月抗日战争胜利后，宁波航政办事处恢复；10月，改名交通部上海航政局宁波办事处。1949年6月26日，宁波市军事管制委员会接管航政办事处；7月28日，改名市军事管制委员会财政部交通处航政办事处；12月24日，转为浙江省航务管理局宁波办事处。1951年12月28日，因上海海关宁波支关撤销，兼理原海关海事处（原理船厅）航政事务。1953年1月1日，与华东区海运管理局宁波分局合并，成立上海区港务局宁波港务分局；6月22日，改名上海区港务管理局宁波分局；12月1日，分局内设港务监督室，对外称中华人民共和国宁波港港务监督；1962年1月1日起，改称中华人民共和国宁波港务监督。1987年10月4日，与海岸电台一同析出，成立交通部宁波海上安全监督局，保留港务监督名称。1988年10月，镇海航标区划入。2001年2月8日，在港务监督基础上，中华人民共和国宁波海事局挂牌成立，隶属于浙江海事局，为副厅局级，管辖宁波市沿海及内河通航水域、虾峙门航道及相关锚地等水域。

通航管理　1869年初，税务司浙海关（洋关）制定《宁波口引水专章》，由外国人充当引水员，引水区域以镇海口外向东至东寨为限，向南至东池山为限，向北至乌龟头为限。1914年第一次世界大战爆发后，外籍引水员常酗酒滋事，导致撞船搁浅，货损严重。1919年，开始选用中国人担任引水员（1976年改名引航员）、港务长。至1990年，有引航员13人，引航线路2条——宁波至七里峙、北仑至虾峙。1994年11月6日，25万吨级矿砂船“易坚”轮首次经虾峙门试靠北仑港区，派出“东海巡12”船全程护航，开始对超大型船舶实施强制护航制度。1995年5月1日，北仑交管站船舶交通服务（VTS）系统投入试运行。1996年5月7日，宁波港务局轮驳公司为“金海藤”船实施液货过驳作业，领到宁波港第一张液货过驳许可证。2002年12月16日，宁波船舶交通管理系统对外启用，覆盖范围为北起大鹏山、南至虾峙门口外南北锚地，长约42海里的水域。2007年3月9日，客运船舶开航前复诵制度开始推行。2008年，浙江沿海VHF（甚高频）安全通信系统（宁波）建成投用。2010年12月，DSC（船舶数字选择性呼叫）系统完成改造，大幅提升船舶实时监控覆盖率和遇险报警成功率。2012年8月3日，交通运输部明确宁波的10个引航员登、离轮水域。宁波海事局每年均制定年度巡航工作计划，对重点水域、船舶、时段及航道、锚地、施工现场、桥区、通航密集区等进行重点巡航，每年引航近3万艘次。

危管防污　1993年3月1日，开始对靠泊宁波港作业的油轮逐步实施布放围油栏的强制措施，强化宁波港水上防污染管理。1996年6月14日，“大庆767”轮与在北仑水域抛锚的“甬油一号”轮相撞，造成溢油5吨的污染事故。事发后，海事部门组织应急反应行动，成功清除海面溢油。此后，针对突出问题多次开展水上危险化学品运输专项整治行动。2006年4月1日，对辖区内从事船舶油料供受的船舶实施信用分级监管制度。2008年4月24日，开始实施危险货物申报、集装箱装箱单位诚信管理制度。2010年6月18日，超大型油轮“NEW PROSPECT”轮（载重吨297934吨）在拖轮“甬港消拖3”护航下通过虾峙门航道，正式实施虾峙门航道超大型油轮拖轮护航制度。2013年，将易流态化固体散装货物纳入危防管理范围，完善宁波港“码头代表制度”“码头巡视制度”“船岸安全检查表制度”和取样、检测等相关制度。2016年4月1日，率先实施长三角水域船舶排放控制区减排制度，船舶靠岸停泊期间（靠港后、离港前1小时除外）须使用含硫量低于0.5%的燃油。2017年12月，开始实施宁波舟山港船舶供受油、清舱作业监管一体化试点。2018年10月1日，将排放控制区减排要求，升级为进入排放控制区即实施排放控制措施。

船舶管理　旧时，船舶进出港由市舶司、海关办理。1931年，改由宁波航政办事处办理。解放后，省航务局宁波办事处接管船舶进出港签证；1953年，改由港务监督办理。1958年8月至1960年1月，沿海船舶进出港签证制度废除；1958年8月至1961年9月，内河船舶进出港手续废除；1966年11月至1969年11月，国内船舶进出港签证制度再次废止。1976年5月，水产部门办理渔业船舶进出港签证。1979年以后，外籍船舶及中国籍国际航线船舶入港，由港务监督办理进口批准手续；8月22日，首次办理巴拿马籍鲜货运载5号轮进口联检手续。1990年7月14日，开始对外国籍船舶进行安全检查，首次检查英国籍3万吨级“蒙太里克”轮。1996年11月，获准登记宁波辖区的国内航行船舶和整

个浙江辖区的国际航线船舶；2001年6月，获准登记国内航行船舶，受理国际船舶登记。2001年6月28日，根据授权开始审核、确认船舶的所有权、国籍等，颁发国籍证书或船舶登记证书或船舶执照。2004年8月，开始实施船舶分级监管，加强对“重点跟踪船舶”和C级信用船舶的监管力度。2008年5月20日，在辖区范围内全面推行客运船舶航行过程动态监控。2019年，实施“红黄牌”船舶监管机制，加强诚信分级管理。2020年以后，受新型冠状病毒肺炎疫情影响，宁波港域港口国监督（PSC）现场登轮检查不得不按下暂停键（2023年恢复），于是首创“港口国监督远程跟踪检查”，提出“临开不查”等举措。2021年，推出港口国监督远程复查机制，通过可视化软件以不登轮方式实施港口国监督。2022年，宁波海事主导的“港口国监督远程跟踪检查”升格为亚太地区永久性机制。

海难救助 宁波及周边海区状况比较复杂，时有海难发生，其中不乏重大海难。1948年12月3日，航行于沪甬线的“江亚”轮在吴淞口白龙港洋面爆炸沉没，致使2000多人遇难，其中宁波籍罹难者979人。1985年12月30日，日本籍“臼杵先锋”轮撞损北仑10万吨级码头引桥，致使生产停顿。1986年4月1日，2艘航船在甬江清水浦水域发生碰撞，导致1船沉没、3人死亡。1987年10月，宁波海上安全监督局成立，负责辖区内的海难救助、搜索工作。2002年9月，浙江省宁波市海上搜救中心成立（办公室设在宁波海事局），负责组织、协调和指挥宁波市沿海水域海难事故的搜寻救助、防抗台风和船舶大面积污染海域应急反应等工作，全面整合海事、渔政、海警及救助、港口等单位力量，不断健全专业力量和社会力量相结合、多部门参加、全社会参与的高效应急反应机制。2003年1月29日，宁波海事局开通12395水上搜救电话。此后，推动构建“商渔共治”多元治理新体系，推动象山县石浦镇组建全国首个实体运行的商渔船“联管中心”，常态化开展涉海单位联合值班、联合执法等工作；在全国率先划定“三纵六横”公共航路，引导沿海商船使用公共航路航行，常态化干预处置渔船碍航行为；发挥浙江海上智控平台智慧手段作用，拓展无人机沿海应用场景，建立覆盖巡航检查、违章查处、应急处置的无人机应用“全链条”机制，对船舶典型违法违章、渔船碍航等行为24小时自主监控；常态化组织开展商渔船船长“互登轮”“面对面”等活动，推动“宁波沿海大型商船商渔安全自律联盟”成立，建立渔民讲堂、客渡船学院等安全教育阵地；加大商渔船违法违章行为联合处置力度，针对交通肇事、危险作业等涉嫌刑事犯罪行为强化实质性惩戒措施，实现水上交通安全形势持续稳定向好。2021—2023年，宁波沿海等级以上商渔事故数和死亡失踪人数较前3年分别下降62.5%和84.2%。

边防检查

1951年2月，中华人民共和国宁波边防检查站（简称边检站）成立，为乙级边检站，隶属于浙江省公安厅镇海海防分局，当年仅少数华侨、港澳台胞入出境，共25人。1952年，口岸封闭，边检站整编撤销。1978年12月8日，重组边检站，为国家一类海港边检站，是浙江省成立最早的边检站之一，隶属于省公安厅；1980年3月，划归武警浙江省边防总队领导。检查区域：宁波港三港区码头、浙江炼油厂、北仑港电厂码头的38个泊位，以及七里峙、金塘、马峙、虾峙4个锚地。1981年以前，兼理舟山地区边防检查。

随着新建港区和航空口岸的对外开放，省武警总队陆续增设5个边检站，加强出入境运输工具、人员货物检查和边境秩序维护等工作。1992年7月6日，国务院批复同意开放宁波航空口岸，设立边防检查站；12月28日，宁波机场边防检查站挂牌成立，正团级建制，主要担负机场口岸的边防检查任务。1995年11月，北仑边防检查站成立，正团级建制；1997年5月1日起，正式对外独立行使边防检查权，为一类边检站，主要担负宁波甬江口以东北仑区域的边防检查任务，而宁波边检站主要承担甬江港区、镇海港区、象山港区和金塘、七里锚地的边防检查任务。2002年10月17日，国务院批复同意宁波港口岸大榭港区对外开放，同意设立边检机构；2003年12月18日，大榭边防检查站成立，正团级建制。2008年1月14日，国务院批复同意宁波港口岸北仑港区四期集装箱码头对外开放，增加边检（现役）人员编制；2009年11月17日，穿山边防检查站成立，正团级建制。面对日渐复杂的形势，各边检站不断完善边检勤务机制，开展"敌社情"大排查，协同地方侦办违法违规案件，维护出入境秩序和国门口岸安全稳定。海港口岸边检站还将警力前移，直接在港区码头设置集执勤、生活于一体的办公点，联合海警开展打击海上走私综合治理等专项行动。

2019年，按照机构改革要求，宁波各边防检查站成建制划归公安机关领导，成立出入境边防检查站，边防人员集体退出解放军现役军籍，转为人民警察。2022年6月，原宁波、北仑、大榭、穿山、梅山边防检查站"五站合一"，成立宁波出入境边防检查站，负责宁波全域海港口岸镇海、北仑、大榭、穿山、梅山、象山片区的边防检查任务，以及码头岸线、海上开放锚地、台轮停泊点出入境（港）船舶的监管任务。在此前后，海港口岸边检站组建全国首支"海空一体"海上监管队，运用锚地预警管控系统、无人机和直升机巡航、执法船艇巡逻等手段，开展"净海"等专项行动，依法打击国际航行船舶口岸违法违规行为；与宁波市公安局开展战略协作，构建集约化、专业化、精细化、数字化移民边检治理体系；为国际航行船舶“一次性”办结出入境手续和“移泊免办”船舶手续，开通“大宗商品、整车出口、鲜活产品”绿色通道，助推宁波口岸提升出口通关效率。机场边检站实施警务协同作战，规范空港口岸出入境流程和航班出入境手续办理，保障生鲜、水果、国际快件、跨境电商货物等国际货物在宁波空港口岸进出港。2022年，宁波出入境边防检查站共查验出入境（港）船舶23012艘次，人员498253人次，查办违法违规案件42起；宁波机场出入境边防检查站查验出入境航班约240架次，人员近1.1万人次。

卷七 经济总情

发展概略

早在8000年前，井头山、河姆渡人已创造史前的原始经济。至商周时期，原始经济开始向传统经济过渡。秦汉以后，宁波长期处于边远地区，经济社会发展缓慢。海人（舟山一带岛民）常持货于鄮山（今鄞州阿育王寺后面）交易，故设治所于此的县称作“鄮县”。汉晋时期，宁波经济渐有开拓，青瓷业开始出现。唐代，浙东运河沟通，海运发展，明州成为中国对外交通贸易的主要港口之一；造船业、青瓷业较为发达。北宋，明州设有市舶司，成为全国造船中心之一；农业麦稻两熟、双季稻已在部分地区推广，城西广德湖灌溉区的水稻亩产量达到全国高产水平，吴绫、交梭绫、余姚小江布、奉化丝织品、象山苎布、鄞西草席、城西双鱼、十洲春酒等农副产品较为著名；东门口至西门口一带成为米行、竹行、棉花行等行业化贸易场地，城厢有大市、中市、后市、大庙前市、三角头市、贯桥市等集市。1168年，城区有纳税户5321户，约占总户数的5.4%。元代，广东、福建、山东、江苏、安徽等地到庆元经商者日渐增多，形成“北号”“南号”商人船帮组织。1552年以后，因倭患袭扰，海禁日益严厉，经济贸易急剧萎缩。清初，实行海禁和“迁界令”，海上商旅不通；直至1683年，废除海禁，经济恢复发展。嗣后，城厢有南北货批发商号20余家，拥有100余艘商船、1000余艘运输船；宁波成为国内较大的药材交易市场之一，药行、药号资本总额超过500万两白银。

1844年“五口通商”后，英、法、美、德、日等国在宁波开办洋行，掠夺资源，倾销鸦片和洋货，地方手工业遭到严重摧毁。1887年，宁波第一家近代工厂通久源轧花厂成立，迈出宁波近代民族工业第一步。第一次世界大战期间，欧美国家忙于战争，舶来品减少，近代民族工业趁机得到发展。到1921年末，宁波共有39家近代工厂，资本约230

万银圆，工人5000余人。战争结束后，特别是1929年资本主义世界经济大危机爆发，列强势力重新大举入侵，民族工商业萎靡不振，粮食长期不能自给。1937年抗日战争全面爆发，宁波尚未沦陷时，因与上海租界航路仍然畅通，于是内地客商云集宁波采购货物，宁波成为川、鄂、湘、赣、粤等省物资转运口岸，商业一度畸形繁荣。1941年4月宁波沦陷后，备受日军掠夺摧残，经济一蹶不振，市场萧条。抗日战争胜利后，由于内战和恶性通货膨胀，民族工业在极其艰难的道路上挣扎，国民经济衰微。1949年，宁波地区生产总值仅2.16亿元，人均86元；工农业总产值4.25亿元，其中工业总产值1.01亿元，农业总产值3.24亿元。

解放后，中国共产党领导人民迅速医治战争创伤，在没收官僚资本和汉奸、恶霸的资产、股权后，创办国营企业，组织小手工业者和失业工人创办集体小工业，初步构建公有制经济；帮助私营工商企业克服困难、恢复生产；扶持农民生产自救，完成土地改革和民主改革，调动工农群众生产积极性。1953年以后，实施国民经济第一个五年计划（即“一五”计划），启动社会主义改造和社会主义工业化，实行粮、棉、油等商品统购统销政策，创办首批社队企业，成立供销社、信用社等合作经济组织，初步奠定社会主义经济基础，建立起高度集中的计划调节经济体制，国民经济快速发展。1958年，开始实施“二五”计划，由于违背客观经济规律、急于求成，掀起“人民公社化”“大炼钢铁”等“大跃进”浪潮，出现高指标、瞎指挥、浮夸风和“共产风”，加上自然灾害，国民经济比例严重失调。1961年以后，贯彻“调整、巩固、充实、提高”八字方针和“农业六十条”“工业七十条”；控制城镇人口，压缩商品粮供应人口；调整农业内部结构和农轻重经济比例，整顿企业管理，调整产品方向和生产规模，稳定市场物价，加强农业、轻工业和手工业生产。至1965年，宁波国民经济基本恢复正常。1966年以后，实施“三五”计划，但“文化大革命”开始后，城镇工商业遭到严重干扰，社队企业趁势快速发展。直至1969年，国民经济开始恢复性增长。但是为尽快恢复和发展国民经济，不切实际地开展“以夺煤大会战”“粮食平均亩产超千斤”为中心的工农“跃进”，导致经济发展困难。1971年以后，实施“四五”计划，一度为建立“小而全”的经济体系，盲目发展、重复建设。随着中美关系逐渐缓和，宁波进入国家重点项目投资视野，镇海港区、浙江炼油厂、镇海发电厂和镇海清水浦渔业基地“四项工程”落户宁波，为宁波经济腾飞奠定基础。1976年以后，实施“五五”计划，因指导思想尚未完全摆脱“左”的影响，头两年经济发展不明显。

1978年12月中共十一届三中全会以后，宁波开始实施一系列经济体制改革。宁波市区和宁波港正式对外开放，国民经济得到较快恢复和发展，社队企业工业产值超过全区农业总产值。1980年，中共宁波市第五次代表大会提出建设现代化港口城市、全省工业基地和外贸出口基地的目标，“以港兴市”战略开始萌芽。1981年以后，实施国民经济和社会发展“六五”计划，贯彻中共中央“对内搞活经济，对外实行开放”方针，全面推行家庭联产承包责任制，实施城市经济体制综合改革，跻身进一步对外开放的十四个沿海港口城市，国民经济和社会发展呈现开拓、发展的局面，宁波成为全国工业明星城市。1986年以后，实施“七五”计划，入选国家重点投资地区，获准成为计划单列市，获得相当于省一级的经济管理权限，实现区（县、市）全部对外开放，推动经济发展由计划调节向市场调节转变，国民经济和社会发展成就显著。1991年以后，实施“八五”计划，提出“以港兴市、以市促港”战略，实施全国新一轮综合配套改革试点，改革乡镇企业产权制度，鼓励支持发展个体私营经济，对国有、城镇集体企业实施现代企业制度和股份制改造、“抓大放小”和优化资本结构等改革，“宁波速度”开始闪耀全国。1996年以后，实施“九五”计划，基本完成国有企业产权制度和劳动关系制度、乡镇企业和城镇集体企业产权制度改革，完成首轮行政审批制度改革等，形成投资、贸易、消费三驾马车协调发展局面，成功应对“九五”后期亚洲金融危机，实现低通胀的连续高增长，基本完成世纪大跨越。2001年以后，实施“十五”计划，抓住中国加入世界贸易组织契机，战胜“非典”疫情、资源要素紧缺等挑战，进一步优化农业结构，加快建设先进制造业基地，稳步提升服务业发展水平，继续保持较快的经济增长，5个县（市）全部进入全国百强县行列，2005年城市综合竞争力跻身全国十强。2006年以后，实施“十一五”规划，加快调整经济结构，建设具有宁波特色的临港产业体系，发展现代服务业，实施创新城市建设，成功应对国际金融危机，经济社会发展协调性进一步增强，迈入城乡全面融合发展阶段。

2011年以后，实施“十二五”规划，全面深化改革，持续加大稳增长、调结构、转方式、惠民生力度，加强与国内外城市合作，完成国家创新型城市试点和跨境电子商务试点，获评“中国最具投资吸引力城市”，开创经济高质量发展新局面，2015年地区生产总值（GDP）居全国城市第15位，人均生产总值超过10万元人民币，迈入高收入地区行列。2016年以后，实施“十三五”规划，持续推进创新驱动、港口名城建设、城乡融合发展、绿色发展，实现经济发展提质进位，地区生产总值于2017年跻身全国城市第13位，2019年晋升第12位。“十三五”末期，统筹新型冠状病毒肺炎疫情防控和经济社会发展“两手硬两战赢”，如期实现高水平全面建成小康社会。2021年以后，实施“十四五”规划，战胜“新冠”疫情反复的挑战，有效统筹发展和安全，实施发展动能转换、城市能级提升、竞争优势重塑，综合实力稳步上升，产业升级取得新突破，改革创新开辟新境界，双向开放呈现新格局，城乡融合展现新风貌，共同富裕迈出新步伐。2024年，宁波地区生产总值晋升至全国城市第11位。

经济规模

地区生产总值　1949年，宁波市地区生产总值2.16亿元。此后，经济发展曲折，地区生产总值增长时急时缓，甚至一度倒退。到1978年，增长至20.17亿元，较1949年增长8.34倍。1980年，增长到29.53亿元。1981—1983年，国民生产总值名义年均增速13.5%。1985年，开始建立生产总值核算制度，当年达到71.05亿元。至1990年，增长到141.40亿元。“八五”时期，全市经济总量迅速扩张，至1995年高速增长到602.65亿元。“九五”时期，受亚洲金融危机影响，国民经济一度增长放缓，个别季度下滑，但总体仍向上发展。2000年，全市地区生产总值增至1144.57亿元。“十五”时期，地区生产总值持续快速增长，2005年达2462.09亿元，2010年增至5264.70亿元，2015年为8295.35亿元。“十三五”时期，全市经济发展提质进位。2017年，地区生产总值突破1万亿元，达10146.55亿元，列万亿城市第13位。2019年，实施生产总值统一核算，各地的国内生产总值改称地区生产总值。当年，地区生产总值12035.11亿元，居全国城市第12位；2020年，达到12599.22亿元；2024年，增至18147.7亿元（初步核算），居全国城市第11位。

财政收入　20世纪50年代初，国民经济恢复，财政收入大幅增长。1952年，宁波地方财政预算内收入6653万元，比1949年2969万元增长1.24倍。1953年以后，经济发展波折反复，财政收入增长时快时慢。至1978年，地方财政预算内收入达4.97亿元，较1949年增长15.74倍，年均增长10.2%。1978年以后，国民经济发展较快，财政收入快速增长。1980年，地方财政预算内收入5.63亿元；1985年，达到9.12亿元；1990年，增至15.89亿元；1995年，快速增长到53.11亿元。1999年，地方财政收入突破100亿元，达104亿元；2000年，增至143.15亿元；2005年，达到466.50亿元。至2010年10月底，全市财政一般预算收入突破1000亿元，全年达1171.75亿元，其中地方财政收入530.93亿元。2015年，财政总收入、一般公共预算收入分别突破2000亿元、1000亿元，达2072.73亿元、1006.41亿元；2020年，分别增长到2835.60亿元、1510.84亿元。2021年，全市财政总收入突破3000亿元，达3264.39亿元，其中一般公共预算收入1723.14亿元；2022年，分别完成3358.63亿元、1680.23亿元；2024年分别为3359.3亿元、1790.5亿元。

固定资产投资　宁波处在沿海国防前哨，较长一段时间国家投资较少。1949年固定资产投资额4万元；1950—1952年完成固定资产投资375万元。随着国民经济发展计划的实施，固定资产投资额快速增长，“一五”“二五”时期分别完成2884万元、1.41亿元。1963—1965年三年调整时期，降至4281万元。此后，投资额增长时急时缓，“三五”“四五”时期分别完成7659万元、2.51亿元。20世纪70年代后期，国家对沿海城市增加投资，“五五”时期固定资产投资额达14.3亿元。“六五”时期增至49.1亿元。“七五”时期，宁波被列为国家重点开发建设地区之一。此后，中央投资项目多，全社会固定资产投资额高速增长，“七五”时期完成158.5亿元，1995年一年就完成264.19亿元。1997年亚洲金融危机发生后，固定资产投资增长放缓，2000年完成360.75亿元。“十五”时期，中央与地方均采取各种经济刺激政策，加大投资力度，全市固定资产投资迅速增长，2005年完成1336.3亿元。2008年国际金融危机发生后，固定资产投资受到较大影响，2010年总额为2193.28亿元。2011年以后，持续扩大有效投资，“十二五”时期完成固定资产投资1.7万亿元。“十三五”时期固定资产投资增长5.5%。进入“十四五”时期以后，房地产投资增长乏力甚至大幅下滑，其他投资特别是基础设施投资强劲增长。2022年，全市固定资产投资7253.23亿元，比上年增长10.4%；2023年，增长7.5%；2024年，下降1.4%，扣除房地产投资，增长9.4%。

社会消费品零售总额　1950—1952年，控制市场，平抑物价，调整公私关系，扶持私营商业恢复发展。1952年，实现社会商品零售总额1.49亿元，比1949年增长32.79%，其中私营商业比重高达60.1%。1953年以后，国营商业和供销社经济逐步发展，国家实行粮、棉、油等商品统购统销政策，社会商品零售总额年均递增12.62%，1957年达到2.69亿元。1958—1962年，合作商店全部过渡到国营商店，集贸市场被当作“资本主义尾巴”割除，社会商品零售总额增速明显放缓，年均增长5.97%，1962年总额达3.6亿元。之后，商业发展几经波折。1978年以后，以国有商业为主导，建立多种经济形式补充的开放式商业体系，出现繁荣兴旺局面。1985年，社会消费品零售总额从1980年11.22亿元增至25.43亿元；1990年增至55.19亿元；1995年达228.39亿元。此后，国有商业逐步实现企业化、集团化，个体私营商业逐渐成为主体力量。2000年，全市实现社会消费品零售总额383.86亿元。2001年以后，消费品市场持续快速发展。2005年，全市社会消费品零售总额达728.59亿元；2010年增至1617.68亿元；2015年发展到3050.18亿元。“十三五”时期，加快建设国际消费城市，提信心促消费，降低新冠疫情影响，2020年社会消费品零售总额达4238.3亿元。2021年以后，积极应对疫情影响，建设国际消费中心城市，促进消费扩容提质。2022年，全市实现社会消费品零售总额4896.7亿元；2024年，增至5279.2亿元。

经济结构

所有制结构　解放前，宁波的农业经济基本上是小农经济，工商业则基本上由外国资本、官僚买办以及民营资本经营。解放后，宁波逐步建立国有、集体经济。1952年，有工业企业478家，其中全民所有制企业432家，占90.38%；集体所有制企业46家，占9.26%。此后，集体经济快速发展。至1958年，共有2404家工业企业，其中，全民所有制企业671家，占27.9%；集体所有制企业1733家，占72.1%。其间，随着合作化的推进，国有商业和供销社经济快速发展，私营商业则由公私合营过渡到国营、集体商业，农业经济逐步由互助组、初级合作社、高级合作社、人民公社转变为集体经济，社队企业、国营农场等开始萌芽。20世纪70年代后期，乡镇企业蓬勃发展，集体所有制企业快速增加，到1978年达2607家，占全部3011家工业企业的86.58%。1978年以后，全民所有制项目迅速增加，集体所有制工业企业、城乡个体工业企业和其他经济类型工业企业发展较快，出现多种经济成分共同发展的格局。1980年，引进第一家外商投资企业，宁波开始有外资经济。“六五”时期，坚持国营经济主导地位，扶持集体经济及个体私营经济发展。80年代后期，开始在国有企业试点股份制。1989年5月，通过定向募集和社会公开发行股票，成立宁波中元机械钢管股份有限实业公司。至1991年，形成以公有制为主体，个体、私营、外资等其他经济成分为补充的所有制结构。此后，全市乡镇企业、外资企业等非国有经济迅速发展，出现全省第一家国有资产经营公司——宁波经济技术开发区（保税区）控股公司，萌发混合所有制经济，带动所有制结构调整，基本形成以公有制为主体、多种经济成分共同发展的格局。宁波乡镇工业产值占全市工业总产值的比重从1991年“半壁江山”上升到1995年“五分天下有其四”。“十五”时期，全市基本形成国有、民营①、外资等多种所有制相互依存、相互融合、共同发展的格局。2004年，全市从事第二、三产业的私营企业达4.78万家，占企业总数的79.8%，民营经济产出占经济总量的80%以上。此后，全市持续深化改革开放，各种经济类型均有所发展。2019年，全

① 通常将国有经济和集体经济称作公有制经济，个体私营经济、港澳台和外商投资经济称作非公有制经济，集体经济和个体私营经济称为民营经济。

市实有市场主体总量首次突破100万户，达101.89万户，其中民营经济市场主体98.6万户。2020年，全市实有民营经济市场主体总量首次突破100万户，达106.4万户。2024年底，全市累计实有市场经营主体1421745户，其中内资企业576250户、外资企业9912户、个体工商户830585户、农民专业合作社3936户。

产业结构　全市经济结构原以农业为主。解放后，主要依靠自身力量，建立一批零散的中小型工业企业，实现三次产业结构由“一、三、二”到“一、二、三”，再到“二、一、三”的两次转型，初步完成由农业主导的消费性城市向以工业为主的生产性城市的转型升级。三次产业结构比由1949年的74.1∶9.7∶16.2发展到1960年的45.7∶32.0∶22.3，转变成1975年的39.7∶40.1∶20.2，工业先后超越服务业、农业，再演变为1978年的32.3∶48.1∶19.6，工农业齐头并进。1978年以后，农村实行家庭联产承包责任制，改革农产品统购派购制度，农业和农村经济发生结构性变化；实施“提高经济增长质量和效益”策略，传统工业脱胎换骨，乡镇企业集聚发展，临港工业迅速崛起；传统市场快速发展，传统内生型经济和高度集中的计划经济快速地朝外向型经济、有计划的商品经济转变。至1990年，三次产业结构比为20.8∶56.8∶22.4，形成二产占主体的“二、三、一”产业格局。此后，农业多种经营迅速发展，农业产业化进程加快；石化、电力等能源、原材料工业快速发展，以轻工业为主的工业经济格局开始向重化工业阶段过渡；交通邮电、金融保险、信息咨询等新型服务业获得较快发展。1996年，三次产业结构比为11.8∶56.4∶31.8。20世纪90年代后期，第一产业内部结构显著改善；第三产业初步形成以商贸流通、交通运输、金融保险为主体，房地产、旅游、信息服务等行业逐步崛起的格局；工业通过企业改制、发展高新技术产业实现快速发展。1998年，三次产业结构比为9.2∶55.5∶35.3；2000年，调整为8.2∶55.6∶36.2。第一产业实现由保障型发展阶段向区域性特色农业发展的转变；工业基本形成10个传统支柱产业、6个临港型工业、高新技术产业三大产业板块；第三产业以传统服务业为主，新兴行业发展相对滞后。“十五”时期，农业结构调整取得新进展，基本形成创汇蔬菜、蔺草、竹笋、茶叶等八大优势农产品；工业以信息化提升传统优势产业，发展高新技术产业，基本形成电子信息、装备制造、汽车及零部件等十大特色优势产业，初步形成六大临港工业集群；连锁经营、配送中心、网上购物等新型商贸业态涌现，旅游业快速发展。2005年，三次产业结构比为5.4∶55.0∶39.6。“十一五”时期，加强农业产业化园区和基地建设，农业“一区二十园百基地”布局基本成型；重点优先扶持发展临港大工业及后续产业、10个优势制造业，成为全国重要先进制造业基地；运输物流、金融服务、软件信息等优势行业和新兴行业增长迅速，对经济增长的贡献率不断提升。至2010年，三次产业结构比演变成4.1∶55.4∶40.5。“十二五”时期，持续推进工业强市建设，高新技术产业、装备制造业快速发展；培育现代服务业，发展现代农业，集约化、专业化、组织化和社会化水平稳步提高。2015年，三次产业结构比为3.3∶50.8∶45.9。2016年，宁波市成为全国首个“中国制造2025”试点示范城市。此后，加快制造业集群化、数字化、品质化、服务化、绿色化，推动工业产业高级化和产业链现代化，实施服务业倍增发展行动、乡村产业振兴行动，产业结构更趋合理。2019年，首次形成“三、二、一”产业结构，三次产业结构比为2.7∶47.2∶50.1；2020年，发展为2.7∶46.0∶51.3；2024年，演变成2.5∶43.4∶54.1。

投资结构 “一五”时期，宁波各行业投资占比为工业38.46%，农业12.21%，运输邮电业5.75%，商业粮食财政金融13.70%，科教文卫15.37%，城市建设10.92%，其他3.59%。“二五”时期，全民所有制基建投资快速增长。与“一五”时期相比，生产性投资比例由68.2%上升至89.09%，工业升至58.22%，交通运输邮电升至7.98%，农业升至17.52%，商业粮食财政金融降至7.35%，科教文卫降至5.03%，城市建设降至2.02%。随着所有制结构变化，投资领域开始形成多种经济成分投资与多元化投资主体并存的格局。“五五”计划之前，全市固定资产投资中，主要是全民所有制的基本建设，占投资总额90%以上，乡镇集体和个人投资占比极小。“六五”时期，投资主体开始变化，全民、城镇集体所有制占投资总额的57%，乡镇集体和个人投资比重升至43%。“七五”时期，乡镇集体和个人投资呈逐年上升趋势，比重增至45.5%。从“八五”时期起，全市国有企业和乡镇企业加快改制，民营经济迅速壮大，临港工业快速发展，招商引资力度不断加大，第二产业投资快速提升，比重从“八五”末期的34.8%升至“九五”末期的41.1%，同时期的非国有投资占全社会固定资产投资总额的50%～60%。20世纪90年代，外资、港澳台资投资总额比重不断升高，“九五”末期分别为21.9%、10.1%。“十五”时期，开始实施产业转型升级，临港大工业等一批国有资本项目建成投产，外资、港澳台资向中西部转移，国有资本投资、服务业投资比重快速上升，到2010年分别达到62%、67.7%。此后，持续扩大有效投资，基础设施投资不断增强，实施轨道交通、栎社机场三期、甬台温沿海高速公路、通苏嘉甬铁路、甬舟铁路、甬金铁路等重大基建项目。“十四五”时期，着力扩投资促消费，实施扩投资、优结构攻坚行动，推进工业投资“双百”工程。2022年，全市固定资产投资比上年增长10.4%，其中工业投资增长14.5%。2023年，全市固定资产投资同比增长7.5%，其中，农业投资增长3.5倍，工业投资增长9.9%，服务业投资增长6.3%；基础设施投资增长22.1%，制造业投资增长7.6%，房地产开发投资增长

3.8%；数字经济核心产业投资增长48.1%，高新技术产业投资增长13.2%。

企业规模结构　1978年，全市有大中型企业6家。1984年以后，实施存量资产合理流动重组，工业企业的整体组织结构得到优化。但是直到1992年，全市企业规模仍然较小，8000余家乡及乡以上工业企业中，大中型企业115家，小型企业占98%以上；规模更小的村办企业、私营企业、个体企业有2万余户。此后，随着经济高速增长，大中型企业数量迅速增加。1995年，全市有大中型工业企业187家，完成工业产值318亿元，分别占全市乡及乡以上工业企业的2.2%、36.4%，其中国有大中型企业完成产值93.2亿元，占10.7%。“九五”时期，全市培植抚育具有一定生产规模和经济实力并在国内外市场中有较大竞争力的大企业、大集团。至2000年，全市有销售收入超5亿元的大型企业25家，其中超10亿元企业11家，超100亿元企业1家，超5亿元以上企业的销售收入占规模以上的61.0%，总资产占59.1%，利润占66.3%。“十五”时期，中小型企业数量迅速发展，企业结构发生较大变化。2001年，全市规模以上大型工业企业34家，中型企业116家，小型企业3380家。2005年，全市规模以上大型工业企业21家，中型企业710家，小型企业8057家；年销售收入超100亿元企业4家，超10亿元企业46家，超1亿元企业696家；雅戈尔集团、奥克斯集团、波导股份、富邦集团等12家工业企业列入“2005中国制造业500强”。“十一五”时期，企业规模继续扩大，结构不断优化。2010年，全市销售收入超亿元的企业有1479家，超10亿元企业110家，超100亿元企业10家。2020年，有规模以上大型工业企业144家，中型企业882家，小型企业7203家。2022年，实施一流企业培育工程，18家企业入围中国民营企业500强，129家企业的产品全球市占率第一，328家企业的产品全国市场占有率第一，国家级制造业单项冠军企业83家、连续5年全国城市第一，283家国家级专精特新“小巨人”企业，715家专精特新中小企业，数量领跑全国，被誉为制造业“单项冠军之城”。2023年，全市“361”万千亿级产业集群拥有规模以上工业企业7703家，有352家国家级专精特新“小巨人”，居全国城市第5位。

所有制改革

土地改革　解放前，土地为私人所有，地主占人口极少数却拥有大量土地，贫雇农占人口绝大多数却无地少地。1949年，宁波有农户706613户，土地1313.14万亩，其中可耕土地418.60万亩。地主16853户占有耕地86.08万亩，控制祠田、祀田、义冢田等124.82万亩；工商业者5626户占有5.92万亩；小土地出租者9970户占有5.47万亩；富农

8154户占有17.10万亩，大佃农6320户占有3.91万亩，中农145707户占有73.39万亩，贫农222520户占有30.66万亩，雇农66107户占有1.49万亩；其他（工人、手工业者、商贩、店员、自由职业者、贫民、游民、渔民等）225556户占有43.48万亩；公地（含祠田、祀田、义冢田等）128.55万亩。另有部分城市地主土地和地主出租在外县的土地未统计。地主以出租土地、雇佣劳力、放高利贷、典押等手段掠夺剥削农民。宋代，王安石主政鄞县，创制“青苗法”，帮助贫苦农民避免高利贷盘剥，增加官府收益。民国时期，地租率一般为农产品总产量的一半，高者60%～70%。全面抗日战争时期，抗日游击根据地实行二五减租，起租额不超过农作物收获量的三分之一，最高额收获量为每亩稻谷200千克。1950年9月至1951年9月，查田登记，整理土地清册，建立乡村农民协会，分期分批开展土地改革。1952年初，开始发放土地证，废除封建土地制度，共没收、征收土地226.79万亩以及大量的农具、耕畜、房屋、粮食、家具等，分给无地、少地的贫雇农。雇农人均占有土地由0.09亩升至2.24亩，贫农由0.37亩升至1.69亩。

农业合作化　土地改革后，随着农业生产恢复发展，部分农村出现两极分化现象。于是引导农民组织起来，实行劳动互助，走共同富裕道路。互助组有临时、常年两种。1951年，宁波出现第一批农业互助组，在盐区实行伴工互助；至年底，有常年互助组3745个。1952年，开展互助合作运动，庵东盐区有互助组352个，沿海渔区开始组织渔业互助组，慈溪庄桥乡和镇海柴桥乡率先试办初级农业生产合作社；至年底，宁波有常年互助组71个，办起合作社11个，还出现宁波第一个高级农业生产合作社——慈溪五洞闸集体农庄。1953年，开始组织内河淡水渔业互助组。至1954年5月，各地共办起农业初级社342个，入社农户6337户，占总农户的1.24%；试办高级社4个，入社农户127户。同年，开始试办海洋渔业初级社。1955年春，贯彻中共浙江省委“全力巩固，坚决收缩”方针，初级社由原来5565个收缩到3320个。7月，掀起农业合作化高潮，建立互助合作网，设立中心社，试办淡水渔业合作社，创办海洋渔业高级社并建立公有化股份基金。12月，毛泽东在《中国农村的社会主义高潮》一书中，对余姚龙南乡互助合作网、慈溪五洞闸高级社写下肯定性按语，向全国推广。此后，合作化运动由初级社发展到高级社阶段。至1957年，宁波有高级农业社3415个，入社农户549983户，占总农户的92.2%；海洋渔业高级社123个，入社渔户12515户，各类渔船3320艘；湖泊渔业高级社1个，入社渔户30户，养殖面积800亩；在庵东盐场有盐业高级社7个，入社盐户6318户，占总盐户的99.88%。

手工业合作化　1950年初，老市区有个体手工业3849户，从业人员6308人。1950年6月，以达兴袜厂6名失业工人为骨干，成立宁波市针织工人生产合作社，这是全市第一家手工业生产合作社。嗣后，采取典型示范办法，引导手工业户组织手工业生产合作社和合作小组，成立印刷社、食品社、竹器社、竹筷社，与针织社合称“五社”。1951年，私营工商业资产重估时，工商登记手工业3266户、7166人，注册资本217.66万元，当年营业额489.43万元。1955年，召开市首届社员代表大会第一次会议，成立市手工业合作社联合社。同年下半年，建立铁器、木器、竹器、棉织、食品5个专业联社筹备处，组织42个基层社、组与国营、合作商业挂钩，减少流通环节。至年底，老市区有手工业合作组织76个，从业人员10692人；其中，生产合作社33个、1606人，供销生产社8个、2205人，生产小组35个、603人，个体手工业3869户、6278人。手工业合作化后，实行分工协作，改进生产工具，提高劳动生产率。1956年，全员劳动生产率由1952年504元增至1196元，增长1.37倍；1956—1957年，手工业产值年均递增21%。至1957年，老市区有手工业从业人员15659人，其中参加手工业合作组织12522人（合作社91个、7338人），占80%，个体手工业3137人。

资本主义工商业社会主义改造　1953年以后，城市社会主义改造以私营工商业为重点，扩大国营商业向私营工业的加工订货、统购包销工业产品范围和农产品收购。9月，通运、宁穿长途汽车公司率先实行合营；至年底，老市区有公私合营企业11户，资方人员26人，资本额12.56万元。12月，对粮食、食油、棉花、棉布等重要物品先后实行统购统销和派购制度，禁止私商、小贩自由买卖和贩运，专业市场先后关闭或由国营商业部门接办，私营批发业逐步被国营、合作社商业代替。当年，81户粮商、217户油商改为国营代销店，私营棉布批发商全部由国营商业取代。1954年9月，对棉布实行计划购销，老市区36户棉布零售商合并为21户，实行专业代销。至此，粮、油、棉私营商业全部纳入社会主义改造轨道。继之，食盐、新药、文具纸张、木材等11个行业零售商实行经销、代销。同年，老市区对批发额占到总销售额一半以上的绸缎、五金器材等30个行业、290户、824人私营批发商，分别采取“留、转、包”办法实行社会主义改造；至年底，私营批发商社会主义改造基本完成。1955年，老市区十多个行业的私营零售商实行公私合营，纺织、机器等8个工业行业全部实行公私合营。1956年1月19日，“批准全市私营工商业全部实行公私合营大会”召开，老市区宣告完成资本主义工商业社会主义改造，私营工商业13057户、从业人员29046人中，转为国营企业201户、529人，实行公私合营6026户、20657人，走合作化道路989户、1879人，未纳入改造的主要是摊贩，有5841户、5981人。

经济体制改革

农村经济体制改革 1978年，中共十一届三中全会召开后不久，宁波部分农村地区开始实行定土地、定工分、定成本、定上缴、定超额奖励责任制，家庭联产承包责任制初露雏形。1979年冬，宁海县桑洲公社桑洲大队8个生产队分田到户，这是宁波地区首次分田到户。1980年秋收后，宁波率先在“生产靠贷款、口粮靠返销、生活靠救济”的“三靠”地区试行家庭联产承包责任制；至年底，85%以上生产队实行耕地作物包产到组，联产计酬、小段包工，定额计酬责任制；90%以上社队企业和70%以上农用拖拉机建立专营责任制。1982年，家庭联产承包责任制逐步由联产到组发展为联产到户，进而发展到包产到户、包干到户和专业承包，34356个生产队实行家庭联产承包责任制，占生产队总数（34850个）的98.6%。1983年以后，宁波市在林牧副渔业和乡镇企业中全面推行家庭联产承包责任制。1984年，以“大稳定、小调整”原则，将37696个生产队的土地承包期再延长15年，占生产队总数的91.6%。1985年1月，国家取消农副产品统购派购制度，对粮食、棉花等少数重要农产品实行国家计划合同收购。1986年，全市16个村开展农技农机社会化服务配套规模经营试点，推动土地规模经营。至1987年，全市承包10亩以上商品粮田的土地规模经营农户1.3万余户、承包土地18.96万亩，家庭农场113个、承包土地6250亩。1990年，全市建立农村经济合作社5017个，占总村数的98.2%。1993年8月，鄞县梅墟乡梅墟村率先试点社区股份合作制改革；随后，慈溪、余姚、海曙、江东等地陆续试点。1995年，慈溪周巷镇及花墙门村率先试点镇、村集体资产管理体制综合改革；至1997年，宁波市122个乡镇、5006个村基本完成改革，分别占乡镇、行政村总数的81.9%、99.5%。20世纪90年代后期，土地承包经营权流转逐步变为有偿转包。1998年初，土地承包期限再延长30年；至2000年底，全市有4587个村完成二轮土地承包工作，占应开展村数的98.5%。2001年以后，农村土地承包经营权逐步由农户自发流转逐步转变为由村集体统一流转，余姚、慈溪、鄞县等地还出现镇、村农村土地流转储备中心等社会化服务组织。2002年以后，农村股份合作制改革明显加快；至2004年底，全市有190个村（社区）建立股份经济合作社。2005年，奉化被农业部列为全国农村土地承包纠纷仲裁试点县。2007年，全市统一制订土地流转合同的示范性格式文本，加强土地流转的规范化管理。2010年，全市9个涉农区（县、市）全部建立农村土地承包经营纠纷仲裁委员会。2013年，全市农村普遍制定资金、资产、资源管理制度并建立相应的管理体系，实现县级农村集体资产财务计算机监管网络全覆盖。2014年，开始全面推进农村经济合作社股份合作制改革，实现社员对集体资产产权的长久化、定量化享有。2015年，启动农村土地确权登记颁证工作；至2016年底，全市1915个村开展土地确权工作，占应开展数的94%。2016年，健全股份合作制收益分配机制，试点村股份经济合作社有序终止机制。至2017年，累计有2803个村完成股份合作制改革，占总村社数的99.4%。2018年6月，宁波市被列为第三批全国农村集体产权制度改革试点单位，是全国首批整市试点。2020年，全面建立土地承包纠纷调解仲裁组织，成为承包确权登记颁证工作的全国先进典型；完成2810个村社的股份合作制改革，占总村社数的99.7%；完成农村集体资产清产核资，总资产1023亿元；完成全国农村集体产权制度改革试点，农村承包土地经营权流转率69.8%。2022年，颁行农业“标准地”改革实施方案，奉化、海曙入选全省首批试点。

工业经济体制改革 1978年，按照“专业化协作”原则，全市工业实行按行业归口管理的制度。1979年11月，宁波水表厂等10家国营企业和5家集体企业成为首批扩权试点企业，实行全额利润留成、固定资产有偿占用制度，扩大企业的财权、物权，宁波城市经济体制改革由此起步。1980年，开始将全额利润留成改为基数利润留成加增长利润留成，并增加试点企业。1981年，试点企业在生产计划、资金支配、物资采购、产品销售、价格调整等方面拥有更多的自主权。在扩权试点的同时，推行以利润留成和盈亏包干为主的经济责任制。至1982年，77家国营工交企业全部实行经济责任制。1984年下半年，全面开展以城市为重点的整个经济体制改革，工业企业推行各种形式的承包经营责任制，实施厂长负责制试点。至1988年，68%的县属大集体以上工业企业实行承包经营制，98%的国有企业和70%以上的城镇集体企业实行厂长负责制。至1989年底，90%的县属以上工业企业实行承包经营责任制。同年，提倡企业建立风险基金，推行风险承包，将技术进步、节能降耗等列入承包考核指标，普遍推行企业工效挂钩；在宁波机床总厂开展股份制试点，成立宁波中元机械钢管股份有限公司。1990年下半年，按照“大稳定，小调整”原则，开始新一轮的企业承包。此后，在全国率先开展以股份合作制为重点的镇村集体企业转换经营试点，接着对市属国有、城镇集体企业开展产权制度改革、理顺职工劳动关系（即“两项制度”改革）。1993年8月6日，中元公司股票在深圳发行上市，成为宁波市第一家上市公司。1995年初，宁波敦煌集团股份有限公司等首批30家企业试点建立现代企业制度，其中入选全国百家试点企业1家，省百家试点企业6家。1996年2月，宁波市被国务院列为优化资本结构试点城市；下半年，全市确定28家市属国有、集体企业为首批转制试点企业，重点实施扶优扶强、破产、兼并、公司制、股份合作制、强强联合、托管、合资嫁接等试点；10月，省政府批准宁波市优化资本结构试点实施方案，实施以清产核资、增资减债、债务重组、扶优扶强和兼并破产等为主要内容的试点工作。至1997年，国有企业的资产负债率从1995年72.32%下降到63.75%，累计破产17家企业、兼并16家企业，盘活存量资产21亿元；全市首批30家现代企业制度试点企业有23家进入实施运作阶段，有21家实行投资主体多元化的公司制；首批28家转制试点企业有23家基本完成试点；全市748家国有、城镇集体工业企业中有392家完成各种形式的改制，转制面达52.4%。至2002年底，市属国有企业产权制度改革基本结束，421家市属企业（其中国有企业275家、集体企业146家）中，有392家完成改革（其中国有企业250家、集体企业142家），改制面93.11%；至2005年底，改制面达98.3%。2006年，推行经营业绩考核办法，完善国有企业管理层年薪制度，健全产权交易制度，建设产权交易平台。2013年以后，推进国有企业分配制度改革，建立以管资本为主的国有资产监管体制，在全国首创国有企业公务支出总额控制和预算管理制度。2016年，推动国有企业整合重组，累计盘活无效资产360亿元。2017年，推进市工业投资集团开展规范董事会建设试点。2019年，推进国有企业整合重组和混合所有制改革，规范竞争类企业混改，混改比例61.45%。至2022年，经重组、混改，全市规模以上工业企业中，有国有企业7家、国有控股企业164家、集体企业5家。

商贸流通体制改革 商业经营体制调整、改革始于1978年。1979年，老市区实施扩大企业经营管理自主权试点。1984年9月，在后马、东胜2家食品商店实行国营商业“改、转、租”试点，扩大企业经营自主权。至1985年，老市区有79家国营小型商业零售企业和商办工业小企业实行“改、转、租”。其中，53家改为国家所有、集体经营，23家转为集体所有制，3家租赁给个人或集体经营。1985年2月底，国营百货、五金交电化工、烟糖等15家企业，实行不同形式的承包经营责任制试点；4月，老市区26家国营商业企业分别实行工资总额与实现利润挂钩、实现利润与奖金挂钩、工资总额与销售收入挂钩；5月，11家大中型商业企业开展经理负责制试点；1986年9月，全面推行经理负责制；1987年，推行承包、租赁经营责任制，并以招标方式优选企业经营者，实施领导体制、分配制度、劳动制度等配套改革。1987年，全市有135家国营大中型商业企业，其中，39家实行经理负责制，60家实行经营承包；有305家国营小型商业企业，其中，150家改为国家所有、集体经营，23家转为集体所有制，45家租赁给个人或集体经营。1991年，试行经营、价格、用工、分配“四放开”，7家大中型国有企业开展试点。到1992年底，市区36家大中型商业企业全部实行“四放开”。同年，五金交电化工（集团）股份有限公司成立，在全市商业系统率先启动现代企业制度改革。1993年10月，宁波华联集团股份有限公司股票在上海证券交易所成功上市，这是浙江省第一家商业企业股票上市公司。1996年8月，宁波中百股份有限公司获准实施现代企业制度试点。从1997年下半年至2001年底，国有商业企业实施“两项制度”改革。至2001年上半年，市财贸系统23家“直属”企业（含2家非直属企业）、59家企业子公司全部完成改制。2002年以后，按照政府部门“有所为，有所不为”和股权“国退民进”的方针，解决改制企业国有股份额问题。至2003年底，市贸易局23家直属国营商业企业中，18家具有竞争性的公司都转制为民营企业；全市供销系统184家县以上企业、76家基层供销合作社完成改制。2006年3月，市政府明确提出供销社要全面推进以农用物资连锁经营、农产品营销、再生资源回收利用、日用消费品连锁经营为主要内容的新农村现代流通服务网络建设。至2010年底，全市供销系统有农用物资连锁门店984家，庄稼医院81家，规范改造后的再生资源回收网店500多家，日用消费品连锁超市及便利店795家，基层供销社46家。2013年，发展营销网络，支持重点商贸流通企业到市外开设分店和网店，支持重点商贸企业在天猫、京东、苏宁云商开设电子商务旗舰店。2017年，宁波市被纳入全国17个首批供应链体系建设试点城市，全市25家商贸流通企业参与省级实体商业转型升级试点。至2022年，全市培育出“海上鲜”“美菜网”“小6买菜”“甬农鲜”“益马当鲜”等农产品新零售平台，以及266个省级电商专业村，建成28个农村电商产业园。

外贸体制改革　1988年，宁波市正式开展自营进出口业务，实现从货源收购型到出口经营型的转变。同年，全面实行外贸承包经营责任制，向国家承包出口、收汇等指标，然后再向各区（县、市）、主管局分解落实，打破外贸层层吃“大锅饭”的局面。1992年1月起，下放县级外贸企业的财务关系，与地方同级财政挂钩。1993年1月，扩大企业经营自主权，改革企业人事劳动工资管理制度，建立企业约束和监督机制等；4月，核定1993年外经贸企业承包指标和完善“工效挂钩”的办法，准许宁波市对外经济贸易公司象山公司等8家公司挂靠外贸进出口公司，独立经营进出口业务，建立健全承包经营责任制。1994年，按照国家所得税规定，对市属外经贸企业实行征收33%所得税的政策，废除外贸承包上缴利润办法。1995年8月，对外贸易经济合作部重新核定宁波市及各区（县、市）直属的28家外贸公司和外经公司的经营范围，宁波市外经贸企业全面实施劳动合同制度。1998年9月起，按照“抓大、转中、放小、激活、理顺”方针，在外经贸企业中实施“两项制度”改革；市属外贸企业主要采取国有资产剥离，引入职工持股会的方式，由职工组成的持股会以社团法人的名义向企业参股，整体改制为有限责任公司。2001年7月，对外贸易经济合作部将生产企业进出口经营资格登记授权给省级和计划单列市的外经贸主管部门，当年全市新增进出口企业达440家。至2001年，21家市属外贸企业中有18家实现产权多元化，87%的职工理顺劳动关系，组建150多家内部职工持股有限责任公司。2002年，开始推动内部职工持股有限责任公司向公司整体股份制改造转移。2003年4月，宁波市被列为境外投资审批制度试点城市，可以审批除热点国家、未建交国家和中国香港以外的一般性境外企业和机构的设立。2010年11月，决定建立市外经便利化工作小组，汇总17个部门的57条便利化事项。2014年，建立贸易便利化和无纸化通关机制，创建国家进口贸易促进创新示范区，推进市场采购模式改革试点。2015年，获批设立国家跨境电子商务综合试验区和国际邮政互换局，挂牌成立首批线下“创新综合园区”，实现集货、备货和一般进口三种业务模式全覆盖。2016年，以宁波世贸通为载体，实施全国外贸综合服务企业试点。2020年，获准成立中国（浙江）自由贸易试验区宁波片区，开始复制推广172项自贸区改革试点经验。2022年，打造全国贸易投资便利化制度集成创新高地，形成跨境贸易投资高水平开放改革试点政策13项。

财税体制改革 历代赋税集权于中央，统收统支财政体制世代相袭，地方财政一向依靠中央留拨。清光绪年间，清理财政局成立，开始划分国家、地方收支范围。1927年7月至1931年1月宁波设市期间，市财政仰仗浙江省补助和地方税捐，并息借商款弥补。解放后，根据“统一领导，分级管理”原则，建立市、县、乡三级财政。1949—1953年，实行高度集中、统收统支财政管理体制；1954—1957年，实行“收入分类分成”体制。其间，多种经济成分并存，实行多税种复税制，公私区别对待，繁简不同。1958年，下放企业财权，试行“以收定支，五年不变”的财政体制（一年后中止）；开始实行单一税制，扩大地方管理权，市、县可以自定纳税期限、征收日期等。1959—1961年，执行“总额分成，一年一定”财政体制；1962—1973年，实行“总额分成，超收另定比例分成”财政体制；1974—1977年，实行“固定比例留成，超收分成”财政体制，浙江省核定宁波地区固定留成比例1.4%；1978—1979年，实行“比例分成，增收分成”财政体制；1980—1987年，实行“划分收支，分级包干”“一定五年不变”财政体制。1980年，重新实行多税种、多层次税收制度，扩大地方税务部门权限；1981年，地（市）、县权限扩大到定期减免、欠税豁免等。1987年2月，按计划单列规定，宁波市获得减免产品税、增值税、营业税审批权限等，减免税限于支持有发展前途的重点骨干企业。1988年，中央对宁波市实行“收入递增包干”“一定三年不变”财政体制，收入以1987年为基数，递增率5.3%。1989年1月，国家税务总局将出口退税审批权限下放给宁波市。1991年，参照中央做法，宁波市对各区（县、市）实行“收入递增包干”“一定三年不变”财政体制，递增比例7.3%。1994年，开始实施分税制财政体制改革，加强市财政调控能力，全面调整乡镇级财政体制，区别不同情况，实行“分税包干制”“收支挂钩、核定基数、超收分成”等财政体制。至1998年，全市149个乡镇基本建成一级实体财政，全部单独设立财政所。2002年，东钱湖旅游度假区和市科技园区财政开始直接与市级财政结算，除划缴鄞州区部分以外，实行“收入全留”“一定十年不变”财政体制。2004年1月起，再次启动财税管理体制改革，按照公共财政框架体系，理顺政府间财政分配关系和地方税收管理体制，逐步完善转移支付制度；经过向浙江省争取，实现在甬省属企业税收由属地征管。2005年，全面运行“市属企业下放、税收属地征管、区级比例分享、县级增收分成”的财政管理体制。2010年，理顺市、区（县、市）与乡镇财政的关系，对泗门等7个卫星城市试点镇实行“计划单列、市县两级管理”的财政体制。2011年，建立反避税管理服务机制，形成国内首个运用预约定价执行监管方式进行补税的案例。2014年，建立全口径预算决算制定、审查和监督制度，推进“阳光财政”。2015年，建立中长期预算调解机制，设置预算稳定调解基金；建立财政专项资金管理机制，对慈城、观海卫等卫星城市实行国库集中统一支付制度。2016年，全面实施营业税改增值税、资源税改革，全年累计降税42.3亿元。2022年，推进部门预算管理改革，健全项目库管理机制，深化预算支出标准体系建设。

金融体制改革　1949年6月1日，中国人民银行宁波分行成立；8日，官商合办的中国银行、交通银行经整顿改组，作为国家专业银行继续营业。1952年11月，货币信用业务由中国人民银行统一办理。其后，中国建设银行、中国农业银行等国有专业银行相继在宁波成立分支机构。1984年，中国人民银行宁波市分行行使区域性中央银行职能。1985年，在信贷资金管理上实行统一计划、划分资金、实贷实存、相互融通，运用计划、利率、存款准备金制度等手段，加强金融宏观调控。1986年10月，宁波被列为全国金融体制改革试点城市。嗣后，各专业银行加强经济核算，实行企业化管理，增加储蓄网点，承包经营，建立起区域性票据交换中心。1991年以后，非国有商业银行日渐成长，外资银行逐步进入，银行体制日趋多元化，金融外向度不断提高。1993年，标准渣打银行设立宁波代表处，中外合资浙江商业银行和外商独资宁波国际银行成立。1994年，全国第一家台资银行——协和银行成立。1996年，信托机构开始与所办银行脱钩改组，工、农、中、建4家银行的信托机构归并改组，成立宁波金港信托投资有限责任公司、东海信托投资有限责任公司；农村信用社与农业银行脱钩，强化农村信用联社经营管理职能；中国人民保险公司完成财产保险、人寿保险分设，成立中保财险宁波分公司和中保寿险宁波分公司；中国太平洋保险公司、平安保险公司改革财产保险与人寿保险管理体制，理顺内部经营机制。1997年，全国金融工作会议提出取消中国人民银行省级分行，按经济区域建立大区分行，各国有商业银行随后在宁波市设立分行；中国人民银行宁波市分行及区（县、市）支行开始建立农村金融管理机构。非银行金融机构成为全市深化金融改革的突破口。2011年，宁波市在全国率先实施中资企业外汇质押人民币贷款试点，率先开展境内银行跨境贷款对外债权登记试点。2014年，扩展提升小额贷款保证保险业务，成立全国第一家村镇级保险互助社。2016年，启动境外并购外汇管理改革试点，全面实施外债宏观审慎管理改革试点。2017年，开展出口发货前贸易融资结汇试点。2018年，实施资本项目外汇收入结汇支付便利化试点。2022年，推进国家保险创新综合试验区升级，推动安全生产责任保险由高危行业和一般工贸行业延伸至水利工程等领域，推进网络安全保险试点，建立工业企业安全生产管理协作机制。

综合经济管理

宏观经济管理　在宁波历史上，有史料可查的第一份经济发展计划为《鄞县建设五年计划》，其中有农矿、工商业的发展计划。1954年，宁波市制定和执行第一个五年计划，即根据浙江省下达的计划进行统筹安排和综合平衡，控制和调节国民经济的发展方向、速度及结构。1979年以后，计划经济逐步向有计划的商品经济转变，宏观经济管理重点由微观指导逐步向宏观调控、社会供给与需求之间的综合平衡转变，突出战略性、宏观性和政策性。从“六五”计划开始，“国民经济计划”更名“国民经济和社会发展计划”，强调经济和社会统筹协调发展。1984年以后，逐步建立长远规划、行业规划、地区规划和若干专项规划相结合的宏观经济指导体系。1987年，宁波市开始实行计划单列，有关计划直接纳入全国综合平衡和统筹安排。1991年以后，随着传统的计划管理体制向社会主义市场经济体制转变，计划管理重点从以年度计划管理为主逐步向以中长期计划管理为主转变，实施滚动式管理；管理方式从直接管理为主逐步转向以指导性计划、政策性计划的间接管理为主，在宏观总量控制、经济结构调整、经济布局等方面发挥调节作用，逐步形成协调服务型的宏观组织体制。2001年以后，随着社会主义市场经济体制的完善，宁波市注重向市场经济发达国家学习和借鉴规划管理经验，将“五年计划”更名“五年规划”，减少实物指标、产品产量指标，增加反映结构变化的预期指标，增强

规划的战略性、宏观性。同时，加强空间格局和重大生产力布局的宏观管理，建立规划统筹管理、规划中期评估、年度经济调控在内的一整套层次分明、功能清晰的规划宏观管理体系。

财政　自唐代到清代，实行统收统支的财政管理体制：收入上解中央，支出由中央留拨。1912年，开始建立财政预算制度。1935年，中央、省、县三级财政体制确立，各县普遍建立岁入岁出预算制度。解放后，随着国民经济发展壮大，宁波的财政收支结构发生明显变化。1949年5月至1990年，全市预算内、预算外财政收入总计178.13亿元。其中1978年以后，工商税收由57%升至88.1%，企业收入由0.8%升至4%，农业税收入由41%降至3.4%，其他收入由1.2%升至4.5%。1978年以前的财政支出，工农业经济建设占46.16%，文教科学卫生事业占21%，城市建设、社会福利等占17.9%；1978年以后的财政支出，文教科学卫生事业占28.2%，工农业经济建设占19.33%，支持农村多种经营、乡村企业及有关城镇居民菜篮子工程、城市建设、社会福利等占40.3%。1991年以后，全市财政收入规模不断扩大，财政收入结构出现较大变化，财政支出金额快速增长，财政支出结构不断完善。“八五”时期，工商税收是财政收入的主要来源，其比重进一步升高；财政支出主要由21个大类构成，行政管理支出、公检法支出、其他部门事业及其他支出、文教卫生支出、城市维护费支出以及各项价格补贴是财政支出的大宗。“九五”时期，市本级财政收入主要由地方固定收入、专项收入、上级补助收入、社会保险基金收入、兑付有价证券本金收入、其他上解收入、调入其他收入以及附加收入8个大类组成，其中水利基金和住房公积金属于新增加内容；财政支出项目由21个大类变为13个大类59个小项，事业行政费类支出、基本建设支出、企业挖潜改造资金类支出、上解支出、社保基金支出5个大类占绝大部分。“十五”时期，主体税种地位更加凸显，企业所得税占据入库绝对值首位。进入21世纪以后，主要税收来自营业税、企业所得税、个人所得税与地方小税，其中营业税占据税收首位；财政支出越来越向与民生相关的方向倾斜，基本建设、科学文化教育事业、社会保障等方面所需资金日益增长。2011年以后，不断推进综合预算改革。2015年，引进和培育一批优质财源税源，优化支出结构，民生支出占比提升到66.5%。2018年以后，推进预算管理制度改革，改进预算分配方式，压缩非刚性非急需支出，提高财政资金使用效率，加上政府一般债券收入和转移性收入，收支相抵，全市一般公共预算保持平衡。

税务　秦汉至明清，按土地、人丁征收赋税、徭役。见于记载的地方税政机关设置始于999年，北宋政府在明州设立市舶提举司，征收外国船舶商税。民国初年，稽征机关大多按税种设置，致使税捐机构林立。1931年，归并部分税捐，稽征机构相对集中。解放初期，沿用多税种复税制。1949年，合并公粮、田赋、公粜及乡村经费各项负担为农业税，按每户土地多少、田亩肥瘠核定税额。1950年1月，统一开征货物税、工商税等14种税种，其中工商税有9种（不含盐税、关税）。1951年，开征棉纱统销税。1956年，开征渔业税。1958年，简化税制，合并商品流通税、货物税、营业税、印花税为工商统一税。1969—1971年，试征国营企业综合税；1973年，全面推行，称工商税。至此，对国营企业仅征收工商税一种，对集体企业征收工商税、工商所得税两种，直到1978年才向多税种复税制转变。1983年以后，相继开征国家能源交通重点建设基金、教育费附加、耕地占用税、粮食附加税、粮食补偿基金、国家预算调节基金等税种。1994年，实施分税制改革，组建市国家税务总局、市地方税务局，税源结构发生较大变化。此后，国税以增值税和消费税为主，但其他税种所占比例逐渐上升；地税形成以增值税为主体，消费税、营业税相配合的流转税制度。2003年，国税收入逐渐向流转税和所得税并重的双主体结构转型，企业所得税收入比重加大，增值税、消费税和企业所得税成为拉动税收增长的主力；营业税成为地税的第一大税种，当年入库41.32亿元，占地税总额的37%。2005年，将年纳税额300万元以上的企业纳入市级重点税源监控范围，监控企业达378户；中小企业成为增值税直接收入增收的中坚力量，当年入库81.80亿元，占增值税直接收入的51.90%，占增值税直接收入增收总额的73.60%。2010年，全市国税系统组织收入727.64亿元，剔除免抵调库后收入682.82亿元；地税系统实现所得税157.1亿元，占地税总额的61.7%。2012年，开始实施营业税改增值税试点；2016年，全面扩展“营改增”范围，当年国税完成增值税806.52亿元，其中扩围增值税95.35亿元。2018年，国税、地税部门合并，推进税务征管服务改革、增值税改革，将增值税税率调整惠及一般纳税人21.28万户，实现净减税52.32亿元。2020年，全市累计完成各项税收入3140.43亿元，其中税务部门组织收入2634.79亿元。2022年，分别增至4018.44亿元、3111.25亿元。

统计　清末，宁波开始统计商业、外贸、运输、税务、金融、工业等基本数据。抗日战争胜利后，各县政府有统计室，区、乡设兼职调查员。解放初期，市财政经济委员会兼理统计，市人民政府调查研究室配备统计人员。1950年1月，实行国营贸易统计。1951年1月，开始按月编制物价指数。1953年，开始实行由国家统计局统一颁发的年报及各种定期统计报表制度，分月报、季报、半年报、年报。1991年以后，市统计局主要开展涉及基本单位、农业、工业、能源、建筑业、运输邮电业、批发和零售业、住宿和餐饮业、固定资产投资、房地产开发投资、劳动、科技活动、服务业等方面的常规性统计调查；国家统计局宁波调查队主要开展涉及城镇、农村住户、价格、企业集团、企业景气等方面的常规性统计调查，以及具有一定规模和社会影响的专项调查；市统计部门参与全国性统计普查工作，建立第三产业统计月报制度、服务业统计调查体系及服务业统计监测体系。2012年，组织全市10500家“四上企业”①以联网直报方式实施“企业一套表”制度。2013年，在北仑区试点建立统一规范、覆盖整个区域的统计体系（包括国民经济核算、行业统计、抽样调查方法及区域统计工作组织管理模式等）。2016年，推动粮食生产统计监测数据与全面农业生产统计数据衔接并联网直报，改革农业产值核算制度。2018年，建立中国制造2025试点示范城市、智能经济统计制度，形成涵盖文化、信息经济、环保、健康、时尚、绿色石化、新材料等13个重点新兴产业的监测制度体系。2021年，完成国家统筹经济普查与投入产出调查、统计地名地址库2项国家级统计改革试点。2022年，实施国家法人单位与产业活动单位并重统计、高分统计遥感应用示范项目、共同富裕统计监测、“飞地”统计等国家、省级统计改革试点10项。

审计　民国时期，宁波无审计机构。1935年，省审计处成立，各县财政收支报送省审计部门审检，或由省审计部门派员抽审。解放后，市、县审计工作由监委、财税、银行、工商部门分工负责。1984年以后，市、县成立国家审计机关、内部审计机构、社会审计组织，各级审计机关开始履行审计职责。1985年12月，开始承担审计署、省审计局必审项目及中外合资企业和其他外债等项目的审计。1986年，根据“上审下，逐级进行”原则，试审奉化县的财政（1987年全市实施）；在中外合资甬米人造革有限公司试点，审计中方经理离任经济责任。1987年，开始经常性审计中国工商银行、中国农业银行的财务收支，按季度、年度定期审计行政事业单位。1988年，根据国家计划委员会、审计署授权，审计在建的甬江水底隧道、北仑港发电厂2个重点工程项目。1989年1月，推行承包经营责任审计。1993年，开展企业股份制试点和集体企业改组股份合作制的调查工作。1995年，对全市14个外资运用项目和中外合资企业实施审计，部分项目得到审计署嘉奖。1996年10月，首次开展境外企业审计，对香港宁兴公司财务收支实施审计。1998年2月，开始实施第一个党政领导干部经济责任审计项目——市物价局原局长离任经济责任审计。1999年，首次开展典当行审计和审计调查。2001年以后，由于国有金融机构审计需要审计署授权，金融审计工作量逐年减少。2004年，开始将财政审计由财政资金收支审计并

① “四上企业”，即规模以上工业企业，房地产企业和资质等级以上建筑业企业，限额以上批发零售业、住宿和餐饮业企业，规模以上服务业企业。

重，转向以财政资金支出审计为主，财政收支和转移支付资金审计并重，并注重与部门预算审计、专项资金审计结合。2005年11月，开始实施第一个绩效审计项目——江东北区污水处理厂项目建设及运营绩效情况审计。2007年11月，颁布实施《宁波市内部审计工作规定》，对行政企事业单位和乡镇经济财务活动实施审计监督。2008年，开始实施环境资源审计，组织城区内河污染治理情况、甬江流域污水排放和治理、水资源环境保护和建设等环境项目审计和审计调查。2015年，开始实施重大政策贯彻落实跟踪审计。2018年，建立财政、经济责任、投资、资产资源4个审计业务管理平台，实现业务统筹、资源共享，推进财政同级审计。2020年，通过大数据审计与现场审计相结合，首次实现市本级一级预算单位审计全覆盖。此后，不断扩展大数据审计应用范围。

市场监督管理 秦汉以后，对盐、铁、酒等实行官营官卖制度。1903年，清政府设立商部，实行“恤商政策”，颁发《公司注册试行章程》《商标注册试办章程》。民国时期，政府颁行《商标法》《商业登记法》《工厂登记法》等。1949年10月，宁波市工商局成立。1954年12月，广告管理由市建设局划归市工商局。1955年5月，国营、地方国营、公私合营企业及私营公司登记开始改归市、县工商部门直接办理。1957年1月，改自愿注册为强制注册。1963年4月，工商企业登记注册开始由工商部门统一办理。1979年以后，扩大工商部门的管理职责，在区（县、市）设立工商行政管理局。1979年8月，在市工商行政管理局设立经济合同管理科，管理经济合同。1983年以后，允许城乡居民和剩余劳力从事个体经营，简化登记审批手续。1984年，成立市标准计量局（1995年改为市技术监督局，2000年改称市质量技术监督局），加强计量和产品质量的监督管理。1990年，颁行个体工商户、私营企业从事生产经营行业、商品及商业批发的规定。1993年，推动企业登记由审批设立制度向工商行政管理机关依法独立核准登记制度过渡，依法确认市场主体资格。1994年，建立市场年检制度。1999年，《中华人民共和国合同法》颁布实施，工商行政管理机关被赋予合同监管职能；在市医药管理局增挂市药品监督管理局牌子（2002年单独成立），开始监督管理药品质量。2002年，宁波市全面推行企业注册“一审一核”制度。2003年，颁行《宁波市知名商标认定和保护办法》，首次认定93件宁波市知名商标。2004年，实施商品准入制度，首先在宁波二号桥市场等4个大型副食品批发市场实行。2005年，在市药品监督管理局基础上成立市食品药品监督管理局，加强食品质量监管。2007年，开始对商标印制企业实行企业信用等级管理。2009年，建立和完善市知名商标、省著名商标、驰名商标三级认定体系，跟踪管理知名商标。2013年，开始实施商事制度改革，提升市场准入便利度。2014年，整合工商、食品药品监管职能，成立市市场监督管理局；深化工商登记制度改革，实行“宽进严管”。2015年，全面推进商事“五证合一、一照一码”登记制度改革，发放载有统一社会信用代码的营业执照。2018年，在全国首创“商标保险+维权+服务”模式。2019年，整合市场监管、质量技术监督、知识产权、价格监管、打击假冒伪劣与反垄断等职能，提升市场监督管理效能。2022年，宁波市入选全国第二批专利复审无效案件多模式审理试点名单。

产业园区

自1984年，首个国家级经济技术开发区成立后，宁波各级各类开发园区相继成立，类型、层级不断拓展，一度出现“乡乡建区、镇镇办园”的景象。至1994年，形成“两区一岛”（宁波经济技术开发区、宁波保税区、宁波大榭开发区）的国家级开发区，其他开发园区没有统一规划布局和功能定位，多沿公路分布，规模小、分布散，以原有企业集聚为基础而建，设施简陋，厂房建设不标准，民宅式园区较多。1995年以后，由于国家冻结市、县土地审批权，市政府重新确立工业园区建设规范，提高审批要求，获准建设的园区较少。1999年以后，工业园区快速发展。至2002年，全市共有开发园区114个，遍布各区（县、市）。其中鄞州、慈溪、余姚较多，全市入驻园区的工业企业14440家，占全市的50.8%，实现工业总产值1178.5亿元，占全市的36.2%，工业增加值对全市工业增加值增长贡献率达77.5%，对全市地区生产总值增长贡献率为44.2%。2003年，开始清理不符合国家规定的开发园区，禁止乡、村、企业用地称工业园区，相当一部分改称工业功能区和工业集聚区（工业区块）而继续存在；控制新设园区报批，实施园区资源整合和产业升级改造。2004—2006年，国家发展和改革委员会联合国土资源部、建设部陆续公布通过审核批准的开发区名单，全市共有17个入列，其中国家级6个、省级11个。此后，又不断整合、发展。至2020年，全市各类开发园区总数达298个，其中国家级11个、省级17个，市级及以下270个，涵盖开放合作、产业发展、科技创新、港航物流等领域，生产总值占全市地区生产总值的60%。经“淘汰撤销一批、转型提升一批、整合优化一批、创建打造一批”后，省政府办公厅于2021年5月公布（省级以上）开发园区名单，宁波市有宁波前湾新区（中意宁波生态园、宁波杭州湾经济技术开发区、宁波前湾综合保税区）、宁波经济技术开发区［宁波大榭开发区、宁波保税区、宁波北仑港综合保税区、宁波梅山综合保税区、宁波梅山先进制造高新技术产业园区、中国（浙江）自由贸易试验区宁波片区］、宁波高新技术产业开发区（宁波新材料科技城）等20个开发园区入列。

宁波前湾新区　2001年，慈溪经济开发区从慈溪中心城区调整至杭州湾新区。2005年6月，国务院批准在慈溪经济开发区内设立浙江慈溪出口加工区。2010年2月，在整合慈溪出口加工区和经济开发区基础上，宁波杭州湾新区正式成立。2011年8月，市政府颁布《宁波杭州湾新区管理办法》，赋予该区市级经济管理权限和县级社会行政管理职能。2014年2月，国务院同意浙江慈溪经济开发区升级为国家经济技术开发区，定名为慈溪经济技术开发区。2015年4月，经国务院批准，慈溪经济技术开发区更名为宁波杭州湾经济技术开发区。2016年，跻身全国首批58个产城融合示范区之列。2020年4月，国务院同意浙江慈溪出口加工区整合优化为宁波前湾综合保税区；12月，通过封关验收。同年，宁波市颁行《前湾新区规划体系建设总体方案》，构建“1+4+X”规划体系；建成前湾新区项目建设管理运行统筹机制，明确前湾新区指挥部“两市一区”（余姚市、慈溪市与杭州湾新区）的职责分工。2021年12月，宁波前湾新区挂牌成立，整合宁波杭州湾新区、余姚片区、慈溪片区，保留中意宁波生态园、杭州湾经济技术开发区、前湾综合保税区等国家级平台，撤销省级以下平台；在管理体制上，设立宁波前湾新区管委会，挂中意宁波生态园管委会、宁波杭州湾经济技术开发区管委会、宁波前湾综合保税区管委会牌子，撤销宁波杭州湾新区管委会、慈溪高新技术产业开发区管委会和慈溪市环杭州湾创新经济区管委会牌子。前湾新区重点发展汽车、高端装备、电子信息等产业。2022年，实现地区生产总值1379.5亿元，规模以上工业增加值759.6亿元，服务业增加值429.3亿元，实到外资4.3亿美元，货物出口总额505.2亿元，形成特色产业集群40个。

宁波经济技术开发区　位于北仑戚家山街道。1984年10月，国务院批准建立，是全国第三个国家级开发区。1985年7月，开始建设基础设施。1986年12月，国务院批准建立北仑港工业区，享受经济技术开发区待遇。1991年10月，北仑港工业区启动青峙、小山、港前3个工业小区开发建设。1992年10月，国务院批准宁波经济技术开发区与北仑港工业区合并，统称宁波经济技术开发区。同年11月，国务院批复同意成立宁波保税区，选址在港前工业小区。1993年3月，国务院复函同意中国国际信托投资公司成片开发大榭岛，实行经济技术开发区政策；10月，宁波大榭开发区管理委员会获准成立。2001年，北仑开发建设委员会成立，统一领导和协调北仑区域的开发建设。2002年6月，国务院批准设立浙江宁波出口加工区，设在宁波经济技术开发区内（2004年3月封关运作）。同年8月，市政府同意设立宁波出口加工区管理委员会，与宁波保税区管委会实行“一套班子、两块牌子”模式。2002年11月，宁波经济技术开发区、北仑区实行“一套班子、两块牌子”模式。2004年8月，国务院批复同意宁波保税区与港区开展联动试点，设立宁波保税物流园区。2008年2月，国务院批复同意建立宁波梅山保税港区，这是全国第5个保税港区。2010年，省委、省政府批准设立梅山国际物流产业集聚区，将春晓、郭巨等周边区域纳入集聚区，成为全省14个大平台之一。2014年3月，宁波经济技术开发区获批省内首个国家生态工业示范园区；同年，宁波保税区实施跨境进口电子商务试点。2015年9月，宁波国际海洋生态科技城挂牌成立，实行海洋科技城、保税港区、产业集聚区“三块牌子、一套人马”模式。2016年，宁波经济技术开发区获批成为国家新型工业化产业示范基地，宁波保税区获批成为中国（宁波）跨境电子商务综合试验区。2017年9月，省政府批复设立宁波“一带一路”建设综合试验区，以宁波梅山新区为核心载体，努力建成“一带一路”倡议枢纽城市。2020年4月，国务院批复同意，宁波梅山保税港区整合优化为宁波梅山综合保税区，宁波出口加工区整合优化为宁波北仑港综合保税区。2020年9月，国务院发布中国（浙江）自由贸易试验区扩展区域方案，由宁波片区46平方千米、杭州片区37.51平方千米、金义片区35.99平方千米组成。其中宁波片区包含宁波梅山综合保税区、宁波北仑港综合保税区、宁波保税区。2021年5月，宁波经济技术开发区、宁波保税区、宁波北仑港综合保税区、宁波大榭开发区、宁波梅山综合保税区以及浙江自贸试验区宁波片区整合为新的宁波经济技术开发区，总面积约615平方千米；2022年1月，挂牌运作，实行“一套班子、六块牌子”模式。至2022年，开发区有近40个国家和地区的企业入驻，其中不乏美国埃索（Esso）、英国石油公司（BP）、日本三菱、韩国三星、印尼金光、泰国正大等国际知名企业，形成现代化临港大工业体系，集聚电力、化工、不锈钢、修造船、汽车、现代纸业、机电、轻纺、粮油食品、塑胶、建材以及港口物流等产业集群。2022年，实现地区生产总值2630.8亿元，进出口总额4518.6亿元，实际利用外资14.09亿美元。

宁波国家高新技术产业开发区 1994年，甬江新区管理委员会成立。1997年，宁波科技工业园区成立。1999年，宁波科技工业园区与甬江新区合并，统称为宁波市科技园区，又称宁波高新技术产业园区。2000年，经省政府批准，升级为省级高新技术产业园区；2007年，晋升为国家级高新区；2009年，跻身国家创新型科技园区试点和国家知识产权试点园区行列。2013年，中共宁波市委、市政府做出以高新区为主要依托建设新材料科技城的决定，核心区规划总用地面积约55平方千米，由宁波高新区、宁波高教园区北集聚区、镇海新城北区3个区块组成。2018年2月1日，国务院批复同意宁波高新区建设国家自主创新示范区。2020年，入选国家“百城百园”项目、第三批大众创业万众创新示范基地建设名单。至2022年，累计引进中国科学院宁波材料技术与工程研究所、中国兵器科学研究院宁波分院、宁波中科集成电路设计中心、宁波微软技术中心、TRW亚太技术中心等科技研发机构140多家，集聚日本三洋、美国伊顿和日银IMP微电子、均胜电子、升谱光电、永新光学等各类企业2000多家，建成宁波市科技创业中心、浙大科创中心等“孵化器”。当年，在全国国家高新区综合排名第14位，实现地区生产总值379.7亿元，其中高新技术产业增加值104.13亿元、科技服务业增加值50.32亿元；规模以上工业总产值307.22亿元，其中高新技术产业产值270.91亿元；科技服务业营业收入141.29亿元，外贸进出口总额385.4亿元。

技术　品牌

技术创新策略　1994年，开始实施工业“320工程”，即在全市选定20只名牌拳头产品、20家优势骨干企业、20个新兴产业和产品门类予以重点扶持。1996年，开始实施“实力工程”，选定第一批10家企业，实行“一厂一策”，给予改革指导和政策扶持。1998年，第一次在全市范围内实施技术创新试点，确定宁波中策动力机电集团有限公司等11家企业为市级试点单位。2005年，实施“双十双百”工程①，培育企业技术中心，构建以企业为主体、产业化为导向的区域创新体系。2006—2010年，实施“1520”工程②，培育一批创新能力较强的企业。2013年，开始实施“龙头企业创一流”工程，推进企业梯队建设。2015年，启动创建国家新型工业化产业示范基地，开展企业急需技术产学研对接，推进工业新产品开发。2016年，以创建“中国制造2025”试点示范城市为重点，以智能化制造为主攻方向，在高端装备、新材料等领域建设具有国际影响力的制造业创新中心。2019年，全市以“246”万千亿级产业集群③为重点，实施关键核心技术突破、自主创新技术产品转化、单项冠军企业梯队培育、重点产业补链强链、产业生态优化“五大工程”。2022年，石墨烯创新中心成为全省首个国家级制造业创新中心，宁波工业

① “双十双百”工程，即建成10家国家级企业工程（技术）中心和重点实验室、10个市级科技创新平台，培育100家国家级高新技术企业、100家省级研发机构。

② “1520”工程，即构建与完善1个以企业为主体、市场为导向、产学研相结合的工业科技创新体系，重点发展电子信息、光机电一体化、新材料、生物与医药、新能源与环境保护5个高新技术群，优先支持20类关键技术。

③ “246”万千亿级产业集群，即绿色石化、汽车2个世界级的万亿级产业集群，高端装备、新材料、电子信息、软件与新兴服务4个具有国际影响力的五千亿级产业集群，关键基础件/元器件、智能家电、时尚纺织服装、生物医药、文体用品、节能环保6个国内领先的千亿级产业集群。

互联网研究院入选国家新一代人工智能开放创新平台，深海耐压防腐材料等一批关键核心技术被攻克，知识产权行政保护绩效考核蝉联全国第一，入选国家知识产权强市建设示范城市，有效发明专利拥有量达4.7万件，研发投入强度达3.0%。2023年，启动全国首批中小企业数字化转型试点，开始以“361”万千亿级产业集群①为重点，以数字技术创新为核心驱动力，提升发展20个战略产业园，融合发展70个优势产业社区，构建“2070”工业集聚区体系，建设智造创新高地，创建数实融合标杆城市和全国新型技术改造试点城市。

名牌战略　1993年，市委、市政府决定实施名牌战略，鼓励、扶持企业打造知名品牌，推动企业跨越式发展。1994—1998年，累计创建市级以上名牌154个，其中省级名牌34个、市级名牌139个。2002年，开始对获得中国名牌、中国驰名商标的企业，给予一次性奖励20万元。2002年，维科、博洋床上用品，双鹿、豹王一次性碱性锌锰电池，大红鹰卷烟，帅康电热水器等6个产品被认定为中国名牌产品。2004年，确定以有较大竞争优势的“510产业”②为重点，加快建设一批品牌产业。至2005年，宁波市获得“中国品牌之都”称号，拥有11个中国驰名商标、35个中国名牌产品、173个浙江省著名商标、113个浙江省名牌商品；有20个品牌跻身商务部“重点培育和发展的出口名牌”目录，12个品牌登上2005年中国500个最具价值品牌榜，5家企业的商标被评为中国最具价值驰名商标。同年，颁布《关于推进“品牌之都”建设的若干意见》等政策，全面推进品牌建设。至2007年底，全市累计培育159个中国驰名商标、61个中国名牌产品、20个商务部“重点培育和发展的出口名牌”、9个商务部“最具市场竞争力品牌”，有258个浙江省著名商标、210个浙江省名牌产品；拥有雅戈尔、奥克斯、罗蒙、方太、波导、大红鹰、维科、帅康、双鹿等为代表的品牌企业。当年，工业名牌产品实现销售产值2863亿元，占规模以上工业销售产值的37.6%。2008年，开始实施自主品牌战略，深化“品牌之都”建设，培育一批品牌开发经营示范企业；至年底，全市累计培育233个中国驰名商标、61个中国名牌产品，第三次蝉联“中国品牌之都”称号。2010年以后，以块状经济为依托，打造

---

① “361”万千亿级产业集群，即数字产业、绿色石化、高端装备3个万亿级产业集群，新型功能材料、新能源、关键基础件、智能家电、时尚纺织服装、现代健康6个千亿级产业集群，以及一批新兴和未来产业集群（18个细分行业集群）。

② “510产业”，即石化、能源、钢铁、造纸、修造船5个临港支柱产业及后续产业，电子信息、装备制造及关键基础件、精密仪器仪表、汽车及零部件、新材料与新能源、纺织服装、家用电器、精细化工与生物医药、模具、文具10个重点优势行业。

区域整体性品牌。2016年，实施商标品牌战略，新增中国驰名商标7件，累计83件，境外（马德里）商标和地理标志证明商标量居全省第一。2018年，新认定中国驰名商标4件，累计90件。2022年，开始实施品牌战略行动计划（2022—2026年），开展品牌创建、品牌培育、品牌推广、品牌保护“四大行动”，推进宁波“品牌强市”建设。至2023年，全市有效注册商标达50.2万件，拥有地理标志65件（居全省第一位）、“品字标浙江制造”企业495家、“品字标浙江服务”品牌6个、“品字标浙江农产”品牌9个、“丽水山耕”品牌74个；获得市级及以上政府质量奖97个，其中中国质量奖（含提名奖）8个，省政府质量奖（含创新奖）14个；获得市级以上标准创新贡献奖30个，其中中国标准创新贡献奖13个，省标准创新贡献奖7个。

居民收入与消费支出

城镇居民收入 民国时期，工商企业职员、工人工资高低悬殊。经理、厂长和其他高级职员，多高薪厚禄；职工工资低，劳动计酬形式分为定额工资、计件工资、拆账工资及小费等其他收入。当时就业率极低，尤其妇女，一般每户只有1人就业。一名普通职工连同业主供膳在内，月收入米2～3石。按每户4.5人计，居民人均月生活收入相当于33～50千克的米。小学教师、一般公务人员每遇患病、失业，则靠借贷或变卖衣物度日。解放后，随着职工就业面扩大，城镇居民生活日渐改善。1949年，城镇职工年均工资360元。1957年，老市区居民人均年生活费收入166元；1978年，增至306元。改革开放后，居民收入随着经济发展而快速提高。1990年，市区居民人均可支配收入1963元，较1957年提高10.8倍，扣除物价因素，实际增长3倍多。1991年以后，市区居民人均可支配收入稳步上升，2000年突破1万元（10921元），2007年迈上2万元台阶（22307元）。2010年，城镇居民人均可支配收入突破3万元（30166元），2013年超过4万元（41729元），2016年突破5万元（51560元），2018年登上6万元台阶（60134元），2021年突破7万元（73869元），2022年达76690元。2023年，城镇居民人均可支配收入迈上8万元台阶（80144元），全市居民人均可支配收入达71731元；2024年，分别增至83110元、74806元。

农村居民收入 旧时，宁波农民生活清贫，遇特大天灾，即家破人亡。解放后，农民生活逐渐改善。1949年，农民年人均收入相当于330千克的稻谷。1956年，农村实现合作化，农民人均年集体分配收入54元。1957年，农业收成较好，人均分配收入增至65元。之后，收入增长缓慢。1977年，人均分配收入110元，比1957年实际增长67.8%。

1978—1981年，农民人均每年集体分配收入120～139元，比1977年增长9.1%～26.4%。1982年以后，全面推行家庭联产承包责任制，调整农产品价格、税收、收购政策和产业结构，农民收入大幅度提高。1988年，农民家庭人均生产性纯收入953元，比1978年增长5.31倍。1993—1996年，农民收入总体上保持快速增长态势，每年增幅均超过20%，其中1994年增长率超过30%。1997—2003年，增速明显放缓，低于10%。2004—2010年，均保持10%以上的增速。其间，自20世纪90年代始，大量农民开始转移到二、三产业就业，直接从事农业生产的农民逐步减少，农民收入结构发生明显变化，经营性收入占比由1991年59.89%降至2010年29%，工资性收入占比由1991年32.62%提高到2010年57%。2011—2014年，全市农村居民人均纯收入以两位数速率增长，从16518元增至24283元。2015—2018年，农村居民人均可支配收入从2.7万元增至3.4万元。2019—2022年，农村居民人均可支配收入从36632元增至45487元。2023年，农村居民人均可支配收入达48350元，居全国城市首位；2024年，增至51203元，城乡居民人均收入倍差是1.62，连续21年缩小。

城镇居民消费支出　居民家庭消费支出随收入增长而增加，消费结构亦随之变化。1952年至1990年，城镇居民的食品支出比例逐渐减少，老市区居民食品支出占生活消费支出总额比例：1952年70%，1966年61.4%，1985年降到50.2%，1990年回升至56%（食品价格比其他生活消费品价格上涨较快）；穿、用两项消费支出比重：1952年占14.5%，1966年上升为17.9%，1985年升至37.5%，1990年因吃的比重提高，降至28.9%；城市居民住房和职工医疗保健、上下班交通费用均由国家或企事业单位承担，个人只缴纳少量费用。1990年，市区人均生活费支出1628元，吃、穿、用物质消费人均每月110.7元，占生活消费支出81.3%，用于教育、体育、旅游、娱乐等各项文化生活支出，人均每月15.26元，占生活消费支出11.2%。2010年，市区居民人均消费性支出19420元，比1990年增长11.2倍，年均递增12.9%，在全国36个大中城市中位居第7位，比全国平均水平17295元高出12.29%。随着城市居民消费水平的提高，生存型消费支出比重逐渐降低，享受型和发展型消费支出比重不断上升。20世纪90年代末，恩格尔系数下降至40%左右，消费结构序列演变为吃、学、用、穿、住、医、行。进入21世纪以后，恩格尔系数在40%以下，2010年达到最低值，为34.74%，此时的消费序列演变为吃、行、学、穿、住、用、医，交通和通信消费支出跃居次席。2017年，恩格尔系数降至27.8%，城镇居民生活水平达到富足水平标准，在教育、医疗、娱乐等方面的支出持续增加，消费结构更加多元化和优化。2022年，城镇居民人均生活消费支出47916元，全市居民人均消费支出42997元；2024年，分别增至53285元、48366元。

农村居民消费支出 20世纪50年代中期至1977年，农民收入增长缓慢，消费水平较低，生活消费一直徘徊在低水平上。1978年以后，消费水平提高较快。消费支出比重的顺序，1980年是吃、穿、用、住，1985年和1990年则为吃、住、用、穿。1990年，据抽样调查，农民家庭用于生活消费支出人均1166元，吃支出占50.7%，住支出占23.4%，文化支出占4.1%。1991年以后，农村居民生活在解决温饱的基础上开始向总体小康生活迈进。按照1992年国家统计局制定的《全国小康生活水平基本标准》6个方面16项标准，1997年宁波市总体小康实现程度达97%，提前达到总体小康水平。1998年以后，农村居民恩格尔系数降到50%以下。进入21世纪以后，农村居民收入增长摆脱徘徊波动的局面，进入新一轮较快增长阶段，农村居民人均生活消费支出稳步增长。2003年以后，农村居民恩格尔系数为40%左右，农村居民消费结构序列的基本稳定为吃、住、学、行、医、穿、用和其他。到2010年，农村居民消费支出达到9794元，比1990年增长7.4倍，年均增长10.5%。此后，农村居民消费水平不断提升，生存型消费支出比重继续降低，享受型和发展型消费比重不断提高。2022年，农村居民人均生活消费支出29514元；2024年，增至34385元。

卷八 | 民营经济

乡镇企业概况

1952年，宁波农民兼营手工业的有7.04万户，从业人员8.94万人，产值568.8万元。1953年，鄞县大皎乡（今属海曙章水镇）建成小水电站，安装碾米机、木制榨油机、圆盘锯木机各1台，从事粮油、锯木加工，为乡办集体工业企业的发端；慈溪庵东区组建盐业低级生产合作社，为最初的村办工业企业。1956年，有930个高级农业生产合作社建立工副业队，完成工业总产值186万元，由此构成社队工业的雏形。1958年，在人民公社化浪潮中，农村手工业生产合作社（组）和农业生产合作社的工副业队大多无偿地转为公社企业，同时又新办一批工厂。1958年末，有社办企业1321家，从业人员81746人，完成工业总产值4467万元。1959年，把从手工业合作社和高级农业合作社无偿平调来的企业退还给手工业和农业生产大队。由于国民经济比例失调，社队企业被压缩。至1963年，仅有社办企业76家，从业人员2324人，完成工业总产值214万元，队办企业完成工业总产值1272万元，合计1486万元，占全市工业总产值的3.04%。1965年9月，中共中央、国务院颁发《关于大力发展农村副业生产的指示》，为创办社队企业提供政策保障。1966年以后，社队企业出现较快的回升势头。1969年，社队企业工业总产值首次超过1亿元，达10061万元，占全市工业总产值的14.36%。1974年，慈溪社队企业工业总产值首次超过1亿元，达10370万元。1976年，宁波有社队企业1282家，从业人员124986人，完成工业总产值49894万元。其中余姚、慈溪、鄞县社队工业总产值均超1亿元，分别为12843万元、11685万元、10385万元。此后，三县一直名列省内县级社队企业前茅，与绍兴市、萧山县一度被称为全省县级社队企业的“五只小老虎”。至1978年，社队企业增至5398家，从业人员323998人，占农村劳动力总数的16.63%，产值65371万元，占全市工业总产值的26.93%。

1979年，国务院颁布《关于发展社队企业若干问题的规定（试行草案）》，社队企业呈现新发展局面。同年，西郊公社工业总产值达1132万元；次年，增至2038万元，连续居全省公社的首位。1980年，社队企业发展受到“以小挤大”“落后挤先进”“挖社会主义墙脚”等指责。1981年，在中共中央、国务院肯定下，乡镇工业自觉调整发展方向、行业结构和产品结构，继续发展。1983年，鄞县跻身全国19个社队企业年总收入超5亿元的先进县行列。1984年3月，中共中央、国务院转发农牧渔业部《关于开创社队企业新局面的报告》，提出要对乡镇企业“积极扶持，合理规划，正确引导，加强管理”。同年9月，全市社队企业改称乡镇企业。此后，农民联户合办企业及个体企业兴起，形成县辖区、乡镇、村办集体企业和联户合作企业、个体企业多层次组合的结构。1985年，全市开始实施“多路并进、集体为主，外引内联、双向发展，城乡结合、农工一体”方针，乡镇企业职工发扬“跑遍千山万水，说尽千言万语，想尽千方百计，历尽千辛万苦”的“四千万精神”，乡镇工业出现更加迅猛的发展势头。至1987年，全市有乡镇企业39895家，从业人员902484人，占农村劳动力总数的36.05%，完成工业总产值903297万元，占全市工业总产值的55.41%。1988年，以上规模、上质量、上水平、发展外向型经济为目标，持续发展乡镇工业，实现工业产值1234481万元，首次超过100亿元。1989年8月以后，受宏观经济制约，在调整、整顿、改组改造中，先后关停村以上集体企业1539家、联户及个体企业4000余家，并转集体企业241家，从业人员减少9万余人。1990年2月，市委、市政府提出“转思路、抓机遇、闯新路”措施，促进乡镇企业发展；6月，国务院发布《中华人民共和国乡村集体所有制企业条例》，首次以法规形式肯定乡镇企业；10月，市委、市政府提出“两改三上一提高”①和“三强三高创名牌”（即强镇、强村、强厂，高科技、高附加值、高效益）发展战略，乡镇工业生产得到回升。年末，有企业36809家，从业人员790488人，占农村劳动力总数的31.11%；产值1476483万元，占全市工业总产值的62%；工业总收入1143350万元，占农村经济总收入的71.18%；实缴销售税和所得税71716万元，占市地方预算内财政收入的45.13%。当年，工业总产值、村以上集体企业利润和实缴税金，均居全国计划单列城市的首位；象山爵溪镇工业总产值2.57亿元，出口产品交货值1.4亿元，居全市乡镇首位，获得省“工业卫星镇”和“中国乡镇之星”称号。

① “两改”，即发挥重点骨干企业、拳头产品的优势，兼并或联合小型、微利、亏损企业，实施企业组织改组；采用新技术、新工艺、新装备，引进和培养各种科技人才和管理人才，实施企业技术改造。“三上”，即大力促进企业上规模、产品上质量、管理上水平。“一提高”，即不断提高经济效益。

1992年1月30日，宁海县乡镇企业浙江大梁山啤酒厂兼并亏损的国营企业宁海天明山啤酒厂，这是市内乡镇企业兼并国营企业的首例。此时，宁波乡镇企业遭遇发展瓶颈，如大锅饭、铁饭碗现象继续存在，管理水平低，资源浪费严重，效益不好，机制优势逐渐弱化；国有企业放权让利等改革深入推进，私营企业开始崛起，身处夹缝的乡镇企业面临巨大挑战。1992年下半年，宁波市启动以产权制度改革为核心的乡镇企业转换经营机制工作，提升企业市场竞争力。自1993年起，在全市开展乡镇企业产权制度改革。1996年，通过税收减免、退税返还、贷款贴息、财政支持、投资优惠等政策措施，培育、激励、扶持乡镇企业推进科技进步；通过引导企业加快技术改造，促进企业技术创新；对转制企业进行规范、完善和提高。改革收到较好的效果，全市乡镇工业经济总量居全省首位、全国计划单列市第一位。1997年，实施《1997—2000年乡镇企业产品质量振兴方案》，组织企业申请ISO 9000系列认证，全市有50家骨干企业通过认证，累计创建名牌产品86只，其中国家级名牌产品7只。至2000年，全市乡镇企业全部完成改革，基本上转化为以民营资本为主的混合经济企业。

主要门类　20世纪50年代中期，宁波农村以木、铁、泥、石、篾五匠为主的手工业者，办起一批以手工操作为主的小加工厂，从事小农具、小塑料、小五金、土纺织之类的简易低级产品的加工；有的乡村还办起一批农机具的排灌维修企业。几经发展，至70年代，社队工业有以建材、机械、纺织、塑料、化工、金属制品为主的近10个行业30余个门类。至80年代初期，形成20余个行业近100个门类的生产体系，主要行业有纺织、机械、塑料制品、电子仪表、电器、缝纫皮革、金属制品、化工、建材、冶金、食品、工艺制品、造纸等。至80年代中期，主要有机电、化工、纺织、建材、食品五大行业。1985年，纺织、机械、塑料制品行业年产值均超7亿元，电器、金属制品、建材行业年产值在3亿元以上。90年代初，鄞县、余姚、慈溪偏重发展机械、化工、轻纺等行业，奉化、宁海、象山的食品等行业比较发达。90年代中后期，全市形成以服装制造业、棉毛纺织和针织业、电子元器件及材料制造业、塑料机械制造业、机械基础制造业、汽车摩托车及其零配件制造业、日用（家用）电器制造业、通用仪器仪表制造业、有色金属冶炼及其压延加工等为主的优势行业。

经营体制　20世纪50年代中期至70年代末，社队企业有县属区、人民公社、生产大队（村）3个层次的企业。1966年，部分队办企业以小靠大与公社办企业联营。1978年4月，慈溪新浦公社铜匠出资创办小五金家庭工厂；次年，慈溪白沙公社农户自置设备兴办加工针织衫裤家庭企业，宁波开始出现农民个体企业和联户企业。1979年，余姚韩陶制衣厂成立，这是宁波首家开展外资补偿贸易的社队企业。至80年代初，形成区（乡镇）办企业、村办企业、联户企业、个体企业组合的格局（称“四轮驱动”）。随后，出现跨地区、跨行业的横向联营企业，与外商或港商合资合作经营企业，形成多层次、多种所有制兼容的结构。1980年12月，鄞县白岳公社与香港发达眼镜制造厂、五洲眼镜制造有限公司合资，成立宁波东方眼镜制造有限公司，这是宁波首家合资企业。1990年，全市有乡镇企业36809家，其中，中外合资经营企业67家，横向联营企业876家（跨省、市、自治区联营453家），联营形式有生产型、资金型、技术型等。1990年，全市开始逐步推广乡镇企业“一包五改”①承包经营责任制，提高企业经营效益。同时，乡镇企业向大企业特别是上海的大企业靠拢，依靠和吸收大企业技术力量，从产品协作配套开始，通过横向联合移植名牌产品等途径，逐渐成长为优势特色产品和骨干企业；通过吸收外资，加强工贸联营，扩大出口创汇；调整产品结构，开发新产品。1991年6月，市政府转发《宁波市乡镇企业局关于进一步扶持乡镇企业发展的若干意见》，明确指出对国有大中型企业的有关经济政策同样适用于宁波市确定的乡镇骨干企业。鄞县、宁海、慈溪等地采取对骨干企业分级、分类指导，重点扶持，提升企业管理水平。

企业改制 宁波市乡镇企业初创阶段，沿用农业承包办法，在经营机制上主要实行经济承包责任制。1992年下半年，全市开展以股份合作制为重点的乡镇企业转换经营试点，并于1993年全面推行。各地在改革中“抓大转中放小”，因厂施策：对优势产业、名牌产品，以骨干企业为龙头组建企业集团；对规模较大、效益较好、有一定知名度的企业，组建股份制企业；对具有一定规模、效益较好的企业，改建成股份合作制企业；对小型、微利、亏损的企业，进行拍卖、租赁或风险抵押承包。1993年8月16日，宁波雅戈尔（集团）股份有限公司成立，在全市首次以职工发展基金协会的形式处理乡镇企业的产权归属问题，这是全市乡镇企业中首家规范化的股份有限公司试点企业。1996年，针对部分地方和企业“以改代转”的状况，全市由点到面地开展乡镇企业转制的规范完善提高工作；转变乡镇政府职能，实现政企分开、政资分开；规范企业行为，变更工商、税务登记，依法办理土地使用权证和租赁使用手续；收回大部分转制企业的拍卖转让资金，明确企业转制前的国家减免税归属，纠正转制过程中政府的平调行为，退回弥补乡

① “一包”，即厂长（经理）承包，承包期一般为3～5年；“五改”，即改厂长（经理）行政委任制为聘任制，改职工调配制为招考合同制，改职工固定工资制为计件、浮动工资制，改封闭半封闭式经营为开放式经营，改行政包办为放手“民办”。

镇政府财政的集体资金，调整部分转制企业集体股定率分红比例和租赁企业的租金；建立乡镇社区成员代表会、集体资产管理委员会和集体资产经营公司，依法行使对乡镇级集体资产的管理；村级集体企业和参股企业由村经济合作社依法行使集体资产的所有权和经营管理权；健全转制企业内部的法人治理机制，建立董事会、监事会等组织机构以及集体资产管理制度等。至1997年底，全市17904家乡镇企业，通过拍卖、租赁、股份制改制等形式完成转制的有1.66万家，转制面92.75%；乡镇、村两级集体在企业的所有者权益为70.7亿元。至1998年底，实行各种形式转制的乡镇企业达1.72万家，转制面95.9%。其中，实行股份有限公司40家、有限责任公司478家、股份合作制1338家、拍卖转为个体私营企业2948家、原挂集体牌子摘帽转为个体私营的企业3024家、中外合资247家。至2000年，全市乡镇企业全部完成改革。

民营经济概况

1887年，宁波第一家近代工厂通久源轧花厂成立，迈出宁波近代民族工业第一步。20世纪初，宁波私营工商业的资本原始积累速度不断加快，出现和丰纱厂、正大火柴厂、光明皂烛厂、钱庄等近代民族企业。1921年，宁波城区有近代工业企业39家；到1932年，增至158家。此后，经历全面抗日战争时期的萎缩、受挫。中华人民共和国成立前夕，宁波有私营企业921家，职工2.76万人，百人以上工厂仅8家。

解放后，在政府扶持下，私营工商业得到恢复发展。1949年底，宁波老城区有工业企业188户、手工业1793户、商业3223户。1953年，宁波城区有私营工商业14124户，从业人员30117人；个体手工业3011户，从业人员13122人。此后，随着资本主义工商业社会主义改造的推进，宁波私营工商企业纷纷实行公私合营。到1956年1月19日，14个工业行业、80个商业行业、5个交通运输及建筑业，计3988户私营企业，全部实行公私合营。在随后的“大跃进”时期，大批个体手工业、小商小贩并入到国营、大集体企业，个体商贩仅存145户，173人。同时，社队企业开始发展壮大。1961年以后，贯彻“调整、巩固、充实、提高”方针，将并入到国营企业、供销合作社、公私合营企业的小商贩3537人析出。1962年，有小商贩8081人，其中参加合作商店4357人，合作小组2210人，临时商贩1514人。1963年4月，老市区开始登记个体商贩，到年底共核准登记8343人，其中参加合作商店5295人，合作小组2223人，临时商贩825人。“文化大革命”期间，个体商贩被视作“资本主义尾巴”遭取缔。

1978年12月，中共十一届三中全会允许各地可以批准一些有正式户口的闲散劳动力从事修理、服务和手工业个体劳动。1979年，《中华人民共和国宪法》“允许非农业的个体劳动者在城镇或者农村的基层组织统一安排和管理下，从事法律许可范围内的，不剥削他人的个体劳动”。个体工商业开始得到恢复和发展。当年，宁波有个体工商业者552人；其中，老市区有个体工商业者182人，工业企业842户，职工126318人。1980年1月8日，宁波市开始办理个体工商户登记发证，全年登记发证4597户，从业人员4689人。1983年以后，贯彻“国家、集体、个体一齐上”方针，允许城乡居民和剩余劳力从事个体经营，并放宽批准权限、经营范围和经营方式，简化登记审批手续。1985年4月，成立市个体劳动者协会。到1987年，全市有个体户10.57万户，从业人员16.04万人。1988年，国务院颁布《城乡个体工商户管理条例》和《私营企业暂行条例》，全市第一家挂市牌的私营企业——宁波市锡麟电子有限公司申请登记成立；全年登记注册私营企业275户，从业人员4138人。至1990年，全市个体工商户发展到140978户，从业人员239892人；私营企业增至2492户，其中独资企业1360户、合伙企业1078户、有限责任公司54户，从业人员33620人。1993年，宁波市允许个体工商户、私营企业从事综合经营、批发零售、长途贩运等活动，开始实施乡镇企业产权制度改革，转换经营机制。1994年，《中华人民共和国公司法》实施，全市私营企业快速发展，注册资本超千万元私营企业达11家，私营企业集团6家，产生40多个块状经济。至1997年底，全市私营企业发展到1.98万家，从业人员26.6万人；改制后的乡镇企业达8.92万家，从业人员115.89万人。1999年，宁波市成立发展个体私营经济指导协调小组，颁布《关于加快发展个体私营经济的意见》，全市32个相关部门都制定实施办法或细则，帮助个体私营经济“总量上规模，结构上层次，质量上水平，实力上台阶”。同时，推出“放宽经营限制，扩大经营领域；加强引导扶持，培育发展优势；加强综合服务，改善经营条件”等优惠政策，推动个体私营经济更快地发展。到2000年，全市乡镇企业改制工作全部完成，基本转化为适应市场经济发展的现代企业；规模以上工业总产值中，集体经济占13.2%，股份制经济占34.5%，私营经济占17.4%；规模以下工业企业绝大部分是个体私营企业。

2002年，市委、市政府召开当时宁波规模最大、规格最高电视电话会议——“发展民营经济、推进招商引资”电视电话会议；2003年，颁发《关于促进民营经济大发展大提高的政策意见》，引导民营企业向规模型、外向型、科技型、效益型转变。同时，加速营造个体私营经济主体地位平等、发展机会平等、政策扶持平等的外部环境。至此，全市民营企业完成“量的积累阶段”，开始进入以企业全面转型和提升为核心任务的

“质的提高阶段”。2006年，全市有个体工商户、私营企业和其他混合型经济实体在内的民营经济实体近30万户，产值1468.76亿元，贡献税收32.13亿元，投资占全社会固定资产投资总额的37.8%。

2008年，受国际金融危机影响，一些以出口加工为主的中小型劳动密集民营企业停产、歇业，规模以上民营企业停产、歇业的也有461家，占规模以上工业企业总数的4.2%。同年，宁波市在省内率先推出股权出质登记业务，激活“死钱”2000亿元。2009年，颁布实施《关于进一步放宽市场准入条件支持创业发展的若干意见》等扶持政策，支持居民创业发展，民营经济开始有所回升。2010年，进一步鼓励和引导民间投资健康发展，拓宽投资空间，推进农民创业投资，推动城镇居民创业投资，支持科技人员创业投资。至2010年，全市有个体工商户29.51万户，从业人员60.48万人，私营企业12.7万户，从业人员151.29万人；有135个产品的国内市场占有率居第一位，民营企业专利在全市1.6万件国家授权专利中占90%以上；全市民营经济创造的地区生产总值接近全市的80%，创造的利税约占全市的70%，创造的就业岗位数接近全市的85%。

2011年4月16日，国务院发布《个体工商户条例》(同年11月1日起实施)。随后，宁波市鼓励私营等各类资本以独资、控股、参股等方式进入新兴产业，凡法律、行政法规未禁止私营企业等非公有制经济经营的，都允许其经营。9月28日，慈溪浒山蓝色妖姬鲜花店获准登记成为企业，这是《个体工商户条例》发布之后宁波市第一家由个体工商户转型升级的企业(即“个转企”)。10月，市政府印发《关于保增促调推进中小微企业平稳健康发展的若干意见》，对生产经营困难的企业实施社会保险金缓缴、减征、补贴，给予岗位补贴等政策。至2011年底，全市累计实有个体工商户33.04万家，资金总额169.66亿元；私营企业142038家，注册资本3201.45亿元。

2013年5月，市政府颁发《关于支持个体工商户转型升级为企业的实施意见》，实行包括税收、社保、金融、行政许可等扶持政策，全面推进“个转企”。当年，全市有9456家个体工商户转型为企业，注册资本22.03亿元。此后，全市持续推进“放管服”(即简政放权、放管结合、优化服务)、“最多跑一次”和商事制度等改革，落实放宽民间投资市场准入、降低民营企业成本、完善知识产权保护制度、构建亲清新型政商关系等政策措施，激活民间资本活力。2018年11月，市委、市政府颁发《关于促进民营经济高质量发展的实施意见》，全市民营经济呈现快速健康发展态势。2020年新型冠状病毒肺炎疫情发生后，宁波市实施稳链纾困助企“47条”、稳经济“16条”、稳外贸稳外资10条纾困政策，帮助民营企业克服疫情影响，实现稳定发展。2022年，宁波130.4万户的市场主体中民营企业占比

97%，增加值突破万亿元，达到1.04万亿元，占全市的66%。2023年，市委、市政府制定新时代民营经济高质量发展措施“33条”，推出降本减负、优化环境、解难助力等举措。当年，全市累计实有市场经营主体1386269户，其中民营经营主体134.1万户（2024年增至137.5万户）；10家企业入选中国企业500强，20家企业入选中国民营企业500强；贡献全市69.2%的规模以上工业增加值、75.4%的进出口额、51.4%的固定资产投资、85%的就业岗位。

民营经济结构

行业（产业）结构　20世纪70年代末期至90年代初期，民营企业主要以数量扩张方式从事生产性和劳务服务行业，主要分布在工业和商业。进入90年代中期以后，民营经济的工业比重逐步下降，商业比重逐步上升，开始进入农业领域。在第三产业中，仍以商贸餐饮业为主，开始进入新兴服务业领域，涌现出中介机构、家政服务、科技开发、应用与服务公司、私人幼儿园、培训中心、网吧、心理诊所、休闲俱乐部等服务行业。至2000年底，全市从事农林牧渔业的个体工商户和私营企业744家，从事第三产业个私企业18.65万家，占总量的72.64%。进入21世纪以后，民营经济不仅在商业中占据较大份额，在工业、农业、现代服务业中均得到较好的发展，不断向物流、咨询等现代服务业扩张，民营投资在传统制造业和房地产业占据优势地位。2004年，全市从事第二、三产业的私营企业4.78万家，占企业法人单位总数的79.8%。至2007年底，全市从事农林牧渔业的个体工商户和私营企业有744家，从事制造业的有4.59万家，从事第三产业的有23.17万家。2010年，个体工商户数的一、二、三次产业比例为0.89%、21.91%、77.2%，私营企业数的一、二、三次产业比例为0.83%、51.69%和47.48%，建筑业和制造业成为发展的主动力，科学研究、技术服务和地质勘查业、房地产业、交通运输、仓储和邮政业增长幅度较大。2013年，注册资本1亿元以上的民营企业主要集中在投资与资产管理行业，其次是房地产开发经营和制造业，新设制造业民营企业向高端信息和技术服务行业转移，从事投资与资产管理行业的民营企业出资额不断增高。当年，全市有投资与资产管理类民营企业3133家，新设房地产民营企业524家，新设农林牧渔业民营企业842家。2017年，全市民营经济一、二、三次产业增加值之比为5.2∶51.7∶43.1，民营工业增加值2220.4亿元，占民营经济比重44%，批发和零售业、房地产业、租赁和商务服务业、交通运输等行业的民营经济增加值占民营服务业比重72.8%。2022年，民营经济三次产业增加值比例为3.7∶48.1∶48.2，第二产业增加值4662.2亿元，占全市第二产业的67.4%，第三产业增加值

4676.4亿元，占全市第三产业的63.2%；民营经济产业集群优势明显，有北仑模具、宁海文具、余姚塑料、慈溪小家电等传统产业集群，在汽车零部件、绿色石化、高端装备等万亿级现代产业集群中也占有相当大的份额。

块状经济　萌芽于20世纪五六十年代的社队企业，于改革开放初期逐渐形成，经过乡镇企业集、个体工商户和私营企业的集聚发展，进入21世纪以后得到快速发展。至2003年，在650多个商品交易市场的带动下，全市形成一地一品、一村一品的块状经济145个，占全省总数的30%以上；年产值786亿元，占全市工业经济总产值的60%以上。这些块状经济主要集中在一些特定的区域和产业，如鄞县服装、奉化服装、余姚塑料、鄞县古林（今属海曙）针织坯布及漂染、慈溪浒山化纤与针织服装、附海小家电、象山爵溪针纺织品、西周模具与塑料件、余姚梁弄灯具等。然而，这些块状经济也遇到发展瓶颈，主要集中在简单加工和低附加值生产上。随后，通过技术创新和产业升级，宁波的块状经济逐渐从简单加工向设计、研发、高端制造转变。2010年以后，进一步加快推进块状经济向产业集群提升，统筹打造一批高能级产业发展平台，推动块状经济的现代化转型，融入全球制造业分工体系。2018年，全市有产值1亿元以上的块状特色经济140多个，在全省14个工业产值超300亿元的块状经济中宁波占二分之一。至2022年，宁波市成为全国四大家电和三大服装产业基地之一，拥有中国文具之都、中国模具之都、中国注塑机之都等11个全国唯一的产业基地称号，服装、家电产业集群入选浙江省块状经济向现代产业集群转型升级示范区试点名单，形成以江北动力小镇、余姚智能光电小镇等为代表的14个省级制造业和信息化特色小镇。

企业规模结构　1989年，全市2426家私营工业企业户均注册资本6.64万元，没有一家超过100万元。20世纪90年代，全市民营企业规模不断壮大。1993年，全市3308户私营企业注册资本6.85亿元，其中注册资本100万元以上的108家，规模较大的有限责任公司有598家。2000年，全市有3.58万户私营工业企业，其中注册资本100万元以上的5319家、注册资本1000万元以上的205家（超1亿元的4家）、销售额超5000万元的68家（超1亿元的19家），入围“全国首批500家最大私营企业”9家、浙江省百强私营企业18家。2007年，民营企业户均注册资本152.97万元，注册资本100万元以上企业20.29万家，其中注册资本超1亿元的78家；有465家私营企业总产值或销售总额超过1亿元，其中私营企业集团164家，22家企业入围“中国民营企业500强”。2010年，营业收入额3亿元以上企业227家，浙江百强企业14家。2011年以后，全市个体私营经济保持增长态势，企业规模不断扩大。2021年，全市有1000亿元级民营企业3家，500亿～1000亿元级3家，100亿元级以上35家。

2022年，全市有9家民营企业入围“中国企业500强”，18家企业入围“中国民营企业500强”，19家企业入围“中国民营企业制造业500强”，4家企业上榜“中国民营企业服务业百强”。2024年，全市有104家民营上市企业，占全市的85.2%，22家企业入围“中国民营企业500强”，25家企业上榜“中国民营企业制造业500强”，5家企业跻身“中国民营企业服务业百强”；27家入围浙江省民营经济总部领军企业实现营收7.73万亿元，占全省规模以上企业营收的54.82%。

表8-3-1：2024年中国民营企业500强宁波市入围企业

单位：万元

排名	企业名称	2023年度营业收入总额
36	雅戈尔集团股份有限公司	19159142
58	宁波金田投资控股有限公司	14266515
73	中基宁波集团股份有限公司	12608513
113	奥克斯集团有限公司	8602936
134	远大物产集团有限公司	7770870
137	宁波富邦股份集团有限公司	7638531
153	浙江前程投资股份有限公司	7192900
176	宁波合盛集团有限公司	6446360
220	宁波均胜电子股份有限公司	5572847
273	太平鸟集团有限公司	4512505
274	韵达控股股份有限公司	4498251
277	宁波中金石化有限公司	4455744
303	得力集团有限公司	4023529
340	宁波申洲针织有限公司	3685398
343	利时集团股份有限公司	3677324
365	东方日升新能源股份有限公司	3532680
404	中哲控股集团有限公司	3339205
406	海天塑机集团有限公司	3328171
431	舜宇集团有限公司	3168126
447	宁波博洋控股集团有限公司	3063618
462	日出实业集团有限公司	2992890
488	宁波君安控股有限公司	2688236

民营经济管理

民营经济发展模式　民营经济有3个典型发展模式，即苏南模式、温州模式和珠江三角洲模式。苏南模式是在地方政府强力带动下以发展“能人经济”为着力点，本质上是“政府超强干预模式”；温州模式走的是一条农民自我发动、发展个体私营商业及工业企业、实现自我雇佣的发展之路，简单说就是“政府无为而治模式”；珠江三角洲民营经济的发展则更多地依赖于外资的进入，“大进大出、两头在外”，可以说是“政府协同外资模式”。宁波民营经济的发展是混合型模式，不是单纯以某一种经济体（如乡镇企业、个私企业或外资企业）为主体，而是在发展过程中吸收苏南模式、温州模式和珠江三角洲模式的长处，在市场经济竞争中发挥各个经济主体的积极性与创造性。同时，宁波人有外出经商传统，宁波又有良好的港口资源，发展外向型经济有明显优势。这种混合型发展模式在不同发展时期有不同的侧重点：在萌芽起步阶段，以乡镇企业、城乡个体工商户为主的共同发展；1992年以后，大量的乡镇集体经济转制或脱掉“红帽子”成为个体经济，同时不断提高外向度；20世纪90年代末期以后，宁波民营经济开始在政府和市场的双重引导下向制造业、现代服务业和高新科技领域发展，企业规模不断扩大、实力不断增强，外向型的“全球视野”也不断拓展。相对全国其他区域而言，宁波民营经济的混合型发展更有潜力，民营企业已成为宁波城市的金名片，宁波也成为浙江民营企业的大本营。

民营企业经营体制　20世纪80年代，宁波民营企业普遍注重投入，开展上规模的技术改造项目，用先进技术装备企业，提高竞争力；管理机构层层设立，形成健全的网络；通过不断的调整和整顿，产业结构渐趋合理；产品质量、经营责任制、资金、财务等基础管理开始得到强化，运行机制有所完善提高，逐步形成自负盈亏、多劳多得、参与市场竞争、优胜劣汰、灵活经营的机制。90年代，随着乡镇企业改制，民营经济所有制结构更加完善，经营机制更加灵活，营销方式更加多样。进入21世纪以后，民间资本进入各个新兴产业和高端领域，在新能源、新材料、信息产业、生物医药、节能环保等新兴产业中，处处活跃着民间资本的身影。主要以建立生产企业、创办销售公司、开展工程承包、设立研发机构、从事资源开发等方式进行国际营销。其中，创办销售公司（代表处）这一运营稳健、成本较低的海外营销方式最受企业青睐。在企业组织形式上，单体型企业逐步向多元化混合型企业发展，公司制组织形式增多。在企业治理结构上，大量小企业存在家族式管理，部分企业初步改变生产经营管理权由企业主独有的情况，出现不少引进战略投资者海内外上市的企业。在产业地位上，有不少企业发展成为分类行业的冠军企业。在企业布局上，从广大分散的农村地区向小城镇和城市等优势空间集聚，块状经济、产业链和集群化特色明显。

民营企业传承模式　20世纪90年代，民营企业主要采用家族式的管理体制，企业实行以家族主义为基础的家长式管理。进入21世纪以后，民营企业组织形式从个体制、家族制、合伙制，逐步向公司制发展。公司制的现代经营管理模式得到逐步推广，企业内部治理结构朝着现代企业组织的规范化方向发展，一些民营企业建立股东大会、董事会，企业重要事务决策权由董事会、股东大会集体讨论并做出判断和决策。但家族式管理模式仍占多数。宁波市民营企业主要有4种交接与传承模式。第一种是“子承父业”型，这是宁波民营企业交接班的主流方式，方太集团、华茂集团、轿辰集团、罗蒙集团等均是子女从父辈手中接过企业接力棒。这种模式主要针对血缘和业缘关系重的民营企业。第二种是“两权分离”型，即企业的所有权与经营权的分离型。这种模式主要针对第一代打天下，而家族人力资源匮乏的民营企业。越来越多的民营企业开始有意识地实行两权分离，向建立规范化和国际化的现代企业制度迈出关键的一步。第三种是“管理团队”型，主要针对由国有企业直接转制而成的民营企业。一般是引进管理团队，把企业交给职业经理人，使企业经营者与资产拥有者完成分离，更好地适应企业多元化发展的需求。第四种是“传帮带”型，这是上一辈创业者通常采用的企业权力交接方式。在实践中，“子承父业”是最现实可行的选择，单一子女接班、多子女团队接班、媳妇或女婿参与接班等情况都较为常见，也有选择其他亲属接班，或者在所有权与经营权分离的背景下由子女与职业经理人共同接班，以及通过上市退出、出售退出等方式把企业交给社会。在宁波成立5～10年的民营企业中，75.6%的企业会选择“子承父业+职业经理人”模式。2011年6月，慈溪成立全国首家县级“创二代”联谊会组织；2012年12月，宁波市“创二代”联谊会成立，培育引导“富二代”向“创二代”转变，帮助民营企业破解传承难题。随着时代发展进步，民营企业传承面临着不同的难题。2010年以前，最大的难题是“子不愿接”；2012—2016年，“‘二代’接班如何创新与转型”是热门话题；2017年以后，越来越多的“90后”成为传承人，开始普遍面临“文化融合”问题。2024年4月，调查显示，宁波第一代非公有制经济人士平均年龄达63.5岁。未来5年，80%的企业进入交接班阶段，其中95%将选择代际传承。

卷九 | 农业

发展概略

宁波市素有“四明八百里，物产甲天下”之称，是浙江最早开拓农业的地区之一。河姆渡遗址出土炭化的水稻，以及猪、狗、牛的角骨和骨耜、木耜，表明7000年前宁波先民已会栽培水稻、饲养牲畜，农业处于耜耕阶段。后续的象山塔山、鄞县董家跳、余姚田螺山、奉化名山后及江北童家岙、慈湖等遗址，发现籼米、粳稻、石斧、犁铧、石铲等农作物和生产工具，表明5000～4000年前，宁波先民已从耜耕阶段发展到犁耕阶段。春秋战国时期，宁波地区广泛采用铜制农具，除种植水稻，还养鸡、织葛布。秦汉时期，宁波出现牛耕，广泛使用铁制农具，兴修杜、白两湖及陂塘等农田水利工程，水稻成为主要粮食作物，桃、杨梅、青梅等水果也有种植。

六朝时期，大批中原人口避居宁波，带来进步的生产工具和生产技术，圩田增多，水稻生产扶摇直上，一年两熟。到南朝（420—589），宁波已成为经济繁荣之地。唐代，宁波人口进一步增加，农业进入实质性开发阶段，兴修仲夏堰、它山堰等30多项大规模农田水利工程，明州成为当时中国农业发达地区之一、21个进贡织绫的州之一，余姚、鄮县的瀑布茶被唐代“茶圣”陆羽誉为“瀑布仙茗”。宋代特别是宋中期以后，北方人口大量迁居宁波，农业劳动力猛增，大量兴修湖、堰等水利工程，形成以湖泊、河网、海塘为特色的水利网络，垦地面积不断扩大；引种“占城稻”、棉花，将小麦从旱地扩种到水田，逐步扩大稻麦两熟制地区，广泛种植桑、麻、茶、蔺草、水果、药材、甘蔗等经济作物；注重精耕细作，大幅度提高农业产量，广德湖周围农田水稻在北宋末的亩产量居全国之最，达六七石，庆元甘蔗种植业在南宋时期居两浙首位。元代，大规模修筑杭州湾南岸海塘以及堰、碶、闸、埭等小水利工程，稻、麦一年两熟栽培趋于成熟，棉花种植面积扩大，手工棉织业随之兴起，余姚小江布颇有声名，余姚的日铸茶、庆元的范殿师茶和区茶（白茶）成为名茶，金柑、枇杷、柿子等13种水果是南宋没有的，鄞县西乡（今属海曙）编织的草席销售海内外。

明代，海塘修治富有成就，大古塘、新塘、潮塘、周塘、老塘等水利工程为农业生产筑起坚实屏障；引进番薯、玉米等粮食作物，推行棉稻轮作、粮棉间作、粮草间作的种植制度，余姚成为浙江棉花主产区，有“浙花出余姚”之称；农村集市贸易崛起，农村商贩活跃，农产品大量销往海外。明末清初，浙东战乱，农民大量逃亡，耕地荒芜。随着政局的稳定，宁波当地政府推行休养生息与减轻赋役政策，实施“滋生人丁，永不加赋”和“摊丁入亩”办法，推广经济作物，大规模兴修水利，农业生产得到恢复和发展。农作物品种资源丰富，如康熙《宁波府志》记载的水稻品种有37种，不乏太仓红、救公饥、宜兴晚等从外地引进的水稻良种，以六十日（60日成熟的水稻）产量最高，番薯、玉米、烟草广泛种植；果蔬加工业进一步发展，杨梅、青梅、桃、金柑制成酱，雪里蕻加工成咸菜，鲜笋加工成笋干和咸笋，农产品商品化明显提升，农村集市大量兴起。

自1844年宁波开埠起，宁波农业生产进入近代发展阶段。农民以种植桑、棉、茶等经济作物为主，农产品成为重要出口商品；开始应用机械抽水机等近代农机具，购置机器开办农产品加工厂；开办农牧垦殖公司、农业学堂、农事试验场，传播西方农业先进生产技术和知识。民国时期，注重发挥商人为主体的社会力量兴修水利工程，开始施用硫酸铵、磷酸钙等化肥；普遍建立农业试验场，探求粮棉增产技术，实施双季稻栽培试验，推广水稻、棉花良种；开办余姚的汝湖农校、慈溪的锦堂蚕桑学校、奉化的武岭学校，培养农业技术人才。由于封建土地制度束缚，加上连年战乱和自然灾害频仍，农业生产水平极度低下。1949年5月宁波解放以后，虽经过恢复和发展，但当年宁波农林牧渔业总产值仅有32346万元，粮食、棉花、油料总产量分别为69.53万吨、0.68万吨、0.47万吨。

中华人民共和国成立后，中国共产党领导制定各项农村经济政策，调动农民生产积极性，开展生产救灾，实施农田水利建设，大规模灭蝗治螟、选种积肥，恢复农业生产；实施土地改革，实现“耕者有其田”；翻身农民增添畜牧农具，改进生产技术，投身农民爱国增产运动。农村生产力获得解放，主要农作物产量超过历史最高水平。1952年，宁波粮食（包括大豆）、棉花总产量分别比1949年增长30%、85%，油菜籽、花生、芝麻、茶叶、蚕茧、水果等经济作物以及畜牧业都有明显增长。1953年，宁波启动农业社会主义改造，至1956年底基本完成。其间，围绕农业增产，实施耕作制度“五改”[①]，开展以掏河修闸为主的兴修水利运动，组织爱国丰产竞赛，提高农作物产量。尽管遭到1956年特大台风破坏，农牧业户依然获得丰收。1957年，农业总产值达13.35亿元，比1952年增长31.59%，年均递增5.64%。

1958年以后，“大跃进”“人民公社化”运动使宁波农业受到挫折。至1961年，农林牧渔业总产值、粮食总产量分别从1958年的59072万元、102.08万吨，下降到46918万元、74.14万吨。“二五”时期，农业总产值年递减1.21%，成为1949年以后宁波农业发展史上的“低谷”。1962年以后，加强农田基本建设，建设旱涝保收田，扩大绿肥种植，推广矮秆良种，合理轮作棉麻，发展食草动物和家庭养猪；压缩工业基本建设战线，减轻农业负担，开始建设一批小氮肥厂，增加农田肥料投入；普遍建立农业技术推广站，加强农业技术指导；确定宁波市郊区、鄞县、余姚、奉化为粮食重点商品基地，慈溪、余姚、镇海为棉花种植基地。到1965年，宁波农业生产得到恢复和发展，农林牧渔业总产值增至80595万元，粮食总产量达114.44万吨。1966年“文化大革命”开始后，不停地变革生产关系，取消社会主义按劳分配原则，限制社员经营自留地和家庭副业，严重挫伤农民生产积极性，致使宁波农业徘徊不前。到1968年，农林牧渔业总产值从1966年的81322万元仅增至85249万元，粮食总产量则从131.26万吨下降到127.90万吨。1970年以后，增加农业基本建设投资，建设农田水利工程和高产稳产田，扩大双、三熟制面积，推行粮棉间作，由春玉米改种夏玉米，推广矮秆高产良种，实现农业发展和粮食增收。1972年，农林牧渔业总产值增长到94885万元，粮食总产量达153.89万吨。1974—1976年，受“左”的干扰，宁波农业陷入严重困境。1976年，农林牧渔业总产值、粮食总产量分别降至89923万元、140.50万吨。1976年10月以后，调整和充实农业战线，推动农业各项工作开展，农业生产得到恢复和发展。1978年，农林牧渔业总产值增至109762万元，粮食总产量达170.81万吨，棉花亩产55.5千克，居全省第1位，打破27年亩产量达不到《全国农业发展纲要》指标的局面。

1978年以后，宁波普遍实行以家庭联产承包责任制为核心的各种生产责任制，改革农产品派购制度，放开部分产品价格，开放农村集市贸易，劳动生产率得到提高。1982年，农林牧渔业总产值达到138465万元，粮食总产量达181.56万吨。1984年以后，根据

① “五改”，即间作稻改为连作稻，单季稻改为双季稻，籼稻改为晚粳稻，低产作物改为高产作物，一年一熟制改为一年两熟或三熟制。

“绝不放松粮食生产，积极发展多种经营”的方针，全面发展农林牧渔业，建立健全农业推广组织，推动农业生产快速发展。1990年，全市农林牧渔业总产值达186451万元，有粮田249万亩，比1978年减少25.19万亩，但粮食总产量比1978年增加18.25万吨，达189.06万吨。20世纪90年代，宁波农业生产由注重数量增长向高产、优质、高效（即“一优两高”）并重转化，从主要提供初级产品向种（植）养（殖）加（工）、农工商结合转化，从传统的耕作技术向现代科学技术转化；培育和引进新品种，推广杂交稻、杂交玉米，普及水稻机械化直播和插秧、塑膜栽培、免耕栽培、农作物病虫综合防治等技术；以丰收计划为龙头，“吨粮田”和“双百棉”工程建设为重点，各项中心示范方为样板，发展“一优两高”农业，建设粮、棉、油商品基地。宁波农业以历史上罕见速度向前发展。1995年，农林牧渔业总产值首次突破100亿元，达123.95亿元；至2000年，达148.37亿元，比1990年增长近7倍。21世纪初，加快发展城郊型农村经济，战略性调整农业结构，建设现代农业示范区，优化农业区域布局，创新和培育农业组织，提升农业产业档次，促进传统农业向现代农业转变，形成区域化、规模化农业格局。2002年，实现农林牧渔业增加值103.60亿元，首破百亿元大关；2011年，完成农林牧渔业总产值397.93亿元，实现增加值255.23亿元。

2012年以后，宁波市实施乡村振兴战略，开展“4566”①乡村产业振兴行动，建设新时代美丽乡村“13511”工程②，多路径、多形式、多层次推进农业现代化，打造绿色都市农业强市，推动农村一、二、三次产业融合发展，提高农业生产综合能力。以农业“两区”（即粮食生产功能区、重要农产品生产保护区）建设为主平台，建成水稻、生猪、家禽、加工蔬菜、茶叶、水果、竹笋、花卉和水产养殖等特色主导产业，形成“一圈两带四区块”③的主导产业布局，开展农业生产“三品一标”（即无公害农产品、绿色食品、有机农产品和农产品地理标志）提升行动，基本形成农业市场化产业格局；成为国家现

① “4566”乡村产业，即粮食、蔬菜、畜牧、渔业4个绿色基础产业，现代种业、精品果业、茶产业、花卉竹木、中药材5个特色优势产业，农产品初加工、精深加工、综合利用加工、主食加工、出口加工、商贸流通6个现代加工流通产业，乡村休闲旅游业、乡村文体康养业、乡土特色产业、乡村能源环保产业、乡村数字产业、乡村现代化服务业6个新型融合产业。

② “152211”工程，即15个省级及以上现代农业园区，20个特色农业强镇，20条示范性农业全产业链，100个多彩农业美丽田园示范基地，100个现代农业庄园，以及一批田园综合体。

③ “一圈”，即围绕中心城区分布的都市农业圈；“两带”，即以四明山脉、天台山余脉为主体的林特生态产业带，以象山港、杭州湾、三门湾水域为主体的水产养殖产业带；“四区块”，即余慈北部蔬果畜牧产业区块、宁象南部蔬果畜牧产业区块、余姚江奉化江两岸粮经畜牧产业区块、环象山港滨海小平原区块。

代农业示范区（2015年），基本实现农业现代化。2022年，全市完成农林牧渔业总产值590.5亿元，保持全省第一位；实现增加值400.4亿元，居副省级城市首位。2024年，实现农林牧渔业增加值469.2亿元（初步核算）。

种植业

水田种植制度　宁波粮田以水田为主，大宗作物以水稻为主，兼种大小麦、油菜、绿肥。清代以前，已有麦稻二熟、双季间作稻（俗称生晚青）。清初，有连作稻。解放前夕，水源丰富、土壤肥沃的平原水网稻区，以种植绿肥、间作稻为主，即冬种绿肥或春粮、油菜等春花作物，夏种间作稻；土层较薄、劳力较少的余姚江、奉化江两岸平原稻区，主要种植单季中稻，间作稻、春花作物种植较少；西部山区，以种植单季稻为多。解放后，数度改革耕作制度。1950年，改单季稻为双季稻，改中稻为早稻。1953年，开始推广间作稻改种连作稻。1966年，推行“春花—早稻—晚稻”新三熟制。1996年以后，全国粮价持续下滑，粮食种植效益降低，促使平原稻区进一步调整种植业结构。至1999年，全市以粮油作物为核心的“春粮—早稻—晚稻”“油菜—早稻—晚稻”和“绿肥—早稻—晚稻”的水田多熟种植制度全面解体。1999—2003年，平原稻区的花木、水果、瓜类、茭白、莲藕等种植面积大幅度增长，开挖水塘养殖鱼虾在一段时期内增加较快。除余姚、鄞州、江北和镇海有较大比例的连作水稻外，其他区（县、市）形成单季水稻种植模式，且水田冬闲面积不断增加。2004—2009年，实行粮食种植直接补贴、良种补助、粮食高产示范和竞赛、种粮大户培训等扶持政策，抑制水稻面积连年下滑的势头。全市连作稻种植区域和面积基本稳定。余姚、奉化、鄞州、江北和镇海等地以连作水稻为主体，连作水稻和单季水稻并存；象山以单季水稻为主，轮作一定规模的早稻与花椰菜等蔬菜；慈溪、宁海和北仑基本以单季水稻为主。2010年，机械化插秧面积大幅度增加。2013年，全市落实300亩以上粮食“双千”（亩产1000千克、亩效益1000元）示范方36个，其中“早稻+连作晚稻”模式11个、“小麦+单季稻”模式25个。2017年，推广新型农作制度，其中稻菜轮作5.2万亩、稻田种养0.82万亩。至2018年，形成“青花菜—单季晚稻”“春雪菜/小拱棚西瓜—晚稻”“大棚茄子—单季晚稻”等水田种植模式。2021年，海曙区示范推广“水稻+红螯螯虾”模式，建立近千亩的示范基地。2022年，象山、余姚等地建立“稻鱼鳖”和“稻鳅、稻鳖”共生模式等新型稻渔综合种养示范基地。

旱田种植制度 20世纪五六十年代，宁波旱田多为种植番薯或玉米的一年一熟，也有冬种大小麦（蚕豆）、夏种番薯的一年两熟。70年代，冬种春粮，夏套种番薯，春粮面积扩大，绿肥减少。80年代，“春粮—番薯—春玉米”一年三熟套种的耕作制度有所发展。90年代，传统的间作套种等精耕细作方式逐渐消失，大豆、玉米、甘薯等旱杂粮种植面积大幅度下降，部分旱地退耕还林或改种多年生木本水果。一些生产操作方便、土壤肥力水平较高的地区，传统的或由梯田改造而成的旱地通过结构调整，逐步形成具有地方特色的产业区块，如宁海胡陈乡的马铃薯，海曙西部的贝母，奉化和象山的大棚草莓，及其他名特农产品。大古塘以北及三门湾北岸纯作棉田，与大古塘以南稻棉轮作棉田，耕作制度不同。纯作棉区，在中华人民共和国成立初期，主要实行粮草间作、棉粮套种一年两熟三作的耕作制度。1956年以前，推行“二一三”种植式（即畦幅1.8～2.0米，冬季于沟边种2行春粮，畦中种1行阔幅绿肥草籽，春季耕翻草籽后套种3行棉花）。1957年，开始推行“三二四”种植式（即畦幅2.4米，冬季种3行春粮，间作2行草籽，春季耕翻草籽后套种4行棉花）。1975年，开始推行“二一二”种植式（即畦幅1.07～1.5米，冬季于畦边种2行春粮，中间种1行草籽，春季耕翻草籽后套种2行棉花）。1980年以后，发展“春粮—榨菜—棉花”间作套种的耕作制度，套种草籽面积减少。1987年，慈溪浒山以西棉区采用“二一二”种植式，浒山以东棉区采取“三二四”种植式。1990年，棉田套种春粮（大小麦、蚕豆），或冬种榨菜收获后种植棉花，主要分布在余姚泗门、慈溪周巷棉区。轮作棉区，实行一年种稻一年植棉的种植制（即年花年稻制）。70年代以前，采取“棉花—草籽—早稻—晚稻—春花—棉花”种植制。70年代，采用“棉花—春花—早稻—晚稻—春花—棉花”种植制。1990年以后，全市棉花种植面积逐步下降。2000年，各级政府开始鼓励调整农业结构，棉花种植面积加速下降，代之以效益更高的外向型和加工用蔬菜、设施栽培作物和木本水果的种植。2010年，形成以慈溪长河、周巷、桥头、庵东等镇为主的甘蓝、蚕豆、毛豆、菜薹出口基地，以余姚泗门、小曹娥、临山等镇为主的榨菜、辣椒、萝卜出口基地，以象山定塘、新桥镇为主的香葱、高菜出口基地。2016年，推广新型农作物43万余亩，其中水旱轮作7.5万亩，旱地多熟和园地套种33.43万亩。至2018年，形成“再生高粱—雪菜”“大棚草莓—甜瓜”“马铃薯—菜用大豆—结球甘蓝”“藕田养鳖”“大棚葡萄套种莴苣”“果园套种旱稻”“露地番茄—松花菜”等旱田种植模式。2022年，推广种养结合、水旱轮作、立体种植等粮食经济作物结合的新型种植模式，全市共推广新型农作制度49.27万亩，其中旱地多熟制41.66万亩。

粮食作物　河姆渡文化遗址出土稻谷证明，7000年前宁波先民已种植水稻。魏晋南北朝，随着北方人口南迁，宁波开始在旱地种植麦、粟、黍等旱粮。唐代，水稻栽培技术渐臻成熟，生产已盛，如鄞县东钱湖灌溉几万顷水稻，部分水田开始种植麦、粟、黍等旱粮。民国时期，宁波双季间作稻栽培驰名江浙。1949年，有粮田331.78万亩，总产69.53万吨，亩产209.5千克。1955年，逐步改低产作物为高产作物，改一年一熟制为一年两熟或三熟制。1958年，粮田321.6万亩，总产102.08万吨，亩产294千克，其中下半年粮食产量下降。1962年，发展连作稻、三熟制、高产作物，粮食生产回升。1970年，粮田281.96万亩，总产143.45万吨，亩产505千克，第一次超千斤（500千克）。1980年以后，农村普遍推行家庭联产承包责任制，粮食产量稳步提高。1984年，粮食总产213.7万吨，亩产782千克，总产、亩产均创纪录。1985年，调整种植业结构，经济作物面积增长迅猛，粮田骤减16万亩。1987年以后，推广模式栽培，实施以治水改土为重点、推广良种为中心的吨粮田建设，向高产稳产发展。1990年，推行高产模式栽培面积213.03万亩，在33个乡镇244个村建成吨粮田42.89万亩，其中34.09万亩吨粮田亩产达到1008.2千克。20世纪90年代始，全市粮食播种面积呈阶梯状下降，粮食总产从1992年起连续3年减产。1995—1998年，制定补助补贴农业的政策，加大支持扶持农业的力度，实施种子工程，推广轻型栽培技术，粮食播种面积和粮食总产量开始回升。1999年以后，受耕地面积下降、粮食购销体制改革、农业结构大幅调整等影响，粮食播种面积和总产量再度出现明显跌幅。2010年，全市水稻播种面积137.69万亩，总产64.46万吨，亩产468千克；大麦种播种面积1.5万亩，总产3.5万吨；豆类播种面积47.18万亩，总产9.32万吨，亩产197.54千克；最大的甜玉米基地位于余姚泗门镇，有3000多亩的种植规模，配套茬口主要以榨菜等蔬菜搭配种植。2011年，以“双千”工程和“万元地”高效模式推广为载体，开展粮食高产示范创建和“万元地”示范工程。2015年，全市100亩以上的粮食“双千”示范方27个实现目标，实现粮食“双千”目标6.2万亩。2016—2019年，粮食播种面积由196.2万亩降至164.8万亩。2022年，粮食总产量71.6万吨，在近10年里首次突破70万吨。2024年，粮食播种面积172.9万亩，实现“9连增”；粮食总产量76.6万吨。

经济作物　唐宋时期，宁波已广泛种植蔺草。南宋初，鄞县西乡（今属海曙）蔺草编织盛行。余姚沿海一带在南宋时即种植棉花，元代大德年间已种植油菜，明代余姚棉花有“浙花出余姚”之称。清初，宁波开始将野生贝母转植为家种，康熙时传到鄞县樟村一带（今属海曙）。光绪年间，江北湾头南江塘蔬菜行闻名遐迩。民国时期，镇海、鄞县、慈溪、余姚沿海为产棉区。解放初期，周巷以东产白蚕豆，周巷以西产青蚕豆。1954年10月，为集中发展棉花生产，调整慈溪、余姚、镇海3县行政区划，慈溪成为棉花主产县。当年，慈溪植棉41.95万亩，亩产皮棉53千克。1957年，宁波市建立市级蔬菜基地4507亩，此后逐步扩大。1959年，发起“千斤籽棉”运动，导致棉花种植面积缩减，产量下降。1959年以后，因粮食扩种，贝母面积减少；1970年，才回升至1151亩；1971年，扩种到鄞东韩岭、塘溪、东吴、宝幢等地。1978年以后，油菜种植面积持续扩大，至1982年种植面积、总产、亩产均达到历史最高点。1980年以后，棉花扩种，产量显著回升。1985年，蔺草种植面积扩大，至1987年达2.59万亩，总产1.97万吨，占全省蔺草总产量的48.3%。1995年，鄞县获“中国蔺草之乡”称号，之后蔺草种植逐步向奉化、江北等地扩展。20世纪90年代后期，全市逐渐形成优势、特色蔬菜产业带。1999年以后，调整种植结构，粮棉油种植面积大幅调减，蔬菜、瓜果、花卉等各类经济作物发展迅猛，尤其是大棚西瓜种植面积每年增加上万亩。2001年，经济作物种植面积首次超过粮食作物播种面积，成为种植业主体；全市植棉面积稳定在10万亩上下，主要分布在慈溪庵东、周巷、崇寿镇，余姚泗门、黄家埠、临山镇，宁海长街、力洋、一市镇，北仑梅山乡等地；平原稻区油菜种植面积降幅较大，2005年比2000年减少22.35万亩（2007年比2005年减少23.5%）。2005年，粮食与经济作物种植面积比例为43.7∶56.3，基本形成创汇蔬菜、榨菜、蔺草、花卉等为主的十大主导产业，麻类、甘蔗、药材、食用菌等其他经济作物亦有种植，但面积不广、产量不高。2006年以后，甘蔗、药材、绿肥种植面积逐年减少，甘蔗、食用菌总产量不断降低。2012年，开展农业部高产创建万亩示范片和蔬菜标准园建设；至2015年，建成蔬菜标准园3个，总面积近14万亩。2016年，推广经济作物“万元地”集成技术，示范推广万元高效种养模式30.2万亩。2017年，推进蔬菜标准化生产，新建瓜菜标准化生产示范基地10个、专业化育苗基地20个。2022年，全市蔬菜瓜果种植面积124.46万亩，总产量约264.6万吨。其中，蔬菜种植面积106.53万亩，总产量229.3万吨；西甜瓜种植面积17.93万亩，总产量35.3万吨。

林 业

营林 古时宁波山区森林茂密，唐朝中叶开辟茶园，明初已遍栽桑、枣、柿、栗、胡桃等果树。旧时，山区赖母树自然飞籽育林，民间有立禁牌封山、“吃封山饭”等护林传统；平原地区有栽树种竹传统，植树于村口、宗祠、路旁，俗称“风水树”，沿袭成风。1928年，各县相继建立苗圃，提倡植树造林，但圃地甚少，造林不多。宁波被日军侵占期间，山林遭到严重掠伐，加之“判山”烧荒，天然森林破坏较重。解放后，政府组织群众绿化荒山，实行谁造谁有、民造公助和合作造林，每年封山育林约10万亩，鼓励群众在四旁（村旁、宅旁、路旁、河旁）成行连带植树。至1957年，宁波累计造林72.95万亩，成活率90%左右，森林覆盖率达30%。1958—1962年，因大炼钢铁、大办食堂、毁林种粮，大片森林遭到破坏；此后，又因滥伐严重，致使年年造林不见林，森林覆盖率一度下降。1972年春，奉化岩头、斑竹乡首先营造杉木基地林689亩，林业基地建设开始成为营林重点；1977年，宁海西溪乡成为全市第一个万亩基地林乡。1978年以后，对70%以上集体山林实行家庭联产承包责任制。1980年，宁波平原绿化被纳入沿海防护林体系。1984年以后，对封山育林予以经费补助，营林成效显著。至1988年，全市有8个乡镇的荒山基本绿化，10个乡镇每年营造基地林超千亩，森林覆盖率升至36.1%。1989年11月，宁波市提出“一年准备，五年消灭荒山，十年绿化宁波”的目标。至1990年，山区造林、育苗面积及平原植树株数分别比解放前增长10倍、70多倍和80余倍，森林覆盖率达36.8%，平原绿化率由1949年不足0.5%提高到2.5%。1990年，要求对新造林地幼林连续抚育3年以上，从造林第二年起，连续补助抚育经费2年。1993年，调整种植结构，发展“一优两高”林业，以茶、果、花、竹为主导产品的林特产业蓬勃发展，精品化、园区化产业基地建设不断推进。到1994年11月，全市9个区（县、市）基本消灭宜林荒山，提前1年实现“五年消灭荒山”目标。1995年，宁波市决定在1995—1997年间，每年安排200万元扶持林业发展；将面积在10亩以上的苗圃列为市级良种繁育基地，给予每亩补助400元，经费由市、县各半负担。1998年，提出通过保护、发展、改造和分类经营等办法，建成200万亩生态公益林、200万亩经济林、200万亩生态用材兼用林。进入21世纪以后，苗木需求开始由用材林树种向生态林树种、乡土阔叶林树种、珍贵树种和经济林种复合型苗木转变，与城乡绿化美化相配套的花木产业迅猛发展。2001年，宁波市界定生态公益林区划后，对水库周围、江河流域、旅游景点、城镇饮用水水源等326万亩生态公益林区域全面实施封山育林。同年，开始以“千里沿海防护林体系建设工程”“千村绿化示范村工程”“千里通道河道绿化工程”等重大生态工程为重点，推进平原绿化建设。至2010年，全市森林面积44.59万公顷，蓄积量1200万立方米，覆盖率50.2%，宁波市被国家林业局授予“国家森林城市”称号。2012年，加快建设“森林城市”，促进造林绿化、森林保护和林特产业壮大。至2020年，全市森林覆盖率48%，平原区林木绿化率在20%以上，沿海防护林基本实现合龙。2022年，全市营造林面积1846.07公顷，森林抚育面积5953公顷，育苗面积19435公顷。

茶叶　7000年前，河姆渡人开始煮饮“原始茶”。历史上宁波多产名茶。晋代，余姚人虞洪于四明山瀑布岭采摘树高叶大的瀑布茶。唐代，瀑布茶成为茶中珍品，称“仙茗”。宋代，宁波是中国茶文化向海外传播的主通道。明清时期，宁波是茶叶环球航运的集散中心，宁波茶叶声誉日隆。余姚白茶“四明十二雷”系元明两朝贡茶，尚有化安山茶、南黄茶、建峒岙茶、童家岙茶、四明茶、鄞州榆荚村茶、灵山茶、奉化曲毫茶、宁海茶山茶、象山珠山茶、北仑太白茶、龙角山茶等20余种，近代先后湮没。1978年，开始恢复余姚“瀑布仙茗”“四明十二雷”，宁海“赤峰茶”（茶山茶），象山“珠山毛峰”（珠山茶）等名茶；创制宁海“望海茶”“第一尖”“望府银毫”，鄞县“东海龙舌”，奉化“武岭茶”“蟠龙”，象山“蓬莱香茗”，北仑“太白龙井”等地方名茶。1984年，余姚“天坛”牌珠茶获西班牙第23届世界优质食品金质奖。至1987年，四明山、福泉山、望海岗、第一尖、茶山、珠山建成名茶基地5400余亩，每年产茶4500多千克。1989年，“望府银毫”被评为部级名茶。1990年，宁波市有“望府银毫”“黄皮岙龙井”“奉化裘村龙井”“宁海第一尖”“四明剑毫”等名茶16种。1991年，开始实施名优茶生产策略，推广适用技术，推动茶业由产量速度型向质量效益型转变。1992年，调整种植结构，扩大名优茶规模，提高产品档次。1993年，名优茶产量712吨，产值2428万元。1997年，推广机械化采制技术，全市机制名茶产量占名茶总量的74%，率先在全国基本实现大宗茶采制机械化。至1998年，全市共推广机采面积3467公顷。1999年以后，实施山区名优茶开发和统一品牌战略，在余姚、奉化、宁海3个县（市）扶植名优茶发展，重点扶持“瀑布仙茗”“望海茶”品牌。2002年，主销国内市场的名优茶减产增值，名优茶产值占茶业总产值的61.7%；外销茶在珠茶继续疲软的情况下，扩大对日本贸易的煎茶生产，生产范围扩展到余姚、鄞州、奉化、宁海等地。2007年8月，宁波市举办“八大名茶”评比活动，命名望海茶、印雪白茶、奉化曲毫、三山玉叶、瀑布仙茗、望府茶、四明龙尖、天池翠为宁波“八大名茶”。2010年，全市茶园面积1.27万公顷，茶叶总产量1.82万吨，产值3.46亿元，其中名优茶产量1224吨，产值2.81亿元。2011年，实施茶产业“一牌化”战略，提出打造“明州仙茗”为宁波绿茶品牌。此后，培育出“瀑布仙茗”“望海茶”“奉化曲毫”“印雪白茶”等区域公共品牌，以及“东海龙舌”等企业品牌。2018年以后，组建市级茶叶新品种选育团队，选育优质特异新品种；建立市级茶叶种质资源库，保护利用茶叶种质资源，选育新品种8个（2021年开始），创建最美茶园7个，省、市生态茶园38个。2022年，全市茶园面积约21.2万亩，茶叶总产量1.3万吨，总产值8.9亿元，其中名优茶产量1863吨，产值6.6亿元；余姚、慈溪为针形茶产区，宁海、象山为条形茶产区，奉化、江北为蟠曲茶产区，北仑、鄞州、海曙、镇海为扁形茶产区。

笋竹　明清时期，毛竹生产已具规模，奉化在明嘉靖年间已开始培育大毛竹，称大毛筒。民国时期，竹林遍及山区，培育粗放。20世纪50年代，开始垦复荒芜竹山，大年浅削、小年深翻，增施猪牛粪肥。至1977年，宁波成为浙江省毛竹丰产基地，建有毛竹丰产基地10.06万亩，爱中、云洲、棠云、岩头、西溪、儒下洋等24个乡镇的毛竹林均在万亩以上。1979年以后，竹区实行队有户管承包责任制，推广专业掏笋山、笋竹两用林；至1980年，开发垦复荒芜竹山31万亩，建设专业掏笋山8万亩、笋竹两用林24万亩。1996年，竹子生产成为林特产业结构调整的突破口，全年新发展竹林667公顷，新开发笋竹两用林1333公顷。1998年以后，推广毛竹冬笋、鞭笋高产技术以及竹林肥水喷滴灌技术、雷竹笋覆盖早出高产技术，冬笋、春笋、鞭笋的产量大大提高，经济效益十分显著，最高亩产697.7多千克（一次性挖掘计量），鞭笋最高产量700多千克，亩产值8000多元。2000年，重点普及雷竹砻糠覆盖技术和冬笋高产早出技术，全市有雷竹4000公顷，其中使用砻糠覆盖的534公顷，平均每公顷产值达30万元。2004年，推广竹笋肥水喷滴灌培育技术233多公顷。至2010年，全市竹林集中分布在西南部，奉化、余姚、鄞州、宁海是重点竹产区，万亩毛竹工艺竹材产业基地、市级农业产业化项目在北仑区大碶街道建成，宁波市竹产业加工园区项目工程在奉化市经济开发区启动建设。2012年，推进市级竹产业工业园建设，首批总投资7.54亿元的6个入园项目开工。2020年，全市优化推广竹林下覆盖技术，提高竹笋产量和品质，全年累计开展雷竹覆盖面积1万余亩，竹笋总产量12万吨。2022年，竹林总面积127.4万亩，竹笋总产量约19.7万吨，总产值约6.9亿元。

花木　宋代，象山有木樨，异香。清代，慈溪月季、三十六湾五针松，远近闻名。19世纪初，私人陆续开设园艺场。1949年，宁波有花圃园艺场（店）30余家，花圃150亩左右，栽植品种百余种；至1978年，有花圃500亩，为城镇园林绿化服务。随后，放宽政策，垦复、辟建苗圃，花卉生产成为农村致富途径。1987年，栽植品种386种，五针松、雪松、茶梅、茶花、西洋杜鹃、龙柏、地柏、翠柏、花柏、广玉兰、棕竹、苏铁、伽罗木、南洋杉、君子兰等较名贵。1990年，开始无土栽培花木，发展盆景造型、微型盆景、鲜切花。1991年，花卉种植面积达206.7公顷。1998年以后，花木种植面积不断扩大，品种逐年增多，鲜切花类、盆栽类观赏和绿化苗木稳定增长；花卉产业从小而散种植向专业化、规模化转变，并向现代化花卉业迈进；培育品种从原来比较单一的小苗矮秆植物、盆景为主，向高秆绿化乔木转变，并引进和发展香樟、红枫、樱花、广玉兰等近百个品种的高秆植物，以适应大规模立体绿化的需求。至2010年，全市基本形成以四明山地区的樱花和红枫、奉化的大规格苗和造型苗、北仑的花灌木、慈溪的绿化工程苗木、江北的出口小盆景为代表的特色种苗花卉产业区块。2016年，海曙章水镇杖锡花木专业合作社成为首批国家级林业专业合作社示范社。2020年，宁波市规范樟树新品种“御黄”苗木培育过程，优化花卉产业结构，推进花卉产业转型升级。当年，全市花卉种植面积34.9万亩，销售量约5.1亿株。2022年，全市花卉种植面积29.7万亩，销售量约12.4亿株，销售额31.2亿元。

水果　南北朝时期，宁波多橘柚园。明嘉靖年间，有金豆橘似豆，味甘香胜于大橘。民国时期，水果生产初具规模，奉化水蜜桃，镇海金柑，余姚、慈溪杨梅等传统水果蜚声市上。1949年，宁波有果园2.31万亩，产量5293吨，主要有慈溪、余姚杨梅，鄞县、奉化桃子。1958年以后，果园成片集中，象山、宁海重点发展柑橘，奉化、鄞县、余姚、慈溪扩产桃子、杨梅。1979年以后，在沿山坡地、沿江溪滩地，开发丘陵、海涂种果树，年均扩展果园近5万亩，增产水果1万吨。1981年，宁海、象山成为全国年产万吨柑橘基地县。1986年，余姚成为全国杨梅基地县。1990年，全市有果园47.69万亩，产量15.04万吨，其中象山港、三门湾沿岸柑橘基地20万亩，奉化江沿岸近山区桃子基地7万余亩，余姚江沿岸低山区杨梅基地12万亩，北仑金柑基地1.3万亩，还有连片葡萄、枇杷基地。自1990年起，慈溪、余姚每年举办杨梅节，全市水果生产总体呈现持续发展的态势。至1995年，基本形成东南沿海柑橘主产区，奉化江流域桃子主产区，余姚江流域杨梅主产区，北部平原地区蜜梨、葡萄等落叶水果主产区。2001—2004年，宁波市每年拨出100万元财政经费，主要用于蜜梨、水蜜桃、柑橘等大宗品种的引种试验、示范园建设和品牌创建、技术推广等。2002年12月，象山“大象山”牌象山红和宁海“怡绿”牌脐橙被认定为“中华名果”。2004年，“宁海白枇杷”被认定为国家级良种。2006年，全面启动兴林富民示范工程，重点建设高效果树基地，对杨梅、水蜜桃、柑橘等地产水果推广套袋、喷滴灌栽培技术，提高果品质量。2010年，全市水果栽培面积5.04万公顷，产量133.11万吨。2015年，开展绿色精品果园建设，新立项林业园区项目12个。2020年，开展果树新品种新技术试验示范，全市阳光玫瑰葡萄、红美人柑橘等新品种栽培总面积5.5万亩。2022年，建成阳光玫瑰葡萄优质高效栽培技术示范与推广示范点3个。当年，全市果树栽培面积86.9万亩，产量62.3万吨，产值52.4亿元。

林场 1934年，奉化溪口武岭学校创建商量岗林场。1949年10月，改为宁波林场。1956年，宁海马岙乡在望海岗创办宁波第一家乡村林场，经营山林1961亩。至1965年，镇海、鄞县天童、宁海茶山、象山、余姚、慈溪、奉化、南溪等国营林场相继成立，经营山林23.12万亩。1973年10月，宁海五山林场成立。1989年，宁海西溪乡黄家山林场获评全国先进乡村林场。1990年，全市有国营林场10个，累计造林35.7万亩；乡村林场117个，经营山林9.86万亩。此后，随着农村家庭联产承包责任制的普遍推行，乡村林场逐年萎缩。1992年10月，国有林场开展人事、劳动、分配“三项制度”改革，调整经营结构，兴办木材加工、花卉苗木、茶果经济等多种产业，改变单一营林产业的格局。1999年，全市有国有林场10个，经营山林23.56万亩；2001年，有乡村林场93个，经营山林12.25万亩。进入21世纪以后，全市实施生态公益林工程，国有林场的绝大部分森林被界定为生态公益林，停止经营性采伐，林场木材产量锐减，经营收入下降，制约着林场经济的发展。2002年以后，受林业经济结构变化、林权制度改革深化、林地流转以及专业承包责任制的推行等诸因素影响，全市乡村林场在调整中停办或承包给个人经营而消失。2007年，通过林地拍卖、股份合作、有偿租赁、经营权转让等方式，国有林场获得新的活力。2010年，全市有国有林场10个，经营山林28.12万亩，其中林地26.37万亩。2011年以后，持续推进林权制度改革。2015年，全面实施国有林场改革，通过整合重组，理顺隶属关系，国有林场由10个变为9个，均由林业部门管理。2021年，推进国有林场林权登记历史遗留问题清理规范国家试点工作。至2022年，全市有国有林场9个，以生态公益林为主，分布在7个区（县、市），总面积26.8万亩。

畜牧业

宁波市畜牧业以猪、牛、羊、兔等家畜和鸡、鸭、鹅等家禽养殖为主。传统的特种经济动物饲养以蜜蜂为主，水貂、猴、鸽、鹌鹑、蛇、鹿、麝鼠、野猪、肉鸽、野鸭、七彩山鸡、珍珠鸡、特种天鹅、肉狗、海狸鼠、孔雀、火鸡等也有少量养殖。其中自主培育的振宁黄鸡、甬青獭兔是国家级新品种。

家畜 宋朝，宁波多养白羊。民国时期，分布在山区、半山区、海岛、江海滩涂，以散户饲养山羊为主。解放前，宁海等山区饲肉用兔。解放后，宁波提倡饲养和保护耕牛，倡导养猪积肥。1952年，耕牛存栏14.05万头。1953年，耕牛被列为生产资料，折价归合作社。此后，耕牛饲养量停滞不前。1956年，生猪存栏29.26万头，1959年增至45.96

万头。1964年，国际市场兔毛畅销，陆续饲养毛用兔，1965年存栏48.80万只。20世纪70年代，拖拉机耕作得到推广，耕牛饲养量减少，1978年耕牛存栏8.81万头。此后，农业机械应用增多，耕牛饲养量日益减少。1977年，在鄞县梅湖农场建成宁波首家万头养猪场。1980年，推行家庭联产承包责任制，“以工补农，以工补牧”，鼓励农户养家畜。90年代初，市级商品猪基地应运而生，养猪场规模不断扩大，逐渐形成以鄞县和北仑、江北农村地区为集中带的市郊环形生产基地；水牛和本地黄牛养殖数量逐年递减，本地高产巨高长毛兔成为饲养的主要品种。1991年以后，全市生猪存栏量基本维持在80万头左右，肉猪出栏率逐年提高（2010年达到164%）；50头以上养猪专业场户出栏肉猪量占全市总出栏量的比例逐年上升（2010年达95%）。水牛数量从1991年的2.46万头减至2010年的1270头，黄牛从1991年的4.44万头减至2010年的6500头。至2010年底，长毛兔饲养量达50多万只。1999年以后，兔皮市场复苏，獭兔生产规模迅速扩大，2010年獭兔出栏量达102.2万只。2012年，开始推动畜牧业转型升级，发展现代畜禽种业。2016年，全市生猪饲养量176.28万头；年出栏50头以上养猪专业场（户）1040家，肉猪出栏量占全市的98.6%。2020年，制定生猪增产保供扶持政策，当年生猪饲养量138.97万头，其中存栏61.15万头，出栏77.82万头。2022年，全市生猪养殖量168.80万头，其中存栏65.89万头，出栏102.92万头；牛存栏16202头，出栏6304头，其中奶牛存栏9294头；羊存栏7.01万头，出栏5.62万头；兔存栏5.7万只，出栏14.21万只。

家禽　宁波市传统饲养的家禽以鸡为主，其次是鸭和鹅。1932年饲养家禽196万羽，1949年178.3万羽，1957年276.4万羽，1965年315.2万羽。之后，限制家庭饲养。1978年以后，政策放宽，鼓励家庭饲养，培育专业养禽户、重点饲养户，饲养量猛增。1980年，饲养家禽953.7万羽。1990年，增长到1950.79万羽（当年出栏1110.77万羽，禽蛋产量40762吨），专业养禽户和重点饲养户5005户，养禽825.06万羽，占总饲养量42.3%。20世纪90年代初，建立良种繁育推广体系，创办种禽场和孵坊。90年代末，规模化家禽养殖兴起，出现一村一品养殖专业村，家禽业成为全市特色大产业，各类养禽协会和专业合作社、龙头企业、畜禽防疫灭病及服务网络应运而生。2010年，全市家禽存栏1494.06万羽，出栏3225.75万羽，产蛋9.5万吨，产肉20.22万吨；养禽专业户5000户，户均存栏0.28万羽；种禽场38家，其中省一级场2家；市级以上龙头企业18家，养禽协会和专业合作社20家，从业人员约5万人，年销售各类家禽7000万羽、禽蛋8万吨，深加工肉禽1000万羽，加工饲料30万吨，销售产值达30亿元。2012年8月，振宁黄鸡成为全省首个拥有自主知识产权的国家级家禽新品种。2016年，全市家禽饲养量1655.31万羽；养禽专业场（户）

1212家，其家禽饲养量占全市总饲养量的84.7%。2022年，家禽养殖量1229.58万羽，其中存栏522.29万羽，出栏707.28万羽。

渔 业

渔场渔港　大目洋渔场、猫头洋渔场、韭山渔山渔场系传统渔场，按国家划定属渔山渔场。20世纪80年代，根据国务院规定，宁波市近海40米等深线即“机轮底拖网渔业禁渔线”以西海域为沿岸渔场；40～80米等深线之内海域为近海渔场；80～200米等深线的海域为外海渔场。宁波市毗邻海域主要有灰鳖洋、峙头洋、乱礁洋、大目洋、猫头洋、韭山及渔山等传统沿岸渔场。元延祐年间，镇海澥浦流网兴起，渔舟聚集成为渔港。清道光年间，鱼汛季节宁波三江口一带渔船云集，鱼商纷至，宁波渔港遂兴。民国时期，尚有鄞县大嵩港、象山金漆门渔港。20世纪50年代，象山金高椅、南韭山、渔山等渔港兴起，宁波渔港设有海洋渔业公司、水产供销公司。70年代中期，镇海穿山，奉化桐照，宁海峡山、西店，象山檀头山等渔港兴起，渔港增至15个。至1987年，慈溪龙山，余姚三江口，鄞县横山，奉化湖头渡、双山，宁海胡陈港等渔港渐兴；镇海澥浦，宁海西店，象山金七门、金高椅，奉化桐照，鄞县莫枝堰等渔港，因自然环境变迁而衰落；象山檀头山、南韭山、渔山渔港改作渔船临时避风港。1990年，农业部公布宁波境内渔港（渔业港区、渔业基地）23个，即市区的海洋渔业公司基地、宁波渔业港区、清水浦、镇海、穿山、大榭、白峰渔业港区，鄞县的大嵩港、横山渔港，梅墟渔业港区，奉化的湖头渡、双山、桐照、洪溪渔港，宁海的峡山、胡陈港渔港，象山的石浦港延昌、番头、东门、雷公山、岳浦利门渔业港区，慈溪的龙山渔港，余姚的三江口渔港。90年代初，全市有大小渔港（避风锚地）48处。2003年，列入《全国渔港建设规划（2003—2007）》的宁波渔港有：国家中心渔港1个（象山石浦渔港），国家一级渔港4个（北仑穿山渔港、象山石浦番西渔港、象山鹤浦渔港和宁海峡山渔港）。规划公布后，宁波市将奉化桐照渔港调整为一级渔港，取消北仑穿山一级渔港。2008年，参照全国渔港等级标准，制定宁波市渔港和避风锚地等级标准，划分重点渔港（综合性渔港）、主要渔港（服务型渔港）和小型渔港（避风型渔港）。经等级划分后，全市有国家中心渔港1个、国家一级渔港3个、国家二级渔港8个、国家三级渔港10个、贸易渔港5个、避风锚地33个，共60个渔港。其中，重点渔港11个、主要渔港18个、小型渔港31个。2014年，宁波市加快渔业重大项目建设，开工建设石浦番

西一级渔港。2018年，推进渔港经济区建设，实施石浦中心渔港扩建项目、东门二级渔港升级改造、象山渔业避风锚地扩建等项目。2021年，加大石浦渔港经济区开发扶持力度。同年11月，成为中央财政补助资金支持建设渔港经济区试点单位；次年5月，获得中央财政补助资金8000万元。

海水养殖　海水养殖主要有贝、藻、鱼虾3类。宁波贝类养殖始于唐宋，解放后开始养殖藻类、鱼虾类。1949年，海水养殖产量1100吨。1958年，北方海带南移养殖成功。1959年，海水养殖产量5200吨，其中人工养殖2950吨，占56.73%。1966年，试养紫菜成功。1969年，海水养殖（不含自然采集）产量7830吨，其中藻类4652.2吨，占59.4%。20世纪70年代，人工养殖毛蚶、泥蚶、牡蛎、蛏子。1978年，有国营养殖场6个、集体养殖场队333个，产量占总产量90%以上。1979年以后，实行以户养为主的家庭联产承包责任制，海水养殖产量13570吨，其中藻类9989吨，占73.61%；1983年，开始落实滩涂使用权。其间，发展对虾养殖，批量试养石斑鱼，在象山港人工放流中国对虾。1990年，有海水养殖专业户1.5万余户、专业户联合体1000余个，养殖面积89.27公顷。其中当年放养面积60.87公顷，总产量26264吨，创历史最高纪录。90年代起，加强水产养殖技术研究、推广和开发，在省内率先突破黑鲷、日本对虾、大黄鱼全人工育苗技术，在省内率先试验推广网箱养殖、低坝高网养殖、围塘虾蟹鱼贝生态养殖；开发40余个水产养殖品种苗种繁育，广泛应用工厂化育苗、土池育苗、工厂化和土池结合育苗等工艺。1998年，全市海水养殖鱼虾类育苗场30家，育苗水体2.07万立方米，繁育生产中国对虾、日本对虾、长毛对虾等各种虾苗，以及河蟹、大黄鱼、泥蚶、太平洋牡蛎、海带、紫菜等苗种。21世纪初，率先突破梭子蟹土池人工育苗、池塘底充氧养殖等技术。2001年，全市新增海水养殖面积5万余亩，海水养殖总面积达445.2公顷，养殖规模居全省首位，形成网箱养殖、低坝高网养殖、围塘养殖等具有地方特色和区域优势的海水养殖产业。至2010年，全市海水养殖面积3.52万公顷，其中海上3281公顷，滩涂1.77万公顷，池塘1.41万公顷；海水网箱养殖、围塘养殖和低坝高网养殖规模均居全省第一位。2017年，推广海水池塘循环水养殖和综合种养等生态健康养殖模式。2022年，开展水产健康养殖示范创建和推进生态健康养殖模式推广行动等五大行动，推进海上网箱养殖、海水池塘综合养殖等6类主要养殖模式提升示范，示范海水鱼类网箱养殖3000平方米以上、海水池塘养殖40多万平方米。2023年，海水养殖面积3.2万公顷，产量43.8万吨。

淡水养殖　宋嘉泰年间（1201—1204），据记载有人以凿池养鱼（池塘养殖）为业。1949年，全市淡水养殖面积6170亩，产量106吨，亩产17.18千克。1951年，成立国营东钱湖养鱼场。1957年，养殖面积9.2万亩，产量1685吨，首次超过淡水捕捞产量。1960年，养殖面积17.45万亩，产量2100吨。此后，贯彻“以粮为纲”方针，填塘毁渔种粮。1963年，养殖面积减至9.41万亩，产量1057吨。1970年，引进白鲫、银鲫、罗非鱼、杂交鲤等品种，养殖面积18.82万亩，产量3200吨。1980年，开始建设商品鱼基地，推广科学养鱼。至1985年，养殖面积28万亩，产量9310吨。20世纪90年代，由于工业的发展和城镇的拓展，全市河道、池塘陆续被征用，淡水养殖面积逐步减少。余姚江55千米主流、1260公顷养殖水面，被列为宁波市“菜篮子”工程商品鱼基地。宁波市引导渔民和水产养殖企业发展“名特优”淡水水产品养殖，走城郊型精品化发展路线。慈溪率先利用南美白对虾、梭鱼等养殖品种的广盐性特点，开展“海水品种淡水养”。1997年，余姚江渔民在大水面外荡养殖基础上发展网箱养殖，年产淡水鱼800余吨。2004年，市政府决定余姚江退出水产养殖功能、清除全部网箱，拨出市财政专项资金，对渔民转产转业、养老保障和网箱拆除给予补助。2005年，全市淡水养殖南美白对虾面积达3080.7公顷，产量1.36万吨。同时，鄞州的观赏鱼、加州鲈、河蟹，余姚的乌鳢、甲鱼，奉化的小龙虾，象山的鲶鱼、慈溪的梭鱼均形成规模化养殖。2008年，鄞州开始发展大鲵（娃娃鱼）繁殖和养殖，并于2009年人工繁育娃娃鱼幼鱼122尾，取得批量生产的成果。2014年，全市淡水养殖面积大幅度减少，降至22178公顷，比上年减少1458公顷。2019年，推广池塘生态混养、稻鱼（鳖）共生（轮作）等生态、安全养殖模式。2020年，加大水产生态健康养殖技术和模式推广应用力度。2023年，淡水养殖面积1.2万公顷，产量6.9万吨。

农业产业化经营

农业龙头企业 1978年以后，宁波出现新型职业农民、家庭农场、农民专业合作社、农业龙头企业等农业经营主体。1992年，全市有农业龙头企业1595家，生产经营额33.83亿元。其中，流通型企业685家，加工型企业689家，综合经营企业61家，市场型企业160家。1995年，确定市级农业发展基金从1995年起3年内，每年安排100万元用于“一优两高”农业和农业企业贴息。1996年，确定128家农副产品加工经营企业为市级农业龙头企业，以“公司+基地+农户”等形式联结生产与市场，带动资源开发。2000年，浙江海通食品集团有限公司成为全国第一批、宁波市第一家农业产业化国家重点龙头企业。2001年，市级农业龙头企业104家，年产值（交易额）108.92亿元。其中农业产业化国家重点龙头企业1家，省级骨干农业龙头企业6家。2002年9月，浙江海通食品集团有限公司和宁波南方野生动物养殖有限公司被科学技术部确定为“十五”第一批国家级科技创新型星火龙头企业。2003年2月，宁波五洲星集团有限公司、徐龙食品集团有限公司、浙江水产城象山渔贸发展有限公司成为第二批农业产业化国家重点龙头企业。2003年，开始实施“百龙工程”，培育、扶持农业龙头企业。至2010年，全市有市级以上农业龙头企业243家（其中国家级7家、省级33家），年产值（交易额）407.94亿元，联结农户94.16万户。2011年以后，新型农业经营主体快速发展。2014年，全市累计有市级以上农业龙头企业290家（其中国家级9家、省级39家）。至2022年末，累计有市级农业龙头企业342家（其中国家级11家、省级52家），建成省级未来农场5个、数字农业工厂52个、数字化种养基地170个。2024年，新认定市级农业龙头企业27家，累计395家（其中国家级12家、省级60家），新增省农产品加工基地3个，累计6个。

特色优势农业　20世纪90年代，经过农业产业结构调整，各地开始形成一批规模化的特色优势农业，如余姚和慈溪杨梅，余姚榨菜，慈溪创汇蔬菜，镇海獭兔，北仑花卉，鄞县蔺草，奉化水蜜桃，象山柑橘和水产，宁海瓜果等，获得许多国家级称号。农业部命名余姚为“中国杨梅之乡”“中国榨菜之乡”（1995年）、“中国早熟蜜梨之乡”（2001年），余姚四明山镇为“中国红枫之乡”（2001年），河姆渡镇为“中国茭白之乡”，大岚镇为“中国高山云雾茶之乡”（2002年），鄞西（今属海曙）为“中国蔺草之乡”（1995年），宁海西店镇为“中国蛋鸭之乡”（1995年），慈溪横河镇为“中国杨梅之乡”（1996年）。国家林业局命名慈溪为“中国名特优经济林杨梅之乡”（2000年），北仑柴桥镇为“中国杜鹃花之乡”（2000年），象山为“中国柑橘之乡”（2001年）。“中国特产之乡”命名委员会命名慈溪周巷镇为“中国黄花梨之乡”（1996年），鄞州龙观乡（今属海曙）为“中国桂花之乡”（2006年）。中国渔业协会命名象山为“中国梭子蟹之乡”（2009年），宁海为“中国蛏子之乡”（2010年）。国务院发展研究中心农村经济研究部命名奉化为“中国水蜜桃之乡”（1996年），奉化萧王庙镇为“中国芋艿头之乡”（1996年）。奉化尚田镇被全国农村特色经济之乡推荐宣传活动组委会授予国内首个“中国草莓之乡”称号（1999年），奉化莼湖镇被国务院特产评选中心命名为“中国青梅之乡”（2000年）。2001年，宁波市在全省率先开展绿色食品的申报认证工作；2002年，开始推行无公害农产品认证；2003年，开始推进无公害农产品产地与产品一体化；2008年，开始推行农产品地理标志登记保护，奉化水蜜桃成为浙江首个通过农业部认证的地理标志农产品（2010年）。2008年2月5日，省政府办公厅公布浙江省农业特色优势产业强县强镇（乡）名单，余姚、慈溪、奉化、象山入选浙江省农业特色优势产业综合强县，余姚、慈溪入选蔬菜产业强县，慈溪、奉化、象山入选果品产业强县，宁海、象山入选水产养殖产业强县，余姚、奉化、北仑入选花卉苗木产业强县，鄞州入选中药材产业强县；余姚河姆渡、慈溪长河、象山定塘、镇海九龙湖入选蔬菜产业强镇，余姚大岚入选茶叶产业强镇，余姚临山、慈溪横河、奉化溪口入选果品产业强镇，宁海力洋、象山晓塘入选畜牧产业强镇（乡），奉化莼湖、宁海长街、宁海越溪、大佳何、强蛟、鄞州咸祥、象山鹤浦入水产养殖产业强镇（乡），鄞州横街入选竹木产业强镇，余姚四明山、奉化萧王庙、鄞州龙观、北仑柴桥入选花卉苗木产业强镇（乡），鄞州章水入选中药材产业强镇。至2022年底，全市绿色食品企业达210家，获证产品300多个，获证地理标志农产品20个，创建精品绿色农产品基地31个，实施国家地理标志农产品保护工程10个，产品涵盖粮食、蔬菜、水果、茶叶、水产等10类农产品及加工产品，年总产值近50亿元，全市绿色优质农产品率达65.5%，居全国、全省前列。2023—2024年，省农业农村厅等单位累计公布3批浙江省名优“土特产”百品榜，宁波市32个产品入选。2024年12月，省农业农村厅公布2024年单条产值10亿元以上省级“土特产”全产业链名单，全省共126条，宁波有13条名列其中，分别是奉化水蜜桃全产业链、奉化竹产业全产业链、象山柑橘全产业链、象山梭子蟹全产业链、宁海望海茶全产业链、宁海小海鲜全产业链、余姚茶叶全产业链、余姚榨菜全产业链、海曙蔺草全产业链、北仑花木全产业链、江北牛奶全产业链、鄞州番茄全产业链、慈溪西蓝花全产业链。这13条“土特产”全产业链年产值共计270亿元，一些产业链已形成较为完善的分工协作和利益联结机制。

农业品牌建设 1999年，宁波市启动全市农业名牌产品认定、推荐工作。2000年，在第七批宁波市名牌产品认定中，首次认定农业名牌产品20个。2006年，中国名牌农产品推进委员会认定浙江海通食品有限公司的“卡依之”牌速冻蔬菜为中国名牌农产品。2007年，开始组织开展浙江省名牌农产品推荐工作。2007—2010年，“古址”牌茭白等29个农产品被认定为浙江省名牌农产品。2010年6月，启动宁波名牌农产品认定和管理工作，“振宁”牌宁海土鸡等15个农产品被认定为2010年宁波名牌农产品。至2010年，全市共有宁波市农业名牌247个、浙江省农业名牌103个、中国农业名牌3个。至2014年底，全市农业领域有中国名牌产品商标14个、中国驰名商标32个、浙江省名牌65个、浙江省著名商标56个。2018年，开始培育农产品区域公用品牌，全年新认定市级以上名牌农产品25个，累计达360个。2020年，品牌农产品种类基本覆盖农林牧渔各产业，基本形成“区域品牌+企业品牌+产品品牌”的农产品品牌体系。2022年，推广品牌宣传，引导全市蔬菜瓜果生产向精品化、品牌化发展，创造“最大的洋蓟花蕾”“单株花蕾最多的洋蓟”2项浙江农业之最纪录。

农业产业集聚　20世纪90年代，宁波市开始调整农业产业结构，逐步突破原来的农业区域布局，推进农业产业化。1992年8月，选择鄞县邱隘镇（粮食万亩示范畈）、慈溪长河镇（蔬菜）、江北洪塘镇（多种经营）、余姚梁弄镇（林业）和象山黄避岙乡（海水养殖）为“一优两高”农业示范点。1993—1995年，市政府对5个示范点累计投入300万元，当地政府和示范单位等累计投入2000多万元。1995年下半年，每年安排一定比例的农业发展基金、水利专项资金、规模经营农机补贴资金和育林基金等用于农业示范园区建设；至年底，全市共建成现代农业园区270个，面积21.5万亩。至90年代中期，全市形成4个新的农业区块，即北部滨海平原棉菜渔区、东北部水网平原粮油菜畜区、西南部山地林竹茶区、东南部港湾丘陵果渔林盐区。90年代末，开始围绕发展效益农业实施新一轮土地承包经营权流转，自发形成一批规模化农产品种植养殖基地。1998年，象山港区域被列为全国科技兴海示范基地。进入21世纪以后，全市农业产业结构进入战略性调整阶段，农业区划布局发生根本性变化。2000年，开始建设高标准高起点农业科技示范园区，启动奉化市生态农业示范园区、北仑现代农业综合开发区、宁波市创汇蔬菜科技示范园区、宁波市都市农业园区和鄞县高效农业示范区5个市级农业科技示范园区建设。2003年，宁波市开始每年安排1000万元市级财政专项资金，用于农业科技示范园区项目建设。2005年，启动农业产业基地建设；2006年，开工建设第一批20个农业产业基地，面积21.97万亩；2007年3月，江东区金地尚桥无公害生猪基地成为全市第一个通过验收的农业产业基地。至2010年底，市政府共批准成立21个农业科技示范园区，入驻农业企业134家，建设标准农田5.8万亩；全市累计开工建设105个农业产业基地，建设总面积92.41万亩。2013年，启动现代农业先导区建设。2014年8月，全面启动国家现代农业示范区创建活动；2015年1月，被认定为第三批国家现代农业示范区。2015年，全市形成水稻、生猪、家禽、加工蔬菜、蔺草、茶叶、水果、竹笋、花卉和水产养殖等特色主导产业，基本形成“一圈两带四区块”的主导产业布局；至年底，全市累计有13个现代农业综合区、14个主导产业示范区、42个省级现代农业园区。2017年，开始实施绿色都市农业示范区工程。至2020年，全市累计创建国家现代农业产业园1个、中国特色农产品优势区1个、国家农业产业融合示范园2个。2022年，宁海和余姚泗门镇分别入选国家现代农业产业园、农业产业强镇名单，全市新增省级特色农产品优势区7个、现代农业园区4个。

农业机械化　1929年宁波开始使用抽水机，1942年采用人力打稻机，1947年引入拖拉机，1948年使用手揿喷雾器，为数皆寥寥无几。20世纪50年代初，推广抽水机。1954—1955年，鄞县、余姚、镇海等平原稻区试办国营抽水机站6处，民办抽水机站随之兴起。1958年，开展农具改革群众运动，推广胶轮手拉车、打稻机、喷雾器等改良农具。其间，推广双轮双铧犁、木制人力插秧机等，不久停止使用。60年代，农村电网形成，应用电动农机具增多，机电排灌取代水车，农副产品加工机械得到发展。1966年，农用机电总动力5.46万千瓦。70年代，推广拖拉机，促进运输机械发展。1979年，机耕率达63.8%，农用机电总动力60.6万千瓦。80年代，允许个人购置农业机械开展经营服务，农机具拥有量大增。1986年，重点试验推广收种机械。90年代，逐步建立以农民为主体、集体为补充、财政为帮扶的农机多元化投入机制，农机部门研制、引进、推广和使用新式农业机械。至2000年，全市粮食机收率90%，烘干机数量和烘干量居浙江省之首，基本建成以区（县、市）为龙头、乡镇为骨干、村为纽带、户为基础的农机社会化服务体系。2003年9月，明确提出要率先在全省、全国实现农业机械化。至2005年，全市农机总动力211.8万千瓦，水稻机耕率99%、机收率95%；茶叶加工、鱼塘投喂、饲料加工和农产品保鲜冷藏等机械装备得到广泛应用。2006—2010年，粮食生产全程机械化目标基本实现；农机作业由粮食作物向经济作物，由大田农业向设施农业，由种植业向畜牧业、养殖业和农产品产后处理及加工业全面发展，并由产中向产前、产后延伸；农机服务专业化、市场化、社会化程度明显提高。至2010年，全市水稻耕种收综合机械化率达81%。2012年，实施粮食生产全程机械化推进行动，在全省率先实现水稻生产全程机械化。2015年，全市水稻机械化栽植面积78.3万亩，栽植率约63%，居全省第一位；水稻生产耕种收综合机械化率约88.5%。2017年，推进农业“机器换人”和主要农作物生产全程机械化示范县2个“示范创建”活动。2020年，创建全国主要农作物生产全程机械化示范区1个，省农业主导产业“机器换人”示范县1个、示范乡镇3个、示范基地8个。2022年，全市重点实施“数字农业智慧农场实验示范项目”等5个农机科技项目，农业机械总动力达2360754千瓦，农作物耕种收综合机械化率在86%以上。

农民技能培训　解放后，开始注重农业技术改造。1960年，培训农业技术人员1342人，配合公社培养农业技术骨干62945人。1979年，各县创办农业技校9所，学员573人，举办培训班182期，学员2.7万人。同年12月，地区农业科学研究所兴办种子专业培训班，培养育种技术人员50人。1992年，宁波市在鄞县实施以“绿色证书工程”为载体的农业实用技术培训试点。1994年，全面组织实施“绿色证书工程”。1996年2月，将“绿色证书工程”纳入各级政府工作计划和议事日程，培训内容由原来的农业、畜牧2个专业扩大到蔬菜、果树、农经、农机、水产等多个专业；启动“新世纪青年农民科技培训工程”等培训，确立以乡镇为单位的农民素质培训工作格局。2003年，全面启动“百万农民素质提升工程”，确定5年培训任务目标。2006年，开始推广“教育培训券”，选派优秀农民出国或到高校进修。2007年，探索创建农民培训区域品牌，初步形成“一地一品牌”的培训特色。2009年，开始创建宁波市农村劳动力培训品牌，推进农民培训转型升级。2010年，实施“百万农村劳动力素质培训工程”，全年培训12.45万人次，培训后转移就业2.3万人。2012年，开展农业科技促进年活动，举办各类现场培训400余场次，培训农民5.6万人次。2014年，成立市、县两级农民学院和农民学校，完成各类农民培训11.56万人次。2015年，全面启动新型职业农民培育工作，宁海、慈溪被确定为全国新型职业农民培育试点县。2018年，以“全国首批新型职业农业培育示范基地”“浙江农民大学示范实训基地”为平台，培训基层农技人员和新型农业经营主体917人。2020年，推进农业农村“引才、育才、用才”工作，开展农民培训38733人次。2022年，全市完成农民培训53804人次，完成农村实用人才培训12275人次。

卷十　工业　建筑业

工业发展概略

在历史上，宁波形成以手工业土特产品为主体的工业经济结构，部分行业颇具影响力，如越州青瓷、庵东制盐、宋代修造神舟、余姚小江布等。宁波近代工业萌芽于1845年，美国长老会开设印刷企业——美华书馆。近代民族工业肇始于1887年，洋务派领袖李鸿章的幕僚严信厚集资5万两白银，在宁波城区北门外创设通久源轧花厂，使用日本制造的蒸汽发动机、锅炉和40台新式轧花机等近代设备，拥有300多名工人。这是宁波的第一家近代工厂，也是中国第一家机器轧花厂。1894年，严信厚把通久源轧花厂扩建为通久源纺纱织布局，于1896年开工生产，拥有纱锭11200枚、织布机400架、工人1200多名，年产棉纱11000件，是浙江省最早的纺织厂。1901年，清政府提出“实业救国”“奖励实业”等新政，宁波部分官僚买办、封建地主和商业资本家纷纷投身工业；到1912年，先后创办18家工厂，其中最大的是1907年创办的和丰纱厂，有1785名工人、16800枚纱锭，并有发电设备，除供给本厂的动力、照明用电外，还供给城内各商店和居民照明用电。

1914年第一次世界大战爆发后，欧美帝国主义国家忙于战争，暂时放松对中国的压迫，宁波民族工业趁机发展。从1914年到1921年，宁波创设永耀电力公司等21家工厂。至此，全宁波共有39家近代工厂，工人5000余人，涉及棉纺针织业、食品加工业、机器修理业、公用交通业、日用品工业等领域。这些企业初创时，经营并不顺利。五四运动以后，由于人民反帝爱国热情高涨，提倡使用国货，宁波民族工业才显露生机，经营情况得到改善。1932年，全市工厂发展到158家，年产值1080万元，多为小型的织布厂、针织厂和碾米厂，新设的大型厂仅有恒丰布厂、立丰面粉厂和冷藏公司3家。当时，资本主义世界发生经济危机，加紧对华倾销商品，宁波民族工业备受摧残，不少工厂亏损倒闭。

1937年抗日战争全面爆发后，上海、杭州等地相继沦陷，宁波直到1941年4月才沦陷。其间，上海仍有租界存在，沪甬线继续通航，宁波成为内地各省物资的转运口岸。江西、湖南、湖北、广西、四川等地客商在宁波采办货物，从而带动宁波各工厂空前繁荣。1941年4月，日寇在镇海登陆，宁波沦陷，一些较大工厂不是关闭就是缩小经营范围，工业生产萧条，仅有卷烟业因日寇的卷烟进口统制政策而乘机发展出数十家小型卷烟厂，一些小型布厂因棉布短缺而获得较为丰厚的利润。1945年抗日战争胜利后，宁波工业开始恢复繁荣景象，旋因通货膨胀，美国货充斥市场，投机囤积之风炽盛，各工厂举步维艰，常常停工停产甚至闭门歇业。至1948年，宁波境内有484家工厂（包括家庭农场、手工作坊），百人以上工厂只有8家。解放前夕，被称为“三支半烟囱”的宁波和丰纱厂、永耀电力公司、太丰面粉厂和时开时停的通利源榨油厂是宁波民族工业的象征，其产值占全市工业总产值80%以上；各工厂的产品大多是日用消费工业品，重工业几乎空白。

解放后，人民政府帮助一些私营工厂克服困难，恢复生产，当年有私营工厂921家；部分小手工业者和失业工人也开始组织生产自救，办起一批集体小工业。1949年，全市实现工业增加值0.7亿元，完成工业总产值0.86亿元。1951年，在政府的扶持和组织下，经过私人资本重估，62家布厂组成8家私私联营厂，在顺记机器厂的基础上成立宁波第一个国有机器厂——公营铁工厂。在农业合作化中，手工业者被组织起来，社队企业开始萌芽；各工厂通过技术革新、开展增产节约运动，实现快速发展。“一五”时期，工业总产值年均增长率达17.19%。1958年，掀起大办地方工业热潮，采取由小到大、先土后洋、土洋并举的办法，办起“三酸二碱”（即硫酸、硝酸、盐酸，烧碱、纯碱）为主的化学工业，大搞全民炼钢；以农村木、铁、泥、石、篾五匠为主的手工业者，办起以手工操作为主的小加工厂，有的乡村创办农机具和排灌维修企业，社队企业开始形成。这种不遵循经济规律的扩张，造成大量低水平重复建设和有限资源浪费，紧接着发生三年严重自然灾害，农业歉收，导致后两年工业经济进入困难时期。时隔不久，经历十年“文化大革命”，工业生产遭到严重破坏。直到改革开放前夕，国家在各县投资兴建化肥、农药、纺织、轻纺等一批企业，最重要的企业是列入宁波“四大工程”的浙江炼油厂（镇海炼油化工股份有限公司前身）和镇海电厂。其间，社队工业蓬勃发展。1978年，全市实现工业增加值9.6亿元，乡及乡以上独立核算工业企业完成工业总产值15.79亿元。

改革开放后，宁波工业进入高速发展阶段，一批国家、省级重点工程建设项目落户宁波，以外资企业为主的外向型工业经济快速发展，社队企业转为乡镇企业后发展成农村经济的重要支柱，服装、塑机、家电、汽配等传统产业迅猛发展。1978—1991年，全市工业增加值、工业总产值年均增长率分别为19.6%、21.6%，分别增长到98.39亿元、261.62亿元。此后，依托北仑港优势，重点布局重化工产业，投产一大批重点工程项目和骨干企业，发展石化、电力等能源、原材料工业。至1994年，全市工业总产值突破千亿元，达1137.41亿元，轻纺、机电、石化等支柱工业优势明显，占全部工业总产值的85%左右。1995年，重工业比例上升到55.8%，以石油化工、机械、电力、轻纺工业为主体，电子冶金、医药、建材交通、工艺美术等多种行业协调发展的工业体系初步形成。90年代中期以后，通过实施工业“320工程”（重点培育20家企业、20只拳头产品、20个新兴产品门类）和“实力工程”、改组改造传统产业、培育临港型工业、发展高新技术产业，以服装产业为主的轻工业蓬勃发展，形成雅戈尔、杉杉、罗蒙、博洋等知名品牌，文具产业跻身国内文具产业龙头地位，一些五金、塑料企业开始进入汽车行业，生产注塑通用件。至21世纪初，工业“轻、小、集、加”结构得到改变，初步形成三大产业集群①，在家电、汽车等行业形成145个块状经济（占全省总数的30%以上，全市工业总产值的60%以上）。此后，以信息化提升传统优势产业，发展高新技术产业，推进临港工业集聚发展，重点优先扶持发展“510产业”，工业规模不断扩大。2004年，全市工业总产值突破5000亿元，达5015亿元，其中规模以上工业（国有和年主营业务收入500万元及以上的非国有工业企业）总产值3522.54亿元；全部工业增加值首次突破1000亿元大关，达1087亿元，其中规模以上工业增加值786.7亿元。2007年，全市规模以上工业企业（年主营业务收入500万元及以上）突破1万家，达11017家。2008年，全市工业总产值首破万亿元大关，达10937亿元，其中规模以上工业总产值8746.36亿元。2010年，全市规模以上工业总产值突破万亿元，达10853.55亿元。其中电子信息、装备制造与重要机械基础件、新材料与新能源、纺织服装4个产业产值超过1000亿元，10个重点特色优势产业的总产值达6750亿元，5个临港产业工业总产值达2450亿元。

2011年以后，宁波市全面融入“长江经济带”“长三角区域一体化”等战略，实施“四换三名”工程（即腾笼换鸟、机器换人、空间换地、电商换市，培养名企、名品、名

① 三大产业集群，即服装制造、棉毛针纺织品、汽车零配件、输配电及控制设备、家用电器、电子元器件及材料、通用仪器仪表、机械基础件、塑料机械和有色金属冶炼及加工等在全省乃至全国有一定优势的10个传统支柱产业，炼油、化学、电力、钢铁、修造船和造纸6个临港型工业基地，电子信息、机电一体化、生物医药工程、新材料、海洋经济等高新技术产业群体。

家）、“4+4+4”工业[①]转型升级工程，高新技术产业、装备制造业快速发展。2016年，宁波市成为全国首个“中国制造2025”试点示范城市。2017年1月，工业和信息化部公布首批104家中国制造业单项冠军，海天塑机、德鹰精密机械2家宁波企业入围；同年，宁波市启动制造业单项冠军培育计划，从细分产品市场国内占有率位居前5位的企业中，遴选、认定首批162家企业。此后，统筹建设重点功能平台，推进制造业集群化、数字化、品质化、服务化、绿色化，构建“3511”先进制造业体系[②]，打造“246”万千亿级产业集群及“五个一批”产业体系（产教联盟、示范基地、试点企业、重大平台/项目、育人项目各一批），基本形成产业链、创新链、要素链紧密协同，大中小企业深度融合的发展格局。2020年，全市规模以上（年主营业务收入2000万元及以上）工业总产值首破2万亿元，达2.26万亿元，规模以上工业共涉及35个行业大类、169个行业中类、456个行业小类，形成以汽车、机械、石化、计算机、电力行业为主体，轻纺、电子、冶金、医药、建材等行业协调发展的工业体系；规模以上工业中，重工业增加值2917.7亿元，轻工业增加值1124.3亿元，重工业与轻工业之比为72:28。2022年3月，全市规模以上工业企业突破1万家，达10003家，占全省5.4万家六分之一强，居全省首位。全年，全市完成规模以上工业总产值2.42万亿元，实现工业增加值7413.47亿元，制造业占全市地区生产总值的比重趋于稳定，高新技术产业增加值占规模以上工业增加值的57.9%；宁波已是全国重要的先进制造业基地、全国七大新材料产业基地之一、全国四大家电生产区和三大服装产业基地之一。

2023年，市政府印发《宁波市加快打造“361”万千亿级产业集群行动方案（2023—2027年）》，提出要实施产业平台提升、工业投资攻坚、企业“四上”[③]培强、科技创新加速、品质管理创优、数字融合赋能、未来产业培育等七大行动，打造“361”万千亿级产业集群。2023年，全市“361”万千亿级产业集群拥有规模以上工业企业7703家，实现增加值4275.9亿元；新增国家级专精特新“小巨人”69家，累计352家，居全国城市第5位。至2024年，全市实现规模以上工业增加值5254.0亿元，14个行业增加值超100亿元，

① “4+4+4”工业，即新材料、新能源、新装备、新一代信息技术4个战略性新兴产业，节能环保、生命健康、海洋高技术、设计创意4个大新兴产业，石化、汽车及零部件、纺织服装、电工电器4个传统优势产业。

② “3511”先进制造业体系，即新材料、高端装备和新一代信息技术3个战略性产业，汽车制造、绿色石化、时尚纺织服装、家用电器、清洁能源5个优势产业，以生物医药、海洋高技术、节能环保为代表的一批新兴产业，以工业创新设计、软件信息服务、科技服务、检验检测为代表的一批生产性服务业。

③ “四上”，即上规、上市、上云、上榜。上规，即上规模，培育大企业（大集团）、单项冠军企业；上市，即推进企业多渠道上市发展；上云，即推进企业智能化大改造；上榜，即鼓励企业争上重量级榜单。

其中汽车制造业828.2亿元；累计104家企业入围8批中国制造业单项冠军企业，占全国的6.68%，连续7年居全国各大城市首位；此外，有市级单项冠军培育企业570家。这674家企业中，有23.67%的主导产品市场占有率居全球第一，另有63.32%居全国第一，创造全部规模以上工业利润总额的40.56%。

电力工业

发电　宁波电力工业始于1897年，孙某（名无考）于城内战船街开办宁波电灯厂，1901年亏损停业。1907年9月，宁波和丰纱厂发电车间一度向周围商店、居民供电。1909年10月，和丰电灯股份有限新公司成立；次年，就宁波电灯厂建发电厂。1914年4月，宁波永耀电力股份有限公司成立，购进和丰电灯股份有限新公司，次年2月发电。此后，宁波电力工业发展壮大。到1936年，有发电厂15家（各县14家），总装机容量10350千瓦。后因战争等影响而萎缩，至1949年仅剩7家，总装机容量8699千瓦，当年发电量985万千瓦时。1952年，开始建设小水电站，一些用户自备柴油发电机组或自建火（热）电厂。1965年，宁波电网并入华东电网；此后，各县小型火电厂相继关停（1984年7月宁波发电厂——原永耀电力公司关停）。1972年5月至1977年10月，象山建成高塘、储能、兵营、鹤浦4座潮汐电站（后陆续关停，鹤浦站于1990年最后关停），总装机容量565千瓦。1978年12月，镇海发电厂一期1台12.5万千瓦机组投产；当年，宁波发电量增至12104万千瓦时；次年，猛增至102653万千瓦时。20世纪80年代，电力建设重点从以水电为主转向以大型港口火电为主，兼顾风力发电；同时，因网供电力偏紧，建设单机容量6000千瓦的小火电厂。1981年5月，北仑小港笠山建成小型风力发电试验电站1座。1990年6月，镇海发电厂二、三期工程投产，全厂总装机容量达到105万千瓦，成为全省首座百万千瓦电厂。1998年6月，国内第一座中型抽水蓄能电站——宁波溪口抽水蓄能电站投运。至2000年，北仑发电厂一期（1991年，2台）、二期（3台）5台60万千瓦机组全部建成投产，成为当时中国大陆最大的火力发电厂。当年，全市发电量205.06万千瓦时，电力供求基本平衡。进入21世纪以后，电力渐趋紧张，台塑等大型企业兴建自备电厂；至2006年，浙江国华宁海发电厂4台60万千瓦机组、大唐乌沙山发电厂4台60万千瓦机组投产，电源性缺电情况有所缓解。其间，宁波枫林绿色能源开发有限公司等新能源发电项目先后投产。2008年10月，宁波首家风力发电企业——慈溪风力发电公司风电场建成发电。2009年以后，为减少环境污染，改善城区环境，关停宁波热电厂、宁波明耀环保热电有限公司等小型火（热）电厂，加快清洁新能源开发利用。2011年，全省首个风光互补新能源民用并网系统投运；2013年，全省最大装机容量的陆上风电项目——宁海茶山风电场并网投运；2017年，全国最大规模的“渔光互补”光伏发电项目在慈溪周巷水库和长河水库投运；至2020年，全市可再生能源发电量达49.80亿千瓦时。2022年，全市电源装机总容量居全省首位，其中光伏装机容量约占全省五分之一；全市五大统调煤电厂发电量802.56亿千瓦时，统调燃气电厂发电量51.15亿千瓦时，可再生能源发电量76.00亿千瓦时。

供电 1897年，宁波电灯厂以发电机直配供电。1915年，永耀电力公司以0.22/0.38/2.3千伏配电线路向城区供电；至1949年，有2.3和6.6千伏线路211.8千米。1954年，永耀电力公司发电厂建成10千伏升压站，开始以10千伏标准电压改造供电线路；至1957年5月，老市区完成配电线路升压改造，终止发电机直配供电。1965年，宁波首座35千伏变电所在余姚临山建成，上虞至宁波110千伏输电线路江东四眼碶宁波变电所投用，开始建设35千伏、110千伏输变电网络，宁波电网并入华东电网，结束电力自发自用状态。1972年7月，富春江至奉化220千伏输电线及奉化变电所建成投用，开始建设220千伏输变电网络。此后，随着电源建设和经济社会发展，加快推进电网建设。1998年，宁波首座计算机监控的变电所——湾塘变电所投用，开启输变电自动化时代。2002年，宁波首座500千伏变电所投运，开始建设500千伏输变电网络。2009年，全省首座220千伏监控中心——明州监控中心启用，宁波电网步入数字时代。2010年，市区配电网实行集中调度，全面迈入“调控一体化”时代。2014年，宁波首座220千伏全智能化变电站——双浦变电站投运，全市首座景观式地下箱式变电站在江北槐树公园投运。2016年，宁波首座500千伏智能变电站——明州变电投运。2018年，启动世界一流城市电网建设。2022年，国内首座UHPC近零碳装配式变电站——110千伏双河变电站投运，宁波市能源大数据管理中心（电力负荷管理中心）揭牌成立。至年底，宁波电网有110千伏及以上变电站342座（其中智能站139座），总容量8265.6万千伏安，线路924条（自动化率100%），总长度8924.04千米，核心城区计划停电全面取消，公共充电实现“镇镇通”，全域供电可靠性达99.9935%。

用电 1897年，宁波电灯厂向城内江厦街、东大街等主要商业区及少数居民供应照明用电。1924年，永耀电力公司扩大营业范围，增拓动力电用户。1949年，宁波全社会用电量446万千瓦时，工业用电量212万千瓦时；其中，老市区全社会用电量430万千瓦时，工业用电量211万千瓦时。随着国民经济恢复发展和“一五”计划完成，用电量快速增长。至1957年，全社会用电量1620万千瓦时，工业用电量1095万千瓦时。1958年，大办工业，工业用电量迅猛增长。至1962年，工业用电量达4244万千瓦时。1965年，宁波电网并入华东电网，全社会用电量增至7209.53万千瓦时。此后，各县扩大供电覆盖面，城乡用电量不断增长。至1978年，全社会用电量70905万千瓦时，工业用电量43704千瓦时。此后，乡镇工业崛起，用电量快速增长。至1990年，全社会用电量314858万千瓦时，其中工业用电量233766万千瓦时，生活用电量43003万千瓦时。20世纪90年代初期，全市经济加快发展，用电量增长较快，供需矛盾显现。1995年，全社会用电量61.94亿千瓦时。1996年以后，经济宏观调控力度加大，电力供需矛盾有所缓和。2003年，电力供需矛盾又开始凸显。2005年以后，市、县两级建立95598电力客户服务系统，电力营销走向信息化、网络化、智能化。2006年，电力供需矛盾得到缓解。2010年，全社会用电量459.04亿千瓦时，比1990年增长13.58倍。2012年以后，对有序用电实施精细化管理。2017年，在鄞州区建成全国首家“三型一化”实体营业厅。2022年，全社会用电量972.66亿千瓦时，连续3年稳居浙江省第一；最高负荷达1806万千瓦，是浙江第二大负荷中心，呈现“两峰两高两时段”和“南源北荷”特征。2023年，全社会用电量达1031.8亿千瓦时，其中工业用电量达723.86亿千瓦时，成为浙江省首个用电量破千亿千瓦时的城市。

装备制造业

装备制造业是为各经济部门进行简单生产和扩大再生产提供装备的各类制造业。解放前，宁波的装备制造主要依赖于手工业。1897年，广兴祥铁厂使用8英尺皮带车床修理机器，这是宁波装备制造业的近代开端。民国时期，装备制造业日渐兴起。1914年，商营浙江铁路有限公司宁波白沙机（车）厂承担甬曹铁路机车车辆装修及机件生产；1915年，宁波甲种工科职业学校附设宁波工厂，生产煤油机、柴油机。至1949年，宁波有装备制造企业44家，其中城区37家，多系10人左右的小工厂，年耗生铁约220吨，产值134万元。1951年，宁波铁工厂成立。宁波开始生产轧辊机、碶闸螺杆、麻纺机、拖拉机、电子配件等各类产品。1979年以后，特别是大批乡镇企业进入装备制造业以后，宁波装备制造业开始现代化转型，生产密封件、气动元件、液压元件、自动化仪表等产品。1983年以后，开始引进国外生产技术和设备。1990年，全市有乡镇及以上装备制造企业1925家，主要行业有动力机械、电气机械、通用机械、运输设备、专用设备、仪器仪表、电子元件、电子器件、广播电视通信设备等，完成工业总产值38.84亿元，占全市乡镇以上工业的22.96%。

20世纪90年代，宁波装备制造业开始改变以前“小、加、轻”为主的格局，生产门类增加、规模不断扩大，逐步形成动力机械及锅炉、农业机械、通用设备、运输设备、电工电器、电力输变电设备、仪器仪表、通信广播设备、传感器、电子元（器）件等十几个主要行业，能生产55个大类、1700多个品种、1万余个规格产品，拥有一批优势和特色产品。进入21世纪以后，机械密封件、气动液压元器件，塑料加工专用设备，锻压及粉末冶金件、压铸设备及铸件，微小型轴承、电容器、太阳能电池、音频磁头、聚焦电位器、半导体器件等具有较强竞争力的特色产业区和产业集群逐步形成，修造船、重要机械基础件、汽车及零部件、精密仪器仪表、模具等成为重点优势产业，塑机、模具、水表、紧固件、液压气动密封件等产业在全国具有相当高的市场占有率和品牌美誉度，获得“中国塑机之都”“中国模具之都”等称号。

2006年，全市规模以上装备制造业完成工业增加值386亿元，占全市工业的比重达37.2%，注塑机、液压搬运车等38种装备产品市场占有率居全国第1位。2007年以后，市政府先后颁布《关于加快先进装备制造业发展的若干意见》《关于加快发展智能装备产业的实施意见》，持续推进装备制造业的技术自主化、制造集约化、装备成套化、产品品牌化、产业集聚化、市场国际化，建设全省智能装备产业发展的先行区、长三角智能装备生产及服务产业基地和国家重要的基于物联网、互联网、云计算和大数据技术应用的示范区。到2020年，全市有规模以上装备制造企业2932家，占全部规模以上工业企业数的34.9%，完成工业总产值4576.6亿元、工业增加值1063.7亿元，获得“中国水表之都”“中国紧固件之都”“奉化气动之乡”“奉化国家气动集群示范基地”“慈溪密封产业集群示范基地”等称号。

2021年，《宁波市高端装备产业集群发展规划（2021—2025年）》颁行。嗣后，聚力高端装备产业基础高级化和产业链现代化，重点发展智能装备、现代能源装备、新一代电子信息装备3个千亿级产业，培育壮大航空航天及轨道交通装备、检测与监测设备、高技术船舶与海洋工程装备3个百亿级产业，打造全国重要的高端装备产业基地。加强关键核心技术突破，推动首台（套）产品研发应用，培育细分领域龙头领军企业，推进装备领域数字化应用，推进制造过程智能化升级，促进产业链融合发展。2021年，全市装备制造业总产值首次突破万亿元大关，达到11367.6亿元；规模以上总产值占全市规模以上工业总产值的比重达51.4%。2023年，高端装备制造业被确定为全市3个万亿级产业集群之一。至2023年底，累计认定高端装备制造业重点领域首台（套）产品510个，其中国际首台（套）产品1个、国内首台（套）产品100个、省内首台（套）产品409个。智能装备产业主要分布在北仑、海曙、余姚、鄞州、慈溪，能源装备产业主要分布在象山、宁海、慈溪、江北，信息技术装备产业主要分布在镇海，航空航天装备产业集中在海曙、宁海、前湾新区、象山、鄞州，检验检测装备产业集中在海曙、余姚，高技术船舶与海洋工程装备产业集中在象山。

通用设备制造业 20世纪20年代，宁波开始生产机床。解放后，陆续生产风机、冷冻机、气体压缩机等以及通用零部件。1990年，有871家企业生产机床、锅炉、风机、减速机、空气压缩机、冷藏柜、基础件和通用零部件等，完成工业总产值11.14亿元。90年代初期，主要有宁波机床总厂、宁波锅炉厂、宁波市动力机厂、宁波冷冻机厂、宁波铸造厂、宁波粉末冶金厂等通用设备制造企业。90年代中后期，通过关停、转制，全市通用设备行业发展较快，形成宁海的雕刻机床、镇海的紧固件、慈溪的轴承和密封件、奉化的气动元件、鄞州的铸造件等块状经济。2001—2005年，通过引进国内外先进设备和技术生产线，与国内科研院所合作，培育出欣达、埃美柯、宁力等名牌产品，形成机床、紧固件、轴承、粉末冶金制品等优势行业。2006—2010年，通过建立技术研究院研发新产品和并购、资产重组等方式，培育出金鼎、宁力、东港等优势骨干企业群，以及雕刻机床、紧固件、轴承、密封件、气动元件、铸造件等产业基地；江北区通用设备产业基地入选国家火炬计划，成为国家级通用设备产业基地。2011年，宁波市被中国机械通用零部件工业协会授予“中国紧固件之都”称号。2012年，全市规模以上通用设备制造业完成工业总产值709.06亿元，其中液压和气动机械及元件、密封件、紧固件制造等产业在全国有较大影响，气动产品占国内市场的50%。2013年，全市有工业总产值上亿元的紧固件企业32家，工业产品产量214万吨，占全国市场份额的25%。2014年，全市300余家气动生产企业销售额占国内市场约30%，出口占全国一半。2022年，全市通用设备制造业实现工业总产值1418.2亿元。

模具制造业 宁波市模具产业始于1968年镇海县塔峙公社的青林农机厂，主要生产胶木模。20世纪90年代，北仑塔峙、宁海跃龙、余姚城关、慈溪范市、象山贤庠等地成为模具产业孵化基地，青林农机厂、塔峙农机厂、浙江塑料模具制造中心等集体、国有企业为本地和周边地区培养模具人才，带动各地模具产业发展。90年代中后期，宁海、余姚、北仑、象山、慈溪等地逐渐形成不同类别的模具产业块状经济。2001—2005年，模具被列为市政府重点支持发展的十大优势制造业之一，模具产业块状经济逐渐发展成模具产业基地。2005年，全市模具加工企业超过6000家，完成工业总产值160亿元，商品模具产值70亿元，其中出口5亿元；宁波市获授“中国特色优势产业基地——模具之都”

称号。2008年以后，全市模具行业通过转型升级，成功克服国际金融危机影响，实现稳步向上发展，宁海的大型塑料模、余姚的精密塑料模、北仑的压铸模、象山的铸造模、慈溪的家电模、鄞州的汽车零部件模等特色模具在国内有较大影响，宁海、余姚、北仑、象山分别获授“中国模具生产基地”“中国轻工模具生产基地”“压铸模之乡”“铸造模之乡”称号，宁波成为国内重要的大型精密模具产业集群生产基地之一。2010年，全市模具加工企业完成工业总产值288.9亿元。2013年10月，宁波模具产业园在宁波南部滨海新区启动建设。2014年以后，模具行业加快转型升级，130家规模以上模具企业实现工业总值119.83亿元，以大型、精密、复杂、长寿命模具为代表的中高档模具比例提高。2016年5月，宁波模具产业园区成为国家产业集群区域品牌建设试点，6月投入运营。2020年，全市拥有模具关联企业4000多家，实现销售总额616亿元；规模以上企业186家，完成工业总产值175亿元；塑料模具、铸造模具、压铸模具、粉末冶金模是全国模具制造水平的有力代表，合力、辉旺、赛维达、天正、横河、远东、震裕、宝鼎、博威等模具企业颇具实力。2022年，宁波远东制模有限公司入选国家级第四批专精特新“小巨人”企业名单。到2022年底，宁海、余姚、北仑、象山、慈溪五大模具加工区域从事模具加工的企业近1万家，规模以上模具企业（以模具为主业）近100家；模具产值150亿元，商品模具产值突破80亿元，其中出口20亿元。

塑机制造业　1967年，宁波机械实验厂制成齿轮传动注塑机，开启宁波塑机发展之路；1969年，生产柱塞式液压注塑机，被轻工业部列为定点产品。1972年，镇海江南公社棉花农机厂生产SZ系列30～800克立式塑料注射成型机、塑料挤出机、塑料粉碎机等，其中SZ-750/260型注塑机为国家首批替代进口产品。1974年，塑料机械厂研制60克分清双色注塑机，通过轻工业部技术鉴定，获1976年全国科技成果三等奖。1984年，宁波塑料机械厂与香港华大机械设备有限公司合作，生产TTI-4型数字式全自动塑料注射成型机出口。20世纪90年代，注塑机产业发展较快，有注塑机及配套企业数百家，年产量占国内市场的60%以上，涌现海天、海太、海达、通用、亨润等有影响的塑料机械生产企业。20世纪90年代末至21世纪初期，震雄、富强鑫、德马格、住友重工、宇进、今机等一批海内外知名企业相继落户，宁波市逐渐成为注塑机产业集群基地，塑机名牌产品不断涌现，海天、海太、通用等公司的产品被定为市级、省级名牌；塑机产业集聚程度进一步提升，行业内部产业结构调整加快，开始向多元化、多品种方式转变，余姚华泰橡胶机械公司开发出吹塑机产品，宁波方力集团开发出挤出机。2005年，全市生产注塑机19.2万吨，占全国塑机产量的54.38%。2006年12月，中国机械工业联合会授予宁波市

“中国塑机之都”称号。至2010年底，全市规模以上塑料机械制造企业85家，完成工业总产值148.1亿元，主营业务收入141.55亿元；全市注塑机产量和销售额占全国市场的三分之二以上，年产量占世界总产量的三分之一。2011年以后，塑机行业加快产品结构调整及转型升级。2013年，生产全自动注塑机、精密注塑机、大型二板机、多色注塑机以及多种专用机等；海天塑机集团研制出国际上最大、国内首台超大型纯二板式塑料注塑成型机。2017年，海天塑机入选首批中国制造业单项冠军。2021年，全市塑机行业完成工业总产值291.83亿元，主营业务收入302.80亿元。2022年，海天塑机集团等10家企业入选宁波市塑料机械制造业综合十强企业，其中海天注塑机的各项经济指标位居全球同行之首，代表中国注塑机的最高水平。

船舶修造业　井头山、河姆渡等遗址发现的船桨，证明宁波远古时代已现造船业雏形。宋代，宁波为造船中心之一。1051年，明州设置官办造船场。20世纪20年代，有大丰机器造船厂、鸿大造船厂2家。1929年，恒大修船厂首次制造铁壳汽油船。1949年，有私营船厂4家，小型船坞（排）3座，修理200吨以下船舶。1956年3月，宁波修船厂成立（1965年改称宁波渔轮修造厂）；1960年，仿造250马力钢木结构渔轮，结束只能制造木质船舶的历史。1969—1975年，浙江船厂、镇海船厂、象山船厂等7家船厂承造钢质交通运输船、灯光围网渔轮、玻璃钢船艇及救生艇、工作艇、游艇等。1978年，福明造船厂与交通部上海船舶设计院合作，制成载客206人大型机动双桨玻璃钢游艇。1982年，浙江船厂等制造补给船、货驳、拖轮、货轮、自行开体泥驳船等。1984年，全市共制造民用钢质船舶43艘，排水量10389吨，总产值2414万元，约占全省造船工业总产值的三分之一。1990年，船舶修造企业17家，制造渔轮、运输、工程（工作）船舶等15种，计民用钢质船舶28艘，排水量9575吨，产值9261万元。20世纪90年代，全市船舶修造业发展较快。至1999年，全市主要船舶修造企业有10家，浙江船厂、三星重工业（宁波）有限公司、宁波恒富船业有限公司、宁波滨海船厂、宁波福明造船厂达到规模以上，钢制船、玻璃钢船以及船体分段、民用钢质船舶年生产量达7700综合吨。2001—2005年，全市船舶修造业快速发展。2005年底，全市规模以上船舶修造企业16家，完成工业总产值27.32亿元，船舶产量19.15万综合吨。2006—2010年，以浙江造船有限公司、新乐船厂和恒富船业为重点，制造散货船、集装箱船、液化气船、油船、多用途船；以福海玻璃钢造船有限公司为重点，制造玻璃钢游艇、玻璃钢渔船；以三星重工为重点，提高分段造船能力；以宁波中策动力机电集团有限公司为重点，开发生产船舶中高速柴油机、辅机、无线通信、导航系统及配件。至2010年底，全市能建造万吨级以上船舶的企业有20家，产能250万载重吨。2013年，全市船舶修造企业65家，能建造万吨级以上船舶的有20多家；全市船舶修造工业总产值101.89亿元，其中5家的产值占全市船舶产值75%以上。2020年，浙江新乐造船公司建造的浙江首艘3万立方米LNG船舶交付。2022年，民用钢质船舶产量528136载重吨。

汽车制造业

整车生产 1958年初，宁波地区公路运输局设中修车间；9月，首次成功改装大客车、小轿车；10月，建立汽车修配厂（后称宁波汽车厂）。1961年，设计改装“解放”牌640平头客车。1969年，首次试制120轻型2吨载重汽车2辆。同年，地区汽车制造厂于鄞县大雷（今属海曙）成立，生产“四明山”牌3吨载重汽车2辆。1980年，市汽车工业公司成立，宁波拖拉机厂试产130轻型载重汽车通过省级鉴定。1985年，宁波汽车工业公司与南京汽车工业联营公司协作，引进轻型汽车设计、制造技术。1988年，宁波汽车厂、拖拉机厂合并成立拖拉机汽车制造总厂，研制生产NPS6400轻型8座客车；后为依维柯S系列汽车配套建设1万辆整车组装、6万套前桥生产线。1990年，汽车制造企业6家，年产能为轻型载重汽车5000辆、改装车1000辆，实际生产轻型客、货汽车及底盘1480辆，改装旅行车、农用运输车、10吨挂车、水泥散装车、大客车352辆。1991年6月，宁波第二车辆厂公交大客车项目竣工，新增公交车生产能力150辆；1992年4月，试制的NE6601、NE6601D轻型客车和NE5040XLD厢式车产品，通过浙江省机械工业厅新产品鉴定。1998年8月，浙江吉利汽车有限公司成立，研发和制造轿车。1999年，宁波第二汽车厂开发出NE6601和NE6602等空调客车系列；2000年，开发研制NE6702旅游客车等高档客车。同年8月，浙江宝成机械科技有限公司成立，生产环卫机械、环卫车辆等。2000年5月，第一辆吉利美日汽车下线。2001年10月，浙江横店集团下属的金华、横店、宁波三大客车生产基地合并搬迁至宁波，组建宁波神马汽车股份有限公司，每年能生产豪华客车1500辆，成为浙江省最大的豪华客车生产基地，当年生产各类客车70多辆。2003年11月，宁波凯福莱特种汽车有限公司成立，主要生产医用急救车。2006年，宁波三新特种汽车有限公司成立，主要生产混凝土搅拌运输车。2008年，全市规模以上整车制造企业汽车产量达85625辆。2010年，全市整车制造企业8家，乘用车产品以吉利汽车集团的基本型轿车为主，商用车产品以宁波吉江汽车制造有限公司、宁波凯福莱特种汽车有限公司、浙江宝成机械科技有限公司等企业的公路客车、特种车、改装车为主。2011年以后，汽车及零部件产业成为全市支柱产业之一。2012年，上汽大众汽车有限公司宁波分公司落户宁波杭州湾新区，2013年10月建成投产。2013年，全市有规模以上汽车制造企业398家，完成工业总产值719.75亿元。2014年以后，加快新能源汽车研发制造。2018年，全市汽车产量80.27万辆，其中新能源汽车28049辆。2022年，有整车制造企业9家，车型包括乘用车、商用车及专用车，整车产量70.8万辆。

汽车零部件　1987年，汽车配件企业127家；至1990年，发展到137家，产品有车架、发动机缸体、汽车水泵、制动器、仪表盘等200余种。20世纪90年代初，主要企业有宁波汽车发动机厂、宁波方向机厂、宁波汽车拖拉机配件厂、宁波汽车零部件厂等，主要产品有汽油机、汽车油封、汽车油管、汽车后半轴、汽车方向机、喷泵、减震器零件等。1998年12月，宁波跃进汽车前桥有限公司生产的汽车悬架扭杆弹簧，获国家机械工业局科学技术进步三等奖、汽车工业科技进步奖励基金委员会三等奖。2004年，宁波汽车软轴软管有限公司“鹏程拉索”获评浙江省著名商标，宁波高发汽车控制系统股份有限公司电子油门踏板及变速换挡器获中国客车最佳零部件奖（2005年获评国家重点新产品）。2005年，奉化市南方机械制造有限公司“NF”牌千斤顶获评中国名牌产品；11月，吉利商标“GEELY及图形”成为中国驰名商标。2006年，宁波雪龙汽车风扇制造有限公司的“雪龙”和宁波丰茂远东橡胶有限公司的“丰茂”成为中国驰名商标。2007年，宁波雪龙集团有限公司“雪龙”牌汽车散热总成获评中国名牌。2009年，宁波高发汽车控制系统股份有限公司电子油门踏板入选国家火炬项目；2010年，获评中国质量万里行“知名品牌”。2010年，全市规模以上汽车零部件生产企业663家，主要生产汽车发动机、变速箱、离合器、汽车车桥（前桥）、底盘减震器等。此后，汽车零部件产业成为全市经济发展支柱产业之一。2018年，全市汽车零部件制造企业产值1591.85亿元，佛吉亚、江森、英瑞杰等世界500强汽车零部件企业落户宁波。2020年，全市汽车零部件制造企业超过5000家，产值亿元以上226家，凸轮轴、进排气管、发动机油泵、减震器、塑料件等产品国内市场占有率第一。2022年，全市年产值10亿元以上的汽车零部件企业41家，实现工业总产值1282.5亿元，占规模以上汽车制造业总产值的38.3%。

产业园区、基地　进入21世纪以后，汽车及零部件产业显现出集群化特征，形成冲压塑料模具加工、微小型轴承、汽车装饰塑料件、汽车橡胶件、粉末冶金制品和机械基础件等汽车零部件产品基地。塑料制品汽车零部件企业主要分布在象山、北仑和慈溪，橡胶制品汽车零部件企业主要分布在北仑、宁海，电器类汽车零部件企业主要分布在余姚，鄞州、奉化、北仑、市三区以及镇海等地区分布着众多以机械加工汽车零部件产品为主的生产厂家。至2010年，全市汽车制造企业分布在全市各个区域，并各有产业集聚、各具特色优势。宁波经济技术开发区集聚近400家汽车制造业企业，主要有整车企业浙江吉利，零部件制造企业拓普、敏实、雪龙等；宁波国家高新区有均胜电子、韵升科技（钕铁硼材料）等电子控制系统高技术企业和材料科技企业；鄞州投资创业中心有圣龙（集团）、博格华纳（宁波）、华纳圣龙、高发等汽车关键核心部件企业；江北工业园区集聚华翔电子、井上华翔、建新、爱柯迪等汽车零部件制造业。2011年，鄞州、北仑、象山、宁海、江北5个汽车零部件产业基地，以及杭州湾新区国际汽车城、奉化改装汽车生产基地，被确定为全市汽车产业发展重点区域。2014年，杭州湾新区形成千亿级汽车产业集群。2015年，宁海县被授予“中国汽车零部件制造基地”。至2016年，以浙江吉利、上汽大众为龙头，形成杭州湾国际汽车产业园、宁波中车产业基地、北仑国际汽车文化小镇、宁海智能汽车小镇、余姚新能源汽车工业园等集聚区，涵盖3000余家汽车零部件企业，宁波成为中国重要汽车制造基地。2019年，宁波汽车零部件产业集群入选全国先进制造业产业集群培育名单。2022年，全市汽车产业集群规模以上企业完成工业总产值3952.2亿元。

电子信息制造业

1932年，宁波开始进口元器件，组装0.5瓦、5瓦广播发射机。1949年，城区有无线电修理行（店）10余家，组装少量收音机、扩大机。1956年10月，大中、美昌、美灵等15家私营无线电行（店）合并，建立市无线电器修配生产合作社（后称东风无线电厂），生产150瓦扩大机；次年，成功试制电子管收音机，成为市内首家生产电子产品的企业。1966年4月，市电讯仪表办公室成立，组织老市区麻袋、毛刷、牙刷、竹编等行业转产电子产品；至1969年，投产中周、线绕电位器、按钮开关、二极管、三极管、半导体收音机、电唱机、铁氧体软磁、纸介电容器、信号发生器、鱼群探测仪等14种产品。1976年，市电子仪表工业局成立，所属企业10家，有电子元件、电子器件、广播器材、电子测量仪器等行业，产值2715.05万元。

1980年以后，宁波电子企业研制投产收录机、电视机、电视差转机等产品，部分企业开始引进国外生产技术和设备，趋向专业化、系列化生产。1990年，乡镇及以上电子企业252家，产值11.94亿元，生产电子元件（含配件）、电子器件、广播电视通信设备、仪器仪表及应用电子产品等，以电子元件较多。1991—1995年，加大技改资金投入，培育出一批带动产业发展的重要企业，宁波无线电二厂成为全国最大的半导体分立器件生产企业，宁波电容器厂成为全国金属化薄膜交流电容器行业龙头，电力输变电设备及器件、现代通信广播设备及器件、传感器及智能化仪器仪表、电子信息技术等被确定为新兴产业。1996—2000年，电子工业成为全市重点培育和发展的支柱产业之一，逐步向现代电子信息制造业发展，形成电容器、太阳能电池、音频磁头、聚焦电位器和半导体器件等产业集群，拥有波导、韵升2家上市企业。

2001—2005年，电子信息制造业成为全市第二大支柱产业，形成波导工业园、奥克斯数字家电产业园等特色产业园区，建成信息产业部集成电路产业基地、国家火炬计划宁波电子信息产业基地、国家火炬计划北仑机电产业基地。2006—2010年，宁波市被国家定位为先进制造业基地，电子信息制造业跻身全市八大战略性新兴产业，全市逐渐形成液晶光电、计算机、通信、集成电路及材料、新型元器件等优势产业集聚，液晶光电、半导体和集成电路封装材料等产品在全国占有较大市场份额。2018年，全市规模以上电子信息制造企业834家，实现工业总产值1706.2亿元，生产智能手机644万部、多晶硅电池1.46万千瓦、多晶硅电池组352.22万千瓦。2019年，集成电路、光学电子、汽车电子、智能电子产品被列为全市电子信息制造业重点领域。2022年，全市规模以上电子信息制造企业实现工业总产值3880.5亿元，完成增加值710.6亿元。

家电制造业　宁波市家电制造始于1956年，市无线电器修配生产合作社组装第一台150瓦电子管扩音机。1968年，塑料制品牙刷厂改建为无线电六厂，生产单波段便携式五管半导体收音机。1978年底，宁波市二轻机械厂试制KC-20窗式家用空调器，首批生产10台。1979年4月，航海仪器厂成功制造第一台LYH4-1型跟读式双轨四迹收录机。1980年4月，东风无线电器材厂成功制造第一台311-A型31厘米黑白电视机，当年产400台。1982年，宁波电视机厂建成，生产31、35、44厘米黑白电视机。1981年9月，宁波医疗器械二厂成功试制“新乐”牌XPB20-NA单桶洗衣机，其铝板拉伸内筒及草酸氧化表面处理新工艺属国内领先。1984年，宁波洗衣机厂成功试制XPB20-1S双桶洗衣机以及单桶洗衣机配套的脱水机，产品类型由单桶洗衣机为主转为双筒洗衣机为主。20世纪80年代中后期，宁波冰箱厂从意大利和匈牙利引进技术和设备，生产“515”系列产品BCD-170电冰箱、“550”系列单门电冰箱等产品。1986年，华光实业公司电视机厂等6家企业建成，生产35、44厘米黑白电视机。1987年，国内第一台双电机叶轮吸油烟机在玉立电器公司完成生产。1992年，宁波空调器厂成功试制高制冷量和低噪音的KFD-60GW家用挂壁式空调器和KFL-80DS分体立柜式空调器。1994年，宁波奥克斯空调有限公司成立。

此后，宁波空调业快速发展，涌现惠康、三钻、帅康等10多个空调品牌。1996年，方太创立，生产吸油烟机、家用灶具、消毒柜、燃气热水器、嵌入式烤箱、嵌入式微波炉等产品。2001年以后，富士达、宝洁、三酉、中享、惠康等企业纷纷进入冰箱生产领域，奇美电子等全球知名的液晶面板、液晶显示器生产企业落户宁波。至2010年，宁波市拥有中国家电产品出口共建基地、中国家电采购基地、中国家电制造业基地等称号，成为国内三大家电产业集群区之一。2014年，全市家用电器工业形成“块状化布局、专业化生产、市场化经营、社会化协作”的格局。2020年，全市规模以上家电制造企业519家，实现工业总产值1038.4亿元，涵盖空调、冰箱、洗衣机、厨房电器等20余个细分行业、数千个品种。2022年，全市规模以上家电制造企业632家，实现工业总产值1264.5亿元。

园区、基地建设 2002年5月，国家火炬计划宁波电子信息产业基地获科学技术部批准建立，重点发展电子信息专用材料、汽车电子、LED照明、太阳能光伏、软件和信息服务外包、电子商务及网络服务业等领域，拓展上下游产业链。2005年5月，宁波保税区集成电路产业园被命名为“国家（宁波）集成电路产业园”，成为首批国家级信息产业园区，是中国最大的外延片生产基地，集成电路芯片封装和测试能力达2亿块。2006年7月，国家火炬计划宁波鄞州新型金属材料产业基地经科学技术部批准建立，集聚博威、日月重工、广博纳米材料、康强电子、东睦新材料等行业龙头企业。2009年2月，国家火炬计划宁波高新区绿色能源与照明特色产业基地经科学技术部批准建立，集聚日地太阳能电源、升谱光电、爱米达照明科技、赛尔富电子等一大批龙头企业及周边配套的相关产业链，形成太阳能电池及组件、LED照明和绿色电池三大特色产业。2018年，北仑、鄞州入选浙江省集成电路产业基地创建名单。2019年，余姚、北仑（含宁波保税区）、杭州湾新区被列为重点电子信息制造业产业集聚区。2022年9月，“甬江芯谷”揭牌成立，以开元新青年广场、创维双智双创产业园作为核心启动区，面积约12.7万平方米。

冶金　新材料工业

冶金工业 即金属冶炼及加工业，旧时在宁波多为手工作坊。清代，宁波产土铁。民国时期，聚居宁波城区西门外的绍兴籍渔民，时有捞挖居民因洗涤不慎沉入河道的铜锡器皿，分类熔炼并块出售，俗称“扒沙”。1933年，宁波城区有铜锡店坊38家，多系前店后坊。1950年，宁波金属冶炼及加工作坊234家，从业人员376人，化铁炉8座，熔铸钢铁，制作民用铁器、农具，具有铸造半吨重机械部件的能力。1958年，兴办宁波钢铁厂，投产8立方米高炉17座，生产生铁48171吨、钢2867吨。1972年，建成矿热电炉和9.5立方米高炉，利用制酸矿渣炼铁，年冶炼能力5000吨。此后，相继建成炼钢、轧钢、焊管等车间，1978年综合生产能力1.5万吨。1980年以后，余姚冶炼总厂、宁波锡青铜带厂、宁波滨海铝材厂、慈溪兴业铜带厂等有色金属加工企业成立，市属企业通过基本建设和技术改造，投产薄壁铜管、弹簧钢丝、渔用钢丝绳等新产品14种。1990年，乡镇以上冶金企业114家，总产值55949万元，生产钢锭、钢材、铁合金、铜材、铝材、铝合金等。20世纪90年代初中期，宁波神龙集团公司、慈溪双羊集团等企业成立并投产，宁波钢铁总厂、宁波渔业钢丝绳厂、宁波金田铜业总公司、宁波慈溪兴业集团等成为骨干企业，引进各种规格的挤压机、压铸机、水平连铸机、铝型材氧化着色设备等，能生产钢、线材、铁合金等七个大类多规格、多品种的钢铁产品和近300个有色金属品种。90年代中后期，部分企业产品滞销，甚至亏损、停产。1999年以后，冶金系统国有企业实施产权制度改革，理顺劳动关系，市冶金工业公司（局）与宁波机械控股（集团）有限公司合并组建宁波机械冶金控股（集团）有限公司。进入21世纪以后，全市冶金工业呈现规模化、集中程度高等特点。2005年，宁波宝新不锈钢有限公司主营业务收入占全市钢铁工业的40%，全市有色金属工业主营业务收入占浙江省的31.2%，余姚、江北、镇海、北仑等地形成产业集聚；企业加快资产重组，宁波建龙钢铁有限公司经过两次重组成立宁波钢铁有限公司。2010年，全市规模以上冶金工业企业461家，总资产652.86亿元。2013年以后，为应对产能过剩、长线产品市场需求低迷等困难，加快新产品开发，当年新产品产值率22.07%。2022年，全市规模以上冶金工业企业238家，完成工业总产值1271.34亿元，宁波钢铁有限公司优质特色钢铁产品占比达56.38%。

新材料工业　20世纪70年代，宁波瓷厂转制成立宁波磁性材料厂，开始生产硬磁、软磁和电感器、扬声器磁钢、天线棒。1984年，中科院三环磁厂与宁波磁性材料厂等法人股东共同出资，成立宁波首家钕铁硼永磁材料生产企业——宁波科宁达工业有限公司。20世纪90年代末至21世纪初，高性能金属材料产业兴起，纳米材料、石墨烯和合成新材料等开始发展起来。2000年8月，宁波市成立国家新材料成果转化及产业化基地。当年，全市新材料工业总产值111.1亿元，占全市高新技术产业工业总产值的36.2%。2001年，宁波广博纳米材料有限公司与加拿大合作开发的国内首条超细纳米镍生产线投产，以宁波科宁达工业有限公司、宁波海纳半导体有限公司、宁波杰事杰工程塑料有限公司、宁波大成化纤集团公司、宁波申江实业有限公司等为代表的一批新材料高新技术企业迅速崛起，宁波韵升高科磁业有限公司成为全国最大的稀土永磁材料生产企业之一。2004年，中国科学院宁波材料技术与工程研究所成立。2006年，磁性材料重点实验室成立。2008年，宁波被列为首批新材料产业国家高技术产业基地之一。2009年，全市稀土永磁钕铁硼产量接近3万吨，占全国的40%左右，其中烧结钕铁硼产量占全国的近50%。2010年，新材料被列为全市八大战略性新兴产业之一。至2011年底，新材料研制和生产企业300多家，钕铁硼强磁材料、半导体材料、特种纤维材料、新能源材料、精细化工、车用新材料等产业化全国领先。至2013年底，列入统计的规模以上新材料企业1299家，完成工业总产值833亿元。2020年，全市规模以上新材料企业实现工业增加值357.1亿元。2022年，石墨烯创新中心获批国家级制造业创新中心，磁性材料入选国家先进制造业集群培育计划，全年稀土磁性材料产量12239吨。

纺织服装制造业

宁波是“红帮裁缝”之乡，第一件中国名人西装、第一件中山装、第一家西服店、第一本中国西装理论著作《西装裁剪指南》均出自宁波人之手。唐宋时期，民间纺织业已盛，城区设纺丝局，产吴绫、交梭绫、大花绫等，皆为贡品。1885年，鄞县纬成布局开业，为近代最早的棉织工厂。1887年，通久源轧花厂成立，这是全国最早的机器轧花厂。1888年，通久源织布纺纱局开机，这是省内最早的纱厂。1905年，和丰纱厂投产，规模居省内同业之首。1911年，余姚城区庄瑞荣服装店成立，这是宁波本土服装业的开端。1912年、1913年，宁波开始出现机器织布业。1914年，美球丰记针织厂投产；至1924年，装置发电机、锅炉等设备，规模冠浙东。1925年以后，奉化人王才运由沪返甬开设服装店；1932年，宁波服装店渐成规模，制衣粗工部分多以机车代人工。至1949年，宁波有纺织企业212家，除机器纺织厂18家外，其余为手工作坊，较著名的有和丰、大昌、诚生、厚丰、恒丰等；产值1230万元，占全部工业总产值12.16%。

解放初期，企业开机率不足三分之一，政府用加工、订货、统购、包销办法，将工厂挽救过来。1951年以后，政府继续扶植恢复生产，组织私营企业联营。1952年，余姚创办阳明服装社。1955年，老市区建立服装生产合作社。1956年，全行业实行公私合营，老市区有纺织企业10家，产值3906.5万元，占老市区工业总产值27.98%；老市区、奉化、余姚有服装社（组）38家。1960年，宁波服装四社在全市首先生产出口男衬衫，计5.6万件，外贸收购值29.1万元。1962年，久丰纱厂成功生产粘胶短纤维，计4.6吨，这是宁波化学纤维工业的开端。1975年，鄞县、奉化、余姚、镇海等县的社队开始兴办服装企业。

1976年，余姚服装厂成立，开始机械化生产服装。1978年，全宁波纺织业产值4.21亿元，占全部工业总产值的17.34%。

1979年以后，和丰、万信、人丰等企业实施技术改造，县（市）及县属区、乡镇兴建纺织企业。1983年，奉化培蒙西服厂承制北京人民大会堂工作人员西服，饮誉京华；宁波服装三厂引进日本服装生产线，宁波服装业自此开始大规模引进国外生产线。1986年，开始由主产西服、大衣、中山装，转产时装、衬衫、童装及羽绒服。1988年以后，引进电脑绣花机、粘合机、扎驳机及整烫设备，逐渐淘汰旧设备，关、停、并、转服装企业百余家，主要产品西服趋向薄、轻、软、挺型，增产革皮质、裘皮服装。1990年9月，中国服装总公司将奉化定为全国49个重点服装城之一。至1990年，纺织服装业成为全市支柱产业之一，有乡镇及以上纺织服装企业938家，完成工业总产值438317万元、出口产品产值114556万元，分别占全市乡镇以上工业的24.66%、43.64%，形成以棉纺、棉织、印染、针织为骨干，毛麻纺、丝绸、化纤、服装兼备的纺织服装制造业格局。

20世纪90年代初，宁波市调整纺织产品原料结构，开发化纤产品，在全世界最早利用再生聚酯原料（可乐瓶）生产聚酯纤维，在全国最早生产ES复合纤维，在全国最早（世界第四）生产超高分子聚乙烯纤维（防弹衣的原料），产品主要有粘胶短纤维、涤纶长丝、短纤维、低弹丝、丙纶长丝、锦纶帘子线以及化纤浆粕；服装企业基本摆脱对上海服装企业的依赖，大规模引进国外先进设备，参加国内外各类服装博（展）览会，将外贸市场从日本逐渐扩展到欧洲、美国等主流市场。1993年，慈溪锦纶总厂（2000年改建金轮集团）成为全国最大锦纶帘子布生产基地。1994年，罗蒙西服、杉杉西服入选首届中国十大名牌西服，雅戈尔衬衫入围首届中国十大名牌衬衫。至1995年，全市乡及乡以上纺织企业工业总产值、销售产值、出口交货值以及全部职工年平均人数均居全市工业门类第一位。90年代中后期，通过联合、兼并、托管、租赁、转让土地使用权、破产、出售、职工入股等多种办法进行调整、改组，实现纺织业平稳发展，化纤产品由粘胶纤维转为以涤纶和锦纶为主，开始生产再生化纤产品；服装业开始走上自创品牌的道路，服装企业和品牌具备较强的国际竞争力，尤以男装生产闻名，形成以西服、衬衫生产为龙头，以针织服装、羊毛羊绒服装、童装、皮革服装等多品种生产为基础的产业集群，并尝试发展女装。1997年，服装产量达112558万件，占全国服装总产量的11%，“宁波装”与宁波港、宁波景、“宁波帮”一起，被称作宁波的四大名片。2000年，金轮集团主导产品锦纶帘子布的国内市场占有率35%，是亚洲最大的帘子布生产基地。

进入21世纪以后，纺织服装企业快速发展壮大，形成以少数大企业构成区域集聚的主体，多数中小企业依靠大企业辐射生存和发展，品牌、制造、加工共荣的纺织服装制造产业格局；“博洋”“维科”“太平鸟”“杉杉”等品牌行销国内外。2004年，象山被中国纺织工业协会授予“中国针织名城”称号。2009年，慈溪被中国纺织工业协会授予全国唯一的“中国毛绒名城”称号。2010年，宁波市有纺织服装企业3000余家，年产服装近15亿套，占全国服装总产量的13%以上，成为中国最大的服装生产基地、中国服装品牌基地和出口服装品牌基地；鄞州形成长约10千米的呈L形走廊的服装制造产业集聚区，慈溪成为国内重要的化学纤维制造业生产基地，余姚朗霞街道一带形成制裘产业集聚区。

2011年以后，加速调整纺织服装制造业的行业结构，发展技术含量高的纺织业和化纤业，提高产业用纺织品比重；依托鄞州、奉化、北仑、象山、海曙5个区块，强化品牌建设，打造国内先进的服装产业基地；纺织服装业从传统制造向时尚文创迭代升级，朝产业高端化、品牌化、时尚化、绿色化发展。2016年，罗蒙、太平鸟等企业入选浙江省时尚制造业重点培育企业和时尚产业重点培育品牌企业。2017年，纺织服装业亩均税收、亩均增加值分别达84.9万元、200.1万元，在29个行业中均名列第二。2020年，时尚服装产业链被列为宁波十条标志性产业链之一。2022年，全市有规模以上纺织服装企业866家，完成工业总产值1333.1亿元，其中纺织业342.23亿元、服装服饰业798.39亿元、化学纤维业192.48亿元；实现工业增加值261.29亿元、出口交货值304.24亿元、营业收入1354.16亿元，分别占全省纺织服装业的12.35%、17.27%、12.31%；产值超1亿元的企业194家，年营业收入超10亿元的18家、超百亿元的1家；形成雅戈尔、杉杉、太平鸟、罗蒙、狮丹奴、博洋、长隆国泰、培罗成、洛兹、爱伊美、华鑫、大成、振邦、康鑫、大发等龙头、支柱企业，拥有20个中国名牌、25个中国驰名商标、10个国家级重点跟踪培育品牌。

文教体育用品制造业

清代有毛笔作坊。1950年，老市区有毛笔作坊29家，自来水笔零件厂4家。1952年，自来水笔零件企业合并成私营制笔厂。1954年，宁波制笔厂开始生产圆珠笔。1964年，江北塑料厂开始生产塑料充气玩具。1965年，奉化、镇海、宁波皮革厂开始生产排球、篮球、足球。1971年，金星乐器厂开始生产木制玩具。1972年，奉化工艺美术厂开始生产文具盒、竹尺。1973年，镇海玩具厂开始以马口铁皮彩印制作惯性、发条、电动玩具。1979年，宁海文具厂开始生产塑料外壳卷笔刀。其间，象山、奉化、余姚生产竹制笔筒，宁海县文教用品厂生产地球仪。1981年，奉化、象山开始生产家禽标本及蛇、黄鼠狼等野生动物标本。1982年，镇海小港羽毛球厂生产羽毛球4.8万打。1985年，慈溪毛绒玩具厂生产长毛绒哈巴狗、熊猫、狗熊等玩具，宁波圆珠笔厂（1987年改名宁波制笔总厂）引进双色挤塑机等设备，生产聚丙烯油管圆珠笔芯、直灌式圆珠笔等产品。1990年，全市文体用品企业95家，产值1.52亿元。20世纪90年代，文教体育用品制造业快速发展，成为宁波市优势制造业之一；体育用品制造业开始生产体育器材及配件、训练健身器材、运动防护用具，企业以中小型为主；玩具制造业形成一定规模，成为全市文教体育用品制造业的重要组成部分。1999年，全市规模以上文教体育用品制造业工业总产值占轻工业总产值的6.6%。

进入21世纪以后，宁波市文教体育用品制造业持续快速发展，产业规模迅速扩大，重点企业优势明显，产业集聚开始形成，产品品牌众多，外向型经济特征凸显。宁波市发展成为全国乃至世界上最重要的文教办公用品生产和出口基地，拥有中国最大的制笔、教具、削笔器、长尾夹、扑克生产企业，形成宁海、北仑、余姚、慈溪、鄞州5个主要文具产业集聚区；体育用品制造业经济总量迅速扩大，产业集聚不断加深；玩具制造业产业规模不大，但拥有自身的知名品牌，其中童车生产企业占全国的二分之一。2003年，宁海县被中国轻工业联合会和中国文教体育用品协会联合授予“中国（宁海）文具产业基地”称号。2004年，贝发的制笔、广博的纸品本册、华茂的教学具、得力的削笔器、三A的扑克牌、康大的美术用品、杰丽斯的办公设备销售额均位居全国同类企业产品的首位。2005年，宁波市被中国轻工业联合会授予“中国文具之都”称号。2010年，全市规模以上文化体育用品制造业完成工业总产值201.31亿元。2011年，全市有玩具与婴童产品相关企业400多家，完成工业总产值约120亿元。2016年，贝发、广博、得力、杰丽斯的文具获评年度中国文具行业十大品牌。2019年，文教体育用品制造业被宁波市列为重点培育的千亿级产业，加快建设区域集群品牌，完善产业协同创新机制，促进文化创意和文体用品产业融合。至2022年，全市有规模以上文教体育用品制造企业747家，其中文教办公用品企业146家，10亿元以上的8家；实现工业总产值991.8亿元，其中文教办公用品企业实现工业总产值383.3亿元。

造纸业

唐代，明州生产手工竹纸、皮纸。元代，鄞县樟溪、奉化棠溪生产竹纸、皮纸，草纸生产遍及各县。明代，奉化、象山、鄞县生产的历日纸、盐钞纸被列为岁办物品（地方官府每年向朝廷进贡的物品）。1928年，宁波城区有造纸作坊13户。当时，因外纸输入，土纸衰落。1949年，企业5家，产值8.83万元，其中华伦造纸厂生产机制纸39.95吨。解放后，造纸工业继续缓慢发展。公私合营时，手工纸停产。1958年，主要企业4家。市手工业联社建立黄板纸厂（后改名东风造纸厂），专门生产包装用瓦楞纸（年产量113吨），棠云造纸社改建为奉化造纸厂，镇海开办柴桥纸厂。1963年，宁波防水材料厂投产油毡原纸，生产350克油毡原纸2664吨。1964年，奉化造纸厂开始生产80克水泥包装袋纸659.78吨。此后，社队手工纸业兴起，生产坑边纸、包装用粗纸。1982年，余姚造纸厂生产宁波首批透明纸35吨。

1985年，宁波造纸总厂投资8594万元，引进日本设备和技术，建设年产3.4万吨涂布白纸板生产线，被列为省、市“七五”时期重点工程之一。1987年，主要生产企业9家，产量5.86万吨，主要产品有机制纸、包装用纸、油毡原纸、透明纸、水泥包装袋纸等。1988年，宁波造纸总厂（1990年改名宁波白纸板厂）试产白纸板11118吨，长期依赖进口的局面得以改变；1989年，300克单面涂布灰底白纸板获评轻工业部优质产品。其间，鄞县造纸厂成功试制耐燃纸板。1990年，乡镇及以上企业24家，生产机制纸及纸板11万吨，产值2.15亿元；白纸板3.4万吨，出口产值98万元。1992年，宁波中华纸业有限公司成立，先后建成年产50万～100万吨白纸板生产线，是当时国内最大、生产设备和技术最先进的高档白纸板专业生产企业，宁波市因此成为全国最大的高档包装纸生产基地。

20世纪90年代中后期，整顿、关闭小而污染严重、亏损企业，实行清洁生产以及推行系列体制改革，全市造纸及纸制品业快速发展，逐渐形成自身特色，即以民营和外资为主，产品以纸板为主导，拥有一批重点企业。2000年，全市纸制品产量12.28万吨，机制纸及纸板产量70.82万吨。2005年，全市工业技术配套用纸在机制纸中的比重提高到20%左右，高档纸板占纸板总量的比重上升到50%以上。2010年，全市规模以上造纸及纸制品企业195家，纸制品、机制纸及纸板产量分别为118.67万吨、182.88万吨。2011年以后，造纸业被确定为全市五大临港产业之一，主要布局于宁波经济技术开发区。2022年，规模以上造纸和纸制品企业99家，完成工业总产值210.44亿元；机制纸及纸板产量250.26万吨，纸制品69.71万吨；尚有少量手工纸生产。

建筑业

从7000多年前河姆渡的干栏式建筑之鼻祖，到有着“鸟不入，虫不蛀，蜘蛛不结网，灰尘不上梁”千古之谜的榫卯木结构保国寺；从四大古代水利工程之一的它山堰，到德国西门子公司建造的灵桥；从马头墙为标志的明清建筑，到江北教堂为首的老外滩建筑群，都是宁波旧时建筑代表之作。宁波传统的建筑施工机构是各种专业性的“作”，泥木作坊多是独立手工业户，少数作坊主既是工匠，也是承建房屋的“作头”。“五口通商”后，西方建筑施工技术传入宁波，采用英制尺码按蓝图施工，有些新式建筑工程已使泥木作坊无力承担。1900年，宁波首家现代建筑企业——邬全顺营造厂于江北岸首善路1号开业。至1946年，城区登记注册营造厂201家，资本总金额9805万元，从业人员不足4000人，其中江厦街大东营造厂、白沙路合兴营造厂、县东街复兴建筑公司、华严街陆森记营造厂规模较大。宁波的钱业会馆、江北天主教堂、虞氏旧宅天叙堂、蒋氏故居小洋房、天一阁秦氏支祠、谢氏旧址、锦堂学校旧址、中国通商银行宁波分行旧址以及散布在城镇内的若干旧高档住宅、石库门建筑等，都凝结着宁波近代工人在建筑工程上出色的工艺成就。

1951年7月，宁波公营建筑工程公司成立，有固定工人416名。从此，宁波拥有专业的建筑施工队伍。20世纪60年代初到80年代初，宁波市相继成立第一、第二建筑工程公司、市设备安装公司等建筑施工企业。改革开放后，随着农村家庭联产承包责任制的推行，农村劳动力出现大量剩余，人多地少的矛盾十分突出，不少建筑企业和泥水工匠，本着“外面能赚钱”的朴素感情，开始涉足沪杭甬等城市，尤其是象山县大力发展建筑业。80年代初，入选《浙江省施工企业（事业）单位名册》《浙江省县以上社队建筑业名册》的单位共有52家。90年代初，城市建设由新区建设为主转为旧城改造为主，市政府城建投资快速增长，建筑业市场逐步开放，外地建筑企业进入以及房地产业兴起，促使建筑业迅猛发展。1994年7月，象山被命名为浙江省首批县级“建筑之乡”。1995年，全市建筑业总产值达1153649万元，是1991年的8.15倍。90年代中期，开始对城市房地产过快发展进行宏观调控，全市建筑业发展趋向平稳，但是建筑装饰业发展迅速。1999年，建筑装饰业总产值77131万元，占全市建筑业总产值的5.83%。

进入21世纪以后，随着旧城改造推进、城市基础设施投资加大和住房制度改革深化，全市建筑业迎来发展时期，建筑业的国民经济支柱产业作用明显增强。2009年，市政府召开建筑业大会，颁布首个建筑业发展扶持政策《关于加快建筑业转型发展提升发展的若干意见》。随着建筑业“走出去”发展战略的实施与深化，全市建筑企业逐渐加大省外建筑市场的开拓。2010年，全市建筑业总产值比2000年增长6倍，占全省建筑业总产值的11.87%；建筑企业全部职工年平均人数是2000年的3.16倍；房屋建筑施工面积、房屋建筑竣工面积分别是2000年的11.96倍、4.78倍。形成以总承包企业为龙头，专业承包企业为依托，劳务分包企业为基础的建筑业体系，拥有龙元建设集团股份有限公司、宁波建工股份有限公司、华丰建设股份有限公司、宏润建设集团股份有限公司、中达建设集团股份有限公司等一批龙头企业。2013年，开工建设全市首个装配式项目——宁波万科城4期3号楼。2015年，全市完成建筑业总产值4055.4亿元，房屋建筑施工面积28374.3万平方米，建筑企业全部职工年平均人数112.5万人。

2017年宁波市被认定为第一批装配式建筑示范城市，宁波建工工程集团有限公司、浙江欣捷建设有限公司等195家企业为第一批装配式建筑产业基地。此后，宁波市加快推进建筑业转型升级，引导建筑企业向交通、水利等重点投资领域转型，向基础设施领域、地下空间领域延伸。2018年，引导企业向国家重点投资领域、高附加值和新兴领域拓展。当年，全市完成建筑业总产值4915.5亿元。2019年以后，推进建筑业高质量发展，发展绿色低碳建筑，鼓励和引导建筑业企业做大做精，创新应用联合体模式，提高重大基础设施项目承接能力。2022年，全市完成建筑业总产值3426.11亿元。2023年，全市完成建筑业总产值3533.3亿元，其中省内建筑业产值2987.2亿元；有特级资质总承包企业20家，特级资质类别涵盖房屋建筑工程、市政公用工程、公路工程、港口与航道工程、石油化工工程等5类，类别数量全省最多；22家企业获批浙江省建筑产业现代化示范企业，300家企业建筑业产值超亿元，其中，宁波建工工程、浙江省二建、龙元建设、欣捷建设4家企业产值超百亿元；累计建设装配式建筑面积9800余万平方米，获批浙江省装配化装修试点城市。2024年，全市实现建筑业增加值830.4亿元。

随着建筑业的发展，宁波的建筑高度也在不断增高。在1995年之前，宁波高楼都没有超过100米。1995年9月，108米的中信国际大酒店落成，是全市第一幢高度超过百米的摩天大楼。12月，138米的中农信国际商厦建成，成为当时浙江省最高的大楼。之后，宁波的“第一高度”不断地刷新。至2022年，相继建成宁波国际航运中心、中银大楼、宁波商会国贸中心等10幢高度超过150米的高楼。2023年4月，高度409米的宁波中心结顶，成为宁波新的第一高楼。

勘察设计 民国时期，宁波民间出现私人设计事务所和营造厂，当时的中山公园、灵桥门菜市场、地方法院看守所等建筑已有比较完整的设计图纸。20世纪50年代，在工业与民用建筑设计中，推广标准构件设计图，注重实用，式样单调，砖木结构居多，少量砖混结构。1958年，组成专业勘察队，添置经纬仪、水准仪等设备，在勘探中运用手摇钻探机、球状阀门取土样机。60年代，开始采用预应力钢筋混凝土、钢筋混凝土排架、钢丝网水泥等结构。60年代末、70年代初，设计建造一批内天井式住宅。1976年，已具备框架结构设计能力。80年代初，在大批住宅建设中，设计布局由点式、条式单体建筑组成的住宅小区。1984年以后，建筑设计风格趋向多样化，从单一的住宅向综合小区发展，从单一的条式建筑变成条、点相结合。至1990年，迂回测试、三轴试验、高压固结试验等普遍应用于工程勘察。90年代中期，全市工程勘察设计业加快发展，逐步优化结构。1996年，全市有工程勘察设计单位97家，其中，规划设计单位6家，专项勘察设计单位7家，化工设计单位4家，市政交通单位9家，水利水电单位10家，建筑设计单位10家。1998年，实施勘察设计单位由事业转企业的"改企建制"。进入21世纪以后，甲级、乙级工程勘察设计单位比重增大，建筑工程施工图设计审查工作日益成熟，勘察设计单位普遍建立健全质量管理体系，宁波市成为全国第4个推行勘察设计质量保险制度的城市。2001年以后，全市再无丁级资质勘察设计单位。2005年，全市审查核准勘察设计企业增项、转正、升级资质37家，5家单位经批准获得施工图审查资格。2010年，全市勘察设计单位119家，其中拥有甲级资质的单位43家。2014年，全市勘察设计企业137家，其中甲级60家、乙级53家。2016年以后，加快发展装配式建筑。2022年，全市勘察设计企业195家，其中甲级87家。

建筑企业　1951年7月，宁波公营建筑工程公司成立。1957年3月，房屋修建工程处成立。1958年，市建筑工程公司组建设备安装队。1963年，房屋修建工程处改为市建筑联社，市建筑工程公司改为浙江省第四建筑工程公司。1965年3月，设备安装队从省第四建筑工程公司划出改为市属，改全民所有制为集体所有制。11月，省第四建筑工程公司划归宁波市，并与市建筑联社等组成市建筑安装工程公司。1970年9月，市建筑安装工程公司撤销，析建市第一、第二建筑工程公司和建筑设计处。1977年11月，市设备安装公司成立。1982年8月，普查登记施工企业，52个单位入选《浙江省施工企业（事业）单位名册》《浙江省县以上社队建筑业名册》。1987年，省核准、城乡建设部批准市第一建筑工程公司、省第二建筑工程公司2家为全民一级企业，市第二建筑工程公司为城镇一级企业，市设备安装公司为城镇二级企业，象山县第二建筑工程公司为乡镇二级企业。1991年，在甬注册建筑企业135家，业务范围以工业、民用建筑工程为主，还包括市政建设工程、设备安装工程，其中一级企业有宁波市第一建筑工程公司、宁波市第二建筑工程公司等5家；在甬的外地建筑企业129家。至1995年，全市在甬注册建筑企业297家，其中一级企业有宁波市市政工程总公司、象山县市政工程公司、浙江象山第二建筑工程公司等8家；在甬的建筑业企业213家。进入21世纪以后，全市建筑企业加快资质认证进程。2005年，全市施工总承包企业263家；建筑业总产值前10位企业中，龙元建设集团股份有限公司拥有房屋建筑工程施工总承包特级资质，浙江省电力建设有限公司拥有电力工程施工总承包特级资质；按门类划分，全市房屋和土木工程建筑业、建筑安装业、建筑装饰业企业分别有334家、93家、201家。2010年，全市建筑企业753家，位居浙江省第二位，其中房屋和土木工程建筑企业415家，建筑安装业、建筑装饰业企业分别为114家、187家；全市在甬注册施工总承包企业349家，其中特级资质企业6家；专业承包企业404家。2014年，全市建筑企业综合实力不断增强，特级企业增至7家，28家企业晋升一级资质。至2019年底，全市建筑业企业2320家，其中特级企业16家。2020年，互联铁路工程（宁波）有限公司成立，填补宁波市铁路工程施工总承包资质空白。至2023年6月，全市有建筑业企业5449家，28家入围2023年度宁波市“专精特新”中小企业，27家企业建立省级建设行业企业技术中心，21家企业建立市级建设行业企业技术中心。至年底，全市有特级资质总承包企业20家、一级资质总承包企业512家、浙江省建筑产业现代化示范企业22家；300家企业建筑业产值超1亿元，其中1亿～50亿元284家、50亿～100亿元12家、100亿元以上4家。2024年，全市共有资质建筑企业1673家，其中特级17家、一级303家、二级533家、三级及以下820家。

卷十一　石油化学工业

发展概略

1870年，宁波开始生产香粉。1889—1907年，城区陆续开设火柴厂、皂烛厂和化妆品作坊。1932年，有制皂企业6家，全面抗日战争时期大多倒闭。1949年10月，老市区有日用化工企业27家，大部分是手工业作坊，生产火柴、肥皂、蜡烛和化妆品。20世纪50年代初，开始生产无机、有机及其他基础化学原料。1954年，有私营小化工厂18家。1956年，有公私合营企业2家，化学制品生产合作社3家。1957年，有化工企业6家，生产酒精、乙醚、碳酸钾、小苏打等，产值167万元，占全部工业总产值的0.45%。1958年，在大办地方工业热潮中，硫酸、卤制品、氮肥、农药、溶剂、塑料、油漆颜料等9家国营企业成立，老市区街道办起31家小化工厂。8月，市化学工业局成立，于江东冰厂跟建设化学工业区。1962年，宁波化肥厂、农药厂成立；宁波化工企业达49家（后在调整中关停并转30余家），产值1348万元，占全部工业总产值的2.92%。至1965年，有化工企业16家，产值2263万元，占全部工业总产值的3.51%。1966年以后，各县创办小型氮肥、磷肥、农药企业13家，初步形成化肥农药行业。70年代初，有企业30余家，其中县属以上22家。

1978年，浙江炼油厂（今中国石油化工股份有限公司镇海炼化分公司，简称镇海炼化）建成投产，宁波开始有石油工业和现代化大型石化工业。80年代，市属及以上企业加大基本建设和技术改造投资，引进国外技术、装置，建设大型化肥、邻甲苯胺、离子膜烧碱等生产装置，扩建改造杀螟硫磷、氮肥等生产装置以及算山原油海运码头，开发投产新产品。1989年，利用外资、港资成立浙江太平洋化学有限公司、浙江善高化学有限公司。1990年，有乡镇以上石化企业251家（其中乡镇属218家），产值14.42亿元，占全部乡镇以上工业总产值的8.52%。

1993年，市政府计划将江东化工区土地租借给新加坡力建股份公司，化工区许多企业停产。为推动化工行业发展，宁波东海化工厂300吨牛磺酸扩产项目、甬海化工厂300吨甘氨酸项目等一批“短平快”项目建成投产，取得较好的经济效益。90年代中期，石化行业成为宁波市支柱产业，拥有一批现代化大型石油加工企业，硫酸、氯碱、化肥、农药、油漆、染料、橡胶加工以及化工机械形成一定规模，但是多数化工企业规模小、技术装备落后，基本化工原料比重小、内部配套能力差，支农化工产品与橡胶加工占较大比重。90年代中后期，受城市规划和环境保护总量控制等因素制约，宁波化工行业普遍存在投入不足、发展缓慢、产品老化、市场萎缩等问题，部分企业亏损严重。为此，实施城区化工腾笼换业，于1998年在镇海新辟宁波化学工业区，推进传统化工产业结构调整和产业升级。其间，石油加工行业依托港口优势得到快速发展，镇海炼化800万吨炼油扩建项目、宁波乐金甬兴化工有限公司5万吨ABS（丙烯腈-丁二烯-苯乙烯共聚物）项目等大型工程动工兴建。同时，完成市属化工企业（27家）改制，组建宁波化工控股（集团）有限公司，调整国有石化产业结构和产品结构，重点扶持发展新材料、精细化工、生物化工等产业。

进入21世纪以后，临港石化工业迅猛发展，产业链日趋完善。在甬江口两翼形成以镇海炼化为依托的镇海化工区，以北仑石化项目为依托的北仑化工区，以万华化学MDI（二苯基甲烷二异氰酸酯）项目为依托的大榭开发区，构建起杭州湾南岸石化工业基地；全市石化行业形成原油加工、基本化工原料、精细化工产品等较为齐全的发展格局。2011年以后，宁波石化工业步入转型升级、高质量发展阶段。2014年9月，国务院同意国家发展和改革委员会制定的《石化产业规划布局方案》（2015年公布），宁波成为重点建设的全国七大石化产业基地之一。2018年实施的“246”万千亿级产业集群培育工程，2023年启动的“361”万千亿级产业集群行动，均将绿色石化列为万亿元级产业集群，打造世界一流绿色石化产业集群。其间，一批国家和省（市）级研发中心、企业技术中心和研发平台相继建成，一大批高端化工新材料、特种化学品项目相继投产，基本形成产品门类齐全、“油头化尾”的全产业链，中上游基础化学原料中高端材料占比较高，下游精细化、特种化学品比重高。2022年，宁波市绿色石化集群入选全国唯一的石化类国家先进制造业集群；361家规模以上石化企业实现工业增加值1222.6亿元，完成工业总产值5279.7亿元，分别占全市规模以上工业的22.9%、21.45%，产业规模居全国七大石化产业基地之首；工业产值超1000亿元的企业有1家，超100亿元的企业有11家，产值居前15位的企业完成工业产值4111.2亿元，占全市规模以上石化工业总产值的77.87%，是全市工业经济平稳增长的重要动能。2024年10月18日，镇海炼化千万吨扩能和高端新材料项目全面竣工，宁波地区的炼油总能力突破5000万吨，成为中国规模最大、科技含量最高的世界级石化产业基地，宣告宁波石化产业基地正式建成。

石油加工

1974年7月，国家计划委员会批准在镇海俞范建设浙江炼油厂，并于1978年底建成投产。此后，通过原油加工装置的改造、扩建、新建，宁波市成为以中国石油化工股份有限公司镇海炼化分公司、中海石油宁波大榭石化有限公司为主的原油加工基地，拥有各类石油加工装置30多套。2022年，石油加工业完成产值2260.2亿元。

中国石油化工股份有限公司镇海炼化分公司　位于镇海区蛟川街道俞范，前身为浙江炼油厂。1974年7月，获国家计划委员会批准建设；1975年5月，开工；1977年底，常减压装置简易试车成功；1978年11月，催化裂化、电化学精制、脱硫醇等装置建成；1978年底，一期工程竣工，正式投产运行。1979年，加工原油39.46万吨，生产汽油、柴油、煤油、沥青等16种产品，部分型号产品出口美国、日本等。此后，陆续添建、改建装置。1984年，更名中国石油化工总公司镇海石油化工总厂。1991年，年加工原油能力达550万吨。1992年9月，被批准为特大型企业，成为浙江省首家特大型企业。1994年，整体改制为镇海炼油化工股份有限公司，在香港联合交易所上市，创下国有特大型企业整体改组上市的模式。2006年9月，注册成立中国石油化工股份有限公司镇海炼化分公司。1993年，炼油二期工程全面建成投产。1994年，年产能150万吨常压蒸馏装置试车成功，原油年加工能力增至700万吨。1999年11月，扩建年炼油800万吨工程（第一步）项目中的主要生产装置基本建成，原油综合加工能力提高到每年1200万吨。2000年，原油加工量突破1000万吨，成为全国首家年加工量超千万吨的炼油企业。2006年12月，年产能150万吨加氢裂化装置实现中间交接，年综合加工原油能力达2000万吨。2009年1月，Ⅰ套常减压装置扩能改造工程投产，原油一次加工能力扩大到每年2300万吨。5月，在国内首次成功生产欧Ⅴ标准超低硫柴油。12月，年产100万吨乙烯装置实现中间交接。2012年10月竣工验收，成为中国最大的炼化一体化企业。2016年6月，镇海炼化智能工厂项目被工业和信息化部列为炼化行业智能工厂建设试点示范项目。2018年6月，中国石化与宁波市合资成立中石化宁波镇海炼化有限公司，作为国家石化产业布局项目——镇海炼化扩建1500万吨/年炼油、120万吨/年乙烯项目的建设及运营主体。同年10月，镇海炼化扩建项目开工，核准投资531.58亿元。2021年6月，120万吨/年乙烯项目全面建成中交，次年1月投产，形成每年2700万吨炼油和220万吨乙烯产能。2022年，累计加工原油2300.06万吨，生产汽、煤、柴3类成品油1128.54万吨、乙烯206.95万吨，实现营业收入1568.97亿元。2024年，镇海炼化二期改扩建项目首批装置投料试车，炼油能力达到每年3800万吨，全年原油加工能力达到4000万吨，成为规模仅次于浙石化的全国第二大炼油企业。当年，镇海炼化实现原油加工量超2300万吨，汽油、柴油、煤油产量接近1250万吨，在浙江省内炼厂资源供应中占比约四成。

中海石油宁波大榭石化有限公司 位于大榭岛环岛北路，前身为宁波大榭利万石化有限公司。2001年，由中国海洋石油总公司和香港利万集团合资设立。2002年6月，开工建设一期工程年产50万吨高等级道路沥青项目；2003年7月，投料开车试生产。2004年7月，与中海油气开发利用公司合资，实施扩能技改，将沥青装置产能扩大至每年75万吨。2005年1月，与中国海洋石油总公司合资，成立中海石油宁波大榭石化有限公司。2007年5月，二期工程年产225万吨重交沥青项目开工建设；2009年3月，一次开车成功。2009年，启动总投资超百亿元的馏分油综合利用项目。至2010年底，大榭石化原油加工能力为每年800万吨、高等级道路沥青生产能力为每年300万吨，是中海石油在长三角地区的重要生产基地。当年，实现工业产值259.3亿元，上缴税金65.7亿元。2012年，馏分油综合利用项目开工；2016年1月，试生产。2016年2月，馏分油改扩建项目开工；2022年6月，竣工。2022年，完成工业总产值437.95亿元，实现出口交货值29.06亿元。2023年6月9日，开工建设国内同系列单套规模最大的2×45万吨/年聚丙烯装置开工。同年6月19日，原油加工量突破1亿吨，成为长三角地区原油加工量破1亿吨的首家混合所有制炼化企业。

化学原料制品业

宁波的化学原料制造业始于1951年，老市区南郊路泰山化工厂年产酒精216千克。1955年，老市区车轿街的新兴皂烛厂年产碳酸钾5～6吨（1959年停产）；1957—1959年，建立硫酸、盐酸、烧碱等装置，生产无机化工原料。此后，宁波硫酸厂、宁波农药厂、宁波有机化工厂、宁波塑料厂、宁波炼气厂、宁波日用化工厂（后称宁波东海化工厂）、宁波溶剂厂、宁波煤炼油厂、宁波林产化工厂、宁波饴糖厂（后称宁波化工厂）、宁波榨油厂、宁波冷冻厂、宁波卤制品厂（后称宁波电化厂）、东胜化工厂、江东百丈化工厂、江北化工厂、鄞县农药化工厂（后称宁波化工二厂）、慈溪浙东化工一厂、余姚化肥厂、宁海有机合成化工厂等企业建成一大批化工生产装置，生产硫酸、盐酸、炸药、氧气、氮气、烧碱、硅酸三钠、工业氯化铵、氟硅酸钠、碘、黄磷、磷酸等无机化学原料，以及总溶剂、丙酮、丁醇、糠醛、冰醋酸、松焦油、芳香油、煤炼油、氯油、一氯醋酸、顺丁烯二酸、邻甲苯胺、邻硝基甲苯、对硝基甲苯、山梨醇、聚醚多元醇、有机硅、硫氰酸钠等有机化学原料。1989年6月，浙江化工厂与香港善高投资有限公司合资，成立浙江善高化学有限公司，建设离子膜烧碱装置，宁波开始有大型无机化工企业。1990年，无机化学原料生产企业25家，产品36种，产量151017吨，产值5610万元；有机化学原料生产企业13家，产品24种，产量10181吨，产值3674万元。

1991年以后，宁波化工企业加快技术改造，大量引进生产设备和境外资本技术，建设新装置，生产新产品，产量越来越大。1991年，宁波硫酸厂实施年产8万吨硫酸技改，当年产能达到5万吨。1992年，宁波化肥厂年产4000吨双氧水项目建成试生产（1993年竣工验收）。1993年9月，浙善化学年产3.2万吨烧碱装置建成投产，填补浙江省无离子膜法生产烧碱的空白；次年10月，开始生产浓度31%的高纯盐酸。1994年，宁波电化厂从锦西化工研究院引进三氯化氮分解装置，当年生产商品液氯7052吨；浙江太平洋化学有限公司年产2万吨环氧丙烷、2万吨聚醚多元醇、5000吨丙二醇项目建成投产。1995年10月，宁波海利化工有限公司年产1万吨苯胺、1.4万吨硝基苯装置投产，后因厂区搬迁停产。1996年，镇海炼化Ⅲ硫黄回收装置（年产3万吨硫黄）生产出合格硫黄，鄞县化肥厂年产3000吨氰化钠装置投产。1996年12月，以宁波电化厂、宁波农药厂为核心组建明日化学集团，继续生产水合肼、三氯化磷、邻甲苯胺、邻硝基甲苯、对硝基甲苯、氯乙酸等化学原料。2000年，浙善化学离子膜烧碱二期工程配套的高纯盐酸项目建成投产，宁波化工二厂更名为宁波润利化工有限公司，继续生产三氯化磷，逐步停产磷酸产品。

进入21世纪以后，随着化工企业改制完成和港口开发建设加速，化学原料制造业快速发展。2001年12月，宁波电化厂改制为宁波东港电化有限责任公司，完成年产3.2万吨烧碱技改项目。2003年8月，镇海众利化工有限公司年产2万吨氯化石蜡装置建成投产。2005年10月，东港电化年产6万吨隔膜烧碱、6万吨离子膜烧碱生产等项目，以及四明化工年产1万吨甲醇装置投产。2006年2月，台塑丙烯酸酯（宁波）有限公司年产16万吨丙烯酸酯项目建成投产；6月，镇海泰达化工股份有限公司年产6万吨苯酐装置建成投产；11月，宁波镇洋化工年产10万吨离子膜烧碱工程建成开车（2008年增至15万吨）。2007年，宁波巨化化工科技有限公司年产6万吨甲烷氯化物装置和年产1.2万吨四氯乙烯装置镇洋化工年产1.5万吨一步法合成甲基异丁基酮项目相继建成投产；林德气体（宁波）有限公司一期工程2套空分装置、1套制氮装置和1套甲醇裂解制氢装置建成投产，生产氮气和氢气。2009年，宁波科元塑胶有限公司开始生产丙烯，产量约1万吨。2010年，镇海炼化年产100万吨乙烯工程项目、东港电化二期扩建项目年产20万吨离子膜烧碱装置、镇海炼化利安德化学有限公司苯乙烯和环氧丙烷联合装置陆续投产。2013年，万华化学（宁波）氯碱有限公司建成废盐水回收利用项目，每年回收折纯盐17.3万吨；浙铁宁波江宁化工有限公司年产8万吨顺酐及衍生物一体化项目试车成功。2015年1月，台塑苯酚（宁波）有限公司年30万吨苯酚和18.5万吨丙酮项目投料生产。2016年9月，富基石化丙烷资源综合利用项目一期年产66万吨丙烷脱氢制丙烯项目投产。2017年6月，中石化和林德气体共同投资成立镇林气体公司，为镇海炼化供应氧气。2019年1月，镇海炼化煤焦制氢装置成功开车，形成每小时12万标准立方米氢气的产能。2022年1月，中国石化镇海基地一期项目年产120万吨乙烯装置生产出合格乙烯产品。2022年，全市化学原料制品业完成产值2841.9亿元，实现利润总额126.9亿元、利税总额166.0亿元。

涂料染料颜料制造业

1821—1850年，宁波开始发展制漆业。1933年，城区制漆业21家，产值17.53万元。之后，舶来漆倾销，当地制漆业衰落。1957年4月，市化工公司开办油漆加工场，生产熟梓油、亮油、改良清漆；1958年，8家小厂并入，改名宁波化工油料厂（后称油漆颜料厂、宁波造漆厂）；1960年以后，开始生产沥青类木船用防水、防污漆等，年产1000吨；1962年，开始生产酚醛树脂、天然树脂类漆；1962—1965年，开始生产膏状硫化元，年产100～150吨；1966年以后，开始生产钢壳船舶漆，年产能1500吨；1969年，开始生产醇酸、环氧、氨基等树脂漆。1971年，江北矿粉厂（后称市向阳染化厂、宁波染料化工厂）开始生产直接耐酸大红染料，年产约20吨。同年，鄞县染料厂（后称第二染料厂）成立，生产阳离子艳蓝染料。1978年起，市郊、各县社队创办油漆厂10余家。1979年，油漆产量3577吨。1985年，市向阳染化厂直接耐酸大红因亏损停产。1986年，鄞县五乡复合材料厂年产200吨热固性环氧型粉末涂料装置投产，改名宁波粉末涂料厂。1990年，涂料企业22家，产品13种，产量8474吨，其中油漆8174吨、粉末涂料300吨，总产值4730万元；染料企业5家，产品15种，生产弱酸性、酸性、阳离子、活性染料263.3吨，总产值2045万元。

20世纪90年代，受益于服装、建筑、家电等行业的快速发展和石化产业链的不断延伸，涂染颜料行业快速成长。1992年，宁波染料化工厂与香港祥宁公司组建合资企业，年产各类染料及中间体等精细化工产品1000吨。同年9月，宁波染料化工厂改组为宁波化工系统首家股份合作制企业，主要生产弱酸性艳绿GS、弱酸性艳蓝P-3R、直接耐晒红BA等染料，当年产量136.62吨。1994年5月，宁波染料化工厂研制的分散艳红E-RLN投入试生产。1995年，宁波伯爵油漆有限公司成立，生产内外墙建筑涂料。1996年6月，宁波大达化学有限公司成立，主要生产重防腐漆、海工专用防腐涂料、储罐专用防腐涂料和工业涂料等产品。1997年5月，以宁波造漆厂为核心的宁波飞轮集团有限公司成立，当年投入59.7万元开发新品油漆。1998年，宁波翔神化工有限公司成立，主要生产内外墙水性涂料系列产品。至20世纪90年代末，涂料、染料、颜料等精细化工品生产形成一定规模，船舶漆生产处于国内先进水平，染料以弱酸性和活性两大系列为主，具有一定优势。

进入21世纪以后，涂染颜料行业步入快速发展阶段。2001年11月，宁波新福钛白粉有限公司年产5000吨钛白粉生产线投产。2002年1月，宁波龙欣精细化工有限公司投产，主要生产溶剂染料、酸性染料，拥有每年700吨溶剂染料、100吨酸性染料的产能。2003年，宁波现代精细化工有限公司落户宁波化学工业区，主要生产染料中间体、皮革染料。2005年，全市溶剂型涂料生产企业25家，年产量3.5万吨，产值4.5亿元；粉末涂料生产企业50家，年产量3万吨，产值6亿元；水性建筑涂料生产企业70家，产量3万吨，产值3.5亿元。2008年4月，宁波新福钛白粉有限公司年产2.5万吨钛白粉生产线投产。2011年，宁波浙润涂层新材料有限公司研制出H008系列水性环氧非浸水舱室涂料。2015年11月，朗盛（宁波）颜料有限公司年产2.5万吨氧化铁红颜料生产线和年产7万吨颜料拼混研磨生产线竣工，产品为偏黄相的氧化铁红颜料。2022年5月，浙江志强涂料有限公司扩建的5万吨级乳胶漆生产线投产。至2022年底，全市涂染颜料行业结构较为合理，但行业整体规模不大。

合成材料

1958年，红旗化工厂在江东化工区成立，生产有机玻璃（1962年停产，并入宁波塑料厂）；市油漆颜料厂建立树脂车间，生产制漆用钙粉、甘油、酚醛树脂。1965年，江东区有机玻璃厂成立，年产能约10吨（1976年产能扩至180吨）。1972年，宁波塑料厂年产150吨低压聚乙烯装置投产（1977年停产）。1982年，象山钙塑材料厂成立，生产钙塑材料16.78吨。1984年，宁波橡胶二厂建成年产1000吨聚氨酯软泡、260万平方米复合面料生产线；江北慈城镇与南京塑料厂联营成立甬陵泡沫塑料厂，年产聚氨酯软泡300吨。1990年，企业25家，产品10种，生产有机玻璃、聚氨酯软泡等977吨，产值4655万元。

1991年，泰国正大集团投资成立宁波国成石化有限公司，年产12万吨聚氯乙烯。1993年，宁波橡胶二厂与外商合资成立宁波东洋赛露达有限公司，聚氨酯泡块年产能800吨，当年生产657.8吨。同年，宁波和桥化工有限公司年产3万吨发泡聚苯乙烯项目建成投产，当年试产3323吨。1995年，镇海炼化工业贸易联营公司建成年产3000吨聚丙烯装置，次年生产2790吨。

1998年以后，合成材料产业进入快速发展期。1998年，宁波LG甬兴化工有限公司年产5万吨ABS项目建成投产。2001年，宁波华星轮胎有限公司成立，生产涤纶料；宁波新桥化工有限公司建成发泡聚苯乙烯项目，年产能10万吨。2004年，镇海炼化年产20万吨本色聚丙烯装置投产；宁波亨润聚合物有限公司年产5万吨尼龙6切片项目建成投产。2005年，台化塑胶（宁波）有限公司ABS装置、台塑工业（宁波）有限公司30万吨聚氯乙烯项目、宁波LG甬兴胶乳有限公司年产7万吨丁苯胶乳项目、宁波万华聚氨酯有限公司年产16万吨MDI项目、浙江逸盛石化有限公司年产53万吨PTA（精对苯二甲酸）装置（浙江省首套）等一批合成材料项目建成投产。2006年，宁波甬华树脂有限公司碳五石油树脂项目建成投产，当年生产6800吨；宁波三菱化学有限公司建成年产60万吨PTA主体装置。2007年，宁波安力电子材料有限公司年产1000吨酚醛树脂基纳米复合材料生产线技术集成装置、宁波大安化学工业有限公司年产3万吨二醋酸纤维素项目、台塑聚苯乙烯（宁波）有限公司年产20万聚苯乙烯项目相继投产。2008年，台化兴业（宁波）有限公司年产60万吨PTA项目投入试生产；台塑聚丙烯（宁波）有限公司年产45万吨聚丙烯项目建成投产。2009年，宁波菱化高新有限公司年产2.5万吨聚丁二醇装置建成投产。2010年，镇海炼化乙烯工程年产30万吨聚丙烯装置、韩华石化（宁波）有限公司年产30万吨聚氯乙烯项目建成投产。2011年，宁波顺泽橡胶有限公司年产丁腈橡胶5万吨项目，宁波镇洋新材料股份有限公司年产2万吨氯化聚乙烯和年产5000吨苯乙烯系树脂装置建成投产。2013年2月，宁波禾元化学有限公司年产30万吨聚丙烯项目建成投产。2014年11月，道达尔石化（宁波）有限公司年产20万吨高抗冲击聚苯乙烯项目建成投产。2018年，台化兴业（宁波）年产150万吨PTA装置改扩建工程竣工投产。2021年，LG甬兴化工年产10万吨丁腈胶乳项目、逸盛新材料年产300万吨PTA项目建成投产。2022年，国都化工（宁波）有限公司年产8万吨聚醚多元醇和4万吨聚合物多元醇，大榭石化年产30万吨聚丙烯，万华化学年产15万吨改性功能塑料，南亚塑胶年产17万吨双酚A二期等项目建成投产。当年，全市初级形态塑料产量719.55万吨。

化学肥料与农药

1955年，宁波颗粒肥料厂成立（1957年停产）。1958年初，宁波市筹建宁波氮肥厂（1959年底停建，并入宁波硫酸厂）、宁波农药制药厂（1962年闭歇）。1960年，宁波硫酸厂试产普通过磷酸钙。1965年8月，宁波农药厂重建，可年产马拉硫磷200吨，设含量50%年产50吨杀螟硫磷中试装置。1966年，鄞县手工业联合社农药厂（后称鄞县农药厂）成立，加工666粉剂。当年，有2家农药企业，生产农药318吨。1969年，宁波化肥厂建成投产。当年，有化肥企业2家，生产化肥48867吨。1970年以后，7家小型氮肥厂、2家磷肥厂相继成立。1973年，宁波农药厂经技术改造，马拉硫磷、杀螟硫磷年产能各增至1000吨。1978年，有氮肥企业8家、磷肥企业3家，合成氨年产能4万吨、普钙年产能4.6万吨。1980年，宁波农药厂制成含量70%无臭马拉硫磷，经部级技术鉴定后向全国推广。1983年，宁波农药厂扩建杀螟硫磷装置，年产能5000吨。1984年9月、12月，镇海石化总厂化肥厂年产30万吨合成氨、52万吨尿素装置建成试车，宁波化肥产业开始有现代化大型骨干企业。1987年，宁波农药厂扩建改造马拉硫磷装置，年产能2000吨。1990年，有化肥农药企业19家，产品19种，产值2.97亿元。

1992年6月，象山化肥厂停产合成氨、碳酸氢铵。1993年，宁海化工总厂生产石油乳剂、灭蝇灵、安果农等农药原药。1995年，宁波化肥厂完成合成氨扩产5000吨技改项目，年产能增至2.5万吨。1996年，宁波农药厂与宁波电化厂组建成立宁波明日化学集团公司，改造杀螟松生产装置，扩大产量。2001年，宁波远欧精细化工有限公司二氯烟酸生产装置建成投产，镇海炼化化肥厂完成化肥改造工程（全年生产尿素57万吨）。2002年，明日化学集团重组成立宁波中化化学品有限公司。2005年，四明化工（原宁波化肥厂）新厂区投产，合成氨年产能4万吨。2009年，四明化工扩建年产12万吨合成氨生产线技术改造项目。2010年4月，镇海炼化大化肥装置停产，改为供氢装置。2015年，全市合成氨产量7.57万吨，氮肥（折含N100%）产量1.1万吨，化学农药产量2410.16吨。2022年，全市合成氨产量12.9万吨。

专用与日用化学产品

1870年，宁波开始生产香粉。1889—1907年，城区陆续开设火柴厂、皂烛厂和化妆品作坊。1932年，城区有制皂企业6家，全面抗日战争时期大多倒闭。1949年10月，老市区有日用化工企业27家，其中火柴3家、肥皂20家、石碱3家、化妆品2家，大部分是手工业作坊，产值104.61万元。1951年，老市区有正大火柴厂和四明火柴厂，1953年，四明火柴厂并入正大火柴厂。1958年，正大火柴厂采用机械化齐梗工艺，生产火柴14.2万件。1958年，由肥皂、化妆品业组建的市第二、第三化学制品生产合作社更名为宁波卫星化工厂，次年生产肥皂3639箱，1963年停产肥皂。1964年，江北矿粉厂（后称染料化工厂）与上海同济大学协作，成功试制催化剂载体硅藻土助滤剂。1966年，凤苞粉局改名凤苞日用化妆品厂，生产雪花膏等护肤用品30余吨。1968—1970年，市建新工业公司化工厂、宁海黄墩树脂厂先后生产羧甲基纤维素。1969年，东海化工厂生产试剂氯化铵、碳酸钠。1971年，慈城胶丸厂（后析建慈城化工厂）生产试剂硫酸、盐酸、硝酸。1973年，余姚磷肥厂（后称余姚化工厂）生产试剂氨水、醋酸乙酯。1975年，东海化工厂成功制造L-胱氨酸，年产4～5吨出口。1980年，慈溪浙东化工一厂生产灭火剂。1983年12月，宁波化工二厂生产试剂磷酸。1989年，宁波华光净水剂实业公司成立，生产净水剂。1990年，宁波金海雅宝化工有限公司开工建设抗氧剂项目。当年，全市助剂企业14家，产品13种，生产羧甲基纤维素、海藻酸钠等2647吨，产值1616万元；日用化学产品企业41家，生产火柴、洗涤用品、牙膏、化妆品等，产值4831万元；化学试剂企业4家，生产试剂硫酸、盐酸、硝酸等15种，产量518吨，产值250万元；其他专用化学产品企业5家，生产硅藻土助滤剂、1211灭火剂等9种，产量4511吨，产值2514万元。

1991年，余姚有机化工厂生产喷胶棉黏合剂、毛绒胶、无纺布白胶等各类粘胶剂。1992年10月，余姚市江南化工厂成立，生产植绒黏合剂、印花黏合剂、仿真花卉手感胶、复合胶等。1993年5月，慈溪市横河胶粘剂厂成立，生产用于皮革、织物等同质或异质交叉粘接的粘胶剂。1994年5月，宁波大榭开发区综研化学有限公司成立，生产“综研”牌工业胶带。1995年7月，宁波正大火柴厂停止生产火柴；11月，更名宁波振达日化总厂。1996年4月，宁波市镇海区骆驼天宇化工厂成立，生产木材加工胶。1999年6月，宁波新龙欣化学有限公司发泡剂项目建成投产。2000年6月，宁波阿克苏诺贝尔过氧化物有限公司成立，主要生产氧化二异苯、过氧化氢异丙苯。2001年3月，鄞州华兴纸箱粘合剂厂有限公司成立，生产“华兴”牌系列绿色环保无甲醛建筑胶粉和纸箱黏合剂。2002年4月，宁波今山电子材料有限公司成立，主要生产聚酰亚胺薄膜和胶黏剂。2003年7月，宁波盛大玻纤有限公司成立，生产玻璃纤维制品、玻璃钢格栅、墙体增强玻璃纤维网与接缝自粘带。2004年11月，浙江华泰化工有限公司年产10万吨DOP（邻苯二甲酸二辛酯）项目建成投产。2005年3月，宁波永顺精细化工有限公司开始生产醋酸乙酯产品。同年4月，浙江久而久化学有限公司成立，生产瞬间胶系列产品；2006年初，成功研发国内首条瞬间胶自动流水生产线。2006年10月，浙江鑫甬生物化工有限公司成立，生产丙烯酰胺污水处理重要原料。2007年初，宁波德泰化学有限公司一期年产2.5万吨硬质炭黑生产线投产，当年生产炭黑2.14万吨。2009年，综研化学从日本引进高净化胶带生产线，可年产1000万平方米压敏胶带；七星桥胶粘剂公司成功研发农林产品应用的环保型黏虫板、黏虫胶。2009年12月，阿克苏诺贝尔化学品（宁波）有限公司年产3万吨螯合剂项目建成投产，次年生产螯合剂4336吨。2010年11月，阿克苏诺贝尔宁波多元化基地建成，拥有年产3万吨螯合剂、3.5万吨乙烯胺、7万吨环氧乙烷等装置。2016年6月，华泰盛富乙酸仲丁酯项目一期投产，当年生产10万吨。2022年，宁波海螺新材料年产40万吨水泥外加剂和年产60万吨混凝土外加剂项目建成投产。

橡胶制品

1958年初，群力橡胶工业社成立（8月更名宁波橡胶厂），生产固定三角胶带等3种产品；1958—1962年，生产指套、医用手套等乳胶制品；1961年，试产布面胶鞋。1963年，仓桥橡胶小组开始生产橡胶密封件。1970年，宁海橡胶厂在梅林建成，年产布面胶鞋70万双；海曙区乳胶厂成立，生产医用手套、指套、卫生手套、输血胶管等。1971年，宁波橡胶厂开始生产拖拉机轮胎、汽车轮胎，年产能3000套，当年生产1439套；宁波绝缘器材厂、宁海特种橡胶厂分别生产黑胶布、蓄电池橡胶壳。1973年，东方红橡胶厂（宁波橡胶二厂前身）翻新旧轮胎600条。1974年，宁波绝缘器材厂迁建改造，可年产黑胶布240万卷、石棉橡胶板660吨。1978年以后，社队创办日用橡胶制品企业，生产鞋底、童鞋、自行车踏脚橡皮等。1980—1984年，宁波鞋邦厂（后称宁波橡胶三厂）、宁波市乳胶厂、余姚江中橡胶厂（后称宁波先锋橡胶制品厂）等10家企业，生产橡塑鞋、胶面胶鞋、橡胶气垫床等。1985年，宁波橡胶厂开始生产注塑鞋。宁波橡胶二厂成为橡胶密封件制品专业厂。1986年，宁波橡胶厂的布面胶鞋年产能增至1000万双，为全国19家重点胶鞋生产企业之一。1987年，宁波同步带厂成立，生产氯丁橡胶同步带15万条。1989年，宁波先锋橡胶制品厂引进制鞋设备，生产高级旅游鞋。1990年，全市拥有乡镇及以上橡胶制品企业76家，产值1.58亿元。

1991年，宁海橡胶制品四厂进行技改和新产品开发，形成年产抗菌素橡胶瓶塞600吨的能力。1994年，宁波橡胶厂组建浙江宝安橡胶制品有限公司，各类胶鞋年产能1000万双，各类胶带年产能500万A米；1997年，重组为国有独资企业宁波橡胶厂（2001年转制为宁波橡胶有限公司），生产胶鞋167.92万双（2005年停产）、普通V带（三角带）550.16万A米、汽车V带3.33万条。2000年，鄞州达利特种橡塑有限公司成立，生产高层建筑上的中央空调、饮水、消防等管道的橡胶密封圈。2001年，宁波华星轮胎有限公司成立，主要生产再生胶，年产能4万吨。2003年3月，宁波凯驰胶带有限公司启动同步带生产一期技术项目，引进4套同步带、多楔带生产设备，研发生产多楔带、双面齿带等产品。2010年，全市规模以上橡胶制品企业112家，产值35.51亿元。2022年，橡胶制品业完成工业总产值66.4亿元。

石化工程

改革开放后，宁波实施一大批重大石油化工工程项目建设，规模较大的有镇海炼化（镇海石油化工总厂）的3次改扩建工程、大乙烯工程和大榭石化的2期重交沥青项目等。

镇海石油化工总厂炼油二期改扩建工程 1985年9月，国家计划委员会批复同意立项，新增年加工原油能力250万吨，主要建设第二套年加工原油能力250万吨常减压装置、12万吨气体分馏、80万吨延迟焦化、30万吨催化重整、80万吨加氢精制、80万吨加氢裂化等装置。1987年4月，开工。1991年，年加工原油250万吨的I套常减压装置扩建工程竣工，产能提高至每年300万吨。1992年1月，年处理80万吨油料的延迟焦化装置投料试车一次成功。7月12日，第二套年处理30万吨油料的催化重整装置试车一次成功；15日，年处理60万吨油料的Ⅱ套加氢精制装置试车一次成功。1993年4月底，加氢裂化装置实现中间交接。9月23日，打通分馏部分流程，生产出第一批航空煤油、柴油和石脑油等产品；27日，产品全部合格。同月，年处理80万吨油料的加氢裂化装置试车一次成功。1994年4月，年加工原油150万吨的Ⅲ套常压蒸馏装置试车一次成功，镇海石油化工总厂一次加工原油能力提高至每年700万吨。1994年12月，炼油二期改扩建工程通过项目验收。

镇海炼化年加工原油800万吨扩建工程 1995年10月，国家计划委员会批复同意此工程项目建议书，采用适应加工高含硫原油的工艺技术和设备，将炼油能力由每年700万吨扩大到1500万吨，年产液化气44.5万吨、汽油168.7万吨、航空煤油57.2万吨、柴油347.7万吨、石脑油20.2万吨、商品重油7.9万吨、石油焦43.9万吨、硫黄13.8万吨、精丙烯7.8万吨。1999年11月，完成炼油扩建工程第一步（2001年9月通过竣工验收），原油综合加工能力达每年1200万吨；2001年5月，提高到1400万吨。2002年7月，建成180万吨蜡油加氢装置、300万吨柴油加氢装置及7万吨硫黄装置。至此，镇海炼化加氢处理能力达每年1000万吨，清洁生产和生产清洁产品能力国内领先。2003年4月，建成年处理100万吨油料的连续重整装置，原油综合加工能力达到每年1600万吨，其中含硫原油加工能力1200万吨，成为国内最大的炼油企业和最大的含硫原油加工基地。2004年11月5日，Ⅱ套常减压装置扩能改造后开车一次成功，原油一次加工能力达到每年2000万吨；29日，炼油扩建工程（第二步）通过国家验收委员会竣工验收，正式形成每年1600万吨原油综合加工能力。

镇海炼化拓瓶颈提升完善改造工程　2005年4月，镇海炼化新建年处理100万吨油料的延迟焦化装置投产，原油综合加工能力达到每年1850万吨；6月，年处理45万吨油料的苯抽提装置成功投产；11月，歧化装置及配套、年产20万吨聚丙烯装置、Ⅱ套常减压装置扩能改造3个项目通过竣工验收。至此，镇海炼化拥有每年2000万吨原油一次加工能力和1850万吨原油综合加工能力。2006年12月，年处理150万吨油料的加氢裂化装置实现中间交接；2007年3月，此装置生产的所有产品全部合格，镇海炼化正式具备每年2000万吨原油综合加工能力。2008年1月，年产10万吨硫黄回收装置、每小时处理120吨污水汽提装置、年处理45万吨苯抽提蒸馏装置3个项目通过综合竣工验收。2008年11月20日，Ⅰ套常减压装置切断进料；24日，装置全面交付检修，每年2300万吨炼油改造工程进入停工改造阶段。2009年1月，Ⅰ套常减压装置扩能改造工程开工进油并取得一次成功，镇海炼化原油一次加工能力达到每年2300万吨。

镇海炼化大乙烯工程　2006年3月，国家发展和改革委员会核准镇海炼化大乙烯工程建设。工程总投资234.98亿元，包含由中国石化和美国利安德化学有限公司合作建设的环氧丙烷/苯乙烯项目。镇海炼化主要装置有年产100万吨乙烯裂解、65万吨环氧乙烷/乙二醇、70万吨裂解汽油加氢、60万吨芳烃抽提、14万吨丁二烯抽提、13万吨甲基叔丁基醚共6套装置。整个工程中有13台套大型设备被列为国家重大设备国产化攻关和重点推广应用项目，实现自主设计、自主制造和自主安装，其中乙烯裂解装置共有11台裂解炉，国产化率78%。2006年11月，镇海炼化年产100万吨乙烯工程开工建设；2009年12月，乙烯裂解装置中间交接，工程建设任务基本完成，进入开工试车阶段。2010年4月，大乙烯工程龙头装置——乙烯裂解装置产出合格产品，乙烯工程投料开车成功。

大榭石化重交沥青工程　2002年6月，大榭石化在宁波大榭开发区开工建设一期年产75万吨高等级道路沥青项目，主要装置为常减压蒸馏装置。2003年7月，项目建成投产，设计处理原油能力为每年250万吨。2007年5月，大榭石化二期项目开工建设，总投资15.9亿元，建设内容包括年产225万吨重交沥青生产装置、3000吨级和3万吨级码头各1座、30万立方米原料罐区、20万立方米产品罐区、循环水场、污染物治理设施、变配电室等。2009年3月，项目建成投产，设计原油加工能力为每年600万吨。至此，大榭石化形成每年300万吨高等级道路沥青的产能。

万华宁波工业园二期30万吨/年MDI装置及配套工程项目 2003年，大榭开发区万华工业园开工，宁波万华聚氨酯公司二期MDI项目及配套工程项目位于万华工业园内。2008年初开工建设，2009年底进入试车阶段。万华二期项目总投资近100亿元，包括以万华为主体建设的30万吨MDI装置及配套的煤气化装置、硝苯装置和离子膜烧碱装置，德国林德气体配套建设的2套规模为39000立方米/小时的空分装置，韩国韩华化学配套建设的30万吨氯乙烯装置和30万吨聚氯乙烯装置。万华硝苯装置中，27万吨硝酸装置为当时国内最大规模，硝基苯和苯胺装置的年产能分别为48万吨、36万吨，均是当时行业内世界最大规模生产装置。2010年，万华二期MDI项目及配套工程项目全面试车成功，30万吨/年MDI装置、10万标方/小时造气装置、24万吨/年甲醛装置、36万吨/年苯胺装置等均已达产。至此，宁波万华MDI生产能力达到每年60万吨。

逸盛石化PTA（精对苯二甲酸）工程 2003年5月，逸盛石化第一套PTA装置开工建设，年产能53万吨；2005年3月，建成试投产，8月正式投产。此项目是全省首套投产的PTA生产装置。2007年，二期60万吨PTA装置获批投产。年内，项目获国家发展和改革委员会批准，总投资9.94亿元，建设1套PTA生产装置、2座3000立方米内浮顶PX（对二甲苯）贮罐、1台150吨/小时燃油锅炉等配套辅助和公用工程。扩建后，逸盛石化的PTA年产能增至150万吨。2011年6月，年产150万吨PTA装置开车。同年11月，200万吨PTA改扩建项目试生产；次年8月，正式投产。

石化园区

1990年以后，宁波市石化产业主要向镇海、北仑和大榭3个片区集中，余姚、象山形成特色石化集聚区。2019年，54.16平方千米的面积实现绿色石化产值3521.9亿元，单位面积产出为每平方千米65亿元。2022年，宁波石化经济技术开发区、宁波大榭开发区、宁波经济技术开发区、余姚化工集聚区、象山经济开发区被省经济信息厅认定为浙江省化工园区（集聚区）合格园区。

宁波石化经济技术开发区　原名宁波化学工业区，创建于1998年，当时入园企业主要为原江东化工区企业。2010年12月，升格为国家级开发区，定名为宁波石化经济技术开发区，是浙江省唯一的专业石油化学工业园区。园区以镇海炼化大炼油、大乙烯、大芳烃为支撑，以镇海液体化工码头为依托，以烯烃、芳烃为主要原料，重点发展以乙烯下游、合成树脂和基本有机化工原料为特色的石油化工产业，逐步形成“油头化尾”、上下游一体化的石化产业链。至2010年底，入园企业129家，形成以镇海炼化、宁波乐金甬兴化工有限公司、宁波镇洋化工发展有限公司、大安化学等为核心的石化产业集群，规模以上企业完成工业总产值1206亿元、营业收入1238亿元、利税总额227亿元，为全国十大化学工业园区之一。2015年，试点成立“炼化关联企业”“精细化工企业平台”“化工较大企业平台”，当年完成工业总产值1639.08亿元、重大项目投资108.8亿元。2019年，在中国石化联合会化工园区30强评选中排名第二，全年实现亩均增加值218.2万元，远超全省制定的2022年全省开发区亩均增加值超过140万元的领跑计划。2020年，入选全国智慧化工园区试点示范。2022年，完成石化产值3248.4亿元。

宁波大榭开发区　1993年3月，国务院批复同意设立宁波大榭开发区，实行国家级经济技术开发区政策。2001年，中海石油大榭石化有限公司建设年产75万吨高等级道路沥青项目，大榭开发区临港石化产业起步。2005年，由宁波万华聚氨酯有限公司、中海石油宁波大榭石化有限公司、宁波三菱化学有限公司等企业组成的石油化工区开始形成。石油化工区位于大榭岛北部和东北部，以石化工业循环经济生产理念为指导，重点拓展石化工业产业链，建设上下游循环经济。主要产品有聚氨酯、精对苯二甲酸、聚四氢呋喃、重交沥青等。至2010年底，入园石化企业7家，投产6家，完成工业总产值325亿元，占宁波大榭开发区工业生产总值的89.5%；实现产品销售收入323.58亿元、利税总额59.18亿元。2015年，馏分油综合利用、丙烷资源综合利用、乙酸仲丁酯等项目完成中期交工，中海油大榭石化馏分油改扩建项目落地。2020年12月，万华化学智能工厂和大榭石化生产管控智能化改造项目竣工。2022年，完成石化产值974.5亿元。

宁波经济技术开发区化工专区　起步于1989年浙江善高化学有限公司、浙江太平洋化学有限公司的落户。2001年以后，台塑关系企业一期9个石化项目相继落户。至2010年底，形成江南化工区、青峙工业区和台塑宁波石化工业园3个石化专区，以台塑关系企业、浙江逸盛石化有限公司、宁波韩华化学有限公司、宁波科元塑胶有限公司等企业为主体，有石油加工、炼焦及核燃料加工企业3家，化学原料及化学制品制造企业38家。当年，完成石化产值323.41亿元，实现主营业务收入320.64亿元。2011年7月，台塑一期后续项目开工建设，包括年产20万吨EVA（乙烯-醋酸乙烯共聚物）、15万吨聚氯乙烯、15万吨双酚A、15万吨DOP共4个项目，总投资5.2亿美元。2020年3月，年产120万吨聚丙烯热塑性弹性体及改性新材料一体化项目在青峙工业区开工。2022年6月、7月，万华化学年产180万吨MDI技改项目、年产18万吨己二胺项目相继开工。2022年，完成石化产值799.8亿元。

余姚市化工集聚区　前身为余姚市小曹娥镇海涂工业小区，成立于2003年4月，面积约99.42公顷。由余姚市经济开发区滨海园区（王龙区块）和小曹娥工业功能区组成，王龙区块由中意宁波生态园托管，小曹娥工业功能区由小曹娥镇政府管辖。聚焦发展高端专用化学品和化工新材料产品，重点发展石化产业下游精细化工与高端新材料领域，高质量发展传统产业，打造高标准产业园区、浙江绿色化工产业基地以及省级较低安全风险（D类）化工园区，成为前湾新区重要产业集聚区。集聚宁波锦莱化工股份有限公司、宁波王龙科技股份有限公司、西谱森新材料（宁波）有限公司。主要产品有甲代烯丙基氯、甲基烯丙醇、甲基丙烯磺酸钠、腈纶油剂、聚酰亚胺纤维油剂，山梨酸（钾盐）、香兰素、双乙烯酮、醋酐、乙酰乙酸甲酯、乙酰乙酸乙酯、绿色无机硅树脂及功能性添加剂等。

象山经济开发区化工集中区　位于象山经济开发区六大核心区块之一——象山县城东工业园东北角，面积115公顷，始建于2005年。入园企业有27家，其中，化工企业12家，污水处理厂1家，非化工企业14家。集聚浙江微龙科技有限公司、宁波澳翔精细化工有限公司、宁波安丰化工有限公司、中化（宁波）润沃膜科技有限公司、宁波沪东化学有限公司、宁波翔神生化有限公司、宁波巨鹰化工有限公司等龙头企业。主要产品有纺织印染助剂、呋喃树脂、固化剂，三氯卡班、吡啶硫酮锌、甘宝素、液体复配制剂三氯卡灵等系列日化杀菌剂，氰化银、氰化银钾、氧化银、电解银板、氰化金钾、硝酸银等化工产品，以及反渗透膜等。

卷十二 服务业

发展概略

服务业纳入国民经济统计核算体系比较晚，起步于1985年，至1993年被完全纳入。2003年，国家划定服务业15个行业类别。其实，服务业在宁波古已有之，如餐饮旅馆业、修理业、船运业、商贸业、钱庄业等传统服务业，出现得比较早。其中，钱庄业、船运业、南北货业等行业颇具规模，影响一时。宁波曾有“走遍天下，不如宁波江厦”之称，近代“宁波帮”声名远播海内外，执上海多个服务业领域之牛耳。

解放后，宁波人的消费主要围绕着柴米油盐、锅碗瓢盆，服务业增长主要依靠传统服务业，整体规模较小。到1978年，服务业增加值3.96亿元，仅占地区生产总值的19.6%。改革开放后，宁波市服务业开始摆脱长期缓慢发展的状态，步入正常发展的轨道。至1990年，服务业增加值达31.74亿元，在地区生产总值中的比重上升到22.4%，首次超过第一产业。

1991年以后，宁波市服务业进入快速增长期，其内部结构发生明显变化：商贸餐饮、交通运输、邮电通信等传统行业持续发展，旅游、信息、咨询、广告、技术服务、信息网络服务快速发展，连锁商店、配送中心、无线寻呼、经纪代理等新的服务行业应运而生，计算机应用、技术贸易、资产评估、会计、律师等技术和知识密集型服务业迅速兴起。至1997年，全市服务业增加值达294.52亿元，占全市地区生产总值的33.50%，首次超过三分之一。其中，商贸餐饮业、交通运输邮电通信业和金融保险业成为全市服务业的三大支柱，增加值占到第三产业全部增加值的70.1%。

1998年以后，中心城市的功能完善和提升为宁波服务业发展奠定强大的需求基础。传统服务业开始迭代升级，增加新项目，衍生新形式，如餐饮住宿业开始由普遍的中低档向中高档发展，照相业由黑白照扩展到彩色扩印、婚纱摄影、艺术摄影等；服务业门类不断扩展，出现美容、健身、装潢等行业。同时，全市加快商业体制改革，组建商业集团和公司，培育大型服务企业。2000年，服务业作为行业概念首次出现在宁波国民经济和社会发展规划中，开始从自觉发展步入政府宏观调控下的有序发展阶段。此后，市委、市政府把加快服务业发展作为调整经济结构、转变经济增长方式的重要突破口，推出促进政策和措施，构建支撑平台。服务业成为新的经济增长点，以批发零售业、住宿餐饮业、交通运输和仓储邮政业为代表的传统服务业继续保持较快的增长速度，以金融服务业、现代物流业、旅游产业、信息服务业为代表的现代服务业开始加速发展。2006年，全市服务业增加值突破千亿元，达1156.23亿元；2010年，服务业主营业务收入首次超万亿元，达10136.5亿元，宁波市获批成为服务业综合改革试点城市；2012年，全市服务业增加值达3025.21亿元，是1997年的10.27倍，年均增长16.8%，在全市地区生产总值中的比重上升到44.08%。

2012年以后，深化单一的大宗商品交易体制改革，健全物流、金融和信息“三位一体”的大宗商品交易体系；创建国家电子商务示范城市，发展电子商务；改革现代港航物流合作体制机制，实现宁波、舟山港一体化，开通海铁联运，建成口岸大通关机制，培育国际中转等物流业态，发展智慧物流；改革现代行销贸易体制机制，构建第三方家电公共服务平台，在梅山开展汽车整车进口口岸业务，以宁波保税区为主体建设宁波国际贸易示范区；创新地方金融机构、金融产品和服务方式，发展融资性担保和直接融资业务，推进村镇银行建设，创设创业投资引导基金；创新城区工业用地“退二进三”政策，发展总部经济，建立服务产业集聚区，制定服务业地方标准；改革文化体制，组建宁波演艺公司等文化公司，发展文化产业。2015年，服务业增加值首次超过工业增加值，达3809.31亿元。

“十三五”时期，坚持“制造+服务”双轮驱动，实施国家服务业综合改革试点、交通强国建设试点，创建国家普惠金融改革试验区、国家文化与金融合作示范区、港口型国家物流枢纽，联动推进中国—中东欧国家经贸合作示范区和浙江自贸区宁波片区建设，打造新型国际贸易中心和国际消费中心城市，开展“3433”服务业[1]倍增发展行动。服务

① “3433”服务业，即现代贸易、现代物流、现代金融3个5万亿元级产业，文化创意、旅游休闲、科技及软件信息、商务服务4个5000亿元级产业，餐饮服务、健康养老、房地产租赁和物业服务3个500亿元级产业，以及运动健身、高端培训、家庭服务3个细分产业。

业规模持续壮大、结构不断优化，生产性服务业辐射面、支撑力、引领性不断增强，形成以三江口、东部新城、南部商务区三大总部经济集聚区为引领，东部临港和北部临湾两片协同的“3+2”集聚发展格局，涌现东部新城三大中心（航运、金融、会展）、国家级两大物流园区（镇海大宗货物海铁联运物流枢纽港、宁波经济技术开发区现代国际物流园）、省级八大现代服务业创新发展区等特色服务业集聚区。2019年，全市服务业增加值达6025.63亿元，占全市地区生产总值的50.07%，首次超过第二产业。2021年，金融业增加值首次突破千亿，达到1063亿元；跨境电商进口量连续4年全国第一，成为全国首个跨境电商零售进口破千亿城市。2022年，全市服务业增加值增至7908.84亿元，位居全省第二位；税收占全市税收的50.7%。经初步核算，2024年，全市实现服务业增加值9813.9亿元，占全市地区生产总值的54.1%。

商贸业

发展概略 宁波素为沿海商埠。唐宋时期，“商舶往来，物货丰衍”。元代，出现专营闽、粤和东北、鲁、豫商品的“南货”“北货”号，有海运户千余户。明代，商路通关东、河北、天津、山东、江苏、四川、湖南、湖北、广州、福建。清初，有南北货业、典当业、钱庄业、药业、鱼行业等主要行业。“五口通商”后，商业兴旺，然而受“洋货”排挤日益剧烈。1937年至1941年4月前，内地客商云集宁波采办货物，百货业增至100余家，五金、西药、棉布商号纷纷成立，旅馆、茶馆、酒楼和运输业兴盛。1949年6月，宁波市政府设立工商局，统一管理老市区工业、商业、手工业，并建立宁波贸易公司，打击投机贩卖。1953—1957年，实行私营商业社会主义改造，建立社会主义商业体系，商贸业得到较快发展。1950年，社会消费品零售总额1.9亿元，到1956年达2.55亿元。之后，商业发展几度波折。1978年，社会消费品零售总额7.09亿元，人均消费较1956年增长约60元，手表、自行车、缝纫机是最有代表性的居民消费品。改革开放后，出现繁荣兴旺局面。1984—1990年，全市建成一批农副产品和工业品批发市场，初步形成以国营（供销合作社）商业为主体的多种经济形式、多种经营、多条流通渠道和少环节的流通格局；冰箱、彩电、洗衣机渐成最有代表性的居民消费品。1991年以后，通过“四放开”（经营、价格、用工、分配的放开）、“两项制度”改革（改革产权制度、理顺劳动关系）、建立现代企业制度等方式，实施“商贸活市”战略，全市贸易经济快速增长，传统商业走向现代化，基本形成大流通、大市场、大商贸格局。1992年起，市区

的华联商厦、新江厦、美乐门商城、长发商厦、城隍庙商城相继开业，一批连锁企业陆续问世，全市商业出现多家竞争局面。至1995年，全市工业消费品绝大多数供过于求或供求基本平衡，供不应求的日子结束，促使工业企业主动推销，商业企业扩大销售，个体和私营商业逐渐占据主导地位；空调、录像机、电脑成为最有代表性的居民消费品。2000年以后，新的商业业态快速成长，综合性大商场、大型超市、连锁经营、专卖店、便利店和购物中心、购物广场等不断涌现；居民消费需求日趋多样化，消费结构快速升级，私人轿车、住房及高档饰品、金银珠宝、高档家用电器等消费日益普及，信息、教育、文化、旅游休闲等服务性消费成为消费热点。2001年，个体和私营商业实现社会消费品零售总额299.29亿元，占全市社会消费品零售总额的72.26%。2006年以后，国家实行富民惠农政策，城乡居民收入增长较快，购买力提高，推动商贸业快速发展。2009年，全市开始施行家电以旧换新等试点，进一步推动农村消费市场发展。2010年，农村消费市场实现社会消费品零售总额189.5亿元。2011年以后，中心城区以天一广场、和义大道购物广场、鄞州万达广场等为核心的商圈建设，带动商贸产业实现连片开发，形成以三江口商圈为中心，城南、城东、城北多级支撑的都市商贸核心区；特色商街、市镇商贸中心持续发展，万村千乡市场工程快速推进；商业营销体系、经营规模持续升级，商业连锁经营成为全市经济发展的骨干支柱。2015年，全市有市级以上商业特色街42条、商贸中心试点镇28个、乡村连锁直营店425个，商业连锁经营实现零售总额510.60亿元。2015年以后，加强重点街区和项目建设，建设公益性农产品市场、宁波农副产品物流中心项目（2020年正式运营），扶持“月光经济”发展，推进电子商务快速发展。2019年，全市有国家步行街1条、省级高品质步行街3条。至2020年，创成三星级及以上农贸市场95家，网络零售额从2015年的703.94亿元增至2512亿元。2020年末，列入限额以上批零统计调查的企业中，全部27个大类商品均有销售，其中金属材料类、化工材料及制品类、石油及制品类、汽车类、煤炭及制品类、服装鞋帽针纺织品类销售规模居前6位，占全市限额以上批零销售总额的77.2%，大宗商品和“宁波装”成为销售商品中的颜值担当。2022年，全市实现社会消费品零售总额4896.7亿元，商品销售额首次突破5万亿元（批发48647亿元，零售3980.5亿元），提前3年实现“3433”服务业倍增发展行动目标。2024年，全市完成社会消费品零售总额5279.2亿元。

商业业态 南宋宝庆年间，鄞县有集市8个，定海（今镇海）3个，慈溪6个，象山1个。1853年，大有南货号成立，后成为甬上南货名店。1877年，鄞县城厢集市有县前市、家井巷口市、灵桥门内市、紫薇街市、仓桥头市、鼓楼前市、西门内市。1904年，源康布店开张，民国时期发展成为宁波首家绸布店（解放后成为纺织品商场）。至1935年，城区建成小菜场9个。解放前夕，除小菜场外，城厢集市有南门三市、江东新河头、江北三宝桥、西郊航船埠头等，另有旗杆巷棉纱菜市场、半边街鱼市场2个专业市场，还有蔬菜、水果、薪炭、牛、猪、羊、禽蛋等代理商。1950年8月，第一百货商店成立，这是老市区最早成立的国营综合性零售百货商场。1951年5月，老市区有粮食（护城巷）、花纱布（碶闸街）、鱼（江北白沙路）、薪炭（灵桥路）、油脂、牲畜（又新街口）专业市场6个，以及旧货市场1个（南大路）。1956年，协和钟表店和桑联记眼镜店实行公私合营合并，改名宁波钟表眼镜商店。1979年起，城乡集市恢复发展，当年有集贸市场238个，多数“沿街为市、以路为集”。1986年，望湖桥市场开业，这是全市第一家以个体经营为主的专业市场，也是第一家室内市场。1988年2月，全市首家百货大商场——宁波华联商厦开业。1992年，首家超市——“南大超市”开业。1993—1994年，宁波望湖市场（一期）、路林市场（一期）、宁波轻纺城、宁波家私市场、宁波市蔬菜批发市场、余姚中国塑料城（一期）、慈溪周巷副食品批发市场（二期）、象山石浦水产批发市场（一期）等一批大型专业性和综合性批发市场相继竣工开业。1994年，南苑鞋城建成开业。1995年，东门口路夜市开业（后移到和义路），带动宁波“月光经济”的发展（后来形成江东渔轮码头、江北老外滩、城隍庙商业步行街、学府苑、南塘老街等夜市）。20世纪90年代末，外资超市开始进入宁波，电子商务开始兴起。1998年4月，首家外资超市、中外合作经营的“锦江麦德龙”宁波鄞州商场开业，这也是全市首家仓储式商场；1999年7月，长发商厦推出中秋月饼等时令商品网上销售，成为全市第一家网上商店。2000年前后，开始出现电子产品专业商店，第一百货商店、宏伟商场成为电子产品、手机专营商店。2000年，宁波市被列为国家电子商务试点城市。2001—2003年，永乐电器专业商店、苏宁电器商店、国美电器有限公司三大专业电器商店开业。之后，宁波原有大商场和一般商店经营的电器商品，大多退出或缩小经营。2002年10月，天一广场开业，这是宁波最早出现的城市综合体，带动21世纪最初10年的宁波城市综合体热，江北老外滩商业街区、鄞州万达广场、海曙和义大道购物广场、江东世纪东方商业广场、海曙月湖盛园、江北万达广场与鄞州联盛国际商业广场等相继建成开业。2004—2008年，浙江塑料城网上交易市场、宁波都普特液体化工电子交易中心、宁波大宗商品电子交易中心、宁波众城钢铁电子交易中心4家大宗商品中远期交易市场相继建成开业。2011年以后，宁波市不断优化、聚集商业业态，发展新的商业业态。2012年，获批成为首批跨境贸易电子商务试点城市。2015年，拥有各类市场732个，在建和已建商业综合体32个，市级以上商业特色街42条，乡村连锁直营店425个，“乡镇商贸中心工程”建设试点镇28个，形成以宁波保税区为主阵地，“一点多面”的跨境电商产业集聚发展格局。2016年，推进社区商业邻里中心（次年试点建设邻里中心8个）、商贸特色小镇建设，确定6个乡镇（街道）为宁波市首批特色商贸小镇建设试点单位。2017年8月，浙江省首个地铁站间综合体、宁波市首个纯地下商业空间——东鼓道商业街开业。2022年，天一广场等10家商业综合体入选全市十佳最受欢迎商业综合体。

商业街区　1877年，府城内开始出现商业区，灵桥门至三江口沿奉化江的江厦商区，东渡门至望京门横贯东西向的东门大街、西门大街，灵桥门至三法卿坊的药行街等商街形成。1925—1936年，拆城墙填废河、拓宽街路，城区江厦街、东大街、西大街、药行街东段店铺林立，江东的百丈街、后塘街、灰街、新河路以及江北的同兴街亦较为兴盛。1979年以后，经济发展，店铺增加。1983年以后，拓宽改建街道，形成中山路、灵桥路、药行街、开明街、百丈路、人民路等6条主要商街，以及县学街、镇明路、大庆路、曙光路等22条商业街道；比较繁荣的商业小区有江厦、开明街口、鼓楼、西门口、城隍庙、南站、柳汀街、仓桥头、轮船码头、白沙、东站、新河头等12个。20世纪90年代，旧城改造加速，新型居民小区遍布，城市规模越来越大，商店越开越多。中山东路、药行街拓宽、延伸，吸引大商场、大宾馆入驻，主要商街地段成为市民购物首选之地。城市东扩后，江东区形成多条新兴商街，大超市、大型专业市场大多落户在新兴的主要商街上。至2010年底，市区形成中山东路—中山西路—望春路、百丈路—药行街—柳汀街—联丰路、兴宁路—长春路、灵桥路—江厦街—人民路、解放南路—解放北路—大庆南路、开明街、镇明路—公园路、翠柏路—苍松路、宁穿路、中兴路、彩虹北路等商街。随着城市建设改造加快，集商贸商务、金融办公、酒店娱乐、城市交通等若干功能于一体的大型城市综合体迅速扩展，传统商业中心街区不断更新。至2010年末，三江口片区呈现南有鄞州万达广场、东有世纪东方商业广场、北有江北万达广场、中有三江口核心商圈的商业分布格局。2011年以后，宁波市进一步推动商业特色街区的培育和建设，全市共有36条市级商业特色街区。2012年，和义大道被评为国家级商业特色街。2015年，推动重点街区和项目建设，发展“月光经济”，启动包括天一广场等10个重点街区在内的“月光经济”核心区提升工程，江北老外滩获评“中国著名商业街”。2019年，推进商业街区提升，江北老外滩步行街创建国家级步行街。2022年，南塘老街入选国家级夜间文化和旅游消费集聚区，水街、韩岭街区入选省级高品质步行街试点，宁波泛老外滩入选首批十大省级智慧商圈。

金融业

金融机构　明末清初，宁波钱庄业兴起。清朝中叶，宁波钱庄业成为一支重要的经济力量，开始在异地设立钱庄、银号，宁波成为中国东南一大金融中心。1844年“五口通商”后，江厦一带，钱庄林立。1897年，由宁波商人叶澄衷、严信厚、朱葆三等参与投资的中国通商银行成立，这是中国第一家民族资本银行。进入20世纪以后，各官办银行和一些商业银行在宁波设立分支机构，但当时金融业仍以钱庄为中坚，至抗日战争全面爆发前一直掌握经济的命脉。20世纪30年代，世界经济危机波及宁波，各行各业多有停业关闭者，钱庄放款未能收回；延至1935年7月，提存风潮迭起，存户将存款转存银行和流向外埠，不断有钱庄宣告停业清理，留存的仅占三分之一。1941年宁波沦陷后，银行撤退到内地或上海租界，钱庄多数停业。1945年4月，浙东抗日根据地成立浙东银行，发行“抗币”。抗日战争胜利后，银行、钱庄相继复业，但当时全国金融业为官僚资本所垄断。解放时，宁波有银行5家、钱庄29家；全国留存的147家民国时期银行，除4家特许银行和43家地方银行外，半数以上的银行与宁波人有关。1949年6月，中国人民银行宁波分行成立，宁波军管会派员接管中国、交通、农民3家银行和中央合作金库宁波支库、浙江省银行宁波分行，将官商合办的中国银行、交通银行调整改组为国家专业银行继续营业。11月，四明、垦业、惇叙3家商业银行及18家钱庄获准继续营业。1952年10月，余姚南山乡信用互助组升级为信用合作社，这是浙江省第一家信用合作社。11月，四明、垦业银行奉上海总行通知停业清理。至此，货币信用业务由中国人民银行统一办理。1954年10月，中国人民建设银行宁波市支行成立。1956年2月，中国农业银行宁波专区中心支行成立。1978年10月以后，中国银行、中国农业银行宁波市支行和中国人民保险公司宁波支公司先后成立。1980年7月，浙江省华侨投资公司宁波分公司成立，中国人民银行宁波市支行成立信托部；1981年10月以后，各县支行相继设立信托投资机构。1984年，中国人民银行宁波市分行行使区域性中央银行职能，中国工商银行宁波市支行成立。1986年，交通银行宁波支行开始筹建，宁波国际信托投资公司成立。1987年1月，宁波第一家城市信用社湖东信用合作社成立。1991年6月，全市第一家证券经营机构——宁波证券公司（后更名天一证券有限责任公司）成立。1993年3月，宁波国际银行成立，这是宁波市第一家中国法人的全资外资银行。1994年，中国太平洋保险公司宁波分公司获准成立。1995年以后，宁波保险业市场主体快速发展。1996年，中国人民保险公司进行体制改革，分设中国人民财产保险有限公司宁波市分公司、中国人民人寿保险有限公司宁波市分公司，中国农业发展银行宁波市分行成立，信托机构开始与所办银行脱钩改组。1997年，各国有商业银行开始按经济区域建立大区分行，在宁波市设立分行。同年4月，在原宁波市17家城市信用社和1家城市信用联社基础上获准成立宁波城市合作银行（1998年更名宁波市商业银行）。2000年，中国平安保险公司宁波办事处升格为中国平安保险公司宁波分公司。2003年，专业保险代理公司、保险经纪公司、保险公估公司等相继成立。2006年以后，上海银行、包商银行、临商银行、泰隆银行、杭州银行、温州银行、民泰银行、稠州银行等外地城市商业银行陆续在宁波成立分支机构。2007年，国家开发银行股份有限公司宁波市分行挂牌成立，宁波市商业银行更名为宁波银行股份有限公司并在深圳证券交易所挂牌上市。2008年，全市首家村镇银行象山国民村镇银行、全省邮政储蓄银行首家县级支行中国邮政储蓄银行宁波慈溪市分行成立。2010年10月，中国进出口银行宁波市分行开业。至2010年底，全市基本形成以国有商业银行为主，股份制商业银行、城市商业银行、农村合作金融机构为支柱，政策性银行、邮政储蓄机构、城市信用社、外资银行、信托公司、金融租赁公司、财务公司等为重要补充的多元化银行组织体系。2012年，宁波国际银行转制为宁波通商银行，成为国内首家由外资银行重组改制的城市商业银行；象山县的绿叶城市信用合作社转制为宁波东海银行，这是中国最后一家改制的城市信用社。2016年，国内首家航运保险专业法人机构东海航运保险开业。2020年，甬兴证券开业。2021年，宁波银行入列国内系统重要性银行。至2022年末，全市有67家银行业金融机构，市级及以上产险机构31家、寿险机构26家、专业中介机构87家。至2024年末，分别有68家、31家、26家、81家。

存贷款业务　旧时，宁波钱庄土生土长，多为当地殷实富户开设，其资本额虽然不大，一般仅数万元，但吸收存款较多，往往数十倍于垫支资本；平时除放款支持当地商人外，多向上海等外地投放，且十分注重信誉，因而宁波有“信用码头”和“多单码头”之称。20世纪初，银行兴起，其收受存款“以购买证券及由总行保值为原则”，除少量质押放款外，多数转划总行运用，致使宁波资金外流日益加剧。1941年宁波沦陷后，仅有小钱庄经营沪甬间汇款，牟取汇费和套用汇款资金，联络“单邦”“掮客”贩卖日用杂货，无正常金融业务。抗日战争胜利后，银行和钱庄大多从事投机买卖和“拆票”业务，代客发放高利贷，金融市场一片混乱。解放后，信贷业务逐步由国家银行统一结算。1949年7月，各银行开办折实储蓄存款；1950年，开办保本保值储蓄存款；1950年6月，停办折实储蓄、保值储蓄。1950年起，私营银行、钱庄多数停业，企业间经济往来通过国家银行办理转账结算，企业银行存款开始增多。1952年，存款余额2079万元，贷款余额744万元，其中工业贷款占10.8%、农业贷款占9.2%、商业贷款占80%。1979年以后，由于实行经济、金融体制改革，存款规模及结构发生明显变化。1990年末，存款余额88.74亿元，贷款余额95.69亿元；企业存款和城镇储蓄存款上升，财政性存款比重下降；国家基本建设拨款改为贷款，固定资产贷款增加。1993年，国有企业改革深化，乡镇企业全面改制，外资企业、个私企业、股份制企业迅速发展，企业存款大幅增长。1994年，各专业银行向国有商业银行转轨，股份制商业银行先后成立，组织存款特别是企业存款业务成为工作首位，企业存款猛增。1991—2010年，存款余额从118.1亿元增至9552.0亿元，贷款余额从122.7亿元增至9000.6亿元。全市银行贷款由单一的流动资金贷款扩展到固定资产贷款，向科技、旅游、服务、住房等领域拓展；融资方式由单一贷款，拓展到信托、委托、租赁、代理、投资、票据承兑贴现、证券等，推出大额可转让存单、信用卡等金融工具。2011年，全市银行业金融机构存贷款余额双双突破1万亿元，分别达10659.27亿元、10676.84亿元。2016年，开始实施普惠金融试点，引导金融机构支持小微企业和“三农”。2018年，全市金融机构普惠金融领域贷款余额1608.7亿元。2019年，宁波市入选国家级普惠金融改革试验区，打造“数字普惠”特色品牌。2022年，入围数字人民币试点城市。至2022年末，存款余额2.83万亿元，贷款余额3.27万亿元。至2024年末，分别增至3.66万亿元、4.26万亿元。

外汇业务　解放初期，中国银行宁波支行代理上海分行或通过上海分行办理外汇。1953年，中国银行宁波支行撤销，中国人民银行宁波中心支行与中国银行杭州分行建立关系，代理解付侨汇等。1979年9月，国家外汇管理局宁波分局成立。至1990年底，累计外汇收支84864.5万美元。1991年，中国银行宁波市分行开办外币旅行支票代售业务。1993年，2家外资银行（含中外合资银行）落户宁波，开始吸收外汇存款。1994年，国家进行外汇体制改革，对中资企业实行结售汇制度，大部分中资企业取消外汇账户，全市外汇存款呈逐月下降趋势。1995年以后，上海浦东发展银行宁波分行等9家股份制商业银行先后开办外汇贷款业务，短期外汇贷款持续增加。2006年以后，上海银行等外地城市商业银行陆续在宁波开办外汇贷款业务。2010年6月，宁波启动跨境贸易人民币结算业务试点工作。2011年，在全国率先开展中资企业外汇质押人民币贷款试点、境内银行跨境贷款对外债权登记试点。2012年，推动银行跨境贷款业务品种从传统的贸易融资向全球授信、项目贷款、买方信贷拓展，业务规模不断扩大，至年底跨境贷款金额累计近12.8亿美元。2015年，宁波市获批成为全国第二个境外并购外汇管理改革试点。2016年，建设跨境电商综合试验区，推广人民币跨境结算。2022年，实施跨境贸易投资高水平开放试点，试点业务规模达5.3万笔、338.5亿美元；推进优质企业贸易外汇收支便利化、境内运费外汇支付、海外人才用汇等试点，开展高新技术和“专精特新”企业外债便利化、银行资本项目数字化服务等多项创新试点，汇率避险、跨境人民币两个“首办户”分别新增1937家和1970家。

保险业、信托投资、证券等业务　1950年初，中国人民保险公司代理处开办保险业务；9月，成立宁波分公司。1958年10月，机构撤并，停办保险业务；1978年10月恢复。1980年以后，银行系统开始办理信托业务。1985年，除银行系统外，其他部门所办信托投资机构先后停业清理，信托业务归专业银行办理，专业银行信托部改为信托投资公司，独立核算。1986年，宁波国际信托投资公司将业务从信托、委托存款扩大至信息咨询、国际贸易、租赁、房地产经营、有价证券买卖及其他代理业务。1990年底，全市开办国内保险94种、涉外保险20种，累计国内保费36565万元、涉外保费716万美元。1991年，宁波证券公司成立，开设证券交易营业部，成为首批上海证券交易所和深圳证券交易所会员，率先代理买卖沪深证交所的股票。1992年，宁波期货市场开始试点。此后，各类代理期货交易、提供期货咨询服务的期货经纪公司、期货经纪公司营业部及期货兼营机构纷纷设立。1991—2010年，全市保险业取得跨越式发展，保费收入从1991年的2.38亿元增至2010年的144.06亿元，除人身健康、意外等人身险外，财产性保险业务主要有企业财产保险、家庭财产保险、机动车辆保险、船舶保险、工程保险、责任保险、航空航天保险、意外伤害保险、健康短险、农业险及其他险种。同时，证券业快速发展，业务范围不断扩大，主要涉及债券发行、股票发行与交易、基金发行与上市等，成交额从2005年929.37亿元增至2010年18417.27亿元。2011—2015年，保险市场健康平稳发展。2014年，启动巨灾保险试点。2016年6月，国务院批复同意在宁波市设立国家保险创新综合试验区。同年，扩大在全国首创的区域性城镇居民住房综合保险和公共食品安全责任保险试点。2018年，推出“保险保障+事故预防”安全生产责任保险新模式，构筑“事前有预防、过程有管控、险后有理赔”的三重防线。2019年，在全国率先试点建筑外墙保险。2020年，在全国首次推出突发公共卫生事件保险。2021年，实施“凤凰行动”，推动上市公司扩量提质。2022年，全市实现保费收入416.09亿元，有境内上市公司114家。2024年，分别增至557.4亿元、122家。

金融市场　1986年冬，中国工商银行、中国农业银行在甬分支机构开办埠内外同业资金短期拆借、票据贴现和有价证券转让业务。1987年初，中国人民银行宁波市分行组织宁波金融市场，5月，联合绍兴、舟山、台州及市内的102家金融机构，建立浙东区域融资网络；经营业务有同业拆借、票据贴现、证券买卖3种，定期或不定期开市，拆借金额、利率、期限和证券价格，由双方协议、自由成交。同年，中国工商银行鄞县支行首次代理发行短期债券（沪江电器总厂债券）。1988年3月，外汇调剂中心成立。4月，宁波、台州、绍兴、舟山等地的35家金融机构联合投资成立宁波融资公司。当年，宁波被列为全国第二批也是全省最早开展国库券转让的试点城市；6月，开办1985年、1986年国库券、企业债券转让业务。1989年4月，中国工商银行信托投资公司代理发行中元机械钢管股份有限公司第一期股票211万元。1988年6月至1990年底，全市累计成交国库券1.83亿元，成交企业债券950万元，累计拆借资金2.91亿元。1991年，由中国人民银行宁波市分行牵头，重新组建会员制的宁波金融市场，有会员52家，会员基金1840万元。1993年，甬中元上市（后经多轮改组，今为荣安地产），为宁波市第一家上市企业。1997年，经中国银行总行授权，中国银行宁波市分行在即期结售汇业务基础上，首次推出远期结售汇业务。1998年底，宁波市外汇调剂中心更名为中国外汇交易中心宁波分中心，负责银行间外汇市场和金融机构人民币同业拆借市场的运作。2001年以后，全市各商业银行资金基本能做到自给和充分运用，同业拆借业务量显著减少。2002年，上海黄金交易所开业，中国工商银行宁波市分行和中国银行宁波市分行率先在宁波推出代客黄金买卖业务。同年，中国外汇交易中心撤销18家分中心，宁波分中心得以保留，成为浙江地区唯一的分中心。2003年，宁波市开始出现专业保险代理公司。嗣后，保险经纪公司、公估公司等出现，形成以保险公司为主体，中介机构为纽带的保险市场体系。2005年，中国农业银行宁波市分行在全市率先开通个人实物黄金业务，首期品种为代销招远黄金的仿币黄金制品、金元宝和金条产品。2008年以后，宁波银行成为外汇交易做市商，带动全辖区外汇交易总量爆发式增长。2010年，全市外汇交易量突破千亿美元大关。2010年11月，代号9001的上海浦东发展银行宁波指定仓库成立，这是全市首家上海黄金交易所指定仓库。至2010年，宁波市形成货币市场、资本市场、保险市场、外汇市场“四位一体”，具有一定辐射能力的区域金融市场体系。2011年以后，资本市场健康稳定发展。2014年，全市累计从境内市场融资566.23亿元。2015年以后，金融产业加快集聚，新兴金融业态活跃。2016年，宁波股权交易中心开业，资本市场发展提速。2021年，获批国家级区域性股权市场创新试点。2022年末，全市社会融资规模余额4.65万亿元，证券成交总额12.00万亿元，期货成交总额7.27万亿元。

物流业

物流中心与园区　20世纪90年代初，宁波市建有一批自发的物流中心。2000年以后，加快物流集聚区和物流中心建设步伐，构筑现代物流平台。2002年，提出在2002—

2005年重点启动和建设北仑主物流园区和江东物流园区，构筑现代物流系统的基础框架。2006年，开始制定优惠政策，多渠道吸引资金，加大基础设施建设力度，形成以大型枢纽港、站、场为中心的综合运输体系。同年，宁波保税物流园区投入实际运作。2009年，宁波市被国务院确定为21个全国性物流节点城市之一，加快物流基地建设进度。当年，全市有2家省级物流园区、1家省级重点联系物流基地，12家市、县级物流基地。至2010年，全市有宁波陆港物流中心（江北区）、宁海物流中心、城西港区物流中心（江北区）、奉化方桥物流配送中心、奉化火车站物流中心、象山物流中心、余姚姚北综合物流中心、北仑小港维科物流中心8个比较大的物流中心，宁波保税物流园区、宁波梅山保税港区、北仑现代国际物流园区、宁波空港国际物流园区、镇海大宗货物海铁联运物流枢纽港等一批重点物流园区初步建成，部分园区完成规划。2011年，宁波经济技术开发区现代国际物流园被纳入国家公路运输枢纽总体规划。2013年，宁波市成为国家一级物流园区布局城市之一。2015年8月，宁波经济技术开发区现代国际物流园成为全国首个港口物流服务产业知名品牌示范区。2016年，宁波市启动物流试点示范建设。2017年，开始建设51个重大物流基础设施项目，打造宁波梅山保税港区物流园区、镇海区大宗货物海铁联运物流枢纽港（城市物流功能区）、宁波经济技术开发区现代国际物流园区、宁波空港国际物流园区、宁波市电子商务物流中心、宁南贸易物流区、宁海物流园区、慈溪市综合物流园区、象山现代物流园区九大物流园区，健全国际港航物流服务中心。2022年，宁波被定位为港口型、空港型和生产服务型国家物流枢纽，九大物流园区优化调整为“3+6+N”空间布局，即3个国家级综合物流枢纽、6个专业性物流园区、N个区域配送中心。

物流企业　20世纪90年代，宁波市每年新设物流企业不到30家。“九五”时期，有物流企业400余家，大多由仓储、货物运输、商品批发、连锁企业转型而成，以国有和集体资产为主。1999年以后，每年新设物流企业超过100家。至2000年底，有货运代理、仓储及其他物流企业1460多家，注册资本达70.84亿元，并有2家以物流为主业的上市公司（宁波海运股份有限公司、宁波华通集团股份有限公司）。2000年以后，一批传统运输、储运、邮政、货运代理企业开始向第三方物流企业转型，物流企业开始走上市场化道路，新兴专业化、一体化物流企业在市场竞争中快速发展，著名的有宁波中远物流、浙江中外运、镇海石化物流、富邦物流等。2009年，全市拥有省级重点联系物流企业7家，省级龙头企业2家，市、县级龙头企业44家。至2010年底，注册物流及相关业务的企业4077家，注册资本超过110亿元，实际从事物流相关业务的企业超过5000家，注册资本超过600万元的第三方物流企业超100家，营业额超亿元的企业有35家。国际货运代理业务是宁波市物流业的一大特色，注册企业有300多家，有实际业绩企业达1119家。2012年以后，物流业各类企业加快发展，物流企业规模持续扩大。当年，浙江中外运有限公司被中国物流与采购联合会评定为5A级综合服务型物流企业，这是全市首家5A级物流企业。2020年，全市实际从事物流相关业务的企业1.45万家，规模以上物流企业1071家。2021年，21家物流企业跻身全市服务业百强。2022年，新增5A级物流企业6家，总数达10家。

会展业

1997年，第一届宁波国际服装节启幕，标志着宁波会展业的起步。之后，会展数量以2位数增长。2000年以后，会展业逐步从政府主导向市场主导转型，从消费类展览为主向贸易类展览为主转型，展览的市场化、专业化、品牌化、国际化程度均有较大提升。2010年，共举办节庆活动108个，各区（县、市）举办会议（论坛）、节庆活动147个。之后，培育、引进一批“高、新、特、专”的会展项目。2022年，全年有展览项目19个，举办各类节庆217场，获评“2022年度中国最具竞争力会展城市（计划单列市）”。2024年，全市举办各类会展项目287个（展览71个）、县级以上商务会议（论坛）216个，获“中国十佳会展名城”等称号。

展览　1996年，开始举办中国（宁波）国际住宅产品博览会，这是宁波最早的展会之一。1997年10月，举办第一届宁波国际服装节；1999年，更名（第三届）宁波国际服装服饰博览会，开始与（首届）中国国际男装博览会联办。同年，开始连续举办中国浙江投资贸易洽谈会，这是全省重要的综合性经贸交流活动。2000年，开始举办中国国际机械工业博览会。2002年，举办首届中国国际日用消费品博览会暨首届家博会（2006年升格为中国国际家居博览会），展品以纺织服装、家用电器、轻工工艺三大类消费品为主要内容。2003年，开始举办宁波国际汽车博览会，这是省内规模最大的顶级汽车博览会，在华东地区规模仅次于上海车博会。2005年，开始举办中国国际机电工业博览会（宁波制博会）—中国模具之都博览会。2006年9月，举办首届中国浙江·宁波人才科技周，相继获得“中国最具影响力的优秀会展活动”“中国优秀品牌会展活动”“中国最具影响力品牌展会”“中国十佳会展活动”等称号。2008年，开始举办宁波国际精品家具展。2009年，宁波国际服装服饰博览会获得全球展览业协会（UFI）的认证，成为宁波市首个国际知名品牌展。2016年8月，首个中国县域会展研究基地落户余姚并通过验收。

2019年3月，中国国际日用消费品博览会更名中国—中东欧国家博览会暨国际消费品博览会，升格为国家级涉外机制性展会。2020年以后，受新型冠状病毒肺炎疫情影响，会展业基本处于停摆状态，部分展会在互联网上举办。2022年，全市展览项目大幅减少，展览项目仅19个。

会议　2001年4月，政府与电子商务发展国际研讨会在宁波举行。2002年7月，首届甬港经济合作论坛在宁波举行。2007年6月9日，中国城市会展合作与发展论坛在甬举办。2008年，中国开放论坛与浙洽会、消博会一起，在宁波同期举办，被称为“两会一坛”。2012年，第六次中日韩外长会议在宁波举行。2014年，承办亚太经合组织第一次高官会和第二届中国中小企业全球发展论坛。2020年以后，受新型冠状病毒肺炎疫情影响，会议、论坛明显减少。2022年，全市共举办会议2013场，参会总人数达183652人。

节庆　1998年，开始在象山举办中国开渔节；2005年，获“IFFA中国最具国际影响力节庆活动”百强称号和“中国节庆50强”称号。2002年5月19日，举办首届中国（宁海）徐霞客开游节。2004年，开始举办中国（宁波）国际茶文化节，相继获得“2006年度中国十大物品类节庆”“2007—2008年度中国最具影响力的专业品牌展会”等称号。2008年11月，举行第一届中国（宁波）国际港口文化节。2008年，创办宁波旅游节，这是宁波最大的综合性旅游节庆；开始举办中国（奉化）雪窦山弥勒文化节，获得“2008中国最具发展潜力节庆”“中国十佳品牌节庆活动”等称号。2011年3月，国务院将中国（宁海）徐霞客开游节举办日定为“中国旅游日”。2022年，全市共举办节庆217场，其中，政府主办节庆102场，市场化节庆115场。

会展场馆　20世纪90年代初期，宁波市没有真正意义上的会展场馆。后因集市交易和举办小型商品展销会的需要，相继建成宁波会展中心大厦、宁波新闻文化展览中心、亚细亚展览馆、天马展览中心等展馆。但这些展馆规模小、设施简单。2002年，宁波国际会展中心开始试运营，会展业进入专业展馆时代。2007年，宁波国际会议展览中心和国际贸易平台二期工程全面启用，出现常年展新形态，会展业开始由专业展馆进入综合展馆时代。同时，余姚、慈溪、宁海相继建成一系列会展场馆。至2010年，会展场馆数量和面积均居全省首位，能独立运作2万平方米以上大型会展的企业有15家。2022年11月，宁波国际会议中心正式投用，宁波从此拥有举办国家领导人峰会等重大活动的主场外交平台。当年，全市形成“1+3”专业会展场馆，即宁波国际会展中心、慈溪会展中心、余姚中塑国际会展中心、宁海国际会展中心。

房地产业

住房制度改革　1958年，宁波市规定职工和家庭使用公房，各单位所分配房屋调整权属原使用单位，单位、系统间房屋调整权属市房管所。1960年，房屋管理权下放给城市人民公社；1961年收回，仍由市房管部门统一管理。1974年2月，实行统一分配与切块分块分配相结合。1979年以后，单位自筹资金建房增多，由建房单位自行分配。1980年12月，开始规定有条件自筹资金建房的企事业单位，房管部门原则上不再承担其转业干部、职工的住宅分配，缺房干部应向本单位申请。1992年，提出要提高公房租金，出售公有住房，租房要交保证金，推行住房公积金制度，扶持集资合作建房，统一建立住房基金。1995年，提出要完善住房公积金制度，推行住房制度改革，稳步出售公有住房，建设经济适用房，加强住房资金管理。1997年，开始办理个人住房公积金贷款业务，支持中低收入职工家庭购买自住房。1998年12月起，所有行政、企事业单位停止住房实物分配，从1999年1月起逐步实施住房分配货币化。1999年以后，住房公积金缴存从原来以行政机关、国有企事业单位为主，逐步向股份制企业、外商投资企业、私营企业扩展。1999年4月，开始办理组合贷款业务。2000年9月，首先在宁波市第二医院、宁波市卷烟厂试点住房货币补贴，取消实物分配；10月，在宁波市港务局、宁波海事局、交通银行宁波分行开展第二批试点；2002年5月，在市三区全面实施。2002年9月，开始办理二手住房公积金贷款业务。2010年，宁波市成为全国首批利用住房公积金贷款支持保障性住房项目建设的28个试点城市之一。2011年10月，开始办理商业性个人住房按揭贷款转住房公积金贷款业务。2015年，规定从当年7月1日至2016年6月30日，在宁波购买住宅和非住宅的按其所购房屋实际缴纳契税额度的50%给予购房补贴；同年7月，开始办理住房公积金贷款转商业性个人住房贴息贷款业务。2022年12月，浙江省首笔住房公积金贷款“带押过户”业务试点成功。

房地产市场　民国时期，私有房地产买卖多经“屋中人”进行。1953年，市民政局地政科负责私房买卖产权审查，代办契税和产权过户手续。1956年，停办党政机关、群众团体、部队、国营企事业单位购买私房业务。1957年，规定私房买卖，要向政府申请登记，经批准立契成交，办理过户手续。此后，“屋中人”消失。1991年以后，开始出售公有房产，不断拉开城市框架，相继出台房地产业优惠政策，房地产开发经历从快速发展到调整，再到快速发展，又到调整的发展历程。1992年起，市房地产交易中心开始

办理商品房过户手续。1994年以后，存量房交易范围扩大，除二手公有房产交易外，出现二手商品房交易。1996年以后，全市房地产开发步入调整期，投资额和商品房新开工面积持续下降，当年投资额65.9亿元，到1998年下降为44.5亿元。1999年以后，在住房制度改革深化、旧城改造推进、住房金融政策支持、居民收入水平提高等因素的综合作用下，房地产开发进入持续快速发展时期。2001年开始，市三区存量房交易猛增，每年交易量均在2万套左右。至2003年，房地产开发投资额从1999年的45.5亿元增至184.3亿元。同年下半年，房地产市场开始进入宏观调控时期，房地产开发呈现较为平稳的发展局面。2005年下半年，实行房地产交易与产权一体化办理。当年，完成房地产交易（包括商品房预售登记）44206件，建筑面积628.48万平方米，成交金额346.31亿元。2008年，全市房地产市场出现萎缩，价格下滑。2009年，随着政府推出稳定房地产市场的政策，房价又恢复至2007年的水平。至2010年，房地产投资额从2004年的234.4亿元增至557.3亿元。2011年以后，加强房地产市场调控，遏制投资投机性购房需求，住房成交量降低。同时，持续增加住房有效供应，扩大商品房在建规模。2015年，全市完成房地产投资1228.84亿元，其中住宅投资747.55亿元；全市销售商品房1007.21万平方米，二手房成交589万平方米。2016年以后，进一步加强房地产市场调控，房地产市场发展平稳。2022年，完成房地产投资2131.7亿元，销售商品房1128.8万平方米，二手房成交659.5万平方米。2024年，完成房地产投资1873.2亿元，销售商品房796.3万平方米。

住房保障体系　1987年，宁波市启动住房解困工作。1991年，启动老市区非成套房改造。1992年，成为全国住房制度和社会保障体系改革的世界银行贷款项目6个城市之一。1998年，全市住房解困工作基本完成。之后，各方面遗留的困难户，通过“套调”方式全部得到解决。2002年，开始探索完善住房保障政策体系，实施经济适用住房制度和廉租住房制度，启动保障性房源建设。2003年，开始实施限价房政策，供应对象为人均住房建筑面积低于18平方米的家庭。2004年，在广厦怡庭推出首批限价商品房。2008年，率先启动经济租赁住房试点工作，首次将经济租赁住房、人才公寓、农民工公寓、外来务工人员公寓等租赁性住房纳入保障性房源建设体系。2010年，将经济租赁住房调整为公共租赁住房。同年11月，全市首个市级公共租赁住房项目——洪塘公共租赁住房项目开工。至2010年，构建起以廉租住房、经济适用住房、限价房、公共租赁住房为主要内容，非成套房改造和老小区整治同步推进，集“租、售、改”三位一体的多层次城镇住房保障体系。2011年以后，全面加快公共租赁住房体系建设，逐步完善以公共租赁住房为主，廉租住房、经济适用住房、限价房等保障方式为辅的住房保障体系。2015

年，展开三年棚户区改造工作，共启动77个项目。2020年7月，入围第二批住房租赁试点城市。2022年，启动共有产权住房试点，开工建设全市首个共有产权住房试点配建项目，以公租房、保障性租赁住房、共有产权住房为主体的新型住房保障体系基本形成。

旅游业

旅游资源　宁波市旅游资源呈复合型的特点，种类齐全、点多面广，整合程度不高。20世纪90年代初，全市旅游资源开发主要以奉化溪口景区、东钱湖景区、镇海海防遗址景区等传统旅游为主。1994年1月，奉化溪口雪窦山风景名胜区被国务院列为第三批国家重点风景名胜区，成为宁波市第一个国家级重点风景名胜区。至90年代末，全市初步形成溪口雪窦山、东钱湖、河姆渡、海滨海岛等近10个具有自然和人文特色的旅游区。2000年以后，全面实施政府主导型的大旅游发展模式，整合各方资源，加大旅游资源开发力度，陆续建成象山松兰山景区、余姚四明湖旅游度假区、鄞县梁祝文化公园、奉化亭下湖风景区、鄞县东钱湖“十景”、宁波国防园一期、周尧昆虫博物馆、镇海郑氏十七房与宁海前童（黄坛）古民宅游览区、慈溪达蓬山徐福东渡遗址主题公园、溪口商量岗休闲避暑村、中国第一弥勒大佛等景区景点。2002年，群众和专家推选出宁波市区“新十景”：月湖、三江口、中山广场、五龙潭、梁祝文化公园、城隍庙步行街、雅戈尔工业城国际展销中心、洪塘都市农业园区、启新绿色世界高尔夫俱乐部、灵桥路音乐文化广场；“宁波景”成为宁波的四大名片之一。2003年，启动旅游资源普查工作，查明全市旅游资源有8个主类，即地文景观、水域风光、生物景观、天象与气候景观、遗址遗迹、建筑与设施、旅游商品和人文活动，涉及114种基本类型，占全部类型的73.55%；可以独立作为观赏或利用的旅游资源单体共1903个；其中，优良级388个（五级27个、四级63个、三级298个），普通级1515个（二级470个、一级1045个）。2005—2008年，凤凰山主题乐园、达蓬山文化旅游区、奉化弥勒大佛景区、江东海洋世界、宁海森林温泉等85个项目相继竣工开放，万豪酒店、万达索菲特大酒店、开元名都大酒店、南苑环球酒店等11家高星级酒店建成开业。2009年，镇海九龙湖度假村、镇海郑氏十七房景区、香格里拉大酒店、和义大道滨江休闲区、奉化溪口旅游集散服务中心、慈溪达蓬山大酒店、慈溪旅游集散中心等一批重大项目相继建成投用。2010年4月18日，溪口—滕头景区成为宁波市第一个国家5A级旅游景区。至2010年底，全市初步形成环都市旅游圈、余慈人文旅游圈、四明人文山水旅游圈、南部温泉山水旅游圈、东部滨海旅游圈等5个大旅游圈。

2011年以后，加快旅游项目建设，余姚牟山湖休闲度假区、鄞州罗蒙环球城等11个旅游项目相继建成投运。2015年，加快开拓“旅游+”模式，促进旅游业与相关产业融合发展；至年底，全市共有休闲旅游基地17家、专项基地73家。2022年，全市有上等级的文旅资源单体6312个，其中五级82个，四级426个，三级1251个，优良级资源单体1759个、占总数的27.87%；资源优集区30个，涵盖天一阁·月湖、雪窦山等重点区域；全市A级旅游景区达86家。

重点景区 全市有省级以上旅游度假区10处，其中国家级1处。溪口雪窦山风景名胜区位于奉化溪口镇，包括蒋氏故里和雪窦山景区。1994年，被国务院列为国家重点风景名胜区；2000年，获评首批国家4A级旅游景区；2010年，晋升为国家5A级旅游景区。至2010年，完成弥勒大道、雪窦山旅游服务中心、武岭广场等镇区市政建设和景区配套建设，建成雪窦寺主要殿堂建筑、露天弥勒大佛、雪窦山大慈禅寺，改建和重修三隐潭、民国大杂院、溪口博物馆、王康乐艺术馆、宋丞相魏杞墓、蒋氏宗祠等。蒋氏故里景区位于奉化溪口镇武岭路，主要景点有武山庙、武岭门、文昌阁、武岭学校、蒋氏故居丰镐房、小洋房、玉泰盐铺、蒋氏宗祠、摩诃殿、毛氏墓、武岭公园和蒋母墓等。蒋氏故居系蒋介石父子故居，1996年被国务院公布为全国重点文物保护单位。雪窦山位于溪口镇西北8千米处，是国家森林公园，素有“四明第一山”之誉，曾因宋仁宗梦游此山而称“应梦名山”，主要景点有徐凫岩、三隐潭、妙高台、千丈岩瀑布、御书亭、中旅社旧址等。2014年，启动新一轮雪窦山佛教名山建设。东钱湖位于宁波市东部，面积约为20平方千米，是浙江省最大的内陆天然淡水湖，素有“西子风光，太湖气魄”之称，2015年入选首批国家级旅游度假区，有陶公钓矶、余相书楼、霞屿锁岚、二灵夕照、芦汀宿雁、白石仙枰、百步耸翠、上林晓钟、殷湾渔火、双虹落彩等十大胜景，拥有南宋石窟、补陀洞天、二灵塔、王安石庙等70余处文物古迹、21处文物保护点和200余具南宋石雕。丹山赤水位于余姚大岚镇柿林村，是“中国最佳山村旅游胜地”，以峡谷景观为依托，以道教文化、浙东古山村风情为文化内涵，以绝壁、奇岩、古桥、流溪、飞瀑为特色，由丹山赤水、鹰岩洞天、狮王悟道、淡瀑飞水、八卦仙台、仙人指路、秋水长滩、四明道观为代表的“丹山八景”和30多处其他景点组成。宁波松兰山旅游度假区位于象山东海岸，山海交融、岬湾众多、沙滩连绵、奇礁遍布，是浙东地区唯一拥有山、海、岛、崖、滩、物六大特点的滨海资源地区，是杭州第19届亚运会帆船帆板比赛地、浙江海洋运动中心所在地。

表12-7-1：2024年宁波AAAA级以上旅游景区名单

景区名称	等级	所在区（县、市）
天一阁·月湖景区	AAAAA	海曙区
溪口—滕头景区	AAAAA	奉化区
余姚天下玉苑景区	AAAA	余姚市
余姚丹山赤水风景区	AAAA	余姚市
余姚四明山抗日根据地旧址	AAAA	余姚市
慈溪达蓬山旅游度假区	AAAA	慈溪市
慈溪鸣鹤古镇	AAAA	慈溪市
奉化黄贤森林公园	AAAA	奉化区
奉化博物馆	AAAA	奉化区
宁海前童古镇旅游区	AAAA	宁海县
宁海伍山石窟旅游区	AAAA	宁海县
宁海森林温泉景区	AAAA	宁海县
象山松兰山海滨旅游度假区	AAAA	象山县
中国渔村	AAAA	象山县
象山影视城开发有限公司	AAAA	象山县
象山石浦渔港古城	AAAA	象山县
象山阿拉的海景区	AAAA	象山县
宁波海洋世界	AAAA	鄞州区
鄞州天宫庄园休闲旅游区	AAAA	鄞州区
宁波博物馆	AAAA	鄞州区
宁波科学探索中心	AAAA	鄞州区
海曙梁祝文化园	AAAA	海曙区
海曙五龙潭风景名胜区	AAAA	海曙区
宁波保国寺	AAAA	江北区
江北慈城古县城	AAAA	江北区
宁波老外滩	AAAA	江北区
江北绿野山居景区	AAAA	江北区
镇海招宝山旅游风景区	AAAA	镇海区
九龙湖旅游区	AAAA	镇海区
宁波帮博物馆	AAAA	镇海区
九峰山旅游区	AAAA	北仑区

续表

景区名称	等级	所在区（县、市）
中国港口博物馆	AAAA	北仑区
东钱湖雅戈尔动物园	AAAA	鄞州区
东钱湖马山休闲旅游区	AAAA	鄞州区
杭州湾海天一洲景区	AAAA	慈溪市（前湾新区）
杭州湾海皮岛景区	AAAA	慈溪市（前湾新区）
杭州湾方特东方神画	AAAA	慈溪市（前湾新区）

说明：资料来源于宁波市文化广电旅游局。

旅游设施　1984年，宁波市开始加强旅游设施建设。当年，全市有接待床位5077张，其中可接待外宾的477张。嗣后，改造、扩建宁波饭店、华侨饭店、甬港饭店、东海饭店，兴建亚洲华园宾馆、新芝宾馆、戚家山宾馆、武岭宾馆、金龙饭店、华联宾馆、奔野大厦、蓬莱大酒店、宁波大酒店、鄮城饭店等。至1990年底，全市有10家旅游涉外饭店，其中星级饭店4家。1997年，在市区制作中英文路牌、公共信息图形符号、导游图等标牌；更新溪口风景区、保国寺旅游设施，设置中英文标志和指路标志。2000年，全市星级饭店达69家，亚洲华园宾馆等一批饭店获浙江省首批“绿色饭店”称号，南苑饭店成为全省首家五星级饭店。此后，大批民间资金注入，一批国际知名的高星级酒店品牌集团如香格里拉、凯悦、喜来登、雷迪森等相继入驻宁波。2000年开始，通过大规模交通建设，宁波旅游交通状况明显改善。2003年，奉化滕头村生态农业观光园区首创短信导游服务。2004年，溪口景区在各景点安装电脑售、检票和电子监控系统，在国内率先实行景区电子化管理。2005年，宁波首家纯公益性的旅游咨询服务中心在天一广场成立。2008年12月，颁布地方性标准《经济型酒店等级评定》，首次将经济型酒店纳入标准化管理，以宁波市花——山茶花的数量表示花级酒店的等级（分为5个等级）。2010年，启动实施智慧旅游项目，建设智慧旅游综合服务平台。至2010年，全市共有星级饭店206家（五星级14家）、花级酒店41家（三花级19家、四花级18家、五花级4家）；宁波中心城区至各区（县、市）的城乡一级客运网络7条线路改造全部完成，东钱湖、溪口、梁祝文化公园、天下玉苑、保国寺、招宝山、九龙湖、天宫庄园等主要旅游景区景点均开通公交客运线路，东钱湖开通观光巴士，开办单车租赁、行李寄存等服务。2015年，制定《宁波市乡村旅游项目补助实施细则》，安排专项资金用于乡村旅游及四明山区域旅游基

础设施和公共服务设施建设。2022年，南苑环球酒店入围全省首批“品字标浙江服务”品牌企业，象山海景皇冠假日酒店等6家饭店获得省级以上旅游饭店品牌，中国国旅（宁波）国际旅行社入选省级文明旅游示范单位。2024年，全市挂牌星级酒店61家，其中五星级饭店21家，相当于五星水平的饭店48家；洲际、万豪、希尔顿等全球十大酒店集团中有8家落户宁波。

旅游市场　20世纪90年代初，中外游客对宁波市旅游印象可以概括为“蒋光头、和尚头、北仑码头和奉化芋头”，旅行社基本上围绕溪口雪窦山和天童寺、阿育王寺推出旅游线路，突出名山风光、佛教文化、历史古迹。90年代中期，随着旅游资源的逐步开发与重新组合，全市旅游线路日趋丰富与多元化，各旅行社推出特色精品旅游线路、专题旅游线路、短期旅游线路、境外游客旅游专线等旅游线路，拓展以观光旅游为基础、休闲度假为方向的文化体验、康体养生、商务会议、美食购物、节庆娱乐等复合型旅游产品。1998年，宁波市获评首批中国优秀旅游城市，宁波旅游业开始从以量的扩张为主步入以质的提升为特征的转型期。随着中国恢复对香港、澳门行使主权和中国加入世界贸易组织，出境旅游人数迅速增多。2000年，与扬州、苏州、杭州、绍兴等城市签订“大运河之旅”合作协议，共同推进华东区域旅游经济的发展。2002年1月，宁波市被列入全国“黄金周”旅游信息直报重点城市。2003年，开始实施引进入境客源与增加创汇奖励办法。当年，全市接待入境旅游者22.15万人次，其中外国游客13.64万人次。2005年和2009年，先后提出加快打造旅游经济强市和打造长三角最佳休闲旅游目的地的号召，相应启动休闲旅游基地、商务会议基地和专项基地建设，工业旅游、乡村旅游、都市旅游、红色旅游、海洋旅游等旅游业态项目逐步集聚，功能得到完善。2006年以后，国内旅游市场持续升温，国内中短线依旧为主要客源。2008年，杭州湾跨海大桥开通，长三角游客市场出现“井喷”现象，推动全市旅游市场持续高速增长。当年，全市接待国内游客3465万人次，实现国内旅游收入417.39亿元。2011年，国务院将《徐霞客游记》开篇日5月19日设为“中国旅游日”，当年主会场落户宁海，宁波旅游城市的美誉度和影响力得到显著提升，推动宁波进入国民休闲旅游时代。2011年以后，持续推进旅游经济强市和长三角最佳旅游休闲目的地建设，实施“互联网+”行动计划，旅游市场呈现入境市场平稳增长、出境市场增幅回落、国内市场快速增长的格局。2017年，宁波市获评首批中国旅游休闲示范城市。2018年以后，以文塑旅、以旅彰文，推动文化产业、旅游产业、文旅融合产业高质量发展。2020年以后，受新型冠状病毒肺炎疫情影响，旅游市场严重受挫。为应对疫情影响，宁波市深化“港产城文”高水平融合互济，打造“大运河+

海丝文化”“顺着运河来看海、伴着书香游宁波”等一批颇具宁波辨识度的文旅品牌，组织宁波文旅惠民消费季、宁波乡村旅游季、宁波旅游节等活动，培育消费新动能，形成“镇镇有品牌，周周有活动”的全域旅游格局。2022年，全市旅游接待总人次5083.6万，实现旅游总收入776.3亿元。

信息产业

宁波市信息产业起于20世纪90年代，历经信息化（电子商务）、智慧城市（智慧经济）、数字城市（数字经济）等发展阶段，实现从小到大、从有到优的飞跃，涌现出一批彰显宁波辨识度、体现全省示范性、具有全国影响力的标志性成果。2022年，全市实现数字经济核心产业增加值1119亿元，拥有6个国家特色火炬基地、2个国家级创新型产业集群，数量位居全省前列。

信息网络　20世纪90年代初，宁波市开始建设光缆传输网。1991年，开通首期程控电话7.8万门，在宁波市城区与鄞县建成局部本地电话网，形成C3网的骨架。1992年10月，建成900兆赫移动电话网。1995年12月，建成900兆赫GSM数字移动电话（俗称“全球通”）网络。此后，数据与多媒体通信飞速发展，宁波成为中国公用分组交换数据通信网、中国公用数字数据网、中国公用计算机互联网及中国公用帧中继网、传真存储转发网及ED/EMAIL网的核心节点之一。2000年，浙江省第一条海底光缆——宁波至舟山海底光缆工程竣工投用。2001年1月，建成宁波电信宽带网，这是全省第一家集数据、语言、图像等业务于一体的IP全业务网。同年，停止运行全市模拟移动通信网。至2005年，全市建成以高速光缆为核心，以卫星通信网、微波数字通信网为补充的骨干网。2006年2月，完成宁波电信本地网固网智能化改造工程，全市固定电话由传统的语音通信步入智能化时代。2007年，启动无线宽带Wi-Fi热点建设。2008年，开始建设宁波移动公司的TD-SCDMA移动通信网络，即3G（第三代移动通信系统）网络。2010年，全市固定电话交换容量达600万门，TD-SCDMA、WCDMA、CDMA2000等3G网络实现乡镇以上区域全覆盖。2012年，宁波市入选全国第二批4G（第四代移动通信系统）试点城市，启动“光网城市”建设和免费无线上网工程试点。至2016年，实现4G网络全覆盖、行政村光网全覆盖。2019年10月31日，成为全国首批实现5G（第五代移动通信系统）正式商用城市。至2022年，全市累计建成5G基站2.46万个，实现5G网络信号的乡镇以上区域连续覆盖，地铁线和核心城区主干道全覆盖，行政村全覆盖。

信息化　20世纪90年代中期，宁波市开始建设“信息大港”，启动电子政务、电子商务、企业信息化、社区信息化和城市管理信息化项目。1996年10月，建成宁波市政府信息系统。1997年，入选全国首批CAD（计算机辅助设计）应用工程重点示范城市。1999年10月，开通市政府网站，启动“政府上网工程”。2000年，入选首批国家电子商务试点城市（2011年入选首批国家电子商务示范城市），开通全市首个专业电子商务网站——宁波电子商务网，建成宁波农村经济综合信息网。2001年，入围浙江省商贸流通业电子商务试点单位，全市电子商务快速发展。2002年，跻身全国10个电子商务区域示范工程行列，启动宁波市电子商务与现代物流示范工程。2005年1月，颁布《宁波市工业企业信息化技术指导规范》，这是中国第一个以标准形式出台的工业企业信息化技术指导规范。2007年，政府专网完全实现普通级电子公文的加密双向传输，这是全省设区市中规模最大、连接最广、应用最多的政府网络。2008年4月，全市首个农村信息化服务站在象山定塘镇下营村成立。2010年，上海世界博览会首个主题论坛“信息化与城市发展”在宁波成功举办，宁波市借机在全国率先提出并系统推进智慧城市建设。2011年，全面启动智慧城市建设，获批成为全国数字城市建设试点。2012年，获授“全国数字城市建设示范城市”称号，实现信息化向数字化的跃升。2014年，推进“四张清单一张网”改革，率先推出全省第一个公共服务事项目录，在全国率先推出政府公开公共服务事项的全新版本，做到“清单之外无权力”。2015年，推进全市“一张网”的基层社会治理网格体系建设，实现“人在网上走，事在网格办”。2021年，建成投运“城市大脑”，囊括党政甬领、政府甬效、经济甬强、民生甬惠、文旅甬尚、法治甬先、数字甬智7个集成应用系统，中小企业云、物联网家电云、纺织服装云、“海上丝路指数”等行业云平台建设也取得积极成果。2022年，全市推进“平台+大脑”建设，健全一体化智能化公共数据平台（城市大脑）;“浙里甬文明”成为全国、全省首创的文明典范城市创建数字化应用。

软件产业　宁波市软件业起步于1995年建立的大众信息网，这是宁波最早的国际互联网站。1999年6月，宁波保税区成立集软件开发、生产和设计于一体的宁波国际软件园，这是全国首家以软件出口加工为导向的软件园，也是全国首家设在保税区内的软件园；2001年1月，成为全国首家“火炬”计划软件出口加工试验区。同年4月，宁波软件产业园建设启动，当年22家软件企业入园。进入21世纪以后，软件开发逐步得到加强。2003年，嵌入式软件成为全市软件产业的重要组成部分，主要涉及通信产品、信息家电、电子装备、智能化仪器仪表行业。2005年，宁波国际软件园、宁波软件产业园成为软件产业主要集聚区，宁波市嵌入式软件园等集聚区逐步形成。2009年2月，宁波农村经济综合信息网络中心的“信福兴农工程”、宁波市浙江塑料城网上交易市场“塑料制品网上交易服务”、宁波都普特液体化工电子交易中心有限公司“液体化工B2B电子交易平台”、宁波东海蓝帆科技有限公司“镇海炼化企业信息系统外包”被国家发展和改革委员会列入第一批国家信息化试点项目。至2010年，以嵌入式软件、行业应用软件、信息服务及服务外包等为主，具备一定规模与特色的软件产业成为全市信息产业的核心行业之一。2011年以后，软件产业进一步集聚发展。至2015年，全市建成17个软件集聚园区，宁波国家高新区软件园入选国家“火炬”计划软件产业基地。2018年，提出要创建特色型中国软件名城。2020年，全市软件产业业务收入突破千亿元，累计有32家软件和信息服务业企业在主板、新三板挂牌上市，3家企业获评2018年中国电子信息百强企业，均胜电子获评全国2019软件和信息技术服务综合竞争力百强企业，全市工业互联网平台超过30个。2022年，海曙工业互联网产业园、江北软件产业园等开园运营，宁波软件园大东江地块、甬江软件园东城花鸟市场地块启动建设。当年，全市完成软件业务收入694.3亿元。

电信业　1883年，宁波开始有电报通讯，使用莫尔斯电码收发机。辛亥革命后，兴办市内电话、无线电报、长途电话、农村电话。至1949年，老市区电报配置韦氏机，市话装有共电交换机，长话有3路载波机，报话直达电路通上海、杭州等地。20世纪70年代后期，市话由人工接续改由自动交换机接续。1979年以后，陆续开通宁波至舟山海底电缆、杭甬地下对称电缆和微波通信，在市话领域引进程控交换机，在宁波经济技术开发区全面采用数字通信设备，开工建设杭甬温数字微波工程等，增开国内国际直拨、国际公众用户电报等业务。1988年以后，建成以大通路电缆、数字微波通信干线为主的连接省内外长途通信传输系统，开办无线寻呼业务。1991年以后，移动通信、数据通信等业务迅速发展，宁波联通、宁波移动等运营商相继成立。2005年，全市建成“导航定位综合信息服务平台”，开始提供具有卫星特色的通信和信息服务，集群通信成为重要通信手段。至2010年，全市互联网接入基本实现宽带化，乡镇以上区域3G数据业务实现全覆盖，公众电报、无线寻呼业务等传统业务逐步消亡。2011年，镇海炼化CDMA无线广播系统正式启动，这是国内大型企业首次利用3G技术开通无线广播。2013年9月，宁波移动举行移动4G手机全国首发仪式，宁波成为全国最早一批进入4G手机时代的城市。2017年，宁波在国内率先启动5G外场测试。2019年1月，实现核心城区、宁波港区5G信号覆盖，开通宁波首个符合商用标准的5G基站。2022年，全市完成电信业务总量158.97亿元，实现电信业务收入153.99亿元；累计有（固定）互联网宽带接入用户518.1万户、移动电话用户1385.4万户（其中5G个人用户499.4万户）。

卷十三 对外经济贸易

发展概略

宁波是中国历史上最早对外开放的重要城市之一。唐代，宁波与日本、高句丽就有贸易往来，成为“海上丝绸之路”的起点之一。北宋，在明州设立市舶司，贸易交往扩展到东南亚和西亚。南宋，明州地近临安（今杭州），对外贸易地位更为重要，成为当时三大市舶司之一。元代，对外贸易品类增加，有贸易交往的国家增多。明代，虽行海禁，但宁波仍被列为与日本进行“勘合贸易”的口岸。嘉靖年间，日本人“争贡事件”发生后，明政府撤销所有市舶司。当时倭患频仍，对外贸易停顿。清初，厉行海禁，康熙中期开禁，许百姓放洋。此后，清政府在宁波设立浙海关，与日本、朝鲜和东南亚一些国家的贸易有所发展。鸦片战争后，宁波成为“五口通商”口岸之一，对外贸易出现过短暂的繁荣，浙海关的进出口总值一度超过江海关（上海海关），但当时倾入鸦片合法化，最高年份占进出口货金的45.6%。不久，上海港崛起，宁波港地位下降，对外贸易徘徊衰落，仅20世纪30年代曾一度兴盛。1941年宁波沦陷后，日本侵略者开设洋行，独霸市场。抗日战争胜利后，对外贸易趋向衰微，1948年对外贸易总额仅为1937年的1.86%。解放初期，宁波经济处在恢复时期，又遭经济封锁，对外贸易起步艰难。同时，宁波没有自营进出口权，只能“为他人作嫁衣”，替上海一些进出口公司收购宁波产品，比如茶叶、罐头、塑编袋、棉纱、铜阀门等。出口商品收购总额在1958年超5000万元，1973年超1亿元。其间，宁波参与对外经济援助和经济合作，1959年6月派员参加援建也门公路项目。

1978年以后，随着宁波港开放和跻身对外开放沿海港口城市，宁波市提出并实施“以港兴市”战略，发展“外向型经济”。通过缔结友好城市、邀请“宁波帮”和国内外客商到宁波考察交流等，宣传宁波的开放形象；争取到全国综合改革试点城市、兴办宁波经济技术开发区和北仑港工业区、实行市管县体制改革等优惠政策；颁布外向型经济规划，提出建设浙江省外贸出口基地、华东地区重要对外贸易口岸等目标。其间，对外贸易连年增长，签订第一个来料加工合同，创立外商及港澳台商投资企业，创办首家境外合资企业——加华家具有限公司，开展首批单独承办劳务输出业务，等等。但是宁波外经贸水平整体上较低，对宁波整个经济社会发展的直接作用较小。至1987年，全市出口商品收购总额10.22亿元，生产外贸产品的企业有652家，通过国内17个口岸向100多个国家和地区出口608种商品。1978—1987年，累计批准外商及港澳台商投资项目100多个，主要是引进生产设备，改造老企业，直接投资进展缓慢，规模和档次都很低；累计输出劳务525人次，成立境外企业仅2家，中方投资额仅有29万美元。

1987年2月24日，国务院批准宁波计划单列，享受省一级的经济管理权限；6月，省政府同意宁波市计划单列，按市辖行政区范围，1988年起全面实施单列；8月3日，对外经济贸易部批复，同意宁波市从第三季度开始，自行审批利用外资及港澳台资额在500万美元以下项目的有关协议、合同、章程。同日，对外经济贸易部批准同意粮油、土畜产、纺织、轻工、工艺、五矿机械、基地、包装、外运等国家专业总公司撤销在宁波的支公司，成立分公司，享有进出口经营权。8月24日，对外经济贸易部批复同意：从1988年起赋予宁波市对外经济贸易委员会相当于省外经贸厅一级对外贸易行政管理权限，拥有自营进口权。不久，国家各专业总公司在宁波的直属分公司相继成立，并获得开展国际贸易和国际运输的权利。同年10月，宁波市国际经济技术合作公司和中国建筑工程总公司宁波分公司成立，宁波市从此拥有直接对外劳务输出和国际承包合同的经营权。10月15日，宁波市首次自行组织出口商品交易团，参加在广州举办的第62届中国进出口商品交易会。1988年，宁波市与70余个国家和地区发生贸易，完成出口商品收购总值13.1亿元、自营进出口额1.5亿美元。1990年，与95个国家和地区发生贸易，出口商品收购总值增至21.7亿元，自营进出口商品总值增至2.8亿美元，出口商品生产企业增至928家，出口商品786种。

1991年以后，对外开放环境不断完善，开放理念从1988年的“以港口促工业，以港口促内外贸易”发展到1992年的“以港兴市、以市促港”，再到1994年的“建设现代化国际港口城市”，全市外经贸进入快速发展阶段。投入近百亿元改善基础设施，设立宁波保税区和大榭开发区。完成外贸企业从货源收购型向自主经营型的转变，出口商品从初级产品为主到工业制品为主的发展，出口市场从亚洲地区为主向欧美地区迅速扩展，基本确立华东地区重要对外贸易口岸地位，外贸成为全市经济发展的主要拉动力；引资对象由亚洲企业扩展到欧美企业，国际著名大企业、大财团纷纷在甬投资，投资领域由加工型工业向交通、城建等基础设施，以及商贸、房地产、国际金融、高新技术、农业等多领域拓展；对外投资实现跳跃式发展，劳务输出规模连续多年位居全国同类城市之首。至1997年底，全市实现进出口总额49.78亿美元，其中出口额32.55亿美元，出口市场扩展到152个国家和地区，累计引进世界500强企业19家，已在48个国家和地区开展劳务承包合作业务，累计批准在26个国家和地区设立境外企业88家、境外办事处30多家。

1998年以后，全市外经贸实现质量、结构同步提高，变得更加成熟。积极应对亚洲和国际金融危机，在全国率先建立外贸孵化器，系统推出进口启蒙行动，提出“以民引外”战略，启用外经贸便利化规程，初步建成外经贸公共服务体系与框架。加快外贸增长方式转变，率先通过股份制完成国有贸易企业改革，民营和外资企业成为外贸主力；形成以欧美市场为主的外贸市场，国际贸易伙伴超过220个；基本形成以机电产品出口为引领，资源型产品和原辅材料进口为主的外贸商品结构，有全国重点培育和发展的出口名牌20个、省级出口名牌95个、市级出口名牌125个；2010年，全市进出口总额达829.04亿美元，人均外贸额超过1万美元。外商及港澳台商投资领域由二产为主转变为二、三产协调发展，项目单体规模不断扩大，台塑、奇美等大批跨国大公司落户宁波。跨国并购、境外上市、境外资源开发、援外项目、境外经贸合作区迅猛发展，形成以国际工程承包为主体、劳务输出和境外投资为两翼的外经格局。在继续拓展传统“三外”的同时，开始探索服务外包等业务。

2010年以后，坚持把港口最大资源和开放最大优势发挥到极致。以“宁波周”为载体，深化与国内外城市合作。建设“一带一路”（即新丝绸之路经济带、21世纪“海上丝绸之路”）枢纽城市，推动中国—中东欧国家经贸合作。稳步调整市场结构、产业结构、产品结构，支持发展跨境电商、数字贸易等新模式新业态。持续擦亮“宁波帮”金名片，举办世界“宁波帮”大会和世界“宁波帮・帮宁波”发展大会。构建外资企业全生命周期服务链和一流的营商环境，增强高端资源整合能力，持续稳固大陆以外资本“首选地”地位，全方位突破对外投资。2012年，获批成为全国首批跨境贸易电子商务试点城市。2015年，开始承办中国—中东欧国家投资贸易博览会等重要经贸活动，共同发表《中国（宁波）—中东欧国家城市合作纲要》。2016年，获批设立国家跨境电子商务综合试验区。2017年9月，省政府批复同意设立宁波“一带一路”建设综合试验区。2018年，获批建设中国—中东欧国家经贸合作示范区，成为共建“一带一路”的“金名片”。2019年，启动实施“225”外贸双万亿行动[1]，打造新型国际贸易中心。2020年，实施稳外贸“新十条”政策，推行进口“船边直提”、出口“抵港直装”等措施，获批设立中国（浙江）自由贸易试验区宁波片区。当年，同中东欧国家年贸易额近300亿元，出口额占全国的3.57%（居全国城市第5位）。2021年，成为全国首个跨境电商零售进口额超千亿元城市、全国第6座“外贸万亿之城”（11926.1亿元）。2022年，全市对外贸易经营备案登记企业累计达61751家，当年有进出口实绩的企业25903家，完成自营进出口总额1904.98亿美元、出口额1237.39亿美元；完成国际服务贸易进出口额1717.5亿元，承接服务外包执行额650.8亿元，实现跨境电商外贸进出口额2005.6亿元；当年批准外商及港澳台商投资项目410个，实际利用资本37.3亿美元，历年累计实际利用资本679.4亿美元，当年实有外资及港澳台资企业9764家，72家境外世界500强企业的甬投资；当年备案（核准）境外投资企业和机构191家，完成境外承包工程劳务合作营业额19.2亿美元。2023年以后，宁波外经贸得到恢复性的快速增长。2024年，有进出口实绩的企业2.9万家，完成自营进出口总额14202.5亿元，其中出口9455.3亿元；完成国际服务贸易进出口额1238.9亿元，实现跨境电商外贸进出口额2708.9亿元；当年批准外商及港澳台商投资项目501个，实际利用资本31.2亿美元，实有外资及港澳台资企业9912家，75家境外世界500强企业在甬投资；当年新批境外投资企业和机构448家，完成境外承包工程劳务合作营业额18.1亿美元。

招商引资

招商环境　1978年以后，宁波口岸领导小组及其办公室、宁波市对外开放领导小组及其办公室、宁波边防检查站、宁波海关、宁波商检等管理机构，以及甬港联谊会、对外友好协会等开放促进组织的成立，《关于对引进外资有功人员给予奖励的暂行规定》等政策的实施，为宁波对外开放提供基本的政策和组织保障。1992年10月，市政府召开外国企业驻甬代表机构管理工作会议，决定建立联席会议制度，协调解决外国企业在宁波设立常驻代表机构的困难和问题。1993—1994年，市政府先后印发《关于进一步加强对外招商工作的通知》《宁波外商投资企业投诉办法》，为外商在宁波发展提供沟通、服

① “225”外贸双万亿行动，即到2025年，实现进出口总额2万亿元，其中进口额、出口额分别达到1万亿元；机电及高新技术产品出口、能源及大宗商品进口分别达到5000亿元；跨境电商、数字贸易、服务贸易、优质商品进口、转口贸易分别达到2000亿元。

务渠道和法律保障。1997年8月，市政府印发《关于进一步改善外商投资软环境的决定》，要求关心、支持外商投资企业的生产和经营活动。1999年以后，宁波市连续6年开展全市投资环境整治月活动（2004年起改称外商投资企业服务月，2009年改为外商投资企业和外贸企业服务月），设立宁波市外商投资企业服务热线电话。2002年，宁波经济技术开发区被对外经济贸易合作部评为综合投资环境最好的5个国家级经济技术开发区之一。2007年，宁波市首次开展外商投资环境优秀区域评选活动，江东、宁海、余姚和北仑获评2007年优秀区域。2011年以后，宁波的投资发展环境日益改善，港口优势、开放优势、产业基础优势、营商服务环境优势等不断增强。2014年，开展外商投资服务月、千家外商投资企业评议市级机关等评选活动，优化外商投资环境。2022年，出台招商引资27条新政，加快构建“1+12+N”①的招商引资工作体系，打通区域界限，打破部门壁垒；开展“外资企业服务专项行动”；落实《宁波市招商引资项目奖励资金实施细则（试行）》等奖励政策，支持重大外资项目落地和中介机构招引。

招商策略　改革开放后，宁波市主要发挥海内外“宁波帮”特别是宁波籍香港人士的投资带引、牵线搭桥作用，吸引外商到宁波投资，并尝试通过参加各种展览会、召开推介会、互联网推广等方式，突出扩大招商引资面，注重引进大公司、大项目。亚洲金融危机之后，宁波市建立全市招商网络，强化激励机制，开始注重引导外商投资。1999年，全市围绕主导产业、支柱产业和传统产业，针对性地引导外资进入高新技术、基础设施和现代农业等领域。2000年，启动3个“一百工程”，即每年推出100个市级重点招商项目和100个市级在谈、在批、在建的重点外资项目，选出100家有一定规模、档次、出口创汇、经济效益、守法经营和注重环境保护的外商投资企业。2001年，提倡“走出去”，到重点地区招商，开始“突出对台，拓展日韩，发展欧美”的招商引资，集中引进一批对宁波产业结构调整具有重大影响的大项目。2002年，甬港经济合作论坛开始在宁波、香港轮流举行，其间，举办以招商投资为主题的首届“宁波周”活动；此后，在新加坡、日本、欧洲等地举办“宁波周”活动。2003年，市政府做出“北接上海，东引

① “1”即市投资促进署，发挥统筹、协调、枢纽作用，对市级重大招商项目进行全流程闭环管理；“12”指市发改委、市经信局、市科技局、市自然资源规划局、市交通局、市农业农村局、市商务局、市文广旅游局、市卫生健康委、市国资委、市地方金融监管局、市服务业局等12个市级部门，按照“管行业就要管招商、管产业就要管招商”的要求，谋划各自领域重大产业项目；“N”即各区（县、市）政府和各开发园区管委会，各地主要负责人要坚持招商引资“一把手工程”，对重大项目、重要客商、重大招商活动，亲自推进、亲自对接、亲自督查。

台资”的部署，强调以大项目引进为重点，保障大项目引得进、批得下、建设快、配套全、经营顺。2004年，开始结合产业结构调整和经济转型升级，进行“选商选资”招商，选择一些资源消耗少、产值效益高和具有产业发展战略影响的外资项目。随着国有企业和集体企业改革的基本完成，民营经济和外资企业成为宁波经济的主力军，开始探索“以民引外”“以外引外”招商引资工作，并于2004年启动“双引进”工作，越来越多地采用外资并购方式招商引资；组团参加在香港举行的“2004香港·浙江周”活动，此后每届均参加。2005年，“以民引外”“以外引外”逐渐成为利用外资的主渠道，民企嫁接外资成为利用外资的主要途径。2006年，引进服务领域的外资，增强城市服务功能，并将物流作为服务业引资实现突破的主要抓手。2007年，重点开展境外招商活动，推进区域联动招商。2009年，开始实施市和区（县、市）联动招商，在多个国家和地区举办联合招商推介活动。2010年，实施“招香港商，引全球资”活动，实施“敲门招商”，吸引世界500强企业到宁波市投资；开展产业链招商，加强化工、新光源产业链项目的招商。2013年，市政府颁发《关于进一步加强国际招商工作的若干意见》，组建市国际投资促进局，发挥重大招商活动引资平台作用。2015年，举行中东欧产业园投资合作推介会，搭建招商引资平台。2020年，市政府召开招商引资“百日攻坚”行动部署会，拓展招商引资的攻坚方向，攻坚重点项目。2022年，开展“两稳一促”（稳外贸、稳外资、促消费）攻坚行动、“百团千企万人”拓市场促招引行动，派出人员赴北京、上海、深圳驻点招商，组团赴日本、新加坡等国参加招商活动。

进出口贸易

1844年，宁波开埠通商，当年进出口贸易额50万元（西班牙元），1849年降至5万元，19世纪60年代中期回升，主要是转口贸易，直接进口贸易占全国进口总额2%～3%。1880年以后，急剧下跌，最低时仅占全国进口总额0.3%。1890年，宁波直接进口额和出口额仅占本埠的6%和0.07%。1914—1921年，宁波相继创设电力、棉纺、食品加工、日用品、机器修理等39家工业企业，对外贸易有所发展。1937年至1941年4月间，一度成为出入上海主要通道，贸易畸形发展；1937年，进出口贸易值从1936年3480万元（法币）增至4143万元；1940年，宁波直接对外贸易总值从1936年185万元增至5662万元。抗日战争胜利后，进出口贸易日趋衰微。1948年，直接对外贸易总值仅4万余元。

1950年，上海在宁波设工作组，开始收购出口商品，当年完成外贸收购值361万元；

至1952年，累计完成外贸收购值949万元。1953年起，改由商业、供销部门收购后调拨给上海等口岸公司。1957年，外贸收购总值2213万元，比1952年的236万元增长8.38倍。1965年下半年起，除土畜产、粮油食品、手工工艺品仍由商业、供销部门收购调拨供货外，工业品改由各生产企业直接向上海口岸公司供货结算，当年完成外贸收购值7574万元，此后徘徊不前，甚至出现不小幅度的下滑。1970年，外贸收购总值5923万元，比1965年减少19%。1973年，市、县建立外贸公司，统一收购出口商品，外贸收购值开始快速上升，当年达11275万元；1975年，增至1.16亿元，比1970年增长95.5%。1980年，浙江省获得自营出口经营权，宁波市外贸收购商品主要供浙江省出口为主，兼供上海及其他口岸。1981年5月，各专业进出口支公司开始为省进出口分公司代找地产商品客商、代谈判签约、代发运、代结汇（简称“四代”）；1983—1985年，“四代”停顿（1986年恢复）。1984年，宁波被列为进一步对外开放的沿海港口城市，定位为“华东地区重要的对外贸易口岸”，外贸收购值上升得更快。1985年，外贸收购值5.53亿元，比1980年增长71.6%；1987年，达10.22亿元，较1985年增长84.8%。

1988年1月，宁波市正式开始自营进出口，当年实现自营出口额1.15亿美元、进口额3307.52万美元。1991年，开始实行外贸出口收汇核销管理，对外贸易“自负盈亏、放开经营、工贸结合、推行代理制”的体制。1994年，建立外贸发展基金，推动外贸企业发展。1995年，全市实现自营进出口总额34.80亿美元，其中出口额23.69亿美元，分别是1991年的5.07倍、3.98倍。1996年，对外贸易开始从计划经济体制下的专营制向大经贸战略转变，外商投资企业和自营进出口生产企业成为出口重要力量，全市对外贸易继续快速增长。当年，实现自营进出口总额43.53亿美元，其中出口总额26.69亿美元。1997年，贯彻实施多元化市场战略，鼓励自营进出口企业扩大出口生产。当年，全市实现进出口总额49.78亿美元，其中出口额32.55亿美元。1998年，由于受亚洲金融危机影响，全年进出口明显下滑。当年，实现自营进出口总额42.10亿美元，其中出口额29.64亿美元，比1997年分别下降8.7%、8.9%。1999年，实施大经贸、出口市场多元化和以质取胜战略，加大政策扶持力度，外贸出口明显回升。当年，实现自营进出口总额50.09亿美元，其中出口额34.77亿美元，分别比1998年增长18.9%、17.3%。2000年，完成以组建有限责任公司为目标的外经贸系统企业改制，实施出口主体多元化、市场多元化、科技兴贸、以质取胜四大战略，拓展对外贸易。当年，全市实现自营进出口总额75.41亿美元，其中出口额51.68亿美元。

2001年，中国加入世界贸易组织，对外贸易规模持续高位增长。当年，实现自营进出口总额88.92亿美元，其中出口额62.45亿美元，较2000年分别增长17.9%、20.84%；在海关总署的“中国城市外贸竞争力排行榜”上，宁波市居第9位。2002年，自营进出口总额突破100亿美元，达122.73亿美元；2003年，出口额突破100亿美元，达120.74亿美元。2008年，实现自营进出口总额678.40亿美元，其中出口额463.26亿美元，跻身2008年中国外贸竞争力100强城市第3位。2009年，受国际金融危机严重冲击，外贸进出口总额下降，全年实现自营进出口总额608.1亿美元，比2008年下降10.4%，在《中国海关》杂志公布的“2008—2009中国城市外贸竞争力100强城市”中名列第5位。2010年，为应对国际金融危机，培育市级出口基地，实施进口启蒙行动，认定外贸企业技术研发、检测认证公共服务平台，设立国际贸易摩擦预警示范点，促进对外贸易转型升级，外贸进出口大幅增长，自营进出口总额、出口额分别达829.04亿美元、519.67亿美元；在全国36个省（市）自治区和计划单列市中，进出口总额首次进入前十强，居第9位。

“十二五”时期，开放型经济提质增效。2011年，设立出口质量奖，这是国内首个官方的出口产品质量奖项。2012年，开始施行《宁波外贸供应链管理试点企业认定办法》，这是全国首个此类认定办法。2013年，开始加强与“一带一路”国家的贸易往来，当年进出口总额破千亿美元，达1003.29亿美元，成为全省首个、全国第8个外贸总额超千亿美元的城市。2015年，进出口总额达1004.7亿美元，连续3年超千亿美元，居全国第10位。“十三五”时期，开放经济水平持续稳定提高。2016年，颁发《关于进一步促进外贸持续稳定增长的实施意见》，加大外贸政策支持力度。2017年，推进出口产品质量安全示范区建设，实施“世贸通”全国外贸综合服务企业试点，加快进口商品分销体系建设。2020年，自营进出口总额升至1412.77亿美元。2021年，全市实现自营进出口总额11926.1亿元（1845.28亿美元），首次突破万亿元大关，成为全国第6座“外贸万亿之城”。2022年，为应对新型冠状病毒肺炎疫情影响，推出《宁波市涉外商务人员出入境便利化若干举措》，鼓励企业出境开展商务活动，并给予奖励。当年，全市实现自营进出口总额12670.26亿元（1904.98亿美元），其中出口额8228.09亿元（1237.39亿美元），进出口总额占全国的3.01%，有直接贸易往来的国家和地区达222个；与“一带一路”国家的贸易总额从2013年的2282.8亿元增长到2022年的5406.8亿元，累计3.35万亿元。

进出口商品 自唐代到清初，宁波对外贸易对象主要是日本和高丽（朝鲜），此外还有东南亚的阇婆（印尼爪哇）、真理富（柬埔寨）、暹罗（泰国）等国和西亚的波斯（今伊朗），主要出口丝织品、瓷器和书籍等，主要进口当地的土特产品。清政府解除海禁后，宁波向东南亚和南洋群岛诸国出口货物主要是生丝、茶、药材、瓷器、海产品、干果和各种土产品，进口货物主要是大米、木材、糖、香料、象牙、珍珠、药材、机制毛棉织物和其他机制品。鸦片战争后，宁波开埠通商，输入的货物主要是鸦片、棉布、煤油、锡、蓝靛，其次是大米、面粉、铁、毛织物、糖、火柴、卷烟等日用工业品。1936—1941年，宁波工商业者大量囤积进口工业原料、日用品。中华人民共和国成立后，为上海口岸公司收购出口商品。出口商品结构，由最初的以农副土畜产品为主，发展至1958年以轻纺产品为主，1973年增加五金工具产品，1978年增加机械设备、电子仪表、化工产品。1981—1982年，市纺织轻工进出口支公司为省进出口分公司“四代”，与美国、中国香港客商成交绸绣衣、手套、朱金木雕、骨嵌家具、樟木箱、金银绣6种产品。1986年，市粮油食品土畜产、轻纺工艺、五矿机械3家进出口支公司自营出口商品24种。1988年，宁波市开始拥有自营进出口权，主要进口成套设备及单机技术，进口原材料及化肥农药。当年，出口商品472种，其中100万美元以上商品25种。1989年，出口商品600种，其中100万美元以上商品39种，主要以纺织、石油产品和食品出口为主。1991年以后，外贸进出口商品数量持续快速增长，商品结构不断改善。外贸出口从以初级产品为主向以工业制成品为主转变，从以轻纺产品为主向以机电产品、高新技术产品为主转变；进口商品集中度比较高，以企业自用的大宗资源性商品、原辅材料为主，消费品和转口量较少。至2010年，机电产品出口占全市出口额的56.5%，高新技术产品出口占比为10.7%，纺织服装出口占比为19.6%；进口额前十五位的商品进口额占全市进口额的64%；外商投资企业进口额占进口总额的47.9%，外贸流通公司占39.7%，自营进出口生产企业占22.2%，前两者主要以进口大宗资源性商品、原材料为主，后一者主要以进口自用的原辅材料为主。“十二五”“十三五”时期，进口商品仍以大宗商品和原材料为主，而出口商品则以日用消费品与机电产品为主。2022年，高新技术产品出口额同比增长10.4%；七大类劳动密集型产品出口额增长6.6%；机电产品是主要出口商品，出口额占全市出口额的55.9%，农产品进口量大增，同比增长23.4%；成品油进口额同比增长109.6%。

外贸经营主体　1950年，由上海的宁波工作组收购出口商品。1953年，开始由商业、供销部门收购出口商品。1965年以后，工业品由各生产企业直接向上海口岸公司供货结算。1973年以后，出口商品统一由市、县外贸公司收购。1981年1月，宁波绣服厂与外贸自营生产企业首先合资联营。1985年2月，全市首家工贸结合、享有进出口权的市纺织品联合进出口公司成立。1987年9月，市粮油食品土畜产、纺织品等9个进出口公司和对外运输分公司成立；11月，市机械设备进出口公司成立。1988年，市进出口公司、市经济贸易公司、各外贸工贸进出口公司开始自营进出口。20世纪90年代初，全市对外贸易经营主体以国有企业为主。1991年，全市实有外贸（生产）企业228家（其中25家内资企业中仅有1家生产型企业）。1992年以后，国家赋予生产企业、科研院所、商业物资供销企业外贸经营权，逐步放开外贸进出口经营资格，外贸经营主体趋向多元化。当年10月，浙江省第一家镇级外贸公司——鄞县邱隘对外贸易公司成立。1998年，个体私营企业开始涉足外贸业务。1999年7月，宁波向阳电器之声实业有限公司成为全市第一家拥有进出口经营权的私营企业。2000年，首批4家科研院所获得进出口经营权。当年，全市累计有进出口生产企业732家、外商及港澳台商投资企业上千家，初步形成中央企业和地方企业、流通型企业和生产型企业、公有制企业和非公有制企业共同参与的多层次、多渠道、多元化的大经贸格局。2001年7月，宁波市获得对生产型企业进出口经营资格登记授权；8月，私营流通型企业获准直接从事对外贸易；9月，全市8家私营流通型企业获得进出口经营权。2002年5月，对外贸易经济合作部将生产型企业登记进出口经营资格注册资本要求从原来的300万元下调至50万元，使更多中小企业获得进出口经营资格。2003年，先后4次简化自营进出口经营权审批程序，将外贸流通型企业的注册资本要求从原来的500万元调低至100万元。至2003年底，全市累计有出口实绩的流通型私营企业达930家（私营外贸公司超过100家），自营生产型企业和外商及港澳台商投资企业出口额首次超过流通型企业。2004年7月以后，宁波市取消企业获得进出口经营资格的条件限制，将货物和技术进出口经营权由审批制改为备案登记制，外贸企业数量出现井喷，当年全市新增进出口企业1141家，2005年新增1168家。2006年，外商及港澳台商投资企业外贸额超过外贸流通型企业，成为全市第一大外贸经营主体。2010年，全市外贸经营主体15367家，全年有进出口实绩的企业10593家（进口实绩企业4570家），民营（集体、个体私营及其他企业）进出口额分别占全市的43.5%、52.2%，外商及港澳台商投资企业则分别占47.9%、37.9%。2013年11月27日，宁波第一个跨境电商零售进口包裹被放行，跨境电商业务开始快速增长。2015年，跨境电商进出口总额达81.38亿元，处于全国第一方阵行列。2020年，民营企业出口额占全市出口额的76.4%，外商及港澳台商投资企业出口额占19.3%。2021年底，全市有跨境电商企业1.65万家，在全球建成200多个海外仓，总面积300万平方米，占全国六分之一，全年实现进出口额1786.1亿元。至2022年末，全市对外贸易经营备案登记企业累计达61751家；全年有进出口实绩的企业25903家，其中民营企业约20300家，约占90%，实现进出口额9239.22亿元，占全市进出口总额的72.9%；跨境电商成为外贸重要主体，全年实现进出口额2005.6亿元，占全市进出口总额的15.8%，其中出口额1700多亿元，占全市出口额的26.3%。

资本利用

1978年12月9日，宁波绣服厂与香港维大洋行签订宁波市第一个来料加工合同，宁波开始以补偿贸易、来料加工、接受国外贷款、接受援助及国际租赁等形式，自主地间接利用外资及港澳台资。1979年11月，宁波市与联合国开发计划署签订协议，在镇海县小港笠山建设小型风力发电试验站，接受援助资金11.6万美元，这是宁波市第一个国际机构援助项目。1980年12月，鄞县白岳公社与香港发达眼镜制造厂、香港五洲眼镜制造有限公司合营开设东方眼镜制造厂有限公司，这是宁波第一个大陆地区以外商人的合资企业，宁波开始自主地以合资、合作、独资等形式直接利用外资及港澳台资。1982年12月，余姚无线电设备机械厂第一个以补偿贸易形式引进香港木螺丝制造设备128台（共计74万美元）。1983年，宁波第二羊毛衫厂租赁日本昭利市（香港）有限公司电子织机等7台，这是宁波市第一个国际租赁项目。

1984年，宁波成为进一步对外开放的沿海港口城市，可以自行审批总投资额500万美元以下的合资项目，越来越多的外商及港澳台商开始在宁波直接投资兴办项目。当年，批准与意大利、日本及中国香港地区合资合作项目8个，诞生全市第一个以合作形式利用外资及港澳台资本项目。1985年6月，全国爱国卫生运动委员会与世界银行签订协议，接受约386.6万美元贷款，进口钢材、镀锌管等物资供慈溪县建造15个自来水厂，这是宁波市第一个国外贷款项目。1988年，诞生宁波福瓦卡迪科工业有限公司等第一批（3家）外商及港澳台商独资企业。至1990年，共与中国香港、澳门地区及美国、日本、马来西亚、新加坡的84家客商，签订811份来料加工合同，加工153种产品，合同工缴费8580万美元；累计实施补偿贸易25项，引进补偿贸易金额587.59万美元；累计向国际金融机构贷款28项，51561万美元，接受国际机构援助项目8个，734.86万美元，实施国际租赁项目10个并全部期满结束；累计批准直接利用外资和港澳台资项目255个，其中合资208个、合作24个、独资23个；注册登记企业232家（注销3家），实有229家，其中合资企业191家、合作企业16家、独资企业22家。

1991年以后，特别是1992年邓小平南方谈话后，外商及港澳台商直接投资步入快速增长阶段，仍以合资经营为主要投资方式，独资占有一定比重，合作经营比重较小。1992年，全市实际利用外资及港澳台资首破1亿美元，达1.15亿美元，较1991年的2680万美元增长3.29倍。1993年1月，宁波市享有外国贸易商、制造厂商、货运代理商设立常驻代表机构及变更事项的审批权。1996年，获得总投资额3000万美元以下（原为1000万美元以下）的外商及港澳台商直接投资生产性项目的审批权，间接投资开始逐年下降。1997年，亚洲金融危机对全市招商引资工作造成较大冲击，当年实际利用外资及港澳台资55408万美元，是1990年2197万美元的24.2倍，但增速较1996年下降15.2%；1998年，降至50329万美元，较1997年下降9.2%（1999年开始回升）。1998年，宁波市开始给予外商及港澳台商投资企业以国民待遇。此后，外商及港澳台商投资方式由原来合资投资为主逐渐转变为以独资为主，且独资比例持续上升。2000年，全市实际利用外资及港澳台资62186万美元，其中独资占44.2%，首次超过合资经营。

2001年，中国加入世界贸易组织。2002年4月，放宽对外商及港澳台商投资的股份比例限制、扩大市场准入范围，外资及港澳台资大量涌入宁波，间接投资偶有发生，金额不多，主要用于城乡基础设施建设和生态环境保护。2002年，全市实际利用外资及港澳台资首次超过10亿美元，达12.47亿美元，较2000年增长100.5%；独资占比上升到61.7%。2003年，外商及港澳台商开始在宁波创办股份制企业。2004年，全市实际利用外资及港澳台资突破20亿美元，达21.03亿美元，是2000年的3.38倍，年增长速度均在21%以上，最高达42.6%。2005年，宁波市获得限额以下外商及港澳台商投资企业的备案、发证权限。2009年，受国际金融危机影响，全市新批准的外资及港澳台资项目数量、合同利用和实际利用资本额都有所下降。2009年3月，宁波市取得大部分1亿美元以下外商及港澳台商投资项目的审批权；2010年，简化投资审批程序，下放审批权限。2010年，新批准项目数、合同利用和实际利用资本额才开始回升，分别达到495个、40.46亿美元、23.23亿美元，较2009年的403个、34.23亿美元、22.05亿美元分别增长22.8%、18.2%、5.3%。

2011年以后，外商及港澳台商直接投资稳步增长。2013年，宁波市首家外商及港澳台商投资合伙企业——慈溪纳诺齿科材料厂（普通合伙），通过工商部门登记正式成立。2015年，外商及港澳台商直接投资42.3亿美元，其中独资25.9亿美元，占61.2%；历年累计批准外资及港澳台资项目15542个，实际利用资本414.70亿美元。2020年，受新型冠状病毒肺炎疫情影响，外商及港澳台商直接投资项目比上年下降34.1%，实际利用资本24.68亿美元，增长4.4%。同年1月起，国家允许自然人投资设立外资和港澳台资企业，外商和港澳台商投资兴业得到恢复。2021年，全市实际利用外资及港澳台资32.74亿美元；2022年，增至37.3亿美元，其中独资23.5亿美元，占63.0%。自1980年至2022年，全市累计批准外资及港澳台资项目19378个，累计实际利用资本661.60亿美元，是全国第9个突破500亿美元的城市；累计实有外资及港澳台资企业9764家，注册资本841.22亿美元；累计有72家境外世界500强企业在宁波投资兴办156个项目（分支机构），投资总额254.2亿美元。

项目规模　改革开放初期，外商及港澳台商直接投资以小型短线项目为主。1980年，宁波市第一个直接投资项目获准通过，合同总投资11万美元，其中外资及港澳台资5万美元；1984年，全市批准外资及港澳台资项目8个，合同总投资1908万美元，其中外资及港澳台资850万美元，单体平均分别为238.5万美元、106.25万美元。至1990年，累计批准255个项目，合同总投资额49693万美元；其中，外资及港澳台资22242万美元（实际2197万美元），单体平均分别为194.87万美元、87.22万美元（8.62万美元）。1991年以后，特别是1992年邓小平南方谈话发表后，全市招商工作有较大发展，外商及港澳台商直接投资步入快速增长阶段，但在“八五”时期仍以中小规模的项目为主。1996年以后，全市外商及港澳台商直接投资的大项目逐年增多，日本兴洋、三井、日新制钢等商社，美国埃索公司，英国石油公司（BP），韩国三星集团、LG化学公司等一批境外大公司纷纷在宁波投资落户，境外世界500强企业中有16家落户宁波，初步改善小、轻、散的投资结构。2001年中国加入世界贸易组织后，每年新批准的大项目越来越多。2002年，大项目成为宁波利用外资及港澳台资的主体，全市引进1000万美元以上的大项目数、总投资额和合同利用资本额均创历史新高，当年境外世界500强企业有27家在宁波兴办48个投资项目（含在建和筹建）。2005年，全市引进的项目平均投资规模首次超过1000万美元，达1021.6万美元。2008年，国际金融危机对外商及港澳台商在甬直接投资形成较大影响，但大项目仍不断诞生。2010年，全市新批准的外资及港澳台资项目平均投资规模达1045万美元，其中1000万美元以上的大项目223个，投资总额67.02亿美元，合同利用资本额36.98亿美元，分别占全市的94.8%、84.1%。2011年以后，每年新批准的项目合同利用资本额基本在1000万美元以上，境外世界500强企业在甬投资项目规模更大，平均达1.63亿美元。

投资领域　外商及港澳台商在宁波市投资的产业领域以工业为主，农业比重较低。1986年，除宁波饭店外，其余合资合作项目均为生产性项目。1987年，合资合作项目全部为生产性项目。至1990年，注册登记的229家企业中，农林牧渔6家、工业208家、交通邮电通信2家、商业饮食和仓储2家、房地产和公用事业11家。1991年，全市实际利用外资及港澳台资中，工业占92.8%，农业占5.7%。1992年，第三产业投资开始增多，并超过农业，比重达17.8%。至1995年底，全市实有2875家外商及港澳台商投资企业，其中农林牧渔业23家，工业2205家，建筑业68家，服务业579家。1996年，全市利用外资及港澳台资的70%在工业项目，能源、交通、原材料、城市基础设施等成为投资热点；大项目中，工业项目27个，基础项目（含能源）15个，港口建设项目2个。1998年，引进首家外资企业——麦德龙仓储式超市；此后，第三产业的商业领域吸纳外资比例开始逐年上升。1999年，外商及港澳台商投资产业结构开始由传统产业向重化工业和高新技术产业转变。2002年，外商及港澳台商在全市制造业的投资开始向技术密集型产业倾斜，重点趋向技术密集型、重化工业和高新技术产业，电子、通信、机械工业等成为投资的新热点。2003年，由于外商及港澳台商投资国内零售领域的地域、股权和经营范围限制被取消，第三产业开始成为投资新亮点。2004年，世界零售巨头沃尔玛、欧尚超市集团等进入宁波。2006年，服务贸易业从过去的引资“配角”转变为带动引资增长最为活跃的主力，全年服务业新批项目201个，合同利用资本10.54亿美元，实际利用资本4.07亿美元，分别占全市的23.81%、16.75%。2010年，文化创意、医疗卫生、体育健身和旅游休闲等成为投资新亮点，投资设立的股份有限公司涉及电线电缆、汽车零部件及配件、纺织制成品、有色金属合金和纺织专用设备制造等领域，并购项目由制造业逐步转向房地产开发、百货超市、休闲体育和投资与资产管理等服务业。2015年以后，第三产业、战略性新兴产业等成为重点投资方向。当年，第三产业实际利用外资及港澳台资19.37亿美元，占45.7%。2019年，先进制造业实际利用8.8亿美元，占全市制造业利用总数的75.2%。2021年，高技术产业利用11.4亿美元，比重达34.7%。2022年，制造业利用7.5亿美元，占20.2%；批发和零售贸易业利用5.9亿美元，占15.9%。

资本来源地　改革开放初期，仅有个别港澳台商在宁波直接投资兴办项目。1984年，宁波进一步对外开放后，境外资本开始在宁波直接投资兴办项目，当年批准与意大利、日本及中国香港地区合资合作项目8个。此后，资本来源地不断扩展。1985年，扩展到美国、澳大利亚；1987年，扩展到法国、新加坡、德国和中国澳门地区；1988年，增加菲律宾、印度尼西亚、利比亚、叙利亚、巴西6个国家和中国台湾；1989年，扩大到加拿大。至1990年，累计注册登记229家外商及港澳台商投资企业，资本来源于15个国家和地区，主要来自中国香港（160家）、中国澳门（2家）、台湾地区（21家），其次是美国（19家）、日本（11家）。20世纪90年代，来自中国香港的实际投资一直居首位，中国台湾，以及日本、美国也一直是重要的资本来源地。资本来源集中度比较高，实际投资前五位的国家和地区投资比重在70%以上，最高时达92.3%；实际投资前十位的国家和地区的投资额比重80%以上，最高时达97.4%。1991年，来源地有17个国家和地区，1992年增至27个，此后数量变化不大。1998年以后，受亚洲金融危机影响，东南亚国家及韩国在宁波投资额下降，欧美国家投资额增加，资本来源地开始更加多元化。1999年、2000年，来源地分别有37个、39个。2000年，英属维尔京群岛、开曼群岛的离岸公司投资开始明显增多，投资额越来越大。2001年，受中国加入世界贸易组织影响，直接投资急剧增加。2002年，直接投资来源地增至56个。此后，基本维持在30个左右，大体上以亚洲为主，欧美为辅。2011年以后，随着投资规模扩大，特别是2012年以后区域全面经济伙伴关系协定（RCEP）和“一带一路”倡议的实施，资本来源地更加多元化，但是来源地集中度也非常明显。2015年，实际利用外资和港澳台资42.34亿美元；其中，中国香港资本21.96亿美元，欧洲资本9.13亿美元，美国资本3857万美元。2022年，全市批准外商及港澳台商投资项目410个；其中，中国香港144个，中国台湾49个，美国35个，新加坡29个。中国香港资本始终一家独大，占全市实际利用外资及港澳台资总量的比重始终保持在70%以上，2021年达到峰值75%；英属维尔京群岛和开曼群岛的实际资本在9%水平上下波动，剩余约20%资本的来源地国别波动明显，2011年、2020年、2022年新加坡占比分别为2%、5%、8.5%，美国为1%、6%、1.6%。这表明发达国家投资项目的偶然性比较大。

经济合作

境外劳务合作　改革开放初期，宁波市主要是参与国家、浙江省组织的对外技术合作项目，处于出国打工阶段。1982年2月，省建工局组织宁波市第一建筑工程公司14名木工参加伊拉克达瓦尼亚医院建设，这是宁波参与的第一个境外劳务合作项目。1988年10月，宁波国际经济技术合作公司对外签约，分别向美国迪士尼乐园、德国派出劳务人员24人、2人；中国建筑工程总公司宁波分公司以总公司名义对外签约，承建第一期关岛“皇家花园”住宅工程。这是宁波市获得直接对外劳务输出和国际承包合同的经营权后，自主组织开展的第一批境外承包工程劳务合作项目。此后，境外劳务合作业务持续稳定发展。1989年、1990年，全市对外签订劳务合作项目合同金额分别为1110万美元、1242万美元，当年分别完成营业额691万美元、619万美元。1991—2000年，以劳务合作为主，工程承包较少，外派劳务人数由1423人次增至4809人次，营业额由882万美元增至19987万美元。其间，1993年5月，宁波市劳动局所属境外就业服务机构经劳动部批准，成为全国首批（6个）开展境外就业服务单位，劳务业务得到较快增长。2001年，宁波市开始对承接境外承包工程劳务合作予以专项扶持，调整对境外承包工程劳务合作结构，承包的境外工程项目越来越多，外派劳务人数比之前有所回落，但档次明显提高。2001—2005

年，宁波市对外工程承包合同额和营业额在全省乃至全国同等城市中，均处于领先地位。承包（分包）的项目多数集中在电力、通信、房建、工业成套等领域，承包市场覆盖泰国、马来西亚、孟加拉国、关岛、印度尼西亚、尼日利亚、苏丹、黎巴嫩、沙特阿拉伯等10多个国家和地区。2006年，承包市场增加马来西亚、中国澳门、布基纳法索、牙买加、安哥拉、菲律宾等地。同年12月，市政府建立对外承包工程保函专项资金，企业在承包境外工程时最多可获得10亿元的保函担保。2007年以后，境外承包工程项目规模逐渐增大，浙江省电力建设公司承接的中非博阿里电站项目合同金额1亿多美元，华丰公司承接的全省单体合同金额最大的利比亚工程项目合同金额达33亿元。当年，境外承包工程劳务合作营业额达11.5亿美元，首次超过10亿美元；2008年，增至15.7亿美元。2009年，受国际金融危机影响，境外承包工程劳务合作业务有所下降，但是新承接的境外承包工程中仍不乏大项目，浙江船厂的安哥拉石油平台项目合同金额达1.5亿美元，龙元集团的马来西亚沙巴亚底大商场工程合同金额9400万美元。2010年，境外承包工程劳务合作营业额再次登上10亿美元台阶。2011年，宁波市健全市、县、企业“三位一体”境外承包工程项目联系促进机制，开展援外项目质量年活动，搭建首个对外劳动合作服务平台，建立境外项目应急处理机制，推动境外承包工程开始由规模速度型向质量效益型发展转变。2012年以后，加强与国家开发银行、中国对外工程承包协会等合作，达成一批境外工程承包项目合作协议。特别是“一带一路”倡议提出后，宁波市探索“建营”“投建营”一体化等方式承揽境外工程项目，推动企业参与国家对外经济援助和“一带一路”工程项目建设，承揽工程项目遍及东南亚、中东、南美洲和非洲等地。2015年，全市完成境外承包工程劳务合作营业额19.07亿美元，外派劳务人员423人，期末在外劳务人员894人。2022年，完成境外承包劳务合作营业额19.2亿美元，共派出各类劳务人员14人，期末在外劳务人员152人。

境外投资　1984年4月，镇海家具厂与浙江省家私杂品工业公司共同出资，与加拿大海塔有限公司、远东商业公司合资，在加拿大安大略省汉诺瓦市开设加华家具制造有限公司，这是宁波市兴办的第一家境外企业。至1991年，全市累计批准设立境外企业9家。1993年5月，市政府颁布《宁波市举办境外企业管理试行办法》，鼓励和保障兴办境外企业。当年，全市批准在13个国家和地区举办合资和独资境外企业24家。至年底，全市累计有45家境外企业获准设立，实有41家境外企业，其中开业的36家。至1995年底，全市累计批准举办境外贸易和生产性企业92家、经贸办事处36家，实有贸易和生产性企业81家、经贸办事处32家，分布在29个国家和地区，开业或投产的65家。1996年以后，企业在境外举办的生产性项目逐渐增加。1997年，采取鼓励发展和规范管理并举的措施，有12家境外企业获准设立，53家境外企业被撤销。当年底，全市共有境外企业88家，其中贸易性企业38家、非贸易性企业33家、经贸办事处17家，分布于26个国家和地区。1998年，加强境外企业清理，推进跨国经营战略，有13家境外企业获准设立。当年底，全市累计有170家境外企业（其中经贸办事处40家）获准设立，实际存在的100家，其中经贸办事处20家，分布在29个国家和地区。1999年，帮助企业实施产业转移和市场转移，开展跨国经营，批准设立20家境外企业。当年底，全市登记在册境外企业120家，其中经贸办事处27家，分布在34个国家和地区，开业的79家，总投资4691.81万美元；境外企业营业额达2.44亿美元，带动全市外贸出口额2.61亿美元。2000年，宁波市开始实施“走出去”战略；2001年11月，颁布“走出去”扶持资金使用办法；2003年4月，开始实施商务部批准的境外投资审批制度试点，审批除热点地区以外的一般性境外企业和机构；2003年8月，获得审批中方投资额在300万美元以下的境外加工贸易项目；2007年7月，经国家外汇管理局批准，率先开展境外放款外汇管理改革试点。这些政策措施为企业对外投资提供便利和保障，促使对外投资快速增长，每年兴办境外企业均在40家以上。2008年以后，为应对国际金融危机，推进经济转型升级，企业加快“走出去”步伐。2009年，全市新批境外企业177家；2010年，新批175家。至2010年底，全市累计批准设立境外企业1325家，登记在册1243家，总投资19.34亿美元，中方投资15.85亿美元，分布在92个国家和地区。2013年以后，推动企业参与“一带一路”建设，制定境外园区分类别扶持政策，搭建外经合作服务平台，成立甬企“走出去”服务联盟，推动企业“抱团出海”开拓市场，建成百隆（越南）纺织园区、贝宁中国经济贸易发展中心和印尼OBI产业园3家境外产业园。至2015年底，全市累计在“一带一路”沿线的40个国家设立境外企业和机构526家，中方投资总额19.7亿美元，分别占全市境外投资总量的23.2%和19.7%。至2022年12月，全市累计备案（核准）境外企业和机构3614家，投资额321.6亿美元，实际中方投资额218.3亿美元，分布在127个国家和地区。

对外援助　1959年6月，宁波市派员参加援建也门公路项目，这是宁波市参加的第一个对外援助项目。至1986年8月，宁波市共参加对17个国家的经援项目，出国援助102人次，其中由宁波市单独组织3批。1991年，独立承接国家对外援助项目——苏丹恩图曼医院建设工程。此后，宁波市开始独立承接国家对外援助项目。1998年，宁波国际合作集团有限公司援外公司中标中国援助贝宁马朗维尔垦区修复工程总承包权。2002年，对外贸易经济合作部批准同意建设贝宁中国经济贸易发展中心。2003年，宁波国际合作集团有限公司与对外贸易经济合作部援外司，签署援助贝宁马朗维尔垦区第二期技术合作项目的内部承包合同。2004年以后，国家援外工程建设项目实行公开招投标制度，宁波市引导全市有条件的企业申报援外工程建设项目经营资格，指导企业参加援外项目投标。至2005年底，全市累计有11家企业获得商务部颁发的援外经营资格。2006年底，全市具有援外经营资格的企业达15家。当年，全市共投标国家援外项目18个，中标3个，这些项目是国家援外项目实施招投标制以后浙江省首批承接的国家援外项目。2007年11月，商务部把“发展中国家港口管理培训班”委托宁波职业技术学院承办，这是宁波市承接的第一个国家援外培训项目。同年，宁波建设集团援建瓦努阿图办公楼和中国医疗队宿舍项目完工，并被商务部评为优良工程。2008年，全市新增援外经营资格企业4家，新中标援外项目3个。同年，由浙江天时国际经济技术合作公司承建的宁波市重大援外项目贝宁中国经济贸易发展中心（2003年获对外贸易经济合作部批准）一期工程落成，总投资5000万元，建筑面积3945平方米。2009年，加强援外项目业务培训，指导企业参与援外招投标工作，全年完成营业额205万美元。2010年，宁波亿泰控股集团股份有限公司获得“对外援助物资项目A级实施资格”，这是宁波市第一家具有该项资格的企业。2012年，宁波职业技术学院获得中国职业技术教育援外培训基地资格。2016年，宁波职业技术学院与贝宁CERCO学院合作，在贝宁科托努市成立中非（贝宁）职业技术教育学院，为西非各国和在非中资企业培训各类实用的技能型人才。2017年，累计承接对外援助成套项目合同金额1.7亿元，对外物资援助项目款2.8亿元；对发展中国家援外培训2580人次。此后，宁波市持续推动企业承接国家对外经济援助和工程援建项目，发展比较平稳。

卷十四　中国共产党

地方党组织

受五四运动影响，马克思主义开始在宁波传播。1922年7月，宁波被纳入中国共产党上海地方兼区执行委员会工作区域。此后，中共早期党员徐梅坤、张秋人、俞秀松、恽代英、沈雁冰等先后到宁波从事社会调查，筹建党团地方组织。1924年3月至5月，宁波有6名知识分子参加中国社会主义青年团。7月13日，中国社会主义青年团宁波地方执行委员会成立。至年底，团员周天僇等人转为中国共产党党员。

1925年二三月间，在中共上海地方执行委员会领导下，中共宁波支部成立，书记周天僇，有党员5人，机关设在城区醋务桥的启明女子中学。这是宁波最早的党组织。至1925年8月，党员发展到10余人，中共宁波支部改组为中共宁波独立支部，书记杨眉山，机关驻地随启明女中迁至城区丝巷弄。9月，中共甬曹段铁路支部成立，这是宁波最早组建的产业工人党支部；同月底，中共宁波独立支部扩建为中共宁波支部联合干事会，书记杨眉山，辖宁波启明女中、省立四中和甬曹段铁路3个支部。

1926年1月17日，中共宁波地方第一次大会召开，选举产生中共宁波地方执行委员会，书记华林（3月由杨眉山接任），有党员64人，机关设在启明女中（8月遭宁波军阀当局封闭，迁至秃水桥的培英女子学校），领导鄞县、奉化、慈溪、镇海、定海、象山、余姚等地党的工作。地委成立后，在鄞县、奉化、余姚、象山等地建立党支部，其中1926年5月成立的中共（奉化）松岙支部和中共（余姚）坎镇支部，为宁波最早的农村党支部。至6月，地委下辖支部15个，有党员147人。7月，地委改组，赵济猛任书记，工作范围扩大至上虞、新昌、嵊县和南田、海门等地。大革命时期，宁波工农群众运动高涨，党组织迅速发展。

到1927年1月，地委下辖30个支部，有党员400人①；至1927年4月上旬，发展到约500人②。1927年4月9日，蒋介石集团先于上海在宁波实行“清党”，发动“四九”反革命事件，党组织和群众团体遭到严重破坏，大都被迫中（停）止活动。4月17日，赵济猛被确定为江浙区出席中共五大代表，离开宁波，王嘉谟代理书记，其他成员或转移，或转入隐蔽斗争。

1927年6月，中共宁波地委划归新成立的中共浙江省委员会领导，王嘉谟任书记。7月，王嘉谟等奉调省委任职，地委改组为中共宁波市委员会，书记俞伯良。市委成立后，整顿恢复党组织，在江北地区和象山丹城成立区委，领导党员开展隐蔽斗争。9月下旬，俞伯良调离宁波，市委随即改为中共宁波县委员会，鲍浙潮任书记，下辖区委2个、独立支部4个、党支部28个，有党员240余人。10月，宁波县委召开党员代表大会，选举产生新的委员会，鲍浙潮当选书记，机关设在城区缸桥巷；至11月，县委下辖3个区委、4个独立支部、29个党支部，有党员270余人。在此前后，奉化（1927年9月）、宁海（1928年3月）、慈溪（1928年11月）、余姚（1929年1月）先后成立县委，隶属浙江省委。1927年12月，省委机关由杭州暂迁宁波，设通讯处于江北岸腊店弄13号，设交通处于江东天官第戎家；共青团省委机关亦迁至宁波（次年4月党、团省委机关均迁回杭州）。同月，宁波县委召开党员代表大会，选举产生新的委员会，杨裕发当选书记，下辖支部20个，有党员160余人。1928年2月，杨裕发被捕，浙江省委派俞伯良主持宁波党务工作。不久，宁波县委召开扩大会议，改选中共宁波县委员会，俞伯良当选书记。同年3月，俞伯良和部分常委被通缉；4月，县委停止活动，所属支部都失去组织联系。9月，省委派中共六大代表章松寿任中共宁波县委书记，重新筹建宁波县委；12月，省委决定调严一帆为宁波县委书记，但未到任，章松寿仍任书记，县委下辖5个支部，有党员20余人。1929年1月15日，章松寿在杭州参加省委扩大会议期间遭敌逮捕；18日，省委派潘锡朋到宁波接替章松寿的职务；29日，潘锡朋又遭敌逮捕，县委被破坏，各支部因失去上级领导而暂停组织活动。1929年4月，中共中央决定撤销浙江省委建制，全省设立包括宁波在内的6个中心县（市）委，直属中央领导，同时确定宁波市委领导人名单。会后，中央派巡视

① 《中国共产党浙江省宁波市组织史资料（1925.2～1987.12）》，人民日报出版社，1993年，第3页。

② 王嘉谟《中共浙江省委七月份报告书——浙江的政治、军事、民校、工农运动及省委工作计划草案》（1927年7月24日）载：“过去：（照过去组织，在浙分杭州、宁波二大系统）。现在：杭一共约一千二百人，宁波一千二百人，共二千四百人，其中能开会者约六百人，全省平均几乎破坏了一半。”《中国共产党浙江省组织史资料（1922.4～1987.12）》（人民日报出版社1994年版）第4页载：“全省党员（1927年）4月上旬有4000人”；第105页载：“1927年7月，宁波地委改为中共宁波市委……共有28个基层党支部，240余名党员。”据以上史料推算，1927年4月宁波系统（含宁波现境以外的部分地区）有党员约2000人，宁波地委有党员约500人。

员到宁波召集市委成员会议，正式成立中共宁波市委员会，林去病任书记，机关设在宁波城区。5月22日，林去病等人遭敌逮捕，正在筹建中的宁波市委遭破坏。随后，中共中央巡视员卓兰芳、徐英到宁波恢复党组织；8月，经中共中央批准，中共宁波特别支部委员会成立，徐英任书记，机关设在宁波城区，隶属中共中央，由中央巡视员卓兰芳单线领导，在上海嵩山路打铁浜延庆里陈家设立交通联络点，管辖宁波地区各县；至12月，特支下辖12个支部，有党员50余人。12月17日，徐英在机关驻地遭敌逮捕；不久，特支被破坏，所属支部因失去组织联系而中断活动。1930年3月，中共中央派徐敏畅到宁波以市委书记身份筹建中共宁波市委员会，市委隶属中共中央（其中1930年7月至1931年1月先后隶属江苏省总行动委员会、江南省委）。徐敏畅至宁波，接不上党员关系，只得亲自发展党员，成立党支部。到1931年4月，市委下辖6个支部，有党员60余人。到1932年2月，除镇海县特别支部于1931年10月成立外，奉化县的城关和鄞县南乡相继成立特别支部，有共产党员50余人，共青团员50余人。同年3月，徐敏畅调离宁波，中共中央派杨仁梓接任市委书记。4月，杨仁梓自首叛变，宁波地区的党组织被破坏殆尽。

1937年9月，鄞县失去组织关系的共产党员鲍浙潮、竺扬、周鼎、陈秋谷，联系上在鄞南家乡养病的原中共上海（临时）中央局宣传部部长朱镜我，在鄞县观音庄成立中共宁波临时特别支部，推举朱镜我为书记。10月，与党组织取得关系，建立中共浙东临时特别委员会，朱镜我、张贵卿、王文祥先后任书记，隶属新建的中共浙江省临时工作委员会，机关驻地后由观音庄迁至宁波南门船埠巷。至此，中断5年的中共宁波地方组织重新建立。至1938年4月，建立鄞东、鄞南2个区委，城区、奉化、镇海、宁海等地9个支部，有党员130余人。5月，浙江临时省委决定：撤销浙东临特，成立中共宁绍特别委员会，领导宁绍地区14个县党的工作，顾玉良、杨思一先后任书记，在宁波地区先后建立鄞县、慈溪、余姚3个县委，奉化、镇海、定海3个县工委。1939年5月，鄞县县委撤销，建立中共宁波中心县委，协助宁绍特委领导宁属各县，辖慈溪县委，奉化、镇海、定海3个县工委，鄞县3个区委；9月，余姚县委扩建为中共余姚中心县委；至10月，宁波各地有党员640人。1940年1月，为适应与国民党顽固派斗争形势，省委决定将宁绍特委分成宁属、绍属2个特委。3月，中共宁属特别委员会成立，宁波中心县委撤销，余姚中心县委归绍属特委领导。1941年1月皖南事变后，根据中共中央“隐蔽精干”的指示，宁属特委改为特派员制，特委书记王文祥改任特派员，实行单线领导，撤销区级组织。

1941年4月宁波沦陷后，宁绍地方党组织即筹建抗日武装组织。5月起，按照中共中央华中局的部署，中共浦东工作委员会领导的两支抗日武装分批南渡杭州湾到达三北地区（当时余姚、慈溪、镇海三县的北部地区）开展武装斗争，开辟三北抗日根据地。1941年10月，浙东军分会成立，吕炳奎为书记。1942年夏，中共中央根据华中局建议，派谭启龙、何克希等到浙东主持工作；7月8日，华中局决定成立中共浙东区委；7月28日，中共浙东区委在慈北宓家埭成立，谭启龙任书记，统一领导浙东和上海外围浦东地区的党组织及抗日斗争，创建浙东抗日根据地；8月19日，浙东军政委员会经华中局批准成立，何克希任书记，统一领导浙东（含浦东）地区武装力量；同月，第三战区淞沪游击队三北游击司令部在慈北鸣鹤场成立，司令何克希、政委谭启龙，统一整编浙东主力部队为第三、四、五3个支队及特务大队、海防中队等（1943年12月22日，浙东抗日武装正式编为新四军浙东游击纵队）。1943年8月，浙东区委、三北游击司令部先后进驻梁弄横坎头。至1943年秋，以四明山区为中心的浙东抗日根据地初步建成，梁弄成为浙东抗日根据地的指挥中心。

浙东区委成立后，恢复地、县、区党的委员会制度。1942年7月，中共三北工作委员会成立（9月改建三北地委），书记王仲良，领导三北地区和虞北区党的工作，下辖慈镇、余上2个县委（1943年2月增设慈姚县委）。1942年8月，中共四明工作委员会（9月改建四明地委）成立，书记先后为王文祥、陈洪、刘清扬、邱相田，领导四明山周围7县（鄞县、慈溪、余姚、上虞、嵊县、新昌、奉化）边区党的工作，下辖组织随着根据地开辟和敌情变化而多次调整（至1945年2月稳定，辖南山、上虞、鄞县、嵊新奉4个县委）。同月，中共三东工作委员会成立（11月改建三东地委），书记吕炳奎，领导镇海、鄞县、奉化3县东部地区和定海县党的工作，下辖奉化、鄞东南、镇海（甬江以南）、定海4个县工委。1943年2月，三东地委由党委制改为特派员制，吕炳奎、王起分别任正、副特派员；1945年4月撤销，下辖4个县党的工作直属浙东区委城市工作委员会领导。1945年5月，四明地委与三北地委合并，沿称四明地委，辖慈镇、嵊新奉2个中心县委和南山、鄞县、上虞、余上、镇海5个县委；8月，四明地委建制被撤销，四明工委成立，书记王仲良，下辖三北、慈镇、嵊新3个中心县委和南山、鄞县、上虞、镇海4个县委。1945年8月15日，日本无条件投降，抗日战争胜利。9月19日，中共中央电令新四军浙东游击纵队北撤，越快越好。9月22日，浙东区委接到华中局北撤指示，立即召开党委会，部署北撤事宜，留下一批干部坚持原地斗争，决定改地方党委制为特派员制，指定刘清扬、邢子陶为四明地区特派员，王起为三东地区特派员，实行单线领导。9月25日，奉中共中央命令，浙东区委与新四军浙东游击纵队从梁弄向三北移动；9月30日至10月7日，分批从慈北古窑浦至姚北临山一线北渡杭州湾；11月，撤至苏北涟水，浙东区委随之撤销。

新四军浙东游击纵队北撤后，四明、三东地区特派员直属中共中央华中分局领导。面对国民党政府重兵“清剿”“清乡”，留守的党员干部依靠革命群众，发展“红色堡垒户”“堡垒村”，建立游击支点，组织武工队，坚持隐蔽斗争。1946年2月，根据华中分局城市工作会议决定，中共宁波工作委员会成立，书记先后为王起（兼）、周明、吴田，领导宁波城区党的工作，直属华中分局城市工作部领导。1946年12月，经中共中央批准，华中分局将浙东党的关系划归上海党组织领导。1947年1月初，中共中央上海分局（5月改称上海局）决定重建浙东游击根据地，成立统一领导浙东各地党组织的中共浙东工作委员会，书记刘清扬，派顾德欢驻浙东协助工作，机关主要驻台属地区。同月，浙东工委决定，成立中共四明工作委员会，刘清扬兼书记；3月，决定成立中共三东工作委员会，书记詹步行；此后，各县开始恢复党的委员会制度。5月15日，重建四明主力武装大会于慈南（今姚南）徐鲍陈村福田庵召开，第四中队成立，这是新四军浙东游击纵队北撤后中共领导的四明地区第一支武装；10月，四明主力武装改编为浙东人民游击纵队第三支队。1948年1月，第三支队番号改为浙东人民解放军第三支队（8月转战台属地区），在四明地区建立基本区和游击区，浙东游击根据地形成。同月初，鉴于刘清扬于1947年10月在上海遭敌逮捕，浙东工委改建为中共浙东临时工作委员会，书记顾德欢，陈布衣接任四明工委书记。1月13日，三东工委改为中共东海工作委员会，书记詹步行，领导东海区（三门湾以北、鄞奉公路以东、甬江以南地区）党的工作。同月，宁波工委划归中共中央上海局外县工作委员会领导，由浙东沿海点线特派员陈嘉钦单线领导。2月，上海局外县工委建立中共象山工作委员会，书记唐侃。此时，四明工委辖鄞慈、慈镇、余上、姚虞、嵊新奉5个县工委；东海工委辖定海、奉化、镇海3个县特派员。5月15日，中共淞沪工作委员会领导的浦东人民解放总队与南汇大团镇自卫队共计300人，南渡杭州湾，经姚北登陆到达四明山区后，合编为浙东人民解放军第五支队，归浙东临工委领导。6月中旬，陈嘉钦被捕叛变，宁波工委、象山工委遭到严重破坏，终止活动，其领导的党员、进步分子撤退到浙东游击根据地。8月下旬，东海工委领导的东海游击总队在六横岛遭敌舰围攻，损失严重，10月东海工委撤销。至1949年4月，四明地区、原东海地区及宁波城区共有党员1700余人，其中四明地区1673人。

1949年4月21日，浙东临工委决定展开接管城市准备工作，浙东临工委城市工作委员会、四明工委城市工作部成立。5月，中共浙江省委成立，浙东临工委撤销。5月23日、24日，余姚、慈溪相继解放；25日，宁波、奉化解放；26日，镇海解放（7月5日、8日，宁海、象山解放）。5月29日，经中共中央批准，中共浙江省第二地方委员会成立；6月20

日，省委公布地委组成人员名单，书记丁秋生，四明工委及所属县、区委结束工作。

1949年7月，省委决定成立中共宁波市委员会，由省委和地委双重领导；8月7日，省委公布新的地委委员，任命市委领导成员，由顾德欢任地委书记、陈伟达为地委副书记兼宁波市委书记；10月13日，第二地方委员会改为宁波地方委员会，书记陈伟达，苏展任市委书记。党组织得到调整和发展壮大。到1949年底，地委、市委辖支部204个，共有党员2938人。1952年6月，地委、市委合署办公，至10月间分开。1953年2月，省委决定，市委仍受省委、地委双重领导，以地委为主。1954年8月、12月，省委相继批准建立地委、市委常务委员会制度；1956年11月、1959年2月，中央相继批准建立市委、地委书记处（1962年4月撤销，第一书记改称书记，书记处书记改称副书记）。地委、市委下属党组织因区划调整而多次变化，至1964年县级党组织基本稳定，地委辖余姚、慈溪、奉化、宁海、象山、鄞县和镇海7个县委。

1966年“文化大革命”开始后，宁波地委、市委受到严重冲击，机构瘫痪。1967年3月，宁波地区、宁波市分别成立革命委员会，建立地区革委会党的核心小组，驻军干部任组长，实行党政一元化领导。11月，省军事管制委员会决定，成立宁波军事管制委员会，实行军管。1969年1月，经省革命委员会批准，宁波地区、宁波市分别重新成立革命委员会；9月，分别成立革命委员会党的核心小组（1970年8月分别更名中共宁波地区革命委员会核心小组、中共宁波市革命委员会核心小组），实行党政一元化领导。1971年2月、6月，中共宁波地区第一次代表大会、中共宁波市第四次代表大会相继召开，选举产生新的地委、市委领导班子，市委仍受省委、地委双重领导，以地委为主。

1977年2月、7月，浙江省委先后全面调整宁波地委、市委领导班子，并恢复地委、市委主要工作机构。1978年7月，市委改归省委直接领导，镇海县委划归市委，设立市郊区党委（县级区委）；9月，市属4个区委改为市辖区一级党委。至年底，宁波地委、市委辖支部9979个，党员141664人。1983年5月，宁波地区和宁波市合并，实行市管县体制，宁波地委撤销，下属党组织划归宁波市委；省委决定组建新的宁波市委领导班子，任命葛洪升为市委书记。12月5日，省委批准市委纪律检查委员会改称为中共宁波市纪律检查委员会，作为市一级领导机构单独列编。此后，下属县级党委及工委等党组织，随着区划调整、园区增减及机构改革而不断变化。1994年2月25日，宁波市被明确为副省级城市，市委书记一般由省委常委（或省委副书记）兼任。至2022年底，市委下辖海曙、江北、镇海、北仑、鄞州、奉化6个区委，象山、宁海2个县委，余姚、慈溪2个市委，基层党组织3.26万个，党员57.64万人。

表14-1-1：中共宁波地委主要领导名录（1949.5—1983.5）

组织名称	主要领导及任职时间
中共浙江省第二地方委员会	书　　记：丁秋生（1949.5—8） 顾德欢（1949.8—10）
中共宁波地方委员会	书　　记：陈伟达（1949.10—1951.12） 苏　展（1951.12—1952.3） 王　起（1952.4—7*，1952.7—1959.2）
	第一书记：王　起（1959.2—1962.4）
	书　　记：王　起（1962.4—6） 阎世印（1962.6—1967.3）
宁波地区革命委员会党的核心小组（中共宁波地区革命委员会核心小组）	组　　长：张茂勋（1967.3—11） （1967.11—1969.9，宁波军事管制委员会领导） 组　　长：柴启琨（1969.9—1971.2）
中共宁波地区第一届委员会	书　　记：柴启琨（1971.2—1975.7） 王　芳（1977.2—1978.4） 王若山（1978.4—1983.5）

表14-1-2：中共宁波市委主要领导名录（1949.8以后）

组织名称	主要领导及任职时间
中共宁波市委员会	书　　记：陈伟达（1949.8—10） 苏　展（1949.10—1950.7） 王　中（1950.7—1951.7） 苏　展（1951.7—1952.3） 李频如（1952.11—1953.3） 韩少伊（1953.3—12） 刘德焜（1954.4—1956.6）
中共宁波市第一届委员会	书　　记：刘德焜（1956.6—11）
	第一书记：刘德焜（1956.11—1958.3） 阎世印（1958.3—1959.1）
中共宁波市第二届委员会	第一书记：阎世印（1959.1—1962.4）
	书　　记：阎世印（1962.4—1963.1）
中共宁波市第三届委员会	书　　记：阎世印（1963.1—5） 葛仲昌（1963.5—1967.3）

说明：*指任职期间为代书记。

续表

组织名称	主要领导及任职时间
宁波市革命委员会党的核心小组（中共宁波市革命委员会核心小组）	（1967.3—11，宁波地区革命委员会党的核心小组领导） （1967.11—1969.9，宁波军事管制委员会领导） **组　　长**：郑若鸿（1969.9—1971.2） 贾俊才（1971.2—6）
中共宁波市第四届委员会	**书　　记**：贾俊才（1971.6—1977.7）
	第一书记：王　芳（1977.7—1978.7） 翟翕武（1978.7—1980.2） 张兆万（1980.2—7）
中共宁波市第五届委员会	**第一书记**：张兆万（1980.7—1981.12） **书　　记**：刘德焜（1980.7—1983.5） 葛洪升（1983.5—1984.7）
中共宁波市第六届委员会	**书　　记**：葛洪升（1984.7—1988.6） 孙家贤（1988.6—1989.8）
中共宁波市第七届委员会	**书　　记**：孙家贤（1989.8—12） 项秉炎（1989.12—1992.1） 叶承垣（1992.1—1993.11） 许运鸿（1993.11—1994.6）
中共宁波市第八届委员会	**书　　记**：许运鸿（1994.6—1998.11） 黄兴国（1998.11—1999.5）
中共宁波市第九届委员会	**书　　记**：黄兴国（1999.5—2003.11） 巴音朝鲁（蒙古族，2003.12—2004.5）
中共宁波市第十届委员会	**书　　记**：巴音朝鲁（蒙古族，2004.5—2007.3）
中共宁波市第十一届委员会	**书　　记**：巴音朝鲁（蒙古族，2007.3—2010.7） 王辉忠（2010.10—2012.2）
中共宁波市第十二届委员会	**书　　记**：王辉忠（2012.2—2013.4） 刘　奇（2013.4—2016.2） 唐一军（2016.8—2017.2）
中共宁波市第十三届委员会	**书　　记**：唐一军（2017.2—2017.10） 郑栅洁（2017.12—2020.9） 彭佳学（2021.1—2022.3）
中共宁波市第十四届委员会	**书　　记**：彭佳学（2022.3—　　　）

代表会议　代表大会

1949年9月以后，共召开中共宁波地方代表会议3次、中共宁波地区代表大会1次。1950年9月至1956年1月，共召开中共宁波市代表会议8次。1956年5月，召开中共宁波市第一次代表大会，选举产生市委；至2022年，共召开16次，选举产生14届市委。其间，因选举出席中共浙江省代表大会代表，召开5次党的代表会议。

代表会议　1949年9月27日至10月2日，宁波地委在慈城镇召开首次党的代表会议，正式代表278人、列席18人。会议确定一切工作应以发动与组织群众为中心，纠正不敢放手让群众行动的“右”的思想偏向，贯彻省党的代表会议提出的肃清匪特、民主反霸、实行减租、合理负担（征粮）、生产救灾及组织农民群众的六大任务，做好征粮、税收工作，支援前线，争取战争的最后胜利。1950年2月10日至16日，地委召开第二次党的代表会议，正式代表222人。会议提出以生产度荒为中心，进一步发动群众，巩固扩大与健全组织，做好土地改革的准备工作。1950年9月1日至13日，地委在效实中学召开第三次党的代表会议，正式代表207人、列席47人。会议提出要继续整顿干部思想作风，完成减租征粮任务，有步骤有秩序地进行土地改革。1950年9月25日至10月7日，市委召开第一次党的代表会议，正式代表152人、列席9人。会议提出要以维持生产为中心，加强财政工作，有计划地调整工商业；巩固、扩大党在群众中的思想、组织阵地；配合农村土地改革，巩固社会治安；继续贯彻整风精神，争取生产进一步稳定与好转。1951年7月20日至31日，市委召开第二次代表会议，正式代表138人、列席6人。会议确定工作重心由农村转到城市，提出城市工作是一切为了发展生产、解放生产力，把消费城市变为生产城市，开展增产捐献运动。1952年1月20日至24日，市委召开第三次党的代表会议，正式代表264人、列席85人。会议确定整顿干部队伍，从思想上、组织上、政策上准备反击资产阶级的进攻，进一步开展反贪污、反浪费、反官僚主义斗争。1953年7月11日至16日，市委召开第四次党的代表会议，正式代表167人、列席11人。会议提出要继续搞好工业生产，贯彻工业改造，提高质量，降低成本，完成基本建设任务；加强对工商业的领导，改善工商业经营，妥善安排市场，保证物资供应，完成税收。1953年11月16日至23日，市委召开第五次党的代表会议，正式代表167人、列席10人。会议要求党内外普遍组织学习党在过渡时期总路线，检查、推动各项工作，提出以增产节约为中心，做好市场供应、粮食计划收购供应工作及对资本主义工商业社会主义改造的准备工作。1954年2月12日至

16日，市委召开第六次党的代表会议，正式代表179人、列席9人。会议提出继续广泛深入地开展党在过渡时期总路线的宣传教育，开展增产节约运动，保证完成和超额完成国家计划指标，积极稳步地进行资本主义工商业、手工业和农业社会主义改造。1955年2月1日至9日，市委召开第七次党的代表会议，正式代表217人、列席6人。市委提出1955年工作纲要是增加生产，厉行节约，扩大物资交流，积极稳步地进行资本主义工商业、手工业和农业社会主义改造，保证完成和超额完成国家计划，把支援国家重点建设、支援农业生产作为城市工作主要任务之一；要增产节约经常化，加强企业计划管理，推行厂长负责制和一长制，加强技术领导与技术学习。1956年1月6日至11日，市委召开第八次党代表会议，正式代表301人、列席205人。会议提出在第一个五年计划期内，把资本主义工商业、交通运输业全部改造为公私合营企业，将其中的独立劳动者通过合作化基本上组织起来，做好在公私合营企业及已组织起来的店、社、组中党的发展工作。会议选举产生中共宁波市监察委员会委员7人（5月地委建立监委），地委、市委纪律检查委员会随之撤销。改革开放后，市委多次召开党的代表会议，选举产生出席中共浙江省代表大会代表。1983年11月15日至16日，市委召开党的代表会议，选举产生出席省第七次党代会代表65人、候补代表6人。1988年9月22日至23日，市委召开党的代表会议，选举产生出席省第八次党代会代表68人。1993年9月20日至30日，市委召开党的代表会议，选举产生出席省第九次党代会代表67人。1998年10月30日，市委召开党的代表会议，选举产生出席省第十次党代会代表68人。2002年4月18日至19日，市委召开党的代表会议，选举产生出席省第十一次党代会代表69人。

代表大会　1956年5月25日至6月1日，中国共产党宁波市第一次代表大会召开，代表361人、列席50人。大会提出多、快、好、省地完成各项任务，全面、深入、持久地开展社会主义劳动竞赛，加强对企业、资产阶级分子和知识分子的改造，改进党的组织工作，努力完成和超额完成国家第一个五年计划。选举产生第一届市委委员21人、候补委员9人，出席省第二次党代会代表15人、候补代表2人；增选市监察委员会委员4人（省委批准3人）。市委一届一次全会选出常务委员7人，书记、副书记各1人。1958年2月25日至3月3日，中共宁波市第一届代表大会第二次会议[①]召开，代表246人、列席84人。大会

① 根据中共八大通过的《中国共产党章程》，1957年市委确定并报省委批准，宁波市党代表大会从1956年5月第一届起实行常任制，故有中共宁波市第一届代表大会第二次会议以及1959年的中共宁波市第二届代表大会第二次会议。

提出在2年内把宁波市由消费城市变成生产城市，10年后建成具有现代工业、现代农业和现代科学文化的社会主义新宁波。1959年1月17日至20日，中共宁波市第二次代表大会召开，代表379人、列席136人。大会确定高速度发展工农业生产，开展技术革命和文化革命运动，对党员、干部进行社会主义、共产主义教育，继续反对右倾保守思想，进一步鼓足干劲、力争上游。选举产生第二届市委委员25人、候补委员8人。市委二届一次全会选出常委9人，书记处第一书记1人，书记处书记5人。1959年12月8日至12日，中共宁波市第二届代表大会第二次会议召开，代表361人、列席224人。大会确定1960年的建设规划和远景规划，动员全党和全市人民为实现更大更好更全面的“跃进”而奋斗。选举产生出席省第三次党代会代表19人、候补代表2人。1963年1月16日至18日，中共宁波市第三次代表大会召开，代表383人、列席65人。大会确定把巩固人民公社集体经济、发展农业生产放在首要地位，把工业和其他部门工作转移到以农业为基础的轨道上来，争取农业丰收，争取国民经济的新高涨。选举产生第三届市委委员22人、候补委员5人，出席省第四次党代会代表8人、候补代表1人。市委三届一次全会选出常委8人，书记1人、副书记2人。1971年2月24日至28日，中共宁波地区第一次代表大会召开，代表900人、列席59人。大会提出认真落实党的各项无产阶级政策，继续抓紧和加强战备工作等任务。选举产生中共宁波地区第一届委员会委员42人、候补委员7人。地委一届一次全会选出常委12人，书记1人、第一副书记1人、副书记4人。1971年6月25日至28日，中共宁波市第四次代表大会召开，代表630人、列席19人。大会提出全面完成和超额完成1971年国民经济计划和第四个五年计划、搞好民兵建设和后方建设等任务。选举产生第四届市委委员39人、候补委员5人。市委四届一次全会选出常委11人，书记1人、副书记5人。1980年7月11日至15日，中共宁波市第五次代表大会召开，正式代表700人、候补代表50人。大会确定逐步把宁波建设成为现代化的港口城市、全省工业基地与外贸出口基地之一。选举产生第五届市委委员36人、候补委员8人，出席省党的代表会议代表15人。市委五届一次全会选出常委14人，第一书记1人、书记1人、副书记5人；选出市委纪律检查委员会委员9人。1984年7月18日至23日，中共宁波市第六次代表大会召开，正式代表600人、候补代表57人、列席22人。大会确定加快现有企业的技术改造，加快港口、北仑工业区的开发建设，加快对外贸易，发展农村商品生产、乡镇工业，努力把宁波建设成为浙江的重要工业基地和以出口加工工业、国际转口贸易为中心的综合性的现代化港口城市。选举产生第六届市委委员39人、候补委员6人，中共宁波市纪律检查委员会委员27人。市委六届一次全会选出常委12人，书记1人、副书记4人；市纪委六届一次全会选出常委6人，书记1人、副书记2人。1989年8月22日至26日，中共宁波市第七次代表大会召开，代表596人、列席50人。大会确定以后5年进一步实施宁波经济和社会发展战略，加强思想文化战线工作，开展反腐败斗争，推进社会主义民主和法治建设，把党的建设工作提高到一个新水平。选举产生第七届市委委员41人、候补委员4人，市纪委委员25人。市委七届一次全会选出常委10人，书记1人、副书记2人；市纪委七届一次全会选出常委7人，书记1人、副书记2人。1994年6月7日至11日，中共宁波市第八次代表大会召开，代表588人、列席56人。大会确定继续深化和实施“以港兴市、以市促港”的发展战略，把宁波建设成为经济实力雄厚，对外开放度高，科学文化发达，人民生活富裕，社会风气良好，城乡环境优美的社会主义现代化国际港口城市。选举产生第八届市委委员40人、候补委员7人，市纪委委员25人。市委八届一次全会选出常委13人，书记1人、副书记3人；市纪委八届一次全会选出常委7人，书记1人、副书记2人。1999年5月19日至23日，中共宁波市第九次代表大会召开，代表572人、列席77人。大会提出加快推进现代化国际港口城市建设，用20年时间，基本实现现代化。选举产生第九届市委委员42人、候补委员8人，市纪委委员25人。市委九届一次全会选出常委13人，书记1人、副书记4人；市纪委九届一次全会选出常委7人，书记1人、副书记2人。2004年5月22日至26日，中共宁波市第十次代表大会召开，代表577人、列席77人。大会确定以后5年加快现代化国际港口城市建设步伐，推进城乡联动、产业联动、港桥海联动、内外联动、生产生活生态联动和经济社会发展联动的“六大联动”，努力实现改革开放和现代化建设的新跨越。选举产生第十届市委委员47人、候补委员8人，市纪委委员25人。市委十届一次全会选出常委13人，书记1人、副书记5人；市纪委十届一次全会选出常委9人，书记1人、副书记3人。2007年3月27日至31日，中共宁波市第十一次代表大会召开，代表578人、列席86人。大会提出深入实施“六大联动”，努力实现“六大提升”①，积极构建和谐社会，切实加强和改进党的建设，全面建成小康社会，把现代化国际港口城市建设全面推向新阶段。选举产生第十一届市委委员59人、候补委员11人，市纪委委员37人。市委十一届一次全会选出常委13人，书记1人、副书记3人；市纪委十一届一次全会选出常委11人，书记1人、副书记3人。2012年2月25日至29日，中共宁波市第十二次代表大会召开，代表570人、列席108人。大会提出全面实

① “六大提升”，即着力提升城乡和区域协调发展水平，着力提升产业综合竞争力，着力提升港口大桥带动功能，着力提升城市国际化程度，着力提升可持续发展能力，着力提升人民群众生活品质。

施“六个加快”①战略，再经过5年努力，基本建成现代化国际港口城市，提前基本实现现代化，努力成为发展质量好、民生服务好、城乡环境好、社会和谐好的“四好”中国特色社会主义先行示范区。选举产生第十二届市委委员59人、候补委员11人，市纪委委员40人。市委十二届一次全会选出常委13人，书记1人、副书记2人；市纪委十二届一次会议选出常委9人，书记1人、副书记3人。2017年2月24日至28日，中共宁波市第十三次代表大会召开，代表567人。大会提出大力推进产业高新化、城市国际化、发展均衡化、建设品质化、生态绿色化、治理现代化，加快建设国际港口名城，努力打造东方文明之都，高水平全面建成小康社会，把宁波改革开放和现代化建设全面推向新阶段。选举产生第十三届市委委员62人、候补委员12人，市纪委委员41人。市委十三届一次全会选出常委12人，书记1人、副书记2人；市纪委十三届一次全会选出常委11人，书记1人、副书记4人。2022年3月23日至26日，中共宁波市第十四次代表大会召开，代表568人。大会提出奋力打造“重要窗口”，加快“港产城文”融合发展，推进“六大变革”②，打造“六个之都”③，开创现代化滨海大都市建设新局面。选举产生第十四届市委委员63人、候补委员12人，市纪委委员41人。市委十四届一次全会选出常委13人，书记1人、副书记2人；市纪委十四届一次全会选出常委11人，书记1人、副书记4人。

党　务

组织建设　解放前，党的工作重心在农村，党员以农民为主体。解放初期，贯彻“积极慎重”建党方针，侧重在产业工人中发展党员；领导干部的主体是南下干部和当地坚持革命斗争的干部，以青年为主，文化程度初中以下居多。1953年、1954年，地委、市委相继建立县、局级以上领导班子后备干部制度。1955年，提出在知识分子中发展党员，领导干部开始以中青年为主，文化素质有所提高。1957年，在整风运动中，着重教育提高现有党员，控制发展新党员。1959年，在生产大队普遍建立党支部，发展党

---

① “六个加快”，即加快打造国际强港，加快构筑现代都市，加快推进产业升级，加快创建智慧城市，加快建设生态文明，加快提升生活品质。

② “六大变革”，即功能布局变革，发展动能变革，要素配置变革，城乡品质变革，治理模式变革，干部能力变革。

③ “六个之都”，即全球智造创新之都、国际开放枢纽之都、东方滨海时尚之都、全国文明典范之都、城乡幸福共富之都、一流智慧善治之都。

员较多。次年，转入有控制地发展。1962年，提出“更加严肃慎重”的指导思想，有控制地、个别地接收新党员。“文化大革命”中，一度停止发展党员，1973年至1975年根据“吐故纳新”方针发展党员。中共十一届三中全会后，整顿、调整领导班子，恢复一批老干部的领导职务；坚持党员标准，成熟一个发展一个，重点放在生产第一线及党组织较薄弱的单位。1983年至1984年，在地、市机构合并中，大幅精简、调整机构和领导干部。1984年，提出解决优秀知识分子“入党难”问题，大量吸收知识分子入党。1985年，实施领导人才选拔试点，开始定性、定量考核党政领导班子。1987年以后，按照“坚持标准，保证质量，改善结构，慎重发展”的方针，注重党员发展的宏观调控和积极分子队伍建设；建立县、局级以上领导班子、领导干部民主评议制度及领导班子任期目标责任制，实行市直机关干部下派基层工作锻炼的制度和县级以上机关工作人员任职、公务回避制度。1991年以后，开始实施农村党支部达标升级考核，加强外资企业党建工作，探索股份制企业和集团公司的党建工作；同时，扩大领导干部选拔面，推动结构优化和素质提升。当年，公开招聘宁波市驻外办事处人员和涉外工作人员；1994年，采用“双推双考”方法，首次面向全国公开选拔市级机关局级领导岗位人选；1996年，开始在市属各局推行中层干部聘任制，实行公开选拔、竞争上岗；1997年，组织开展一般干部聘用制试点，推进领导干部异地异岗交流。此后，继续加强党员干部规范管理和教育培养，持续加强基层党组织的政治功能和组织功能，启动农村基层党组织“先锋工程”，推进党建工作“四进社区”，实行基层党组织党务公开制度。2011年以后，持续推进党建引领基层治理，实现驻村第一书记全覆盖，建设街道“大工委”和社区“大党委”，打造党建高地“1+N”构架体系，提升基层党组织的统筹统合功能；启动优秀年轻干部“优苗选育工程”，面向“双一流”（即世界一流大学和一流学科）高校招录选调生，打通国有企业、高校、部省属单位与区（县、市）干部交流通道，建立领导干部转岗和退出机制，实施公务员职务与职级并行制度，有序开展公务员分类管理改革。至2021年底，全市有市管领导干部1338人，其中大学专科及以上学历1309人；公务员（含参公人员）42373人，其中大学专科及以上学历38403人，中共党员干部36113人。至2023年底，全市有党的基层组织33361个，其中基层党委1632个、总支部2344个、党支部29385个；党员58.5万人，其中大学专科及以上学历34.8万人。

宣传教育 解放前，主要宣传动员革命战士、群众参加革命斗争和根据地建设。解放初期，在城市宣传动员反轰炸、恢复生产、职工当家作主，在农村动员剿匪反霸、减租、生产自救，宣传人民币优越性，消除群众误解。1950年起，宣传《中华人民共和国土地改革法》，开始学习宣传《整风文献》《中国共产党三十年》等党的重要文献。1951—1952年，宣传《中华人民共和国婚姻法》。1954年，建立各级党组织党课制度。1955年，宣传第一个五年计划，动员群众为完成、超额完成计划做贡献。1957年，举办革命文物、历史图片展览，放映革命电影，推动宣传形式向形象化方向发展。1963年以后，开展学雷锋活动。1978年12月以后，集中宣传党的工作重点转移到社会主义现代化建设的战略决策，在全面整党中宣传马克思主义思想理论，在“全民文明礼貌月”中宣传“五讲四美”①，为推进教育体制改革宣传“四有、两热爱、两精神”②等。1991年以后，学习宣传邓小平南方谈话、江泽民“七一”讲话，开展解放思想大讨论、“三个主义”（即爱国主义、集体主义、社会主义）教育活动、“爱宁波、作贡献”活动等。1995年，开始用3年时间在党员干部中开展学习邓小平理论和党章活动，开始每年开展爱国主义教育宣传周活动，围绕香港回归、澳门回归等掀起爱国主义教育热潮。1996年以后，连续多年举办北仑港建设发展新闻发布会，开展集中精力抓好经济建设和改革开放的宣传。同时，开展重大主题教育活动。1999—2000年，开展“三讲”（即讲学习、讲政治、讲正气）教育活动和“学理论、学党章，争创新业绩，争做合格党员”活动。2005—2006年，开展以学习实践“三个代表”重要思想为主要内容的保持共产党员先进性教育活动。2008—2009年，开展深入学习实践科学发展观活动。2010年，开展“创建先进基层党组织、争当优秀共产党员”活动。2011年以后，加快建设宣传教育阵地，建立城乡“十五分钟文化活动圈”，设立中国特色社会主义理论研究基地和宁波市中国特色社会主义理论体系研究中心，开辟“宁波基层学习教育网”和新闻客户端“甬派”等网络宣教平台，成立市微型党课宣讲团和“宁波红”党员教育联盟，入选中共中央宣传部确定的40个重点宣传城市。创新宣传教育制度，创办微型党课并入选中宣部干部学院首批教学案例，实施基层党员理论学习教育轮训制度，推行党员领导干部带头上党课制度，建立市领导赴区（县、市）、高校等联系点宣讲制度。加大主题（专题）教育力度，围绕党和国家重大会议、重大历史事件周年等举办主题宣讲活动。2013—2014年，开展党的群众路线教育实践活动。2015年，开展“严以修身、严以用权、严以律己，谋事要实、创业要实、

① “五讲”，即讲文明、讲礼貌、讲卫生、讲秩序、讲道德；“四美”，即心灵美、语言美、行为美、环境美。

② “四有”，即有理想、有道德、有文化、有纪律；“两热爱”，即热爱社会主义祖国，热爱社会主义事业；“两精神”，即为国家富强和人民富裕而艰苦奋斗的献身精神，不断追求新知、具有实事求是、独立思考、勇于创造的科学精神。

做人要实”的“三严三实”专题教育。2016年，开展“学党章党规、学系列讲话，做合格党员”的“两学一做”学习教育。2019年，开展“不忘初心、牢记使命”主题教育。2021年，开展党史学习教育，举办中国共产党成立一百周年等重大主题宣讲活动。2022年，实施“在宁波，感悟真理伟力”实践解码工程，推进党史学习教育常态化、长效化。

纪检监察　中华人民共和国成立初期，在各项政治运动中，加强党员纪律教育，查处党员各类违纪问题。1950年，在整风中，开展群众路线、遵纪守法教育，纠正违法乱纪现象；在土地改革中，开展土地改革纪律教育；在“三反”“五反”运动中，处理违纪违法党员干部。此后，集中查处闹名誉闹地位、道德败坏、贪污盗窃及典型官僚主义、违法乱纪案件，选择贪污腐化典型案例教育党员，选取正反面典型以图片展览形式进行党风党纪教育。1978年以后，举办党风党纪训练班，采用党校轮训、上党课、组织生活等形式教育党员，对反面典型采取登报、广播、通报等形式开展反腐蚀教育。1985年，建立各级党组织抓党风责任制。1987年12月，成立市监察局（1993年与市纪委合署办公），加强政府行政监察。1988年，在公安、财税、工商等18个系统基层单位推行“两公开一监督”（即公开办事程序、公开办事结果、接受群众监督）；1989年，在市级机关21个部门开始公开23项政务。1991年以后，加快推进党风廉政各项制度和机制建设，在县（局）级领导干部和县管干部中实行个人重大事项报告制度，实行领导干部年收入申报制度，建立领导干部廉政谈话制度、党风廉政建设责任制和廉政函询制度等，全面考核县（局）级领导干部和领导班子的党风廉政建设情况；向重点部门和单位派驻纪检组、设立监察室，成立宁波市96178廉政投诉中心和市委巡视工作办公室，建设廉政文化，推进“阳光工程”，探索建立“三重一大”（即重大项目、政府重大决策、重大部门管理和大额资金使用）保廉体系，建立廉情预警机制，建成惩治和预防腐败体系。同时，加强党风党纪监督检查，专项治理和整改机关和行业的不正之风，在市直机关每两年开展一次民主评议活动（2002年起），督促机关加强党风廉政建设。2011年以后，以新技术、新方法织密党风党纪监督检查和行政监察网格，实施市场信用信息管理和信用评价，建成市本级网上执法暨电子监察系统，实现全市一般程序行政处罚案件网上运行、网上流转、网上监管，开发“一键督办”数字化监督系统，取得全国省会城市、计划单列市“政府透明度”排名第一位的成绩。实施监察体制改革试点，至2017年4月全面建立市、县两级监察委员会（与纪委合署办公），将政府的监察局、预防腐败局及人民检察院查处贪污贿赂、失职渎职以及预防职务犯罪等部门的相关职能整合至监察委员会，形成集中统一、权威高效的监察体系。建立市级垂直管理部门党风廉政建设联席会议制度，加强开发区

（园区）和高校的纪检监察协作，实现市、县两级纪检监察派驻机构全覆盖和巡察工作全覆盖。实行机关工作人员作风效能问责制，推行主体责任履责清单、所在单位问题清单、重要廉政风险清单的“三交底”廉政谈话制度，建立履责提示单机制。加强党政公务人员因公出国境管理，实现“三公”经费预算“零增长”。根据党委、政府中心工作开展经济稳进提质、疫情防控、除险保安等专项监督。

统一战线　解放前，党的统一战线工作主要是争取民主人士、爱国志士支持革命斗争和根据地建设。解放后，党的统一战线工作主要是团结守法的资产阶级、各民主党派和宗教界等方面的爱国人士投入各项政治运动，动员工商界人士投入和接受资本主义工商业的社会主义改造。1952年，开始举荐民主党派成员、无党派人士担任各种职务。1956年1月以后，贯彻与民主党派“长期共存、互相监督”的方针，动员民主党派、民主人士参政议政。1978年以后，落实党的统一战线政策，团结党外人士，帮助组建宁波甬港联谊会、市台胞台属联谊会、黄埔同学会宁波小组（后改为宁波黄埔军校同学会）、市少数民族联络委员会、宁波海外联谊会。1984年以后，加强与宁波籍海外人士联系、交往；1989年下半年，推动“三胞”（港澳同胞、台湾同胞、海外侨胞）眷属与海外亲友通信联系、邀请海外亲友访问宁波。1990年，市委提出举荐党外人士担任政府实职。1991年以后，市委每5年召开一次全市统战工作会议（2004年以后改为每年1次），总结、部署全市统战工作。1996年以后，加强统战系统协作以及与组织、宣传等部门的协作，建立统战系统协调会议、统战宣传工作例会、组织统战工作例会、高校统战工作联席会议、民族宗教工作联席会议等制度，多条线研究、协调、推进全市统战工作。2011年以后，持续加强统战制度建设，颁行各领域统战政策措施，建立民主党派、工商联领导班子成员任期制，市委领导与民主党派、工商联主要负责人和无党派人士召开无主题座谈会，民主党派向市委提出意见建议“直通车”等制度。创建全省首个海峡两岸交流基地（象山石浦），举办世界“宁波帮”大会和世界“宁波帮·帮宁波”发展大会，建立海外人才智力库和海邦人才基金，打造新乡贤同心共富示范带，吸引乡贤回归宁波、回馈宁波，健全“荣誉市民”机制并被中央统战部推广。颁布加强城市民族工作的意见，颁行民族工作“四微”（即微组织、微平台、微热线、微窗口）标准，实施少数民族流动人口服务管理体系建设试点，创制全国首个城市民族工作省级地方标准，成功创建全国民族团结进步示范区、示范单位10个（列全省首位）。拓展非公有制经济领域统战工作，建立“创二代”联谊会，构建“1+3+1”亲清政商关系体系（即制定一份正负面清单，建立政商联系沟通、容错免责、评价监督三项长效机制，建设一批亲清家园、示范清廉企业）。

推进党外代表人士队伍建设，建设党外人士服务中心，创建3个国家级新的社会阶层人士统战工作实践创新基地、8个省级基地和80多个市级基地。在所有乡镇（街道）以“商会+支部”模式创建基层商会，在全省率先打造“甬同心·跟党走”思想政治引领品牌矩阵，贯通多党合作在线，实现党建工作全覆盖。

政法工作　1980年10月、1981年11月，地委、市委相继成立政法委员会。1983年，地委、市委的政法委员会合并为新的市委政法委员会。1988年5月，撤销政法委员会，建立市委政法协调小组；1988年6月，改为政法领导小组；1990年4月，撤销政法协调小组，恢复政法委员会。政法委成立后，市委逐步加强对政法系统的执法监督，建立全市政法工作执法监督联席会议制度，专项治理执法中的地方和部门保护主义，专项检查劳动教养、取保候审、保外就医工作，排查处理涉法涉诉信访案件，建立执行协助工作联席会议制度，推动信访积案的解决。建立健全各级综合治理领导机构和办事机构，逐步建立健全以社区和村（居）党组织为核心、综治警务室为平台、治保调解组织和群防群治队伍为基础的综治工作网络。建立情报信息网络，掌握影响稳定的各种情报信息，加强社会舆情分析研判，创建互联网信息巡查处置工作模式，纠察查堵网上有害信息。建立维护社会稳定联席会议制度，全面实行稳定工作一把手责任制，建立化解重大不稳定因素协调会议、防范处理信访突出问题和群体性事件联席会议等制度，及时妥善解决改革进程中出现的各种热点问题，排查调处民间纠纷和不安定因素。实施“平安工程”，创建平安社区、平安居民区、安全小区、治安安全村、治安安全单位；着力推动“平安宁波”“法治宁波”建设，创建“平安社区”“平安企业”“平安市场”“平安校园”“平安大区（市）”。2010年以后，持续推进“平安宁波”“法治宁波”建设。成立社会治理综合服务中心和社会治理中心，建立横向到底、纵向到边的网格，完善矛盾纠纷多元调解体系，创设全国首个交通事故纠纷人民调解委员会、全国首部医疗纠纷预防与处理地方性法规、首个地市级调解培训专门学校、全省首个调解基金，法治乡村建设、乡村治理体系建设等社会治理经验在全国推广，信访积案化解率位居全省前列。开展扫黑除恶专项斗争、安全生产和消防安全整治百日大会战等专项整治，排查整治社会治安重点地区和突出问题。推动政法改革，健全诉讼制度机制，完善法律监督体系；推进数字法治改革，建成大数据侦查实战中心等一批有宁波辨识度的重大应用场景；推进作风建设专项行动，促进干警清正、队伍清廉、司法清明。至2023年，宁波市的法治建设考核连续多年位居全省前列，高分创成全国市域社会治理现代化试点合格城市。2024年，鄞州区连续5年入选全国治理百强区（县、市）。

社会工作　2024年1月，市委挂牌成立市委社会工作部，加强党对社会工作的全面领导，不断创造“甬有善治”新成效，推进基层治理体系和治理能力现代化。横向打造“市域全统筹”工作架构，建立党建引领基层治理等7个落实协调机制；纵向打造“五级全贯通”工作体系，建强“市级抓统筹、区县负主责、街镇强执行、村社重协同、网格作底盘”的治理架构，指导迭代“141”（即县级社会治理中心+党建统领、经济生态、平安法治、公共服务基层治理4个平台+网格）基层治理体系。建立统筹指导人民信访工作体制机制，创新“城感通”社情民意“晴雨表”功能。迭代完善“两新”工委运行机制，推动实体化运行。推进规模以上工业企业党建提质、产业链党建赋能、开发区党建强基，全面推广工业社区党建（专属网格）模式；健全“1+1+3”县域社会组织党建工作体系（即社会组织综合党委+社会组织党建指导中心+党建指导、社会组织服务、成效展示中心），开展“找建用统”社区社会组织孵化培育行动。落实“抓行业抓党建、管领域管人群”责任，推进行业协会商会高质量发展；实施新兴领域党员发展专项计划，指导成立市外卖配送员和直播电商行业党委，推动“甬爱E家”服务驿站提质增效。专项整治基层组织“滥挂牌”，推广“甬易报”“甬惠民”等应用，实施“普惠+优享”社区服务提档工程。创新“平台主建、部门主战、属地主责”联动机制，协同推进基层应急消防、非警情事项、秸秆焚烧、农村地区赌博、非法集资等领域问题整治，对基层平安稳定领域易发多发问题开展共治。建立政府购买、项目培育、空间让渡等目录清单，连接、撬动社会资源参与基层治理和公益慈善，集成打造“15分钟社区生活幸福圈”。推进村（社区）服务管理网格化和部门履职网格化“两网融合”，不断提升分类治理规范化建设水平。调整完善志愿服务工作协调、供需对接、赋能激励等机制，加强信访、矛盾调解等领域的社会工作专业人才培育，实施社区工作者赋能成长营计划，健全职业发展、评价激励体系。开展“甬有善治工作评价”，培育社会工作品牌，集成贯通社会工作各领域平台应用，改革完善“村社智管家”实用功能。

党校教育　解放后，未建立党校前，由干部学校负责干部培训，并从中吸收干部，教育对象为青年学生、社会知识青年、工农积极分子，主要进行形势、阶级、人生观、共产主义教育，帮助树立革命人生观，为党政机关输送干部，同时培训基层骨干，发展党团员。1959年、1960年，地委干部学校、市委干部学校相继改称中共宁波地委党校、中共宁波市委党校（后经多次调整、变更，1983年两校合并成新的市委党校），教育对象转向基层组织的党员干部，配合中心任务，学习党的路线、方针、政策及业务基础知识。1976年以后，党校教育确立以马克思列宁主义、毛泽东思想和党的路线、方针、政策为主课。1983年，教育对象转向培训后备党员干部和轮训党政主要领导干部，教学形式从短期轮训为主转向正规化培训为主，初步形成多层次、多渠道办学的格局。1987年以后，教育内容、办学方式转向以岗位培训、短期轮训为主。1990年9月以后，党校教育围绕中国特色社会主义建设，以学习马克思主义基本理论、党的基本路线、党内政治生活基本准则为主课，进行党性教育；开始建立党校学历制度，学制长短结合，以短期脱产轮训为主，兼顾业余函授教育；充分发挥培训干部的主渠道、主阵地作用，不断扩大干部教育培训规模，提高教学质量，形成“研究式”“研讨式”“案例式”“现场式”“模拟式”“开放式”“网络式”有机结合的新型教学模式。2017年9月，成立浙江四明山干部学院（2022年9月被列入全国64家干部党性教育基地备案目录），利用四明山红色资源，加强党性教育。2021年，设立市领导讲堂、“一把手”论坛、企业家讲坛、学员微课堂。2022年，“一校三院”共举办主体班次101期，培训8296人次，创历史新高。

党史研究（地方志编纂） 1956年、1960年，地委、市委相继建立党史资料征集研究机构（后几经变更，1990年改为市委办公厅管理的处级机构——市委党史研究室，2001年12月建立市委直属的市委党史研究室，市地方志编纂委员会办公室同时并入），收集革命历史文献、文物。1959年10月以后，成立协作点，约请撰写革命回忆录，采写重大事件专题材料，编写烈士传略、县（市）党史资料。“文化大革命”期间，征集工作中断。1980年11月以后，恢复工作，征集、编写地方党史、组织史资料、党史大事记及专题、烈士传记，发现、解决历史遗留问题495起；编修出版第一轮《宁波市志》（1995年出版）、首部《宁波年鉴1997》（1999年出版）、《中共宁波党史·第一卷》（2001年出版）。2002年以后，全面推进党史方志基本著作的征研，建立党史方志资料征集制度，出版《中国共产党宁波历史·第二卷（1949—1978）》《中国共产党宁波历史·第三卷（1978—2002）》《宁波市抗日战争时期人口伤亡和财产损失调查》《东海潮涌：宁波改革开放40年口述史》等征研成果，以及《百年追梦》《百名英烈》《中共宁波历史800问》等党史普及读物。持续整理宁波旧志和地情文献，影印出版《宁波历史文献丛书》和珍本“宋版四明志”。出版《宁波市志（1991—2010）》，完成全市二轮志书编纂任务，扩大部门志和基层志编纂覆盖面。连续出版《宁波年鉴》，实施“甬有优鉴”工程，获评第八届全国地方志优秀成果特等年鉴。每年推出一批资政研究成果，创办《宁波月鉴》和《宁波月鉴（资政特辑）》（后改名《宁波史志（资政特辑）》），发挥史志资政辅治功能。实施革命遗址保护利用工程，摄制《激战一江山》等电视文献片；开展“史志话宁波”

文化志愿服务活动，围绕中国共产党成立、宁波解放等重大事件周年及朱枫、张人亚等重要人物的诞辰，开展纪念、研讨活动，举办党史知识竞赛；贯彻落实《党史学习教育工作条例》，开展党史宣传教育“七进”活动，推动党史学习教育常态化长效化。

重大决策

1949年以后，历届市委确立把宁波市由消费城市变成生产城市、现代化国际港口城市、现代化滨海大都市等总体战略，制定“以港兴市、以市促港”“四大突破”“六大联动”“六大提升”“六个加快”“六化协同”“六争攻坚”“六大变革”等发展战略，做出“科教兴市”“文化强市”“平安宁波”“法治宁波”“美丽宁波”“勤廉宁波”“共同富裕先行示范市”等决策部署，实施开放型经济、先进制造业基地、智慧城市、新型城镇化、城乡一体化等战略举措。

现代化国际港口城市　1980年7月，市第五次党代会提出，“为尽快把宁波市建成现代化的港口城市而努力奋斗”。1984年7月，市第六次党代会提出，努力把宁波建设成为“以出口加工工业、国际转口贸易为中心的综合性的现代化港口城市”。1989年8月，市第七次党代会提出，“抓紧抓好以港口为中心的重点工程建设”“加快我市发展外向型经济的步伐”。1992年5月，市委七届六次全会提出，“以港兴市、以市促港”，把宁波港建设成为全国国际深水中转枢纽港之一，最终建成“东方大港”。1994年6月，市第八次党代会提出，“续深化和实施‘以港兴市、以市促港’的发展战略，把宁波建设成为经济实力雄厚，对外开放度高，科学文化发达，人民生活富裕，社会风气良好，城乡环境优美的社会主义现代化国际港口城市”。1999年5月，市第九次党代会提出，“到2020年，全市基本实现现代化，经济和社会发展的主要指标分别超过和达到目前中等发达国家水平，建成社会主义现代化国际港口城市”，并进一步提出港口建设、科教发展、对外开放、城市化“四个突破”战略。2002年12月，市委九届八次全会提出，建设大港口，发展大产业，构筑大都市，繁荣大文化，全面建设小康社会，提前基本实现现代化，确立长江三角洲南翼经济中心的战略地位。2004年5月，市第十次党代会提出，推进“六大联动”，加快现代化国际港口城市建设步伐，到2008年基本建成华东地区重要的先进制造业基地和东北亚国际航运中心的重要组成部分，进一步确立长江三角洲南翼经济中心的战略地位，并要求建设社会主义法治城市、文化大市，建成最佳人居城市。2007年2月，市第十一次党代会提出，深入实施“六大联动”，实现“六大提升”，努力把现代化国际港口城市建设全面推向新阶段。2012年2月，市第十二次党代会提出，“全面实施‘六个加快’战略，基本建成现代化国际港口城市，提前基本实现现代化，努力成为发展质量好、民生服务好、城乡环境好、社会和谐好的中国特色社会主义示范区”。同年12月，市委十二届三次全会做出《关于学习贯彻党的十八大精神努力把宁波基本建成现代化国际港口城市的决定》，提出争取到2016年基本建成现代化国际港口城市、提前基本实现现代化。2017年2月，市第十三次党代会提出，实施“六化协同”战略，加快建设国际港口名城，努力打造“东方文明之都”。2022年2月，市第十四次党代会提出，加快“港产城文”融合发展，推进“六大变革”，打造“六个之都”，奋力开创现代化滨海大都市建设新局面。2022年12月，市委十四届三次全会做出《关于全面学习贯彻党的二十大精神，坚定捍卫“两个确立”，坚决做到“两个维护”，以“两个先行”引领现代化滨海大都市建设，奋力打造中国式现代化市域样板的决定》，要求“以现代化滨海大都市建设的生动实践，全面彰显中国式现代化市域样板风采”。

新型城镇化　1999年5月，市第九次党代会做出“城市东扩”的战略决策。2002年，市委、市政府做出开发建设东部新城、拉开城市框架、实现甬城发展新跨越的决策。2005年，市委十届五次全会提出“东扩、北联、南统筹、中提升”区域发展战略。2006年12月，市委十届七次全会通过《关于深入贯彻党的十六届六中全会精神构建社会主义和谐社会的实施意见》，再次明确“东扩、北联、南统筹、中提升”区域发展战略。2007年3月，市第十一次党代会提出，“坚持走新型城市化道路，构筑区域发展新格局”，推进东部新城、鄞州、北仑、镇海新城区等重点区域和十大功能区块建设；抓好杭州湾新区、余姚工业园区等重点区块建设，加快构筑宁波都市区北部中心；加大奉化、宁海、象山等南部区域统筹发展力度。2009年7月，市委、市政府颁发《关于深化中心镇改革加快卫星城市发展的若干意见》，提出将有条件的中心镇发展成为宁波都市圈的卫星城市。2012年2月，市第十二次党代会提出，“统筹推进中心城市、副中心城市、卫星城市建设”，加快建设东部新城、南部新城、镇海新城、北仑滨海新城和东钱湖旅游度假区，推进城西地区开发建设，将余姚、慈溪城区打造成先进制造业发达的中等城市群，培育环象山港城镇带，推进卫星城、中心镇和小城镇建设，建成一批连接城乡、各具特色的现代化小城市。2017年2月，市第十三次党代会提出，加快宁波都市圈建设，推动中心城区“东集聚、南融合、西开发、北提质”，推进余姚、慈溪和杭州湾新区“北翼”协同发展，加快宁海、象山“南翼”统筹发展，培育现代化小城市。2022年2月，市第十四次党代会提出，“推进行政区功能化，加强陆海联动、区域统筹、南北协同，形成若干标志性功能组团”“打造一批精致新区和活力单元”“加快城乡有机更新”“推进海绵城市、韧性城市、地下城市、智慧城市建设”。至2022年，东部新城基本建成，余慈基础设施连通更加便捷，卫星城成为经济社会发展重镇和城市功能的重要拓展区。

科教兴市　1994年6月，市第八次党代会提出，“大力发展科教事业，提高全民科技文化素质，加速形成科教兴市的新局面”。1999年5月，市第九次党代会，将“科教发展取得新突破”列为“四大突破”战略之一。1999年9月，市委、市政府召开全市科教兴市大会，将科教兴市列为党委、政府主要负责人的“一号工程”。2004年2月，市委、市政府召开全市人才工作会议，提出实施“人才强市”战略，力争把宁波建设成为“在长江三角洲乃至全国具有重要影响力的区域性人才高地之一”。2004年5月，市第十次党代会提出，“加大科教兴市力度，构筑区域人才新高地”。2006年2月，市委、市政府召开全市推进自主创新、建设创新型城市大会，做出《关于推进自主创新建设创新型城市的决定》，提出“到2015年，成为长三角地区重要的高科技创新基地、高新技术产业化基地和高素质人才集聚基地”，进入创新型城市行列。2007年3月，市第十一次党代会提出，推进自主创新，建成浙江省科研副中心。2012年，市第十二次党代会提出，“完善区域创新体系，着力增强城市核心竞争力”，建设国内一流的创业创新基地。2013年1月，市委十二届四次全会提出，“率先进入国家创新型城市行列，创新成为经济增长的基本驱动力”。2017年2月，市第十三次党代会提出，“着力加快实施创新驱动发展战略，打造一流的创新型城市”，把创新驱动作为核心战略。同月，市委、市政府颁发《关于进一步强化科技创新推进国家创新型城市建设的意见》，提出要率先迈进国家创新型城市前列。2020年7月，市委十三届八次全会做出《关于深入实施人才和创新“栽树工程”加快建设高水平创新型城市的决定》，提出“打造高素质人才发展重要首选地、优势领域科技创新策源地、国际智能制造新高地、优质创新资源集成地、创新创业生态示范市”。2022年2月，市第十四次党代会提出，“把创新摆在现代化建设全局最核心位置，全域建设高水平创新型城市”“全面实施新时代人才强市战略”。2022年，全市有效发明专利拥有量达4.7万件，研发投入强度达3.0%，科技服务业营收达420亿元。

文化强市　2000年8月，市委、市政府召开全市文化工作会议，做出《关于加快文化改革和发展的决定》，提出“建设文化大市”的战略目标，加快从城镇文化向都市文化转变。2004年，市第十次党代会提出，“推进文化大市建设，发展社会主义先进文化”。2005年8月，市委十届四次全会做出《关于推进文化大市建设加快社会事业发展的决定》，提出加快建设文化大市，努力使文化和社会事业发展走在全国前列。2007年3月，市第十一次党代会提出，深化文化大市建设，“培育和谐文化，巩固社会和谐的思想道德基础”。2008年9月，市委、市政府颁布《关于推动文化大发展大繁荣的若干意见》，提出经过5年的努力，基本建成“集历史文化名城和创新之城、文明之城、和美之城于一体的文化大市”。2011年12月，市委十一届十四次全会做出《关于贯彻党的十七届六中全会精神加快文化强市建设的决定》，提出到2020年在全省率先基本建成公民道德水准高、社会文明风尚好、城市生活品质优、地域文化特色明、文化综合实力强的文化强市。2012年2月，市第十二次党代会提出，“推进文化改革发展，大力建设文化强市”“推动文化大发展大繁荣”。2017年2月，市第十三次党代会提出，“努力打造东方文明之都”“着力加快文化强市建设，打造一流的城市软实力”“构筑思想文化建设高地、道德风尚建设高地、文化事业和产业发展高地”。2020年4月，市人民代表大会常务委员会颁布《宁波市全民阅读促进条例》，将每年4月定为“宁波读书月”，10月31日定为“书香宁波日”，宁波成为浙江省第一个以立法形式促进全民阅读的城市。同年7月，市委十三届八次全会把“打造独具魅力的文化强市”作为宁波当好浙江建设新时代全面展示中国特色社会主义制度优越性的“重要窗口”模范生必须加快形成的15项重大标志性成果之一。2022年2月，市第十四次党代会提出，“打造全国文明典范之都”“加快建设新时代文化高地”。至2022年底，“爱心宁波·尚德甬城”品牌熠熠生辉，高分蝉联全国文明城市“六连冠”，打响“在宁波，看见文明中国”城市品牌。2025年3月，市委召开繁荣发展港城文化，更好担负起新时代的文化使命，加快建设高水平文化强市动员部署会，发布建设高水平文化强市的行动方案。

平安宁波（市域治理现代化） 2005年5月，市委九届十二次全会做出《关于建设“平安宁波”的决定》。2007年2月，市第十一次党代会提出，要“全面建设‘平安宁波’，创新和推广‘枫桥经验’，切实维护社会稳定”。2011年7月，市委十一届十二次全会做出《关于进一步加强和创新社会管理的决定》，提出到“十二五”末，社会管理的各项工作走在全省乃至全国前列。2012年2月，市第十二次党代会提出，要“更高水平推进平安建设，加强社会治安综合治理”。2014年7月24日，市委十二届七次全会做出《关于深入推进新型城市化提升城乡治理水平的决定》，提出到2020年，城乡治理实现由政府主导向多方协同转变。2015年7月，市委十二届九次全会做出《关于创新社会治理全面加强基层基础建设的决定》，提出“着力健全完善基层规范化组织体系、清单化权责体系、法治化城乡社区治理体系、网格化工作体系、信息化支撑体系、社会化服务体系、多元化矛盾调解体系、制度化保障体系，确保我市基层社会治理创新，基层党组织和基层政权建设各项工作，走在全国全省前列”。2017年2月，市第十三次党代会提出，“着力加快平安宁波建设，打造一流的社会治理体系”“建设更高水平的平安宁波”。2019年12月，市委十三届七次全会做出《关于高水平推进市域治理现代化的决定》，提出到2035年基本实现市域治理现代化，到2049年高水平实现市域治理现代化，成为展示中国特色社会主义制度优越性的市域治理典范城市。2020年7月，市委十三届八次全会提出，把“打造全国市域社会治理现代化示范城市”列为宁波当好浙江建设“重要窗口”模范生必须形成的15项重大标志性成果之一。2022年2月，市第十四次党代会提出，“聚力治理体系大重构，开辟整体智治新境界”“打造一流智慧善治之都”，成为大都市治理的典范。经过近20年的建设，宁波成为全国最安全、最和谐的城市和全国最具幸福感的城市之一，2018年获浙江省平安建设的最高称号——“平安金鼎”，至2022年连续16年获省“平安市”称号，连续13次获评中国最具幸福感城市。

法治宁波　2006年4月，市委十届六次全会做出《关于建设法治宁波的决定》，提出“全面推进依法治市，加快建设法治宁波”。2007年3月，市第十一次党代会提出，“要深入推进法治宁波建设，提高经济、政治、文化、社会生活的法治化水平”。2012年2月，市第十二次党代会提出，“扎实推进‘法治宁波’建设，不断巩固共谋发展、共创和谐的生动政治局面”“深入推进依法治市”。2014年12月，市委十二届八次全会做出《关于认真贯彻党的十八届四中全会精神全面深化法治宁波建设的决定》，提出要切实提高地方立法水平，加快推进法治政府建设，全面提升司法公信力，深化法治宣传教育，加快法治社会建设，加强法治工作队伍建设。2017年2月，市第十三次党代会提出，“着力加快法治宁波建设，打造一流的法治城市”“全面提高依法治市水平”。2020年7月，市委十三届八次全会将“建设彰显公平正义的法治宁波”列为宁波当好浙江建设“重要窗口”模范生必须加快形成的15项重大标志性成果之一。2022年2月，市第十四次党代会提出，“聚力依法治市大深化，促进民主政治新发展”，全面建设法治中国先行市。20余年间，“法治宁波”建设取得一系列重大标志成果，2018年，宁海县基层权力阳光运行制《村级权力清单三十六条》被写入《中共中央、国务院关于实施乡村振兴战略的意见》；2020年7月，宁波市成为全国首批法治政府建设示范市，网上政务服务能力居全国重点城市第3位。至2022年6月，全市共创建国家级民主法治示范村（社区）36个、省级541个。

美丽宁波　2003年11月，市委、市政府召开全市生态市建设动员大会，提出经过20年左右的努力，把宁波建设成为具有比较发达的生态经济、优美的生态环境、宜人的生态人居、繁荣的生态文化，人与自然和谐相处的可持续发展城市，决定实施“蓝天、碧水、绿色、洁净”四大工程。2004年，市第十次党代会提出，“建设生态市，增强可持续发展能力”。2007年3月，市第十一次党代会提出，“加强资源节约和环境保护，促进人与自然和谐相处”，深化生态市建设，推进循环经济试点，建立生态补偿机制，实施“碧海生态建设行动”，打造一批“绿色走廊”等。2010年7月，市委十一届十一次全会做出《关于推进生态文明建设的决定》，提出“力争到2015年达到国家级生态市建设标准，力争到2020年成为全国生态文明建设示范区”。2012年2月，市第十二次党代会提出，“强化环境保护和资源集约节约利用，实现可持续发展”“必须坚持生态立市、绿色发展，切实加强生态文明建设”。2013年5月，市委十二届五次全会做出《关于加快发展生态文明努力建设美丽宁波的决定》，提出到2016年力争成为国家级生态市。2017年3月，市第十三次党代会提出，“着力加快美丽宁波建设，打造一流的生态文明先行示范区”。2020年7月，市委十三届八次全会，将“建设富裕文明宜居的美丽乡村”列为宁波当好浙江建设“重要窗口”模范生必须加快形成的15项重大标志性成果之一。2022年2月，市第十四次党代会提出，“聚力生态环境大优化，塑造全域美丽新风貌”，全面建设美丽中国先行示范区。至2022年底，全市有5个国家生态文明建设示范区，106个乡镇（街道）全部成功创建美丽城镇，其中，46个获评美丽城镇建设省级样板，60个获评美丽城镇达标城镇。

卷十五　民主党派　群众团体

民主党派

解放前，在宁波公开活动的党派有中国国民党、中国三民主义青年团、中国青年党、中国民主社会党。其中，中国国民党历史最久，且处于执政地位；1947年11月，三民主义青年团并入中国国民党；中国青年党、中国民主社会党组建既迟，人数亦少。境内的民主党派仅有中国民主同盟有个别盟员，不过有许多宁波人参与中国民主建国会、中国民主促进会等民主党派的创建工作。解放后，中国国民党、中国青年党、中国民主社会党终止活动，民主党派开始在宁波筹建地方组织。至1956年9月，中国民主同盟宁波市委员会、中国民主建国会宁波市委员会、中国国民党革命委员会宁波市委员会、中国农工民主党宁波市委员会先后成立。1983年9月，中国民主促进会宁波市委员会、九三学社宁波市委员会成立。1991年9月，中国致公党宁波市委员会成立。至此，全市7个民主党派全部成立。各民主党派在中国共产党领导的多党合作和政治协商制度中，履行参政议政、政治协商、民主监督职能，在维护安定团结、推进现代化国际港口城市建设和改革开放、实现中华民族伟大复兴、促进祖国和平统一等方面，发挥着重要作用。

中国国民党革命委员会宁波市地方组织　1956年春，中国国民党革命委员会浙江省委员会派员至宁波市发展党员，筹建组织。8月12日，民革宁波市筹备委员会成立，委员9人。至年底，有党员21人。1958年6月7日，召开首次党员大会（21人），选举产生中国国民党革命委员会宁波市委员会，委员9人，主任委员庄禹梅。至2022年，累计召开13次党员（代表）大会，下辖区委员会1个、基层委员会7个、总支部11个、支部88个，有党员1410人。民革宁波市委会以“祖国统一”“农业农村农民”和社会法制等领域为重点，履行参政党职能，提出抢救性保护慈湖中学内四块北宋飞天石刻、推进姚江治理工程等优质提案和建议。逢节日、孙中山诞辰纪念日等，举办联欢活动和座谈会，联络、接待“三胞”，组织两岸交流，开展调查研究，推进两岸经贸合作畅通、基础设施联通、能源资源互通、行业标准共通。切实发挥社会服务和联谊职能，开办求是文化补习学校、求精业余学校，提出合理化建议，组织送医、送文化、送科技“三下乡”活动，建立“三农”服务基地、企业家联谊基地和“一对一”挂钩联系机制等，助力脱贫攻坚和经济社会发展。

中国民主同盟宁波市地方组织 解放前，有个别联系的盟员20余人。1950年5月17日，宁波民盟地方组织成立。1955年1月19日，召开首次盟员大会，选举产生中国民主同盟宁波市分部委员会（1956年5月1日更名中国民主同盟宁波市委员会），委员11人，主任委员翁心惠。至2022年，累计召开15次代表大会，下辖基层委员会9个、总支部5个、支部15个，有盟员1985人。民盟宁波市委会发挥在文化科教方面的优势，履行参政党职能，通过调查研究形成许多优质提案和建议，尤其在办学、助学和促进地方教育事业发展方面，成绩卓著。响应民盟中央倡导的农村教育“烛光行动”，组织盟员到市内农村学校和西部贫困地区支教、送教、助学、助教，实施偏远地区教师“暖心工程”。持续开展“黄丝带帮教行动”，成立“社会帮教实践基地”，举办社会帮教服务日活动。坚持实施“同心健康行动”，向农村、社区送医送药。设立民盟帮扶基金，建立“民盟助力乡村振兴实践基地”，发挥民盟中央美术院宁波分院的作用，助推乡村文化振兴。整合资源做好东西部扶贫协作工作，赴四川凉山州、贵州黔西南州开展社会服务活动。

中国民主建国会宁波市地方组织 1952年9月，中国民主建国会在宁波市发展俞佐宸为会员；12月，吸收冯梯云、周信涛等9人；至年底，有会员15人。1953年5月28日，民建宁波市支会筹备委员会成立，设小组3个，有会员25人。1955年6月9日至10日，召开首次会员大会，选举产生中国民主建国会宁波市委员会，委员13人，主任委员俞佐宸，有会员38人。至2022年，累计召开14次会员代表大会，下辖基层委员会9个、总支部2个、支部69个，有会员1672人。民建宁波市委会发挥联系经济界的特色优势，履行参政党职能，提出完善社会保障体系、加快城区经济发展、降低小微企业成本等优质提案，尤其在经济建设方面做出重要贡献。通过多种途径奉献爱心、回馈社会，以扶贫、助学、救灾、济困、解危、安老、送医送药等形式进行慈善捐赠。搭建“同心·思源”基金、企业家协会和社会服务专委会三大平台，建立社会服务长效机制，创立“同心”系列公益品牌。向农村开展义诊和送医送药活动，实施“蜡梅花助学行动”，在贫困地区开展扶贫帮困工作；建立民建中央爱国主义教育基地——包达三生平陈列馆，编辑民建先贤文献，弘扬民建共同价值理念。

中国民主促进会宁波市地方组织 1982年5月，中国民主促进会浙江省委员会派员至宁波市发展会员。1983年9月15日，民主促进会宁波市筹备委员会成立，有会员48人。1985年2月26日，召开首次会员大会，选举产生中国民主促进会宁波市委员会，委员9人、候补委员2人，主任委员唐正仙，有会员109人。1991年5月24日至26日，召开第一次代表大会，选举产生第二届委员会。至2022年，累计召开8次会员（代表）大会，下辖一级基层组织25个（基层委员会6个、总支部3个）、二级组织45个，有会员1365人，其中教育文化出版传媒主界别961人。民进宁波市委会发挥教育文化特长与优势，履行参政党职能，开展调查研究，提出创新发展职业教育、完善公共文化服务体系等优质提案和建议，尤其在文化教育方面成绩突出。参与民进中央“同心·彩虹行动”，建立延安宝塔区助学基地，开办黔西南州安龙一中“镇海中学班”，组织民进名师团成员支教。组织会员开展农业科技指导。打造以开明健康服务队、宁波民进“名师团”等开明服务矩阵，创立名师团公益课堂、开明健康行、开明护老、父亲联盟、山货下乡、筑梦幼教、“3861”爱相随等服务品牌。

中国农工民主党宁波市地方组织 1956年2月，中国农工民主党浙江省委员会派员至宁波市与市民盟协商，以民盟盟员陈世炤、吴元章等9人为基础，发展医药卫生界知识分子37人入党。9月7日，农工民主党宁波市工作委员会成立，委员7人，主任委员陈世炤。至年底，有党员46人。1958年9月1日，召开首次党员大会，选举产生中国农工民主党宁波市委员会，委员9人，主任委员陈世炤，有党员46人。至2022年，累计召开13次代表大会，下辖基层委员会7个、总支部2个、支部29个，有党员1582人。农工党宁波市委会发挥医药卫生界特色，履行参政党职能，调查中医药工作、个体行医、城市环境卫生等，提出大气污染治理、浙东引水、智慧医疗等重要提案，以及提振旅游消费信心、推进前湾新区建设、促进外贸企业发展等优质建议，尤其在医药卫生工作中发挥重要作用。利用高层次医药卫生人才优势，举办“名医下乡直通车”项目，开展“光明工程”、义诊赠药、医疗咨询、科普宣传与科技指导等社会服务活动。向吉林延边州、贵州黔西南州和大方县捐款捐物，捐资设立家庭医生基金、农工党帮扶基金，实施医疗扶贫，助力抗灾解困。

中国致公党宁波市地方组织 1984年7月，中国致公党中央派员至宁波市发展党员，组建致公党中央宁波直属小组，成员5人。1986年11月30日，致公党宁波市工作委员会筹备会成立。1989年9月16日，致公党宁波市工作委员会举行成立大会，委员9人，主任委员叶荫叔。1991年9月24日，召开第一次党员大会，中国致公党宁波市委员会成立，委员7人，主任委员傅积泰，有党员50人。至2022年，累计召开7次党员大会，下辖基层委员会2个、支部11个，有党员446人，有“侨海”关系的占93.5%。致公党宁波市委会发挥“侨海”优势，履行参政党职能，提出建设进口商品展示（交易）基地、争办世界海洋博览会、加强企业知识产权的海关保护、建设大学英语师资队伍等优质提案和建议，尤其在祖国统一联谊上发挥重要作用。设立“致公海创港”服务基地，吸引聚集高素质海外人才在甬投资兴业。定期、定点组织专家党员开展药学、文化、生活服务“三下乡”活动，组建“致爱”志愿者团队开展文化、医疗、金融、法律等智力服务活动。在云南大理、四川达州、吉林延边和贵州黔西南等地开展爱心助学、结对帮扶，助力脱贫攻坚；设立“河海·致爱”基金，持续资助高校优秀学生和贫困学生。

九三学社宁波市地方组织　1983年2月，九三学社浙江省工作委员会派员至宁波市发展社员。4月17日，九三学社省工委宁波市直属小组成立，成员7人。9月15日，九三学社宁波市分社召开成立大会，选举产生九三学社宁波市分社委员会，委员7人，主任委员杨国栋。1984年8月，改称九三学社宁波市委员会。至2022年，累计召开9次代表大会，下辖基层委员会10个、支社58个，有社员1680人。九三学社宁波市委会发挥科教医卫高层次人才优势，履行参政党职能，提出建设杭州湾大通道、加快专业服务业发展、推进四明山区域生态发展、加强地面沉降防治、建立梅山岛自由贸易区、扩大廉租房覆盖面和完善廉租房保障工作、加强油气管道安全，以及推进农村宅基地“三权”分置改革、前湾新区建设资源环境保护等优秀提案和建议，尤其在科技发展方面发挥重要作用。以科技、医卫、文化服务为主要载体，举办科技开发公司、九三专修学校，组织“院士专家科普行”“九三科技服务月”“国际科学与和平周”“九三甬创汇”等活动，创建“甬九同心营”等服务品牌和服务基地。

群众团体

工商业联合会（商会）　1905年，商界王月亭、汤仲盘等发起成立宁波商务总会，实行业董制，总理吴葭臆。1916年，改称宁波总商会，总理改称会长。1927年，更名为宁波商会，改为委员制；1928年，与宁波商民协会合并，改称宁波市商人统一委员会；1930年底，复称宁波商会。1941年4月宁波沦陷后，停止活动。1945年9月抗日战争胜利后，恢复活动。1946年2月，改委员制为理事制。1949年春，协助四明山中共党组织解放并稳定秩序。1949年5月宁波解放时，有同业公会59个。1950年1月，宁波市工商业联合会筹备委员会成立，主任委员金臻庠。1953年1月22日，市工商业联合会（简称市工商联）成立，主任委员俞佐宸。1956年，与民建宁波市委会合署办公（1989年开始分署办公）。“文化大革命”开始后，市工商联停止活动；1979年4月，开始以市政协工商组名义活动；11月，正式恢复组织和活动。1990年5月，增挂宁波市总商会牌子，实行“一套班子、两块牌子”模式。2006年6月，市总商会注册为宁波市商会，业务主管单位为市工商联。至2022年，累计召开16次会员代表大会，共有商会522家，会员4.4万余家。市工商联筹委会成立后，动员会员捐款支援抗美援朝战争，协助政府调整工商关系，参加反行贿、反偷税漏税、反盗窃国家资财、反偷工减料、反盗窃国家经济情报“五反”斗争。市工商联正式成立后，教育、推动私营工商业者接受社会主义改造。改革开放后，发挥工商界优势参政议政，就经济体制、民营经济、“宁波帮”“菜篮子”等方面的问题，提出推进民营企业节能减排、创建民营企业和谐劳动关系等提案和建议。组建民营企业贷款担保公司、小微企业互助合作促进会，推出互助合作基金融资项目，搭建“甬商贷”合作平台。成立“创二代”联谊会，在全国首创非公有制企业劳动争议预防调解做法。结对帮扶贫困地区，引导会员企业参与“万企兴万村”“百企结百村”行动和光彩事业，在新农村建设、抗震救灾、“五水共治”、脱贫攻坚、抗击新型冠状病毒肺炎疫情等活动中捐款捐物。大力发展基层商会和异地商会，2010年在全省率先实现乡镇（街道）商会全覆盖，至2023年拥有市属异地商会101家，并涌现出宁波台州商会、温州商会、安徽商会等一批“四好”异地商会。全国工商联“万家民营企业评营商环境”满意度、全国“四好”商会认定数连续保持在全国各大城市第一方阵。

工会　1920年12月，店员发起成立宁波伙友联合会；次年春，改称宁波工商友谊会，会员1000余人。1925年2月，以铁路机务工人为主体的宁波机器工人协会成立，这是中国共产党影响下成立的第一个工会组织。1926年10月，宁波总工会成立；次年4月，被查封后改组，受中国国民党右派控制；1936年，改为鄞县总工会。1945年5月，浙东抗日根据地公营工厂总工会成立；9月底10月初，新四军浙东游击纵队北撤，工会遂停止活动。1949年6月，市总工会筹备委员会成立；1950年5月，筹建省总工会宁波地区办事处（1962年5月撤销）。1951年1月，市首届工人代表大会召开，市总工会成立；1953年8月，改称市工会联合会；1958年8月，复名市总工会。“文化大革命”开始后，停止活动。1967年10月，宁波地区（市）工人代表大会（筹）成立；1968年，省工代会宁波地区联络站成立。1973年4月，宁波地区工会办事处成立（1974年4月停止活动，1975年5月恢复活动）；1977年10月，市总工会（筹）恢复；1983年7月，地区工会办事处与市总工会合并为宁波市总工会。至2022年，宁波市累计召开15次全市工人（会员）代表大会，下辖基层工会2.48万家，涵盖单位9.97万家，有会员344.8万人。市总工会成立后，参与国家事务及企业民主管理，参与重大政策、法规签署及制订，组织工人帮助人民政府接管城市，开展劳军支前活动，参加抗美援朝、保家卫国等运动。恢复、发展生产，实施“港城工匠”培育行动，建立工匠智库，在“三重一新”［重大工程项目、重要工作任务、重点发展领域（行业）、新经济业态组织］等领域开展劳动竞赛活动。维护职工合法权益，组建劳动保护监督检查网络，建立职工维权帮扶中心和各级工会劳动关系调处室。实施劳动关系建立、运行、监督、调处全过程的体系化管理，完成全国劳动争议“调裁诉”联动化解试点，建立工资集体协商制度和职工集体劳动合同（协议）制度。建成退休人员住院医疗互助保障和特种重病医疗互助保障，形成以在职职工住院医疗互助保障、女职工安康互助保障、劳模医疗补助为基础的职工医疗互助保障体系；建立“职工普惠保险”平台，形成“风险保障”“健康管理”“医疗救助”服务体系。

中国共产主义青年团　1921年6月，宁波省立第四师范学校7名学生成立青年团体——雪花社。1924年5月，中国社会主义青年团宁波地方团成立；7月，中国社会主义青年团宁波地方执行委员会成立。1927年4月9日，国民党右派发动反革命事件后，团组织转入地下活动；1928年7月底，团市委活动中断。1928年10月，团省委派人重组团宁波县委；同月，改称团市委；1935年以后，团组织中断。1949年10月、1950年3月，新民主主义青年团（1957年8月改名中国共产主义青年团）宁波市工作委员会、宁波专区工作委员会分别成立，合署办公；1952年10月，开始分署办公。12月，宁波市第一次团员代表大会召开，选举产生团宁波市委员会。1962年7月，团专区工作委员会撤销。1966年底，团市委停止活动。1971年9月，团组织恢复。至2022年，宁波团组织累计召开19次代表大会，下辖基层团委903个、团工委165个、团总支部10201个、团支部19767个，有团员34.64万人。革命年代，团组织主要是团结青年，动员参加革命运动。解放后，发动团员投身反轰炸、剿匪反霸、土地改革、抗美援朝、民主改革等斗争，开展增产节约劳动竞赛，参加扫除文盲、岗位练兵、技术比武等活动。改革开放后，组织“争当新长征突击手、突击队”、树九十年代新风尚、共产主义义务奉献周、农村“青年星火带头人”等活动，实施“服务农村青年成才致富奔小康行动”、青年创新创业行动，建立未成年人保护委员会，构建未成年人保护网络。进入21世纪以后，推出“捐资助学”“助跑学子”等资助大学生活动，建立志愿者人才库、“We志愿”网络平台、国际志愿者基地、应急救援志愿者联盟，创立“志愿者周末奉献日”、青年文明号“百号百站”文明传递等志愿服务品牌。成立未成年人心理健康指导中心、法律援助站、社会观护团，建立青少年发展基金，实施预防青少年违法犯罪“防护林”工程、低收入农户青少年“汇·梦”工程、关爱农民工子女志愿服务行动。建立“甬青创”青年创业创新综合服务平台，构建青年农业创业就业立体网络，推出“青年创新创业板”，实施优秀青创农场主“领航”工程、青年农业创业“育雏”工程。

青年联合会　1953年5月，宁波市召开第一次青年代表大会，成立市青年联合会（简称市青联）。“文化大革命”期间停止活动。1980年6月，恢复活动，改代表大会制为委员会全体会议制，委员由各界人士协商产生。至2022年，共召开11次青年代表大会（委员全体会议）。市青联成立后，组织青年补习文化，举办青年文化艺术节，开展为“七五”计划出成果、做贡献竞赛活动；实施“新农村·新青年”发展计划，开展青联委员农村行活动，推进“送医下乡”“青联路”“岭头和谐乡村青年会所”等项目。拓展与长三角地区城市青联合作，签署“长江三角洲地区青年企业家协会（青年商会）友好合作协议书”。加强与港澳台青年尤其是宁波籍海外人士第三代、第四代的联系，组织、参与“海峡两岸青年中秋大联欢”“浙港青少年交流营”等活动，与香港女童军建立友好关系，成立台胞台属青年联谊会，加深他们对祖国和家乡的了解。拓宽青年国际交流渠道，邀请美国青年政治领袖理事会、韩国顺天青年会议所等国外青年组织在甬参观考察，组织青年团队在澳大利亚、新西兰、瑞典、日本等国学习交流，协办“未来之桥”中国—中东欧青年研修交流营，建立宁波中东欧青年创业中心、“16+1”国际志愿者宁波工作站。

妇女联合会　1926年3月8日，在中共宁波地委领导下，宁波各界妇女联合会于城区后乐园召开成立大会，宣传妇女解放。1927年3月，学生界发起成立宁波妇女协会。同月，两个妇女团体合并，改称宁波妇女解放协会。7月，国民党浙江省党部下令解散、改组妇女组织，定名为妇女协会。1933年，市妇女协会改名鄞县妇女会。1943年2月，浙东抗日根据地成立首个妇女会——慈北区抗日救国妇女会，随后根据地普遍建立妇女会，发动妇女运送物资，支持革命斗争。1945年8月，浙东各界妇女联合会筹备会成立；10月初，新四军浙东游击纵队北撤，浙东妇联停止活动。1946年10月22日，鄞县妇女会重新成立；1947年10月，召开首届妇女会员代表大会，邵天忧当选理事长，领导开展统战工作、维护劳动妇女权益。1949年11月，宁波市民主妇女联合会（1957年9月改称宁波市妇女联合会）筹备委员会成立。1950年4月27日，省民主妇女联合会宁波专区办事处成立（1953年6月改称分会，1957年9月又称办事处）。1953年2月，宁波市第一次妇女代表大会召开，选举产生第一届执行委员会，主任竺冠玉。“文化大革命”开始后，停止活动；1973年6月，恢复活动。1973年7月，宁波地区妇女联合会成立（1979年10月改称省妇联宁波地区办事处）；1983年7月，并入市妇联。至2022年，宁波市累计召开15次全市妇女代表大会，下辖区（县、市）妇联10个。1950年以后，市妇联宣传贯彻《中华人民共和国婚姻法》，保护女婴和生女孩母亲，创办产妇室，免费新法接生，普查、治疗妇女病。1980年以后，引导妇女参与国家和社会事务的管理监督及公共服务，逐年提高女干部比例和参政比例及参政议政能力。开展“五好家庭”、文明家庭、美丽庭院等创建活动，实施“母亲素养工程”“妇女维权工程”，建立儿童福利基金、女性教育培训基金、妇女儿童关爱基金等，保障妇女儿童合法权益。开展“双学双比”“巾帼建功”和巾帼创业创新活动，实施女性科技人才发展工程。在全省妇女儿童发展指数评价中，宁波均处于第一梯队。

科学技术协会　1952年3月，宁波市科学技术普及协会筹备委员会成立。1955年11月，市科普第一次代表大会召开，选举产生市科学技术普及协会委员会，委员13人，主任委员郭绍兴，有会员400余人，分理、工、农、医4个学组。1958年12月，由于全国科联、科普两个团体合并为中国科协，宁波市科学技术协会（简称市科协）第一次代表会议召开，选举产生市科协委员会。“文化大革命”开始后，停止活动；1977年11月，恢复活动。1981年4月，宁波地区科协第一次代表大会召开，成立地区科学技术协会。1983年7月以后，地区科协并入市科协。至2022年，市科协累计召开11次代表大会，下辖市级学（协）会94家、园区科协42家、企业科协362家、国家（省）级学会宁波服务站51家、院士工作站（科技创新中心）117家。市科普（市科协）成立后，积极参与国家和社会事务的管理监督，就宁波经济社会发展提出诸多决策咨询意见和建议，形成政协提案、专题调研报告。开展科普宣传，举办“中国工业化地理条件”讲座、“除四害”展览会等。1980年以后，推广普及食用菌、葡萄、黄桃生产技术等。1987年8月以后，连续开展科普宣传周（日）活动。1991年以后，举办科普周（节）和科技活动周，建造科普基础设施，市民具备基本科学素养比例达15.4%，远高于全国平均水平。开展科技帮扶和技术咨询服务，建成覆盖多层级、多专业的科技志愿服务网络体系，组织科技工作者参与技术创新、节能减排等活动。举办学术大会，开展多学科的国内外学术交流和研讨，以及国际民间科技交流与合作。建立院士工作站（科技创新中心）、海智基地工作站、国家级学会服务站，（柔性）引进高层次创新团队和高层次专家等高端智力。至2022年，累计建设市级院士工作站221家、博士创新站174家，柔性引进海内外院士189位、院士创新团队233个、高层次专家1400多人。联合市委组织部、市人社局制定出台《宁波市院士服务保障办法（试行）》，持续加强院士联络联谊，开展甬籍院士故乡行活动，年服务院士200人次以上。

社会科学界联合会　1925年1月10日，浙江省立四中学生、中国社会主义青年团团员沃醒华、华岗、陈洪等发起成立宁波社会科学研究会，学习宣传马克思主义，调查社会状况，研讨革命运动理论，后停止活动。1979年4月，市教育学会成立。此后，历史学会、会计学会、经济学会和哲学学会等20余个学会相继成立。1986年4月，市社会科学界联合会（简称市社科联）筹备组成立。12月23日，市社会科学界第一次代表大会举行，选举产生市社科联第一届理事会，理事49人、常务理事6人，主席陈天章，下辖市级学会25个，有会员5100人。2000年12月，市社会科学研究院成立（2006年2月改称宁波市社会科学院），与市社科联、市政府经济研究中心合署办公，实行“一套班子、三块牌子”模式。2005年9月，市政府经济研究中心析出，单独设置。至2022年，市社科界累计召开8次代表大会，有会员单位98家，其中业务主管社团9家。市社科联成立后，组织开展市哲学社会科学规划课题研究，实施宁波文化研究工程、社会科学学术著作出版资助项目，引导学会会员开展社科研究，完成“‘八八战略’在宁波的实践研究”“人文经济学宁波样本研究”“宁波海丝‘活化石’研究”“中国式现代化市域样本单元研究”“打造现代化滨海大都市文化地标研究”等研究，并积极建言献策。举办讲座、科普展览、文艺演出、科普电影、知识竞赛等科普活动，编撰年度《宁波发展蓝皮书》《宁波社科咨政报告》，编印《宁波历史与传统文化》《我爱社科》等社科知识普及读本。推进社科研究平台建设，建立市级社科研究基地、社科实验室、宁波宋韵文化研究中心，以及基层的宁波社科讲坛、社科普及基地，实现在甬高校、区（县、市）社科联全覆盖。培育市宣传思想文化系统“六个一批”人才，实施学科带头人培育项目、市理论人才“三十人工程”、甬江社科青年人才。至2024年9月，全市共有人文社科类教学科研人员近6000人。

文学艺术界联合会　1947年1月，中共党员徐朗与《时事公报》副刊编辑庄禹梅等在文化界开展组织动员工作。1948年3月4日，庄禹梅等24人发起组织宁波文艺作者协会；4月11日，召开成立大会。不久，协会活动停止，组织解散。1958年12月17日，宁波市文学艺术工作者举行首次代表大会，选举产生市文学艺术工作者联合会（简称市文联）第一届委员会，委员30人，主席徐季子。“文化大革命”开始后，停止活动。1980年4月，市文联筹备小组成立，恢复活动。1984年3月，改称市文学艺术界联合会。至2022年，市文学艺术界累计召开9次代表大会，市文联有团体会员31家，市文艺家协会有会员9898人，其中省级会员3952人、国家级会员1083人。市文联组织会员开展文艺创作、文艺活动、文艺交流、文艺评论，培养文艺人才，推进文化大市、文化强市建设，繁荣文艺事业。鼓励文艺创作，创设文艺基金、艺术发展基金、宁波文艺奖和各文艺家协会常设性奖项，实施宁波市重大历史题材美术创作工程，创作出版《甬江风》系列报告文学丛书、《浙东作家文丛》《宁波传统村落田野调查报告》等作品，涌现出一批获得全国和省精神文明建设“五个一工程”奖、中国民间文艺山花奖、中国摄影金像奖、中国舞蹈荷花奖、中国曲艺牡丹奖、中国美术奖、全国群星奖等奖励的作品。推进本土文艺活动，每逢重大历史事件和重要人物周年纪念，开展征文、座谈研讨、演唱会、展览等活动，举办青年艺术节、合唱节、音乐舞蹈节、“春天送你一首诗”诗歌朗诵会，承办中国金鸡百花电影节、中国电影论坛、全国水彩·粉画展等活动，开展宁波文学周活动，组织“储吉旺文学奖”和“於梨华青年文学奖”评选活动。加强国内外交流，举办宁波—长冈京市缔结友好城市五周年摄影作品展览、中外青年艺术作品及德国亚琛市摄影图片展览、中东欧国家艺术作品展等活动。加强文艺人才培养，评选推介青年文艺之星，实施“春蕾”计划扶持青年人才项目，与央视联合制作宁波文艺家专题片并在央视播出，编辑出版《宁波青年作家创作文库》。在全省率先实现乡镇（街道）文联组织全覆盖，率先成立市级文艺志愿者协会，创建中国弥勒文化之乡、海丝文化之乡等11个中国民间文艺之乡。

归国华侨联合会　1964年1月，宁波市首次召开归侨、侨眷代表大会，选举产生市归国华侨联合会（简称市侨联）第一届委员会，委员17人，主任委员俞佐宸。“文化大革命”开始后，停止活动；1978年5月，恢复活动。至2022年，市归侨、侨眷界累计召开10次代表大会。市侨联主动服务侨界，协助处理涉侨房产、经济纠纷、就学就医等实事，开展留学人员工作，为引进海外智力、资金服务，引导和促进海外华侨华人在甬探亲旅游，开展经济合作、科技文化交流。逢春节、中秋等传统节日召开归侨、侨眷联欢会，走访老、弱、病归侨和侨眷。办理涉侨来信来访，帮助寻找亲人、落实就业。接待回乡华侨，拜访侨胞侨属，推介宁波投资环境，牵线引进侨资；开通侨界中小微企业外贸服务综合平台，服务侨界企业创新发展。组织编写《宁波华侨史资料》，撰写海外甬籍知名人士传记，举办归侨、侨眷子女夏令营，成立宁波华侨学院，建成海外联络网、基层组织网、工作信息网、为侨服务网，为侨界提供更多服务。

台胞台属联谊会　1988年3月18日，宁波台胞台属联谊会成立；1996年11月，改称宁波市台胞台属联谊会（简称“市台联”）。至2022年，市台胞台属累计召开8次代表大会，有台属30万人，在台湾的宁波籍人士有20万人。市台联团结和带领台胞台属，开展联络联谊活动，宣传“和平统一、一国两制”，促进甬台两地交流交往。接待台胞返乡扫墓、探亲、采访，举办海峡两岸大学生夏令营、甬台大学生互访交流活动，邀请台湾民间组织组团访问宁波。与在台湾的浙江同乡会、宁波同乡会、舟山同乡会、象山同乡会、台湾董氏基金会、爱盲协会等民间组织建立经常性交流合作机制。创设台胞台属爱心基金，实施爱心项目。协助台胞台属人大代表、政协委员参政议政，邀请台湾问题专家学者为台胞台属做台海局势和两岸形势报告。慰问困难台胞台属，处理台胞台属来信来电来访，帮助排忧解难，寻找在台亲属，协助处理房产、经济纠纷，为台商解决子女就学、生产经营等实际问题。走访台属企业、台资企业，提出发展建议。

中国国际贸易促进委员会　1989年8月，中国国际贸易促进委员会宁波市分会（中国国际商会宁波商会）成立（简称市贸促会、宁波国际商会，2016年10月市贸促会全称改为中国国际贸易促进委员会宁波市委员会）。1992年，市贸促会第一届会员代表大会召开；至2022年，共召开6次代表大会，宁波国际商会有会员企业3320家。市贸促会是促进全市开放型经济发展和服务对外开放工作大局的重要力量。组织企业参加国际性展览会，开始以挂靠形式组展，2000年以后形成参加总会展览、同兄弟单位合作办展、独立组展三足鼎立格局。在国内展览方面，开始主要以承办国家贸促总会、市政府主办的展览会为主，于1997年开始承办宁波国际服装博览会；2005年，开始独立主办国内展览，举办中国（宁波）文具礼品博览会、中国（宁波）国际电子产品暨家用电器展览会、宁波国际时尚用品展暨宁波进口品牌购物节。在法律服务与对外联络方面，成立中国国际商会宁波调解中心、中国海事仲裁委员会宁波办事处、专利商标联络处、中国国际经济贸易仲裁委员会宁波办事处、宁波国际贸易投诉协调服务中心等，受理涉外经贸（海事）纠纷的调解，接受委托代理国际经济贸易和海事仲裁、诉讼业务；为外贸企业出具中国出口货物原产地证明书和单据认证，承办涉外经贸文件证明，负责签发宁波地区范围内的ATA单证业务、区域性优惠原产地证书；为企业提供涉外专业商标检索查询、申请注册、侵权、纠纷处理等服务。与全球贸促机构、商协会建立战略合作关系，成立海外联络处。举办中国（宁波）“一带一路”国家经贸合作洽谈会等国际经贸会议及企业经贸对接会，中国—中东欧国家商协会商务合作大会及系列经贸活动。市贸促会与中东欧国家商（协）会的交流合作成为中国地方贸促会参与国际工商界多双边合作机制建设的成功案例。

残疾人联合会 1989年，宁波市残疾人联合会（简称市残联）成立。1994年1月，宁波市人民政府残疾人工作协调委员会成立（2006年改称市人民政府残疾人工作委员会），秘书处设在市残联。至2022年，全市残疾人共召开7次代表大会，有持证残疾人17.8万人。市残联团结、教育残疾人为社会主义建设贡献力量，为残疾人开展康复、教育、劳动就业、扶贫、文化、体育、社会服务、残疾预防和无障碍设施建设等工作，创造条件扶持残疾人平等参与社会活动。推动形成以“重病重残单人户低保”、残疾人“两项补贴”、救助帮扶、住房保障等为主要内容的基本生活保障体系，建立实施特困残疾人“安居工程”、残疾人共享小康工程、精准康复服务行动、残疾儿童康复救助等保障制度。建立健全0—6岁新发疑似残疾儿童信息监测工作机制，实现规范化残疾儿童康复机构区（县、市）全覆盖。建立“政府主导、社会参与、因地制宜、示范先行”的残疾人托（安）养服务“宁波模式”，实现星级“残疾人之家”乡镇（街道）全覆盖。实施残奥争光行动计划，率先在全省建立残疾人法律援助与司法救助相衔接的法律服务组织网络和工作机制，先后获全国残疾人体育工作先进单位、全国法律援助工作先进单位等表彰。市、县两级成立残疾人劳动就业服务机构，并向乡镇（街道）、社区延伸，常态化举办残疾人就业洽谈会，提升残疾人就业质量。

红十字会 1932年3月27日，中国红十字会宁波分会成立（后改称鄞县分会），会长袁端甫，开诊救治时疫病人，救护伤员。1947年2月21日，改选理事会，至宁波解放时终止。1957年7月5日，中国红十字会宁波市分会筹备会成立，主任郭绍兴，与市爱国卫生运动委员会合署办公，开展卫生防病、计划生育工作。“文化大革命”开始后，中止活动；1985年8月15日，恢复活动，与中华医学会宁波市分会合署办公。2000年11月24日，宁波市红十字会举行第一次会员代表大会。2005年3月，市红十字会由挂靠市卫生局改由市政府领导联系，工作关系参照市级群团办理，会长由市领导兼任，配专职副会长1名（副局级）。至2022年，市红十字会累计召开7次会员代表大会，有成人会员14.6万人、青少年会员33.9万人。市红十字会从事人道主义的社会救助工作，在救灾、救助、救护和人道领域工作中成绩显著。募捐援助国内外遭受洪涝、干旱、地震、台风、疫情等各种灾害的灾民，接受国际红十字会和红新月会协会、中国红十字会总会、台湾红十字会等机构的捐赠并及时送至灾区。开展应急救护培训，成立水上救援、抢险救援、户外救援等志愿服务队，在全市主要公共场所安放自动体外除颤器（AED），形成四级应急救援体系，建立快速高效的应急反应机制。建立生命关爱工作激励机制，参与、推动无偿献血，以及器官、遗体、造血干细胞捐献工作。支持建立象山县红十字医院（石浦台胞医院）、奉化市溪口红十字医院，探索筹资建设村（社区）红十字博爱家园，实施“红十字强基工程”，促进红十字主动融入基层社会治理。

对外友好协会　1950年12月，宁波中苏友好协会成立，干事会有干事7人，总干事薛驹，会址在市中山公园内原幼儿园旧址。1985年4月，中国人民对外友好协会宁波分会成立，名誉会长葛洪升，会长项秉炎，协会机关与市外事办公室合署办公。市友协推动宁波和国外建立友好关系，关爱在甬经商、工作、学习的外国人士，推动“多元化”的民间交流，促进宁波与友城间的经济技术、文化体育等交流与合作，增进与世界各国人民友谊，提升宁波国际知名度。把民间外交与外经贸结合起来，营造友好的国际氛围，推动民营企业“走出去”开展境外投资布点。

甬港联谊会　1979年12月，香港中华总商会会长王宽诚与市工商联主任委员俞佐宸于宁波、香港两地分别发起成立甬港联谊会。1980年2月15日，宁波甬港联谊会筹备委员会成立，委员18人。7月28日，香港甬港联谊会在香港成立；8月，推选王宽诚为首任会长。10月31日，宁波甬港联谊会召开成立大会，委员29人，会长俞佐宸。至2022年，宁波甬港联谊会共产生9届委员会。联谊会成立后，开展甬籍人士联络联谊活动，发动和引导宁波籍香港人士投身家乡的建设和发展。借助世界船王包玉刚等人的推动和影响，促成宁波入选全国第一批沿海开放城市、计划单列市，解决开发北仑港、建设宁波栎社机场、建立宁波大学等事关宁波改革开放大局的重大难题。推动甬港两地经贸交流合作，组织港商在甬参加浙江省投资贸易洽谈会、宁波国际服装博览会、“宁波帮·帮宁波”发展大会等重要经贸活动，邀请香港的电器、模具、纺织等行业协会、商会考察宁波投资环境，洽谈合作项目。在香港、宁波两地轮流举办甬港经济合作论坛，共商宁波发展大计。促进甬港两地的教育、文化、科技等各领域的交流合作，协助宁波籍香港同胞和海外人士回乡探亲访友、报效桑梓。据不完全统计，香港甬港联谊会发动成员向宁波捐助千余个项目，涵盖教学楼、医院、福利院、新农村建设、抗疫救灾、贫困学生助学金、慈善基金等；宁波甬港联谊会接待香港“宁波帮”人士和海外人士数万人次，牵线搭桥引进港资达百亿元人民币。

宁波经济建设促进协会 对海外又称宁波同乡联谊会。1984年8月1日，邓小平在谈到宁波工作时指示："把全世界的'宁波帮'都动员起来建设宁波。"1985年10月29日，国务院在宁波召开"关于加快宁波经济开发问题会议"，提出要成立国务院宁波经济开发协调小组。11月23日，国务院办公厅转发《关于加快宁波经济开发问题会议纪要》，决定成立国务院宁波经济开发协调小组。12月10日，协调小组第一次会议召开，确定协调小组组成人员，谷牧任组长。至1988年3月，共召开6次会议，协调做成许多宁波人多年想做却没能做成的大事，包括实行计划单列市、开发北仑港、建设栎社机场、建立宁波大学、编制城市总体规划等。由于国家机构改革等原因，协调小组召开第六次会议后便被撤销。同年5月，为进一步协调帮助宁波的建设和发展，包玉刚、卢绪章、陈先等13名宁波各界著名人士协商，发起成立宁波经济建设促进协会。10月18日，宁波经济建设促进协会成立，首任会长卢绪章。随后，推动北京、上海、天津、杭州等国内大中城市成立分会。从2003年起，推动北京、上海、成都等国内大中城市建立宁波商会组织。协会团结联系宁波籍海内外人士，在港口开发、大桥建设、大项目引进等事关长远发展的大事要事上献计出力。动员宁波籍海内外人士发挥信息、人才、科教、文化、资金等方面的资源和优势，服务祖国和家乡宁波的建设。引导各地协会、商会参与甬商回归、对口帮扶、引资引智，加强宁波同外地城市的交流合作，推进宁波发展。配合实施"走出去"战略，帮助宁波企业向外拓展产业，拓宽市场。

慈善总会 1998年9月，宁波市慈善总会成立，会长项秉炎。2018年9月，总会增挂"宁波市慈善联合会"。自此，宁波市慈善组织拥有行业联合组织性质。总会会员代表大会每5年举行一次，至2022年，累计召开4次。市慈善总会成立后，通过建立慈善基金、举行一日捐、组织项目捐、抓好日常捐等工作，募集善款，救助困难群众，参加重大自然灾害的抗灾赈灾活动。整合社会资源，兴办宁波华慈医院、宁波颐乐园等慈善公益实体，实施"千村慈善帮扶基金"工程，建立慈善产业帮扶基地，帮扶困难农户。建立甬尚慈善社工服务中心，孵化注册慈善组织，组建义工队伍，投身救孤扶弱、养老助残、救灾救济、社会治理等工作，参与东西部协作、山海协作、疫情防控、乡村振兴等重要工作。实施"慈善情暖万家""彩虹助学""净居亮居""美好家园"及临终关怀等慈善项目，创建涵盖助医、助残、助老、助学、助困等领域的十大救助品牌，获中华慈善奖、最高"七星级"慈善城市称号，跻身"中国城市公益慈善指数"百强榜。

少年先锋队 1950年1月8日，鄞县县立中学首先建立少年儿童队，随后各校陆续建立。1953年6月，少年儿童队改称中国少年先锋队（简称少先队）。"文化大革命"开始后，停止活动，被“红小兵”取代；1978年10月，恢复活动。至2022年，市少先队累计召开8次代表大会。少先队成立后，对少年儿童开展社会主义思想和共产主义精神教育，组织参加植树等公益劳动，开展“热爱红领巾，做个好队员”“学雷锋、做好事”“五讲四美三热爱”“学英雄、建丰碑”“为红领巾添光彩”等主题教育活动，组织报告会、故事会、唱颂会、展览会，访问老党员、老干部，赴部队慰问联欢，举办军事夏令营。实施跨世纪中国少年雏鹰行动，开展“五自”（自学、自理、自护、自强、自律）活动、“手拉手”互助活动、“启明星”科技活动和“百花园”文体娱乐活动。保护和关心少年儿童的成长，开展“花朵保护伞计划”“红领巾自护课堂”等活动，建立宁波市12355青少年服务台并入选未成年人保护专线全国示范点。在新疆、西藏、贵州等地援建示范性少先队队室和“爱心书屋”，开展红领巾“手拉手”活动，举办青少年夏令营。

学生联合会　1919年5月7日，北京五四爱国运动消息传至宁波，一些中等学校学生奋起响应，联络、筹建爱国团体。19日，效实中学、省立四中学生发起，城区13所中等学校学生在后乐园（今中山公园西北端）集会，成立宁波中等以上学生联合会，后改称宁波学生联合会，会长袁敦襄。1925年6月，五卅惨案发生后，张秋人以全国学生联合总会代表名义到宁波，主持重组宁波学生联合会，建立执行委员会，推举四明中学、省立四中为正副委员长。1926年下半年，在反对当局驱逐省立四中校长经亨颐的学潮中，骨干被迫离校或被校方开除，学联工作一度停顿。1927年2月，国民革命军进驻宁波，学联复趋活跃。4月9日反革命政变发生后，学联被解散。1931年，随着日本侵华的逐步加剧，在甬学生建立抗日救国会、青年义勇军、女生救护队，并于1936年初成立宁波中等学校学生联合会（不久改称宁波青年救国会），宣传抗日救亡，支持、声援抗日斗争。1938年，中共鄞县县委派员在宁波中学组织读书会，不久创办《学生周刊》，组织学习中共的抗日战争论著和马克思列宁主义通俗读本，传播青年工作经验，开展抗日救亡活动。1939年8月，学生周刊社被迫解散。1947年，城区学生及其他知识青年开始组织燧火、曙光、求进、哲学研究会等读书会，组织会员赴四明山游击根据地参加革命。1949年5月25日上午，中共三一中学小组以学联筹委会名义，电话通知各中学学生自治会，组织学生、教师2000余人集会游行，欢庆宁波解放。1949年6月17日，市学生联合会筹备委员会成立，常务委员13人，主席曹后彦。12月20日至23日，专区、市召开首次学生代表大会，分别成立专区、市学生联合会。“文化大革命”开始后，为“红卫兵代表大会”替代。1985年5月4日至5日，宁波市召开第七次学生代表大会，市学生联合会重新成立。至

2022年，宁波市累计召开14次学生代表大会。市学联（筹）成立后，协助接管中等学校，动员学生参加劳军、支援前线活动，参军、参干、报考军政大学，投入取缔银圆贩子、反轰炸、土地改革、抗美援朝、反细菌战、爱国卫生、镇压反革命等运动。1953年以后，进行爱国主义和学习目的性教育，争做身体好、学习好、工作好“三好”学生。1985年学联重建后，发挥联系青年学生的桥梁和纽带作用，开展各种思想性、知识性、娱乐性活动，引导学生树立革命理想，激发学习热情，修身立德；开展社会实践教育活动，参加各种形式的为民服务和义务劳动，投身志愿服务和社会公益事业。

卷十六　政权　政协

州府道署

唐开元年间（713—741），定全国州府为雄、望、紧、上、中、下6等。738年，析置明州，定为上州。设刺史（742—758年因明州改为余姚郡，一度改称太守）1人，首任刺史秦昌舜。刺史僚佐有别驾（749年省，761年复设，779—805年复省）、长史、司马各1员。五代，沿袭唐制。

宋太祖鉴于唐末五代的藩镇以贴身校尉为刺史，酿成割据之弊，遂任命朝臣出守列郡，号权知军州事，府称知军府事，简称知州、知府。宋分州为辅、雄、望、紧、上、中、中下、下8等，府分辅、望、紧、上、中、中下、下7等。978年，吴越国纳土归宋，明州奉国军定为上州，1107年升为望州。设知明州军州事1员，并设通判2员（南宋初增至3员，1208年复故）。1195年，升明州奉国军为庆元府，设知庆元军府事。

1277年，元朝改庆元府为庆元路。1283年，定路为上、下2等，庆元为上路。设庆元路达鲁花赤、庆元路总管各1员，僚佐有同知、治中、判官各1员，推官2员，经历、知事、照磨各1员，司吏无定制，随事务繁简不同确定名额，译史、通事各1员。

1368年，朱元璋改庆元路为明州府；1381年，改为宁波府。明代治郡之官，以知府为长，僚佐有同知1员、通判2员、推官1员。清承明制，设知府1员，僚佐有同知1员（驻大嵩），通判2员（1650年裁1员），推官1员（1667年裁），经历、照磨、司狱各1员。1861年12月，太平军占领宁波，改宁波府为宁波郡，慈溪陆心兰为总制，辖鄞、慈溪、镇海、奉化、象山5县，县置监军，至1862年5月太平军撤离时止。

1911年11月5日，宁波光复，宁波军政分府成立，都督刘洵，副都督常荣清。下设参议总长及参谋、民政、执法、财政、总务、外交兼交通6部。1912年2月，撤销宁波军政分府，各县直属省军政府。1914年6月，设会稽道，驻鄞县。1916年5月，省议会议决废除道制，旋恢复。会稽道行政长官为道尹，置会稽道尹行政公署。属员均由道尹委任，职掌员额由省巡按使核定，送内务部分等注册。1927年2月，国民革命军攻克杭州；3月，省临时政务委员会决定撤销各道，各县直属于省。

1927年2月19日，国民革命军进驻宁波。3月2日，宁波临时市政府筹备委员会成立，主席张申之。3月31日，宁波临时市政府委员会举行就职典礼，宣告临时市政府成立。5月17日，浙江政治分会呈请中央政治会议批准，设立宁波市政府。6月4日，改委员制为市长制，国民政府简任罗惠侨为市长，下设市议会，议员19名，市政府下属机构除公安局局长由中央军事委员会任命，其余均呈请省政府委任。7月1日，市政府成立。1931年1月，省政府会议议决取消市政府，并入鄞县政府，限期15日前完成。

1932年10月，浙江省划设行政督察区，每区设行政督察专员。1933年3月，各区设联防办事处（11月改为保安分处，1935年8月改为保安司令部），行政督察专员兼联防办事处（保安分处）主任（保安司令）。1935年8月，行政督察专员公署与区保安司令部合署办公，联衔行文。

沿海制置使　宋室南渡后，四明成股肱辅郡，镇以重兵。1132年5月，宋高宗命仇悆任沿海制置使，置司于平江府许浦镇；不久，兼领福建、两浙、淮东诸路；9月，福建两浙淮东沿海制置使司拆分为浙西淮东沿海制置使司（驻平江府许浦镇）、浙东福建沿海制置使司（驻明州定海县）。其中，浙东以绍兴府和明、台、温州为基本管辖范围，有时扩大到福建，称作“浙东沿海制置使”或“浙东福建沿海制置使”。皇帝以侍从卿贰为沿海制置使，间以亲王、宰执担任，负责海防，节制水军，资历浅者为制置副使或主管制置司公事。1132年12月，罢浙东沿海制置使。1133年1月，复置福建两浙淮东沿海制置使；6月，复罢；9月，复置浙东沿海制置使，由明州知州兼任。1137年9月，由绍兴知府兼浙东沿海制置使；1139年1月，由绍兴知府、两浙东路安抚使兼浙东沿海制置使。1142年，罢废；1163年，复置，由明州知州兼任，直至宋亡。其间，有秩高权重者，判明州或庆元府时，其兼任沿海制置使会称作沿海制置大使。

道员　清初，设置分守道（隶属布政使司）、分巡道（隶属按察使司）和专责道，不乏交叉重复者。涉及宁波府的有分守宁绍台道（初驻绍兴府，1658年迁驻宁波府）、分巡宁绍道，还有1个专责道——巡海道（专管全省海防事务）。1667年，撤销分守宁绍台道、分巡宁绍道。1668年，改巡海道为宁台温巡海道，辖宁波、台州、温州3府，驻台州府。1670年，复设分巡宁绍道，驻宁波府。1672年，改宁台温巡海道为分巡台海道。

1685年，复裁分巡宁绍道，改分巡台海道为分巡宁台道，移驻宁波府；1726年，兼辖绍兴府，改为分巡宁绍台道，至清末。最初，守道由布政使司参政、参议兼领，巡道由按察司副使、佥事兼领，均属临时性派遣，品秩以受任者原来的官衔而定，从三品至五品不等。守道主掌钱谷、巡道主掌刑名，顺治年间还拥有道标（兵），直接参与海防征战活动；康熙年间除巡海道外，不再领有道标，但有监军之权。1753年，置道员，专其任，停其兼衔，品秩四品；分巡道成为各省派往地方的行政和监察机构。1767年，加兵备衔，称分巡宁绍台兵备道，可节制所辖境内的都司、守备、千总、把总等武职。

人民民主政权

1941年4月，宁绍地区沦陷。5月，中国共产党领导的浦东部队开始分批南渡杭州湾，到达浙东，开展敌后抗日游击战争，开辟浙东抗日根据地。1941年8月，设立浙东首个行政机构。此后，随着根据地拓展，在三北、四明山地区先后建立10余个县级抗日民主政权。1944年1月15日，浙东敌后临时行政委员会于余姚茭湖村成立，主席连柏生。1945年1月21日至31日，浙东敌后各界临时代表大会在余姚梁弄召开，决定成立浙东行政公署，产生浙东临时参议会、浙东行政委员会，议长谭启龙、主任连柏生。2月12日，《新浙东报》发布浙东行政公署总字第一号布告，撤销浙东敌后临时行政委员会，一切事宜由浙东行政公署续办。8月下旬，四明分区行政专员公署撤销，所属行政机构划属浙东行政公署直接领导。9月30日起，新四军浙东游击纵队和党政机关及地方武装、地方工作人员奉命北撤，浙东抗日根据地政权随之撤销。

1947年5月，中国共产党在四明地区重新建立武装部队，从分散隐蔽斗争转向公开的游击战争，成立地区一级政权机构——浙东行政公署四明特派员办公处，特派员朱之光。8月，成立鄞慈、姚虞2个县办事处。10月，成立慈镇、余上2个县办事处。1948年1月，建立嵊新奉县办事处。10月，成立宁海办事处（不隶属四明地区）。1949年3月，浙东行政公署成立，宁海办事处划属四明地区。5月，宁波解放，浙东行政公署四明特派员办公处及所辖县办事处均撤销。

浙东行政区三北分区　1941年8月，淞沪五支队第四大队（简称“五支四大”）在慈北设立五支四大总办事处，主任薛诚（11月陈平接任）。1942年7月，改为三北总办事处，统一领导三北各地办事处，行使地方政权机构职能；11月，改为三北游击司令部总办事处（简称三北总办）；同月，成立慈镇县办事处；12月，成立余上县办事处。1944年

1月27日，撤销三北总办及各县级办事处，建立专署级的慈镇姚虞办事处，主任王仲良，直辖10个区办事处。4月，撤销慈镇姚虞办事处，分设余上、慈镇、慈姚3个县办事处，由浙东敌后临时行政委员会直接领导。1945年2月，浙东行政公署驻三北分区特派员办公处成立，特派员王仲良。随后，成立慈溪、余姚、镇海3个县政府。7月20日，与四明分区合并为浙东行政区四明分区。

浙东行政区四明分区　1942年10月，三北游击司令部进驻四明山区，建立三北游击司令部姚南办事处（12月扩建为姚慈办事处），主任朱之光；11月，建立奉化办事处。1943年4月，撤姚慈办事处，建立三北游击司令部南山总办事处。至1944年1月，南山总办事处辖姚南（7月改姚虞）、慈南（7月改鄞慈）、鄞县六七两区联合、奉西、虞东（亦称上虞）5个县级办事处。1944年1月，撤销南山总办事处及姚虞、鄞慈2个县办事处，建立姚慈虞办事处。2月12日，撤销鄞县六七两区联合办事处，建立鄞县办事处。3月，建立专署级的四明特派员办事处，特派员罗白桦；撤姚慈虞、鄞县2个县办事处，改建姚南、鄞奉、上虞3个县办事处。5月，建立鄞慈县办事处。10月，建立嵊东（11月改称嵊新）办事处。1945年1月，建立奉西办事处。2月，建立嵊新奉办事处。3月，浙东行政区四明分区行政专员公署成立，专员罗白桦。随后，成立南山、上虞、鄞县3个县政府。7月20日，三北分区并入四明分区，专员罗白桦，辖南山、上虞、鄞县、余姚、慈溪、镇海6个县政府和嵊新奉办事处。8月下旬，四明分区行政专员公署撤销，所属各县行政机构直属于浙东行政公署。

人民代表大会

1949年9月5日至7日，中国人民解放军宁波市军事管制委员会和市人民政府召集通过邀请和协商产生的各界人民代表，举行宁波市第一次各界人民代表会议（后改称宁波市第一届第一次各界人民代表会议），这是市军管会和市人民政府传达政策、联系群众的协商机关。1950年2月，市一届二次各界人民代表会议决定，建立市各界人民代表会议协商委员会，作为各界人民代表会议的常设机关；会议选举产生宁波市第一届第一次各界人民代表会议协商委员会。1952年11月，市二届一次各界人民代表会议开始代行人民代表大会职权。至1953年9月，市各界人民代表会议共经历2届，举行9次会议（一届6次、二届3次），市协商委员会共经2届。其间，市各界人民代表会议及协商委员会，依法行使职权，讨论、协商全市重大兴革事宜。在团结和动员全市各界人民，完成征粮、反霸、抗美援朝、土地改革、镇压反革命等重大政治任务，调整公私关系、劳资矛盾，恢复和发展国民经济，搞好市政建设，发展文化教育事业以及贯彻统一战线政策、加强政权建设等方面，发挥着重要作用，并为人民代表大会制度的建立奠定基础。

1953年10月至次年7月，市、县（特区）完成基层选举后，相继举行第一届人民代表大会第一次会议。1954年7月15日至19日，宁波市第一届人民代表大会第一次会议召开，行使宪法赋予地方国家权力机关的职权。至此，市各界人民代表会议完成历史使命，市协商委员会不再履行各界人民代表会议常设机关的职能，逐步过渡为中国人民政治协商会议宁波市委员会。市人民代表大会在建立后的头三年，法律规定的各项职权得到较好的行使。代表听取、审议市人民政府和市人民法院所做的工作报告，提出批评和建议；对制定宁波市发展国民经济第一个五年计划、贯彻过渡时期总路线、私营工商业社会主义改造、农业合作化、增产节约和加强人民民主专政等重大事项进行讨论、决定，依法选举产生市级国家机关领导人员，对于促进政府和法院工作，推动宁波市社会主义改造和社会主义建设事业发展，起到重要作用。1957年下半年至1962年，市人民代表大会工作受到干扰，有时未能如期召开人大会议。1962年至1966年上半年，全市政治经济形势逐渐好转，人大各项工作逐步恢复正常。1966年“文化大革命”开始后，人民代表大会中止活动。

1980年6月至次年4月，各区（县）先后召开人民代表大会，设立区（县）人民代表大会常务委员会。1982年2月22日至28日，市第七届人民代表大会第一次会议召开，中断16年的市人民代表大会得到恢复；会议首次选举产生市人民代表大会常务委员会（简称市人大常委会）。1986年10月，因实行市管县体制，市七届人大提前换届。至2022年4月，市十六届人大一次会议召开，宁波市共召开66次人民代表大会会议。其间，市人大及其常委会坚持党的领导、人民当家作主和依法治国有机统一，履行宪法和法律赋予的职责，推进社会主义民主法治建设，为维护改革发展稳定大局、促进宁波各项事业高质量发展，发挥地方国家权力机关的作用。

市协商委员会　1950年2月28日，市一届二次各界人民代表会议，选举产生市第一届第一次协商委员会。市协商委员会由中共宁波市委、市军管会、市政府等党政机关和各民主党派、人民团体有关人员及各界人士组成。经过主席团和全体代表反复酝酿，民主协商，以无记名投票方式选举产生23名委员。3月3日，市一届一次协商委员会第一次全体会议，推选主席1人、副主席3人，苏展为主席。1951年9月14日，市一届四次各界人民代表会议，选举产生市一届二次协商委员会；1952年11月9日，市二届一次各界人民代表会议，选举产生市第二届协商委员会。历届（次）协商委员会全体会议推定秘书长1

人，副秘书长1至3人。从市一届二次协商委员会起，市协商委员会全体会议选举产生常务委员会，由主席、副主席和常务委员若干人组成，主要职能是主持会务，负责处理日常工作。市协商委员会的工作机构是秘书室和若干专门委员会，由市协商委员会全体会议推定主任、副主任。市协商委员会通过召开会议听取汇报和通过决议、决定等方式，贯彻省、市各界人民代表会议精神，动员人民群众协助政府推行各项政策法令以及市各界人民代表会议通过的计划、方案和决议。在加强人民团结，发展统一战线，巩固人民民主专政，推动国民经济恢复和发展等方面，发挥着重要作用。

表16-3-1：宁波市协商委员会主席、市人民代表大会常务委员会主任名录

届别	主要领导及任职时间
市一届一次协商委员会	主　席：苏　展（1950.3—1951.9）
市一届二次协商委员会	主　席：王　中（1951.9—12） 李频如（1951.12—1952.11）
市第二届协商委员会	主　席：仇静生（1952.11—1953.9）
市七届人大常委会	主　任：李传孝（1982.2—1983.10）
市八届人大常委会	主　任：李传孝（1983.10—1986.3） 王荫森（1986.3—1988.4）
市九届人大常委会	主　任：孙家贤（1988.4—1990.1） 宋瑞甫（1990.1—3*，1990.3—1992.2） 项秉炎（1992.3—1993.5）
市十届人大常委会	主　任：项秉炎（1993.5—1998.4）
市十一届人大常委会	主　任：陈　勇（1998.4—2003.4）
市十二届人大常委会	主　任：陈　勇（2003.4—2007.5）
市十三届人大常委会	主　任：巴音朝鲁（2007.5—2010.8） 郭正伟（2010.8—2011.2*） 王辉忠（2011.2—2012.4）
市十四届人大常委会	主　任：王辉忠（2012.4—2013.4） 宋　伟（2013.4—2014.1*） 王　勇（2014.1—2017.4）
市十五届人大常委会	主　任：余红艺（2017.4—2022.1） 张　平（2022.1—4）
市十六届人大常委会	主　任：张　平（2022.4—　）

说明：*是指任职时间内为代理主任。

市人大常委会　1982年2月28日，市第七届人民代表大会第一次会议，首次选举产生市第七届人民代表大会常务委员会，由主任、副主任、委员及秘书长组成。至2022年4月召开市十六届人民代表大会第一次会议，共产生10届市人大常委会。第七届任期为3年，从第八届起为5年。市人大常委会有对宁波市行政区域内重大事项的决定权，对同级政府、法院、检察院和监察委员会工作的监督权和人事任免权等职权。1988年3月，宁波市经国务院批准为较大的市，市人大常委会依法具有制定地方性法规的职权。市人大常委会主要通过常委会会议行使职权。常委会会议依法每2个月至少举行1次。在会议前，组织调查研究、视察检查，以提高会议质量。自1984年7月市八届人大常委会第七次会议开始，每次会议邀请部分市人大代表列席，直接听取代表意见。自1999年11月市十一届人大常委会第十四次会议开始，设立公民旁听席，拓展民主渠道。市人大常委会适时地把实施宪法和法律法规、社会主义民主法治建设、改革开放、国民经济与社会发展等方面的重大事项和人民群众普遍关心的重大问题列为会议议题进行审议，必要时做出相应决议、决定，或制定地方性法规加以规范；依法对法律法规实施情况进行监督，开展执法检查、执法评议；任免国家机关工作人员，并对常委会任命的国家机关工作人员进行监督。

市各界人民代表会议　解放后，市军事管制委员会和市人民政府根据中央人民政府政务院关于召开各界人民代表会议的指示，决定建立宁波市各界人民代表会议，并于1949年9月5日至7日举行市一届一次各界人民代表会议。一至三次会议代表由市军管会、市人民政府邀请，第四次会议开始由各界民主选举。代表的任期，在代行市人民代表大会职权前，为一次会议一任，每次会议前均需重新推选，可连选连任；自代行市人民代表大会职权起，每届任期为1年，可连选连任。市各界人民代表会议每3个月召开一次，必要时可以提前或延期召开，共召开9次会议（一届6次、二届3次）。各界人民代表会议设主席团、秘书长及提案审查委员会，主席团负责主持会议，秘书长领导副秘书长协助主席团处理会议日常事务。1952年市二届一次会议召开前，市各界人民代表会议主要职权是：传达中国共产党的方针、政策，联系人民群众，共商地方大事，协助人民政府开展工作。自1952年11月5日至9日市二届一次会议起，市各界人民代表会议代行人民代表大会职权：听取与审查市人民政府工作报告，决定全市施政方针和政策；审查市人民政府的预决算；建议与决定有关市政兴革事宜；向人民传达并解释各界人民代表会议的决议案，并协助市人民政府动员人民推行；选举市人民政府市长、副市长、委员，组成市人民政府委员会。

市人民代表大会会议　人大代表通过人民代表大会会议依法集体行使职权。1954

年7月15—19日，宁波市第一届人民代表大会第一次会议，在宁波女中大礼堂举行。根据规定，市人民代表大会每年举行两次会议，实际未实施。1979年以后，市人民代表大会每年至少举行一次会议，有时为选举省人民代表大会代表而增开一次。自1954年市一届人大一次会议至2024年1月市十六届人大四次会议，共举行市人民代表大会会议66次。市人民代表大会每次会议正式召开前，举行预备会议，选举会议主席团和秘书长，通过会议议程、会议各委员会组成人员名单等。会议主席团主要职责是：主持人民代表大会会议，领导会议各委员会工作，提出各项决议、决定草案，提出市级国家机关领导人员候选人人选，决定议案、罢免案和质询案是否列入会议的审议议程等。主席团下设秘书处，在秘书长领导下负责会务工作。最初，市人民代表大会每次会议依法吸收市政府组成人员、法院院长、检察院检察长、其他有关机关和团体负责人、由市人民代表大会选举产生的省人大代表列席。自1962年8月市四届人大一次会议开始，市政协委员列席全体会议、听取有关报告。自2000年2月市十一届人大三次会议开始，设立公民旁听席，吸收各界人士旁听会议。会议各项议题的审议，以代表团分组审议为主，辅之以全体会议、代表团大组审议、专题审议等多种形式。会议期间，代表可依法提出议案（提案）及建议、批评和意见，还可提出质询案和询问事项。市人民代表大会议程主要有：听取和审议政府工作报告，审查和批准国民经济和社会发展计划（规划）、财政预算及其执行情况的报告，听取和审议人大常委会、法院、检察院、监察委员会工作报告，并做出相应的决议和决定；选举市级国家机关领导人员，选举宁波市出席浙江省人民代表大会代表；审议地方性法规，票决全市重大事项，做出相应的决议和决定；票决政府实事工程；等等。市人民代表大会成立初期，会议议程只有审议政府工作报告、财政预决算报告和法院工作报告，选举政府和法院领导人员及省人大代表等事项，以后逐步增加。在六届会议以前，中共宁波市委书记在会议上的讲话，作为听取政治报告的事项被列入大会议程。

专员（行政）公署　人民政府

专员（行政）公署　1949年6月5日，奉华东军区司令部、政治部电令，浙江省第二区专员公署[①]成立，专员苏展，为省人民政府派出机构，驻在今海曙区解放北路91号。同年10月10日，改称浙江省人民政府宁波区专员公署。1955年5月，改称浙江省宁波专员

① 此时专员公署为一级权力机构，1953年以后成为省政府的派出机构。

公署。1966年“文化大革命”开始后，逐渐瘫痪。1967年1月，驻甬部队介入，成立宁波军分区生产办公室，领导地区经济工作。3月，地区革命委员会成立，旋瓦解。11月，宁波军事管制委员会成立。1969年1月，宁波地区革命委员会重新成立，驻在今海曙区中山西路257号。1977年2月，地区革命委员会领导班子全面调整。1978年9月，改称浙江省宁波地区行政公署，恢复省人民政府派出机构职能。1983年7月27日，国务院批准宁波地区并入宁波市，实行市管县体制。

表16-4-1：1949年6月至1983年5月宁波专员（主任）名录

机构名称	专员、主任及任职时间
浙江省第二区专员公署	专　员：苏　展（1949.6—10）
浙江省人民政府宁波区专员公署	专　员：苏　展（1949.10—1952.3） 黄仲华（1952.7—11） 朱之光（1952.11—1955.5）
浙江省宁波专员公署	专　员：朱之光（1955.5—1956.2） 王博平（1957.7—1966.6） 沈宏康（1966.6—1967.3）
宁波地区革命委员会	主　任：张茂勋（1967.3—11）
宁波军事管制委员会	主　任：王学清（1967.11—1969.1）
宁波地区革命委员会	主　任：柴启琨（1969.1—1975.7） 王　芳（1977.2—1978.4）
浙江省宁波地区行政公署	专　员：张利一（1978.9—1983.5）

人民政府　1949年5月19日，第二十二军政治委员丁秋生在绍兴宣布中共中央关于组建中国人民解放军华东军区宁波市军事管制委员会的命令，主任丁秋生。25日，宁波解放。28日，宁波市军事管制委员会宣告成立。6月24日，根据华东军区的决定，宁波市人民政府成立，市长苏展，为浙江省辖市，驻在今海曙区县前街61号。8月以后，市军管会各部门职能逐步转入中共宁波市委、市人民政府的对应部门。1952年11月，市人民政府改称市人民政府委员会，由各界人民代表会议选举产生市长、副市长、委员。1955年4月，市一届人大二次会议召开，首次选举产生宁波市市长、副市长和市人民委员会委员，市长葛仲昌；市人民政府委员会改称市人民委员会，由市长、副市长、委员组成。1966年“文化大革命”开始后，市人民委员会逐渐瘫痪。1967年1月，驻甬部队介入，成立市人民武装部生产办公室、市公安局军事管制委员会。3月，市革命委员会成立，旋解体。

11月，由宁波军事管制委员会实行军管。1969年1月，市革命委员会重新成立。1982年3月1日，改称市人民政府，由市长、副市长、秘书长及市政府工作部门正职负责人组成，实行市长负责制。1983年7月27日，国务院批准宁波地区并入宁波市，实行市管县体制。10月13日至17日，市第八届人民代表大会第一次会议决定宁波市市长、副市长人选，市长耿典华。1994年2月25日，宁波市被明确为副省级城市。2014年1月20日，市政府迁驻鄞州区宁穿路2001号。

表16-4-2：1949年6月以后宁波市市长（主任）名录

机构名称	市长、主任及任职时间
宁波市人民政府	**市　长**：苏　展（1949.6—1951.7） 李频如（1951.7—1952.11）
宁波市人民政府委员会	**市　长**：李频如（1952.11—1953.4） 葛仲昌（1954.7—1955.4）
宁波市人民委员会	**市　长**：葛仲昌（1955.4—1956.12） 左文轩（1956.12—1958.2） 葛仲昌（1958.5—1965.3） 周芸辉（1965.3—1966.10）
宁波市革命委员会	**主　任**：郑若鸿（1967.3—11）
宁波军事管制委员会	**主　任**：王学清（1967.11—1969.1）
宁波市革命委员会	**主　任**：郑若鸿（1969.1—1971.2） 贾俊才（1971.2—1977.7） 王　芳（1977.7—1978.7）
宁波市人民政府	**市　长**：刘德琨（1982.3—1983.10） 耿典华（1983.10—1991.6） 陈同海（1991.6—1992.3*，1992.3—1994.1） 许运鸿（1994.1—2*，1994.2—1995.8） 张蔚文（1995.8—1996.2*，1996.2—2002.1） 金德水（2002.1—2*，2002.2—2004.4） 毛光烈（2004.4—2005.1*，2005.1—2011.1） 刘　奇（2011.1—2*，2011.2—2013.4） 卢子跃（2013.5—2014.1*，2014.1—2016.3） 唐一军（2016.5—2017.2*） 裘东耀（2017.2—4*，2017.4—2022.2） 汤飞帆（2022.2—4*，2022.4—　）

说明：*是指任职时间内为代市长。

人民政协

中国人民政治协商会议宁波市委员会是宁波市多党合作和政治协商的重要机构，由宁波市各党派、人民团体、无党派人士和各族各界人士组成，实行委员会制，设若干界别。其前身为1950年2月至1953年9月的宁波市各界人民代表会议协商委员会，共经历2届。1954年7月，宁波市第一届人民代表大会第一次会议召开，市协商委员会逐步向市政协过渡。1955年6月，中国人民政治协商会议第一届宁波市委员会成立，有20个界别的147名委员，此后屡有调整、变化。第一次会议还选举产生市政协常务委员会，作为市政协领导机构。1966年5月“文化大革命”开始后，市政协停止活动；1979年4月，恢复活动。至2024年，共有16届政协宁波市委员会，选举产生16届市政协常务委员会。委员会任期在第六届及以前因形势需要，换届不固定，为1～3年。1982年产生的第七届委员会，由于地市合并而于1983年10月提前换届。此后，委员会任期一般为5年，其中第十二届委员会因故提前换届，任期为4年。

表16-5-1：宁波市政协主席名录

届别	主席及任职时间	届别	主席及任职时间
第一届	刘德焜（1955.6—1957.6）	第九届	徐季子（1988.4—1993.5）
第二届	刘德焜（1957.6—1959.10）	第十届	叶承垣（1993.5—1998.4）
第三届	阎世印（1959.10—1962.9）	第十一届	叶承垣（1998.4—2002.2） 王卓辉（2002.2—2003.4）
第四届	葛仲昌（1962.9—1963.12）	第十二届	王卓辉（2003.4—2007.5）
第五届	葛仲昌（1963.12—1966.5）	第十三届	王卓辉（2007.5—2011.2） 唐一军（2011.2—2012.4）
第六届	葛仲昌（1966.5—1967.3）	第十四届	唐一军（2012.4—2016.8） 杨戌标（2016.8—2017.4）
第七届	韩保遵（1982.3—1983.10）	第十五届	杨戌标（2017.4—2020.4） 徐宇宁（2020.4—2022.4）
第八届	韩保遵（1983.10—1988.4）	第十六届	徐宇宁（2022.4—2024.1） 陈　龙（2024.1—　）

自1955年市政协第一届委员会成立后，市政协及常委会坚持大团结大联合，履行

政治协商、民主监督和参政议政职能，推动全市政协事业不断发展。根据1982年通过的《中国人民政治协商会议章程》，市政协主要职能是政治协商与民主监督；1994年《章程》修订后，增加参政议政职能。1995年7月30日，中共宁波市委印发《中共宁波市委关于进一步加强人民政协工作的意见》，提出重大问题协商在决策之前，市委、市政府向政协通报重要情况，市政协负责人列席市委和市政府重要会议，市委和市政府负责人参加政协重要协商会议，政治协商被列入党政领导的决策程序。

市政协常务委员会 1955年6月，市政协第一届委员会设立常务委员会，由主席、副主席、秘书长及常务委员组成。人选由参加市政协的各党派、团体、民族和各界人士协商提名，经全体会议选举产生，任期同市政协委员会。一般在每届政协第一次全体会议产生，嗣后出现空缺或根据工作需要在政协全体会议上补选或增选。主席、副主席、秘书长组成主席会议，处理常务委员会的重要日常工作。同时，市政协设副秘书长数人，由市政协常委会决定任命，协助秘书长工作。市政协常委会会议可根据议题需要，邀请中共宁波市委统战部负责人、各区（县、市）政协负责人参加，市政协副秘书长、各专门委员会正副主任、办公厅副主任和有关处室负责人列席。市政协常务委员会领导市政协工作，负责召集并主持政协全体会议及全体会议闭会期间会务，领导各专门委员会及办事机构处理日常工作。自1955年成立以后，市政协常委会围绕各个时期中心任务和重要工作、群众生活等方面问题履行政治协商、民主监督职能，发挥参政议政作用。从1988年起，市政府将《政府工作报告（征求意见稿）》在提交市人大会议审议前，提请政协常委会会议讨论，征求意见。1992年，市委明确规定，凡市政协常委会专题研究涉及全市经济民生、大政方针、法律法规的制定、贯彻、落实，市委、市政府有关负责人均要到会听取发言，进行面对面协商。市政协常委会主要审议需要全体会议通过的重要事项和决议，任免政协领导成员，通过委员增补、辞去和委员资格撤销，制定条例规则，开展交流，组织学习和反映社情民意。联合各界别，以会议、恳谈和书面等形式听取各方意见，加强对全市重大规划、决定以及重大问题的专题协商和对口协商。组织委员到基层视察、约谈相关人士，召开各种政情交流会，推荐对口懂行的委员担任特约监督员，建立政协委员民主监督小组制度，开展政府部门民主评议，履行民主监督职能。组织委员开展调查研究，为市委决策提供依据和对策建议。对市委、市政府的提案、建议，分别由主席会议牵头，召开民主监督活动协调会、成立重点提案课题组，分工督办，落到实处。发挥委员优势，推进文史工作，举行各种联谊活动和政协交流会，团结联络宁波籍海内外人士，促进委员与各界人士的团结联系。

市政协全体会议　1955年6月17日至21日，宁波市政协一届一次会议在市工商联礼堂举行，委员95人。至2024年1月，共召开56次会议。自1962年8月市政协四届一次会议起，一般与市人民代表大会同期召开，委员列席市人大会议，听取、审议、讨论有关报告。每次会议均邀请中共宁波市委、市政府、市人大以及相关部门负责人出席会议。每届市政协第一次全体会议前，均召开预备会议，审议通过第一次全体会议的议程和日程，以及第一次全体会议主席团、主席团会议主持人、主席团秘书长和提案审查委员会名单。每届市政协第一次全体会议由大会主席团主持，届中其他全体会议由市政协常务委员会主持。主席团第一次会议推选产生主席团常务主席若干人，决定产生副秘书长。主席团常务主席会议负责处理大会的日常工作，讨论、决定政协全体会议的有关事项，审议提请主席团会议审议的各项文件。主席团下设秘书处，秘书处负责人由秘书长和副秘书长及有关部门负责人组成，办理主席团交办的事项和处理会议日常事务。市政协全体会议主要任务为选举政协宁波市委员会主席、副主席、秘书长和常务委员，决定常务委员会组成人员的变更；协商讨论宁波改革发展全局的重大决策以及经济建设、政治建设、文化建设、社会建设和生态文明建设中的重要问题，凝聚共识，提出建议和批评；听取和审议市政协常务委员会工作报告、提案工作情况的报告和其他报告；讨论市政协重大工作方针、任务并做出决议。每次会议都组织委员做大会发言，有时安排委员做大会即席发言，根据需要完成市政协人事选举和变更决定。有时邀请市委主要负责人做政治报告、讲话或致祝词等，在二届二次会议还邀请市长做政府工作报告。

卷十七 政务

人民信访

解放初期，中共宁波地委、市委和专署、市人民政府确定各自的秘书部门负责处理人民来信来访。1955年以后，农民信访开始增多，主要反映有关农业合作化、生产瞎指挥、“共产风”等问题。1961年以后，大多反映生产生活困难、要求劳动就业、被精减职工要求安置等。1966年“文化大革命”开始后，信访工作停顿；1969年以后，逐渐恢复。1970—1976年，信访件大多反映劳动就业、工资福利、知识青年上山下乡等问题。1976年“文化大革命”结束后，信访猛增。1979年，信访件大多要求落实政策、平反冤假错案、处理历史遗留问题。

1982年以后，宁波建立党政领导接待日制度，重点抓好中央、省、市敏感时期的信访工作，加大群众集体信访接待处理力度，加强重大信访案件查办督办工作。1983年，开始按照“分级负责，归口办理”原则处理信访件，基本做到“件件有结果”。1983年至1990年，全市信访件大多要求解决工资福利、就业安置、住房问题等。1990年，信访件结案率为88%。1991年，宁波市信访办受理群众来信来访件办结率达到99%。1992年、1993年，略有下降，此后开始逐步上升。

1996年初，宁波市颁布《宁波市处理群众集体上访工作责任查究办法（试行）》，建立定期排查不稳定因素的工作制度。2000年，对部分上访群众围堵、静坐、冲击党政机关大门等偏激行为，影响党政机关正常办公秩序、社会政治稳定和治安秩序的不安定因素，建立群体性事件处置指挥小组；对一些久拖不决、重大疑难信访案件，因领导不重视、责任不到位、措施不落实影响社会政治稳定的信访案件，造成一定影响的越级上访，进行责任查究并及时通报。2002年，开始实行重大信访案件党政领导蹲点和包案处理制度。2003年，建立信访问题定期排查“月排月报”、预警排查“随排随报”、应急排查“急排急报”制度；健全“初信初访初电”办理规则和跟踪落实责任制，引导群众有序信访，遏制越级上访、重复上访、集体上访、异常上访上升势头。至2005年，群众信访量出现“二增三减一持平”［即群众来信和区（县、市）信访量增加，群众到市、省、北京三级越级访下降，市、县两级信访总量基本持平］的变化。2006年，建立越级上访劝返工作机制，完善应急处置方案。此后，信访量逐步下降，办结率、化解率逐年提升。2010年，市、县两级信访部门受理来信来访来电一次性办结率98%、化解率95%。

2011年，全面推行风险评估制度，建立党政领导干部接待日工作制度和领导下访约访制度，落实每个案件“一个包案领导、一个责任人、一个化解措施、一个限期结案时间”的“四个一”制度，以及首问、首办负责制；完善“三排三报”机制（定期、应急、重点排查及上报），完成重大活动期间的稳控排查工作。此后，各部门密切配合，妥善处置非正常上访，未发生一起恶性事件。2012年，建立初信初访“天天交、月月清、季季结”工作机制，初信初访一次性办结率在80%以上。2013年，探索诉访分离，把涉诉涉法信访纳入法治轨道。2014年，建立司法部门和信访部门联合接访机制，把涉诉涉法信访事项全部引导到市委政法委、市中级人民法院、市检察院等部门直接接访、处理；全面实施市长电话“一号通”及“三方通话”（即群众、办理单位、市长电话受理中心或市效能投诉中心三方通话）制度。2015年，建设12345政务服务热线平台，单独设置接听座席，与内设处室的19条政务服务热线和没有单独设置处室的70余条市级机关政务服务热线完成整合。

2016年，建成宁波“智慧信访”系统，有效署名初信初访按时办理率达100%。2017年，重大活动期间实现“零非访”“零外围访”和“零集体访”。信、访、网、电等信访事项全部纳入浙江省统一平台，实行闭环式运作。将全市各级各部门领导信箱、部门信箱全部纳入省统一平台，实现“一个信箱对外”、全过程公开。建立健全12345政务热线与110报警服务台双号码、双热线、双平台对接运行机制，实现双向流转、协作处理、联动处置，逐步形成紧急拨110、非紧急拨12345的格局。

2018年，全市基本构建起四级走访金字塔型合理结构，县级接访占比在全省排名第一，创造出余姚梁弄镇党员“联六包六”工作法、宁海村级“小微权力”清单“36条”、北仑大碶街道社会组织多元化解积案等经验。2019年，成立市信访信用建设工作领导小组，组建市级信用评定委员会，基本形成金字塔结构和“接访在县里”的格局；在所有区（县、市）建成社会矛盾纠纷调处化解中心（“信访超市”），设立信访代办站、代办点，配备代办员。2020年，建立生态环境信访直通车制度，推动生态环境问题信访从程序终结向群众满意转变，实现156个镇级矛盾调解中心实体中心全覆盖。2021年，颁发《关于构建“党建+信访”工作体系提高社会治理效能的实施意见》，形成依靠党建抓信访、抓好信访强治理的良性互动。

外　事

唐宋以后，宁波与外国有交往的除日本、高丽外，还有南洋及阿拉伯诸国。992年，北宋政府在明州设立市舶司（元、明改称市舶提举司），管理对外贸易和外交事务。1117年，北宋政府在明州设立高丽使馆，接待高丽使者；设立波斯馆，接待阿拉伯及西方商人。1325年，元代的庆元市舶司提举副使周灿建立来远亭，专为外国人办理签证入境手续。1523年，因倭患严重，明政府撤销市舶司。1685年，清政府设浙海关于宁波。1698年，在定海设立接待外国人的“红毛馆”（1757年废），后改建甬东巡检司署为接待外宾的四明驿丞署。1842年，宁波被辟为“五口通商”之一。1843年以后，英国及其他各国在宁波设领事，宁绍台道道员兼理涉外事务。民国时期，外事由宁波地方行政长官兼理。1959年1月、1961年10月，宁波专员公署、宁波市人民委员会相继设立交际处，兼管外事。1978年5月、7月，宁波地区、宁波市革命委员会相继成立外事办公室，合署办公，负责外事工作。

1978年10月，宁波市成为国家乙类对外国人开放地区（外国人需持中国驻外使馆或中国甲类开放城市公安机关签证前往），市区天一阁、保国寺、工艺美术厂、绣服厂为首批对外开放、接待外宾单位（1981年12月增加市第二医院等6个对外开放单位）。1979年6月，宁波港对外开放，准许外轮靠泊。1980年6月，地区外事办公室独立建制。1983年4月，宁波市与日本长冈京市结为友好城市。此后，友好城市数量不断增加。1983年7月，实行市管县体制，建立新的市政府外事办公室。1984年2月，开始允许外国人乘宁波至上海班轮。1985年2月，宁波市区成为国家甲类对外开放地区（外国人不用办理旅行证、不需要事先通知）；8月，象山丹城镇成为乙类对外开放地区，市属其他地区成为丙类地区（外国人须办理旅行证，且只准许进行考察、技术交流、现场施工等公务活动）和丁类地区（不对外国人开放）。自1986年2月1日起，宁波市可以办理临时因公出国人员的公务或普通护照，有权受理赴华外国人再入境签证、延期签证，拍发外国人赴华从事经济、贸易、科学技术等活动的邀请签函电。1988年，宁波各区（县、市）均成为沿海经济开放区。2019年，完成外事机构改革任务。市人民政府外事办公室加挂市人民政府港澳事务办公室牌子。市人民对外友好协会机关与市人民政府外事办公室合署办公。市委外事工作委员会办公室设在市人民政府外事办公室，设置市委外事工作委员会办公室秘书处。

出访 宋代，中国使节去日本、高丽，多自宁波启航。1984年至1990年，除友好城市外，还组团访问其他国家。1991年以后，宁波代表团分赴世界各地进行友好访问、经济考察、贸易洽谈、研修学习、文化交流等。其间，宁波市党政负责人多次出访，在经贸、人文等多个领域特别是港口交流等方面与国外相关地区和机构达成许多共识。2000年以后，各类公务团组频繁出访世界各国。2008年10月10日至14日，市政府首次在新加坡举办“海外宁波周”。此后，又在日韩、欧洲、北美等地多次举办“海外宁波周”活动。2016年，应波兰经济发展局邀请，市政府代表团出访波兰，参加第四届中波地方合作论坛和丝路国际论坛。此后，加强“一带一路”相关的外事出访，促进与“一带一路”共建国家的交流合作。

到访 766—779年，日本遣唐使因通达中国的北方海道受阻，改由宁波入境，后相沿为例。962年，高丽国王王昭遣使抵华，从宁波入境。1467年，雪舟随同日本遣明使抵达宁波。1687年，法国首个政府访华团在宁波登岸，停留数月后沿大运河赴京。中华人民共和国成立后至1984年进一步对外开放前，到访宁波的外国人有苏联专家、苏联学生、越南学生、朝鲜人民访华团华东分团、阿尔巴尼亚水表技术考察组等少许几批。1972年9月，中日邦交正常化。此后，日本佛教界人士率先到宁波朝拜“祖庭”天童寺，日本长冈京市、静冈县、福井县等地的官方和民间人士频频访问宁波。1984年，宁波扩大与外国的经济、技术、文化交流合作，当年到访宁波的外国人增至10127人。此后，人数不断增加，1990年达32703人，比1978年的787人增加40倍，与日本、德国、美国等近100个国家、地区友好交往。1988年3月21日至25日，应中国政府邀请，民主柬埔寨主席诺罗敦·西哈努克亲王和夫人莫尼克公主一行12人在宁波市参观访问（其间，去普陀山），这是宁波历史上首次接待外国元首访问。1991年以后，多国国家领导人访问宁波，如新加坡内阁资政李光耀（1993年）、越共中央总书记农德孟（2001年）、贝宁共和国总统托马·博尼·亚伊（2006年）、塞内加尔总理马基·萨勒（2006年）、新加坡共和国总理李显龙（2009年）、多哥总统福雷（2010年）、柬埔寨国王西哈莫尼（2017年）、密克罗尼西亚联邦总统克里斯琴（2017年）、白俄罗斯副总理利亚申科、斯洛伐克副总理莱希、斯洛文尼亚副总理布拉图舍克、黑山名誉总统武亚诺维奇（2019年）等。2021年6月7日至11日，阿尔巴尼亚驻华大使贝洛尔塔亚、保加利亚驻华大使波罗扎诺夫、捷克驻华大使佟福德、波兰驻华大使赛熙军、斯洛伐克驻华大使贝拉等13个中东欧国家的50余位驻华使节和驻沪领事官员访问宁波，出席第二届中国—中东欧国家博览会及同期举办的中国—中东欧国家系列国际会议和活动。

国际友城　宁波市与外国城市缔结友好关系，始于1983年4月与日本长冈京市结为友好城市。此后，宁波市不断拓展与各国城市的友好交往。2008年以后，宁波在韩国、日本、美国、法国、德国、比利时、英国等国的友城举办以经贸合作为主题的“宁波周”活动，拓展国际友城“合作链”，推动经贸、港航、科技、人才等领域的交流合作。以“宁波与釜山海洋经济协议合作框架”为引领，与韩国釜山市共同举办两市友好交流及海洋经济合作委员会会议，推进海洋经济领域的务实合作，形成友城间经贸合作的典范性机制。同时，宁波国际友城结构不断优化。至2015年，实现中东欧国家友城全覆盖。通过加强国际友城交流机制化、品牌化建设，在推动共建“一带一路”、推进经贸合作、促进人文交流等方面发力，开展全方位、多层次、宽领域的交流合作，创建“中国—中东欧国家市长论坛”“四海五港合作会议”“宁波—奥克兰教育合作交流会”等合作机制，举办“宁波国际大学生节”“宁波与亚洲友城少儿绘画大赛”“国际友城媒体走进宁波”“友城洋挂职”等品牌活动。推动越剧《梁祝》、甬剧《典妻》、舞剧《十里红妆》等文艺作品赴法国鲁昂市、意大利维罗纳市、韩国大邱市等友城交流演出，在美国友城威尔明顿市举办图片摄影展等活动。新西兰毛利雕像，意大利大卫青铜雕像、但丁雕像、朱丽叶铜像，英国诺丁汉罗宾汉铜像，德国亚琛奔马雕塑，韩国大邱苹果雕塑和顺天八马铜雕，中法友谊花园等点缀甬城，成为国际友城友谊传承、文化交流互鉴的生动象征。国际友城成为宁波开展对外交往的“黄金纽带”。到2022年底，宁波市累计与全球五大洲49个国家68个城市结好［不含区（县、市）的结好城市］，多次获得全国对外友好协会颁发的“国际友好城市特别贡献奖”“国际友好城市交流合作奖”。

侨港澳事务

宁波人以善于经商著称。“五口通商”后，不少孩童请托亲邻，至上海及其他大中城市学习商业。嗣后，有的辗转去香港、澳门或侨居国外，有的加入所在国国籍。解放前夕，又有一些人由上海等地到香港、澳门及国外，或由台湾转港澳去国外定居。解放后，不时有人出境谋业、与海外亲人团聚或继承产业，亦有华侨从海外回归家乡定居，宁波成为省内主要侨乡之一。1990年，旅居海外的宁波籍华侨、外籍华人、港澳同胞共有100266户、306648人，其中港澳同胞59172户、205878人，华侨、外籍华人41094户、100770人，主要分布在61个国家和地区，以美国、日本、新加坡、加拿大等国家为多，东南亚国家次之。2005年底，全市在海外的华人华侨和港澳同胞有310997人，主要分布在66个国家和地区。2010年，宁波籍港澳同胞、留学生以及其他华人华侨总人数将近40万人，主要分布在103个国家和地区。港澳地区是“宁波帮”人士集聚最多的地区。2014年6月26日，市政府举行新闻发布会，公布宁波市基本侨情调查结果：宁波市归侨、侨眷、港澳同胞眷属、归国留学人员、留学生眷属总人数43.6万人；宁波籍海外华侨华人、港澳同胞、留学生总人数42.7万人。至2023年，宁波籍港澳同胞及海外人士有47.7万，分布在159个国家和地区，活跃在社会经济各个领域。

惠侨政策与权益保护　改革开放后，宁波市建立健全综合性工作网络，落实侨房等侨务政策，调研、解决部分私房归还、原宅基地建房、侨房拆迁安置等问题。其他对侨港澳的优惠政策，主要体现在《关于为在甬外国籍高层次人才和投资者提供入境及居留便利的规定》《宁波市人民政府关于大力引进高层次海外留学人员的若干规定》《宁波市鼓励企业引进“海外工程师”暂行办法》等政策规定中。此外，坚持“高度负责、热情接待、规范运作”的原则，受理来信来访，为侨办实事、解难事。其中，包括办理农转非、自费出国留学证明，发放救灾补助款、提供协助继承海外遗产、申请多次有效签证、代购车船机票、出国定居探亲就业、修复祖坟、调动工作、子女就读、落实房产政策、寻找亲友等服务，在全省率先对无退休金收入的老年和特困归侨给予生活费补助。与此同时，出台一系列政策法规，维护侨商投资权益，成立宁波市侨商投资权益保障工作领导小组及涉侨维权协调机制。建立侨资企业与政府有关部门恳谈会制度，每年组织各种形式的“政情交流会”“政策咨询会”，对侨资企业有关负责人进行海关进出口、税务、劳动保障、外汇管理等政策法规和知识培训。开展“侨资企业服务月”“百名侨务干部联系百家侨资企业”“助推侨资企业转型升级”等活动，走访侨资企业，收集意见及建议，排忧解难，协调侨商投诉经济纠纷案件，依法维护侨商合法权益。聘请会计师事务所、律师事务所为“为侨服务定点单位”，聘任一名常驻法律顾问为侨资企业进行“全天候”服务。推进涉侨行政审批“最多跑一次”改革，通过共享、核实、替代等方式进行核减涉侨行政审批事项办件材料，8个事项55个办事材料平均核减30%以上。建立涉侨重大事项统筹工作制度，加强涉侨捐赠项目管理，提升侨胞侨商获得感。

捐赠捐助　1977—1983年，华侨、港澳同胞、外籍华人捐赠捐助家乡建设项目196项，折合人民币197.8万元。1984年进一步对外开放后，华侨、外籍华人、港澳同胞捐赠捐助项目增多。1984—1990年，捐赠捐助项目累计达763项、13954.2万元，多用于兴办教育、文化、医卫、幼托、社会福利事业。1991—2005年，海外侨胞在宁波累计捐赠捐助195项、14330.16万元，港澳同胞捐赠捐助达61269万元。2006—2019年，海外侨胞及港澳同胞在宁波累计捐赠捐助843项、9.62亿元，助建学校、医院、道路、图书馆等公益设施，设立奖学、奖教和教育基金会等。2020年，面对突如其来的新型冠状病毒肺炎疫情，海内外侨胞及港澳同胞捐款捐物超3300万元；其中，口罩65万只、医用手套12万双、防护服2.8万套。至2022年，500多位华侨华人、港澳同胞向宁波捐赠或设立基金，资金累计超过20亿元。

经济往来　改革开放后，宁波市采取多种办法，拓展招商引资渠道，吸引大批海外侨胞、港澳同胞到宁波投资兴业。初期，投资多为投石问路，规模较小，合资合作形式多样。20世纪90年代中后期，在甬投资的侨胞和港澳同胞陆续增加，投资规模也逐步增大，大多为独资企业。2001年以后，推出一系列旨在吸引海外人才的政策，在甬创业创新的海外高层次人才大幅增加，创办的高新技术企业增多。加强与海外经济科技专业社团、重点人士的联系与交往，以浙江投资贸易洽谈会、宁波国际服装节、甬港经济合作论坛等重大活动为契机，邀请客商在甬考察，帮助在甬寻找发展商机。引资对象出现新面孔多、中青年实业家多、外国友人多、海外大公司多等新局面，有一批大公司、大集团的总裁或代表在甬考察和洽谈项目。2017年2月，国务院侨务办公室正式批复同意在宁波设立“侨梦苑”，这是全国第16个、浙江省唯一的侨商产业聚集区和华侨华人创新创业聚集区示范品牌。同年6月7日，中东欧国家侨界宁波联盟成立大会暨第一次年会召开，致力于共同推动中东欧国家与中国及宁波的全方位合作交流。此后，陆续举办“走进浙江宁波‘侨梦苑’”“智享侨梦苑·创业在宁波”等活动，成立“侨梦苑”建设合作联盟，推动侨商企业转型升级、二次创业。2020年，成立宁波侨界招商引才服务联盟，组织开展“侨资企业服务年”和深化为侨“三服务”等活动。至2022年，8000余家侨资企业在宁波投资，约占全市外资企业总数的50%，总投资额490多亿美元。

对台事务

宁波与台湾隔海相望，两地地缘相近、人缘相亲、商缘相连。1979年，市对台工作小组办公室（后称台湾事务办公室）成立。1987年11月以后，象山、奉化等区（县、市）建立台湾同胞接待站。1988年3月，宁波台胞台属联谊会成立。1990年，全市有台湾省籍同胞16户、31人，解放前夕去台人员8002户、21795人，在宁波亲属9027户、37882人。去台人员中，除家庭主妇外，党政军警、工商实业界居多，渔民、海员、职工次之，均在千人以上，工程技术、医务、教育文化界人士各数百人。1979—1990年，去台人员回乡定居105人，其中病故21人；全市累计接待台胞83492人次，其中探亲7071人次、旅游18155人次、避风渔民58266人次（渔船8952艘）。1988—1990年，为宁波旅台同胞找到在大陆的亲人345人，为去台人员家属找到在台湾的亲友438人，使骨肉团聚或取得通信联系；其间，接受台胞各种捐赠，用于建造学校、医院、修桥铺路等（1987—2015年，台胞向宁波市教育、医疗、社会福利等方面的捐赠捐助累计超过6亿元、1800余个项目）。1991年，在甬定居的台湾同胞共158人。1991—1995年，接待的台胞逐年增多。1996年，全市因私赴台212人，其中探亲195人。1996年，受两岸关系紧张的影响，探亲台胞有所减少；而后，又逐渐回升。1987—2010年，全市累计接待回乡探亲、旅游、经商的台胞1269248人次。2005年9月，中国共产党宁波市委员会邀请中国国民党基隆市党部对宁波市进行为期4天的访问，并就开展两地政党交流和推动两地经贸、文化交流合作交换意见。2010年，聚居在台北市的宁波籍台胞及后裔有10万人左右，其在甬亲属大约30万。此后，宁波市利用各种渠道加强与台胞台属联系，维护台胞台属权益，扶持发展台属企业。

2011年，宁波市成为第五届“浙江·台湾文化节”的主办城市，组织新编姚剧《王阳明》、越剧《烟雨青瓷》赴台演出。同年6月，中共宁波市委与中国国民党高雄市委员会建立基层党际交流关系。2012年，中共宁波市委与中国国民党高雄市党部在甬举行工作会谈，并签署《中国共产党宁波市委员会中国国民党高雄市委员会开展党际交流和推动两地经济合作文化交流备忘录》。此后，甬台进一步加强基层党际对口交流，促进两地经贸、文化等各领域的交流与合作。2013年，宁波市成为第三批大陆居民赴台个人游试点城市，并获准开通两岸航空货运定期航班，为甬台交流往来提供更大便利。宁波是浙江台商投资最为集中的地区，双方经贸文化合作具有坚实的基础。此后，宁波市搭建海峡两岸交流基地、青年就业创业基地等交流合作平台，连续举办“浙江·台湾合作周”宁波专场系列活动，打造海峡两岸乡村振兴论坛、中华设计奖、甬台大学生夏令营等特色品牌，有力推动两岸人文交流往来。

经济合作　1974年8月，台湾渔船（3艘）首次进入石浦港避风。此后，接待的台湾船只逐年增加。1985年，华源贸易公司在石浦镇成立，经营对台贸易（小额贸易）。1988年，台胞在象山石浦镇创办台通饭店，这是首家台胞投资企业。1988年8月，宁波市开始与台湾开展劳务合作。至1990年底，引进台资企业30家、总投资3361.28万美元，实现小额贸易创汇78.28万美元；市台胞台属联谊会所属企业17家，台属集资企业、承包企业54家。此后，甬台经贸合作快速增长。2001年，宁波市把引进台资作为发展开放型经济的重点工作。2012年，浙台（象山石浦）经贸合作区获省政府批准，慈溪台湾农民创业园开园。2013年，宁波口岸进口原产于台湾的ECFA（海峡两岸经济合作框架协议）项下货物180余项，进口量186.99万吨，货值29.45亿美元，居全国首位；市政府颁布《关于扩大和深化甬台经贸合作服务现代化国际港口城市建设的若干意见》，指导甬台经贸合作持续深化。2015年6月，举办浙江（宁波）台湾名品博览会，共有350家台湾企业参展，促成1.19亿美元商机。2016年4月，举办甬台文化创意暨设计产业论坛，甬台两地200余名文创界人士参加论坛。2019年9月18日，举行2019“浙江·台湾合作周”宁波专场启动活动暨海峡两岸（宁波）智能制造产业对接会，签约绿色石化、智能制造、健康生物、文化创意等项目6个，总投资额35亿元。2022年，“浙江·台湾合作周”宁波专场活动期间，共有9个重大台资项目签约，总投资额超48亿元，涉及绿色石化、金融服务、数字电商等多个领域。至2022年底，全市累计批准台资企业2947家，总投资280.4亿美元，实到台资90.2亿美元。

台商事务协调　1995年，宁波市制定《宁波市台湾同胞投资保障条例》（2010年4月通过修正决定），这是全省首个旨在保障台湾同胞投资权益的地方性法规，明确台湾同胞在甬投资的领域和方式，保护其合法权益，提供购房、医疗、教育等居民生活及出入境等各方面便利。2001年，宁波市成立对台经济协调小组。2004年10月中旬，建立重点台资企业联系制度，选取台塑关系企业、中纬积体电路、金丰机械等31家台资企业为重点联系企业，主要涉及重化工、电子信息以及精密机械等领域。2006年，开展台商投资企业服务月活动，听取台商对投资环境的意见和建议。2008年，由市领导任组长的宁波市台商权益保障工作领导小组成立，加强台商权益的保护，优化台商营商环境。同年，颁布《关于进一步加强新形势下台商投诉协调工作的意见》，明确今后一个时期台商投诉协调工作的任务和要求。2010年，颁布《关于对台小额贸易中食品农产品检验检疫若干问题的实施意见》，凡符合监管条件的出境食品、农产品的检验检疫可以采取检测前移、现场查验放行的快速通关模式，设立样品检测绿色通道。2019年，推出宁波惠台“80条”，协调解决台胞参与医保全覆盖、办理ETC、高铁自助进站、网上预约挂号等困难诉求。2023年，推出《宁波市进一步优化提升涉台营商环境的若干措施》，实现宁波惠台“80条”措施迭代升级；深化甬台青年企业家联盟建设，推动甬台产业合作的迭代升级。

区域合作

1979年以后，国内地区与地区之间、地区与部门之间、部门与部门之间横向经济技术协作迅速发展。最初是由市政府牵头的物资协作，组织协作当地紧缺的燃料、原材料。1981年，开始转向经济协作，协作形式主要为以物换物，以有偿协作逐步取代无偿支援。1985年1月，颁布《关于推进内联工作的若干意见》，协作内容转向经济技术协作。1985—1986年，横向经济协作以单项引进能源、资金、设备、技术等为主。1986年3月，国务院颁布《进一步推动横向经济联合若干问题的规定》，横向经济协作朝多层次、多方位全面发展。同年10月，市政府颁布《关于进一步推动横向经济联合的暂行规定》。随后，出台一系列配套规定及实施细则，在税收、土地征用、户口申报等方面推出优惠政策，横向经济协作内容由单一物资协作发展到资金、技术、人才、物资、信息与管理多方面协作，方式由简单双边物资串换发展到集资补偿贸易、技术入股、合资经营和松散联营等，途径由个人联系渠道发展到互访、开放市场、建立信息网、召开洽谈会等，范围由单方向发展到大跨度、全方位，协作关系由临时性、应急性发展到长期性、稳定性。

1986年，浙东四地市（宁波、绍兴、舟山、台州）协作联谊会成立（1988年成为浙东四地市市长、专员联席会议，1994年升格为浙东经济合作区市长联席会议，1998年在宁波市设立市长联席会议办公室，2008年嘉兴市加入），是全国最早成立的区域合作组织之一。浙东地区以“互惠互利，优势互补，联合开发，共同繁荣”为宗旨，打破行政区域的束缚，在对外经贸、金融、水产、交通、旅游、商贸、工业、科技、公安、港口等方面加强合作，推进区域港口一体化、区域大交通体系建设、资源整合开发利用、国内外市场联手拓展，共同推动区域经济发展。此外，宁波开始帮扶浙江丽水地区，开启宁波对口帮扶之路。

1992年，宁波市与上海、南京、杭州等14个长三角地区城市发起建立协作部门负责人联席会议制度。同年，开始与中西部地区建立对口帮扶关系，先后与重庆三峡库区等地区开展对口支援工作。90年代中期开始，经济协作实现从城市间一般的联合协作向区域联合发展。1996年，市政府决定成立“宁波市人民政府接轨上海工作办公室”和“宁波市人民政府经济促进办公室”，实行合署办公。之后，宁波市开始在政府、部门、企业等层次，产业、资金、科技、人才、港口、市场、医疗卫生等领域全面、主动接轨上海。同年，宁波市加入长江沿岸中心城市经济协调会。

2000年以后，以全国、全省以及自身组织的重大国内合作交流活动为载体，参与西部大开发、中部崛起及振兴东北等工作，统筹区域发展。2002年，正式实施“山海协作工程”，以培育“造血功能”为核心，实施“政府主导、社会参与、合作共赢、注重实效”的山海协作，推动两地深层次协同发展、高质量合作共赢。2006年以后，在沈阳、成都、武汉、南昌、重庆、青岛、长春、上海、南京、深圳、天津等城市举办“宁波周”活动，加强与国内重要区域、重点城市之间的合作交流。2008年10月30日，在武汉召开的长江沿岸中心城市经济协调会第14届市长联席会议上，宁波市参与签署《关于加快黄金水道开发进一步促进产业合作的多边协议》，就加快构建长江流域特色产业链，联合打造长江“黄金经济区”，联合参与长江航道治理等方面达成共识。2010年，借助中国2010年上海世界博览会契机，开展接轨“世博”活动，以长三角城市经济协调会为平台，推进长三角城市间医疗保险、金融、园区共建等专题合作，牵头实施长三角会展业专题合作。

2011年以后，持续推进长三角合作，参与西部开发、振兴东北以及山海协作等工作，开始利用浙商回归平台加强区域合作。2011年，签署《长三角城市合作（镇江）协议》。2012年，颁布《宁波市参与西部开发、振兴东北以及山海协作工程的考评奖励办法》。2013年，完善领导联系重大项目机制，落实各项优惠政策和“一包三定”制度（包项目、定目标、定时间、定责任）；为重大浙商回归项目建立绿色通道，为重要投资商提供“生活绿卡”。2013年、2014年，先后与宁夏吴忠、江西吉安等中西部城市签署系列合作交流协议。2015年，设立国内投资促进中心，推进宁波与衢州共建的龙游—镇海工业园、鄞州—衢江工业园、慈溪—常山工业园，宁波与丽水共建的松阳—余姚工业园4个山海协作产业园区建设等。2018年，宁波市打造“山海协作”升级版，加速推进沪甬合作平台建设，推动杭州湾新区打造浙沪合作示范区。

2019年，市政府召开推进长三角一体化工作部署会，签署19个重点项目，举行推进长三角一体化重大项目集中开工仪式；印发《宁波市推进甬舟一体化发展行动方案》，召开甬舟一体化推进会并签署《高水平高质量推进一体化发展合作框架协议》；签署《宁波市与赣州市合作框架协议》《中科院宁波材料所与江西理工大学合作框架协议书》。同年12月，中共中央、国务院印发《长江三角洲区域一体化发展规划纲要》，宁波加快融入长三角一体化步伐。2020年，入选首批长三角全球创意设计大赛6个城市之一，牵头组织园区合作共建分会，推进甬丽、甬衢“山海协作”工程提质增效。2021年，浙江颁布《唱好杭州、宁波“双城记”五年行动计划》，推进两地互联互通、共建共享，聚焦协同创新、一小时通勤圈、民生服务共享互认等重点领域，并取得一系列成果。同年，宁波市跨境电商协会发起成立长三角跨境电商联盟，创造的梅山—青田山海协作“保税飞仓”项目被列入浙江自贸区第七批“十大”创新成果。此外，还签署《宁波市—黔西南州战略合作协议》《宁波市—延边州深化对口合作框架协议》。2021年12月起，与安徽省蚌埠市、湖北省黄冈市、浙江省丽水市建立新的结对关系。

对口帮扶

1986年，宁波帮扶浙江丽水地区，开启宁波近40年对口帮扶之路。对口帮扶对象有省内的丽水、温州、衢州、舟山；省外的有重庆市、万县市和涪陵市（后两者于1997年并入重庆市），西藏和青海的藏区，贵州省、吉林省和四川省的有关地区。通过政策扶持、资金支持、资源共享、产业转移、扶贫攻坚、劳务协作、人才输送等多种方式，激活对口支援地区市场主体意识、效率效益观念和创新创业动力。2018年，西藏的比如县、青海的天峻县完成“脱贫摘帽”任务。2020年10月23日，浙江省助力决战决胜脱贫攻坚推进会暨东西部扶贫协作表彰大会在杭州召开，宁波市有9个集体和26名个人获奖。2020年11月23日，宁波市对口帮扶的11个国家级贫困县（贵州黔西南的贞丰、普安、安龙、兴仁、册亨、望谟、晴隆，吉林延边的和龙、龙井、安图、汪清）全部脱贫摘帽。2021年2月25日，全国脱贫攻坚总结表彰大会在北京人民大会堂举行，宁波市有7人获评全国脱贫攻坚先进个人，东西部扶贫协作黔西南州帮扶工作队和宁波市就业管理中心获评全国脱贫攻坚先进集体。

省内对口帮扶　1986年，省委、省政府开始有组织有计划地安排省内对口支援，发出《加快贫困地区经济开发有关政策的通知》，确定鄞县对口帮扶丽水的景宁畲族自治县。1986年，宁波市帮扶丽水地区项目97个，捐赠资金1346.19万元，捐赠衣物20.57万件、5000kVA变压器1台。1991年，省委、省政府明确余姚帮扶温州的文成县；1996年，宁波、丽水两地就对口支援与协作形成会谈纪要，确定鄞县帮扶景宁县，慈溪帮扶云和县，余姚帮扶青田县等。之后，调整为慈溪对口青田，余姚对口松阳，鄞县不变。1996—2000年，宁波市捐资367.33万，其中希望工程项目14个；吸收丽水赴甬挂职干部161名，培训300余人。2002年，正式实施“山海协作工程”，先后与舟山、丽水、衢州结对开展“山海协作”工程，奉化对口嵊泗、象山对口岱山、海曙对口普陀、镇海对口定海，开展资源与产业合作活动；慈溪、镇海对口青田县，余姚、江东对口庆元县，实施教育对口支援工作。此后，宁波市发挥资金、先进技术和管理等方面的优势以及协作地区的资源、劳动力优势，围绕基础设施建设、农（林）业、工业、商贸、旅游、港口物流、人才科技、劳务等重点领域开展合作。至2024年9月，宁波市共开展4轮山海协作工程，累计实施援建项目1113个，完成产业合作项目（含3年续建）2155个，共建4个“产业飞地”、2个“科创飞地”、7个“消薄飞地”，帮助协作地区销售农副产品9.05亿元，培训劳动力10.4万余人次。

对口支援重庆　1992年3月27日，国务院印发《关于开展对三峡工程库区移民工作对口支援的通知》，宁波对口支援地区为重庆市的长寿县、巴县、江北县（1993年增加四川省万县市五桥区和涪陵市江北区的义和、镇安、李渡、致韩、黄旗、百胜6个镇，1995年调整为江北区的李渡示范区、敦仁街道、江北街道和致韩、义和、百胜、镇安、龙桥等镇，1997年调整为五桥区的7个镇）。早期，以“移民搬迁安置”为目标，完善公共基础设施，改善移民生产生活条件，项目以农业开发、社会公益、捐赠援建为主。2004年，开始从原来以无偿支援为主逐步向无偿支援与互惠互利合作相结合、经济合作为主转变，帮助库区形成和发展产业，帮助移民安居和致富。2005年，重庆市万州区行政区划调整，确定将原分别重点支援万州区龙宝、天城、五桥3个移民开发区的各省、市调整为统一重点支援万州区。此后，宁波市直接对口支援万州区。1992—2020年，宁波对口支援三峡库区，累计实施项目350个，到位各类资金4.23亿元；其中，无偿援助资金1.6亿余元，培训各类人员1166人，援建乡镇（街道）卫生院11个，援建幼儿园、中小学20所。

对口支援西藏　1994年7月，中共中央召开第三次西藏工作座谈会。随后，中央决定由浙江省对口支援西藏那曲地区。根据浙江省的安排，宁波市和绍兴市对口支援西藏比如县。1995年6月，宁波市派出第一批援藏干部4人，开启援藏工作。实行干部援藏与项目援藏的模式，以3年为期，分批实施。至2004年5月，共实施援藏项目45项，无偿援助资金3760.91万元，援藏资金向农牧区倾斜，加强农牧区基础设施建设，改善群众生产生活条件。自2004年起，宁波援藏项目和资金投向从输血型向造血型转变，从单一项目援助向科技、人才培训转变，从形象工程向基础设施、教育、科技、文化、卫生项目转变，从县和县以下小城镇向农牧区转变，从短期援助向帮助实现跨越式发展、长治久安转变。2004—2007年，共实施援藏项目19个，支援资金2700.21万元。自2010年起，全省援藏工作和援藏项目资金安排，由省对口支援办直接统筹安排，援藏干部负责项目具体实施，援藏干部中增加技术干部，一般1名医生、1名教师。1995—2020年，宁波市累计筹集援藏资金8亿多元，实施援藏项目200余个；共选派9批33名干部、7批15名人才赴西藏挂职。

对口帮扶贵州　1996年，国务院办公厅发出通知，决定由东部发达地区对口帮扶西部欠发达地区，其中宁波、深圳、青岛、大连4个计划单列市对口帮扶贵州省。按照贵州省的安排，宁波市对口帮扶黔东南苗族侗族自治州、黔西南布依族苗族自治州（2013年调整为对口帮扶黔西南州）。当年11月1日，中共宁波市委、市政府召开对口帮扶贵州工作动员会，决定成立对口帮扶工作领导小组。至2020年，宁波市共派出24批139名干部投身贵州的脱贫事业，对口支援方式也从最初的资金投入、物资捐赠发展到干部援助、人才培养，再到产业帮扶和深度协作。其间，宁波市坚持从当地实际出发，扶持发展现代农业、旅游业，引进种植养殖新品种，改造传统农业，发挥优势产业，打造品牌效应。此外，帮助将黔西南薏仁米、绿壳鸡蛋、五色糯米等农特产品销往宁波，促进黔西南州农户的增收。实施2000个项目，涉及农村综合开发、经济合作、文化教育、医疗卫生、交流培训等方面。为黔西南州培训党政干部、教师、医生和各类技术人员2万多人次，开展农业科技和非农就业技能培训3万多人次。通过校企合作、劳务输送等多种形式，接纳3万余名劳动力到宁波市务工。

对口支援新疆　1997年，为加快新疆发展和维护边疆稳定，中央决定从内地省市和国家机关选派党政领导骨干和专业技术骨干到新疆工作。其中，浙江省对口支援和田地区和田市、和田县、民丰县。根据浙江省的安排，宁波市主要对口支援和田地区（1999年定为民丰县，2002年调整为于田县，2005年调整为和田县）。当年2月，宁波市第一批援疆干部（3人）进疆工作。至2011年，宁波市累计向和田地区派出6批30名干部。2005年以前，中央对援疆工作的要求主要以干部援疆为主，对资金项目未做要求，但考虑到援疆工作的实际情况，宁波市在前4批援疆工作中支持一些项目和资金。自2006年起，援疆工作由干部援疆向干部援疆、项目援疆、经济援疆并重转变。宁波市签订3年对口支援新疆和田地区和田县750万元援助协议，帮助和田县建设社会主义新农村试点和10个标准化村委会；举办新疆和田县在甬招商引资项目推介会，动员鼓励宁波市农业龙头企业、出口加工企业与和田县开展全方位合作。至2010年底，宁波市共支援新疆56个项目，无偿提供支援资金2822.9万元，主要用于对口地区的农村综合开发、文化教育、医疗卫生和其他社会公益事业。在2010年3月全国开启对口支援新疆建设计划后，宁波市对口支援新疆库车县。至2022年，宁波市共派出300多名干部和人才到库车工作，动员宁波各界到帮扶地区开展捐资助学、产业合作、劳务协作、志愿服务等活动；投入30多亿元、实施200多个援疆项目，助推库车城乡面貌的巨变，培育富有竞争力的产业。

对口支援青海　2011年，根据中央对口支援藏区的安排，浙江省启动对口支援青海省海西蒙古自治州工作。根据浙江省的安排，宁波市和丽水市对口支援海西州天峻县。随后，宁波市在教育、产业、文化、就业等多个领域开展支援工作。在教育领域的合作尤为突出，通过学校结对、教师交流、远程培训等方式，实现对天峻县学校帮扶的全覆盖，提升天峻县教育水平，加深两地之间的文化交流。持续实施产业和社会发展援建项目，涉及产业帮扶、教育医疗、乡村振兴等领域，总投资超过2000万元；通过建设科学素质训练拓展中心和体验馆、打造“红石榴之家”等文化空间，改善民生。以建立劳务协作工作站、举办招聘会等方式，实施跨省转移就业。帮助举办文化旅游艺术节等活动，促进当地旅游产业的发展。为天峻县提供大量的培训和教育资源，帮助提升当地干部的专业能力。

对口帮扶吉林　2016年12月，宁波市开始与吉林延边朝鲜族自治州建立东西部扶贫协作关系。2018年3月，根据国家发展和改革委员会的《吉林省与浙江省对口合作实施方案的通知》，宁波市与延边州建立对口合作关系。2016—2020年，累计向延边州实施帮扶项目244个，引导企业74家、到位资金55.66亿元，累计派出挂职干部25名、专业技术人才714名，销售延边农特产品近5亿元，助力延边州4个贫困县全部脱贫摘帽，304个贫困村出列，4.8万人脱贫。2021年，国家调整东西部扶贫协作关系，明确宁波市不再对口帮扶吉林省延边州，但对口合作关系仍然存续。

对口帮扶四川　2008年8月，宁波市提出青川地震灾区援建方案。至2010年10月，完成青川一镇三乡地震灾区重建任务，共实施省定全额投资类项目26个、投资额11.25亿元，市定项目119个、投资额2.92亿元；帮助建立有机茶、土鸡、生猪、食用菌4条特色产业带，通过“甬川携手智力倍增”工程培养农村致富带头人和各类优秀人才。在撤离前，市援建指挥部与青川县一镇三乡签订后续发展协议，安排自留资金2390万元，用于后续项目维护与建设。2021年4月，宁波市从广东佛山接过“接力棒”，与四川凉山彝族自治州建立东西部协作关系。6月，签署《宁波凉山东西部协作框架协议》，开始从产业、劳务、消费等方面，帮助凉山巩固拓展脱贫攻坚成果，实施乡村振兴战略。至2023年，宁波市累计安排协作资金19.5亿元，援助协作项目557个，引进148家企业落户凉山，捐款捐物2.44亿元；组织劳务专项输出宁波222批次1.67万人，带动9.6万人赴浙江务工；建设帮扶车间78个，提供公益性岗位和就近就业岗位6500余个；累计销售凉山农特产品22.21亿元，吸引近4万名宁波游客赴凉旅游，直接带动旅游消费超2.1亿元。

政务服务

民政服务 早在1104年，宋代的明州设置漏泽园，安葬贫而无葬者，开始有丧葬服务。20世纪20年代，宁波旅沪同乡会捐募4万余元，创办宁波七邑教养所，七邑教养所建立市救济院教养所、临时乞丐收容所。解放后，政府、社会各界关心残疾人生活、就业、康复、文化教育等。1950年以后，举办社会福利生产，组织尚有劳动能力者生产自救，救济丧失劳动能力生活困难者。3月，成立宁波市慈善团体、旅甬同乡会联合协会（后几经更名，1966年解体），负责办理殡葬事务。8月，开始建立婚姻登记制度。50年代末，建立市遣送站（1982年改名市收容遣送站）。1964年，开始办理涉外婚姻登记。1984年11月，成立市华侨殡葬服务公司，承办华侨和港澳台同胞的骨灰安葬。1985年8月，重建市殡葬管理所。10月，成立市及鄞县、慈溪残疾人福利基金会。1986年1月1日，开始办理本地公民同华侨、港澳台同胞婚姻登记。80年代，农村经济发展，收容遣送人数减少。1987年7月以后，收容限于流浪乞讨、露宿街头生活无着人员。1991年以后，宁波市整合优抚安置体系、城乡社区建设体系、专项社会事务体系等建设，探索建立适应社会主义市场经济体制、城乡统筹、区域协调、整体均衡的民政服务体系。提高婚姻登记公共管理和服务水平，打造广大人民群众满意的文明服务窗口。全面推进以遗体火化为主的葬式改革，保持火化率100%；治理“三沿五区”坟墓，推广生态墓葬方式，实施公墓、墓地“园林化、生态化”改造。2012年以后，实施居家养老、精准保障、生态文明殡葬、婚俗改革、康养体系建设等国家级、省级试点，创造出“爱心车轮”“以社育社”“村民说事”“人人慈善”等一批具有宁波民政辨识度的标志性成果。聚焦“一老一小”，实施首批中央财政支持的社区和居家养老服务改革试点，在全省率先实现居家养老服务网络全覆盖，实现老年助餐服务覆盖全市96.5%的村（社区）。在全国率先开展“慈善一日捐”，颁布省内首部、全国第二部地方性慈善法规《宁波市慈善事业促进条例》；入选高水平建设“人人慈善标杆区”省级试点，连续5次登上“中国城市公益慈善指数百强榜”。推进殡葬改革，实现节地生态安葬率71.1%。在全省率先开展“身后一件事”联办，将所有民政民生事项全部纳入“最多跑一次”范围。优化调整行政区划，破解融合型大社区大单元治理、社区工作者增量提质等难点问题，推进“现代社区”建设。全面完成467家行业协会商会脱钩工作，建成从市到乡镇（街道）的三级社会组织服务平台167个、乡镇（街道）社会工作站156个、全国社会工作服务示范点6个，全市依法登记法人社会组织超过1万家，省级社会工作督导人才数位居全省第一。

行政审批　1992年6月，市计划委员会与市经济委员会联合下达通知，下放固定资产投资项目审批权限，简化项目审批程序。1999年7月，市委、市政府颁发《宁波市审批制度改革实施意见》，开展以“减少审批、规范程序、加强监管、改善服务”为主要内容的第一轮行政审批制度改革，宁波成为继深圳市之后第二个实施行政审批制度改革的城市。全市59个部门和单位的647项审批事项，改革后保留227项，减幅达64.9%；1289项审批、核准事项，改革后保留668项，减幅48.2%。12月，发布《宁波市审批制度改革若干规定》《宁波市行政审批责任及其追究制度（试行）》，对行政审批权力进行约束规范。2000年初，建立投资项目办理中心、工商综合办证注册中心等，实现多数行政审批事项的窗口式联合办理；2001年7月，整合成立宁波市经济发展服务中心。2002年4月，对涉及10个部门、15个行政审批项目的企业注册登记实行前置审批告知承诺制；之后，扩大到16个部门、22项行政审批事项。2002年10月，启动以“转变政府职能、改革行政管理方式、规范审批行为、健全行政监督”为主要内容的第二轮行政审批制度改革。11月，市委、市政府颁发《关于深化行政审批制度改革的实施意见》，进一步削减120项行政审批事项，将349项原行政审批事项转为事后监管或其他非审批管理的事项，全市行政审批办理时限平均缩短30%。同年底，市政府颁布《宁波市行政审批暂行规定》《关于规范转为政府日常工作事项和备案事项办理程序的意见》，建立“一门受理、抄告相关、内部运作、限时办结”的并联审批运作制度，开全国先河。2004年5月，市委、市政府颁发《宁波市进一步深化行政审批制度改革的实施意见》，开始根据行政许可法清理行政审批事项。8月，市委、市政府发出《关于进一步加强市经济发展服务中心建设的通知》，明确凡与社会经济发展相关的行政审批职能部门及其行政审批事项一律进驻经济发展服务中心，确实不能进驻的可由市级行政部门自设的集中办事窗口（专业分中心）受理办理，接受市经济发展服务中心管理委员会的检查、指导和协调。2005年，开始实行以贯彻《中华人民共和国行政许可法》为核心的第三轮行政审批制度改革，建立健全行政许可设定、实施、监督、评估等制度，推行网上审批，建立市行政服务中心与各区（县、市）中心、部门中心的联动机制，在市本级、所有区（县、市）和部分乡镇建立“阳光大厅”，实行集中审批，提供一站式服务。2008年，全面实施行政审批职能归并改革，推行投资项目并联审批制度，将项目审批时间平均缩短30%。2013年7月，市政府颁布《关于深化行政审批制度改革的实施意见》，在做好行政审批事项“减法”、推动放权的基础上，强化对行政审批的“治理”，重点做好行政审批过程的优化、标准化和网络化。2017年，启动“最多跑一次”改革，把前4轮改革的成果进行“系统集成”和“流程再造”。2018年，颁布《关于深化“最多跑一次”改革全面推进“服务争效”的实施意见》，发布《深化“最多跑一次”改革推进政府数字化转型三年行动计划》，推动“最多跑一次”改革向“一次不用跑”升级，实现99%的事项可“跑零次”办理。2019年，宁波“最多跑一次”实现率、群众满意率均居全省第1位。2020年底，基本建成“掌上办事之市、掌上办公之市”。

政府效能　2004年2月，市委、市政府颁布《关于开展机关效能建设进一步提高机关工作效率和服务质量的实施意见》，决定在乡镇以上机关和有行政管理职能的单位开展机关效能建设。同月，建立宁波市机关效能投诉中心，制定《宁波市机关效能建设“四条禁令”》，严禁工作日午餐饮酒，严禁网上聊天、玩电脑游戏，严禁在机关或下基层时搓麻将，严禁以各种名义公款度假和违反规定参与公费支付的高消费娱乐、健身活动。4月，市委办公厅、市政府办公厅颁布《提出关于进一步改进文风会风的六项规定》，要求减少会议数量，改革会议形式，控制会议规格，提高会议效率，严格会议审批，减少文件数量。10月，发出《关于健全落实机关效能建设八项制度的通知》，要求建立岗位责任制、AB岗工作制、服务承诺制、首问责任制、窗口部门一次性告知制度、限时办结制、否定报备制、失职追究制等8项制度。2014年，宁波市全力推进“四张清单一张网”改革。2015年，作为国家两轮简易注销改革和浙江省注销便利化改革试点城市，先行先试、积极探索；当年底，在全国38个主要城市的公共服务评价对比中，跻身全国第二位。2016年，在全国率先推出政府公开公共服务事项的全新版本，编制“四张清单”并通过政务服务网公开，形成集行政审批、便民服务、政务公开、互动交流、数据开放等功能于一体，省市县乡统一架构、多级联动的网上政务服务平台。2021年9月，首创营商环境投诉监督中心，建立统一便捷的投诉举报系统、高效公正的办理反馈体系、权威有效的评价监督机制，确保市场主体只进一扇门就能解决投诉问题。2022年，推进全链条优化审批、全过程公正监管、全周期提升服务等方面的108条重要改革举措，形成以市场需求为核心，以制度创新为引领的优化提升营商环境政策体系。

实事工程　1994年，在市十届人大二次代表大会上，市政府针对群众日常生活中十分关切的加快城市道路建设、改善居民住房条件、增加居民液化气用户、改善供水及排污设施、改善用电状况、增加海空客运航线和电话用户、抓好蔬菜基地建设、加快商贸设施建设、加强文化卫生体育设施建设等9件实事做出公开承诺。为民办实事自此正式列入政府年度主要工作计划。1995年，确定8件实事。1996年，将若干件实事改为若干方面的若干实事，共确定8个方面的实事。1998年，将承诺实事升为市政府实事工程，并增加到9个方面，内含30个项目。此后根据实际情况，安排8个方面（件）或9个方面（件）的实事，内含若干分项目。2005年，市十二届人大三次会议通过的10件实事工程、40个子项目。此后，每年均安排10件（方面）的实事，内含分项目有四五十个。2022年，将10件民生实事项目归纳成"甬有优学"行动、"甬有敬老"行动、"甬有安居"行动、"甬有帮扶"行动、"甬有乐业"行动、"甬有食安"行动、"甬有善育"行动、"甬有健康"行动、"甬有健身"行动、"甬有美丽"行动。政府实事工程项目覆盖就业创业、公共教育、医疗卫生、社会保障、生态环境、体育健身、养老托育、城市宜居等领域，体现出政府对民生问题的关注和解决能力，也反映出民众对政府的期待。市政府通过多种方式收集民众对民生实事项目的意见和建议，如通过"民生实事码"参与评价活动，让民众直接反馈项目的问题和不足。在实施过程中，不仅注重项目的短期效果，还关注项目的长期可持续性，不断优化政策措施，加强监督，确保项目按计划推进。通过实施一系列民生实事工程，民众的生活质量和幸福感得到有效提升。

地方立法 1988年3月，宁波市获得地方立法权。1989年4月22日，市九届人大八次会议通过《宁波市象山港水产资源保护条例》，这是宁波市第一部地方性法规。1990年6月2日，市人民政府公布第1号令《宁波市优质产品评选办法》。2002年，建成宁波政府法制信息网，在网上向社会公布所有立法草案，同时在宁波主要报纸上全文刊登重要的法规、规章草案，征集社会公众的意见，"开门立法"由此起步。2004年8月，首次组织立法专家论证会，引入专家参与《宁波市征收集体所有土地房屋拆迁管理条例（草案）》的制定。2008年8月，首次组织立法恳谈会，听取市人大代表、政协委员、市民代表以及有关部门代表对《宁波市市民卡管理办法（草案）》的意见和建议。同月，首次组织立法听证会，听取社会各界对《宁波市住宅小区物业管理条例（草案）》的意见和建议。此后，立法项目专家论证会成为立法工作破解专业难点的主要手段，立法恳谈会、听证会成为立法工作听民意、集民智的主要途径。2008年9月17日，印发《宁波市政府规章立法后评估办法》，展开立法后评估工作。此后，颁布施行地方立法草案起草、立法项目审查、政府规章立法技术规范、立法前评估、立法听证等制度。2019年，决定在全国率先构建地方性法规动态维护机制。至2022年，宁波市始终聚焦发展问题、改革命题、时代课题，以立法推动和保障各领域改革发展，在重点改革发展领域形成多个地方性法规"系列"；运用"创制性立法"功能，创制征收集体所有土地房屋拆迁条例、无居民海岛

管理条例、医疗纠纷预防与处置条例等地方性法规，总结、推广“宁波经验”，增进宁波改革发展的先发优势。

决策咨询服务 改革开放后，宁波市先后建立市委政策研究室、市人民政府经济研究中心（先后更名市人民政府发展研究中心、市政府研究室）、市社会科学研究院（后更名市社会科学院）、市发展规划研究院、市人民政府咨询委员会等市委、市政府直属的决策咨询服务机构，各部门也陆续建立研究室（院、中心）等部门决策咨询服务机构。尤其是市委、市政府直属研究机构发挥着主力军作用，是市委、市政府领导全市经济社会发展的参谋和智囊团。各机构根据市委、市政府的意图和部署，围绕市委、市政府的中心工作，针对宁波经济和社会发展方面的情况，组织开展“加入WTO与宁波进一步扩大对外开放、发展开放型经济研究”“宁波在长江三角洲中经济功能与发展区域战略研究”“西部大开发与宁波经济发展研究”“实施‘科教兴市’战略”“现代化国际港口城市目标功能定位和发展战略”“接轨上海参与长三角合作发展”“发展宁波临港工业”“建设海洋经济强市”“宁波21世纪初可持续发展战略”“推进自主创新建设创新型城市”“发展循环经济支撑体系”“长三角区域港口协调规划发展研究”“构建宁波都市经济圈”“宁波加快构建国内外对接的贸易体系”“构建宁波区域特点的思想道德体系的研究”“宁波提升人才竞争力研究”“宁波人才文化培育研究”等经济、政治、党的建设、社会发展和意识形态等方面的调查研究和重大课题研究，会同有关部门研究宁波市的中长期经济和社会发展战略、发展思路及即期经济发展对策，组织重大课题的调研，提出意见和建议，供市委、市政府决策参考。

卷十八 政法 军事

公 安

“五口通商”后，江北岸被划为外国人居留地。1850年，宁绍台道拨绿营兵8名，称巡捕，驻江北岸，受税务司节制。1865年，设巡捕房，归外国领事管辖。1908年8月，宁绍台道决定收回江北岸巡捕管辖权；1909年，经过交涉，成功收回巡捕权，将巡捕房改组为江北区警察局（1910年改称江北岸警务长公所）。1909年3月，城内开办城关巡警，总局设在城隍庙左首新桥侧（1910年11月改称宁波警务长公所）。民国时期，宁波警察机构先后改称警察署、警察事务所、警察厅、警察局、公安局等名称。其间，1929年1月，鄞县公安局成立，形成一地两警察机构的体制。1941年宁波沦陷后，宁波和鄞县的警察局撤至四明山区，改称警察总队、大队，汪伪宁波政权在城区设立伪公安局；在浙东抗日根据地，中国共产党领导的党政机构和武装部队及群众组织，建立多种形式的专职或兼职保卫机构。抗日战争胜利后，宁波警察总队复名宁波警察局，迁回城区。1948年8月，宁波警察局并入鄞县警察局。

1949年6月6日，中国人民解放军华东军区宁波市军事管制委员会公安部成立，接管国民党政府司法、警察机关。8月，市人民政府公安局、专员公署公安局（次年12月改称公安处）成立。“文化大革命”期间，公安机关军管会和革命委员会人民保卫组，行使公安、检察、法院3个部门的职能。1973年4月、7月，宁波地区公安处、宁波市公安局先后恢复；1983年7月，实行市管县体制，合并为市公安局。此后，不断完善公安机构设置和管理体制。2022年，宁波市公安局直辖海曙、江北、镇海、北仑、鄞州、奉化区及高新区7个分局，另有余姚、慈溪2个县级市公安局，宁海、象山2个县公安局。其间，公安机关根据社会发展和形势需要，调整公安职能，优化机构设置，创新警务机制，改进执法工作，依法、精准、高效惩治犯罪，巩固社会治安秩序，促进“平安宁波”建设，保障改革开放和现代化建设。

惩治犯罪 刑事犯罪在民国时期以贩卖吸食鸦片、盗窃为多，杀伤、拐卖、抢劫、伪造货币居次。解放初期，刑事犯罪活动猖獗。全市持续予以严厉打击，破案率明显提高，犯罪猖獗势头得到遏制。1949年10月，开展肃清特务斗争。1950年11月以后，开展镇压反革命运动。至1953年底，基本肃清隐藏的特务分子；至1954年12月，结束镇压反革命运动。1955年9月起，分批开展肃清暗藏在机关、团体、学校、医院、工矿企业内部的反革命分子运动；至1959年3月，基本结束。“文化大革命”期间，刑事犯罪活动明显增多，破案率下降较大。1983年8月至1986年12月，全市依法从重从快从严惩处严重刑事犯罪活动，刑事案件下降45.3%。此后，全市推进警务创新，建立挂牌督办、领导包案、督破督捕，构建各警种高效运转、紧密衔接的运作体系，形成“大刑侦”格局；运用科技手段，提高专业信息研判能力，加强重点对象和区域排查、梳理，实现精确打击和规模打击；以实体化、常态化、信息化合成作战为主，创立“双向侦查、全线打击”等技战法，开展市县联动、警种合成的专案侦查和集中收网等行动，摧毁重（特）大犯罪团伙；创立“思维导图追查法”“新型手段即时宣传法”等技战法，防范打击通信网络诈骗犯罪。在持续防范打击下，全市刑事案件侦破率得到提高，发案率逐年下降。2020年，现发命案破案率达100%（连续4年），涉枪暴力犯罪“零发生”，部（省）督办电信网络诈骗案件破案率达100%。2022年，刑事案件立案数同比下降10.1%，重大敏感案事件“零发生”。

治安管理 旧社会，宁波社会治安违警案件众多，特别是烟毒、赌博、娼妓之毒瘤不断滋生蔓延，政府屡禁不绝。1949年8月，新生的人民政权开始加强治安场所管理，查禁、打击赌博、娼妓等社会毒瘤。1950年10月，设市禁毒委员会，开展禁种、禁运、禁贩、禁吸等肃毒活动。同年，成立冬防委员会（次年改为人民服务队，后消失），开始实行群众自防。至1951年上半年，城乡积弊多年的赌风大为收敛。同年7月，市区街道以所辖区域设立治安保卫委员会，居民区建立治安保卫小组，次年推广至全市。至1953年，肃清旧有贩毒市场、吸毒窝点，实现吸毒者戒净。至1956年，旧社会遗留的娼妓始告绝迹。改革开放后，“黄赌毒”等违法活动复现，且涌现新型社会治安违法活动。为此，全市加强特种行业、公共场所管理，查禁“黄赌毒”，强化内河水上治安管理，抓好网吧管理和肇事精神病人收治工作，加强烟花爆竹管理，打击拐卖妇女儿童犯罪，实施网络安全管理，开展各类专项整治活动。2005年，开始创建“全国社会治安防控体系建设示范城市”，创立“专群结合”的社会治理模式，建设环市、环县、环城防控圈，实施“智慧城市”等防控工程，推动社区警务工作和网格化管理相融合，优化“屯警街面、动中备勤”的警务形态，建立纵向减少指挥层级、横向畅通指挥关系的扁平化指挥模式，实现联动式、智慧型、精细化防控体系全覆盖。至2022年，宁波实现平安建设“十六连冠”，12次获评中国最具幸福感城市，治安警情数、道路交通死亡人数、溺水死亡人数呈整体下降趋势，重大恶性案件、重大公共安全事故、规模性群体性事件保持“零发生”。

出入境管理　旧时，政府对公民的出入境活动未能实施全面有效的管理，除公派出国者按规定办理出国手续外，一般民众出国大多在私下进行。1932年，宁波警察局开始查验、管理入境的外国人。中华人民共和国成立后，宁波公民因私出国须由上海市外事部门审批（1958年以后移交公安机关管理），实行“从严审批、控制出国”。1949—1978年，宁波获批因私出国并领取护照的只有900余人次。1979年3月，宁波成为乙类开放地区，申请出入境者增多。1984年宁波成为甲类开放地区，1988年各区（县、市）均成为沿海经济开放区，入境人数激增。此后，宁波市不断优化出入境管理机制。1990年，允许公民自费赴东南亚旅游、因私出国劳务。1992年1月，成为第一批中华人民共和国公民（因私）普通护照签发点之一（2000年11月启用浙江省出入境管理系统，宁波不再签发护照）。1994年，开始受理私营企业和个体工商户出国商务活动的审批。1995年，取消境外人员必须在指定的涉外宾馆、饭店住宿的规定。1999年10月，获准直接为宁波市居民赴港澳商务、旅游签发通行证。2004年2月，开始实行公民按需申领因私护照。2004年8月20日，开始实施绿卡制度，对有突出贡献的外籍人士可授予在华永久居留资格，或准予申请办理2～5年有效的多次入境签证或外国人居留许可。自2010年1月起，除赴港定居、应邀赴台等特殊情况外，其他出国（境）事由申请可以就近选择出入境窗口办理。2010年8月，简化内地居民赴港澳地区办理手续，在出入境办证大厅启用自助受理机。2019年12月1日，获准在宁波航空口岸实施外国人过境144小时免办签证政策。在此前后，推出商务类护照办理手续精简、商务专窗、口岸签证、“白名单”“出入境警企联络官”等出入境便利化措施，与上海、广东等地管理部门建立工作机制，扩大受邀的外籍商务人士入境渠道。

道路交通管理　1930年，执行省公路局《管理公路交通暂行规则》，凡公路行驶机动车辆，均由省公路局检验登记，发给牌号、行车执照。1933年，宁波公安局第二科设立交通股，挑选长警负责城区交通管理，宁波始有专职交通警察。1949年8月，交通民警用红绿旗指挥交通（1951年改用手势，后一度改用指挥棒）。1950年初，开始在新江桥堍及主要街道交叉路口设置红绿灯。1955年，开始要求车辆、驾驶员每年接受一次检验、审验。同年8月，在老市区交通干线、交叉路口用白漆划快、慢车道和人行横道线，主要路口竖交通标志牌。1956年，宁波市开始办理车辆发牌领证。1965年，开始限行，规定5—21时禁止大型货车、机动板车、拖拉机在中山东路通行。1978年，开始在部分街道实行单行线，停发人力大板车牌证。1981年，在值勤岗亭全面推行红绿灯周期定时自动指挥仪指挥交通。1983年，在中山东路、江厦街设立安全隔离栏1300米，后向全市推广。1986年，试行机动车驾驶员“违章记录证”制度。1990年5月，投用全市第一台交通信号仪，信号灯控制开始从半自动变成全自动。1991年1月，规定一切机动车辆必须按指定地点停放。1993年9月，对老市区非机动车停车点实行定点及审批管理。1998年，开始在市区主要路口安装启用“电子警察”。2001年，在34省道和329国道实行勤务联勤制度，实现24小时有效控制路面，后在全省推广。2003年，建立道路交通事故预防机制和交通事故快速联动救援机制。2005年，组建预防道路交通事故市、区（县、市）、乡镇、村四级网络。2009年，启用无线移动警务系统。2010年，开始实施“智慧交通”建设，实现违法抓拍设备与信号灯在市区全覆盖。2012年，在全国率先颁行企业交通安全信用评价办法。2013年，在城区投用首批14条“绿波带”。2015年，启用全市首个市中心城区交通拥堵指数系统。2022年，全市机动车保有量364.3万辆（汽车337.5万辆），电动自行车保有量436.5万辆，交通健康指数居全国同类城市第二位，道路交通事故四项指数持续下降，当年道路事故死亡人数同比下降2.55%。

检 察

1911年1月，设立宁波府地方审判厅暨检察厅，审检合署。后经多次变革，仍实行审检合署，直至宁波解放。1951年11月，市人民检察署、省人民检察署宁波分署相继成立。人民检察机关创建初期，只是根据历次政治运动的需要，派员参与查处犯罪案件，履行检察侦查、起诉的职能。1958年10月，实行“一长代三长，一员代三员”（三长指公安局局长、检察院检察长、法院院长，三员指预审员、检察员、审判员），检察机关法律监督职能被削弱。直至1961年6月，公安、检察、法院三机关才恢复各自职能。1966年“文化大革命”开始后，检察机关中止活动；1968年4月，被撤销。1978年8月和10月，宁波市和宁波地区重建检察机关。1983年7月，实行市管县体制后，两检察机关合并为市人民检察院。此后，根据职能拓展、调整，逐步完善内设机构，推进司法责任制综合配套改革，规范员额检察官管理；落实案件质量终身负责制，突出以办案为中心的导向。落实捕诉一体化办案机制，健全重大敏感案（事）件应急处置、标准化案件质量评查工作机制，强化司法权规范运行和案件质量管控。

侦查监督　1954年以前，刑事案件的批准逮捕工作绝大部分由公安机关负责办理，检察机关尚不能完全独立行使检察权，只有少数案件的批捕工作。1955年，开始全面行使审查批捕职能，对侦查活动进行法律监督。1958年以后，侦查监督职能被削弱，1961年才恢复正常。“文化大革命”期间中断，直到1978年以后才得以恢复并逐步增强。1997年，开始正式行使对刑事立案的监督权（此前仅通过检察建议、跟踪监督行使检察职能），对公安机关等侦查机关的刑事立案活动是否合法进行法律监督。2001年以后，加强对羁押和办案期限的监督，介入侦查，参加重大案件讨论，参与勘查现场；建立特约检察员、专家咨询委员会、人民监督员等制度，构建宁波市行政执法与刑事司法信息共享平台，督促行政机关规范执法；推进法律监督说理，重点监督损害企业利益、破坏企业正常生产经营的犯罪案件，纠正违法行为。2012年以后，细化规范审查逮捕的法定条件、办案标准和工作流程，全面实行捕前当面听取犯罪嫌疑人供述和辩解制度；强化刑事侦查、审判、执行监督，监督撤案，纠正漏捕漏诉；针对“空壳公司”洗钱、快捷酒店违规接待未成年人等问题，发出治理类检察建议，堵塞漏洞；突出惩治影响群众安全感的各类犯罪，严惩黑恶势力犯罪、涉疫犯罪、严重暴力犯罪等。2022年，依法批准逮捕各类犯罪嫌疑人3518人、提起公诉13219人，检察批捕率、起诉率同比分别下降12.8%、6.8%。

刑事公诉　解放初期，局部承担批捕、起诉工作，大部分由公安机关负责办理。1955年，开始全面担负刑事案件的审查起诉工作。1958年以后，经历削弱、恢复、中断过程。1979年，重新开展审查起诉工作。1980年以后，不仅开展审查起诉、提起公诉、出庭支持公诉工作，还对法院的审判活动进行监督。1991年以后，依法对移送审查的案件进行全面审查，复查被害人、犯罪嫌疑人的申诉，对侦查机关要求复议、提请复核的进行复议、复核。1997年，建立犯罪嫌疑人的“告知制度”、接待律师的“专人接待制度”和律师会见犯罪嫌疑人的“会见制度”。2000年以后，进一步推进公诉改革。2001年，首次尝试庭前证据开示，施行一审刑事公诉案件普通程序简化审理办法。2002年，成立主诉检察官管理小组，完善主诉检察官的监督、考核制度。2005年以后，推行公诉一体化的工作模式，调集市、县两级公诉部门优秀人员组成办案组，提升公诉效果。

2006年以后，贯彻宽严相济的刑事司法政策，对严重刑事犯罪依法从重从快打击，对轻微犯罪采取轻缓的方法，对依法不需要判处刑罚的案犯实行相对不起诉。2012年以后，全面推行公诉案件客观性证据审查模式，健全庭前会议、侦查人员出庭作证等工作机制，未出现诉后判无罪的情形。2017年以后，坚持和发展新时代"枫桥经验"，协同公安机关加强刑事案件诉源治理；坚持少捕慎诉慎押，健全侦查监督与协作配合机制，督促侦查机关立案、撤案，纠正漏捕漏诉；加强刑事审判监督和刑罚执行监督，全面排查减刑、假释、暂予监外执行。

自侦案件检察　在1952年"三反""五反"运动中，派员参与办案工作，审查起诉部分国家工作人员违法乱纪案件，发挥一定的法律监督职能（法纪检察）。1954年，开始办理渎职案件，此后断断续续地进行。1955年8月，开始对地方国家机关的决议、命令和措施是否合法，国家工作人员是否遵守法律实行监督（1957年下半年受批判而停止）。同年，全面展开国家工作人员经济犯罪案件的自侦工作（经济检察）。1958年以后，自侦职能被削弱。"文化大革命"期间，自侦工作中断。1978年，重新开展法纪案件的自侦工作。1980年，重新开展国家工作人员经济犯罪案件的侦查工作。1990年，改经济检察为贪污贿赂侦查，突出查处国家工作人员贪污贿赂犯罪案件。1991年以后，将法纪检察工作集中在刑讯逼供、非法拘禁、玩忽职守、重大责任事故、徇私舞弊等"五类"重点案件查处上。1996年，改贪污贿赂侦查为反贪污贿赂，加强贪污贿赂等大案特别是领导干部职务犯罪要案的查处。1999年，成立法纪案件侦查指挥中心，建立全市统一的法纪案件管理网络。2000年，改法纪检察为渎职侵权检察；2005年，改为反渎职侵权，将办案触角伸及各司法部门和行政执法部门。2012年以后，推进案件管理机制改革，在全国率先制定施行检察公信力行为守则，开展规范司法行为专项整治工作和保障律师会见权、文明办案专项整改。2017年以后，加大行政诉讼监督力度，依法办结"民告官"诉讼监督案件，实质性化解行政争议；持续做好公益诉讼检察，注重在诉前实现保护公益目的。

民事行政检察　1956年，宁波检察机关提起首批民事案件诉讼（3件）。1957年，"整风反右"运动开始后，检察机关基本停止参与民事诉讼活动。1991年，宁波市民事行政检察工作正式起步。至1994年，陆续建立各基层检察院民事行政检察机构，完善各项制度，案件数量虽很少，但案件受理数与立案数呈逐年上升趋势。1995年以后，通过民事行政检察宣传，拓宽案源渠道，案件受理数与立案数直线上升，抗诉成功的案件也越来越多。1999年3月，颁行《市检察院民事行政检察工作细则》，从受理到立案审查直至抗诉，在程序上对申诉案件做出具体规定。2007年以后，试行主办检察官制度，加强案件审查把关，办理的民事行政抗诉案件和提请抗诉（建议提请抗诉）案件，无论在数量和质量上，长期位居全省第一。2012年以后，强化民事行政诉讼监督，对认为确有错误的生效裁判提出抗诉或再审检察建议，查处虚假诉讼，针对民事执行中违法情形提出检察建议；在办理未成年人犯罪案件时慎捕慎诉，及时封存犯罪记录，并跟踪帮教。2017年以后，强化民事生效裁判监督，依法提出抗诉等监督意见；对于不符合监督条件的申诉案件，做好息诉罢访工作；以“零容忍”态度治理虚假诉讼，依法纠正、移送公安机关立案；加强民事执行监督，针对“老赖”乘飞机、坐高铁等超限消费问题开展专项监督。

控告申诉检察　宁波检察机关一经建立，即受理控告申诉。在“文化大革命”前，检察机关没有设立单独的控告申诉部门，其职能由办公室承担，主要任务是接待、处理人民群众的来信来访，受理控告举报等。1979年，宁波检察机关重建后，改“人民群众来信来访工作”为“控告申诉检察工作”；1984年，开始单独设置控告申诉检察部门。自1988年9月1日起，在市、县检察机关陆续建立经济犯罪案件举报中心；1991年，将举报中心划归控告申诉检察部门统一管理。1992年，开始施行检察长接待日、来访登记、反馈答复及专人负责、挂牌接待等制度，创建“文明接待室”。1997年，开始承办刑事赔偿工作。1998年，实行检察院举报工作承诺制，不再直接立案查处案件，重心转向初查案件线索。2001年，开始实行公开听证制度。2002年4月，在全省率先全面实行控告申诉举报首办责任制。2005年，推出处长轮流接待制度。2006年以后，每年开展“举报宣传活动周”活动，对署名举报的一次反馈率达100%。2010年，建立信访预警机制和日常矛盾纠纷排查化解机制。2012年以后，实现群众信访“件件有回复”，实行领导包案、检察长预约接访；专项治理重复信访，运用公开听证、司法救助等措施化解信访积案，依法终结无理缠访闹访；推进电信网络诈骗、养老诈骗等高发犯罪的专项打击，依法起诉制售有毒有害食品犯罪，开展药品安全专项监督；对未成年人犯罪宽容但不纵容，强化未成年被害人综合保护。2022年，“特殊人群指定法律援助权益保障类案监督”成为全省控申条线唯一专项监督项目。

监所检察　1953年，开始行使监所检察权，主要任务是办理在押犯又犯罪案件，打击重新犯罪活动，纠正和查办监所监管活动中的违法行为，对监所的活动是否合法实行监督。1966年“文化大革命”开始后，监所检察工作中止。1978年以后，恢复监所检察工作，对刑事案件判决、裁定的执行，监所的活动，及判处管制、剥夺政治权利、缓刑、监外执行、假释罪犯的执行等实行监督，受理犯人及其家属的申诉、控告。1991年，开展监管秩序整顿，严厉打击牢头狱霸活动，取得明显成效。1994年以后，在监狱设立“亲情信箱”，实行“检察官约见制度”等制度，维护在押人员合法权益。1998年，指定专人从收押人犯开始，跟踪检察在押人员所处的各个诉讼环节和羁押期限。2000年，对职务犯罪嫌疑人全面实行首次讯问12小时全程同步录音录像。2001年，清理和纠正超期羁押；此后，基本没有超期羁押案件发生。2004年以后，颁行防止和纠正超期羁押工作细则等制度；此后，未发生一起超期羁押案件。2005年，实现派驻检察室全部与监管单位联网，实行动态监督。2008年，全面推进社区矫正工作。2012年以后，开展巡回检察，对拟减刑、假释、暂予监外执行加强审查，全面实施认罪认罚从宽制度，促进罪犯悔过改造，严防“纸面服刑”“提钱出狱”；对逮捕后可以不继续羁押的，建议释放或变更强制措施，减少社会对立面。2022年，深化平台应用，“看守所数字检察系统”等项目入选全省重大改革（重大应用）“一本账”。

审判

1911年1月，浙江宁波府地方审判厅暨检察厅成立，建立宁波商埠初级审判厅暨检察厅，实行审检合署，直至宁波解放。1949年7月，市人民法院成立。1950年5月，省人民法院宁波分院成立，管辖专区各县（区）及宁波市的一审人民法院。1955年，改宁波分院为宁波专区中级人民法院。6月，撤销市法院建制，设市中级人民法院。1957年1月，撤销市中级人民法院建制，恢复市人民法院。1967年，专区中级人民法院、市人民法院实行军管。1973年3月和7月，相继恢复。1979年2月，改市人民法院为市中级人民法院。1983年7月实行市管县体制后，地区、市中级人民法院合并为新的市中级人民法院。1992年，宁波海事法院成立，专门管辖浙江省港口、岛屿、沿海水域和通海内河发生的一审海事海商案件。2017年9月，宁波知识产权法庭成立，管辖宁波、嘉兴、绍兴、台州、舟山市范围内部分知识产权案件。2022年12月，宁波国际商事法庭成立，负责审理宁波市范围内的涉外民商事案件。其间，全市审判机关优化调整内设机构，探索行之有效的管理运行机制，实施岗位责任制、审判长负责制、公开审判制度、审判监督制度、陪审制度、举证责任制度、调解制度、辩护制度、合议庭制度等，推进庭前证据交换、裁判文书改革等，改进审判活动，提升审判、执行水平。

立案受理　人民法院成立之后，实行立审合一制，根据“分级负责、归口办理”

的原则对案件予以立案、协调、转处，并不断完善立案、移送、协调、反馈等制度，促进告诉立案制度化、规范化。1994年，成立告诉申诉审判庭，承担立案工作。1998年，开始对经济、民事、行政案件实行立审分离。至2000年，全市大多数法院除地域偏僻、交通不便的人民法庭可自行立案外，其余均由告申庭统一立案；实行“双轨制”立案的告申庭，对符合起诉的案件大多数当天审查、当天立案、当天移送业务庭。2002年，告申庭分设为立案庭和审判监督庭，立案庭负责案件审查登记立案工作，开展管辖异议、减刑假释等立案工作，并加强行政庭与立案庭的沟通协调。同时，建立健全便民制度和举措，建设接访场所。2004年，将国家赔偿案件的立案审查纳入立案庭职能范围。2006年以后，建立导诉制度，由导诉人员负责接待咨询、告知权利义务、释明法律、提示诉讼风险，加强举证指导。探索电话立案、网上立案、上门立案和口头立案等多种立案方式，试运行“案件进展网上查询系统”，提高群众行使诉讼权的便捷性。建立“滥诉黑名单”制度，通过解释说明、引导和教育等多种手段，遏制部分当事人的滥诉。

刑事审判　1911年11月，宁波军政分府执法部成立，对执行死刑的罪犯由斩首改为枪毙。1949年7月，人民法院负责受理审判刑事案件，但是反革命案件在1949年7月至12月间由市军管会公安部办理。1950年2月，在慈溪、鄞县、余姚召开首次公审会，判处贪污案犯。1951年9月，开始贯彻《中华人民共和国人民法院暂行组织条例》，按审判制度审理。1954年9月，实行公开审判及人民陪审员、辩护、回避、合议等制度。1988年，建立专门审理少年刑事案件的合议庭。1996年，开始以新的《中华人民共和国刑事诉讼法》为程序法审理刑事案件。1999年，建立一审公诉案件证据交换制度。2004年，开始对被告人认罪案件运用刑事普通审判程序。2006年，探索开展少年犯社区矫正工作。2009年，设立未成年人刑事审判合议庭，统一管理未成年人刑事犯罪案件。2010年以后，持续推进刑事审判机制改革，完善量刑规范化细则，健全多层次把关制度，在全国率先开展刑事案件律师辩护全覆盖试点，探索教育挽救未成年人的审判和矫正方式。坚持“调判结合，调解优先”，妥善处理附带民事诉讼案件，落实认罪认罚从宽制度，准确适用非监禁刑。盯紧各阶段打击重点，严惩严重暴力犯罪和侵犯妇女儿童人身权利的犯罪，依法从重从快惩处涉众型经济犯罪，建立健全扫黑除恶常态化推进机制，高质量办理贪污贿赂、渎职等职务犯罪案件。

民事审判　解放前，宁波的民事审判贪污腐化问题严重，不公正审判，以及对工商业资本家的不公正对待都比较突出。解放后，民事审判执行“依靠群众，调查研究，就地审理，调解为主”的方针，着力化解人民内部矛盾。1949年7月至1990年12月，共受理一审民事纠纷案75079件，办结73899件，结案率98.4%；其间，受理二审民事纠纷案4763件，审结4571件，结案率95.97%。1996年，全面展开民事案件审判方式改革，实行公开审理，强化案件质量管理和目标管理。2000年，规范案件繁简分流，提高当庭宣判和公开开庭率，普遍推行审判长合议庭负责制。2001年以后，依照修改后的婚姻法，加强妇女、老人、未成年子女和无过错方的权益保障。2002年，推行重大复杂疑难案件的庭前证据交换制度，不再质证双方当事人无异议的证据；对外地务工人员的损害赔偿案件，实行快审快结。2006年以后，确认可以通过人民调解方式解决案件。同时，发挥法官的主观能动性，适时讲法释法，加强诉讼指导。坚持调解与判决并重，推进诉源治理，运用“背靠背说服法”“唤醒亲情法”等，引导当事人达成调解。改革家事审判方式，完善家暴告诫、诉后回访帮扶等机制。发挥国家司法救助、司法援助保险、慈善基金“三位一体”救助体系的托底作用，救助困难当事人。2020年，审结全市首例侵犯英烈名誉民事公益诉讼案，用公正裁判树立行为规则、引领社会风尚。

商事审判　1979年以前，民事审判庭兼理经济纠纷案件。1980年，建立经济审判庭，受理经济纠纷案件。1981年，实行立案审查、办案期限等审理程序。1982年，开始受理购销合同及加工承揽、借贷、租赁合同等纠纷案件。1985年，开始办理企业内部承包合同、自筹资金合股开店办厂纠纷，以及简易经济纠纷案件。1986年，受理合伙经营、技术转让、私房建筑承包等经济纠纷案件。1988年，办理外地案件，推广定案件、定时间、定路线、定人员，及走一路、办一线、蹲一点、办一片的“四定四一”做法。1993年，设立经济纠纷调解中心，调处诉讼外纠纷。1996年，受理民事案件首破万件。2001年8月1日起，由市法院集中管辖除专利纠纷外的知识产权案件，不再由基层法院受理。2002年，全面落实公开举证、质证、辩论、认证和裁判，全面实行合议庭负责制，改革和规范裁判文书。2003年，获得专利纠纷案件管辖权。2005年，实施公开质证、公开释明、公开辩论，普遍建立审判长联席会议、庭务会议等疑难案件讨论制度。2017年9月8日，获准成立宁波知识产权法庭，审判重大知识产权案件。2021年，推行审判领域“当事人一件事”集成改革，以最少的程序解决“一个案件”。2022年，审结涉企纠纷48910件，查处虚假诉讼637件，实现民间借贷案件连续4年下降。

行政审判　1982年，开始受理食品卫生、行政管理、城乡规划、土地管理等行政案件。1987年，开始受理不服公安机关处罚提出诉讼的治安行政案件。以公民、法人为原告，国家行政机关为被告，出现官民同堂诉讼现象。1988年，市、县设立行政审判庭，专门承担行政诉讼案件审判工作。2000年，首次审结国家赔偿案件3件。2015年，试行与行政区划相分离的行政诉讼管辖改革，给予起诉人选择异地法院管辖的权利。2016年，建立行政诉讼案件法律援助工作机制，将国家赔偿等类案件纳入法律援助案件范围，实现法律援助案件零申诉。2017年，建立行政争议调解中心，构建行政争议化解联动机制。2019年，建立专家行政争议调解制度，实现简案速裁。2020年，开始实质化推进司法与行政的良性互动，发送行政审判白皮书、司法建议等。2021年，在全省率先实施行政诉讼四级法院审级职能定位改革试点。2022年，审结一审行政诉讼案件1154件，调撤率33.4%，行政机关负责人出庭应诉率首次达100%。

审判监督　1953年，开始行使审判监督职能，纠正老市区错押、错捕、错判案件，复查1952年前后判处的反革命及普通刑事案。此后，多次开展复查历史老案，纠正冤、假、错案。历次复查中对宣告无罪、免予刑事处分者，配合有关部门善后处理当事人复工复职、就业安置及经济补偿等事项。1991年以后，行政申诉、再审案件较少，将行政申诉、再审案件改由行政审判庭负责。1993年，建立告申工作制度。1994年，成立告诉申诉审判庭。1995年，建立错案责任追究制和廉政监督员制度。1996年以后，成立案件质量检查机构。1999年开始，施行假释罪犯的监督措施落实制度和定期公开宣判制度。2000年，告申庭首次举行刑事申诉案件听证会。2001年，建立符合司法工作特点和规律的证据制度，在全市规范再审案件诉讼法律文书的制作。2002年，对告诉申诉审判实行审判监督、立案分离制度。2003年以后，推行申诉复查听证制度，施行提审制度、合议制度、审批制度和公示制度，动态管理监外执行，建立民商事抗诉案件联合调处、调解制度；主动接受社会各界民主监督，聘任特约监督员和人民陪审员，开展律师与法官互评、同堂培训，推进法律职业共同体良性互动。

案件执行　1949年7月至1982年，实行审判执行合一制。1983年8月，设立执行庭，实行审判与执行分立。1991年以后，开展各种形式的“执行周”“执行旬”“回马枪”活动。1998年以后，对盗窃、抢劫等贪利性犯罪判处罚金刑的案件增多，但执行职能仍由刑事审判庭行使；2001年以后，统一由执行庭执行，对疑难未结案件实行“执行穷尽制度”。2003年，建立分离行使执行权流程管理规则，规范执行工作。2005年，建立执行基金，引导当事人和解。2006年以后，将一些涉及财产刑的罪犯自觉履行情况，列入假释条件之中。2008年以后，完善立即执行制度、财产报告制度、执行威慑机制，采用曝光执行、限制高消费、悬赏执行、审计执行、债务重组、网络执行等方法；查控被执行人及其财产，限制被执行人出境，防范和查处暴力抗拒执行行为；提前介入刑事财产刑执行，在被告人被送往监狱之前进行提审；建立集中执行机制，对牵涉多个基层法院的案件予以提级执行或指定一个基层法院集中执行；实施执行案件智能监管“一件事”改革试点，开展执行终本案件专项司法巡查和“一案双查”。其间，开展以清理积案为主要内容的集中执行活动，采取分案定人、公告督促、蹲点执行、夜间执行、提级执行、指定执行、交叉执行、挂牌督办等方法，集中执行完毕各类案件。

海事审判 1992年12月4日，宁波海事法院成立（自2002年1月起，地方法院不得受理海事海商案件，宁波海事法院不得受理属地方法院管辖的一般民事案件）。1993年，开始对外受理案件，案件数量一直处于持续增长状态，案件类型从单一趋向多样，多项审判案例填补国内、省内空白。宁波海事法院成立后，审理并判决一批具有全国影响力的海事海商案件，创立许多海事司法模式：上线全国首个船舶司法扣押在线办理平台，建立“船舶司法查控”应用平台，大幅提升船舶“查扣管拍”办案效率；设立全国首个海事行政争议调解中心，实质性化解行政争议；建立全国首个海事司法案例库，推行审判辅助事务集约化改革，将审判部门辅助事务实现专人集中办理；在全国率先探索海事审判“三合一”改革，在温州、舟山、台州、杭州设立派出法庭，构建浙江海事审判“一体四翼”格局、以宁波海事法院为中轴的大海事审判协作格局。2017年，海商事案件收、结案数连续6年居全国首位。2019年，收结案数、主要办案质效数据连续8年保持在全国海事法院前列。至2022年，收案量从1993年的115件逐步上升到年均4500件左右，受案类型从最初的25种发展到涵盖所有海事受案范围，案件平均审理天数降至34.88天。

司法行政

民国时期，司法行政由审判机构兼理。解放初期，由人民法院兼理。1956年，在市、专区人民法院设立司法行政科，管理律师、公证、民间调解和法制宣传。1981年2月，成立市司法局；3月，设立地区司法处，司法行政开始独立。1988年3月5日，国务院批复宁波市为“较大的市”，赋予地方立法权。1997年，全市乡镇（街道）完成基层司法所建所任务。2001年，司法所被列入乡镇（街道）行政机构序列，与社会治安综合治理办公室合署办公。2007年，开展派驻所建设试点。2008年1月，明确基层司法行政工作任务特别重的乡镇（街道）可建立区（县、市）司法局派驻的司法所，实行县级司法局与乡镇（街道）双重管理体制。2014年，开始推动司法行政工作向最基层末端延伸，形成司法行政“网格化管理、组团式服务”格局。2019年，开始实施司法体制综合配套改革，实行内设机构、办案模式、行政复议体制、公证体制等事项改革，落实认罪认罚从宽处理、律师辩护、内部监督等制度。

普法教育　中华人民共和国成立后，按各个时期国家颁布的法律，运用公判会、法制宣传窗、黑板报、演讲会、展览会等方式，开展法律宣传和普法教育。1981年，在司法行政机关设立普法教育部门。1983年3月，组织“法制宣传服务日”“法制宣传日”活动，宣传宪法、刑法、婚姻法、治安管理处罚法等法律法规。自1985年下半年起，开展为期5年的普及法律常识教育活动（即“一五”普法教育）；至1989年3月，基本结束，283万人接受教育，普及率达80%。此后，组织实施7个五年普法教育，构建“互联网+”法治宣传传播体系，推进社会主义法治文化建设，建成全国、省级、市级法治宣传教育基地，形成各具规模、特色的法治文化景观群落。实施行业依法治理和基层依法治理，培育创建国家级、省级、市级“民主法治示范村（社区）”。在市、县、乡三级建立政府法律顾问，实现行政村（社区）法律顾问全覆盖，基本建成“一小时法律援助服务圈”网络。

法律服务　20世纪80年代初，宁波市开始组建乡镇（街道）基层法律服务所。1996年，开始推广实施法律援助制度。1999年，开通1600148法律服务电话。2002年，将1600148法律服务电话改为全国统一的12348法律服务专线，建立法律服务协调指挥中心，形成市、县两级法律服务联动处置机制。2002年，颁布《宁波市规范化基层法律服务所标准》，实施办案质量跟踪卡制度。2003年以后，将“12348”法律服务工作并入法律援助工作。2006年，建立法律援助工作联席会议制度，推行联系人全程跟踪监督办案制度和旁听跟踪制度，聘请行风监督员。2007年，率先开发法律援助信息管理系统，实现来访咨询数据录入和来电咨询同步录音。2009年，组织开发第二代法律援助信息管理系统，实现网上实时申请和审批。2011年，实现区（县、市）法律服务中心建成率100%。2017年，成立市“一带一路”法律服务团，设立“一带一路”公证专窗，为境外企业和机构提供法律服务。2018年，实现市、县、乡、村四级公共法律服务实体平台全覆盖。2021年，开通12348手机端接听服务，完善公共法律服务中心“一站式”服务机制，实现区（县、市）公共法律服务中心全部入驻县级社会矛盾纠纷调处化解中心。2022年，创新12348公共法律服务咨询热线“固定+移动”接听模式，开展涉外法律服务发展专项行动，建成“甬台舟公证基础区块链”。当年，全市共受理法律援助案件7908件。

安置帮教　1996年4月，市政府决定建立宁波市刑释解教人员安置帮教工作协调小组，开展刑满释放、期满解教人员安置帮教工作。同年，区（县、市）、乡镇（街道）

全部建立安置帮教工作协调（领导）小组，相关的村（居）委会和企事业单位建立帮教小组。1997年，建立司法行政、公安、检察、法院等部门互相协调配合的工作程序，理顺与省属监所的衔接工作，推广慈溪附海镇安置帮教8项工作制度（即报到登记、档案管理、回访谈心、了解考察、例会分析、情况报告、目标责任、考评奖励8项制度）。1999年以后，推进服刑、在教人员刑满释放、解除劳教的衔接工作，设立归正人员安置帮教工作专项经费。2000年，开展走访帮教活动，掌握刑释解教人员的思想动态和行动去向。2001年，开展“送温暖”活动，为特困刑释解教人员发放救济金、解决最低生活保障。2003年，完善“超前帮教”“亲情帮教”“结对帮教”“双向帮教”等帮教办法，提高帮教的针对性和实效性。2004年以后，推进帮教社会化、就业市场化、管理信息化、工作职责规范化，实行A、B、C类三级管理，构建监所与地方协作机制，建立社区矫正人员安置帮教基地，将全市刑释解教人员的重新违法犯罪率控制在较低水平，刑满释放人员未发生重大刑事案件，重新犯罪率不高于1%。

社区矫正 2004年，鄞州区被中共浙江省委、省政府确定为社区矫正试点地区，组织社区服刑人员全面进入社区矫正体系，颁行社区矫正工作制度、流程等，在各乡镇（街道）设立社区矫正财政专项资金，征聘志愿者与社区服刑人员结对，形成村（居）委会干部、志愿者、亲属或监护人的“三帮一”帮教体系，实现组织建设网络化、监督管理规范化、报到登记制度化、帮助教育亲情化、公益劳动多元化、奖惩考核公开化。自2004年7月20日全面实施社区矫正后，鄞州区矫正对象无一人再犯新罪。2005年底，宁波市将社区矫正试点扩大到各区（县、市）；2007年，在全市推行。社区矫正工作开始步入常态管理轨道，其法律效果和社会效益日益显现。至2010年底，全市矫正对象重新犯罪率为0.16%，低于全国比例（0.2%），脱管、漏管现象大为减少。此后，不断探索社区矫正新路径，实施新时代文明实践项目，创立“信用+社矫”融合模式，建立文化矫正帮扶课堂（基地），建立学历技能“双提升”教育帮扶系统；统筹推进“智慧矫正”应用建设，在海曙、慈溪、宁海成功创建部级“智慧矫正中心”，实现对社区矫正人员的精准管控；颁行《宁波市社区矫正社会工作服务规范》，规范引导社会组织及社工有序参与社区矫正工作。至2022年，全市6100多名社区矫正对象“零脱管”，在矫期间再犯罪率保持在较低水平。

调解与仲裁 1931年，在区、乡镇公所设立调解委员会，多为士绅、地主、族长所把持。解放初期，陆续组建基层人民调解组织。1954年4月，开始贯彻《人民调解委员会暂行组织通则》。“大跃进”时，将调解组织与基层治安保卫组织合并成治保调处委员会。1961年，分设，复名调解委员会。1981年，司法行政机关设立调解管理部门，乡镇（街道）配备专职司法助理员。1988年以后，调解工作注重于防止民间纠纷激化。1997年3月，组建民商事合同仲裁机构——宁波仲裁委员会及其办公室。2003年4月，在乡镇（街道）全面建成人民调解委员会。2005年，首创城市中央商贸区区域性联合人民调解委员会。2006年，建立全国首家交通事故纠纷人民调解委员会。2008年，实施《宁波市医疗纠纷预防与处置暂行办法》，在国内率先引入人民调解机制调处医疗纠纷。2012年，在区（县、市）全面建成社会矛盾联合调解中心。2013年，全面规范人民调解组织名称、标志标识、工作流程等。2015年，实施《宁波市人民调解条例》，实现人民调解组织在村（居）委会的全覆盖，建立法律服务工作者参与人民调解工作机制。2016年，成立宁波市人民调解协会。2017年，在宁波仲裁委成立国际航运仲裁院（2019年正式运行）。2019年，正式启用金融仲裁、国际航运仲裁、互联网仲裁三大平台，形成三大特色仲裁平台布局。2020年，建立首席人民调解员队伍，在市慈善总会设立全省首个人民调解基金——宁波市人民调解慈善基金。2021年，成立全国第一个地市级调解培训专门学校——宁波调解学院。2022年，实现社会矛盾调解三级平台全面覆盖、矛盾纠纷的精准分流。当年，全市人民调解组织收案2.9万件，宁波仲裁委受理案件29844件，依法排查化解各类矛盾纠纷。

监所管理　清末，置监狱于城区鼓楼西侧。民国初期，沿用旧监。1925年，在城北双池巷北端（今孝闻街北端西侧）建成新监，名浙江第二监狱，后旧监改为看守所。1931年5月，新监改称鄞县浙江第二监狱。1949年6月，市军管会公安部接管第二监狱，后划归市公安局，称市劳教所。1951年，执行劳动改造罪犯政策，建立强制劳动队和劳改农场。1957年，废除强制劳动队。1965年初，撤销劳改农场，将犯人迁往外地。1972年1月，重建强制劳动队。1981年1月，撤销强制劳动队，设立市劳动教养管理所。1983年7月，移归市司法局。其间，进行政治教育，组织技术文化教育。1994年以后，坚持“改造第一、生产第二”的方针，综合运用管理、教育、劳动等手段，促使罪犯增强法治观念，养成劳动习惯，学会谋生技能，成为守法公民。2011年以后，持续推进“平安监所”建设，保持无罪犯逃脱、无罪犯非正常死亡、无狱内重大案件、无重大安全生产事故的“四无”记录。2021年，推进监狱工作标准化，以望春监狱执法标准化为蓝本，选定10项执法标准在3家市属监狱推广；推动监狱形成黄湖“阳明心学”文化、望春“成长四季”文化、高桥“桥”文化等修心教育品牌。

律师事务　清末民初，有辩护士，后称律师。1913年冬，鄞县律师公会成立。

1949年4月，律师公会有会员58人。1956年秋，市人民法院实行律师制度。11月，设立市法律顾问处，开展刑事辩护、民事代理、法律文书代拟、法律咨询等业务。1958年9月，撤销市法律顾问处；1980年，恢复。1982年，设立地区法律顾问处。1983年，地区、市法律顾问处合并为新的市法律顾问处。1984年10月，成立市对外律师事务所，法律顾问业务由办案为主转向办案、指导并重。1986年，开始聘请律师担任江东区、余姚市政府法律顾问，提供政府法律顾问服务。1988年，开始实行律师职称评聘制度。1989年以后，实行凭律师执照执行任务制度。20世纪90年代初，律师主要服务领域是传统诉讼业务，如民事诉讼、刑事辩护、经济诉讼、行政诉讼等；90年代中后期尤其是2000年以后，扩展到公司上市、企业兼并、项目建设、房地产开发、重大投资等非诉讼服务领域。2007年，建立每周一次律师参与信访法律咨询值班制度、农村法律顾问制度（“一村一法律顾问”制度）。至2010年5月，全市2562个行政村实施法律顾问制度，覆盖率99.14%。2017年，开始在法院建立律师调解工作室。2022年，推行首席公职律师制度，优化公职律师参与工作的方式方法，在首批8家党政机关中设立首席公职律师职位。至年底，全市有律师事务所183家、律师5097人，1.6万家党政机关、企事业单位聘任常年法律顾问。

公证　1937年，鄞县地方法院设立公证处，由民庭推事兼理。抗日战争胜利后，配备公证人、公证佐理员各1名。1951年11月初，市人民法院配备20名干部办理公证事务。1956年，市人民法院设立公证室，民事公证渐增；1957年，办理民事公证584件，超过经济合同公证近1倍。“文化大革命”开始后，停止活动。1972年，市公证处成立；1980年3月，地区公证处成立。1981年，恢复办理国内民事公证。1982年，恢复办理国内经济合同公证。1983年，地区、市公证处合并为新的市公证处。至1990年，公证项目发展到民事公证和加工订货、购销联营、工程建筑、技术转让、承包租赁、劳务关系、抵押贷款、拍卖提存、劳务输出、技术引进等100余种国内经济、涉外经济公证。1991年以后，宁波市公证业务从单纯办理涉外民事公证向办理国内公证、涉外公证并举方向转变，由以办理民事公证为主向以办理经济公证为主转变，由办理简单的证明向为国家、社会及公民提供证明、咨询、调解、顾问等多种形式的法律服务转变。2012年，开展承包合同、合作协议等法律文书公证，加强司法行政机关对公证机构的监督考核，完善公证质量监督体系。2014年，开展争创优秀“三零”（零错证、零投诉、零上访）公证员活动。2017年，推进公证体制机制改革，开展公证员参与人民法院司法辅助事务对接协作。2022年，推动“公证+一件事”改革，持续打响“公证E通”品牌，在线办证率达41.3%。

军　事

战事　宁波历来是军事要冲、海防要塞，战事频仍。公元132年，会稽人曾旌（一作曾於）等起事海上，烧句章，攻占鄞、鄮两县，进攻会稽东部都尉。这是见诸记载的宁波历史上最早一次的农民起义。此后，宁波历史上不断上演大大小小的战事。172年，许生在句章聚众数万，攻破城邑，自称阳明皇帝。399年，流亡海岛的孙恩率部登陆，攻占余姚、上虞、会稽，自称征东将军。762年，袁晁领导农民起义，夺明州，攻克台、越等10州，发展到20多万人，成为唐中叶规模最大的一次农民起义。1130年，金兵攻占明州城17天，焚毁城内建筑，仅东南角数座佛寺与僻巷居民偶有幸存。元代，宁波人民反抗元朝蒙古贵族统治的斗争连绵不断，规模较大的有杨镇龙起义、方国珍起义。明代，长期遭受倭寇入侵掠夺，故有一系列抗倭斗争和围剿倭寇之战。清初，宁波人起兵抗击清军，还结寨四明山，长期抗清。第一次鸦片战争，镇海、宁波失陷于英国侵略军。1858年，在帝国主义和清政府压迫下，爆发余姚十八局起义。1861年，太平军攻克宁波府城及各县，与清军和英、法侵略军进行坚决斗争，击毙洋枪队“常胜军”头目华尔和英军参将科诺华。1885年，清军在镇海口击退法国侵略军，击伤法国远东舰队司令孤拔。1900年，宁海爆发反对外国教会的王锡桐起义，震动中外。全面抗日战争时期，宁波军民取得“七一七”镇海口大捷、“八六”抗击日军登陆战胜利；中国共产党领导军民取得浙东敌后抗日战争及反“顽”自卫战胜利。解放战争时期，中国人民解放军浙东游击纵队击破国民党军的围剿，最终配合南下的解放大军，解放宁波等地，取得大榭岛战斗、宁象战役胜利。解放后，人民解放军在民兵、群众配合下，剿灭反动武装及惯匪万余人。

驻军　汉代，郡设都尉，职掌军队。公元前24年，会稽东部都尉自章安（临海）迁驻鄞县，不久迁至句章（后迁回章安），这是宁波驻有较高军事机构的开端。唐代，析置明州，设立都督府，刺史兼都督，在辖地设置象山镇、下庄镇、望海镇（不隶属于明州，后改静海镇）、双溪镇。909年，吴越国升明州为望海军（960年改奉国军），以节度使统辖军政。宋代，以文臣知军州事，替代节度使，派遣厢军驻扎明州。宋庆历年间（1041—1048），开始驻扎禁军。另有土军弓兵，缉盗捕私。宋皇祐年间（1049—1054），明州巡检巡茶盐使臣兵开始与土军弓兵一年一替，轮流司值。南宋，设浙东都总管总辖民兵，浙东都副总管掌兵事。又设立沿海制置使，统辖水军。元初，改沿海制置使为浙东宣慰使（1302年升为浙东道宣慰司都元帅），镇守沿海。1285年，罢都元帅，设沿海翼万户府。1311年，蕲县翼上万户府驻庆元，沿海翼万户府移驻婺州。明初，常派勋臣出镇明州，任总督备倭官（后以浙江都指挥充任），统辖沿海卫所，卫所间隙置巡检司。1522年，分巡海道驻宁波城区。1555年，总督备倭官改为总兵官（1556年改为镇守浙直总兵官），分别驻余姚临山、定海，负责浙直海防。清初，沿袭设置分巡海道。1646年，设定海总兵驻定海，副将镇守府城；1649年，改为宁绍台温总兵。1657年，设宁台温水师总兵，驻府城。1659年冬，浙江提督大臣移镇宁波府。1663年，设水师提督，驻府城；原提督改陆师，移驻绍兴。1668年，陆师提督兼并水师，移驻宁波。1898年，两浙新军进驻宁波。1911年11月5日，宁波光复，设宁波军政分府军政部。此后，各色部队入出宁波频仍，先后设有宁台镇守使、浙军司令部、宁台温防守司令部、宁波防守司令部、要塞炮台总台部、四明山游击司令部、宁奉游击指挥部等。其间，中国共产党成立浙东游击纵队在宁波开展抗日斗争、解放战争。1949年5月25日，宁波解放，中国人民解放军第二十二军进驻宁波，另有归属指挥的第二十一军六十一师。同月，中国人民解放军公安部队宁波公安大队成立。1950年，第二十一军军部驻奉化下陈，其六十二师驻象山半岛。4月，第二军分区改称宁波军分区。1955年2月，华东军区海军航空兵部在甬组建，后改称海军东海舰队航空兵部。1962年，原公安大队改为公安支队。1969年10月，海军东海舰队机关由沪迁甬。1975年，舟嵊要塞区（后改守备区）后勤部回驻市区。1980年，公安支队改为中国人民警察部队宁波地区边防支队，另设宁波市边防支队。1983年，武警、边防、消防三警合编为武装宁波市支队。1988年2月，宁波警备司令部成立，与宁波军分区合署办公。11月，市边防支队建制恢复。至2022年，驻甬军事机关主要有东部战区海军、东部战区海军航空兵、宁波军分区；驻甬部队以东部战区海军所属的相关部队为主，另有部分陆军、空军部队驻守；驻甬武警部队主要有武警海警学院、武警宁波支队。

兵役　秦统一六国后，推行征兵制，郡守有征一郡壮丁作战的权力，应征者服役期满后（一般2年），回乡生产，成为后备兵，遇战事和国家需要时，再应征服役，直至56岁免除兵役。汉承秦制。三国时，吴国推行世兵制，为兵者编入军户，世代相袭，由军府管理。唐初，实行府兵制，20岁以上者应征，60岁免役，平时务农，农闲训练，征发时自备兵器、资粮。唐中期，募兵制取代府兵制。宋朝，沿袭募兵制。元代，统一中国后，推行世兵制，分正军户和贴军户，即由两三户或三五户合出1人为军，称正军户，其他各户出钱资助鞍马、器杖、盘缠等费用，称贴军户，正军户和贴军户有时相互交替。

明初，实行屯守合一的卫所制，即军户制。凡入军籍，军丁世代相袭，副千户以上武官亦世袭。明中期，世袭军士多逃亡，兵力不足。1437年起，实行募兵制，地方统兵官自募。1489年，制定民壮法，州县按里派充，20岁至50岁民壮均可入选。清初，招募驻守当地的绿营兵，编入兵籍即以兵为职业，至50岁除役；地方政府也自募民壮充当差役。清后期，招募乡勇弥补绿营兵不足。1912—1933年，仍实行招募制，以驻军长官名义招募。1933年1月，颁布兵役法，推行征集制，凡18岁至45岁男子皆服常备兵役或国民兵役，按县人口配赋应征兵额。中华人民共和国成立初期，实行志愿兵役制。1955年7月，《中华人民共和国兵役法》颁布，实行义务兵役制，服役期起初为陆军3年、空军4年、海军5年，1965年各增加1年，1967年各缩短2年，1978年调整为陆军3年、空军和海军4年（根据个人志愿和军队需要，陆军可超期服役1～2年、空军和海军1年）。1984年5月，实行义务兵为主与志愿兵相结合的兵役制，超期服役满5年已成专业技术骨干的，按本人意愿，可改为志愿兵，继续服役8～12年。1998年，规定义务兵服役期限为2年，服役期满不改为志愿兵的一律退役。2001年，在海曙区、江北区组织高等院校在校大学生征集试点工作。此后，每年都征集在校大学生入伍，优化兵员结构。2020年1月10日起，实行一年两次征兵、两次退役的制度。

民兵　预备役　1927年，组建首批由中国共产党领导的民兵组织。抗日战争时期，中共宁绍特委、中共浙东区委和浙东游击纵队领导发展民兵组织。解放战争中，浙东临时工作委员会和浙东人民游击纵队第三、五支队组织重建民兵。解放初期，民兵、自卫队并存。1952年，统一组织形式，实行民兵制，按行政乡、村建立组织，分基干、普通民兵。1956年，开始实行预备役制度。退伍军士和士兵编为一类预备役，按年龄分一等、二等；退伍军官按军衔级别规定的年龄，编为一等或二等预备役军官。1960年，中共宁波地委、市委成立民兵工作领导小组；1962年，改设人民武装委员会。1968年以后，中止预备役登记。1974年6月，成立地、市民兵指挥部；1975年3月，撤销。1979年以后，恢复人民武装委员会。1980年，恢复预备役登记。同年，调整民兵组织，仍设基干、普通民兵，取消民兵师、团，以连队为主，扩大专业技术民兵。1981年，缩小民兵组织范围、数量，改变基层民兵与人防、交通战备队伍交叉、混编状况，单独编队。1988年，组建浙江陆军预备役步兵第一师炮兵团，并建立若干预备役炮兵营和建制分队。1988年以后，加强城市、海防民兵建设，设立民兵战备机动应急分队，在城市500人以上厂矿企业建立民兵组织。21世纪初，全市民兵预备役改革调整取得明显进展，设有各类专业技术分队、海上民兵专业分队，建立民兵高射炮团、民兵船运团、民兵汽车运输团和特种运输保障大队。2013年，对预备役部队、民兵队伍和国防动员委员会专业队伍实行统筹建、同步抓、科学管、整合训，完成基干民兵调整改革任务。2022年，调整设立宁波市民兵工作领导小组，由军地联合部署年度工作任务，明确军地职责任务，形成齐抓共管合力。

国防动员 1990年5月，宁波市国防教育委员会成立，下设国防教育办公室，负责国防教育的组织指导工作。1991年5月7日，宁波市拥军优属拥政爱民、军警民共建、国防教育联合领导小组（简称联合领导小组）成立，下设拥军优属拥政爱民办公室、军警民共建办公室（与国防教育办合署），原相应的单项性领导委员会（小组）同时撤销。1995年12月13日，宁波市国防动员委员会成立，与市人民武装委员会合署办公，主管全市国防动员工作，负责军地联系和工作对接。1996年，在区（县、市）全面成立县级国防动员委员会。2014年，打造产业集聚区“动员联盟”，初步建立由动员联盟中心、基地、加盟企业组成的国防动员组织体系；成立国防教育讲师团，建立完善市县两级国防教育网站。2017年，成立驻甬军地协调领导小组。2020年，开展战时兵员动员、紧急物力动员和军警民一体化联防实兵演练方案推演。2022年，全面启动深化国防动员体制改革，将国防动员综合协调、建设管理等职能从省军区系统调整至同级地方人民政府，在各地设立国防动员办公室；完成重点潜力、战区专项潜力核查评估，试点组建国防动员专业保障队伍，协调市国动委专业办公室人员参加演练。

海防 南宋时，明州地近临安，海防更显重要。1127—1130年（宋建炎年间），设浙东都总管总辖兵民，浙东都副总管掌兵事。1133年，设沿海制置使司，统辖水军，扼守海道。1141年，水军随制置使司罢。1161年，金兵寇边，复驻殿司水军。另募土军驻防。明代，沿海设卫所。清初，内迁海岛及近海居民，禁止下海以作防御。1661年，迁宁波、温州、台州3府沿海居民至内地。1669年，复驻军于沿海岛屿。钦差大臣每年轮巡沿海五六次。解放后，由宁波军分区、驻甬海军和公安边防部队共同管理海防。1951年，镇海县首先建立海防管理委员会，公安边防局在镇海设立边防检查站、在沿海乡镇建立边防派出所（工作站），管理海边防治安。1952年，派驻武工队管理海边防。1953年，宁波地委、军分区成立宁波专署海防委员会，沿海各县成立海防委员会，重要港口建立港口委员会，承担海防事务。同年，开始组训人民武装，派民兵加强海边防力量。1955年，各级海防委员会撤销。此后，由驻甬海军、航空兵领导机关担负应对海上、领空突发事件的处置，宁波军分区加强对海防的军事管理，海边防武装警察工作由宁波专员公署公安处民警大队（后扩编为武警宁波专区支队，1983年并入武警宁波市支队）统一领导。

1990年，在象山县进行海防管理工作试点，在全省率先成立海防管理委员会。1991年8月，按照以块为主、军地结合的原则，宁波市海防管理委员会成立。同年，在镇海、北仑、宁海成立海防管理委员会，在沿海乡镇成立海防领导小组。海防管理委员会协调各方，共同加强海边防管理。驻甬陆海空军防范打击小股敌特武装，处置海上军事性突发事件，协助开展“五反”（反渗透、反心战、反策反、反情报、反内潜外逃）斗争和维护地方治安；边防、公安、海警、边防检查站加强沿海港口、码头、船舶和渔（船）民治安管理，开展“五反”斗争，监控沿海活动的境外船舶及人员，协助打击小股敌特武装袭扰；海防民兵、民兵应急分队协助海防，其他有关部门各自履行海防职责。

人民防空　1951年9月，成立市人民防空指挥部。1952年8月，组建宁波人民防空委员会，开始有计划地构筑对空防御设施。1965年9月，首次制订人民防空预案（初稿）。此后，经不同课目演习、修改充实，制定防空袭预案和各种保障方案。1969年，宁波市被列为全国人民防空重点城镇之一，开始建设全民人防工程，在居民区、单位内挖小型分散工事，市区主要街道构筑地下通道。由于脱离江南水网地带的实际，不少防空洞挖后不能使用或提前报废。1979年以后，贯彻“全面规划、突出重点、平战结合、质量第一”方针，加固、维护已建工事，新建人防地下室。1990年，完成防空与城市建设相结合规划，结合新建10层以上民用建筑，构筑防空地下室。1991年以后，建立完备的防空通信网络和防空警报网络，组建抢险抢修、医疗救护、防化、通信等防空专业队伍，实施常态化的防空疏散演习和防空警报试鸣，普及人防教育与宣传。2011年，推动重点镇应急指挥中心建设，实现省、市、区（县、市）、镇四级指挥通信的互联互通。2017年，推动人防工程产权制度改革试点，建立所有权与使用权、收益权相分离，使用权、收益权与维护管理责任相统一的机制。2020年，调整健全县级指挥部组织体系，使人防质量监督职能回归属地人防主管部门；实现人防设施配置的规划调控全覆盖，推进相关指挥所立项建设和省级军民融合重点项目建设，完成警报统控网络迁移。

拥政爱民　中华人民共和国成立后，驻甬部队将群众工作作为部队重要工作任务之一。政治机关设立群众工作部门，负责拥政爱民工作，协助地方整顿城市秩序，维护社会治安，建立人民政权机构，组织民兵，开展土地改革，参加抢险救灾等。1979年以后，驻甬官兵和民兵、预备役人员，积极支持地方改革开放，支援国家、省、市级重点项目建设，在各类应急抢险救灾中发挥突击队和主力军作用，维护社会安定，与地方结对共建社会主义精神文明。1984年7月，海军东海舰队航空兵腾出机场部分场地，帮助建造民航设施。1986年12月，市军警民共建领导小组成立。1988年4月，在宁海县率先创办全省第一所少年军校。1988—1990年，各地成立共建办公室，开辟共建点，举办学习会、知识讲座、学术报告、经验交流会、文艺体育比赛，开展“五好家庭”等活动。1991年，宁波市拥军优属拥政爱民、军警民共建、国防教育联合领导小组成立，下设拥军优属拥政爱民办公室、军警民共建办公室（与国防教育办合署）。此后，市委、市政府每年或每两年召开1次表彰大会，命名表彰军警民共建精神文明先进单位和军警民共建工作先进单位及积极分子。同年，部署军政共建、军民携手共创双拥模范城活动。1994年7月22日，宁波市首次被命名为“全国双拥模范城”。至2022年，实现“全国双拥模范城”八连冠；各区（县、市）也多次获全国、浙江省双拥模范城称号。

卷十九　社会事业

科学技术

井头山、河姆渡文化遗址证明，宁波先民在七八千年前已有赖以生产和生存的科学技术。春秋时期由高岭土制成的陶器，战国时期烧造的原始青瓷，东汉至宋代烧制的越窑青瓷，唐代建造的它山堰，宋代的4艘万斛神舟卷筒起碇落碇、指南针海上导航技术和保国寺大殿等，都是古代宁波的科学技术代表。同时，还涌现出三国慈溪的阚泽及《乾象历注》、东晋余姚的虞喜及《安天论》、北宋知州燕肃及《海潮图》等杰出人物及其代表性成就。1844年以后，西方科学技术传入，近代工业萌芽，科学技术逐渐被宁波人接受并予以发展，如鄞县人翁文灏提出"燕山运动"学说，鄞县人化学药物学家纪育沣钻研嘧啶、噻唑化学，鄞县人童第周是中国实验胚胎学主要开创者等。

中华人民共和国成立初期，宁波市科技发展处于起步阶段。1950—1952年，注重农业技术改造，总结、研究和推广小株密植、扩种双季稻、提高复种指数等传统农艺技术和群众丰产经验。1954年，面向工人、干部，为生产服务，试制新产品。1956年，"向科学进军"，开展自然科学常识普及教育。1957年，开展工业、农业生产的科普工作。1958年，开展钢铁、土机床、新产品试制的科技革命。"二五"时期，试制新产品847项，其中18种进入国际市场。"文化大革命"期间，科技事业遭到挫折，但在科技人员的坚持下，仍取得不少成果。1973年有科技成果137项，1974年市"双革四新"（技术革命、技术革新，新材料、新方法、新产品、新工艺）获得成果927项，1976年取得科技成果668项。

改革开放后，宁波加大科技指导、支持力度，促进科技事业发展。1981年，装备第一台微型电子计算机，一些科研院所、医院、大中型企业增添全国23种大型精密仪器设备中的部分贵重仪器22台。1984年4月，市立体显示技术研究所、二轻工业研究所入选省科技体制改革试点。1985年，开始引进国外先进技术设备，组团出国考察，派员出国讲学和短期进修，组织学术交流。1986年，开始建立科技与经济、社会协调发展的计划体系，改革拨款制度，疏通科技成果流向生产的渠道，改革和搞活科研机构与科技队伍，强化企业技术吸收和开发能力，发挥科学技术综合潜力。同年，开始实施科技“星火”计划。1989年，开始实施“火炬”计划。至1990年，建立起太阳能电源、集成电路元件、密封材料、耐火保温材料、磁性材料、轻体板材等一批新兴企业，新兴工业产值占工业总产值的3.2%，技术进步因素约占新增产值的30%。

1991年以后，宁波市以科技拨款制度改革和科研院所改革为契机，加快科研机构建设，引导企业通过科技合作引进技术和项目，加强成果管理，推动全市科技事业快速、全面、有序发展。1995年以后，召开全市科技大会，确立“科教兴市”战略，加强与中国兵器科学研究院、浙江大学等科研院校合作，发展高新技术产业，建立市科技工业园区。1999年9月，全市科教兴市大会做出实施科教兴市“一号工程”重要决策，全市科技事业实现跨越式发展。1999年，宁波市科技园区成立；2000年，成为全省首家省级高新区；2007年，升级为国家级高新区（2013年成为宁波市建设新材料科技城的主要依托，2018年获国务院批复同意建设国家自主创新示范区）。重点引进大院大所及其分支机构，加强科技中介和公共服务平台建设，完善创新机制，建立以企业为主体、市场为导向、产学研相结合的科技创新体系。至2010年，全市专利申请量、专利授权量双双突破2.5万件，连续6年获国家科技进步奖，国家技术创新工程试点全面开展，科技综合实力稳居全省第二，成为首批国家创新型试点城市和国家知识产权工作示范城市。

2011年，颁布实施《宁波市科技创新促进条例》等法规政策，优化科技创新政策环境，全面建成投用十大公共技术服务平台，引进共建创新载体，组建产业技术创新联盟，建立国际科技合作基地和国家级科技企业孵化器，培育创新型初创型企业、高成长科技型中小企业、高新技术产业企业及各层级企业技术（工程）中心，启动筹建全国首个磁性材料行业高端知识产权运营平台，推进甬江科创区建设，打造世界一流科创策源中心。通过持续高水平“科技强市”建设，科技创新能力持续增强，宁波创新型城市创新能力全国排名第16位，城市综合创新能力居副省级城市第4位；战略科技力量加快壮大，新材料、工业互联网、关键核心基础件三大科创高地集聚全市80%以上的高新技术企业、70%以上的重点创新平台、70%以上的市级重大科研项目。2023年5月，颁布《宁波市“315”科技创新体系工程建设实施方案（2023—2027年）》，提出大力实施科技创新和人才强市首位战略，全力推进创新深化，加快建设全域创新示范区、科技教育人才一体化建设引领区、开放创新先导区，建设新时代高水平创新型城市。

科技人才队伍 1933年，城区永耀电力公司、和丰纱厂、立丰面粉厂等12家较大工厂有技术人员18人。1945年，城区有工程师94人，占城区总人口的0.03%。1949年以后，科技队伍逐年扩大。1957年，宁波市有自然科学技术人员630人；1958年，增至1618人。1983年7月，全市科技人员总计43763人（市区15524人），其中自然科学23736人。随后，全市科技人员逐年增加。1999年提出构建区域性人才高地，2004年提出实施“人才强市”战略，从实施引进人才战略向实施优秀人才集聚战略转变。此后，高层次人才队伍不断扩大。至2010年底，全市人才总量90.34万人，其中专业技术人员59.5万、高级职称人员3.57万人，每万人专业技术人员数1036人；科技活动人员从2005年的3.3万人增加到7.9万人。2022年，全市人才总量达240.99万人，万名就业人员中R&D人员数量达214.77人年；技能劳动者总量达209.6万人，技能大师工作室达130家，高技能人才达70.4万人，高技能人才占技能劳动者比例达34.3%，科技创新领域三大科创高地（新材料、工业互联网、关键核心基础件）高层次人才比例达68.8%。

重大科技成果 1978年3月，全国科学大会开始颁发科技成果奖；至1990年底，宁波市获得科技成果奖940项，其中，国际奖2项、国家级（含部、办、委、总局级）157项、省级334项、市级602项，80%应用于生产。1991—1992年，全市有3项成果获国家技术发明奖，3项成果获国家科技进步奖。2001年，宁波宝新不锈钢有限公司与西安重型机械研究所合作完成的“宝新1500mm不锈钢纵切机组和横切机组”项目获国家科技进步奖二等奖，这是1993年以后宁波市首次以非第一承担单位身份获国家级科技大奖。2005年，中银（宁波）电池有限公司承担的“LR6数码王电池和生产线的研发及产业化”项目获国家科技进步奖二等奖，这是1993年以后宁波市首次以独自承担单位身份获国家级科技大奖。此后，连续多年有项目获国家科技进步奖等国家级奖项。“十一五”时期，全市获得国家科学技术奖81项、国家专利金奖1项、省科技进步奖一等奖11项。2011年，获得国家科学技术进步二等奖1项，4个项目入选2011年度国家“星火”计划重大、重点项目，重大、重点项目补助资金额度为全市历年之最。“十二五”时期，共获得国家科技奖励9项、浙江省科技奖励88项。“十三五”时期，获得国家科技奖励20项（2020年国家科学技术奖励未评选）、浙江省科技奖励216项，其中“‘蛟龙’号载人潜水器研发与应用”“中国高精度数字高程基准建立的关键技术及其推广应用”2项获国家科学技术进步奖一等奖。此外，有354项科技创新获国家自然科学基金项目支持、1项获国家重大专项支持、16项入选国家重点研发计划。2021年以后，宁波获得国家科技奖励8项，浙江省科技奖励

50项，并获全省唯一的国际科学技术合作奖，其中“复杂原料百万吨级乙烯成套技术研发及工业应用”获国家科技进步奖一等奖。2022年，获国家科技计划项目立项261项，其中国家自然科学基金项目216项、国家重点研发计划39项；48项科技成果获得2021年度浙江省科技进步奖励。

知识产权 1985年，国家实施专利制度，宁波市开始持续增强专利意识，专利产出数量逐渐增长，专利申请量和授权量连续多年居于副省级城市前列。“七五”时期，累计取得国家专利局授权专利306项，其中职务发明创造专利115项，非职务发明创造专利191项。2001年，宁波市颁布《关于加强专利工作促进技术创新的若干意见》。2001年5月，被国家知识产权局列入全国专利试点城市。2002年以前，市科学技术委员会专利管理处负责专利工作；2002年2月，成立市知识产权局。随后，推进《宁波市专利申请与产业化示范资助办法（试行）》《宁波市专利申请与产业化示范资助办法》等政策。2003年11月，《宁波市专利管理条例》正式出台。2004年，宁波市成为全国知识产权试点城市；2007年10月，成为国家知识产权示范城市创建市。“十一五”时期，全市专利申请量88457件、授权量66578件，分别是“十五”时期专利申请和授权累计量的36倍、4.2倍，发明专利申请量和授权量分别是“十五”时期的57倍、6.6倍；主持和参与研制国际、国家、行业标准数达到663项，龙头企业核心技术和专利技术转化为技术标准比率达93%。2010年，宁波市被认定为全国知识产权工作示范城市，专利申请和授权量继续保持增长，均突破2.5万件，专利申请总量达26399件，居副省级城市第四位。“十二五”时期，宁波市深入实施知识产权战略。2013年，成为国家知识产权示范城市；2014年，开通省内首家知识产权转化交易平台“天一生水网”；2015年，成为国家首批知识产权区域布局试点地方。知识产权数量快速增长，质量稳步提升。至2015年，全市专利申请量达321872件，发明专利申请、授权量保持年均41.2%和35%的增长幅度；16件专利获中国专利优秀奖，12件专利获中国外观设计优秀奖；拥有国家级知识产权示范企业5家、国家级知识产权优势企业33家。“十三五”时期，知识产权工作成效实现“量质”齐升，专利商标品牌建设成果持续领先。2020年，专利授权量达60575件，位居全省第一。2021年，登记成果涉及知识产权2629项，其中发明专利1452项、实用新型专利919项、外观设计专利33项，软件著作权94项，授权专利1556项；参与制定标准4项。2022年，宁波入选首批国家知识产权强市建设示范城市。

科技合作 1995年，全市科技大会确立“引进和自主创新相结合，以引进为主”的科技发展原则，宁波市各地各单位日益重视科技合作。1996年，宁波市政府与浙江大学达成科技合作协议。1998年3月，与中国科学院的科技合作进入实质性阶段。8月，与中国兵器科学研究院联合召开科技、经济合作会议。2001年和2002年，先后与中国工程物理研究院和哈尔滨工业大学签订科技合作协议，与上海交通大学等高校及科研机构开展共建研发机构及项目、人才等合作。2007年，成立宁波市和浙江大学战略合作委员会。2008年，与西安交通大学建立全面战略合作关系。至2010年，全市累计有313个科技项目在重大科技活动中签约，超过15亿元的高新技术产品在展会上达成产品交易意向；中国兵器科学研究院宁波分院、中国科学院宁波材料技术与工程研究所、宁波大学、浙江大学宁波理工学院、宁波诺丁汉大学等5家单位的国际合作基地获科学技术部授牌。2011年，举办中国（宁波）高新技术成果交易洽谈会，科技部首次参与主办。2012年，共引进国内高新技术项目353项，产学研合作项目中获市级产学研合作项目立项124项。2013年，引进、共建中国电子科技集团海洋电子研究院、宁波诺丁汉国际海洋经济技术研究院、复旦大学宁波研究院等74家创新载体，“陶瓷渗透汽化膜的研发及商业化应用开发”等5个项目获科技部国际合作项目立项。2014年，引进涉及新材料、新能源、新装备、新一代信息技术、海洋高新技术等领域的共建创新载体56家、高新技术项目449个，建成国际科技合作基地8家，获市级国际合作项目立项24项。2017年，宁波市科技企业、高校院所与国内外研究机构开展科技合作项目392项，引进、共建浙江清华长三角研究院宁波分院等各类创新载体52家，获科技部政府间科技合作项目立项3项。2019年，启动“一带一路”科技创新合作行动，推动与“17+1”经贸合作示范区的科技合作，累计建设国家级国际科技合作基地10家，在上海、杭州、南京等地建设“科技飞地”，成立“长三角一体化科技创新战略联盟”“长三角科技协同创新联盟”，获国家重点科研计划国家合作专项4项、政府间双边交流项目4个。2020年，获科技部引智专项立项项目30个，与长三角区域近30家高校院所、企业联合攻关“科技创新2025”重大项目41项，入围“魅力中国——外籍人才眼中最具吸引力的中国城市”，与长三角区域科研院所、企业合作共建研究院18家，拥有国家科技创新领军人才创新驱动中心4家，建设国际合作基地累计17家。2022年，中国—中东欧国家创新合作研究中心实质运行，举办首届中国—中东欧国家创新合作智库论坛，新增精密驱动与智能机器人技术国际科技合作基地等7家国际科技合作载体。

教　育

公元738年，明州设立州学。846年，建立象山县学。1048年，鄞县知县王安石创办县学。1291年，建立庆元路医学。1306年，建立庆元路蒙古字学。1309年，置阴阳教授司。北宋庆历五先生杨适、杜醇、王致、王说、楼郁，南宋淳熙四先生舒璘、沈焕、杨简、袁燮及高闶等，创书院、聚生徒，开讲学之风。明代，王阳明创立姚江学派，讲学浙东。清康熙年间（1662—1722），黄宗羲讲学于甬上，从学者较多。“五口通商”后，外国传教士纷纷至宁波传教、办学。1844年，英国女传教士在城区首创女子学校，这是中国最早女子学校之一。地方士绅相继创办新学，官员中有革新思想者提倡支持在城区兴办各类学堂。1908年，宁波府（含6个县）有中学堂5所，专门、实业、师范学堂6所，小学堂280所，学生11126人，为全省之冠。群众办学历有传统，吴锦堂捐资创办锦堂学校，与陈嘉庚、聂云台被誉为“办学三贤”。民国时期，省立第四中学，私立效实中学，鄮山、翰香、四眼碶等小学，省立宁波高级工业职业学校，鄞县商业职业学校等，各具特色。第一次大革命时期，中共宁波地方党组织通过民主人士创办启明女中、培英女校、中山公学，开办工农夜校。全面抗日战争开始后，一批中学内迁，城区创办战时流动学校、民众夜校、妇女工读学校。城区沦陷后，在宁海设立鄞县县立临时联合中学。抗日战争胜利后，内迁学校迁返城区。

解放后，宁波市教育水平有所恢复。1958年以后，教育事业发展过快；1961年，开始调整，贯彻《全日制中小学工作条例》，调整学校数量与规模。“文化大革命”期间，各学校一度停课，1968年以后陆续复课，学校数量与规模一度迅速扩大。改革开放后，整顿普通中学，充实加强初中，发展职业技术教育，恢复发展大中专学校，开展扫除文盲工作，建立师资培训体系。1978年，在浙江师范学院宁波分校的基础上，重建宁波师范专科学校，拉开宁波高等教育改革发展大幕。1980年，开始改革招生工作，学龄儿童、小学毕业生按地区就近入学、升学，初中毕业生实行毕业、升学、招工考试合一。至1985年10月，全市学龄儿童入学率达到普及初等教育要求。1986年以后，分批实施九年制义务教育。至1990年，实施九年制义务教育的乡镇（街道）达248个，占全市总人口72.4%，中等专业学校、技工学校、职业中学在校学生数量占到高中段学生的46%（市区52.8%），初步形成职业技术教育与普通教育并行的格局。

1991年以后，宁波市教育进入改革、发展新时期，教育发展水平整体提升。实现从幼儿园到高中段的15年教育高标准普及，实现高等教育从精英化到大众化的跨越，基本确立浙江省高等教育副中心城市的地位，实现职业教育从规模扩张向层次和规模双重提升的跨越和职前教育与职后培训的双重发展，实现公民教育从学历教育向终身教育的跨越，构建起市、县、镇、村四个层级和学校、行业、社区、网络四大系统组成的区域终身教育体系。探索现代学校制度建设，改革教师管理制度，推进基础教育新课改、中职教育课程改革及高等教育教学改革，基本实现优秀教育资源网上共享和高教园区校际资源共享。拓展国内外教育交流合作，建成国内首家具有独立法人资格和独立校区的中外合作大学——宁波诺丁汉大学，建立澳大利亚悉尼孔子学院，吸引越来越多的国（境）外学生在甬就读。创新办学体制、管理体制和投资机制，形成以政府办学为主体、社会各界共同参与、公办学校和民办学校共同发展的办学体制，建立“以县为主”的基础教育管理体制。逐步缩小城乡、区域和校际教育差距，推出“名校集团化”“共同发展学区”等办学模式，推进义务教育段标准化学校建设，不断提高教育公平程度。全面落实义务教育段免费政策，实现助学帮困从学前教育到高等教育的全覆盖，落实经济欠发达地区九年义务教育“二免一补助”政策，保障流动人口子女接受义务教育的权利。

学前教育　宁波自办幼儿园始于1918年，鄞县潘火桥旅沪商人蔡琴荪，于城区参议庙旧址（今海曙府桥街55号）创建蔡氏星荫蒙养园。嗣后，市区及各县陆续开办幼儿园。1949年8月，市军管会文教部接收公立幼儿园。此后，公办、民办并举，创办一批幼儿园，或在小学附设幼儿班。“文化大革命”期间，大多停办。1980年以后，提倡国家、集体、个人创办幼儿教育。1991年以后，逐渐全面普及学前3年教育，不断提升乡镇中心幼儿园建园率和标准化率。至2010年，基本形成以公办幼儿园为主导、民办幼儿园为主体，多种类型幼儿园共同发展的格局。此后，进一步推进学前教育改革和规范发展，稳步提升学前教育标准化和教育质量。2020年，全市公办幼儿园在园幼儿占比达53.7%，完成小区配套幼儿园治理任务，实现乡镇公办中心幼儿园全覆盖。至2022年，全市共有各级各类幼儿园1028所、在园儿童28.5万人；公办幼儿园和普惠性民办幼儿园招生覆盖率达93.2%，省等级幼儿园招生覆盖率达99.7%，乡镇中心幼儿园建园率、标准化保持100%。

义务教育　1897年起，宁波知府程云傲与慈溪旅沪商人严信厚等筹建中西学堂，宁波开始有中学教育。1902年，清政府制定蒙学堂、小学堂章程，宁波知府高英创办东城、南城、西城、北城小学堂，宁波开始有自办的小学教育。1922年秋，实行“壬戌学制”，中学分为初中、高中2段。1949年9月，全市有小学1873所，在校学生122942人；中学21所，在校学生6542人。此后，逐渐恢复发展。1958年以后，发展过速。1961年，开始调整。“文化大革命”开始后，学校先后停课。1967年下半年，陆续复课。1968年底至1969年，农村公办小学下放给生产大队，提出上学不出村（生产队），小学剧增。1969年以后，不少小学升级为初中。1976年以后，重视普及小学教育；1981年，鄞县成为全省基本普及小学教育县之一；1982年，余姚成为全省首批实现普及初等教育的17个县（市）之一。1986年以后，分批实施九年制义务教育。1993年，市委提出“科教兴市”战略，全市加快普及九年义务教育步伐。1994年，除奉化、宁海、象山3地实施八年义务教育外，其余区（县、市）实施九年义务教育，义务教育人口覆盖率100%。此后，义务教育段入学率一直保持100%。2002年9月，宁波在全国率先实施“二免一补助”政策，对经济欠发达乡镇（片）学生免收杂费和住宿费，对家庭经济困难的学生给予补助。至2005年，11个区（县、市）均通过省“教育强县”评估验收。2008年，宁波开始全面实施开“二免一补助”政策。“十二五”时期，全面启动义务教育课程改革。2020年，实现公办、民办学校同步招生和免试入学全覆盖，推进残疾儿童入学评估工作。2022年，全市有小学388所，在校学生55.5万人；初级中学243所，在校学生22.8万人；特殊教育学校10所，在校学生1347人。全市义务教育入学率、巩固率均达100%，适龄残疾幼儿学前入园率96.67%，残疾儿童义务教育入学率100%。

普通高中教育 1922年秋，实行“壬戌学制”，中学改为6年，分初中、高中2段。1949年底，市区有中学9所，在校学生3716人，其中高中6所，在校学生1122人；各县有中学12所，其中初中10所、高中2所，在校学生2826人，李惠利中学在校学生2726人，其中高中193人。此后，中学逐步增加。1958年“大跃进”中，小学戴帽办初中、初中办完中，中学数量大增。1962年，贯彻调整方针，大幅度压缩高中。1964年8月，开始贯彻“两种教育制度、两种劳动制度”，全日制学校改办半工半读班。“文化大革命”开始后，各中学被迫“停课闹革命”。1968年以后，中学相继复课，一批职业技术学校改办全日制普通中学。1969年秋，不少初中升级为完中，学校和在校学生数猛增。1971—1972年，一些小学戴帽、民办初中拔升为完中，民办改为公立，以序数命名校名，教育质量下降。1980年，改革中等教育结构，裁并、压缩普通中学，恢复、发展中等职业教育。1987年，开始实行高中毕业会考制度。1992年，调整中等教育结构，11所普通高中改为职业高中。1999年，在效实中学和镇海中学举办面向全省、市招生的省（市）创新教育理科实验班各1班。2000年秋季，开始在宁波中学举办新疆高中班。2015年，启动科技新苗培养计划，创新培养方式。2020年，实施普通高中定向分配招生政策，全市优质示范高中定向分配比例60.9%。2022年，全市有普通高中85所，在校学生10.3万人，普通高中与中等职业学校在校学生比为56.24∶43.66；残疾少年高中段入学率94.92%。

中等职业教育 1906年，江东百丈街东城小学堂改办甬东商业学堂，宁波出现中等职业教育学校。1917年以后，全国实业教育开始统一改称职业教育。至宁波解放初期，登记备案的有私立崇实商校（1954年改为私立崇实中学）、私立无线电工程学校（1952年停办）。1958年，贯彻教育与生产劳动相结合的方针，江东中学首先实行半工半读，充实职业技术教育内容。嗣后，发展一批职业学校。1965年，老市区有半工（农）半读职业学校17所。“文化大革命”开始后，职业教育停顿，后并入附近的初中，改为普通中学。1973年，创办半工半读职业学校；次年，办有33所（1975年停办）。1980年，开始改革中等教育结构。1991年以后，调整“大初中小职高”“小初中大职高”，职业学校数量逐步缩减。1993年，对乡镇举办职业高中，补助部分办学经费，优先安排师资委培指标，扩大办学自主权。1996—2005年，按“区域集中，合理布局”原则，以创建骨干示范学校为标志，调整、建设职业学校。2006年，加快构建服务型职业教育体系，合并、调整中等职业学校。2011年以后，持续提升中等职业教育质量，建设重点、示范职业学校，推进产教融合，逐步扩大普通高中与中等职业学校融通的规模。至2022年，全市有中等职业（技工）学校32所，毕业生当年一次性就业率达98.19%，双证书获取率在90%以上；开设16大类107个专业（国家级示范专业3个，浙江省高水平中职专业31个），基本覆盖全市一、二、三产业各个行业；13所中职学校与13所普通高中结对，在26个专业开展普职融通试点。

成人教育　1883年，美籍女教士创办妇女短期学校。1909年，宁波府所属各县开始创办供年长失学和贫寒子弟就学的简易识字学塾（学校）。五四运动后，平民教育运动兴起，城区创办平民夜校、义务学校、通俗夜校、工人夜校。1934年，各县发展短期小学，兼收失学儿童、成人。全面抗日战争开始后，鄞县难民收容所设立成人教育班，各县设立战时民众学校、战时夜校，将战时教育与扫除文盲相结合。1949年下半年，县、区、乡、村四级冬学委员会成立，兴办冬学，讲授政治和文化知识，扫除文盲。农业合作化期间，农民夜校开始举办初中文化及农业技术教育班（1961年以后停办）。1956年，开展大规模扫除文盲运动。1960年2月，建立市职工业余大学，这是省内首所独立建制的成人高校。“文化大革命”开始后，成人教育停办；1971年，开始恢复。1980年以后，全国、浙江省的一批普通高校、成人高校于老市区设立分校、函授辅导站、面授点。1984年，试行高等教育自学考试制度。2001年，宁波市确定海曙西门街道等5个街道、江北慈城镇等10个乡镇开展社区教育实验区工作。2009年，宁波社区大学在宁波广播电视大学挂牌成立。2010年，宁波市获评“全国全民终身学习活动周”先进城市，全市13所普通高校除宁波诺丁汉大学外，都设有成人教育学院或其他类似教学机构。2011年以后，推进成人学校标准化建设。2015年，开始建设宁波市现代服务业公共职业培训平台，施行《宁波市终身教育促进条例》。2020年，全市有宁波社区大学、宁波市职业与成人教育学院各1所，县级社区学院11所，独立建制的乡镇（街道）级成人学校115所，村（社区）级成人学校教学点2693个，社区教育城区普及率100%、农村普及率85%；有全国社区教育实验区2个、全国社区教育示范区4个，所有区（县、市）都成为浙江省示范学习型城市。

高等教育 1906年，建立宁波法政学堂，招收宁波府所属的举人、贡生、生员、监生及师范、中学毕业生；1912年，改为公立四明法政专门学校，招收中学堂毕业生（1914年春停办）。1912年，在江北岸泗洲塘的斐迪学堂改为斐迪学校，共设8个班级，其中5至8班为大学预科班，有学生200余人（1927年停办）。1956年10月，宁波师范专科学校开学（1958年改称师范学院）。此后，陆续建立宁波地区农业专科学校、宁波医学专科学校、宁波工学院等院校，在1962年调整后，相继撤销、降级。1978年，宁波师范学院重建。此后，宁波高等教育重新起步，创办一批高等院校。1983年5月，宁波高等专科学校成立。1986年3月，宁波大学成立，这是宁波首所综合性大学。1999年，全省首家国有民办二级学院宁波大学科学技术学院成立。2003年，浙江万里学院与英国诺丁汉大学合作创办宁波诺丁汉大学（2005年5月获准成立），这是全国第一家具有独立法人资格和独立校区的中外合作大学。2007年，宁波大学获批博士点；2015年，入选首批5所省重点建设高校；2017年，入选国家“双一流”重点建设大学。2012年12月，宁波东方理工大学（暂名）举行奠基仪式（2025年4月基本建成）。至2022年，全市共有高校16所，其中全日制普通本科高校7所、高职高专院校（含浙江药科职业大学）7所、部队院校1所、成人高校1所，及浙江大学软件学院（归口市教育局管理）；全日制普通高校在校生19.1万余人，其中研究生1.17万人左右；成人高等教育在校生5.6万人左右。在甬高校共有一级学科博士点9个，一级学科硕士点31个，国家级一流本科专业建设点60个，省级一流本科专业建设点93个，培养从专科到博士的多层次学历教育人才。

社会办学 旧时，民办教育比较兴盛，有义塾、书院、教会学校、新式学堂等。解放后，民办教育式微，直至消亡。改革开放后的民办教育，始于1983年宁海人创办的龙宫民办初中；21世纪，开始有公办学校转制为民办公助学校，而后出现集团化办学。至2003年，企业和个人相继创建20所民办学校。2006年，开始规范公办学校参与举办民办学校的行为，停止公办学校参与举办义务教育阶段民办学校的审批。从2008年起，全额拨款事业单位的义务教育段学校停止招收民办班，建校时明确为国有民办的义务教育段学校根据实际情况转公办或转为民办。至2010年，全市有民办教育集团6家，规模较大的有宁波大红鹰学院、宁波华茂外国语学校、宁波万里国际学校、宁波东方外国语学校等学校。2015年4月，宁波市要求民办初中招生以本区域为主，公办学校参与举办的民办初中跨区域招生采取自主招生与电脑派位相结合的方式。同年10月，对民办学校和民办教育培训机构实行营利性与非营利性分类登记管理，鼓励民间资本进入教育领域，继续对民办学校实施扶持和考核相结合的财政补助政策。2020年，有序开展民办学校分类登记，完善民办学校财务监管制度，试行校外培训机构学员预付信用保险制度，在海曙区试点基于“互联网+监管”模式的宁波市校外培训机构一站式服务平台。2021年，开始贯彻中共中央办公厅、国务院办公厅《关于规范民办义务教育发展的意见》，加强对民办义务教育的规范管理，逐步推进民办义务教育学校转制为公办学校。2022年，开展规范民办义务教育发展工作。当年，经过规范，全市共有民办中小学（幼儿园）698所，在校生18.932万人；其中民办普通高中29所、中职学校3所、初中14所、小学14所、幼儿园638所。至2024年，全市有民办中小学（幼儿园）621所，其中初中、小学、幼儿园分别为17所、13所、559所。

医疗卫生

宁波传统医药已有千余年历史。1973年、1978年，发掘老市区和义路港口遗址、鄞县东钱湖郭家峙窑址，出土唐、五代至北宋的石质、瓷质、木质医药用具35件，其中脉枕6件、药碾船和碾轮17件、药碾碗1件、药壶5件、香薰器6件。南宋，明州设医官翰林祇候驻泊1员。1227年，鄞县设惠民药局，制售中成药，春夏施药。1288年，设立官医提领所，无衙署，在惠民药局办公。1291年，庆元路设立医学。明代，宁波府配有医学正科1人，掌管疾病治疗。清代，宁波府、鄞县皆设有阴阳医学，无衙署；城区一度成为药材集散市场，药行街药铺群集。1760年，城区开设寿全斋，后开设香山堂、冯存仁堂、赵翰香居，被称为宁波中药业“四大家”。宁波中医名家辈出，传世医著丰富，专科代有传人。“五口通商”后，美国、英国传教士至宁波传教施医，开设医院，销售西药。1843年，美国基督教浸礼会传教士在城区开设诊所，后称大美浸会医院，1915年改名华美医院。地方士绅、政府相继开办私立、公立医院，不少西医医生自设诊所开业行医。20世纪20年代，政府开始崇尚西医，排斥中医，西医得到较好发展，但民间治病仍以中医为主。40年代，婴儿死亡率约270‰，人口死亡率（市区）10.65‰，人口平均期望寿命35—38岁。

1949年，宁波市实有医疗卫生机构85家（不含个体诊所），其中医院15家，病床556张，卫生技术人员927人；农村医疗条件简陋，乡镇卫生院（所）仅有的医疗设备是听筒、血压计、体温计。此后，各地组建联合诊所，兴办医疗、防疫、妇幼保健、医学教育、药品检验等专业机构，逐年增加医疗卫生资源，改善医疗卫生基础设施。至50年代末，基本形成医疗保健网。1965年下半年起，组织医疗队、流动医院，到农村巡回医疗、除害灭病。1970年，继续开展血吸虫病防治工作，开办农村合作医疗（70年代末普遍开办）。1984年以后，广开办医门路，引进外国医疗设备和技术，加强医学科学研究，开展多个“首例”高难度手术，由诊疗常见病逐步向高、难、深方向发展。1990年，全市有医疗卫生机构1301家，病床11449张，卫生技术人员15872人；解放前长期流行的古典生物型霍乱、天花等烈性传染病被消灭，白喉、麻疹、脊髓灰质炎等急性传染病得到控制，血吸虫病、丝虫病、疟疾等地方病被消灭或基本消灭。

90年代起，宁波市加大公共卫生、医疗基础设施建设等方面经费投入，创建国家卫生城市（2004年首次获此荣誉），实施基本公共卫生服务项目，建成医疗救治网络，提升重大突发医疗救治事件的应急处置能力，建立包括医疗服务、疾病控制、妇幼保健、卫生监督的新型城乡卫生体系，城乡卫生综合水平大幅提升，居民健康的主要指标达到全国先进水平。卫生基础设施迅速增加，修建市李惠利医院、市二院住院楼、市一医南部院区、市妇儿医院北部院区等医院设施，建设标准化乡镇卫生院和社区卫生服务中心，医疗卫生条件明显改善，基层医疗卫生服务覆盖率达到100%（2010年），宁波市本级被省政府授予首批“卫生强市”称号。医疗卫生制度日臻完善。2011年，在全省率先开展家庭医生服务试点（2015年起全面实施）。2013年，所有区（县、市）均获授浙江省“卫生强县（市、区）”称号。2015年，开始推进医保、医药、医疗“三医联动”改革，破除以药养医，完善医保支付制度，发展社会办医，开展分级诊疗。2017年，开始推进医保、医疗、医药、医院、中医、医生“六医统筹”，启动县域医共体试点。2018年，开始实施健康宁波行动，加快“三医联动”“六医统筹”改革，建设县域医共体和城市紧密型医联体；启动医疗卫生品牌学科建设，鼓励与国际顶尖医疗卫生机构、科研院所等开展合作交流，引进和培养高层次医学人才，提高疑难复杂和危重疾病的诊疗能力。至2018年底，基本建成城市10分钟、农村20分钟医疗卫生健康服务圈，全市社会医学模式从传统医学转变为现代医学模式。

2019年以后，推进医疗卫生数字化改革，推出更多便捷、温馨的医疗服务，建立健全县域医疗资源共享中心43个，推进“基层检查、上级诊断、区域互认”；推动市级优质医疗资源下沉，10家市级医院全面托管16家县域医共体和县级医院，专科托管17家县域医共体和县级医院。至2022年，全市有医疗卫生机构4916家，其中医院204家（含三级甲等医院8家、三级乙等医院11家）、社区卫生服务中心71家、乡镇卫生院86家，实有病床4.7万张；拥有各类专业卫生人员10.2万人，其中卫生技术人员8.7万人（含执业医师及助理3.6万人、注册护士3.8万人）；每万服务人口拥有注册全科医生4.51人（按常住人口961.8万人计算）；全市门急诊10264万人次、住院144.5万人次，其中市级医院分别为1202万人次、51.1万人次。

中医　宁波传统医学发展已有千余年历史。自唐代起，名医名著迭现。唐代，陈藏器撰《本草拾遗》，创方剂学“十剂”理论；日华子撰《日华子诸家本草》、眼科专著《鸿飞集》。宋代，史源精通外科，擅长治疗背疮，撰《背疽方》；王作肃精通内科，撰《增释南阳活人书》。元代，滑寿精通内科、儿科、针灸，擅长治疗麻疹，撰《十四经发挥》《难经本义》等14种，最早提出口腔粘膜疹为麻疹初期特征理论，后被世界卫生组织命名为“滑氏斑”。明代，吕复撰《切脉枢要》《养身杂言》等10种；赵献可精通内科，撰《医贯》《正脉论》等9种，为中医温补派代表人物；高斗魁撰《四明心法》；宋北川、宋林皋继承宋氏妇科。清代至民国，中医专科流派逐渐形成，陆士逵开创陆氏伤科，范文虎开创范氏内科，严海葆开创严氏外科，董云岩开创董氏儿科。20世纪20年代，政府崇尚西医，排斥中医。当时民间治病，仍以中医为主。1936年，国医专门学校成立，聘请中、西医名师授课，开始探索中西医结合。1952年，开始成立个体中西医联合诊所；1955年，建立中西医联合诊所6个。1963年，杨国栋率先使用东莨菪碱抢救中毒性休克，使病死率由50%降至14%（后以此为基础创立杨氏戒毒法）。1965年，宁波市中医门诊所成立。1977年，市中医医院成立。1978年以后，各区（县、市）相继设立中医院。1990年6月，钟一棠、张沛虬、赵炯恒入选全国老中医药专家学术经验继承工作对象。1991年以后，宁波市坚持“中西医并重”，实施中医“三名”（即名院、名科、名医）战略，推进中医“三进”（即进农村、进社区、进家庭）工程，发挥中医药特色和优势。2011年以后，在全省率先组建中医药管理机构，在全国率先实施中医工作量财政专项补助政策，建成融医疗、保健、科研、教育、产业和文化为一体的中医药服务体系。完成全国社会办中医试点，将中医药振兴发展行动列入《健康宁波2030行动纲要》十大行动，实施中医药传承创新发展三年行动。建设董氏儿科、宋氏妇科、钟氏内科、陆氏伤科和寿全斋中药等具有宁波地方特色的传统学科和传承基地，建立省级道地药园。至2020年，全市有中医类医疗机构共360家（2023年10月达412家），所有区（县、市）均有公立中医医院，100%的社区卫生服务中心（乡镇卫生院）能够施展6类以上中医药技术方法；全市中医医院总床位数4616张，注册的中医类执业（助理）医师4628人。

疾病防控　旧时，卫生条件差，疫情频仍，死者甚多。据各县志书记载，从公元915年至1919年，奉化、慈溪、镇海、象山、余姚共发生疫、大疫64次。1940年10月27

日，日军在宁波城区上空投掷鼠疫杆菌，造成严重疫情。解放后，市区普遍实施霍乱、伤寒预防接种。1953年以后，宁波各地普遍开展传染病管理、疾病监测、预防接种、计划免疫、饮食和饮水卫生及消杀病媒昆虫等工作，鼠疫、天花、古典生物型霍乱三大烈性传染病绝迹，主要急性传染病逐步得到控制，丝虫病、血吸虫病、疟疾、百日咳、脊髓灰质炎及地甲病、地氟病等严重危害居民健康的地方性传染病和地方病被消灭或基本消灭，居民健康水平明显改善。2003年，成功抗击非典型性肺炎疫情。2020年，国家级慢性病综合防控示范区数量居全省第一，入选国家首批慢性病综合防控示范市创建试点城市。同年，成功遏制新型冠状病毒肺炎疫情迅猛蔓延之势，并于2022年实现疫情防控平稳转段，其间多次遏制住疫情反弹蔓延冲击。2022年，在省内率先创建“无结核乡镇”，推进第四轮艾滋病综合防控城市示范区建设，艾滋病溯源和精准防控的警医合作模式示范全国。

爱国卫生运动 民国时期，称清洁运动。1930年夏，鄞县成立卫生运动大会筹备会，次年5月设立鄞县卫生委员会，开展夏季卫生大扫除、清洁检查，消灭苍蝇。1946年夏，鄞县防疫委员会成立，次年改名夏令卫生暨防疫运动委员会，开展夏令卫生运动，宣传防痨，施种牛痘。1950年2月，市首届清洁运动委员会成立，开展清洁运动。1951年5月，市卫生防疫委员会成立。1952年初，毛泽东发出“动员起来，讲究卫生，减少疾病，提高健康水平，粉碎敌人的细菌战争”的号召，清洁运动改称爱国卫生运动；1953年1月26日，市卫生防疫委员会改建为市爱国卫生运动委员会。嗣后，开展反细菌战、除四害灭病、创建无鼠害城和卫生城市等活动。1952年，江北区白沙居民区成为全市第一个无蝇区，获评全国乙等卫生模范单位。1958年，宁波市获授全省第一个基本“四无”整洁市奖旗。1990年，宁波港获授“国家卫生港”称号。1991年以后，宁波市将爱国卫生工作纳入国民经济和社会发展规划，实施以“建管分设、做管分离、事企分开”为核心内容的环境卫生管理体制改革，推动政府、社会、市场联动的运作方式，创立“大环卫、全覆盖、动态化”格局；加强健康教育，创建国家卫生城市。2004年，被全国爱国卫生运动委员会命名为“国家卫生城市”，此后通过多轮复查。2015年，被省爱卫会重新确认为浙江省灭蚊灭蝇先进城区。2022年，获得全国爱卫办“2021年度全国健康城市建设样板市”称号，共创建753个浙江省卫生村、139个宁波市卫生村。

卫生监督 解放后，宁波逐步建立健全工厂保健网。20世纪50年代，主要管理饭店、饮食店、冷饮品卫生。60年代，开始管理集体食堂卫生。80年代，注重水产品的卫生管理。80年代初，开始监督处理市属医院污水，协助建立污水处理站。至1984年，基本形成学校卫生保健网。1983年，实施《食品卫生法（试行）》，建立食品卫生档案，组织食品卫生大检查、平时抽查。1984年，在老市区实施旅馆、招待所、浴室、理发店等服务行业卫生标准、检查评分标准和奖惩条例。1986年，在建制镇以上公共场所、服务行业建立档案。1985年，开始实施建筑设计预防性卫生监督。1987年，开始实施化妆品卫生监督管理。1989年，实施《宁波市眼镜卫生质量监督管理暂行办法》，监督管理眼镜生产、经营。1990年，实现食品生产经营单位100%建立卫生档案。1991年以后，将社会公共卫生、健康相关产品、医疗卫生机构和专业人员监督等领域卫生执法监督职能集于一体，建立健全卫生行政执法机制。2015年，在所有社区卫生服务中心（乡镇卫生院）设立卫生监督协管站，其中103家获浙江省级卫生监督协管示范点称号。2018年，集中开展医疗乱象专项整治行动，实施医疗卫生机构传染病防治分类监督模式，启动集中消毒餐饮具企业提升工程，开展“五水共治”保供水专项行动，推进公共场所量化分级管理和信誉度等级公示，联合教育局组织开展校园卫生健康行动。2020年，建设“1+3+N”①智慧卫监新型监管体系。2022年，持续发展“数智卫监”，应用AI人工智能，实行非现场执法，建立以“双随机、一公开”监督检查为主、重点专项检查为辅、信用监管为支撑的新型监管机制，连续4年以全省第一的成绩入选年度卫生健康行政执法效能A档地市。

妇幼保健　约1909年，杭州广济医院产科专门学校毕业生沈惠英在宁波城区鼎新街创办惠英助产所，率先使用新法接生。次年，慈溪保黎医院院长吴莲艇推行新法接生。1951年春，全市推行新法接生，开始施行产前、产后保健，宣传儿童保健，“六一儿童节”检查儿童健康。1952年9月，市区成立联合诊所6个，组织个体助产人员参加。1953年4月，建立妇幼保健所2个、妇幼保健站4个，另有工人保健院，推行住院接生。1957年，新法接生占总出生数的98.3%，基本无新生儿破伤风和产妇产褥热。1958年，市妇幼保健院成立，收治难产和妇女病患者。当年，新法接生率达到100%。1959年，市妇幼保健院撤销，主要人员、设备并入市第一医院，妇幼保健所、站并入联合诊所，天封、孝闻、仓桥、镇安、中马5个联合诊所设立产科住院部。1979年，市区产妇皆住院接生。1980年，开始实施孕妇系统管理，开展早孕登记、建立联系卡和遗传、优生咨询服务等工作。1983年，开始实施儿童系统管理，开展围产期保健，建立由卫生院、妇幼保

① “1+3+N”，即一个执法数据仓，市县两级共建共享全过程执法记录平台、卫生监督综合管理平台、非现场执法预警平台3个基础平台，多个卫生健康执法业务应用。

健所、妇儿医院及综合医院的妇产科组成的三级围产保健网。1984年以后，街道卫生院（原联合诊所）妇产科停止接生，转由市第一、第二、第三医院接生。1985年，市妇女儿童医院成立。1988年，全市开始实施适龄儿童免疫规划疫苗接种。1990年，市、区（县、市）、乡镇、村4级妇幼保健网基本形成；新法接生率99.76%（市区100%），住院接生率97.42%（市区100%），孕产妇与儿童保健覆盖率逐年上升；2010年，分别达到99.65%、97.07%。2011年，适龄儿童免疫规划疫苗接种率99.79%。2012年，常住人口孕产妇死亡率为0%，首次实现零死亡。2022年，全市孕产妇零死亡、婴儿死亡率1.64‰、5岁以下儿童死亡率2.68‰，妇幼健康核心指标持续巩固在较好水平。

重大疫情防治　2003年初，广东出现非典型性肺炎（简称“非典”），宁波市民听信谣言，开始抢购白醋与板蓝根，宁波市组织卫生专家对市民的抢购行为进行“会诊”，并将“会诊”结果通过媒体向公众公布。2003年2月中旬，在市第一医院、市妇儿医院、慈溪市人民医院和宁海县人民医院建立市级“非典”监测点，在各区（县、市）设立相应的监测点，指导各级医疗卫生单位加强对呼吸道传染病的防治。4月10日，建立市“非典”预防控制工作联席会议制度，在市疾控中心成立“非典”应急机动队。4月14日，开始执行省卫生厅防治工作进展日报告制度。4月21日，市委、市政府成立“非典”防治工作领导小组及其5个分组，实行24小时值班。随后，建立突发公共卫生事件应急处理机制。5月底，抗击“非典”工作取得阶段性胜利。6月10日，历时50余天的抗击“非典”战斗告捷。2020年初，宁波市开始全力抗击新型冠状病毒肺炎疫情，启动重大突发公共卫生事件一级响应，坚持“源头排查+硬核隔离+精密智控”，实施疫情防控“十二条”和“新十条”等举措。用30天时间实现本地确诊病例“零新增”，用49天时间实现157例本地确诊病例“清零”，报告的确诊病例163例（含境外输入6例）做到患者零死亡、医护零感染，在2月下旬实现规模以上工业企业基本全面复工，3月下旬率先基本恢复生产生活秩序。此后，贯彻“外防输入、内防反弹”的总体防控策略，一发现疫情反弹苗头，及时组织医疗卫生人员、机关事业单位、国有企业党员干部，及时遏制住疫情的扩散蔓延，稳住经济基本面。到2022年，成功实现疫情防控平稳转段，促进经济社会恢复发展。

体　育

传统体育　宁波体育运动历史悠久。春秋时期，有划船、舞龙。唐广德年间（763—764），宁海跃龙山麓大溪设立钓游处。宋代，鄞县知县王安石创办的县学，置有射圃。明代，武风渐盛，长兴不衰。清初，余姚黄百家师承鄞县拳术家王瑞伯，著有《内家拳法》。清代，射、棋被列入府学课程，射箭活动已具有群众性。宁波民间传统体育历经传承与发展，主要包括武术、民俗体育、休闲体育、棋牌活动四类。宁波武术以四明内家拳、南兵拳、精武门拳术、太极拳、木兰拳等为主，形成有宁波地域特色的武术体系。2005年，余姚、北仑梅山乡分别被浙江武术协会授予“浙江太极拳之乡”“浙江水浒名拳之乡”。民俗体育则以舞龙、舞狮、龙舟竞渡为代表，在全市全民健身运动中起到重要作用。宁海后沈村和梅林陈村被宁波市文化局批准命名为“狮舞之乡”。宁波休闲体育集传统、时令、习俗、现代于一体，主要包括踏青与登高、秋千、垂钓、风筝、轮滑、台球、门球、保龄球、高尔夫球、太极柔力球。棋牌活动以围棋、中国象棋、国际象棋、桥牌为主。

群众体育　古代群众体育多寓于庙会、节庆活动及练武、比武中。1910年全国第一届运动会后，近代体育项目传入民间，开始出现群众体育团体，庙会、节庆体育逐渐向学校体育、民众体育、职工体育、农民体育发展。1928年以后，宁波建立民众体育场，开设国术馆，成立一批民众体育团体，开始举办赛事。1943年，浙东抗日根据地在余姚梁弄修建民众运动场，举办竞赛活动。1951年9月，宁波举办首届人民体育运动大会。1957年，机关、农村、企事业单位分别开展工间操及其他小型多样体育活动。1966年“文化大革命”开始后，群众体育团体停止活动，运动队停训。1973年6月，开始恢复。1987年，宁波市创办市体育运动学校。次年，首次举办国际体育比赛，组队参加全国城市运动会、计划单列市体育比赛。“十一五”时期，鼓励社会办体育，军地共建成立八一富邦（宁波）男子篮球俱乐部（2006年）；推进体育休闲基地建设，宁海长达100千米的登山健身步道被列为“国家登山健身步道示范工程”，东钱湖的环湖自行车旅游、奉化商量岗的冰雪健身等户外运动休闲基地和项目不断涌现，并拉动当地的经济发展。“十二五”时期，宁波市体育社会组织发展迅速，全市共有体育社会组织435个，乡镇（街道）体育分会组建率98%；每年举办各类群众性赛事活动2000余场、大型群体活动300项以上；全市人均体育场地面积1.61平方米（2013年），直属公共场馆开放率100%、符合条件的学校体育场馆设施开放率100%。“十三五”时期，体育社会组织网络不断健全，共有体育社会组织505个；每年举办各类全民健身赛事活动2000余场，参加人数100余万人次，经常参加体育锻炼的人数占全市人口的41.2%；举办“一人一技”全民健身体育技能公益培训活动，成为全市影响力最大的健身公益品牌。此后，坚持体育为民优质服务，建设体育现代化社区和国家标准化体育场地设施，举办全市社区运动会、美丽

乡村健身行、滨海体育嘉年华等全民健身品牌赛事活动。至2022年，全市有3000个体育社会组织，市级体育社团3A以上达标率62.5%，人均体育场地面积达2.82平方米。

竞技体育　1913年，有宁波籍运动员参加国际比赛。20世纪50年代，宁波开始组建业余运动队，创建少年儿童业余体育学校，开展业余体育训练，培养输送高水平运动人才到中国国家队，启动竞技体育工作。1991年以前，宁波市已建立县级少体校、体育传统项目学校和市、县两级训练点校，基本形成“体育运动学校—业余少体校（市、县级训练点校）—体育传统项目学校”的训练体系。1991年以后，开展的竞技体育项目主要是现代奥运会项目，也有少数中国传统体育项目和地方民族民俗体育项目。“十一五”时期，实施《奥运争光计划》，完善业余训练三级网络体系；市级体育运动学校成为国家级高水平体育后备人才基地，重竞技、游泳等5个训练基地成为省级高水平体育后备人才基地，培育出一批优秀体育人才；在第十五届和第十六届亚洲运动会上有11名宁波运动员参赛，获得13金5银3铜。“十二五”时期，加强国家级、省级高水平体育后备人才基地的申报创建，推动体教结合工作，创建浙江省阳光体育后备人才基地，竞技体育取得多项重大突破。2016年，石智勇在里约奥林匹克运动会上夺得男子69千克级举重竞赛项目金牌，实现宁波奥运金牌零的突破。2018年，在雅加达亚运会获得5金5银4铜，金牌数和奖牌数均创造境外参加亚运会纪录。2021年，杨倩、石智勇、汪顺、管晨辰4名运动员，在延期举行的东京奥运会上夺得5枚金牌，创造1个世界纪录、1个奥运纪录和1个亚洲纪录，“一城五金”登上全国地方城市奥运金牌榜首位；为此，中国奥委会于2022年9月16日授予宁波市“奥运冠军之城”奖杯。2022年，全市申报创建国家级各类基地5个，省级基地31个，市级训练点、传统项目学校、高水平基地234个，数量居全省前列；在国家队训练的宁波运动员有31人，在省级训练单位的有240多人。

体育产业　20世纪80年代中后期，宁波市开始创办经营性体育公司，将空闲体育场地出租和开展场馆有偿服务。此后，以体育资源开发为基础直接进行生产与经营活动。1999年，宁波体育中心体育馆冠名为雅戈尔体育馆。2000年，宁波体育中心利用场馆开发有偿服务项目，承揽宁波国际服装节、大型活动与大型演出活动，承担CBA（中国职业篮球联赛）八一队主场，尤其在承办各类赛事与健身娱乐方面，扩大体育场馆的开放空间。当年，全市体育健身经营单位资产20亿元，个体经营单位占三分之二，台球、棋牌、游泳居前三位，其次是健身操、保龄球、乒乓球。进入21世纪以后，构建以体育健身娱乐、体育竞赛表演、体育旅游休闲、体育彩票销售为重点的体育市场体系，形成以体育制造业、体育设施投资建筑业、体育批零贸易业和体育服务业为主的体育产业格局。“十二五”时期，宁波市体育产业增加值年均增长10%以上，每年承办国家级赛事40余项，促进宁波赛事经济发展；创建国家级体育产业基地，省、市级体育运动休闲基地，在全省率先设立市级体育产业发展引导资金，引导体育企业扩大生产。“十三五”时期，入选首批国家体育消费试点城市，获评国家体育产业（旅游）示范基地（单位、项目）5个、省运动休闲乡镇培育单位4个、省运动休闲旅游示范基地（线路、项目）18个、省级体育示范企业4家；连续举办中国（宁波）体育产业博览会，承办世界女排大奖赛等国际国内赛事逾260场；争取到中国体育彩票500万元（含）兑奖额度下放至宁波。至2022年，全市体育产业总产出1155.75亿元，实现体育产业增加值354.97亿元，占全市地区生产总值比重2.26%；国家级体育产业（旅游）示范基地（单位、项目）和省级运动休闲基地（线路、项目）数量位居全省前列，全年体彩总销量达30.73亿元（首破30亿元大关）。

体育场地　古代，各县城皆有一处旷地，供练武、校兵、习射。鄞县有2个校场，一名大校场（今鄞州演武巷），一名小校场（今海曙法院巷）；射圃1个，在宁波府学旁（今中山广场北端）。清末民初，西方近代体育项目传入宁波，各县城厢、学校及较大工厂先后开辟体育场地，但大多简陋。1950年以后，有较大发展。至1990年，全市有各类体育场地2130处。1991年以后，宁波市把体育设施建设列入城市建设规划中，加快建设市级公共场馆，在改扩建中学时修建较大体育场馆，建成宁波市体育中心、宁波市游泳健身俱乐部、宁波市老年体育活动中心、宁波体育运动学校场地、宁波水上运动训练基地、宁波松兰山帆板帆船训练基地、宁波市重竞技训练基地训练馆、宁波市蓝天健身中心等大型公共体育场馆，以及镇海中学体艺馆、余姚电力体育馆、宁海体育中心、慈溪中学体育馆、镇海炼化体育馆、慈溪市体育场、宁波中学体育馆、象山县体育馆、鄞州体育中心、北仑体育馆、镇海龙赛体育中心、慈溪市体育馆、余姚全民健身中心、宁波鄞州网球中心等区（县、市）级体育公共设施。2011年以后，宁波市加快完善全民健身公共服务体系，在社区、村落建设健身路径以及各类球场，实现农村行政村体育设施全覆盖、新建小区体育设施全覆盖；加快推进体育现代化建设步伐，建成投用宁波奥林匹克体育中心，建设区（县、市）级全民健身中心、乡镇（街道）级综合性体育健身场馆、村（社区）级社区多功能运动场所以及各级体育（休闲）公园，建立国家登山健身步道，实现“15分钟健身圈”。

人力资源

就业　1662年，余姚创建人和冶坊，在当地雇工生产。1844年“五口通商”后，随着商业、服务业、航运业发展，雇佣劳动日渐增多。1948年，宁波有工业、矿业、商业、交通运输业等行业的从业人员，以及公务人员、自由职业者299989人，占总人口的15.87%；其中，矿业、工商、运输业有雇工222794人，占劳动力总数的11.78%。解放后，私营工商业沿用雇佣制（1956年以后逐步废除），对国民党旧军政人员、官僚资本企业职工采取包下来政策，开始形成固定工制；同时，采用以工代赈，组建生产自救工厂（场）、合作社等方式，帮助失业人员就业、自谋职业。1950—1952年，限制私营企业解雇职工，鼓励增加用工。1953年，开始试行工厂企业编制定员、劳动定额制度。1955年，开始试行两种劳动制度（即八小时工作的劳动制度、半工半读的劳动制度），动员知识青年上山下乡（1979年后安置回城镇）。1958年“大跃进”中，一度放松定员定额制度，职工猛增。1961年，精简职工，动员部分职工回乡。1971年，开始试行计划外用工制度。1977年，为安置待业青年和适应生产发展，允许全民企业招收集体性质“混岗集体工”。1980年，开始实施介绍就业、组织起来就业和自谋职业“三结合”方针，建立劳动服务公司。1981年，整顿企业劳动组织，清退计划外用工和留用、聘用退休人员。1984年，开始对企业新招职工实行劳动合同制。1985年，开始下达企业编制定员数，恢复定员定额制度。1987年，成立劳务市场，开辟工人“双向”交流新渠道。1991年，开始改革企业劳动用工和分配制度，试点实行全员劳动合同制，打破干部与工人身份界限，统称企业职工。1994年，取消固定工制度，但仍严格控制从农村招收劳动力。1995年，将临时工纳入劳动合同制职工，开始推行农村劳动力跨地区有序流动工作，全面启动“再就业工程”以适应企业改制需要（2006年结束）。1999年，开始实施集体合同制度。2003年，开始对非全日制劳动用工实行劳动合同制度，宁波成为最容易就业的城市。2004年，开始统筹城乡就业，清理、取消对农村和外来劳动力进城就业的歧视规定及限制，加强就业管理和服务。2011年以后，持续实行“稳就业”“保就业”方针，先后制定4轮就业政策，开展“就业援助月”“就业服务月”等专项活动，实施“甬上乐业”计划，促进就业、鼓励创业。至2022年，全市城镇登记失业率持续10余年稳定在2.1%左右，建成“高质量就业社区（村）”623个，实现“零就业家庭”动态清零。

劳动工资　旧时，社会劳工工资无合理制度、标准，任由资本家自定。1933年，在宁波的44个行业中，男工月均工资12.4元法币，女工低于男工，童工更低。中华人民共和国成立后，实行按劳分配，采用“折实工资制”，以米为底薪，每月发薪日，按当日报纸公布的中等米价折人民币发工资。1950年5月，以固定米价折发工资外，还有以米、细布、食油、食盐、柴或煤各若干组合的“折实单位”（宁波地区称“工资分”），每月按银行公布牌价折合人民币发工资。1953年，20家国营、地方国营、老公私合营企业实施按货币计算的等级工资制。1956年，全市统一实施货币工资制，不同行业实行不同等级标准。1985年，全市工厂企业工人统一实行8级15档的等级工资制，干部统一实行17级33档的职务等级工资制。除计月工资外，还有部分行业实行计日工资、计件工资及岗位浮动工资制。自1952年至1990年，全市调整职工工资10余次，年人均工资从1949年的340元增至1990年的2220元。1991年，全民所有制企业开始将工资总额同经济效益挂钩；1992年，开始把职工实际收入同企业经济效益和个人劳动贡献紧密结合起来。20世纪90年代中期以后，在公有制企业进一步落实和完善工效挂钩办法，使企业职工工资收入取决于企业经济效益；在非公有制企业中，探索开展工资集体协商试点。1994年，开始在城镇企业执行最低工资制度，后逐步扩大实施范围，不断调整标准。1998年，开始执行全省企业工资指导线制度。进入21世纪以后，进一步推广工资集体协商制度。2001年，开始公布不同工种的劳动力市场工资指导价位；2004年，首次发布非全日制不同工种工资价位；2005年，首次公布61个初次就业大学生工种工资指导价位。2008年5月，开始实施企业工资指导线制度，发布2008年度分行业企业工资指导线，引导职工工资适度增长，使工资增长与经济效益增长保持合理比例。2022年，非私营单位从业人员年平均工资为129714元，在岗职工（含劳务派遣）从业人员年平均工资为134567元；2023年，分别增至133967元、138033元。私营单位从业人员年平均工资在2023年达77550元。

人才开发　1995年，宁波市开始对30岁以下优秀人才晋升中级专业技术职务、40岁以下优秀人才晋升高级专业技术职务，给予政策、指标上的倾斜。1996年，首次将人才资源规划纳入当地国民经济和社会发展规划，全面推进整体性人才资源开发。1997年，启动“4321”人才工程，在重要领域培养和造就一批不同层次的跨世纪学术带头人和技术带头人。1998年，首次在非公有制企业和非营利性单位中选拔国家级突出贡献和国务院政府特殊津贴专家，首次将中级职称评审延伸到个体私营企业，启动农村乡土人才开发工程，全面推行人事代理制度。1999年，开始重点实施“1111”引才工程和“4321”人才工程，加快引进培养高素质人才；改人才引进审批制为准入制，在全国率先推出外地生源中专以上可在宁波市就业，全日制大学本科以上应届毕业生可在全市范围先落户后就业的“无门槛”就业政策。2000年，改革事业单位分配制度，实行分级分类管理，将工资总量与单位的经济和社会效益挂钩，实行档案工资与实际工资相分离，推行岗位工资制，允许各类生产要素参与分配。同年，颁行人才和智力引进办法、宁波市有突出贡献专家评选奖励办法，实施人才和智力集聚战略。2004年，发布博士后工作管理办法，鼓励博士后出站后留在宁波工作；提高引进人才的安置补助标准，颁行高层次海外留学人员引进规定。2007年，颁行创新型领军人才和拔尖人才引进培养政策，加大院士等创新型领军和拔尖人才的引进培养力度。2010年，颁行企业引进“海外工程师”办法、高层次海外人才引进规定，实施“千名海外留学人才”集聚工程。2011年，开始实施高层次海外人才引进“3315”计划。2018年，开始实施泛“3315”计划。2019年，创立“我才甬现”品牌，施行“甬上乐业”“社保惠民”“改革增效”“服务提质”“铁军培育”计划；实施技能人才“百千万”培养工程，培养研发创新和工程应用能力兼备的多层次、应用型、实操型人才。2020年，整合“3315”计划等人才引进和培养政策，启动“甬江引才工程”、人才和创新“栽树工程”，打造高素质人才发展重要首选地。2021年，启动宁波工匠培育工程，建设“青年友好城”，健全人才培育体系。2022年，实施人才自主培养和领军拔尖人才培养政策。至2022年，全市高技能人才首次突破70万，达70.4万，技能劳动者总量达209.6万，高技能人才占技能人才的33.6%。2023年，全市人才总量增至240.99万人，高技能人才占技能劳动者的34.3%（10月）；上线“人才大脑”，推进人才一库统管、服务一站通享、决策一网智治。

社会保障

解放前，劳动者无职业保障，民间有少量的慈善救助，银行、邮政、电讯、招商局等企业对被解雇、病伤、死亡雇员有少量救济。1927年，宁波市临时政府公布《优待工人条例》，但未能落地实施。1950年，开始登记、救济、安置失业工人。1951年，开始在百人以上工厂试行劳动保险条例；1952年，开始在15人以上企业试行劳动保险合同制度。1953年，开始在国家机关、事业单位实行公费医疗制度。1969年，开始在农村举办合作医疗（1982年以后停办）。其间，实施职工困难补助办法、安全卫生规程、女工保护条例、探亲假制度等，兴建食堂、宿舍、医务室、浴室、女工卫生室、托儿所、幼儿园、职工休养所等福利设施。

改革开放后，相继建立失业保险制度、生育保险制度、养老保险制度、工伤保险制度、医疗保险制度，形成比较完善的社会保障政策体系。实施城市居民最低生活保障制度、农村低保制度和城区扶贫帮困制度，率先建立被征地人员基本生活保障制度，推动城乡一体的社会救助从单一性救助走向综合性救助。2010年，建成以养老、医疗、低保为重点，覆盖所有居民的社会保障制度，在全国率先步入“全民社保”时代，实现社会保障制度由“国家—单位制”向“国家—社会制”转变，实现社会保障资金来源多元化、管理社会化；建成多元参与兴办，运行机制完善，政策法规配套、管理规范及服务优良的社会福利体系。2011年以后，加大社会保障城乡统筹力度，在全省率先实现城乡居民基本养老保险、基本医疗保障、最低生活保障“三大并轨”，稳步提高参保率和保障水平；调整提高养老待遇、医保报销比例、最低生活保障等标准，推进企业职工基本养老保险全国统筹，提升社保统筹层次，推动户籍人口中未参保的低保、残疾等困难群体“应保尽保、应补尽补”；健全老有颐养、幼有善育、病有良医、住有宜居、弱有众扶的保障帮扶救助机制。

社会保险　1951年，开始建立劳动保险；1953年，开始实施机关事业公费医疗制度；1969年，开始举办农村合作医疗。资金筹集、使用均在各企业、系统内部。社会保险起于1986年，全市全民所有制企业、县以上集体所有制企业建立退休养老社会统筹制度（1987年实施）。同年10月，国有企业、县以上集体企业、机关事业单位及内联企业建立失业保险制度（2004年覆盖所有职工），全民所有制企业和县以上集体企业建立女职工生育基金统筹制度。1992年，开始建立农村社会养老保险制度（2003年停办）。1993年，在象山实施企业职工大病医疗统筹（后逐步向全市推行），在余姚试点工伤保险制度改革。1994年，建立以社会统筹与个人账户相结合的城镇职工基本养老保险制度。1995年，实施国家统一的企业职工生育保险制度。1998年，建立统一的工伤保险制度（2004年开始施行国家统一的工伤保险制度）。2001年，开始实施社会统筹与个人账户相结合的城镇职工基本医疗保险制度。2002年，在全国首批制定被征地人员养老保障办法。2003年，开始试点新型农村合作医疗制度（2005年全面推行）。2006年，开始实施城镇老年居民养老保障办法。2007年，开始试点城镇居民医疗保险制度（2009年正式实施），在余姚实施全省首个农民养老保障制度。2008年，建立外来务工人员社会保险制度（含工伤、大病医疗、养老、失业和生育保险），在全市建立新型农村养老保险制度。2010年，开始整合城镇老年居民养老保障、新型农村社会养老保险制度，统一按城乡居民社会养老保险办法执行。2011年以后，持续提升社会保险参保率，扩大社会保险统筹范围，提升保险待遇。2015年，实现基本医疗和工伤保险市级统筹，建立统一的城乡居民基本养老、医疗保险制度，实施城乡居民大病保险制度，试点失业保险基金扩大使用范围，落实社保费“五险合征”和按工资总额征缴等政策；推进“全民参保登记计划”。2018年，对农民合同制职工与城镇职工实行统一的失业保险政策，在全市全面实现社会保险体系城乡一体化。2021年、2022年，先后实现企业职工基本养老保险省级统筹、全国统筹。至2022年末，全市企业职工基本养老保险、工伤保险、失业保险参保人数分别达526.7万人、451.5万人和341.6万人，全市养老保险户籍人口参保率99.47%。

社会福利　1105—1257年，宁波城区有官办居养院（明、清时称养济院）、惠民药局、广惠院，民间有楼氏义庄等。“五口通商”后，教会、旅甬同乡会、地方士绅等举办育婴堂、孤儿院、养老院、迈妇堂、残废所、教养所等。民国时期，民间成立各类慈善团体，扶养孤老残疾、游民。1929年，市救济院成立（后称鄞县救济院），下设育婴、养老、教养、保良、残废、施医、贷款、施棺掩埋诸所。1938年9月，为收养日军占领区难童，宁波旅沪同乡会董事竺梅先募款，在奉化后琅乡楼隘村创办国际灾童教养院（1943年冬停办）。其间，极少数企业有简陋的福利设施，提供极少的劳动福利。中华人民共和国成立后，社会福利事业由国家、乡镇（街道）集体、社会团体及个人捐助举办，市、县政府举办人民救济院，人民公社举办敬老院，各单位逐步建立健全劳动福利设施，建立探亲假、年休假、婚假、产假、丧假、生育护理假、哺乳假、病假、事假等假期制度，实施死亡抚恤制度，不断调整提高福利待遇。进入21世纪以后，鼓励社会力量参与社会福利体系建设，完成市社会福利院改扩建一期和二期、市恩美儿童福利院危房改造等工程。探索建立社区居家养老服务模式，为特殊困难的老年人建立供养标准长效和动态调整机制，基本实现居家养老服务城乡社区全覆盖。为全市孤儿发放基本生活费，全面建立适度普惠型儿童福利制度，建立健全孤残、困境、留守儿童关爱体系，落实儿童抚育、康复、教育等保障措施。实施困难残疾人生活补贴和重度残疾人护理补贴制度，完善残疾人基本生活保障和服务体系。建立覆盖城乡的慈善网络，建设“人人慈善标杆区”，涌现“顺其自然”、钱海军等慈善典型，多次获得“中国城市公益慈善七星城市”称号。

社会救助　旧时，遭遇重大灾荒，城乡以社会临时救济为主，政府偶尔参与，无稳定的长效机制。解放后，政府承担救灾救济的主要责任，形成定期救济、生产自救、临时救济的城镇救助制度。1951年，开始实行城乡贫病医疗救济。1955年，开始以集体扶持为主、国家救济为辅，救济农村困难户。1956年，开始由农村集体对缺乏劳动力的鳏、寡、孤、独社员实行“五保”（即保吃、保穿、保烧、保教、保养，1978年改为保吃、保住、保穿、保医、保葬/保教），特困户由国家予以救济。1980年以后，开展农村扶贫工作，给予贫困户各种扶持（直至1997年脱贫）。20世纪90年代初，社会救助仍以帮困扶贫救助和灾害救助为主。1996年，建立城镇居民最低生活保障制度；1998年，建立农村居民最低生活保障制度，开始建立以最低生活保障制度为标志的城乡社会救济制度。2001年，建立城区扶贫帮困制度。2003年，开始建设城乡统筹的新型社会救助体系，社会救助从单一性救助走向综合性救助，从基本生活救助向医疗、就业、教育和住房等救助延伸扩展。特别是2003年，新的临时性社会救助制度建立，强制性收容遣送转变为服务性救助，受助人员的人格和尊严得到保障。同时，“元旦、春节送温暖”活动等临时性救助逐渐制度化。此后，逐步健全以最低生活保障制度为基础，以特困人员供养、灾难救助、医疗救助、教育救助、住房救助、就业救助、临时救助等专项救助为支撑，以流浪乞讨人员救助、社会帮扶、慈善援助为补充的社会救助体系，保障困难群众的基本生活。2022年，全市有低保对象57502人，支出低保金6.34亿元；特困人员3403人，支出供养金8706.2万元。

优抚优待　解放初期，每逢新年、春节、建军节，慰问烈军属，送光荣匾、光荣灯、年画等，走访孤老烈属、二等以上革命伤残军人；成立荣属生产单位，帮助解决烈军属就业困难；经济困难时期，给予烈军属、二等以上伤残军人治病、副食品供应优待。1950年，开始对烈军属予以按季补助、代耕土地优待（1956年起予以工分优待，1982年全部改以现金形式），对革命烈士及因公牺牲、病故的革命军人一次性发放抚恤粮食（1953年起改发现金），对伤残军人发放伤残抚恤费并给予交通、装配假肢和辅助器具费用的报销或补助；复退军人是农村的回乡务农，是城镇的安置到公私营企业（1956年起归口包干安置）。1951年以后，建立烈士陵园、纪念塔（碑）、纪念馆等纪念设施，重新安葬因墓地水土流失或荒山散葬的烈士遗骨，组织集体祭扫活动。1956年，开始对因战因公牺牲的革命军人、工作人员和参战牺牲的民兵民工授予革命烈士称号，发给《光荣纪念证》（1980年以后，对保卫或抢救人民生命、国家和集体财产而牺牲的人员授予烈士称号，发给《革命烈士证明书》）。1958年，开始接收安置军队退休干部，发给退休生活费（1981年开始建造军队离休退休干部住房）。1959年，开始建立光荣院，供养孤老烈属、复员伤残军人。1963年，开始给予孤老烈家属定期定量补助，给予烈军属一定的现金优待。1981年以后，农村青年自批准入伍起，即由当地乡镇落实优待金，退伍后一般安置在乡镇企业。1983年4月，开始对农村义务兵家属予以普遍优待。1984年以后，接收的转业志愿兵均安排工作。1985年，开始定期抚恤烈士家属，对生活困难的复退军人予以定期定量补助，对遭遇灾荒病丧的优抚对象给予临时补助，开始对城镇义务兵家属予以普遍优待。1987年冬，城镇待业退伍军人开始由国家分配工作，立功者照顾其志愿。1988年1月，老市区城镇义务兵家属优待金开始由市政府统筹。1989年，农村义务兵养老、人寿、人身保险费开始由乡镇统筹缴付。1990年，农村义务兵优待金开始由乡镇统筹发放。1991年以后，优抚工作向“经济补偿、就业扶持、重点安置、城乡一体”转变，退役士兵政策落实和安置率稳居全省前列，退役士兵整体满意度较高；落实高于国家和省级标准的优抚措施，保证优抚对象的生活不低于或略高于当地平均生活水平。1996年，市区城镇义务兵家属和重点优抚对象优待金开始由市政府统筹。2001年，入伍的在校大学生由批准入伍地的区（县、市）按当地非农业户口入伍义务兵标准发放优待金。2003年以后，优待金列入各级财政预算，统一市五区（不含鄞州区）优待金标准（分城镇、农村两类）。2005年，建立重点优抚对象优抚标准自然增长机制。2007年，推进义务兵优待金标准城乡一体化（2011年实现一体化），将优抚对象纳入城乡基本医疗保险，并给予民政部门医疗补助和城乡医疗救助。2014年，开始于每年9月30日举行烈士公祭日活动，实现全市优抚对象抚恤补助标准“城乡一体化”。2021年，统筹调整部分优抚对象抚恤标准和生活补助标准，成为全省首个全域优抚对象抚恤标准和生活补助标准统一的地市。2022年，开始将立二等功以上军人记入当地地方志和年鉴。

卷二十 文化艺术

文化概略

文化是一座城市的根和魂。作为国家历史文化名城的宁波，文化艺术底蕴深厚，名人辈出，留下丰富的历史文化遗产，不仅拥有众多国家级乃至世界文化遗产，更蕴含着宝贵的精神文化资源，这些都是宁波独特而难得的文化财富。宁波已将独特的海洋文化、阳明文化、藏书文化、商帮文化、慈孝文化、海防文化等基因，深融于城市精神之中。宁波是一座融通中外的文化之城，八千年井头山遗址，七千年河姆渡文化，见证中华海洋文明的开端。近代以后，“崇文重商”传统进一步弘扬，更是见证宁波发展与辉煌。

唐宋以后，宁波涌现众多著名文学家、艺术家。唐代有书法家虞世南；宋代有词人吴文英；元代有散曲家张可久；明代有哲学家王阳明、文学家兼戏剧家屠隆、藏书家范钦、画家吕纪、书法家丰坊；清代有史学家黄宗羲、万斯同、全祖望，画家姚燮等。城区月湖曾为学术重地，不少名人学者环湖而居。南宋以后，宁波成为浙江藏书重要地区之一，明代天一阁历四百余年仍保存完好。五四运动后，出现柔石、殷夫、应修人、朱镜我、巴人、邵荃麟、王鲁彦等新文艺运动先驱者，周信芳、潘天寿、陈之佛、沙孟海等著名艺术家、书画家。1944年1月以后，浙东抗日根据地创作反映抗日战争的文艺作品，开展新文艺运动。解放战争时期，进步文艺工作者利用当时合法出版的报刊，发表杂文、美术作品，揭露和讽刺反动统治。戏剧演出活动尤其话剧十分活跃，城区出现10余个非职业性话剧演出团体，上演不少进步剧作。

20世纪50年代初，宁波建立专业文工团、戏曲改进协会，改革戏曲，整顿农村业余剧团，发展文化事业机构，在山区、海岛逐步普及电影放映。1956年，民营剧团、剧场、电影院陆续转为公私合营、国营。1960年以后，农村业余剧团、俱乐部大部停顿，文艺创作处于沉寂状态，舞台以演出传统剧目为主。1961年调整、整顿后，一段时期内现代题材作品比重增大。“文化大革命”中，除“样板戏”“样板电影”及政治宣传作品外，文化生活贫乏。中共十一届三中全会以后，文化事业在拨乱反正中得以恢复发展，并随着经济体制改革的启动，文化体制改革同步推进，由文化部门独家办文化事业逐步发展成为由社会办文化，至1990年形成多层次、多形式文化市场。

2000年，宁波市提出“文化大市”建设目标。政府逐步从“办文化”向“管文化”转变，文艺院团开始企业化管理和企业化运作，获评全国文明城市（2005年）。随着大规模旧城改造，将公共文化设施改造和建设纳入城市建设总体规划，新建白云剧院，改造宁波剧院、兰江剧院等；以三江文化长廊为主线，建成宁波大剧院、宁波音乐厅、宁波美术馆等一批标志性文化设施；以“东海明珠工程”、“六个一”文化阵地和“十五分钟文化圈”建设为重点，加强基层文化设施建设，建成省、市两级“东海文化明珠”102个，覆盖85%的乡镇。通过举办社区文化节、读书节、家庭艺术节等活动营造良好的社区文化氛围；以举办公益演出、低票价演出等形式，向普通市民普及高雅艺术；每年举办各种群众性文化活动1000余场，既有大型演出，也有市民自娱自乐的活动。群众文化逐步呈现高雅艺术和通俗艺术相互交融的态势，文化事业由城镇文化向都市文化转变。服装节、开渔节、开游节、茶文化节、音乐舞蹈节、戏剧节逐渐形成具有宁波特色的节庆文化品牌。通过实施“新世纪文化精品工程”，设立“文化精品工程专项资金”，扶持文化精品创作、培养优秀文化人才，文艺创作薄弱局面有所改观，全市先后有百余件作品获全国常设性文艺大奖。

2011年，宁波市做出加快“文化强市”建设的决定。随后，开展“我们的价值观”等大讨论，组织评选道德模范和“最美宁波人”“宁波好人”。建设宁波文化广场等一批公共文化设施，建立以文化馆、图书馆、乡镇综合文化站、社区文化活动中心、村（社区）文化活动室为主体的四级公共文化服务阵地网络，基本形成“城市15分钟文化服务圈”和“农村30分钟文化服务圈”；实行所有公共文化场馆“零门槛”开放，推出“万场电影千场戏剧进农村”“天天演”“城市萤火虫换书大会”等惠民工程和便民活动。推进农村文化礼堂建设，举行“开笔礼”“重阳礼”等民俗活动，推出普惠文化消费的市民文化卡。创作电视剧《向东是大海》等一批优秀文艺作品，其中7部作品获全国“五个一工程”奖、27部作品获省“五个一工程”奖。以“文化+”的方式，推进文化与科技、金融、旅游等元素跨界融合，完成市、县两级国有文艺院团改革，组建宁波市演艺集团有限公司、宁波出版发行集团有限公司，全面启动媒体改革和融合发展，实现甬派新闻客户端成功上线。培育中国国际声乐比赛、海外宁波文化周、宁波国际友好城市博物馆联盟等品牌，组织艺术团体和民间文化艺术团“走出去”，赴国外开展文化交流，舞剧《十里红妆·女儿梦》所到之处赞誉一片，初步形成全方位、多层次、宽领域的对外文化交流格局。

2017年，宁波市做出建设“东方文明之都”的决策；2022年，做出“打造全国文明典范之都”“加快建设新时代文化高地”的决策。为此，全市着眼共建特色鲜明的文化强市，加快推进“文化宁波”建设。继续采用多种形式弘扬社会主义核心价值观，拓展新时代文明实践中心试点，实现滕头村入选全国爱国主义教育示范基地，《呦呦青蒿》《呦呦鹿鸣》等作品获“五个一工程”奖，创立“爱心宁波·尚德甬城”“在宁波，看见文明中国”等文明品牌，高分蝉联全国文明城市“六连冠”。实施文化基因解码工程，梁祝文化、千年慈城、海丝东方大港、“宁波帮”文化、东钱湖文化带、海洋渔文化、古韵前童、千年越窑秘色瓷、弥勒文化、阳明文化、浙东抗日根据地11个项目入选首批“浙江文化标识”培育项目，“最宁波”的文化在海内外知名度和影响力不断提升。实现文化礼堂覆盖所有行政村、“天一阁·月湖”5A级旅游景区成功创建、文创港和音乐港建设初具形象、象山影视城扩容提质、宁海入选国家全域旅游示范区，推进宁波音乐厅（新馆）、王安石纪念馆、沙孟海文化艺术中心、天一阁南馆等文化设施建设，健全文物资源保护管理机制，盘活文物建筑、革命文物、工业遗产、传统村落等各类资源。每年继续推进“万场电影千场戏剧进农村”，实施“一人一艺”全民艺术普及工程，创建“书香宁波”“音乐宁波”“影视宁波”“创意宁波”等品牌，持续鼓励乡村旅游产业化发展，实施艺术点亮乡村工程，初步建成普惠均等的现代公共文化服务体系。推进“文化制造”向“文化智造”转型。至2023年，全市拥有15分钟品质文化生活圈1315个、博物馆81家，其中乡村博物馆78家；全市拥有规模以上文化企业1218家，实现营收2209亿元。

宁波精神

宁波精神源自浙东深厚的历史文化，来自8000年历史的积淀和熏陶，来自改革开放的伟大实践。汉唐的余姚虞氏、北宋的庆历五先生、南宋的淳熙四先生、明代的王阳明以及明末以后的黄宗羲、万斯同、全祖望等为代表研究经学兼史学的经史学派，不守门户之见，博纳兼容，贵专家之学，勇于创新，倡导“实学求是”“知行合一”“经世致用”，主张学术研究要为社会服务，胸怀天下、爱国利民，形成独特的浙东学派精神。明万历天启年间（1573—1627），“宁波帮”开始形成，在“五口通商”后渐成鼎盛，19世纪末与20世纪40年代，有两次海外迁移高潮，成为中国传统“十大商帮”之一、中国近代最大的商帮，对中国民族工商业的发展做出重要贡献，形成自己独特的精神风范和文化性格——精明务实、应变会通，海纳百川、包容兼蓄，不甘人后、开拓进取，见利思义、诚信为本，崇尚文教、追求儒商，脚踏实地、勤俭敬业，风雨同舟、团结互助，爱国爱乡、报效桑梓。1941年5月至1945年10月，中共浙东区委员会率领新四军浙东游击纵队，紧紧依靠人民群众，在创建浙东敌后抗日根据地和抗战中，孕育出浙东抗战精神——核心意识、大局观念，理想信念、无私奉献，艰苦奋斗、舍生忘死，统一战线、民族大义，一心为民、血肉相连，勇于担当、率先垂范。改革开放初期，宁波企业家和民众在快速推进经济社会发展中，焕发出“走遍千山万水、说尽千言万语、想尽千方百计、吃尽千辛万苦”的创业创新精神。宁波港是千年古港，特别是改革开放后快速发展，成为中国的硬核力量之一，在为宁波经济腾飞奠定坚实物质基础，创造良好条件的同时，创造出爱港敬业、顽强拼搏、追求卓越，抢抓发展机遇，主动搏击市场，实现快速发展的宁波港精神。此外，宁波市各项事业和建设领域都创造出别具行业特点、宁波特色的精神财富。

进入20世纪90年代以后，对宁波精神进行多次探讨。1993年6月，全市精神文明建设工作动员大会提出“立志创业、务实高效、文明守法、团结奋进”精神，会后开展近半年的“九十年宁波人形象”大讨论活动。在此前后，余姚举办“河姆渡传人形象”大讨论活动，奉化举办“奉化企业家形象”大讨论，慈溪举办“满意在浒山”大讨论，宁波港务局举行“东方大港你、我、他”大讨论等活动。1994年6月，中共宁波市第八次代表大会指出，宁波精神具有“立志创业、务实高效、文明守法、团结奋进”的特点。1995年，在创建港城文明的活动中，将港城精神概括为“想大局、算大账、迈大步、创大业”。2000年，全市文化工作会议提出，宁波精神具有“开拓、开放、开明”的内涵。此后，关于宁波精神的讨论延绵不绝。2005年3月，中共宁波市委十届四次全会通过《中共宁波市委关于推进文化大市建设加快社会事业发展的决定》，把宁波精神特征概括为“诚信、务实、开放、创新”八个字。

2018年11月16日，市委主要领导在首届世界“宁波帮·帮宁波”发展大会上首次提出，宁波具有“知行合一、知难而进、知书达礼、知恩图报”的独特地域文化和精神气质。“知行合一”就是做实事、务实功、求实效，行必务实，干出实实在在的业绩；“知难而进”就是敢闯、敢试、敢拼，敢于直面问题，勇于解决问题，开辟新路，奋力向前；“知书达礼”就是诗书传家、崇德向善，不断擦亮宁波“金字招牌”——全国文明城市；

“知恩图报”就是懂感恩、会感恩，报效国家、反哺家乡、造福人民。“四知”精神引起广泛关注，得到社会各界认同。2020年7月8日，中共宁波市委十三届八次全体（扩大）会议将“四知”精神明确为宁波精神。

甬城印象　宁波拥有8000年的人文历史，创造出灿烂的历史文化，孕育出辉煌的现代文明，其独特的资源禀赋、崎岖的奋斗历程和璀璨的发展成就，受到国内众多名人的广泛关注和真情赞颂。晋代，文学家陆云在《答车茂安书》中言道：“（鄮）县去郡治不出三日，直东而出，水陆并通。西有大湖，广纵千顷，北有名山，南有林泽，东临巨海，往往无涯，泛船长驱，一举千里。北接青徐，东洞交广，海物惟错，不可称名。”宋代，政治家、改革家、文学家王安石在《上杜学士言开河书》中写道：“鄞之地邑，跨负江海，水有所去，故人无水忧。而深山长谷之水，四面而出，沟渠浍川，十百相通。长老言：钱氏时，置营田吏卒，岁浚治之，人无旱忧，恃以丰足。”明代，首辅大臣沈一贯在《海曙楼记》中记道：“宁波亦东南一大都会也，障百谷之下，右弛瓯越交广，月蹭无底之墟，左抗吴会青徐，日域不宾之国，海道通远，番舶鳞聚，盖户牖咽喉之地，德则象胥，不德则戈矛矣。”清代，思想家黄宗羲在《余姚县重修儒学记》中写道：“自虞仲翔之《易》，擅东南之美，嗣起者代不乏人……今之学脉不绝，衣被天下者，皆吾姚江学校之功也。是以三百年以来，凡国家大节目，必吾姚江学校之人出而指定……故姚江学校之盛衰，关系天下之盛衰也。”湖广总督郭伯荫在为“宁波帮”福州会馆撰碑时写道：“吾尝闻诸父老，吾乡估舶以苏、宁、乍为三大帮，而宁帮最为朴实，重信义，屏浮华，尤讲乡谊……盖虽居阛阓之中，而有士君子之行焉。”名臣李卫在《校士馆碑记》中写道：“两浙人文渊薮，甬东尤号文献旧邦。往者督学按临，必首宁郡，盖其俗尚文学，朴者力田，秀者学诗书，诸生多教授四方，以儒业为生计。父兄之教，子弟之率，惟举业是攻，故文风称最盛。督学所刊录士子文，往往宁郡居多。”在清雍正《宁波府志》序言中论道：“宁郡六县，县皆滨海。蛟门虎蹲，雄峙海口。招宝一山，屏障大洋。西南自岭粤，东北达辽左，延袤一万四千余里。商船番舶，乘潮出没，无不取道蛟门，经由招宝。内则联络众省，外则控制东倭，通省之门户，实亦东南一大关键也。”

文艺创作

文学　两晋南北朝时期，虞氏世家虞预、虞喜、虞荔等颇具文才，名重一时。隋唐间，虞世基、虞世南兄弟誉称“潘陆”。唐时，胡幽贞有《归四明诗》，释宗亮有300

余首诗合集行世。南宋，张孝祥《于湖集》、楼钥《攻媿集》、杨简《慈湖遗书》、陈允平《西麓诗稿》、“四明词人”吴文英《梦窗甲乙丙丁稿》等均流传至今；王安石、曾巩先后在甬为官，留有诗文。元代，戴表元有《剡源集》等；张可久散曲作品，后人辑为《小山乐府》。明代，誉为“贤相”的谢迁，著有《归田稿》；“布衣诗人”沈明臣诗作数千首，辑入《沈嘉则诗选》等；屠隆著诗文《由拳集》等；金湜能诗、善画、工书，时称“三绝”，著有《朽木集》；吕天成撰南戏与戏曲评论，著小说《绣榻野史》等。明末清初，沈光文有诗集《东吟社诗》《斯庵选集》，张煌言有《奇零草》《采薇集》《冰槎集》传世，朱舜水有《朱舜水先生文集》，黄宗羲著《南雷诗历》，万斯同有《石园诗文集》，李邺嗣有《杲堂文钞》《杲堂诗钞》等。清代，全祖望有《鲒埼亭文集》《句余土音》等，姚燮有《大梅山馆集》等，冯幵有《回风堂诗文稿》，徐时栋有《烟屿楼文集》，董沛撰《甬上宋元诗略》等。五四运动后，城区创办《火花》《天鸣》《新奉化》《大风》《出路》等文学刊物，倡导新文学和革命文学；宁波籍作家、诗人、文学理论家王鲁彦、柔石、殷夫、巴人、应修人、邵荃麟、唐弢、楼适夷等创作大量诗歌、小说、戏剧、散杂文等，并翻译大量国外文学作品。全面抗日战争时期，浙东抗日根据地《新浙东报》开辟《新地》副刊，刊登各类文艺作品。抗日战争胜利后，城区有《春风文艺》《孩子们》《甬潮》等文学期刊。解放后，少量业余作者在报刊上发表短小作品。改革开放后，宁波文学创作蓬勃发展，创办《宁波文艺》（1979年创刊，1985年改名《文学港》），文艺人才快速成长，优秀作品大量涌现，在“五个一工程”奖、鲁迅文学奖、冰心散文奖、郁达夫小说奖、丁玲文学奖、徐志摩诗歌奖、三毛散文奖、李杜诗歌奖、陈子昂诗歌奖、浙江省优秀文学奖等全国性及省市的各类文学评奖中，频频获奖。

戏剧　宁波区域流行剧种有甬剧、姚剧、平调、甬昆、越剧、京剧、话剧、杭剧等。早期均为流动戏班，有京班、的笃班、宁波滩簧等，规模小，组班、解散均视营业情况而定，能长期坚持者甚少，无固定演出场所，多在庙台、祠堂、茶园等处巡回流动。20世纪初，开始进入舞台、戏园，但仍以流动为主。后因专业演出场所增多，有的戏班逐渐成为具有剧团规模的专业艺术表演团体，在相对固定的场所演出。五四运动以后，爱国学生组织剧团走上街头，走向农村，演出爱国新剧。九一八事变后，城区戏剧舞台、流动剧团演出爱国救亡戏剧。浙东抗日根据地戏剧活动活跃，演出的有话剧、越剧、舞剧、歌剧、活报剧、哑剧、绍剧、评剧等。解放战争时期，城区演出进步话剧。1949年5月，城区有艺术表演团体14个，其中有越剧佩卿剧团、京剧大连升、杭剧胜利剧团等。至1965年，有市越剧实验剧团、市甬剧团、市京剧团、市木偶剧团4个艺术表演团

体。“文化大革命”开始后，专业艺术表演团体停演。1972年5月，成立宁波地区越剧团、甬剧队（属宁波市）。1983年实行市管县体制后，全市有艺术表演团体12个。1994年4月，市文化局成立戏剧创作中心，把分散在各单位的剧作者组织起来，通过签订合同、设基金、拨专款深入生活、征集剧本和奖励创作等方式，繁荣全市戏曲创作。2002年9月，宁波演艺集团宁波市艺术剧院成立，整合市级演艺资源，推进戏曲体制改革，激发剧作家、演艺家的创造力。此后，全市戏曲作品在文华大奖、中国曹禺戏剧文学奖、荷花奖、群星奖、蒲公英奖、山花奖等国家级大奖上屡有斩获，涌现出一批优秀戏曲。其中，获得中宣部“五个一工程”奖的民族歌剧《呦呦鹿鸣》被业内专家誉为“中国民族歌剧现实题材创作的标杆”，获得第十一届中国舞蹈荷花奖的舞剧《花木兰》成为全国闻名的“爆款”舞剧之一，在国内外持续热演的舞剧《十里红妆·女儿梦》成为国家文化名片。

曲艺　宁波传统曲艺源远流长，在唐代已有萌芽，宋代崭露头角。五代，“宣卷”传入明州，开始有人创作这种曲艺作品。南宋，有盲人唱“朝报”（官方新闻），后来演变为宁波新闻。明清，诞生四明南词、宁波走书等曲艺，风靡城乡。宁波传统地方曲艺有四明南词、宁波评话、三北小锣书、雀冬冬、唱新闻、四明宣卷、采茶兰、平调鼓词、宁波走书、蛟川走书、宁波评弹、奉化琴书、宁波滩簧、翁州走书、余姚滩簧共15种，其中宁波走书、四明南词、唱新闻被列入国家非物质文化遗产保护目录，宁波评话、蛟川走书、三北小锣书等被列入浙江省非物质文化遗产保护目录。此外，宁波曲艺工作者还运用相声、快板、双簧、山东快书、说唱等北方曲种近30种编演群众喜闻乐见的曲目。宁波传统地方曲艺最初是农民劳动休息时的一种自我娱乐，后逐渐演变成专业，以卖艺谋生，清末民初兴盛，后趋向衰落。解放后，宁波市及各县建立戏曲改进协会，建立集体性质的曲艺队，整理演唱传统曲目，编演现代曲目，开展演唱交流和观摩活动。1964年11月，宁波市曲艺团成立，分设宁波走书、四明南词、评话三大曲种（组）。1969年以后，曲艺团队解散，停止演唱活动；1977年，开始恢复曲艺团队及其演唱活动。1981年12月，由于本土曲种流失，传统曲艺后继乏人，为适应曲艺演唱特点（个体演唱更为灵活），宁波市撤销专业团体。进入21世纪以后，随着经济发展和人民生活日益改善，曲艺虽然在城市的空间越来越小，但是在农村仍有一定的市场，许多乡镇（街道）组建曲艺小分队，自编、自排、自演，丰富群众文化生活，普及、传承曲艺。2019年，市四明曲艺团、市职工曲艺团成立，为专项文化宣传、打造企业行业文化提供专业服务。2021年，慈溪被中国曲艺家协会评为“中国曲艺之乡”。宁波曲艺赢得不少国家级奖项，宁波走书《买进卖出》获第六届中国曲艺牡丹奖（2010年），宁波走书《大山情》、唱新闻《长年葱》获第七届中国曲艺节优秀节目奖（2011年），宁波走书《戏迷招亲》获第七届中国曲艺牡丹奖节目提名奖（2012年），宁波走书《兵站故事》、唱新闻《长年葱》同获全国第十六届群星奖（2013年），雀咚咚《姚江奇案》获第八届中国曲艺牡丹奖创作提名奖（2014年），莲花落《催生鸡》获第十届中国曲艺牡丹奖文学奖（2018年）。

绘画　五代，四明僧传古擅画龙。宋代，楼璹善画，绘有《耕织图》，由宫廷画工摹绘流传至今。元代，倪光修精于画梅，方证工花木禽兽。明代，吕纪工笔花鸟画有作品流传，王谔善画山水，金湜工钩勒法画竹，李麟善白描人物，王偕善翎毛花卉尤工梅，高阳擅山水花鸟尤精画石；日本"画圣"雪舟精清淡笔法，大胆而细腻，为宁波创作《镇海口图》《宁波府图》《育王山图》等水墨精品。清代，陈撰绝摹仿、工写生，姚燮工画梅，陈允升善画山水，舒浩善钩勒法。清末至民国时期，开始吸收西画技法，融汇于国画。陈之佛擅工笔花鸟，名重一时；潘天寿擅长花鸟画，又善指画，深研画史、画论；陈秋草原以西画为主，后改绘国画。同时，油画从西方传入，代表人物沙耆。全面抗日战争时期，浙东抗日根据地美术工作者致力于漫画、版画和连环画，在《新浙东报》《浙东大众报》《大众报》《战斗报》等刊物上经常发表美术作品，绘制宣传画或创办画刊，绝大部分已湮没，中共浙东区委所在地余姚梁弄镇横坎头村墙壁上尚保存3幅，一幅画一名战士练习刺杀，一幅题"到宁波去"，一幅画一颗有2米高的红五角星。解放后特别是改革开放后，宁波绘画十分活跃，国画、连环画、漫画、油画、水粉画、年画、农民画、儿童艺术画等均得到发展，不断推陈出新，精品迭出。1987年，文化部命名慈溪、奉化为"现代民间绘画之乡"。活跃在宁波画坛艺苑的有刘文选、凌近仁、陈继武、林绍灵、盛元龙、胡永法等，其代表作或在海内外展出，或入选国内外画集、刊物，在国内外屡获奖项，如林绍灵《走向光明》获第三届全国水彩·粉画展金奖，盛元龙参与绘画的《孙子兵法连环画》《经营谋略图画》获全国"五个一工程"入选作品奖，魏惠东的综合材料绘画《当庄子遇见卡夫卡……》获第三届中国美术奖银奖。

书法篆刻　南朝，虞和奉诏与巢尚之等合编二王书，评其品第，著《论书表》一卷。唐初，虞世南传世书迹有正书《孔子庙堂碑》、行书《汝南公主墓志铭》、草书《论道帖》等。唐代，布衣范的手书并篆额的《阿育王寺常住田碑》留存至今。北宋，丰稷传世书迹《慈溪永明寺碑记》，苏轼撰并书阿育王寺《宸奎阁碑铭》。南宋，张即之存世书迹有《汪氏报本庵记》等，楼钥书迹有《梅天雨晴帖》等，张孝祥遗有《休祥帖》等，郑清之书迹杂见于《风墅续法帖》。元代，袁桷有《同日分涂帖》等书迹传世，应在《篆隶偏旁点画辨》行于世。明代，四明书法家较多。金湜以善书召为中书舍人，篆隶行草皆工，善摹印，书画印多为自治；王守仁，擅楷书、行草；丰坊，五体并能，论学书之法；屠隆，追求"意趣"，草书有气势。清代，黄宗炎、王缪篆，善刻印；万经，隶书造诣较高，著有《分隶偶存》；陈梓，擅行草，与北方李皆齐名，称"南陈北李"；王日升，行楷精妙；陈允升，工草隶，印工整有法；梅调鼎，楷书、行书均负盛名。现代，冯幵、赵时棡、高振霄、钱罕等均名重一时，张琴善隶书，周小佑工篆刻，潘天寿书法四体皆精，沙孟海初擅中小楷书，解放前后以榜书闻名，被誉为"书坛泰斗"。解放后，活跃在宁波书坛的有张星亮、凌近仁、丁乙卯、蒋思豫、周节之、郑玉浦、周律之、沈元魁、沈元发、陈启元等书家，篆刻有周节之、曹厚德等，在上海和其他城市的宁波籍书法家有厉国香、周慧珺、童衍方，篆刻家有朱复戡、高式熊等，他们的代表作或入选全国、全省书法篆刻展览或在海外展出，或入选书法、篆刻集。1991年以后，全市书法篆刻界新人不断涌现，书法篆刻成果较为丰硕，许多作品在全国性书法篆刻展览、全国青年书法篆刻作品展、全国篆刻艺术展、全国妇女书法篆刻展等全国性书法展中入展、获奖。同时，加强村民文化素养提升，促进书法篆刻文化的传承与发展。2013年，开始创建"浙江书法村"；至2022年，共有22个"浙江书法村"。

音乐　约7000年前，中国最古老的乐器之一埙，在河姆渡吹出第一缕美妙的乐声。唐宋以后，民间庙会盛行，逐渐发展成民间音乐活动，有唢呐曲《喜庆》《丧葬》《骑马调》《将军令》，锣鼓乐、吹打乐曲《舞龙锣鼓》《划船锣鼓》《将军得胜令》，丝竹锣鼓《十番》《万花灯》等。城区"四月半会"、东乡"稻花会"、西乡"高桥会"，皆有"船鼓""沙船"的吹打锣鼓、丝竹乐器演奏。文人常赋歌谱琴，南宋徐天民及后裔徐诜，四代习琴，技艺著称一时。元代袁桷，研习宋代谱系演变，著有《琴述》。历史步入近现代以后，宁波涌现60余位音乐大家，几乎遍及音乐的各个领域，创造近60项中国音乐史上的"第一"。民国初期，甬江女子中学开设音乐课，城镇出现西乐队迎婚。1936年，宁波青年会发起成立宁波音乐研究会，建立鄞县民众歌咏团。全面抗日战争时期，城乡流行《义勇军进行曲》《中华民族不会亡》等抗日救亡歌曲；浙东抗日根据地文艺工作者创作《钢铁的纵队》《梁弄之战》等歌曲，军民传唱。1947年4月，城区宁波音乐会社开办口琴研究班，普及口琴。解放后，《没有共产党就没有新中国》《解放区的天是明朗的天》《东方红》等革命歌曲风行。1978年以后，群众歌曲创作增多，通俗唱法的流行歌曲活跃，在全国性歌曲评奖中频频获奖，原创舞剧《十里红妆》、音乐剧《告诉海》、歌剧

《红帮裁缝》、民族歌剧《呦呦鹿鸣》、歌舞诗剧《千年甬歌》等，成为脍炙人口的文艺精品。2015年11月，宁波交响乐团挂牌成立。2016年，宁波对标世界音乐文化名城，启动“音乐之城”建设。为此，宁波市建成以宁波大剧院为中心的音乐生态功能区，举办中国新乡村音乐节，成为中国新乡村音乐的发源地。做大做强海伦钢琴、大丰、音王、森鹤等高端音乐设备制造企业，打造国际一流的高端音乐设备生产品牌。

舞蹈　古代祭孔和祭祖活动，舞蹈伴以音乐。民间舞蹈历史悠久，鄞县太白山下沙堰出土的东汉时期谷仓罐，有“拿大顶”（俗称倒立人）舞蹈艺术造型。普济寺（遗址在江北慈城镇慈湖中学）内，北宋时的佛座石雕塑有“飞天”舞姿。狮子舞、龙舞、跳大头和尚、马灯舞、船灯、车子灯及高跷等民间传统舞蹈，流传城乡，浙东抗日根据地的各种集会常表演自编舞蹈，但均无专业歌舞团体。解放初期，宁波青年文工团兼演歌舞节目，社会上风行扭秧歌、腰鼓舞，后兴集体舞、交谊舞。改革开放后，传统舞蹈艺术发展，迪斯科等现代舞流行。1990年9月，市歌舞团成立，这是宁波市第一个国办专业歌舞团体；2000年，创编、表演的《满江红》获得第二届中国舞蹈“荷花奖”银奖，这是宁波专业艺术表演团体获得的第一个全国性大奖。但是当时专业歌舞团体市场不景气，平均每月只有两三场表演，有时演员为了生存还要到歌舞厅表演节目。2003年，市歌舞团实行股份制改革、企业化运营，成立宁波市歌舞团有限责任公司，演出量增加，作品水平也不断提升，实现精品剧目创作与演出市场开拓双赢。此后，宁波市坚持开展青年舞蹈演员大赛、拉丁舞锦标赛、舞王大赛等活动。推出一批精品佳作，在全国、省、市的各项赛事中取得优异成绩，舞剧《花木兰》获第十一届中国舞蹈“荷花奖”，群舞《阿婶合唱团》获第十七届中国文化艺术政府奖——“群星奖”;《快递小哥》获浙江省群众舞蹈大赛金奖,《善者·逸夫》《外“帽”青年》《“阿拉”的走书》获浙江省群众舞蹈大赛金、银奖。形成一批专业歌舞团体，如宁波市东方民族歌舞团、宁波当代舞团、宁波青年歌舞团、宁波市歌舞剧院等。

摄影　20世纪20年代，宁波城区开始有二我轩、容华阁、明星等照相店。30年代，增至13家，以天胜照相馆最为著名。40年代，开始有艺术摄影创作，黑白摄影社社员吴野鹤有“录巴脱”“录来”等照相机，擅长拍摄静物、肖像，创作《书斋清香》《唱新闻》等摄影作品。解放后，摄影主要为展览提供图片资料，或为新闻宣传服务。1969年，市新闻立体摄影研究小组成立，改装立体照片放大设备，创作、拍摄第一批彩色立体照片，开始在北京、杭州等地展出。1981年，宁波市摄影家协会成立，致力于推动宁波摄影艺术的发展，摄影创作开始活跃起来，摄影创作水平不断提高。1986年，《喜上眉梢》入选全国人像摄影展览，并获铜牌奖；1988年，《有忧无虑》获日本尼康摄影赛四等奖；1999年，叶炜的《绿之韵》在第十九届全国摄影艺术展览中获铜牌奖，这是宁波人在摄影国展中获得首块奖牌。进入21世纪以后，宁波举办“留住宁波最美瞬间”摄影大赛、“我们的中国梦——摄影进万家·温暖全家福”等赛事和活动，连续举办阿拉宁波摄影节、宁波市摄影艺术展，承办中国摄影艺术节、浙江省摄影艺术展等，创作出一大批富有宁波特色的优秀摄影作品，在省内、国内和国际重大摄影赛中屡获大奖。2000年，李浙东的《渔港节目》获澳门第十二届国际艺术摄影展金奖，这是宁波市在国际摄影比赛中首个金奖。2003年，李浙东的《小村丽人》和周承禔的《听海》获第十二届全国“群星奖”银奖；2015年，楼宇浩的组照《油漆工的故事》获中国摄影金像奖，实现宁波在中国摄影界最高奖项中零的突破。

民间文艺　宁波市蕴藏着丰厚的民间文艺宝藏，如东汉董黯汲水奉母的慈孝故事流传2000年，是慈城、慈溪地名的由来。宁波民间艺术内容丰富，形式多样，大多与习俗、庙会、节日相关，有舞龙、跑马灯、踩高跷、造跌、赛龙舟、大头和尚、跳蚤会、狮象舞、纱船、渔翁捉蚌、灯会等，其中舞龙、跑马灯流传最广。另外，奉化布龙、宁海狮子舞、慈溪车子灯、余姚甩酒翁、象山鱼灯舞、宁海平调、宁海耍牙，以及竹根雕、朱金漆雕等受到国内外关注。进入21世纪以后，宁波市各级文化机构加大对民间文艺的创新力度。如奉化布龙改进道具和服饰制作，创新多个高难度动作，使之成为各类大型节庆活动和经济活动竞相邀请的项目。同时，组织各类民间文艺演出活动，开展具有地方特色的民间艺术展示和交流，组织参加全国性民间文艺演出和评比。2002年，宁波市开始每2年举行一次为期一个月的农民文化艺术节。2015年，奉化区被中国民间文艺家协会授予“中国弥勒文化之乡”称号，江北区、慈溪市获授“中国慈孝文化之乡”称号。2018年，鄞州区成功创建“中国海丝文化之乡”。至2020年，宁波市共拥有11个中国民间文艺之乡。有许多民间文艺作品在全国、全省获奖。自2001年镇海龙鼓队首次在民间文艺比赛（居庸关长城杯中华鼓舞大赛）中获国家级大奖——“山花奖”、四明南词《中华旗袍》获第十一届“群星奖”银奖后，宁波在“群星奖”“山花奖”等全国奖项中屡有斩获。特别是2011年，宁波市有7部作品获奖，在学术著作奖、民间文学作品奖、民间文艺表演奖和民间工艺美术作品奖等整体奖项上首次实现大满贯。2022年，葛招龙的木雕作品《人生戏台》收获第十五届“山花奖”优秀民间工艺美术作品奖，这是宁波市获得的第25个中国民间文艺最高奖。

学派著述

宁波学术肇始于汉唐的虞氏家学。宋代以后，“衣冠文物甲于东南”，大儒辈出，留下大量的珍贵文献。北宋庆历年间（1041—1048），杨适、杜醇、王致、王说、楼郁五位学者开四明学术先声，为甬上“儒林之草昧”，史称“四明庆历五先生”。南宋淳熙年间（1174—1189），杨简、袁燮、舒璘、沈焕四位学者史称“甬上淳熙四先生”，他们师承陆九渊的心学，兼蓄各家，各有发挥，形成四明学派。元代，史学家王应麟、胡三省等继之。明代，王守仁集心学大成，开创姚江学派，风靡一时，在中国学术思想、哲学史上占有重要地位。清初，黄宗羲承前启后，师承刘宗周学说，开讲席于绍兴、宁波等处，开创浙东史学派。嗣后，万斯同、全祖望等名家辈出，成为浙东学术思想的创新时期。学风所及，余绪相继，对后世学者颇有影响。宁波学术以求真务实、经世致用为宗旨，既主张博纳兼容，又强调独探微言；学有宗主，但少门户之见，故能在糅合陆学、朱学、事功学的基础上形成自己鲜明的学术风格。

宁波历代学者著述颇丰，民国张寿镛等编《四明经籍志》，辑录清光绪以前著作5898种；1930年，开始搜辑乡邦文献，辑成约园刊本《四明丛书》8集、184种，计1184卷。民国《鄞县通志·艺文》辑录典籍4400余种。此后，随着社会发展进步，特别是改革开放后，诞生大量著述。2021年12月，《四明文库》正式立项，全面汇编宁波历代典籍，出版乡邦文献集成性丛书；至2023年，第一批成果“甲编·史部·地理类”29种28册、第二批成果“甲编·丛部·四明丛书九、十集”25种23册已正式出版，并由美国密歇根大学、日本早稻田大学等学术机构收藏，还在天一阁博物院开通数据库，实现古籍数字化。

虞氏家学　汉唐时期，余姚虞氏家族，揭开四明学术史的序幕。其最早的代表人物是研究《易》学的虞翻（164—233）。他以家传的孟京《易》学为渊源，关注象数符号，以此为工具，理解和诠释《易》辞，力求还《易》之本原，并赋予全新的学术生命和思想内涵，推出别具一格的“《周易》虞氏学”，从而成为两汉象数《易》学的集大成者，也是一位《易》学领域的创造性哲学诠释学家。不过，汉儒拘泥象数而穿凿附会、繁杂琐碎之弊，到虞翻时登峰造极。王夫之曾说：“汉儒泥象，多取附会，流及于虞翻，而约象互体，半象变爻，曲以象物者，繁杂琐曲，不可胜纪。”虞翻又是浙东史学的拓荒者，所著《国语注》《史记注》《春秋外传国语注解》，是东吴的史注权威。此后，余姚虞氏家族殊多好史之辈，促使六朝时期会稽史学异军突起，其中的佼佼者就是虞预（约285—340）。他以当代人修当代史《晋书》，具有敢为人先的勇气和较高的史料价值；纂修《会稽典录》，所传人物纵贯古今，但东汉末年以后迁入的北方士族一概没有纳入，地方志中人物专志的体例源于此。虞世南（558—638）对唐初政治、文化建设卓有贡献。所著《帝王略论》，是一部贯穿古今、深入浅出地评论君主的理论著作，比意大利马基雅维里的《君主论》早将近千年。

庆历新儒学　北宋时期，一股被后人称为“新儒学”的思想运动飙然兴起，突破汉代以后经学界的沉闷氛围，高扬先秦的儒学精神，而浙东则是传播和发展这场新儒学运动的最重要地区之一。庆历年间（1041—1048），明州的杨适、杜醇、楼郁、王致、王说及永嘉的王开祖、丁昌期，正是其最初的代表。杨适、杜醇、楼郁、王致和王说，合称“庆历五先生”，又称“明州杨杜五子”，前两人慈溪籍，后三者鄞县人，学术活动约在北宋咸平至嘉祐年间（998—1063）。庆历五先生都以教育为主要职业，坚持学术与教育相结合。五人师承不明，但受过的学问教养都是修己治人的儒教伦理。他们原本不求闻达，庆历年间的兴学运动却将其推向社会，成为明州地区教育的中坚力量。其言行与新理学的思想先驱胡瑗颇为契合。在教育内容上，坚决排黜浮屠老子之说，推崇孔学，讲贯经史有用之学。在治经方法上，突破汉唐以后唯守训诂章句的经学藩篱，致力于发明儒学经典精义。杨适“善言治道，究历代治乱之原”，杜醇“文章追班马之趾”，可以看作浙东学术“言性命者必究于史”的渊源。他们的学术思想虽然不成体系，缺乏建树的深度，但具有鲜明的实践品格。推崇儒学，旨在经世致用，能以仁心视民，改变宋初的因循墨守之风。尤可注意的是，庆历五先生等江南地域“教化之儒”的崛起，预示着全国文化重心向江南转移的趋势。

四明洛学　由程颐、程颢开创的理学典型形态“洛学”，在两宋之际分为数支传入浙东。其中最大的一支是师从杨时的汴京太学生群体，代表人物有鄞县高闶五兄弟、赵敦临和慈溪的王庭秀。第二支由程门弟子焦瑗避居明州时传入，甬上弟子有镇海沈铢、沈鏜、沈铭三兄弟，沈铢有门人鄞县舒烈、孙允。第三支则由杨时再传弟子程迥传入，传人以鄞县高元之最为出色。第四支由尹焞（和靖）传入余姚，虞仲琳、高国佐（一作“任”）、高选皆登尹氏之门。洛学派是两宋之际输入四明而形成的第一个地方性学术流派，四明的洛学学者在理论上以绍述为多，创见较少。但南宋浙东洛学者研究经学蔚然成风，他们以义理解经，道德化、政治化的倾向非常突出，著述之繁富，实为其他地区所罕见。

四明心学派 宋代学术传至二程（程颐、程颢）弟子谢良佐与杨时以后，开始形成不同的流派。杨时弟子张九成（自号横浦居士）创立横浦心学体系，其门下最重要的弟子就是鄞县史浩（1106—1194）。史浩认为人性既非善亦非恶，将一切合理的欲望定义为“善”，提出“我者真万物之根本”的观点。史浩作为陆九渊（自号象山）仕途的举荐者和思想上的同调，聘请陆学门徒杨简、袁燮作为自己儿子之师，从而推动象山心学在浙东的传播。四明地区的陆氏心学传人中影响最大的是杨简、舒璘、沈焕和袁燮，他们都是陆九渊、陆九韶的门人，合称“淳熙四先生”。他们以陆学为主导，兼采朱学、吕学、湖湘学，既重内心修养，也重身体力行。不过，四先生对于心学的理解和发挥也存在一些个性差异。杨简以思辨胜，引入佛家思想，把心学进一步推向唯我论；舒璘、沈焕、袁燮则比较重视学术的实际效用，但又各具特点——袁燮着重在政治和伦理思想上把心学向“笃实”修正，舒璘努力将玄虚的心学移向平凡的日常生活，沈焕力求心学能开物成务。四人在世时，门人甚多，在宁波的主要弟子有史弥巩、史弥坚、史守之、袁韶等18人。淳熙四先生的后学中，能对师说在理论上有所发挥和创获的主要是袁甫。袁甫主张将“发明本心”落到“实”处，探索社会政治改革的方案。及至黄震、王应麟、史蒙卿等相继鼓吹朱学，四明学术形成朱兴而陆衰的局面，四明陆学濒临“殆绝”的失传境地，不过，王应麟、史蒙卿诸家的学术仍带有和会朱陆的色彩。元代后期，有赵偕作为四明陆学的代表。赵偕视道或心为超越万物之外永恒存在、无死无生的本体，当然也是万物的根源。在发明本心的途径上，赵偕提倡静坐内省。但总体而言，赵偕仅能壁守陆学门墙。

王氏文献派 王应麟（1223—1296）一生勤于著述，可确考的有33种700余卷，是中国古代历史著述卷数最多的学者之一，于天文、地理、经学、史学、文学、音韵、典章、制度，无不造诣精深。王应麟治学，尤长于考逸搜遗，故其学术著作多为注疏、考辨、辑佚之类，善于熔文献学、考据学、目录学于一炉，其所凸显的考证方法，构成与朱学明显不同的学术范式，并与吕学一脉相承。他反对穿凿，务求实证，主张将虚理与实证相统一，从而开创清代重考据、重实证之风，因此被清代学者奉为考据学的先驱、文献派的鼻祖。王应麟博综文献，所编《玉海·地理》是后人研究宋代地图学史最重要的史料来源，早期所作《诗地理考》奠定《诗经》地理学的基础，晚年所著《通鉴地理通释》14卷成为流传至今的第一部系统论述历代疆域政区沿革的著作。所著《玉海·艺文》开创类书收录书目的先例，《汉书艺文志考证》开全面疏证史志目录之先河，《三家诗考》和《周易郑康成注》被清人奉为辑佚学鼻祖。王应麟作为元初东南遗民之首，门生众多，儿子良学、昌世，孙子厚孙、宁孙及学生胡三省、戴表元、黄叔雅、郑芳叔、袁桷等，皆承其业，探求经史，形成王氏文献派（由于王应麟晚号深宁老人，故亦称“深宁学派”）。其中，胡三省（1230—1302）毕生致力于《通鉴》之学，花费30年时间完成《资治通鉴音注》294卷及《通鉴释文辨误》12卷，是中国史注各书中卷帙最富的一部。袁桷（1266—1327）长于考证，熟悉乡邦旧典，又承接家学渊源，精于史学，编著的《延祐四明志》被认为是“良史”。

四明朱学派　南宋末期，朱学逐渐成为官方的正统思想，其影响也在四明地区日渐加深，黄震、王应麟、史蒙卿等人，对于四明朱学的兴起起到重要作用。黄震（1213—1281）一生力主躬行，反对空言，其学术以笃实躬行为特色，发扬朱熹史以补世教、经世务的实学思想。史蒙卿是继黄震之后大力传播朱学的代表人物，其门徒之盛超过黄震，俨然成为元代甬上朱学的最大门派。他主张尚志、居敬、穷理、反身，隐然与陆学的“先立乎大”“反身求己”的主张相合，力图和会朱陆。史蒙卿的门徒首推程端礼、程端学兄弟。程端礼以理学教育闻名于世，一生固守朱子六条而不敢废其一。他依据朱子读书法制订系统完备的理学教学方法和计划——《读书分年日程》，在科举时代的应试教育方面取得极大成功。程端学则致力于《春秋》研究，广征博引，反对微言褒贬的思维模式。明初，朱学一统天下，出现僵化局面。四明地区较有代表性的朱子学者是赵谦、方孝孺等。赵谦主张“学以明理，理以烛事”，此处的“理”就是“礼”；同时，用儒道佛混合的语言表达自己的思想，越出朱学之域。方孝孺的思想则比较纯正，社会影响也更大，以文章、理学著称于世。他将运思的重点集中在如何学道和如何致用上，追求“驾轶汉唐，锐复三代”的政治理想，阐发儒家“重民”思想，强调人人都有平等的“各得其所”的权利，又突出强调君主对人民的职责（行仁政）。方孝孺之后，四明朱学的代表为黄润玉、杨守陈诸家。明代中叶，思想统治开始解冻，士大夫对程朱理学提出种种质疑和不满，杨守陈（1425—1489）就是其中的代表。他认为儒学并非定于一说一家，而散为百家，坚持兼采众家之长的求实学风，常以己意阐释儒家的微言奥旨，所论多异于先儒。杨氏怀疑世传的四书五经皆为讹本，如欲究理、践道，必先正经；怀疑后人的传注多错失，甚至对朱注也有所质疑。明后，四明朱学余波未绝。清初以劳史、潘平格为代表的四明朱学家，也有一定的成绩。

姚江学派　因学派创始人王守仁（1472—1529）生于余姚，余姚江横贯县境，故名；王守仁曾筑室绍兴阳明洞并创办阳明书院，世称阳明先生，故亦称“阳明学派”。王守仁的哲学思想被称为“王学”“心学”，与心学创始人陆九渊合称为“陆王心学”。

他继承南宋陆九渊“六经皆我注脚”的治学思想，提出“六经者吾心之记籍”“五经亦只是史”的观点。在综合批判与继承历代各派儒学的基础上，尤其在吸收心学和事功学各自所长之后，建立一种单纯一体、平等普及、富于实践、切实易行的心学哲学体系，“心即理”“致良知”和“知行合一”为其主要内容。“心即理”就是把道德法则看成人心固有的条理、事物的道德秩序的根源，因而“心外无理”“心外无物”，所以主张以心之修行为贵。“致良知”就是可以不假经书文字，只要直接认取良知，按照良知的指示去做，即使愚夫愚妇也有可能成为圣贤。知行只是一个本体、一个功夫，“知行合一”就是勉励人们经世致用。王学后来分成许多流派，各派学术思想或大同小异，或互相抵牾，各派内部也有难执一是。黄宗羲在《明儒学案》中按师承关系和地域将王学分作七派，世称“王学七派”，其中浙中、江右、泰州三派较有影响。姚江后学继承发扬精华，扬弃不合理部分，为清初至清中叶的浙东史学派的诞生奠定基础。入清后，王学开始衰微。戊戌变法时，王学为之一振，康有为、梁启超、谭嗣同等重视王学，欲仿效日本明治维新。五四运动时，郭沫若、杜国庠、梁漱溟、熊十力等学者受王学影响，推崇王学。1979年以后，学术界对王守仁学术思想的地位与价值研究日趋重视。王学还传播到日本、朝鲜和东南亚各国以及欧洲。

浙东史学派 即清初以黄宗羲、万斯大、万斯同、全祖望、章学诚、邵晋涵等为代表的史学派别。学派主要人物均为浙东人士，尤以宁波（含鄞县）、余姚、慈溪学者为多，学派“影响后来最大者”多在史学，也称清代浙东学派。余姚黄宗羲（1610—1695），学者称梨洲先生，是学派创始人和奠基者。黄宗羲师承刘宗周，从王学出发，进而修正王学，又将王守仁反对传统束缚的思想发展成对封建君主专制制度的否定，并从注重实际出发，否定有先于物的“理”或“心”，摆脱“心学”。史学上开创浙东史学的有鄞县万斯同、全祖望等，绍兴邵廷采、章学诚等两大史学系，前者有学术史的创造，后者有新通史的主张。浙东史学派哲学理论基础是“气一元论”，政治思想为批判封建君主专制制度的民本主义，源于孟子，及受邓牧等人思想影响，主张治学“先穷经而后求证于史”，提出“六经皆史”命题，倡导“经世应务”、通经致用的治学目的；既不泥古，也不弃古，贵在创新，注重理性思辨；重视历史文献、地方文献搜集整理和研究，尤重政治思想史和近现代史研究，着力表彰历史人物的气节和实际功业；讲求真才实学、独立思考；“博学实证，质疑求信”“明经通史，兼贯百科”为学派治学特点。经学以万斯大、黄宗炎、黄宗会为代表；史学以万斯同、邵廷采、全祖望、邵晋涵著称；文学则以李邺嗣、郑梁等较有成就；天文历法算学则推黄百家。浙东史学派学者孕育成长于黄宗羲所称“天崩地解”的明末清初，开近三百年浙东史学的先河，成为清代最有影响的学派。

实学思想 明末清初，朱舜水（1600—1682）痛感“宋儒辨析毫厘，不曾做得一事”的空谈之误，痛定思痛，主张实理实学，倡导重实用、有实功、明实理、能实行的实学思想，主要体现在达致理想社会的政治设计，而兴教任贤、以民为本、尊史致用、反黜异端等，都是其达致手段和实现途径。他提出以“行仁政”作为“治天下”的最高准则，对儒家传统的“民本”思想赋予民主性的“重民”“利民”“爱民”内容。提出“得史求经，下学上达”的思想，认为史最有益于人的神智，反对崇拜“离事而言理”的经，更反对离开历史而“通经”，主张寓经于史。朱舜水是董仲舒之后第一个注意到《礼运》大同说和《公羊》三世说的学者，力倡社会改革，设计千百年来无人注意的“大同”社会蓝图。而实现此理想社会，实赖于“大道”能否实行。大道不行，虽为中国而实为夷狄；大道得行，虽为夷狄而实为中国。这大大突破传统儒学严于“华夷之辨”的观念。日本水户学派在其指导下，以“尊王一统”之义撰写日本第一部正史《大日本史》，为明治维新运动奠定思想及理论基础。长期居住异域的朱舜水，肯定各个国家和民族都有自己的长处，主张国与国之间应该友好交往、相互尊重、相互学习，明确反对国禁。在日本讲学22年，力矫理学的空虚之弊，宣扬国计民生的实学，传播君臣父子、尊王贱霸、大义名分等思想，陶冶、改造日本的儒学，并深刻影响日本社会历史的发展，是日本儒学转机的促成者。

浙东文献考据学 晚清时浙东学术衰落，唯有文献考据学取得相当成就，宁波的代表性人物有黄式三和黄以周父子、丁谦、徐时栋、董沛、陈汉章等。他们远承王应麟，近棌浙东史学派与乾嘉学派，以文献考据之学为主，又不丢弃经世致用的传统。黄式三（1789—1862）是嘉道年间浙东著名的经史学家，主张治经要兼取汉宋学之长，务求其是，同时又关注现实。其子黄以周（1828—1899）为学亦不拘汉宋门户，择是而从，重视经世致用。他博综群经，擅长于“三礼”，研究古礼带有强烈的致用色彩。丁谦（1843—1919）是晚清一位以从事载籍疏证著称的历史地理学家，率先融贯中西，将考据方法系统化、理论化。所著《蓬莱轩地理丛书》，其中第一集被称为《蓬莱轩历史外国传》，风行海内外。陈汉章（1864—1938）致力于经世之学，学术博洽，以经史为主，旁及天文、舆地、历法、兵书、金石、目录、声韵、训诂诸门，据经证史，多义据确固、言之成理之作。学者张舜徽评论道：“近代两浙之学，要以斯人为后劲。”人称浙东文献考据派的最后一位大师。徐时栋、董沛为忘年之交，嗜好藏书，是晚清学者、宁波重要的藏书家。他们留心地方文献，相继主持修纂鄞县志，校勘文献甚多，补疏辨误，考证精详。

群众文化

民国时期，宁波民众教育馆以识字、读报、时事演讲及棋类、乒乓球等文娱活动为主，无大型群众文化活动，民间传统文艺活动多在过年过节或迎神赛会时举行。全面抗日战争时期，浙东抗日根据地的抗日救亡群众文化活动兴盛。1944年11月12日，社教队举行民间艺术晚会，演出马灯调、土风舞、犁铧文书、的笃戏等。

中华人民共和国成立后，开展有组织的群众文化活动，有庆祝演出、会演、调演和艺术节、艺术周等。1950年1月，各县农村业余剧团开展马灯会、龙灯会活动，2月22日至29日举行首届农村业余剧团会演。1954年以后，宁波各地开展举行民间文艺观摩演出，参加全省、全国各类群众文艺会演。

改革开放后，宁波群众文化活动日趋活跃。1982年5月，宁波市举行“甬江之春”演唱会，宁波地区举行“四明之春”演唱会。1984年11月26日至12月3日，举办宁波市首届戏剧节。1985年6月，举办首届群众声乐比赛。1987年5月4日至10日，举办市首届青年文化艺术节。1989年9月25日至10月10日，庆祝中华人民共和国成立40周年，举行市首届文化艺术节。1990年7月，举行市首届音乐舞蹈节。1991年以后，加强对基层文化管理人员和文艺骨干的培训，农村文化、企业文化、社区文化、校园文化、广场文化活动日趋活跃。“群星课堂”“群星展厅”“群星舞台”等为主要内容的“群星”系列群众文化形成品牌。农民读书节、社区文化节等节庆系列文化活动丰富多彩。同时，推出系列公益文化平台——天然舞台，以及鄞州的星光大舞台、镇海的雄镇大舞台、北仑的海享文化大舞台等，举办大型公益文化演出，丰富群众文化生活。各区（县、市）群众对本地文化生活的满意度均在80%以上。

2011年以后，宁波将“送文化”与“种文化”结合，加强多元化的文化供给。以宁海为试点，推动“艺术家驻村行动”，用艺术创造激活乡土文化。开展“创意点亮乡村”行动，整合高校、企业文创力量，在农村开展艺术设计和创意提升。实施“一人一艺+文化礼堂+旅游体验”项目，在乡村创设文旅中心，推动文旅融合。在全国率先探索实施“十五分钟文化圈”“天一荟”“天天演”“万场电影千场戏”和“一人一艺”全民艺术普及工程等文化品牌，开展天然舞台、百姓大舞台、“送欢乐下基层”等惠民活动，每年送戏下乡、送讲座培训下乡、送公益电影下乡，丰富基层人民群众文化生活。连续开展“文艺与新时代同行”系列活动、“春天送你一首诗”朗诵会、宁波文学周、“相约梨园”戏曲大赛、阿拉摄影节、“我的城市我的歌”作品征集评选、宁波故事会等活动，搭建创作展示与学习交流的平台，形成广泛的影响。中国开渔节、中国开游节、中国弥勒文化节、中华慈孝节、宁波国际微电影节、“海上丝绸之路”国际音乐节、中国新乡村音乐会、市民文化艺术节等节庆活动已经成为具有广泛影响力的文化品牌。其中市民文化艺术节已经成为全市规模最大、参与度最高、影响力最大的全民性文化艺术盛会。

大众传媒

1854年，宁波城区开始出现首份报刊——《中外新报》，系美、英传教士所办。20世纪初，国人办报风气渐开。1911年，城区的首家专业报刊——《卫生杂志》创刊。1925年1月，城区出现首家新闻通讯社——宁波新闻社。1932年5月，城区首家无线广播电台（民营）在砖桥寓所开播；1938年，鄞县县政府开办广播电台。至1949年5月，累计创办综合性报刊328种（其中城区173种、革命根据地19种、各县123种、在上海办宁波报刊13种），各类专业性报刊72种，新闻通讯社45家，无线广播电台8家，大多数已停办。

解放后，旧时的报刊大多停刊，电台相继停办，市军事管制委员会接管《宁波日报》，出刊《宁波新华电讯》。1949年8月，中共宁波地委创办《甬江日报》(次年7月与《宁波人报》合并为《宁波时报》，1951年9月更名《宁波大众》)，为中共宁波地委机关报。1950年，宁波开始推行有线广播。1953年2月10日，宁波人民广播电台开始播音。1956年1月，中共宁波市委机关报《宁波报》创刊；随后，各县党委机关报相继创刊。1959年8月，宁波人民广播电台开始收测电视节目。1961年初，《宁波报》、县报相继停刊，只剩《宁波大众》。1970年12月，电视转播开通。1971年，《宁波化工》创刊，专业性报刊开始重新发展。1972年10月，《宁波大众》停刊。1980年6月，《宁波报》复刊（1983年1月更名《宁波日报》)。1984年7月，全市首家电视台——宁波电视台成立。1988年，开始安装有线电视、有线广播；成立宁波电视剧制作中心，开始摄制电视剧。1989年7月，《余姚日报》复刊。至1990年底，全市有报社、电视台、广播台（站）等20家，创办报刊65种，其中综合性报纸2种、专业性报刊63种，《宁波师范学院学报》《宁波侨乡报》《宁波大学学报》《宁波广播电视报》《宁波经济》5种专业性报刊获得国内统一刊号。

1991年以后，宁波传媒业开始全面发展。慈溪、奉化、鄞州、宁海、象山的党委机关报相继复刊，《宁波晚报》《东南商报》先后于1995年、1999年创刊。专业性报刊得到较大发展，到2003年有16种正式刊号的杂志，其中专业性学报有《宁波大学学报》等9

种，社会性刊物有《文学港》《宁波通讯》《宁波经济》等7种。广电基础设施建设得到加强，宁波有线电视台于1995年4月正式开播，宁波电视中心于1998年10月28日建成启用，5个区、6个县（市）于1999年分别实现村村通有线电视、村村通广播电视。传媒功能多样化、细化和分化特征开始显现。各媒体及时播报新闻，创办精品栏目，增加信息知识、生活服务、文艺娱乐等内容。宁波出版社于1993年成立，每年出版各类书籍五六十种。传媒业实现从宣传本位到新闻本位、从传播者本位到受众本位的转变，通过广告发布、节目生产流通等形式实行市场化运作。

进入21世纪以后，传媒业全面实现产业化经营，舆论影响力与经营实力迅速增强。2001年5月，宁波电视台与宁波有线电视台合并；6月1日，全市首个互联网新闻门户网站——中国宁波网开通。2002年、2003年，宁波日报报业集团、宁波广播电视集团相继成立，整合重组传媒资源，加快从传统媒体向现代传媒集团转型；《现代金报》总部于2003年移驻宁波，助推宁波传媒发展。宽带化、网络化的传媒技术成为主流，广播电视节目传输实现11个区（县、市）大联网。实施精品战略，突出主题报道，加强品牌栏目建设，重视电视电影创作，多批新闻作品、电视剧获“五个一工程”等全国、省、市重要奖项。以互联网为龙头的新媒体迅速发展，数字化技术连通各类新媒体，传播主体泛众化。

宁波日报报业集团　2002年6月，国家新闻出版总署同意在宁波日报社基础上组建宁波日报报业集团，这是全国首批29家报业集团之一。8月，宁波日报报业集团挂牌成立（2006年12月工商注册为宁波报业传媒集团有限公司）。2003年11月，宁波出版社及其下属的宁波东海岸电子音像出版社、宁波市甬图文化发展有限公司、金字斋书刊设计服务中心，划归宁波日报报业集团。次月，报业集团分别与余姚、慈溪、奉化、鄞州4家区（县、市）报签署兼并协议，从2004年起，《余姚日报》《慈溪日报》《奉化日报》和《鄞州日报》成为报业集团的子报。2004年2月24日，市机构编制委员会批复，同意《宁波通讯》整体划归报业集团。2004年，宁波市新华书店由中共宁波市委宣传部委托浙江省新华书店集团有限公司代管，改为整体划入报业集团。至此，报业集团从原来的“四报一社一网”，发展到“八报二刊一社一网站一书店”。2006年7月，报业集团与复旦大学合作建立新闻研究所，这是宁波市传媒研究基地和文化产业研究基地。2009年2月，宁波日报报业集团博士后工作站揭牌，这是浙江省内新闻单位和浙江省社科类第一家国家级博士后工作站。2010年12月，由宁波出版社有限公司、宁波市新华书店有限公司、宁波书城有限公司组成的宁波出版发行集团有限公司揭牌成立。2015年，宁波日报与中国宁波网全面融合，新媒体客户端“甬派”（7月8日）正式上线运营，《宁波晚报》《东南商报》

《新侨报》合并组建都市报系。2017年11月5日，国研经济研究院和宁波报业传媒集团在国务院发展研究中心签约，在宁波合作设立国研经济研究院东海分院，发展智库型媒体产业。2019年3月2日，都市类生活服务平台“甬上”客户端上线运营。同年，都市报系整合《现代金报》，从一家以传统媒体即纸质媒体为主渠道，转变为以新媒体客户端为核心，拥有3家主力媒体品牌（即晚报、金报、东南财经）的全媒体集群。2023年3月29日，“甬派”“甬上”两个客户端整合为“新甬派”客户端。至此，报业集团拥有《宁波日报》《宁波晚报》《现代金报》《东南商报》4份报纸；主管的杂志有《宁波通讯》《宁波经济》《文学港》；30余个“两微一端”，由报刊、新闻网站、移动客户端以及微信号、微博号、抖音号、户外媒体等多种传播终端组成的全媒体矩阵日臻完善。到2023年底，连续获得中国新闻奖30多项，其间，连续3年获中国新闻奖一等奖；获得浙江省新闻奖一等奖130多项，获奖总数多年居浙江省地市级党报集团前列；获得200余个省部级以上出版奖项，居全国同类城市传媒集团前列。

宁波广播电视集团　2003年1月28日，国家广播电影电视总局批复同意组建宁波广播电视集团。3月28日，宁波广播电视集团揭牌成立，这是全国计划单列市中成立的第一家广播电视集团。广电集团整合宁波人民广播电台、宁波电视台、宁波广播电视报、宁波广播影视艺术中心、宁波广播电视广告中心、宁波网络传输中心、宁波广播电视信息网络有限公司、宁波大剧院等15家单位，以广播电视为主业，以新闻宣传为中心，以繁荣创作为重点，兼营其他相关产业。2007年10月，广电集团开始试播宁波移动电视。2010年，完成电视播控改造工程，建成广播媒资系统，实现宁波电台不同功能网间的节目交换和信息共享。2011年5月，宁波电视台一套、二套、三套视频信号在中国网络电视台（CNTV）落户，实现全球落地。8月25日，城市联合网络电视台正式上线，同步开播城市联合网络电视宁波台，这是浙江首家获得国家广播电影电视总局批准设立的城市网络电视台。2012年，宁波纽米地传媒科技有限公司成立，开通宁波广电网（12月26日）。2014年4月23日，宁波华数广电网络有限公司揭牌成立，宁波数字电视正式加入华数集团，融入“全省一网”。2019年2月19日，新闻客户端“宁聚”正式上线。2021年3月6日，全新英语广播栏目《Hearing NingBo（听见宁波）》上线试播。至2023年，广电集团成为拥有10家成员单位的综合性传媒集团，下辖广播、电视、新媒体客户端等主要媒体和影视公司，广创旅游会展、广慧、无线、移动电视等一批文化和科技企业。广电集团有多人获长江韬奋奖、中国播音主持金话筒奖、全国德艺双馨电视艺术工作者、浙江飘萍奖等称号和奖励；先后有《北风那个吹》《雪花那个飘》《名校》《向东是大海》等100多件广播电视作品，获全国精神文明建设“五个一工程”奖、中国电视剧“飞天奖”、中国电视“金鹰奖”等全国性大奖，200多件作品获省政府奖、省新闻奖一等奖。

互联网媒体 2001年6月1日，由中共宁波市委宣传部和宁波日报报业集团联合主办的中国宁波网开通，这是宁波唯一一家经国务院新闻办批准建立的综合性新闻网站，是网络宣传、舆论引导的主力军。2004年1月，中国宁波网开播“天一网络电台”，取得良好的社会效益。10月，中国宁波网获国家广播电视总局正式批准，开办网上视听业务。2005年3月，试播网络电视。5月，联合宁波移动通信公司推出彩信版“宁波手机报”。2006年8月1日，推出全国首家多媒体互动报纸“宁波播报”。10月25日，在全国率先推出新编辑形态的电子纸报纸。2007年，“宁波播报”入选首批中国数字报业创新项目。2008年6月，推出“宁波城市综合信息门户”，以宁波城市消费、服务等信息资讯为特色，为社会公众提供全面的区域生活信息。同时，中国宁波网探索新媒体多渠道多终端的信息服务，拥有宁波广播在线等支站，获评中国最具竞争力的十佳新闻网站和中国报业新媒体10强（2006年）、浙江省首批文明办网示范单位（2006年）、全国十大创新新闻网站（2007年），《对话杭州湾跨海大桥贯通看自主创新》获中国新闻奖二等奖（2007年），多件作品获浙江新闻奖一等奖。

文化场所

文化馆 1929年10月，在郡庙建立市立民众教育馆。1930年，迁址中山公园内。各县也先后建立民众教育馆。1931年，撤市入鄞县，市民众教育馆改名鄞县中山民众教育馆。1934年，成立韩岭、古林、西郊3个民众教育馆，在咸祥、邱隘、胡家坟等地设分馆。1938年，改组为战时流动施教团。1945年，于鄞县东乡恢复民众教育馆。抗日战争胜利后迁返城区，馆址体育场。1949年，在邱隘、胡家坟分设鄞东、鄞南民众教育馆。1949年底，在鄞县中山民众教育馆基础上建立宁波市人民文化馆。1952年10月，鄞县人民文化馆改称宁波中心文化馆，对专区各县文化馆进行业务辅导，市人民文化馆改称市文化馆。1957年8月，宁波中心文化馆复称鄞县文化馆。1959年，海曙、镇明、江东、江北4个区建立俱乐部、文工团，“文化大革命”中解散；1972年，分别建立毛泽东思想宣传站、毛泽东思想文艺宣传队；1979年，改建为文化站。1979年3月，市文化馆改为市群众艺术馆；9月，地区成立群众艺术馆。1983年10月，市、地群艺馆合并组建新的市群众艺术馆；次年春节，馆址由药行街迁至县学街新楼。1984年，海曙、镇明、江东、江北4

个区文化站升格为区（县、市）级文化馆。至1990年，全市有区（县、市）文化馆12个，文化站384个（其中市区65个）。1994年11月，宁波市群艺馆与宁波市展览馆合并，馆址迁入药行街117号展览馆大楼（2005年被文化部评为一级馆）。1995年，随着“浙江东海文化明珠”工程启动，各乡镇文化馆站和村级文化服务中心日益普及。至2010年，全市所有乡镇（街道）均设有文化站，其中127个乡镇（街道）建成达标综合文化站，占乡镇（街道）总数的86%，其中省、市两级“东海文化明珠”102个；全市95%的行政村建有文化活动场所，建成村落文化宫1390个，约占行政村总数的54%。2013年，宁波市启动农村文化礼堂建设工作。至2022年，全市有150个乡镇（街道）综合文化站和2500多个村（社区）文化服务中心。

公共图书馆 1884年，宁绍台兵备道道员薛福成辟“后乐园”于公廨西面（今海曙中山公园西侧），作为课士之所，内设藏书楼——揽秀堂，购置古籍经典，供士子研习。这是宁波最早具有公共图书馆性质的场所。1894年，宁绍台兵备道道员吴引荪改设崇实书院，继续采集藏书。1905年，崇实书院改为宁波府教育会，副会长陈训正增购新书2400余册。1913年，宁属六邑公会在后乐园北建造西式楼3楹，宁波府教育会的藏书全部庋藏其中，为纪念薛福成，命名“薛楼”。1927年，改为宁波市立图书馆。1931年，废市，改称鄞县县立图书馆。1932年12月，迁至园东南隅商品陈列处（今宁波军分区大院内），抗日战争全面爆发后迁回。1941年，宁波沦陷，图书馆一度南迁至宁海，抗日战争胜利后回迁至原址，至1949年关闭。解放初期，市人民政府文教局组织专人清理古籍，移藏于古物陈列所（在天一阁尊经阁，1957年在尊经阁设立市图书馆古籍阅览出借处），其职能由宁波人民文化馆书报阅览室代行。1953年10月29日，宁波市图书馆在中山公园旧馆址重新成立，次年元旦开放；1962年9月，馆址迁至药行街桑园巷前仁慈堂旧址，设于尊经阁之古籍阅览处和设于儿童公园内之儿童图书室同时迁入；1969年，闭馆；1970年，与市文物管理委员会（在天一阁内）合并为市图书文物馆，实际分开办公。1978年9月，市图书馆恢复建制。1988年10月17日，包玉刚捐赠500万元港币修筑的包玉刚图书馆在永丰路32号落成；1988年12月，市图书馆迁入。2003年12月28日，位于鄞州区钱湖南路的宁波高教园区图书馆建成开放，这是全国教育系统开办的首个大学园区图书馆；2004年6月，鄞州区图书馆并入；11月，更名宁波大学园区图书馆，增挂市第二图书馆牌子；2010年，被文化部评为国家一级图书馆。2018年12月28日，位于鄞州区福庆北路和宁穿路交叉处的宁波市图书馆新馆（即福庆馆）开馆；2019年9月，宁波市图书馆更名宁波图书馆。2024年7月8日，位于宁波文化广场，由原商业综合体河清坊改建而成的宁波少年儿童图书馆开馆（属宁波图书馆）。此外，宁波市还探索“公共图书馆+社会力量”合作模式。2020年7月，在市总工会的五一广场建成开放“悦读馆”，内含宁波图书馆的“五一分馆”、新华书店的“五一店”和宁波出版社的“城市书房”，各方共享场地。2023年12月28日，文化和旅游部公布第七次全国县级以上公共图书馆评估定级结果，宁波图书馆及10个区（县、市）公共图书馆全部达到国家一级馆标准。

美术馆　2005年10月11日，宁波美术馆正式开馆，由位于老外滩的宁波港客运航站楼改造而成，占地15800平方米，建筑面积23100多平方米，其中美术馆主楼面积16200平方米，大小展厅（11个）面积达5300平方米，艺术品收藏库1500多平方米，可同时举办不同类型不同题材的展览。设有展厅、画库、贵宾休息厅、学术报告厅、艺术家工作室、艺术沙龙、艺教中心、画廊、美术用品商店等，是集展览陈列、收藏保护、学术研究、艺术交流、艺术教育、文化休闲等功能于一体的现代化、高品位的造型艺术博物馆。2020年，宁波首家村级美术馆——半浦美术馆开馆。此后，乡村美术馆渐增。至2022年，全市有各类美术馆数十家，重要的有陈逸飞艺术馆（镇海）、邵克萍家族艺术陈列馆（北仑）、贺友直艺术馆（北仑）、沙孟海书学院（鄞州）、王康乐艺术馆（奉化）、陈之佛艺术馆（慈溪）等，还有杜岙美术馆、半浦美术馆、青隐美术馆等乡村美术馆。

音乐厅　2003年4月，位于灵桥西堍南侧的宁波音乐厅落成并投入使用，总占地面积约45000平方米，属宁波新闻文化中心大楼（今芝士广场）的连体建筑。是一座中型专业音乐厅，分上下2个楼层，共有605个座位，主要用于室内乐演奏、独唱（奏）、重唱（奏）及中等规模乐团的音乐演奏会等，兼顾小型文艺演出及会议等使用要求。2005年、2008年，宁波音乐厅承接第三届、第四届中国国际声乐比赛。2022年5月，位于大闸路90号的宁波音乐港·星街坊公共音乐厅投用，聚焦音乐主题，在举办各类专业音乐演出之外，持续推出“邻里音乐会”“民间歌手周末音乐会”“灵魂歌者擂台挑战赛”等音乐主题特色活动。

剧院　20世纪以前，戏班演出于庙宇、祠堂、会馆、酒肆或喜庆堂会。城区庙戏演出场所以郡庙、天后宫等为主，其他有县城隍庙、延庆寺、关帝殿、财神殿、药王殿、滨江庙等。宁波最早的戏园为1890年江北岸兰馥戏园。1900年以后，城区戏院、舞台渐增，有幻仙戏院、新民鼓舞台、天胜舞台、鼓舞台、笑舞台等。1920年以后，舞台增多，有华商凤舞台（1924年）、甬江戏院（1927年）、天然舞台（1928年）、大世界戏院（1931年）、大光明戏院（1933年）、兰江剧院（1933年）、中南大戏院（1935年，今址市人民大会堂）、共舞台（1936年）。1949年7月，郡庙书场建成于老城隍庙西侧（今址县学街24号)。至1952年，老市区有私营剧场10家，1966年仅剩3家。1976年，新建宁波剧院。1984年，天然舞台停业，民乐剧场改为舞厅，也放录像。1997年，位于药行街、解放南路交叉口的宁波剧院完成装修改造，更名宁波逸夫剧院，成为集文艺演出、电影放映、会议等功能于一体的中心剧院，观众厅内设豪华软座964个。2004年，城市综合性剧院——宁波大剧院建成投用，位于余姚江湾头，总占地面积13.6万平方米，建筑面积约7.1万平方米，设有1508座大剧场和800座多功能剧场，配置餐饮用房和大型宴会厅、高档商务酒吧，以及文化展廊和13000平方米的商业中心，建有游艇码头，备有豪华游艇。2013年10月，宁波文化广场大剧院建成投用，位于文化广场的东北区块，总建筑面积2.4万平方米，观众厅设有一层池座及二层楼座，共1531个座位，是一座满足大型舞剧、歌剧、话剧、音乐会、综艺演出和会议等使用要求的多功能现代化剧场。至2022年，除宁波逸夫剧院、宁波大剧院、宁波文化广场大剧院外，还有凤凰影剧场(1994年)、白云剧院(1996年)、宁波北仑影剧院(2002年)、宁海大观文化园(2012年)、宁波大榭剧院(2013年)、慈溪大剧院(2018年)、奉化剧院(2018年)等。

曲艺表演所　明末清初，出现曲艺茶楼，城区较早的有四明岳阳楼、旭日东升楼。清末民初，城区有茶楼三四十处，后渐衰。1950年，在江北岸旧海关附近建立专业曲艺演唱场所红宝书场，1951年迁至和义路口，后移到后市巷，以演唱评弹为主。1956年，在郡庙内开办红旗书场，演唱宁波曲艺。1962年，老市区有书场(茶楼)7处，“文化大革命”中停业。1977年，恢复红宝书场。1980年，恢复红旗书场。1987年，全市有书场15处。1990年，老市区有一笑楼、慎记茶楼、中华轩、汇芳楼、福荣轩、七星茶楼、红旗书场、红宝书场、天封书场、寿星角书场等13处曲艺演出场所。此后，由于演出渐少，曲艺演出场所多改作他用。

电影院　“五口通商”后，外籍商人、传教士、领事馆人员陆续携带放映机、影片到宁波放映。1910年，江北岸有幻仙戏园、万胜影戏馆、群英聚乐公司、电光影戏公司、西洋影戏馆，城内鼎新街有文明影戏馆等放映电影。1926年，宁波鼓舞台挂影剧院招牌。随后，宁波基督教青年会成立电影部，对外售票放映。1929年，城区新新舞台、百货商场游艺部、中山公园游艺场相继开办电影场。1930年，开明坊甬江戏院改为甬江电影院。1931年，民光戏院开张，兼放映电影(1945年抗日战争胜利后，改名民光电影院)。1932年，战船厂跟的大舞台(后更名明星大戏院)、新街的大光明戏院建成，均兼放映电影。1947年，宁波影剧公司成立，一度将灵桥西堍“大世界”南楼辟作电影场。1949年5月，城区仅有民光电影院营业。1950年8月，大光明戏院改名人民剧院，放映电影。

1951年，各县城设立固定放映点。1954年，人民剧院迁到江厦街重建，改名人民电影院。1956年8月，宁波工人俱乐部（后改为工人文化宫）建成，放映电影。1958年以后，老市区世界剧场、解放剧场、天然舞台皆开辟放映点，建立市电影一队、二队，兰江电影队及露天电影场。农村放映电影始于1952年春节四明山革命根据地的慰问映出。1970年以后，农村电影队逐步普及。至1990年，全市有电影院75个、影剧院4个、礼堂及俱乐部35个。1991年，人民电影院迁到东门口战船街重建，更名宁波影都。从2002年时代电影大世界落户宁波开始，众多外地民营资本陆续进入宁波电影市场，仅天一商圈内，就有宁波影都、民光、时代、保利、UME等多家影院。此外，随着鄞州和江北万达广场、世纪东方、印象城、来福士广场等商业综合体相继开业，大多“镶嵌”民营电影院，主要有万达影城、海上国际影城、CGV国际影城、百老汇影城、横店电影城等。至2021年，全市有电影院118家、大银幕840块、座位121596个。

卷二十一 | 文化遗产

文物遗产概略

宁波拥有8000年的文明史，人文底蕴深厚，遗存文物古迹丰富，素有“文物之邦”之称。8000年前的井头山遗址，展示宁波先民如何开始拥抱和探索海洋，实证宁波是中华海洋文明的重要源头之一。7000年前的河姆渡遗址等史前遗址，展示宁波先民繁衍生息、生产开拓情景，首次证明长江流域同样是中华民族文化发祥地。上林湖及其周围，有汉至宋青瓷越窑遗址百余处，是中国古代青瓷的重要产地。唐代它山堰水利工程，历经千余年，仍蓄水泄洪。保国寺大殿，为江南现存北宋木结构建筑精华。天一阁，是全国现存最古老、最完好的私人藏书楼。唐宋以后，江海航运通商贸易兴隆，留存海运码头、会馆、使馆、海关等一批海外交通贸易史迹，众多古石桥为水乡增色。宗教文化传入，遂有古寺宇、古塔、经幢、教堂、清真寺等建筑。明清抗击外敌入侵，战事频仍，留有海防遗址城堡、营寨、烽火台、炮台等；仁人志士活动频繁，留有不少故居、祠庙、碑亭。迨至抗日战争、解放战争，留存诸多革命史迹。历代许多名人生活、读书、藏书、讲学、题刻、撰文于境，留下宅第、门楼、牌坊、故居、墓葬、碑碣等文物史迹。

宁波文物保护工作起源比较早。1932年，鄞县设文献委员会及古物陈列所，整理修葺文物古迹。1957年3月，市人民委员会公布首批文物保护单位，计有延庆寺、天封塔、观宗寺、海曙楼、咸通塔、七塔寺、天一阁、董孝子庙、白云庄等共20处。1960年2月，市文物管理委员会成立。1961年3月4日，国务院公布首批全国重点文物保护单位，保国寺入选；4月15日，浙江省人民委员会公布第一批省级文物保护单位，天一阁、余姚梁弄中国共产党浙东区委旧址、余姚陆埠黄宗羲墓入选；5月11日，市人民委员会公布第一批市级文物保护单位，计有樟村革命烈士纪念塔及基、天童寺、阿育王寺、朱贵祠、白云庄等13处。改革开放后，市、区（县、市）陆续公布各自的文物保护单位。1992年9月，宁波市政府公布第一批宁波市文物保护点。此后，各区（县、市）公布当地文物保护点。2015年12月7日，宁波市公布第一批市级历史建筑421处。此后，余姚、慈溪、象山、宁海也公布各自的历史建筑。宁波是古丝绸之路"活化石"。2017年，国家首个水下文化遗产保护基地——宁波基地落成开放，水下考古工作走在全国前列；上林湖越窑遗址获批国家考古遗址公园。至2023年，全市拥有各级文物保护单位（点）1740处，其中全国重点文物保护单位33处、省级文物保护单位103处、市级文物保护单位62处、区（县、市）级文物保护单位474处，市级文物保护点126处、区（县、市）级文物保护点942处；还拥有历史建筑1307处，其中宁波市历史建筑933处，余姚、慈溪、象山、宁海分别有109处、56处、92处、117处；以大运河、上林湖越窑遗址、它山堰、保国寺、天一阁、井山头遗址、河姆渡遗址及宁波"海上丝绸之路"等为代表的文化遗产成为宁波市的"金名片"。

整体性区域保护文化遗产颇有成效。1986年12月8日，宁波市被国务院公布为第二批国家历史文化名城。此后，又有慈城、石浦、前童、鸣鹤4镇入选国家历史文化名镇。1991年10月7日，余姚市入选浙江省首批省级历史文化名城，慈城、石浦、梁弄入选浙江省首批省级历史文化名镇，横坎头村入选浙江省首批历史文化名村。此后，又有前童、鸣鹤、鄞江、临山、溪口、泗门6镇入选省级历史文化名镇，岩头、许家山、半浦、走马塘等36村入选浙江省历史文化名村。1997年制订的《宁波历史文化名城保护规划》，首次在市区内划定月湖历史文化街区、伏跗室永寿街街区、天主教堂外马路街区、鼓楼公园路街区、郡庙天封塔街区、镇海口海防史迹保护区6个"历史文化保护区"；2003年修订的《宁波历史文化名城保护规划》，首次划定海曙区郁家巷、江北区姚江北岸2个历史建筑群，以及16个环境风貌保护区。2005年8月25日，宁波市公布首批10个市级历史文化名村。此后，又公布3批59个市级历史文化名村。2010年7月22日，许家山入选第五批国家历史文化名村。此后，又有龙宫、李家坑、走马塘、方家河头、柿林5村入选国家历史文化名村。2021年2月22日，慈城入选第一批浙江省千年古城。2021年4月21日，慈城、横溪先后入选第一、二批浙江省千年古镇。至2022年，全市拥有国家历史文化名城1个、名镇4个、名村6个，浙江省历史文化名城1个、名镇9个、名村38个、街区12个，宁波市历史文化名村69个、街区12个；还拥有中国传统村落32个、浙江传统村落22个，浙江省千年古城1个、千年古镇1个、千年古村落4个。

博物馆事业蓬勃发展。全市博物馆经历从无到有，从单一到多样，呈现出遍地开花的态势。中国港口博物馆成为全市首个国字号博物馆。宁波博物馆被授予国家一级博物馆和最具创新博物馆。“南国书城”天一阁、千年古建保国寺品牌影响不断扩大。鼓励民间力量兴办非国有博物馆，非国有博物馆已占博物馆总数的四分之一强。全国首创业余文保员队伍制度，培养大批文博志愿者，形成良好的社会效益。至2022年，全市有各类博物馆159家，形成以宁波博物馆为龙头的国有博物馆和非国有博物馆、行业博物馆共同发展的“一轴双线”布局。

水下考古　1998年5月，宁波市文物考古研究所与原中国历史博物馆水下考古研究室（后改名为国家博物馆水下考古研究中心）及东海舰队某部队合作开展象山港水下考古探摸项目，开启浙江沿海水下考古工作。同年12月，国内首家水下考古工作站——中国历史博物馆水下考古宁波工作站（2008年7月升格为中国国家博物馆水下考古宁波基地）在宁波市文物考古研究所内设立。2007年，宁波市率先提出将浙江沿海水下文物普查正式纳入第三次全国文物普查范畴，得到国家认可并在全国推广施行。2009年，受国家文物局委托，起草《2009—2010年全国水下文物普查实施方案（试行）》，并屡次应邀为海南、辽宁、天津、丽水等地的水下文物普查开展培训。2010年7月，国内首个国家级水下文化遗产保护基地——国家水下文化遗产保护宁波基地挂牌成立，开始由单纯的水下考古转向全方位的水下文化遗产保护。考古队承担宁波、浙江水下文物调查、探测、发掘和保护、研究任务，同时参与“碗礁Ⅰ号”“华光礁Ⅰ号”“南澳Ⅰ号”“南海Ⅰ号”“小白礁Ⅰ号”等全国水下考古重要活动。其中，“小白礁Ⅰ号”考古项目获2011—2015年度全国“田野考古奖”，是全国首个获此奖项的水下考古项目。

历史文化名城

宁波　宁波市地处滨海水网地带，古城外西乡有南塘河、中塘河（东乡亦有同名河）、西塘河，东乡有前塘河、中塘河、后塘河等六大塘河，城区被余姚江、奉化江、甬江自然划分为海曙、鄞州（含原江东）、江北三区，呈三足鼎立之势，城中原有日、月二湖。宋以后，日湖逐渐淤废，尚存月湖。明清以后，形成“三江六塘河，一湖居城中”的独特地理环境。传统文化内容丰富，有“四明八百里，物色甲东南”之誉。1986年12月8日，宁波市被国务院公布为第二批国家历史文化名城。唐设明州，建明州城，北为余姚江，东为奉化江，自西向南有北斗河、壕河环绕，形成四面环水呈卵叶状的“洲”，内部河网密布，城内的道路沿河流呈叶脉状分布，街巷以“T”字形为主，河上有各式桥梁，具有河网交错的江南水乡特色。城西北的县前街一带为州治、县（鄞县）治衙署的所在地，是宁波的政治中心；城西南的月湖，有“十洲”胜景，是历代文人设馆讲学、藏书著作、行吟唱和之地，为古城的文化区、浙东文化之渊薮；城东濒江，水运交通便捷，经济繁荣，是水运码头、外贸管理机构、行业会馆和金融机构的集中地，为古城经济区。随着明州港城的崛起，对外交通贸易日趋繁荣，成为全国四大港口之一。两宋时期，与日本、朝鲜、东南亚和阿拉伯诸国往来频繁，对外贸易进入鼎盛时期，与广州、泉州并称为中国三大对外贸易港。近代成为“五口通商”口岸之一。城区内仍保存着古海运码头、使馆、会馆等众多体现港口城市特色的文物史迹。宁波古城的子城、罗城的城墙虽被拆除，但子城、罗城的范围、轮廓犹存。古城原以镇明路为主轴线，随着城市的发展，东、西向以中山路、药行街（百丈路、柳汀街）为主干线，南北向以解放路为主干线，古城格局尚存。城区内保存着一片尚能体现古城传统风貌特色的，由硬山顶、灰墙小青瓦、木结构的传统民居与石板路组成的月湖、永寿街、毛衙街、莲桥街、冷静街、郁家巷、秀水街等深街小巷，以及外马路、中马路等具有外来建筑文化特色的街区。标志性历史建筑有天封塔、天宁寺塔、鼓楼、天主教堂、灵桥等，是宁波城市的象征。宁波民居独具风格，传统工艺、地方戏曲、土特名产等优秀的历史文化传统，均具有鲜明的浙东地域文化特色，对中国文化史和对外文化交流史具有重大影响。

余姚　余姚是中华民族文化的发祥地之一，流传着禹藏秘图、舜耕历山的传说。1991年10月7日，余姚市被浙江省人民政府公布为省级历史文化名城。余姚城区由南北两城组成，双璧合一，别具一格，是历代县治所在地。北城始建于200年（东汉建安五年），1357年（元至正十七年）向西扩展至龙泉山西麓，城围达1465丈。北城东为三官堂江，南为余姚江，西为仁寿江，北为候青江，四江围绕，可通舟楫，形成天然的护城河。古城格局基本定型。南城筑于1558年（明嘉靖三十七年），围1440余丈，与北城相当。南城的北固门城楼北枕余姚江，与北城的齐政门城楼（舜江楼）相对，由凌跨余姚江的通济桥沟通南北，合二城为一。古县署在北城秘图山南麓，通济桥以北。1930年、1937年两城先后被拆除，但基本保留轴线明显的古城传统模式和格局。北城以贯穿南北的交通主干线虞宦街（今新建路）为纵轴线，与东西走向的阳明路相交于城中心的桐江桥，形成北城商业区；东西两侧有县署与龙泉山对称，城隍庙与龙泉山北麓的王阳明故居对称。南城以与北固门对直无曲的直街（今南雷路）为轴线，有明代大学士吕本官邸宰辅第，与学宫（孔庙）对称。城内存有武胜门路街区、舜江楼街区及龙泉山景区：武胜门路街区南至交通局办公楼，北至南河沿路，南北长300米，西以山后新村为界，东包括现存的明清古建筑；舜江楼街区南为横跨于余姚江之上的通济桥，东侧沿江为清至民国时期的传统商业街；龙泉山景区位于古城西侧，余姚江北岸。

历史文化街区

宁波市共有12个历史文化街区。2016年7月12日，海曙区的秀水街、南塘河、郁家巷、月湖、伏跗室，江北区的天主教堂外马路，被公布为第五批浙江省历史文化街区。2020年4月19日，海曙区的鼓楼公园路、郡庙天封塔，奉化区的西街南大路，余姚市的武胜门、府前路、保庆路被公布为第六批浙江省历史文化街区。

秀水街历史文化街区　位于海曙区，是宁波城市传统轴线的重要组成部分，宁波府学所在地。东南接中山公园，西至秀水街，北至横河街，面积5.75万平方米。是老城内格局、风貌最为完整的片区之一，是宁波历史格局、传统民居与生活的活态博物馆，有庭院42处，建筑面积约2万平方米，典型建筑有桂芳巷陈宅、倪氏桂花厅、秀水街吴宅、孙家巷孙宅、横河街鹤年坊等。

南塘河历史文化街区　位于海曙区，老城南门“长春门”外，西南至南郊变电所，东北至尹江岸路，西北至南塘河西岸，东南至南郊路东约60米，总长1000余米，面积（含河道）6.3万平方米。自唐代开始即为南城外重要居民点及山货的集中销售地，“南门三市”历史悠久。街区为宋代著名学者袁燮的后裔世居之地，现代著名电影艺术大师袁牧之故居保存至今；袁氏家族创立的“城南书院”，是甬上重要的学术阵地，还有惠庆医院、澄怀学堂、关圣殿、甬水桥、向阳桥、启文桥等古迹。从宁波建城开始，城市用水一从南塘河入城，另一从西塘河入城。今西塘河传统风貌已失，南塘河与南郊路相互依存，构成反映江南水乡特征的三桥一河一街的风貌格局。

郁家巷历史文化街区　位于海曙区，东起云石街，西至镇明路，南起大沙泥街延伸段，北至云石小区，总面积约4万平方米。该地历史上为月湖与日湖的连接处，河网密布，仍留存的白水巷、带河巷等与水系有关，小巷幽深曲折，颇具古巷及传统庭院韵味。拥有近现代众多学者、实业家、买办的宅邸、望族宗祠等遗存，是近代宁波洋务运动、商帮发展、文化活动等研究的重要遗产资源。主要建筑有盛氏花厅（近性楼）、灵应庙、李氏宗祠、杨宅等。

月湖历史文化街区　位于海曙区，旧城区西南部，南北长1100米，东西宽60～100米。水面6.5万平方米，是古城内唯一的大面积水域，在宋代已形成“十洲”胜景，历来是学者讲学、市民休息之处，文物史迹较为集中，重要文物史迹有天一阁、秦氏支祠、清真寺、翁文灏故居等。是浙东学术的文化中心、宁波人的文化家园和精神守望地。保护范围东至镇明路，北抵中山西路，西南临北斗河，总面积96.7万平方米。保护重点为“四岛”及环湖景观，包括水面、湖畔、共青路、桂井巷、桂井街等地的传统街巷及民居，控制环湖四周高层建筑。

伏跗室历史文化街区　位于海曙区，以永寿街为中轴线，东至孝闻街、呼童街，西至文昌街。是历代名人辈出的望族聚居街区，是宁波藏书文化的体现地之一。此街区是宁波城区现存较典型的明清住宅建筑风貌街区，有伏跗室、屠尚书第、万氏别第、元戎第等明清藏书楼、官宅、民居。重点保护道路格局、传统建筑和高墙深巷的传统风貌。

天主教堂外马路历史文化街区　位于江北区，三江口甬江西岸，以天主教堂为中心，南至新江桥，西接人民路，北到宁波美术馆，东至甬江。该地为宁波“五口通商”后“外人居住地”的一部分，保留一批具有外来建筑文化特色的优秀近代建筑和现代史迹（海运码头旧址），主要有哥特式建筑天主教堂、工商银行等，是体现近代宁波港口风貌的典型地段。

鼓楼公园路历史文化街区　位于海曙区，南起鼓楼，北至中山公园北墙界，东至永丰库遗址东侧10米，西抵呼童街。为唐明州城遗址，是唐代宁波子城所在地，是宁波历史上正式置州治、立城市的标志。唐、宋、元、明、清的衙署都在这一带，是历代宁波政治中心，在宁波城市发展史上具有特殊地位。

郡庙天封塔历史文化街区　位于海曙区，天封塔和宁波府城隍庙周围，东南至大沙泥街规划道路，西至解放南路，北以药行街、县学街为界，面积5.7万平方米。历史上是宁波府城内最重要的居民公共活动场所、历史上的制高点。天封塔是古代明州港江海通航的水运航标，港城重要标志，体现古代明州城东南港市文化。清代开始为全国药材的集散地，药行街由此得名。此街区是宁波城内最具标识性的传统街区和公众娱乐、购物、休憩地，是以反映民间娱乐、民俗风情、传统商业文化为主的文化商业步行街和旅游点。

西街南大路历史文化街区　位于奉化区，东至锦屏南路，南至城基路、三溪路，西至三溪路，北至锦溪河，面积33.7万平方米，包含奉化古城的大部分区域。自唐代开始，即为奉化县城所在地，是奉化政治、文化中心。街区保留唐城格局，西街南大路构成十字形路网骨架，街河相依的格局体现江南水乡城镇特色。民国时期，众多国民党党政要员和文化人士云集于此，故街区也是民国时期的典型城区。主要建筑有奉化县学旧址、爱日庐、凤麓别墅、侵华日军驻奉宪兵队部旧址、过街楼、奉中圣大房、鹤庐、正明沈家闾门及9处历史建筑、27处拟保护历史建筑。

武胜门历史文化街区　位于余姚市，坐落在余姚古城北城，在虞宦街以西、龙泉山以北、武胜门以南，北邻候青江，是余姚古城现存核心保护范围最大的历史文化街区。街巷里弄有武胜门路、太守房路等。武胜门路，以398年东晋将军高雅之率军于此战胜孙恩而得名。街区城垣格局形成于1357年扩建北城，武胜门是余姚古城北城的北大门，是余姚古城北部的要塞。武胜门外曾建有瓮城，瓮城外、候青江上建有武胜桥，堍旁曾建有武胜庙。由武胜门路延伸的街巷包括管家弄、太守房路、智慧桥路、健康路、山后路等。街区内分布着明清官宦人家传统住宅建筑和大量的民居建筑，其中，王阳明故居"瑞云楼"、清晖佳气楼、倪家民居、太守房、史家旧宅、霍宅、武胜桥、古井等文物保护单位和文物保护点，保存较好。

府前路历史文化街区　位于余姚市，坐落在余姚古城北城，南临余姚江，北达阳明东路，东起合宝弄，西至县东街，是古城的政治文化中心。明清时期，此地已有许多行商，如鱼行、柴炭行、鸡鹅行、木棉行、粮行、牲畜行、咸货行、药行等。1930年以后，舜江楼两侧城垣筑为滨江路和商业建筑，自杭州湾出海归来的渔船经余姚江至此，此地成为主要鱼市，饮食店骤增，非常繁华。抗日战争胜利后，市场逐渐衰落，逐渐成为以居住为主的街区。街区大部分建筑属于晚清民国时期建筑，沿江建筑大部分属于民国建筑，具有较高价值的有舜江楼、叶氏宜春堂、叶氏举人房、周家墙门、李氏民居、史家大厅民居等代表余姚地方建筑特色的合院民居及沿江建筑群，构筑物有通济桥和六眼古井等。

保庆路历史文化街区　位于余姚市，坐落在余姚古城南城，东起南雷路，西讫大黄桥路，南抵舜水南路，北至笋行弄以北70米。历史上曾经是居住和商业混合用地。街巷有保庆路、笋行弄、潭井弄等。街区内主要建筑有赵考古祠、宰辅第、张启钊旧宅等文物保护单位以及胡氏民居、徐氏民居、宋氏民居、史氏民居、黄氏祖堂等代表余姚地方建筑特色的合院民居、祠堂。

历史文化名镇

宁波市有10个镇入选全国历史文化名镇（4个，最初为省历史文化名镇）、浙江省历史文化名镇（9个）及浙江省千年古镇（1个）。江北慈城镇于1991年10月7日、2005年9月

16日、2021年2月22日先后入选第一批浙江省历史文化名镇、第二批中国历史文化名镇、第一批浙江省千年古城（参见“翠屏山　河姆渡文化”卷）。象山石浦镇于1991年10月7日、2005年9月16日先后入选第一批浙江省历史文化名镇、第二批中国历史文化名镇。宁海前童镇于2000年1月21日、2007年5月31日先后入选第二批浙江省历史文化名镇、第三批中国历史文化名镇。慈溪观海卫镇（鸣鹤）于2000年1月21日、2019年1月21日先后入选第二批浙江省历史文化名镇、第七批中国历史文化名镇（参见“翠屏山　河姆渡文化”卷）。余姚梁弄镇于1991年10月7日入选第一批浙江省历史文化名镇。鄞州鄞江镇（今属海曙）于2015年2月17日被增补浙江省历史文化名镇。余姚临山镇、奉化溪口镇于2016年7月12日入选第五批浙江省历史文化名镇，余姚泗门镇于2020年4月19日入选第六批浙江省历史文化名镇。鄞州横溪镇于2021年4月21日入选第二批浙江省千年古镇。

石浦镇　位于象山南部，三面环山，一面靠海，辖檀头山岛、东门岛、渔山列岛等岛礁120余个，是全国四个一级渔港之一、国家一类开放口岸。石浦是中国最早的海洋渔业发祥地之一，秦汉时有先民在此渔猎生息。唐代形成村落，宋设东门寨，元置东门巡检司。1387年，设前后千户所，开始修筑所城，一度因“迁海”城毁，后重建渔村。老城坐落在靠海湾的狭小谷地中，城墙依山而筑，城门就形而构；老屋梯级而建，街巷拾级而上。古城保留历史街区多处，有4条总长1670米的古街，50多条总长2000米的古巷，保留古建筑群建筑面积0.47平方千米，有各类古迹100余处。民俗文化丰富多彩，传统节庆有“六月六”“七月十五”，迎神行会等，以及一年一届的九月十五“开渔节”（始于1998年）等。

前童镇　位于宁海西南部。镇前有状元峰，后卫梁皇山，东倚塔山，西卧鹿山，梁皇溪自镇后绕至镇东，白溪从西南而来，经镇前与梁皇溪汇合东流入三门湾，镇东有孝女湖。童氏先祖自南宋绍定年间至此定居繁衍，至今800余年。古镇具有明清时期的传统格局和历史风貌，清渠绕村户，传统建筑别具风格，梁架、斗拱、门、窗等雕饰较多；山墙的顶端为马头墙状，有的山墙上有“小桥流水”等文字堆饰。留存的古建筑主要有大宗祠、大夫第、好义堂等。童氏家族重视教育，提倡治心修身，明洪武年间邀请方孝孺到石镜精舍讲学。南宋至清末，有举人2名、秀才以上功名202名。浙江临时都督、护国军军长童保暄出生于此。风情民俗、传统工艺亦有独到之处，闹元宵在正月十四晚，有灯会、行会等形式，行会用的鼓亭和台阁制作、雕饰精美，被誉为“鼓亭之乡”。有“把酒舞”等习俗，“罗氏太婆”“孝女湖的来历”等民间传说、口头文学，以及豆腐、麦饼等土特产。

梁弄镇　位于余姚西南部，四明山麓，余姚江南。梁弄所处四明山北，古为道教第九洞天，亦为“唐诗之路”的重要驿站，东晋谢安曾与贤士许询、支遁等隐居于此。北宋时有黄必腾兄弟五人同科中举；南宋时有吏部尚书黄必和、越国公汪澈、魏国公方山京、光禄大夫右司农孙之秀、崇政殿侍讲孙德玉、朝议大夫孙嘉、吏部侍郎黄巨川等；明有王阳明传人黄骥、黄肃等；清有台湾道道员黄芝生、藏书家黄澄量等。梁弄地处险要，历来为兵家必争之地，是浙东抗日根据地、浙东游击区的中心，有“浙东小延安”之称。镇内弄堂曲折，以“浙东第二藏书楼”五桂楼、浙东敌后各界代表会议旧址、浙东游击纵队司令部旧址及民宅建筑群为主，保存着大片相对完整的地方传统建筑群。其中，自梁弄镇区至横坎头村2.5千米范围内，集中革命旧址10余处，其中全国重点文物保护单位1处。狮子山革命烈士纪念碑纪念在抗日战争、解放战争中牺牲的2000余名革命先烈。

鄞江镇　位于海曙西南部、四明山东麓，东依古林镇、洞桥镇，南邻奉化区江口街道、萧王庙街道，西连龙观乡、章水镇，北接横街镇。是上通四明山，外通三江口贸易中心，素有“宁波之根”“四明首镇”之称。镇内有中国四大古水利工程之一的它山堰，是全国重点文物保护单位和世界灌溉工程遗产；鄞江桥作为浙东第一座木结构风雨廊桥，是鄞江的一大特色。还拥有光溪桥、六贵桥等古代桥梁，以及它山庙、上如松等历史古迹。此外，鄞江桥它山庙会吸引周边乡镇的乡民商贩赶集，看戏，买卖盈利，甚至宁波府下数县商贸百姓，纷至沓来鄞江赶集。至民国初期，定海、舟山及浙东沿海各府县商贾多有向它山庙会赶集求利，它山庙会成为宁波府下的第一大庙会盛事。

临山镇　位于余姚西北部，北濒杭州湾，南临四明山余脉，东与泗门接壤，西邻黄家埠镇，呈南山北海中平原的地貌特征，境内河道纵横、湖泊众多，具有典型的江南水乡风貌。临山历史悠久，最早可追溯到东汉时期，唐、宋元时史称庙山，至1387年明政府在此筑城建卫，因面山背海，环卫皆山，故名临山卫。明嘉靖年间，抗倭名将戚继光曾于此屯兵杀敌，尚存古城墙、烽火台、洗心池等遗迹。昔有古卫城墙遗址、戚少保祠、麟山第一泉、苍山烟树、三官殿、浙东妈祖庙（天后宫）、北海观潮、临山烈士陵园等临山八景，后又添葡萄观光、月华垂钓两景。临山古镇肌理环境基本完整，店铺林立，“三里长街，百货丛集，号小扬州”。

溪口镇　位于奉化西北面、四明山麓，东为萧王庙街道，南为大堰镇、绍兴的新昌，西为绍兴的嵊州，北界海曙、余姚，东南部有小平原，城镇属半山区，西北为天台山脉与四明山脉交会的山区。溪口镇山水秀甲四明，民国文化富集。是灵山秀水翠谷、雄峰险岩飞瀑各擅风流的圣梦神游之境；是孕育浙东唐诗之路东支线的文化宝地；是见证民国历史风云变幻与蒋氏家族变迁的重要史迹；是结佛缘逾千年、弘禅宗于海宇的弥勒道场与佛教圣地。主要历史文化遗存有蒋氏故居、武岭门、文昌阁、王震南旧居、宋涛旧居等。

泗门镇　位于余姚西北部，北濒杭州湾，南界马渚镇，东毗朗霞街道，东北接小曹娥镇，西邻临山镇。因镇域西南原有汝仇湖，湖堤东开四门以便放水灌溉，四水为泗，故称泗门。秦为海涂，汉晋成陆，唐宋聚邑，明代开浙东三北大地文明之先河，近代发展成为江海之通津、海防之要塞、姚北之名邑，有“名邦之源”“阁老故里”之称。历史上，泗门镇与南侧余姚县城、东侧观海卫、西侧临山卫组成军事防御—经济贸易—行政中心的三角形地缘体系。主要历史文化遗存有泗门谢氏始祖祠堂、成之庄、泗门光明粮站、大学士第、谢和寿旧居、万安桥、咸和房谢氏民居、红桂路诸宅、汝湖农校旧址、施启瑞举人府民居、皇封桥、大庙周村周氏祠堂等。

横溪镇　位于鄞州南翼，东邻东钱湖、塘溪镇，南毗奉化区，西接姜山镇，北枕云龙镇，素有“鄞南福地，灵秀横溪”之称。因其地处丘陵与平原接合部，故商贸繁华、人文荟萃，宋朝遂于此设横溪税场、横溪市和横溪买扑酒坊。现存横溪老街和建于清乾隆年间的上街村王家大屋等古建筑。横溪镇的民间手工技艺朱金漆木雕已被列入国家级非物质文化遗产名录。

历史文化名村

宁波市有88个村入选中国、浙江省、宁波市历史文化名村，中国、浙江传统村落，浙江千年古村落。

中国历史文化名村有6个：宁海茶院镇许家山（2010年7月22日第五批），宁海深甽镇龙宫（2014年2月19日第六批），海曙章水镇李家坑、鄞州姜山镇走马塘、余姚大岚镇柿林、慈溪龙山镇方家河头（2019年1月21日第七批）。

浙江省历史文化名村有40个：余姚梁弄镇横坎头（1991年10月7日第一批）；奉化溪口镇岩头（2006年6月2日第三批）；宁海茶院镇许家山（2012年6月18日第四批）；海曙高桥镇大西坝、新庄，章水镇李家坑、蜜岩，横街镇凤岙，江北慈城镇半浦，鄞州姜山镇走马塘，奉化溪口镇葛竹，宁海一市镇东岙、深甽镇龙宫、力洋镇力洋，象山晓塘乡黄埠、墙头镇溪里方、西周镇儒雅洋、东陈乡东陈，余姚大岚镇柿林、鹿亭乡中村、梨洲街道金冠，慈溪龙山镇方家河头、山下（2016年7月12日第五批）；镇海澥浦镇十七房，鄞州塘溪镇上周、童夏家（雁村），鄞州东钱湖镇韩岭、陶公（含建设、利民），奉化大堰镇董家、萧王庙街道青云、裘村镇马头，宁海深甽镇马岙、梅林街道河洪、桑洲镇麻岙，象山石浦镇东门渔、墙头镇墙头，慈溪掌起镇洪魏、龙山镇龙山所（2020年4月19日第六批）；余姚河姆渡镇浪墅桥村，宁海一市镇箬岙村（2023年12月5日第七批）。

宁波市历史文化名村有69个：海曙章水镇蜜岩，江北慈城镇半浦，鄞州姜山镇走马塘、东钱湖镇韩岭，奉化溪口镇岩头，宁海深甽镇清潭，象山晓塘乡黄埠、西周镇儒雅洋，余姚大岚镇柿林、梨洲街道金冠（2005年8月25日第一批）；海曙章水镇李家坑、高桥镇新庄、古林镇蜃蛟、横街镇凤岙，鄞州东钱湖镇陶公，奉化大堰镇董家、溪口镇栖霞坑、萧王庙街道青云、裘村镇吴江，宁海一市镇东岙、深甽镇龙宫、力洋镇力洋，象山墙头镇溪里方、东陈乡东陈，余姚鹿亭乡中村，慈溪龙山镇方家河头、掌起镇任佳溪（2014年6月30日第二批）；海曙鄞江镇鲍家堋、建岙，古林镇前虞，北仑郭巨街道郭巨、柴桥街道四合，镇海澥浦镇十七房、贵驷街道憩桥，鄞州塘溪镇雁村、上周，东吴镇勤勇，横溪镇上街，姜山镇新张俞，东钱湖镇殷家湾（含殷湾、莫枝部分区块），奉化裘村镇马头、甲岙，溪口镇葛竹、石门，大堰镇谢界山、柏坑，西坞街道西坞，宁海一市镇箬岙、桑洲镇麻岙、深甽镇马岙，象山茅洋乡南充、东陈乡樟岙，余姚鹿亭乡晓云，河姆渡镇浪墅桥，慈溪龙山镇山下（2015年12月7日第三批）；海曙章水镇崔岙，江北庄桥街道马径，鄞州东吴镇天童，东钱湖镇建设、利民，奉化西坞街道水溻地，溪口镇驻岭、六诏，大堰镇大堰，宁海梅林街道河洪，象山墙头镇墙头、石浦镇东门，慈溪龙山镇龙山所、掌起镇洪魏（2016年11月29日第四批）。

中国传统村落有32个：奉化溪口镇岩头，宁海茶院镇许民，象山石浦镇东门渔村，余姚大岚镇柿林、梨洲街道金冠、鹿亭乡中村（2012年12月19日第一批）；奉化尚田街道苕霅，宁海长街镇西岙，深甽镇龙宫、清潭（2013年8月26日第二批）；海曙章水镇李家坑、蜜岩，鄞州姜山镇走马塘，奉化萧王庙街道青云、溪口镇栖霞坑，宁海力洋镇力洋、一市镇东岙、越溪乡梅枝田（2014年11月17日第三批）；鄞州东吴镇勤勇，奉化裘村镇马头、西坞街道西坞，宁海一市镇箬岙（2016年12月9日第四批）；鄞州塘溪镇童夏家，奉化大堰镇大堰、董家，宁海强蛟镇峡山，象山墙头镇墙头，慈溪龙山镇方家河头（2019年6月6日第五批）；镇海澥浦镇十七房，象山西周镇儒雅洋、新桥镇东溪、晓塘乡黄埠（2023年3月19日第六批）。

浙江传统村落有22个：海曙横街镇凤岙，镇海澥浦镇十七房，鄞州塘溪镇童夏家，奉化大堰镇大堰、董家，西坞街道白杜，裘村镇吴江，宁海茶院镇庙岭，深甽镇梁坑、岭徐、马岙，桑洲镇麻岙，强蛟镇峡山，岔路镇湖头，前童镇梁皇，西店镇岭口，梅林街道下河，象山晓塘乡黄埠、墙头镇溪里方、新桥镇东溪，余姚黄家埠镇五车堰，慈溪龙山镇方家河头（2017年9月30日第一批）。

浙江千年古村落有4个：海曙洞桥镇沙港、鄞州东吴镇天童（2016年12月30日第一批）；鄞州东钱湖镇韩岭、奉化莼湖街道鲒埼（2021年4月21日第二批）。

许家山村 位于宁海东部、茶院镇西部，是茶院镇许民行政村中的一个自然村。南宋末年，叶大卿父子自宁海东仓（今属胡陈乡）避乱自此定居，至今700多年。许家山村位于山顶，平均海拔约200米，周围草木茂盛。村内建筑绝大部分为黑色玄武岩（当地人称“铜板石”）堆垒而成的石屋，保存着完整的石屋、石院、石墙、石巷、石桥、石路、石凳等，还延续着传统的生活方式，如牛耕田、制番薯粉、做番薯烧酒、捣年糕、做竹编等。是宁波市内现有建筑群规模最大、保存最完整的石屋古村，也是浙东沿海山地石屋建筑群落的典范。

横坎头村 位于余姚梁弄镇区以南2千米处。全面抗日战争时期，浙东抗日根据地领导机关——中共浙东区委员会设于横坎头村。中共浙东区委旧址及其周边的浙东银行旧址、新浙东报社旧址、浙东行政公署旧址、教导大队旧址、鲁迅学院浙东分院旧址等，构成一个包括根据地党、政、军、金融、新闻各方面的革命史迹网，完整展现中国共产党领导下的浙东抗日根据地在政治、军事、文化及政权建设等方面的历史足迹，是全国重点文物保护单位。

岩头村 位于奉化西南山区，是溪口镇的一个行政村。岩头水路交通便利，自清代起，逐渐发展成为浙东山区腹地出口通道和物资集散中心。村内街巷格局呈“非”字形布局，以依傍岩溪、平行延伸的东街、西街为主干道。建于清末民初、以三合院居多的古民宅，主要分布在溪东街，保存面积约10500平方米。境内有元代文学家戴表元墓等文物史迹13处。村以礼仪之乡、重学之地著称。毛姓为村中唯一大姓，蒋介石的原配夫人毛福梅出生于此族，民国时期走出5位国民党将级军官。春节期间，盛行龙舞、“盘龙灯”“跑马灯”等节庆活动，由筏业工会组织的“十八节老龙”名震一时，技艺精湛的“竹海飞人”是独特的民俗风情。饮食习俗保持浙东山乡传统风味，尤以腌制竹笋及雪里蕻菜、烤制羊尾笋和晒制嫩笋干等传统菜肴为著。

走马塘村　位于鄞州姜山镇。北宋建村，陈为村中大姓，奉行“耕读传家”，宋、明、清三代陈氏宗族共有进士76名，尚书4名，枢密直学士2名，国学生100余名。宋徽宗敕走马塘为“忠孝里”；宋理宗赐其家庙为“遗忠堂”，地方官吏经村过祠，“文官下轿，武官下马”。古村东西长约460米，南北约420米，呈长方形，四周环河，前后有2条东西向横轴线。村内池漕众多，建有多座桥梁。主要街弄有老街、西街、保房弄、挑水弄、袁家弄等，老街的中心是前后祖堂（前身为陈氏家庙），西街以瞻衮堂为中心。村内古建筑类型丰富，其中木结构建筑约占建筑总量的60%以上，集中在清末民国时期，少量属明代。建于乾隆年间的中新屋占地面积近4000平方米，院内檐弄相通，前后四进共432间房。

全国重点文物保护单位

1961年3月4日，保国寺被国务院公布为首批全国重点文物保护单位。1982年2月23日，天一阁、河姆渡遗址2处被公布为第二批全国重点文物保护单位。1988年12月28日，上林湖越窑遗址、它山堰2处入选第三批全国重点文物保护单位。1996年11月20日，蒋氏故居（丰镐房、玉泰盐铺、小洋房）、镇海口海防遗址2处入选第四批全国重点文物保护单位。2001年6月25日，庆安会馆、东钱湖石刻（冀国夫人叶氏太君墓道、史诏墓道、史渐墓道、史弥远墓道、余有丁墓道）、龙山虞氏旧宅建筑群、庙沟后横省石牌坊4处入选第五批全国重点文物保护单位；秦氏支祠作为天一阁的组成部分，入选全国重点文物保护单位。2006年5月25日，宁波天宁寺，永丰库遗址，白云庄和黄宗羲、万斯同、全祖望墓，江北天主教堂，慈城古建筑群，宁海古戏台，王守仁故居（与绍兴的王守仁墓合并），钱业会馆，浙东抗日根据地旧址，天童寺，阿育王寺11处入选第六批全国重点文物保护单位；寺龙口青瓷窑址、开刀山青瓷窑址，归入上林湖越窑遗址，武山庙、蒋母墓、摩诃殿、蒋氏宗祠、文昌阁（遗址）归入蒋氏故居，入选全国重点文物保护单位。2013年3月5日，田螺山遗址、鲻山遗址、塔山遗址、花岙兵营遗址、二灵塔、林宅、锦堂学校旧址、大运河（宁波部分）、浙东沿海灯塔9处入选第七批全国重点文物保护单位；白洋湖越窑遗址、里杜湖越窑遗址归入上林湖越窑遗址，入选全国重点文物保护单位；东钱湖墓葬群（余天任墓道石刻、燕子窝墓道石刻、明代金字山石牌坊群、金忠家族墓葬群、史涓墓道、包桢墓道）与东钱湖石刻合并为新的“东钱湖墓葬群”，入选全国重点文物保护单位。2019年10月7日，南渡广济桥、余姚通济桥2处入选第八批全国重点文物保护单位。至此，全市拥有33处全国重点文物保护单位。其中，大运河（宁波段）作为中国大运河组成部分，于2014年6月22日入选“世界遗产名录”；上林湖越窑作为青瓷越窑遗址组成部分，于2006年12月15日、2013年1月29日两度入选《中国世界文化遗产预备名录》；宁波作为“海上丝绸之路”的组成部分，于2016年2月22日入选《中国世界文化遗产预备名录》；它山堰于2015年10月14日，被国际灌溉排水委员会第66届执行理事会评选为“世界灌溉工程遗产”。

大运河（宁波段） 中国大运河遗产是以运河线为骨架，以受运河影响而形成的相关物质文化及景观遗存为血肉，各种相关非物质文化遗产为灵魂的文化线路。宁波市是大运河南端的出海口及连接“海上丝绸之路”的核心城市，具有运河城市与海港城市的双重特征，在大运河沿线城市中具有独特性和代表性。大运河（宁波段）航道是自然河道与人工河道有机连接的双系统航道，在利用自然潮汐与保持运河通航水位等技术上具有地域特征。宁波段的主要河道有虞甬运河（马渚段）、余姚江—甬江、慈江—刹子港—西塘河；支线有十八里河（云楼段）、慈江—中大河、东横河与快船江（上林湖越窑遗址的运瓷专线）、小峡江、前大河（颜公渠）、宁波城六塘河以及宁波、余姚、慈城的护城河等。河道沿线贯穿丰富的文物古迹和独具魅力的文化景观资源。据调查，大运河（宁波段）水利工程遗产共107处（不包含河道与水源）；与大运河相关的其他文化遗存共568处；运河生态与景观环境3项，运河相关非物质文化遗产100余项。此外，还有城市园林休憩游乐地21处，其中沿江河而成的15处。

宁波“海上丝绸之路” 春秋战国时期，宁波境内即已开辟通海门户句章港；唐代建立州城后，逐渐发展为全国四大名港之一；宋设市舶司；清设浙海关。至2010年，保存有东汉晚期至清代中期遗存120余处，集中分布在以宁波城为中心的近海和江河两岸，其中10处遗存被归入《中国世界文化遗产预备名录》丝绸之路中国段（海路部分·宁波遗迹），如庆安会馆、永丰库遗址、上林湖越窑遗址、田亩碑、高丽使馆遗址等物质文化遗产，以及与海洋有关的各种非物质文化遗产。2001年，在首届宁波“海上丝绸之路”文化周的“宁波与海上丝绸之路文化国际学术研讨会”上，达成宁波是“海上丝绸之路”东方始发港的《宁波共识》，正式揭开宁波“海上丝绸之路”申报世界文化遗产序幕。至2003年底，完成“海上丝绸之路”文化遗存考证和研究，成立申遗委员会。2006年12月15日，丝绸之路中国段（海路部分·宁波遗迹）被列入《中国世界文化遗产预备名录》；2014年6月22日，中国大运河被正式列入“世界遗产名录”。

它山堰　位于海曙鄞江镇西南它山旁，833年（唐大和七年）鄮县县令王元暐主持修建。它山堰长134.4米，面宽4.8米，皆用条石砌筑，计80片半，左右各36石级。堰身木石结构，相传有大梅木枕卧堰中，历千余年不朽，称“它山堰梅梁”。堰系阻咸引淡的渠首工程。断截鄞江，上游樟溪水经此引流，一路入南塘河，经洞桥、横涨、北渡、栎社、石碶、段塘，由南城甬水门注入日、月二湖（日湖已湮没），复经支渠脉络，供城市之需；一路北入小溪港至梅园、蜃蛟。两路水经支脉分流贯通鄞西平原诸港，灌溉七乡农田。堰设计周详，涝时水流七分入江、三分入溪；旱时七分入溪、三分入江。内外河间、南塘河下游，筑乌金、积渎、行春三碶以启闭蓄泄。约1068年，建风棚碶于北渡附近。1242年，为防内港淤积，于堰西北150米处建洄沙闸，因古河道变迁，已成遗迹。1255年左右，置三坝于鄞江镇东（距堰约500米），一濒江，一濒河，一介其中，现存濒河坝。至清末民初，配套工程增至九坝、五堰、十三塘。1949年以后，整治旧碶、堰、塘，更臻完美。后人为纪念王元暐，立庙于堰侧它山祭祀。迄今千余年，历经洪水冲击，它山堰基本完好，仍发挥阻咸、蓄淡、引水、泄洪作用，与郑国渠、灵渠、都江堰同称为中国古代四大水利工程。

镇海口海防遗址　镇海素有“两浙门户”“海天雄镇”之称，是历史上的国防要塞。遗址集中分布在甬江入海口不到2平方千米的南、北两岸范围内，包括甬江北岸镇海招宝山的威远城、明清碑刻、月城、安远炮台，以及梓荫山的吴公纪功碑亭、俞大猷生祠碑记、泮池（裕谦殉难处）、吴杰故居8处；甬江南岸北仑的戚家山营垒、金鸡山瞭望台、靖远炮台、平远炮台、宏远炮台、镇远炮台6处，两岸合计14处。

浙东抗日根据地旧址　分别位于慈溪观海卫镇和余姚梁弄镇。慈溪境内有中共浙东区委成立旧址，余姚境内原有中共浙东区委旧址、新四军浙东游击纵队司令部旧址、新四军浙东游击纵队政治部旧址、浙东敌后各界临时代表会议旧址、浙东行政公署及教导大队旧址、浙东银行和新浙东报社旧址、鲁迅学院浙东分院旧址等。2005年3月，中共浙东区委成立旧址与中共浙东区委旧址等合并，更名为浙东抗日根据地旧址，系统反映浙东抗日根据地的党、政、军、金融、新闻和教育事业各方面的历史成就和状况。

非物质文化遗产

宁波市非物质文化遗产项目约有500项，可分为民族语言（包括方言）、民间文学（口头文学）、民间手工技艺、生产商贸习俗、传统医药等18类。2003—2007年，宁波在全国率先开展民族民间艺术和非物质文化遗产普查，建立国家、省、市、县四级非物质文化遗产名录（2014年改称非物质文化遗产代表性项目名录）体系。2005年5月18日，宁海平调、四明南词等8项入选第一批浙江省非物质文化遗产代表作名录；2006年5月20日，梁祝传说、奉化布龙、宁海平调、朱金漆木雕4项入选第一批国家级非物质文化遗产名录；2006年6月8日，宁波市公布第一批市级非物质文化遗产名录，共27项。

至2023年底，全市有国家级非遗项目28项、省级106项，国家级代表性传承人16名、省级101名，命名市级非遗项目共6批372项，认定市级非遗保护单位396个、市级非遗代表性传承人422名。国家级非遗项目数量位居副省级城市前列，具体有：甬剧、装裱修复技艺（天一阁古籍修复技艺）、四明南词（海曙区文化馆）、中医诊疗法（董氏儿科医术）、梁祝传说、宁波朱金漆木雕、宁波走书（鄞州咸六村）、镶嵌（骨木镶嵌）、宁波金银彩绣、龙舞（奉化布龙）、宁波走书（奉化区文化馆）、布袋和尚传说、中式服装制作技艺（红帮裁缝技艺）（奉化区服装商会）、徐福东渡传说（慈溪市徐福研究会）、越窑青瓷烧制技艺、姚剧、传统棉纺织技艺（余姚土布制作技艺）、宁海平调、汉族传统婚俗（宁海十里红妆婚俗）、宁波泥金彩漆、元宵节（前童元宵行会）、徐福东渡传说（象山县文化馆）、晒盐技艺（海盐晒制技艺）、渔民开洋谢洋节、民间信俗（石浦—富岗如意信俗）、唱新闻（象山县文化馆）、海洋号子（象山渔民号子）、竹根雕（象山竹根雕）。

非遗保护体系　2004年，开始以宁波博物馆为龙头、专题性博物馆和行业性博物馆为两翼、民办博物馆为重要补充，建设非遗博物馆体系，建成德和根艺美术馆、十里红妆博物馆等民办公助的非遗博物馆，在鄞州下应街道西江古村设立宁波首家非物质文化遗产保护展示中心，编纂出版《甬上风华——宁波市非物质文化遗产大观》丛书等。2009年，率先提出“三位一体”保护的概念，从市到县设立各级非遗保护中心。经过数年努力，建立传承项目、传承人、传承基地相结合的“三位一体”保护与传承模式，成为全国推广的经验。完成3批宁波市级文化传承生态保护区创建，建成全省唯一的国家级文化生态保护区——象山海洋渔文化生态保护区，2个省级文化传承生态保护区、22个市级文化传承生态保护区。海曙、余姚等大运河沿线区（县、市）均建有生态保护区。成功创建龙艺术、梁祝文化、慈孝文化、渔文化、博物馆文化、海丝文化等中国民间文艺之乡。成立宁波市甬剧研究传习中心（宁波市甬剧艺术博物馆），在慈溪周巷镇天元村创建首个中国曲协会员乡村曲艺工作站。

非遗资源利用　推动非遗与传统工艺美术的融合发展，拥有国家级传统工艺振兴目录项目5个、省级10个，省级非遗传承教学基地、生产性保护基地、传统工艺工作站、工坊等65个；在6个区（县、市）建成本级的综合性非遗展示馆，兴建非遗展示馆54家；探索提供非遗主题旅游产品，开展个性化非遗展览和表演，推出10条非遗旅游线路、6家非遗景区、4家非遗民宿，形成一批特色文化小镇和文化产业村。推进宣传展示活动，在每年的文化和自然遗产日、传统节日开展丰富多彩的非遗活动，正月十四前童行会、象山三月三踏沙滩、咸祥八月半渔棉会、东钱湖端午龙舟盛会、中国梁祝婚俗节、中国开渔节等民俗活动，成为百姓一年一度的盛大节日。组织非遗项目“走出去”，宁波“三金一嵌”、奉化布龙、甬剧、姚剧、平调等非遗项目多次赴境外演出，宁海耍牙、象山竹根雕等多次赴境外展览，甬剧《典妻》摘取文华大奖，奉化布龙等屡获全国大奖。打造非遗活动品牌，持续举办“温故”非遗展、“小宁讲非遗”少儿非遗故事大赛、“阿拉非遗汇”等活动。推进非遗课程建设，在全市各级学校开设越剧、甬剧等6大类45门戏曲选修课，在2所高职院校、18所中等职业（技工）学校开设24个非遗相关专业。组织开展非遗研学实践教育，评审认定“宁波朱金漆木雕研学实践教育基地”“宁波非遗研学实践教育基地”等非遗中小学生研学实践教育基地，开辟文化传承之旅等精品研学线路。推进非遗产教融合、校企合作，20家职业院校与非遗代表性传承人开展合作，参与建设竹根雕、中医药、白瓷、奉化布龙、泥金彩漆等多个传承基地。推进数字化保护，建立市、县两级非遗数据库，在各级非遗中心建立面向公众的非遗网、微信公众号、视频号，向社会宣传、普及非遗相关知识、信息。2023年6月，宁波市和象山县分别入围全国非遗数字化试点。

梁祝传说　发轫于东晋时期，经长期流变、发展，在宁波地区逐渐形成梁山伯庙婚俗信仰文化，其内涵包括：古老的梁山伯庙、梁祝墓及其承载的文化，每年两次的梁祝庙会，周期性举行的以梁祝传说信仰为内容的民间艺术表演，祈求婚姻美满的信仰者及信仰仪式等。梁山伯庙位于海曙高桥镇的九龙墟，始建年代已无法考证，梁祝墓即在其庙西侧。1994年开始，当地政府以梁庙、梁祝墓为中心修建瞻仰和崇信梁祝生死恋情的爱情园地。“若要夫妻同到老，梁祝庙里到一到”等信仰仪式活动，构成以追求婚姻幸福为目的梁山伯庙婚俗信仰文化，在全国具有唯一性，具有较高的文化遗产价值。梁祝爱情传说通过音乐、戏剧、电影等不同的艺术表现形式传播到世界各地，被誉为东方的“罗密欧与朱丽叶”。

徐福东渡传说　传说公元前210年，秦始皇第五次东巡，命徐福率领3000名童男童女及数百名工匠、士兵出海求取长生不老之药。位于慈溪南部的达蓬山原名香山，相传

徐福在此启航东渡，故又名达蓬山，意谓可以到蓬莱仙境。古时，达蓬山北面是海，山脚下是一天然港湾。山顶有祭坛遗迹，据说为当年秦始皇所修。在慈溪周边的象山县和舟山的岱山县，也有徐福东渡时曾做短暂休息的传说。徐福东渡传说除在民间口耳相传外，在《四明志》《慈溪县志》等方志中均有记载。经过多方研究论证，达蓬山为徐福东渡启航地得到日本、韩国，中国台湾、香港等地专家学者认同。慈溪龙山镇建有“徐福纪念馆”。

布袋和尚传说　布袋和尚，俗名契此，唐末五代著名僧人，是一位真实的历史人物。生长于奉化长汀村，幼孤，出家圆寂于奉化岳林寺，当过奉化裘村岳林庄庄主，曾在雪窦寺讲经弘法，肉身葬于奉化封山。布袋和尚传说，孕育于他死后不久的五代，至宋代开始流传，经元、明、清、民国发展丰富，成为家喻户晓的民间文学精品。布袋和尚传说的主要内容有：身世来历、童年趣事、出家圆寂、解危济困、抑恶扬善、僧俗和谐。宋以后，汉传佛教把他作为弥勒化身，塑成佛像供奉，增加布袋和尚传说的影响力和神奇色彩。布袋和尚传说在国内流传于浙江、福建、云南、四川等省，在国外流传于日本、韩国、东南亚、欧美等国家和地区。

奉化布龙　因起源于奉化而得名，是全国代表性龙舞之一。由敬神、请神、娱神逐步演变成为富有特色的民间舞蹈，迄今有800多年历史。龙身有九节、十二节、十八节、二十四节之分，以苕霅、周家两村的九节布龙最为典型。奉化布龙传统套路有40多个，为一般龙舞所罕见，其中有的被用作国家体育舞龙比赛的规定动作。整个舞蹈由盘、滚、游、翻、跳、戏等基本套路和小游龙、大游龙、龙钻尾等过渡动作组成。所有舞蹈动作都在龙的游动中进行，“舞得活、舞得圆、神态真、套路多、速度快”是奉化布龙的主要艺术特征。1990年，奉化布龙入编《中国民族民间舞蹈集成（浙江卷）》。1996年，奉化被文化部命名为中国民间艺术（布龙艺术）之乡。

宁海平调　起源于明末清初，因多为宁海人组班，又称“宁海本地班”。耍牙为其独创绝活。据《宁海平调史》载，耍牙有100多年的历史。耍牙材料取自200千克以上的雄性肉猪下颌骨上的獠牙。表演者将獠牙含在口中，以舌为主要动力，齿、唇、气为辅助，程序分一咬、二舔、三吞、四吐。以精湛的“变口”功夫吸引观众的视线，配合平调“三大一小”和《将军令》等曲牌，以狂放身段亮相，塑造独角龙不可一世的骄横之态。中华人民共和国成立后，耍牙在传统基础上改进提高，由原来的六颗耍，发展成十颗耍。耍牙的地域性很强，程式化也非常讲究，被许多报纸刊物誉为“东方绝技”。

甬剧　用宁波方言演唱，属于唱说滩簧声腔的地方剧种。最早在宁波及附近地区演唱，时称“串客”。1890年“串客班”到上海演出后又称“宁波滩簧”；1924年，在上海遭禁演后，改称“四明文戏”；1938年，上演时装戏后，又称“甬剧”“改良甬剧”；1950年，正式定名为“甬剧”。甬剧音乐曲调丰富，“基本调”和“四明南词”曲调从山歌、对山歌、唱新闻演化而来，分别用于叙述故事情节、抒发人物感情，来自乱弹的快、慢“二簧”主要用于描绘高亢激昂的情绪，地方小调则用来表现特殊情景和情感。甬剧主要在宁波、上海、舟山等地演出，并向周边延伸，南至台州，西至丽水、金华，北至杭嘉湖。2002年创排的《典妻》，赴德国、匈牙利，中国香港、台湾和上海、西安、杭州、绍兴等地演出超百场，掀起一股甬剧热潮。

姚剧　用余姚方言演唱，属吴语系滩簧类地方剧种，前身为“余姚滩簧”，简称“姚滩”，又曾被称为“鹦哥戏”，1956年定名为“姚剧”。起源于18世纪上叶，形成于18世纪中叶，脱胎于当地雀冬冬、白话佬等民间说唱艺术和车子灯、旱船、采茶篮等民间歌舞。最早姚滩班社为清乾隆年间余姚横河匡堰（今属慈溪）艺人虞才华的“才华班”，鼎盛于19世纪中叶至清末民初，有民间班社近50家，盛行于宁绍平原，并流传至舟山、杭嘉湖、上海等地区，影响绍兴滩簧、桐乡花鼓戏、小歌班（越剧前身）等剧种。姚剧传统剧目有72出，多为反映平民生活、男女爱情的“对子戏”“三小戏”，少数为多角“同场戏”。内容通俗易懂，民间语汇丰富；音乐声腔以“平四”和“紧板”为基本调，辅以数十种小调杂曲，以节奏明快、活泼流畅见长；表演风格不受戏曲程式的严格约束。

宁波走书　约于清同治、光绪年间从绍兴上虞流入，又名莲花文书、犁铧文书。起初伴奏只用一副竹板和一支毛竹根头敲打节拍，曲调十分简单。后来，艺人许生传吸收绍兴莲花落的曲调，率先采用月琴伴奏，自弹自唱。在其影响下，许多艺人开始采用各种乐器伴奏，并从四明南词、宁波滩簧、地方小调中引进曲调，加以改造应用。宁波走书表演开始为一人自拉自唱的“坐唱”，后出现简单伴奏，乐队坐桌子两旁，演员于桌后表演，动作幅度较小，故称“里走书”。再后，演员与乐队相对各坐一旁，演员在台上有较大表演空间，称为“外走书”。再发展到站立表演，分口饰角色，在台上动作幅度也比较大，“走书”之名由此得来。中华人民共和国成立后，宁波走书表演发展到男女双档，伴奏也得到加强。常用曲调有3种：“四平调”一般作为一部书的开头，末句常由乐队和唱；“赋调”随内容情节、人物性格，有紧、中、慢之分；“马头调”从蒙古民间曲调中转化而来。走书演唱伴奏乐器中，以四弦胡琴为主乐，其他有二胡、月琴、扬琴、琵琶、三弦等。主要传统书目有《白鹤图》《黄金印》等。

四明南词 俗称“宁波文书”，属弹词类。有实证可考的流传时间距今约300余年。明末清初，一批志同道合的文人，组织“诗词歌赋社”和“丝竹社”，对此曲调、节目进行研究。因辞章华丽、曲调优雅，为士大夫们所欣赏，多在寿诞、喜庆的堂会上演唱，一般不进入书场、茶坊。清道光年间，南词繁荣，宁波新街一带有“崇德社”“引凤轩”等组织。四明南词唱、奏、念、白、表相间，主唱人能“一白、二唱、三弦子”。常用曲调有词调、赋调、紧赋、平湖、紧平湖，俗称“五柱头”。调和调式转换较多，也有板腔变化。演唱分为单档至十三档不等。唱腔多是七字句，有的间隔衬字流畅动听，有的有大段起板、间奏、尾奏等器乐段。主要乐器有箫、笙、扬琴、二胡、琵琶、小三弦等；主要书目有《珍珠塔》等。四明南词曲调多被甬剧和宁波走书、蛟川走书等吸收和融化。

骨木镶嵌 是民间工艺与家具、建筑相结合的一种装饰形式。以骨片、木片等为原料加工成各种纹饰，在木坯上起槽后嵌花纹，再经打磨雕刻，髹漆而成。在制作方法上有高嵌、平嵌、高平混嵌3种。常用题材多以历史故事、民间传说、生活风俗、和合二仙、梅兰竹菊等带有吉祥寓意的图案为主，也有表现人们生活劳动场景的，内容丰富多彩。大约隋唐时，宁波出现骨木镶嵌工艺品。明末清初，经过木雕、实剔木雕、木嵌、骨木和嵌等过程，骨嵌艺术最终形成固定风格，并很快广泛应用于宁波地区民间家具上，畅销省内各地及长江中下游和东南沿海一带。主要代表作品有红木镶嵌大地屏《群芳雅集》、博古组合橱《西湖春泛图》等。

朱金漆木雕 汉唐以后，出现彩漆和贴金并用的装饰建筑木雕。明清以后，朱金木雕普遍应用于民间日常生活，除“千工床”“万工轿”等较典型的朱金木雕家具外，还有用以迎神、赛会、灯会的雕花朱金木船、鼓亭、台阁等。朱金木雕的人物题材多取自京剧，因有“京班体”之称。其构图采用立视体，将近景、中景和远景处理在同一平面上，前景不挡后景；与传统中国画的“丈山、尺树、寸马、分人”的比例概念相反，人马大于房屋建筑，石头长树代表山、长草代表石，有鸟有云即为天空，有景为陆地，有船为江河，还有如“武士无颈、美女无肩，老爷凸肚、武士挺胸”等程式化的民间表现手法。“三分雕刻，七分漆匠。”朱金漆木雕的特色主要在于漆而不在雕，十分讲究漆工的修磨、刮填、上彩、贴金、描花。

泥金彩漆 是以中国生漆、瓦片灰和金箔为主要原料，泥金工艺和彩漆工艺相结合的漆器工艺。明宣德年间，已闻名中外。制作方法分为“堆泥（堆塑）”“沥粉”“彩绘”3种，可以用1种技法单独成品，也可以3种结合，综合成一个工艺丰富的产品。堆泥是泥金彩漆最独特的工艺，艺人以生漆、瓦片灰或蛎（壳）灰按一定比例捣制成漆泥，在木胎漆坯上堆塑山水、花鸟、人物、楼阁等图饰，再给堆塑贴金、上彩。泥金彩漆产品多为日用品，有床、柜、桌、凳、屏风、鼓、茶盘、果盆，桶钵、笔架、笔搁、印盒、镇纸等，遍及日常生活各领域。

金银彩绣　是“甬绣”的一种，以金银线为基材，辅以各种色线，在真丝质地上绣制，古称“盘金”“盘银”，始于汉而盛于唐。743年，唐代高僧鉴真东渡日本，曾带去宁波阿育王寺的金银彩绣千手佛，至今被日本奉为国宝。有几十种刺绣针法，包括散套针、玻璃针、乱针绣以及双面绣等工艺。表现题材以民间喜闻乐见的龙、凤、如意、麒麟、百鸟、梅兰竹菊、福禄寿、八仙等吉祥图案为主，吸收敦煌壁画中藻井及戏剧补子图案，创造独具特色的地方风格。

越窑青瓷烧制技艺　始于东汉，晚唐五代达到烧造高峰，出现以“秘色瓷”为代表的优质青瓷产品，形成“南青北白”制瓷格局。唐越窑瓷器的装饰艺术，主要有褐彩绘画、印、线刻、雕塑、镂空等手法，其造型与纹样、装烧方法、釉色与胎体、铭文与款式等均独具特色。陆龟蒙有“九秋风露越窑开，夺得千峰翠色来”之句颂越窑青瓷。以慈溪上林湖为中心，包括古银锭湖，杜湖、白洋湖一带，是越窑的中心产地。上林湖设“贡窑”，烧“秘色瓷”，贡奉朝廷约300年。

红帮裁缝制作技艺　广义红帮裁缝泛指宁波裁缝，狭义红帮裁缝专指做西装的宁波裁缝。红帮裁缝的发祥地在原鄞县和奉化县的奉化江两岸，明崇祯年间已涉足北京，至清末几乎垄断北京的成衣业。狭义红帮裁缝孕育于19世纪中叶，20世纪20年代形成于上海，后以上海为中心北上、南下、西进，50年代开始涉足日本和东南亚。红帮裁缝量身定制，在量、算、缝、试中运用刀功、手功、车功、烫功和“推、归、拔”原理，总结出西服工艺的9个势、16条标准，成为中国裁缝的经典。红帮裁缝创立中国服装业的5个第一：制作第一套中山服、第一套西服，开设第一家服装店、第一家服装学校，编撰第一部服装专著。

十里红妆　主要包括婚嫁仪式中的“迎嫁妆”习俗和红妆器物的制作工艺两部分。当地女子出嫁的嫁妆，是日后的生活所需，大到床铺家具，小到针头线脑，一应俱全，迎嫁妆队伍可绵延十里，故称“十里红妆”。嫁妆中的器物类主要由天然矿物朱砂和黄金等材质装饰，集雕刻、堆塑、描金、勾漆、填彩等工艺于一体，也包含小木作、雕作、漆作、桶作、竹作、铜作、锡作等民间匠作，具有独特的艺术风格和装饰特色。

石浦—富岗如意信俗　是浙江沿海渔民在歌颂劳作及祈求平安中产生的信仰习俗，与妈祖信仰同工异曲。传说如意娘娘是象山石浦渔山岛上的渔家少女，当她得知出海捕鱼的父兄海上遇难后，奋不顾身冲向大海。姑娘下海处浮起一段木头，村民将它雕成一尊佛像，并建娘娘庙供奉。20世纪50年代，石浦镇渔山村的部分村民被迫迁居台湾台东县，建起小石浦村，又称富岗新村，村民们依旧说石浦方言，延续包括如意信俗在内的石浦民俗。如意娘娘的产生、发展与传承，均为特殊地区民间自行推进，未发现有史料形成。2009年以后，每届中国（象山）开渔节都要举行“如意娘娘”省亲迎亲仪式。

卷二十二 | 翠屏山　河姆渡文化

翠屏山概略

四明山麓的“古宁波湾”区域，地处中国大陆海岸线中段，海洋、溪流、河湖、山地、丘陵、平原、滩涂均有分布。四明山北部的东西向山脉，被姚江谷地分割为南北两支。其中，北支中心位于童岙至邱王一线，由海拔500米以下丘陵构成，统称为翠屏山丘陵，东至伏龙山、止于杭州湾。翠屏山丘陵位于宁波主副双城之间，东西绵延40多千米，横亘在中部宁波平原与北部三北平原之间，面积421平方千米，涉及江北、镇海、余姚和慈溪的15个镇138个村，其地理区位优越、山水环境优美、文化底蕴深厚。

翠屏山丘陵东端海拔100米左右，中部海拔300～400米，至石堰乡，地层下陷为东横河，逾河西端，海拔100～200米。最高峰老鸦山蹋脑岗海拔446米，主要山峰有五磊山、大霖山、翠屏山、凤凰山、栲栳山、九垒山、老鸦山、桐岭山、东茅山、西茅山、云山、鞍山、达蓬山等13座。该区域水网纵横，有梅湖、邵岙等大小水库50余处，其中15公顷以上的湖泊水库多达22处，凤浦湖、窖湖、杜湖、白洋湖、上林湖、梅湖、九龙湖、荪湖等星罗棋布。林地面积达289.96平方千米，森林覆盖率高达67.2%，公益林占林地面积的52.6%。拥有鸣鹤—上林湖风景名胜区、达蓬山省级森林公园、九龙湖省级湿地公园3个自然保护地。

翠屏山区域文化遗产丰富，拥有三大文化策源地（上林湖越窑青瓷，井头山遗址、河姆渡遗址，慈城古县城、保国寺），并形成国家、省、市、县四级文物保护体系和非物质文化遗产保护传承体系。上林湖越窑遗址、田螺山遗址、河姆渡遗址、慈城古建筑群、保国寺、大运河遗址宁波段等6个全国重点文物保护单位坐落其间，已发现河姆渡文化时期遗址30多处、良渚文化时期遗址10处、钱山漾文化时期遗址2处、马桥文化时期遗址24处、西周遗址19处、东周遗址48处、汉代遗址16处。以河姆渡遗址命名的河姆渡文化，是中国长江流域最重要的新石器时代遗址之一。河姆渡、田螺山、施岙古稻田遗址等古迹遗址，有力地证明中国是世界上最早栽培水稻的国家，以及长江中下游同样是中华文明的发祥地；井头山文化则是在中国沿海发现的埋藏最深、年代最早的典型海岸贝丘遗址，对研究中国海洋文明发源具有重大学术价值。拥有彭侍郎祠旧址、虞世南故里、越国公袁韶墓、宋塔和白云洞、灵湖和灵龙宫、伏龙山石刻、刺史桥、下梅林庙、三北轮埠公司旧址、祖师洞、望海亭、月亮池、五磊讲寺、金仙禅寺、达蓬山佛迹洞、佛迹寺、洞山教寺、伏龙寺与莲花池、蛇打滚、白路岭等人文古迹。有7个历史文化名镇与名村（慈城镇、鸣鹤镇，方家河头村、洪魏村、任佳溪村、浪墅桥村、半浦村）的成片古迹。非物质文化遗产有国家级传统技艺“越窑青瓷烧制技艺”，民间文学“徐福东渡传说”，省级有民间文学“上林湖传说”“徐福东渡传说”和传统音乐“越窑青瓷瓯越”等。自然与人文相互配合，打造出6个4A级旅游景区（保国寺景区、慈城古县城景区、绿野山居景区、九龙湖旅游区、达蓬山旅游度假区、鸣鹤古镇景区）。

2022年2月，中国共产党宁波市第十四次代表大会做出重点打造翠屏山中央公园的决策部署。8月26日，市委文化工作会议提出构建“北绘、东绣、南擎、西拓、中优”的文旅发展布局。其中，“北绘”就是北绘翠屏山“银心金角”，打造翠屏山中央公园“都市绿心”，构建河姆渡—上林湖—慈城“文旅金三角”。按照“现代化滨海大都市中央公园”的发展定位，建设“具有世界影响力的大遗址文化传承地、彰显现代化滨海大都市独特魅力的文旅融合区”，打造成宁波建设现代化滨海大都市的亮丽名片。结合慈城、鸣鹤2个历史文化名镇以及四季九龙小镇、东施岙文创小镇、穴湖休闲小镇等特色小镇，形成“一园五片、双环四线”的发展格局。一园，即一个都市中央公园；五片，即文明起源、遗址公园，千年古城、宋韵古寺，秘瓷海丝、国药古镇，水光湖色、户外圣地，杨梅之乡、生态氧吧5个片区；双环，即环山快速交通的“速达外环”和环山景观通道的“游憩内环”；四线，即湖山漫游、青瓷诗画线，茶香梅甜、古道寻幽线，运河记忆、阡陌水乡线，海洋文明、海丝文化线。

翠屏山胜景

翠屏山区域，山色苍翠、湖山相伴，历史悠久、文化厚重，集上百个遗址、人文胜迹于一体，是宁波历史的源头和文化地标。

慈城古县城　位于江北慈城镇，镇域面积102.57平方千米。慈城建制始于约公元前495年（吴越勾践时）。738年，设慈溪县，直至1954年10月慈溪县政府驻地迁往浒山镇，旧慈溪县城改称慈溪镇，划归余姚县，1959年改称慈城镇，1960年10月划归宁波市，1984年并入江北区。1991年10月7日，入选浙江省第一批历史文化名镇。2005年9月16日，入选第二批中国历史文化名镇。慈城古县城北至慈湖，东、西、南以护城河为界，面积1.83平方千米，是江南地区唯一保存完好、具有严格规制的古县城。城内保存国家级、省级、市级、区级文物保护单位30余处。其中，全国重点文物保护单位7处，省级文物保护单位12处，著名的古建筑有孔庙、甲第世家、福字门头、布政房、姚状元宅、符卿第、向宅、冯宅、俞宅等。2006年，慈城古建筑群被公布为第六批全国重点文物保护单位。慈城文化底蕴深厚，历史上有5名状元、1名榜眼、3名探花、519名进士，有6人官至尚书，官职在御史以下的有581人，另有诸多画家、书法家、文学家等，代表人物主要有阚泽、杨简、姚镆、冯岳、房琯、桂彦良、赵文华、冯元仲、周信芳、秦润卿、应昌期、谈家桢、冯骥才等。古城民俗以重教尚文、慈善孝顺、敦尚礼仪、淳朴清雅见称，自汉代孝子董黯成名以后，更是教民以孝，兴起道义，至今仍传承古朴民风，保留诸多节庆、婚嫁、寿庆、九月半社火、十月庙会、谢年等传统风俗。

鸣鹤古镇　位于慈溪东南部，北近快船江，西面隔栲栳山与上林湖越窑遗址相邻，南部隔五磊山万丈岗与余姚接壤。晚唐时，鸣鹤以乡建制。北宋咸平年间（998—1003），设鸣鹤买纳场，榷收盐利。1392年，置鸣鹤盐场课司。民国时期仍以乡建制，1952年改乡为镇，2001年与观城、师桥合并为观海卫镇。2000年1月21日，入选浙江省第二批历史文化保护区，2019年1月21日，入选第七批中国历史文化名镇。鸣鹤历史文化厚重，以虞、叶望族为首，代表人物有东晋天文学家虞喜，东晋思想家、史学家虞预，初唐名臣虞世南等。古镇以鸣鹤老街为核心，形成于晚唐时期，商贸业比较发达，店铺、民居依河成街，是典型的江南小镇，素有“鹤皋风景赛姑苏”之称。古镇有明清建筑2.20万平方米、民国建筑2.97万平方米，多为商贾所建；保存完好的有新五房、二十四间、银号、岑家门头、叶家大厅、敦本堂、山前庙，以及7座河桥。鸣鹤有文物古迹18处，包括全国重点文物保护单位1处，慈溪市文物保护单位10处、文物保护点4处。白洋湖畔和里杜湖西岸有越窑青瓷古窑址，南部五磊山区有五磊寺及开山祖师那罗延尊者墓、虞世南故里、南宋越国公袁韶墓等，中部一线有中共浙东区委成立旧址、三北游击司令部成立旧址金仙寺、石公馆等现代革命遗迹。

上林湖越窑青瓷　越窑是中国古代最著名的青瓷窑系，其主要产地是唐代余姚上林湖（今属慈溪）一带，因五代时余姚隶属越州而得名“越窑”。上林湖越窑青瓷始于东汉，兴盛于晚唐、五代、北宋早期，衰落于北宋晚期，终于南宋初期，烧造历史长达千年，是唐宋越窑青瓷的中心产地。窑址主要分布在以上林湖为中心的古银锭湖（现为农田）、白洋湖、里杜湖、杜湖水库等地。1957年以后，文物部门多次组织人员对上林湖区域进行调查和发掘，发现瓷窑遗址近200处，编号窑址179处，遗存分布区面积232公顷；其中，核心的上林湖片区共有编号窑址115处，遗存分布区面积180公顷，主要集中在环上林湖的木勺湾、吴石岭、黄鳝山、荷花芯、下滩头、铁锚山、狗颈山、后施岙、吴家溪、黄婆岙等地，能展现越窑青瓷的整个历史轨迹，有“露天青瓷博物馆”之称。东汉晚期，上林湖窑场成功烧制出青瓷器，完成从原始瓷至青瓷过渡；晚唐，成功烧制出秘色瓷，代表当时瓷器工艺最高水平，设有贡窑，供奉朝廷；五代时期，秘色瓷贡奉中原王朝、吴越王室。上林湖越窑青瓷远销海外，在韩国、日本、印度、伊朗、埃及、苏丹等20多个国家和地区均有唐至北宋时期越窑生产的青瓷器出土，其制瓷技术传播到日本、朝鲜半岛等国家和地区。1963年3月11日，上林湖越窑遗址被公布为第二批浙江省文物保护单位；1988年12月28日，被公布为第三批全国重点文物保护单位。2006年5月25日，作为上林湖越窑遗址组成部分，位于古银淀湖的寺龙口青瓷窑址和开刀山青瓷窑址，被公布为第六批全国重点文物保护单位。2006年、2012年，两次被列入《中国世界文化遗产预备名单》。2013年3月5日，白洋湖越窑遗址、里杜湖越窑遗址被公布为第七批全国重点文物保护单位，并入上林湖越窑遗址。2016年，被列入“海上丝绸之路”联合申遗遗产点名单。2017年12月2日，上林湖越窑国家考古遗址公园被命名并授牌。公园位于慈溪桥头镇和匡堰镇，总面积约1518.3公顷，分遗址展示区、考古预留区、管理服务片区、东横河展示片区、农业体验区和自然山林区6个功能片区；其中，遗址展示区包括荷花芯窑址、后司岙窑址和普济寺遗址等展示点，管理服务片区包括主入口、上林湖越窑博物馆、上林湖越窑考古工作站、码头等。

保国寺　位于江北洪塘街道北部的灵山（马鞍山）山腹中，依山而筑。东汉建武年间（25—56），中书郎张齐芳弃官隐居此处，后来捐宅舍为寺，取名灵山寺。唐武宗会昌灭佛，灵山寺毁，广明年间（880—881）重建，获“保国寺”赐额。宋大中祥符年间，德贤、德诚两位僧人中兴保国寺。1064年，称“精进院”，后更名“保国寺”。元、明、清至民国，历经兴葺。现存建筑，在中轴线上自南而北有山门、经幢、天王殿、大殿、观音殿、藏经楼，东、西两侧有钟楼、鼓楼和僧舍。其中，大殿为全寺主殿，重建于1013年（宋大中祥符六年），是中国南方地区保存最完好的北宋木结构建筑。殿属于单檐九脊殿，平面进深大于面阔，呈纵长方形，在同时代的佛殿建筑中极为罕见。利用斗拱之间的巧妙衔接和精确的榫卯技术，不用一枚铁钉而将建筑物各个构件牢固地结合在一起，承托起50余吨的屋顶。大殿用材硕大，相当于宋《营造法式》记载的五等材。前槽天花板上巧妙安排3个与整体结构有机衔接的镂空藻井。由于藻井和天花板遮住大殿梁架，站在下面不易看到，故大殿被称为“无梁殿”。大殿建筑风格独特，有“虫不蛀，鸟不入，蜘蛛不结网，梁上无灰尘”的神奇。因此，保国寺大殿在中国建筑史上具有很高的历史、艺术和科学价值。大殿营造时正值宁波“海上丝绸之路”全盛时期，与阿育王寺、天童禅寺一样，保国寺在天台宗传播等方面起到一定的作用，其所代表的地域建筑文化通过“海上丝绸之路”传播到日本、高丽等国，是宁波“海上丝绸之路”的重要文化遗存。1954年全国文物普查时，南京工学院师生发现此古建筑，后来经过陈从周、刘敦桢核实，大殿为北宋建筑。1961年3月4日，保国寺被公布为第一批全国重点文物保护单位。

五磊讲寺　又称五磊寺，位于慈溪观海卫镇鸣鹤五磊山，周围重峦叠嶂，危峰参差，溪谷幽深，与山麓平湖相映衬，风景秀丽独特，有“浙东第一古寺”之称。据记载，五磊寺创始于三国赤乌年间（238—251），梵僧那罗延结庐传经于此。888年，僧令頵修建灵山禅寺。约1008年，获“五磊普济院”赐额。明永乐年间（1403—1424），改名五磊禅寺。1618年，僧守智、福顺重修。1645年，僧弘觉道忞自天童于此主持法席，成为临济宗丛林。1652—1671年，重兴梵宇200余间，住僧近千名，五磊寺成为浙东名刹、十方丛林。1853年，大殿等毁于火，后毁坏倒塌多于复建，规模不如以前。1911年，名僧谛闲主持讲席，成为天台宗道场，改名灵山讲寺。1946年，重修大雄宝殿、天王殿。1984年，五磊寺恢复对外开放。1985年以后，修复山门、天王殿、大雄宝殿、法堂、东西厢房、僧寮、招待所等。1995年，大规模重建。此后，陆续增扩建，形成三条轴线布置。中轴线上有山门、万工池、大雄宝殿、方丈殿，东轴线上有钟楼、迦蓝殿等建筑，西轴线上有鼓楼、观音殿、三圣殿等建筑。历代的文人墨客曾在五磊寺留下数量可观的丽章佳句，如宋代舒亶《游五磊寺》诗曰：“五磊峰高笔插天，苍朽合抱数千年。尘氛洒落非人世，风落清明近月边。”

九龙湖　位于镇海九龙湖镇境内，总面积36平方千米。九龙湖区域群山起伏，其间由东北而西南，一字地排列着蓄水量达2200余万立方米的十字路水库（九龙湖）和蓄水量在300万立方米以上的郎家坪水库（凤凰湖）、小洞岙水库（月亮湖）、三圣殿水库（天鹅湖），小溪清涧与平原河流相互交织。九龙湖北侧，九龙山伟岸挺拔，九个山头和九条山脊并列一起，犹如九条卧龙伏地，绵亘数里，九龙山和九龙湖之名，皆由此而来。

九龙湖系人工湖泊，原称十字路水库，始建于1977年，湖周长10千米。九龙湖区域有蓬莱园、湖心岛、龙潭飞瀑、蓬山佛迹、斗鸡双峰、方腊寨、子瑛公馆、烈士陵园、香山寺等景点，以及九龙山庄、九龙乐园等游乐设施。气候适宜，植物生长繁茂，有种子植物1000多种，其中有木莲、华东黄杉、红豆杉等国家二级珍稀濒危保护植物和浙江省稀有树种。有木莲果、杜仲、七叶一枝花、金钱吊葫芦等103科326种名贵野生中药材，板栗、甜柿、香榧、猕猴桃、乌板等几十种特产坚果和水果。有110多种鸟类和野生动物，其中有黄腹角雉、穿山甲等国家一级、二级保护动物。站在其北缘的达蓬山上，可俯瞰九龙湖，远眺东海和杭州湾跨海大桥。

余慈杨梅　又名龙睛、朱红，因其形似水杨子、味道似梅子，因而取名杨梅。属杨梅科植物。余姚、慈溪素称“杨梅之地”，杨梅栽培历史悠久。据考古发现，河姆渡遗址就有杨梅属花粉，说明早在7000年前翠屏山一带就有杨梅原种，当地人已开始食用野生杨梅。余姚的施岙遗址有迄今中国年代最早、最为确切的杨梅树遗存，树木年代为公元前2520年，距今4500多年。明嘉靖《余姚县志》记：“产烛湖山（今属慈溪）者，其种曰荔枝，曰湖南，其味冠绝诸果。”当时“余姚杨梅”出名的地块，即今慈溪横河的新岙、竹山一带。清雍正《浙江通志》载：“慈溪产之荸荠种，果形大，刺尖密，色赤，核微扁，味极甜美，为我国赤色之优良品种。”清代叶炜与友人说杨梅诗：“此果曾夸梅市西，烛溪终不及慈溪。紫霞万壑金家岙，龙尾今堪共品题。”余慈杨梅主产区在翠屏山一带，一山之南是余姚，一山之北是慈溪。品种多样，以荸荠种最佳，色紫黑，核小多汁，味甜少酸，稳产高产。1986年，余姚成为全国杨梅基地县。1990年，慈溪、余姚开始年年举办杨梅节。1995年，余姚被农业部命名为“中国杨梅之乡”。1996年，慈溪横河镇被农业部命名为“中国杨梅之乡”。2000年，慈溪被国家林业局命名为“中国名特优经济林杨梅之乡”。2003年6月，“慈溪杨梅”通过原产地标记注册；2004年，余慈杨梅入选国家原产地域产品保护名录。2009年12月，“慈溪杨梅”获得国家商标局颁发的地理标志证明商标；2012年，获得农业部农产品地理标志登记证书；2019年11月15日，入选中国农业品牌目录。

河姆渡文化

河姆渡文化，是中国长江流域下游以南的宁波地区的新石器时代文化，分布在宁绍地区东部，越海东达舟山群岛，主要集中分布于余姚江流域。其命名源于1973年在余姚发现的河姆渡遗址。经科学测定，河姆渡遗址的年代为公元前5000年至公元前3300年，是新石器时代母系氏族公社时期的氏族村落遗址，反映距今约7000年前长江下游流域氏族的情况。

此后，又陆续考古发掘一大批河姆渡文化遗址。1979年，在姚江谷地开展的专项考古调查中，发现鲻山遗址，距今约6400～5500年。1994年，在河姆渡鲞架山，发现河姆渡先民的瓮罐葬和红烧土祭祀碑。2001年，在河姆渡遗址附近，发现田螺山遗址，历经5轮考古发掘，发现迄今为止最完整的河姆渡文化聚落遗址，距今约7000～5500年。2013年，在余姚三七市镇，发现距今8300～7800年的井头山遗址，将宁波地区的人类活动史前推1000多年，这是浙江和长三角地区的首个史前沿海贝丘遗址，也是中国沿海年代最早、埋藏最深的海洋文化遗址，河姆渡文化的祖源。2020—2021年，在施岙发现世界上面积最大、年代最早、证据最充分的大规模古稻田，距今有6700～4500年的历史。2023年，在三七市镇上钱村以东，发现一处河姆渡文化晚期古稻田遗址，距今约5500～5300年。至2023年，在浙江东部，以姚江河谷为核心，河姆渡文化考古已发现80多处遗址，实物遗存完整真实。鉴于当地适合早期人类生活，地下水位高，隔绝空气，有利于保存地下有机质文物。这一区域是中国沿海地区不可多得的史前遗址“富矿”。此后，仍有可能发现更多重大遗址。

文化分期　河姆渡遗址的第4、3层和第2、1层，分别代表河姆渡文化的早、晚两期。早期，约为公元前5000年至公元前4000年。陶系简单，夹炭黑陶占绝对优势，除磨平素面外，绳纹较多，刻画的几何图案花纹和动植物图案突出，主要器形有敛口或敞口肩脊釜、直口筒式釜、颈部双耳大口罐、宽沿浅盘、斜腹盆、环形单把钵、大圈足豆、盆形甑、块状体支脚等。石器种类少，一般磨制不精，斧、锛较厚硕，主要石器工具中未见穿孔者。晚期，约为公元前4000年至公元前3300年。夹砂红陶、红灰陶数量最多，前段的泥质红陶外壁红、内壁黑且常施红陶衣，后段的泥质红陶表里色泽一致且很少施陶衣；沿用绳纹，出现镂孔纹饰；新出现鼎、落地式把两足异形鬶、垂囊式盉，其他主要器形还有敞口鸡冠耳釜、敞口扁腹釜、牛鼻耳罐、折沿罐、镂孔豆、空腹倾斜体支脚。石器多通体磨光，出现扁平长条石锛，穿孔石斧、长方形双孔石刀和石纺轮。

文化特征　陶器主要是夹炭黑陶和夹砂红陶、红灰陶。除素面陶外，盛行在釜类腹底交错拍印绳纹，陶器的宽边口沿上常刻画平行条纹、波浪、圆圈、叶形、谷穗状等几何图样，偶见白地深褐色纹的彩陶。以平底器和圜底器为大宗。代表性器物有釜、罐、带把钵、宽沿浅盘、垂囊式盉、支脚等。与支脚配合使用的陶釜，是河姆渡文化的主要炊器。骨质生产工具丰富，尤其在早期，骨器数量远超过石、木、陶质各种工具的总和。木器较精巧多样。梯形不对称刃石斧、拱背厚体石锛、骨耜、斜铤骨镞、管状骨针、骨哨、木矛、木刀等，都是具有特色的器物。大批榫卯木构件及干栏式建筑的遗迹，显示出河姆渡文化的住房特点。

经济特征　在河姆渡文化遗址范围内，普遍发现稻谷遗存，有的地方稻谷、稻叶、稻壳等交互混杂。经鉴定，主要属于栽培稻籼亚种晚稻型水稻。在田螺山遗址居住区干栏式木结构房屋周围熟土浅坑内，发现茶树根，表明已有栽植茶树的活动。发现的大批农业生产工具，最具代表性的是用以翻耕土地的骨耜，由鹿、水牛的肩胛骨加工制成，还发现安装在骨耜上的木柄，下端嵌入槽内。此外，还出土很少的木耜、穿孔石斧、双孔石刀和长近1米的舂米木杵等农业生产和谷物加工工具。家畜主要有猪和狗。田螺山遗址发掘出4块8～16周龄的幼鹅骨头，表明已圈养鹅。许多骨耜由水牛肩胛骨加工制成，说明水牛当时已被驯养。制陶业、纺织业、骨器制作、竹木器加工都比较进步。

艺术特点　河姆渡遗址的原始艺术品数量大，题材广，造型独特，内容丰富，主要表现在象牙雕刻、陶器纹饰上面，尤其是一些象牙雕刻器，线条流畅，造型美观。其中，一件“双鸟朝阳”纹象牙碟形器，正面中间阴刻5个大小不等的同心圆，外圆上端刻有熊熊的火焰纹，象征太阳的光芒，两侧各有一只引昂勾喙的鸷鸟拥载太阳，器物边缘还锥刻羽状纹。整件器物图像布局严谨、雕刻技术娴熟、形象逼真传神、寓意耐人寻味，是河姆渡原始艺术的精品。一件鸟形圆雕，柄端雕出俯首的鸟头，圆目勾喙，似鹰类猛禽，中间为鸟身和翅膀，背面平整，阴刻短直线和斜线组成的图案，两侧也有斜线和弯月形短线，羽毛感强烈；腹部较厚，有横向突脊，其上有透孔，作穿绳佩挂之用；尾部扁长，略成圆弧。陶器刻画作品，刻画于陶器口沿和腹部，内容包括太阳、月亮、花草树木、鱼鸟虫兽等，画面简洁舒展，风格朴实而又生机盎然，代表作品有鱼藻纹陶盆、稻穗纹陶盆、猪纹陶钵、五叶纹陶块等。人体装饰品，有璜、管、珠、环、饼等。珠、环等饰品大多用玉和萤石制成，还有一些以兽类的獠牙或犬牙、鱼类的脊椎骨制成的装饰品。

河姆渡国家考古遗址公园　从1993年余姚市河姆渡遗址博物馆建成开放起，余姚市相继兴建河姆渡遗址考古发掘现场展示区、田螺山遗址现场馆、河姆渡原始生态园等一系列展示设施，还谋划兴建河姆渡博物院、井头山遗址现场陈列馆。2018年底，开始从大遗址群的角度统筹考虑其所处环境及周边重要相关遗存，以河姆渡遗址、田螺山遗址和鲻山遗址3个同属河姆渡文化的全国重点文物保护单位为核心，启动河姆渡国家考古遗址公园申报工作；2020年，补充纳入井头山遗址。2022年12月29日，国家文物局公布第四批国家考古遗址公园立项名单，河姆渡考古遗址公园获准立项。河姆渡国家考古遗址公园启动区项目，集文物保护、考古展示、研学教育、旅游服务、绿色生态于一体，包含山丘、平原、河流、沼泽、稻田、林地、古村落等丰富的自然与人文景观环境，总用地面积约45.36公顷。2024年7月，启动全面建设。

河姆渡文化重要遗址

井头山遗址　位于余姚三七市镇三七市村，东至田螺山遗址2千米，南至河姆渡遗址8千米。2013年10月，因厂房建设打桩时发现。2019年9月至2020年8月，浙江省文物考古研究所联合宁波市文物考古研究所、河姆渡遗址博物馆对遗址进行主动性发掘；2022年6月，井头山遗址考古发掘工作进入第二期。2023年6月29日，入选浙江省第八批省级文物保护单位。文化堆积以海洋软体动物贝壳为主要包含物，埋藏深度达5～10米，总面积约2万平方米，距今8300～7800年。是长三角地区首个贝丘遗址，也是迄今为止中国沿海发现的埋藏最深、年代最早的典型海岸贝丘遗址。该遗址出土大量陶器、石器、木器、骨器、贝壳器等人工遗物和早期稻作遗存，以及丰富的水生、陆生动植物遗存。其中，陶片数万片，已修复的器形有釜、敞口盆、圈足盘、碗、小杯、深腹罐、釜支脚、陶拍等；陶质以夹砂陶为主，还有夹炭陶、夹细砂陶、夹贝壳碎屑陶等，陶胎以灰褐色、红褐色为主；厚薄不均，用泥条叠筑加拍打成形，部分有贴塑特征，炊器内壁均有明显的拍打凹窝；纹饰主要有绳纹、浅方格纹、横向篮纹、锯齿纹、蚶齿戳印纹等，部分器表装饰红衣或黑衣，并有少量简单图案的彩陶。石器有斧、锛、锤、凿、镞、砺石、磨盘、圆盘状垫饼（砧）等30多件。骨器100多件，器形有镞、鹿角锥、鳔、凿、针、匙、珠、笄、哨等。另有用大型牡蛎壳加工磨制的贝器（耜、铲、刀、勺等）60多件，在浙江考古史上首次出土。木器100多件，保存优良，器形有桨、器柄、带销钉木器、矛形器、点种棒、双尖头木棍、单尖头木棍、杵、碗、扁担形木器等，其中数量最多、加工最特殊的是挖凿有规整椭圆形卯孔的“刀”形器柄。编织物共18件，用芦苇、竹子等制作，器形有席子、篮子、筐子、背篓、鱼罩、扇子等，还有一团似渔网残块。自然遗存中，以动植物遗存为主，还有大量胶结着牡蛎壳的小块礁石。动物遗存中，最多的是海洋软体动物的贝壳，主要种类有泥蚶、海螺、牡蛎、缢蛏、文蛤等5大类，其次是各类渔猎动物骨骸，以鹿科动物骨头为主，也有一些猪、狗、圣水牛、水獭等动物的骨头，以及海鱼的脊椎骨、牙齿、耳石等。植物遗存中，最多的是木棍、木条等木头遗存，以及储藏坑中的橡子、麻栎果等和桃核、果壳、松果、灵芝块、炭化米粒、水稻小穗轴等，还有漆树、黄连木、猕猴桃等种子；另有一些用于制作编织物、绳子的原料，如芦苇秆、麻类纤维等植物遗存，在陶釜支脚的胎土里还可分辨出较多的稻谷壳碎片印痕。

河姆渡遗址 位于余姚河姆渡镇芦山寺村。1973年夏，当地农民建设排涝工程掘土时发现。同年，浙江省文物管理委员会、浙江省博物馆对河姆渡遗址进行首次大规模发掘。1977年，进行第二次大规模发掘。1982年，被公布为第二批全国重点文物保护单位；2018年，被公布为第二批省级考古遗址公园；2020年5月，入选首批“浙江文化印记”名单；2021年，入选全国“百年百大考古发现”。遗址处建有河姆渡遗址博物馆，1993年5月开馆，总建筑面积9300平方米，由出土文物陈列馆、发掘现场展示区、原始生态园及田螺山遗址现场馆组成。河姆渡遗址是中国南方早期新石器时代遗址，总面积达4万平方米，堆积厚度4米左右，出土文物近7000件，上下叠压着4个文化层。第一文化层，约5500～5000年前，发现11座墓葬、3个灰坑和一些坩埚状柱础，出土遗物有扁平穿孔石斧、长条形带脊石锛、鱼鳍形釜、细颈盘口釜、折腹小罐、镂空圈足豆和象鼻形釜支架等。第二文化层，约6000～5500年前，发现10个灰坑、零星柱洞、木构水井和3座墓葬，出土遗物有长条形弧背石锛、石蝶形器、双孔骨耜和木耜、多角沿釜、钵形釜、圆锥和扁锥形足鼎、外红里黑喇叭形圈足豆、牛鼻耳罐、折腹盆和猪嘴形釜支架等。第三文化层，约6500～6000年前，发现残缺不全的房屋建筑遗迹、7个灰坑、13座墓葬，出土遗物中，石器有石斧、石锛等，骨器以骨耜、象牙蝶形器为主，木器中漆碗最为引人注目，陶器以夹砂陶为主，夹炭黑陶为次，少量泥质陶，器形有带肩脊敞口釜、双耳罐、盘形豆、垂囊盉、方柱状釜支架等。第四文化层，约7000～6500年前，发现大片干栏式木构建筑遗迹、5个灰坑。干栏式的建筑——底层架空带有前廊过道的长屋，沿小山坡呈扇形分布，约有数间，其中大的长约23米，深约7米，前廊深1.3米。屋基由桩木和横木结合构成，横木由树干充当，类似于现代的地龙骨，在横木两侧打下支撑板或板桩，将其夹牢不动，然后在木桩间架设地梁，上面铺设地板，距地约1米高，形成屋基；再在屋基上修建架空的长条形干栏式建筑：由基座中间一根约3米的中柱、约2.6米高的后檐柱和稍矮的前檐柱挑起屋架，屋架中的梁、枋、柱、檩等木构件均是用榫卯结点，屋顶则是采用席箔等物盖在椽上而成。多数探坑发现稻谷堆积层，总厚度达100厘米以上，还有成堆成坑的麻栎果、橡子、酸枣、菱角等植物果实，以及随处可见的各种动物骨骸。出土遗物中，石器多为小型石斧、石锛，骨器以骨耜、骨哨为典型，木器主要是纺织机构件和木桨，陶器以夹炭黑陶为主，夹砂灰陶次之，典型器有带肩脊敛口釜和敞口釜、双耳罐、唇沿起棱的浅腹盘、弧敛口钵和单把钵、尊形器、方柱状釜支架等。

田螺山遗址　位于余姚三七市镇相岙村，遗址三面环山，南临平原，与河姆渡遗址相距约7千米。该遗址围绕一个名为田螺山的小山头分布，周围是大片低平湿软的稻田，面积3万多平方米，海拔2.3米，埋深2 ～ 3米。文化堆积最厚处超过3米，叠压着6个文化层，主体遗存年代距今约7000 ～ 5500年，是已发现的河姆渡文化遗址中自然环境最好、保存完整的古村落遗址。2001年5月，当地一家私营热处理厂为解决生产用水在打井时发现。2004年2月18日，浙江省文物考古研究所联合宁波市文物考古研究所、河姆渡遗址博物馆开始发掘；至2010年，共发掘5次，揭露面积1800平方米。2005年8月，建造发掘现场保护棚和出土文物陈列厅。2007年6月20日，田螺山遗址现场馆建成开放。2009年12月，划定保护范围9万平方米，建设控制地带5平方千米。2012年，在遗址保护棚内1200平方米发掘区的中部、东部500多平方米的范围内，清理出以排桩式基础为特征的河姆渡文化早期干栏式建筑典型遗迹。该遗址出土陶器、石（玉）器、骨（角、牙）器、木器等3000余件，以及大量的动植物遗存，并揭示出多层次的干栏式建筑、木构寨墙、独木桥、古水稻田、食物储藏坑和零星墓葬等聚落遗迹。动植物遗存出土时色泽鲜艳如新，地下埋藏环境完好、文化内涵丰富。在田螺山遗址大部分范围里，发现叠压在文化层上下的厚淤泥层，属全新世海相沉积。据田螺山样品碳-14年代测定数据，第8层的2个校正数据均在距今8000 ～ 7500年之间，从而支持河姆渡文化早期与跨湖桥文化晚期平行发展的新假说。

傅家山遗址　位于江北慈城镇八字村傅家山东北面。2004年，宁波市文物考古研究所为配合杭州湾大桥南岸连接线高速公路建设进行抢救性考古发掘。该遗址属于耜耕、渔猎和采集经济并存的河姆渡文化早期类型的新石器时代遗址，距今约7000 ～ 6000年。地层堆积有8层，堆积深度2.1 ～ 2.5米，包括表土层、泥炭和亚泥炭层、淤积层、文化层；揭露原始村落遗迹1处、灰坑2个。村落遗址系木结构建筑基址，坐西面东，背靠傅家山，面宽30余米，并在南北两端的地层中延续；进深方向有7 ～ 8排木桩，桩木成排、成组有规律地向面宽方向分布，基址残留较多桩木、木板和少量的带榫和卯孔的建筑构件。傅家山原始村落中有2种建筑类型。一种与河姆渡遗址第四层打桩立柱的干栏式建筑相同；另一种是桩坑式建筑，先挖柱坑，在坑底垫一块或多块木板，再在上面立柱，立柱横截面近长方形，以四柱构成一间。出土人工遗物651件，包括陶、玉、石、骨、木、角器和象牙等在内的生产工具、生活用具和雕刻艺术品，主要是生产工具。石器有石斧、石锛、石凿、石刀、石球、砺石和磨盘。骨器有骨镞、骨耜、骨匕、骨刀、骨锥、骨针等，还有象牙雕鹰头、鹰雕纹饰、蝶形器、发笄等骨制饰品。木器，除柱榫、槽板等建筑构件，还有木矛、梭形器、棒、柄、蝶形器。陶器，主要器型有釜、罐、盆、盘、钵、器盖、支座等，主要纹饰有绳纹、弦纹、斜线纹、谷粒纹、齿贝纹以及各类的组合纹饰等。玉器，主要为装饰品，有璜、环、玦、坠等。另有一定数量的食物果实植物种子和动物骨骼遗存。

鲻山遗址 位于余姚丈亭镇汇头村，东南距河姆渡遗址10千米，1978年考古调查时发现。遗址面积5万平方千米。1996年，省文物考古研究所、厦门大学、河姆渡遗址博物馆联合发掘，揭露面积350平方米。文化堆积厚3米，自下而上分别为河姆渡文化、良渚文化和商周时期遗存，年代距今7000～3000年。出土陶器、石（玉）器、骨（角、牙）器、木器近千件以及形制多样的燧石打制石器，发掘的干栏式木构建筑遗迹明确显示，河姆渡文化干栏式建筑经历早期打桩立柱和晚期挖坑垫础立柱2个技术发展阶段。2000年7月，浙江省政府公布鲻山遗址保护范围为30万平方米，建设控制地带60万平方米。

鲞架山遗址 位于余姚河姆渡镇芦山寺村，西南距河姆渡遗址1千米，北靠葛山（其东段当地习惯称之为鲞架山），往南延伸至王其弄的一片狭长水稻田下。1994年1月，当地砖瓦厂在鲞架山南坡取土时发现。该遗址总面积约2万平方米。1994年上半年，浙江省文物考古研究所与河姆渡遗址博物馆合作，抢救性发掘500平方米。文化堆积厚2米，内涵主体属河姆渡文化，年代距今6300～5000年。该遗址包含河姆渡文化遗存和春秋战国时期的文化遗存，发现灰坑、红烧土台、瓮棺葬，道路、河埠、成排木桩等遗迹，以及大量河姆渡文化遗物和新石器时代晚期的各类遗物。首次发现河姆渡文化的瓮棺葬，是河姆渡文化中的一种特殊葬俗。出土150件陶器、石（玉）器、骨器、木器等遗物和鹿角等动植物遗存。该遗址的早期遗存填补河姆渡遗址第二、三文化层之间的缺环，使河姆渡文化的发展序列更清晰。2005年5月，划定鲞架山遗址保护范围为4万平方米，建设控制地带25万平方米。

卷二十三　月湖　天一阁

月湖建设

月湖是宁波市城中湖，古称西湖，曾称鉴湖，位于市老城区西南侧。据史书记载，636年（贞观十年），鄮县县令王君照初凿。833年，鄮县令王元暐兴修水利，“导它山之水，作堰江溪”，引流蓄之，潴为湖，俗称细湖头；其东部略呈圆形，亦称日湖，西部呈细月形，亦称月湖。相传系拆明州“明”字，而命名城南两湖，东为阳称“日湖”，西为阴称“月湖”。892—898年，明州刺史黄晟兴工构建罗城，日、月两湖成为城内之湖，“三江六塘河，一湖居城中”的格局初步形成。949年，吴越王钱镠次子钱亿任明州郡守，入宋后获封奉国军节度使，累计驻守明州十余年，曾以较大规模疏浚月湖，“洲岛为之四出”，月湖面貌基本形成。

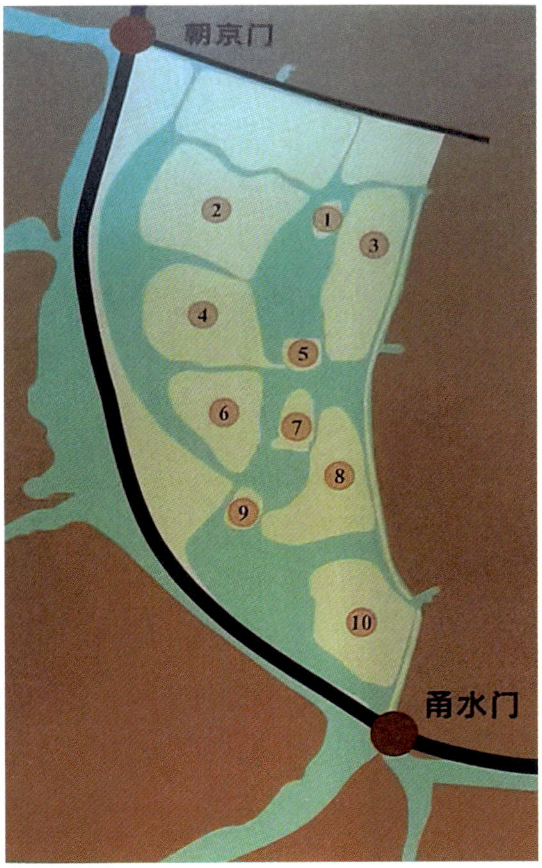

① 芳草洲
② 芙蓉洲
③ 菊花洲
④ 雪汀
⑤ 柳汀
⑥ 烟屿
⑦ 花屿
⑧ 月岛
⑨ 松岛
⑩ 竹屿

宋代明州“月湖十洲”示意图

1021年，僧蕴臻修建憧憧东桥、憧憧西桥通柳汀。1061年，明州知州钱公辅仿杭州浚治西湖之法，挖淤泥屯土修堤（偃月堤），栽花植柳，修建湖心“众乐亭”，筑东西两桥通月岛。1079年，知州曾巩发动兵民大举浚湖，引它山堰水从望京门入湖，使之成为城中十万户日常生活的主要水源。1093年，户部郎中刘淑任知州，遭逢大旱，于是率众浚湖，沿岸栽植松柳，以浚湖积土堆置扩建月湖十洲。1094—1098年，户部郎中刘珵继任知州，布置楼阁亭榭，集四时花卉，成十洲胜景。1208—1224年，月湖南北纵350丈，东西横40丈，周长约730丈。1257年，沿海制置大使、庆元府知府吴潜组织民力，在月湖南北构筑行春、保丰碶，以宣泄湖水，还相继修浚城中水利，形成以月湖为核心的城市水网。

清代，月湖逐渐淤塞，湖床变浅，面积大为缩小。据民国《鄞县通志》记载，清初，月湖“广长减十之六七，而所有汀洲岛屿，不可复识矣”。清光绪（1875—1908）以后，东西两岸六洲与湖外陆地相接，月湖十洲已失去昔日面貌，甚至有商民跨河建宅。1955年，在芳草洲开辟儿童公园；在湖之西侧（原芙蓉洲、雪汀沿湖一带）开辟月湖公园。1960年2月，疏浚月湖，挖除湖心淤泥近1万立方米，新建下水道5000米。1981年，在湖之西北隅（原芙蓉洲濒湖处）开辟“儿童航空飞机场”。到1984年，因周边场所的废水和生活污水排入湖中，月湖遭严重污染。同年9月，市政府开始治理月湖，兴建进水排污闸门，敷设环湖污水截流下水道；逐步推进风景区建设，布置绿化带，兴建亭台榭坊。1989年，兴建公园西桥，与儿童公园相沟通。至1995年，月湖南北长1050米，东西宽110米，蓄水15万立方米。明清以后建筑众多，居民搭建的各种建筑设施随处可见，周边道路小巷狭窄曲折；沿湖四周砌有大量河埠头，供居民浆洗。月湖原“三堤”已难觅踪迹，“七桥”也大部分被改建或拆毁。

1998年10月6日，中共宁波市委、市政府召开月湖建设工程拆迁动员大会，启动月湖改造工程。随后，搬迁月湖居民，启泵清淤，修建园林，最大程度恢复“月湖十景”，增辟新景点。至2001年1月，工程竣工，累计拆除房屋13万平方米，保存吴氏支祠、谢宅、古湖心寺、花果园庙、杨宅、袁宅、大方岳第、蒋宅、卢宅、宝奎庙、宝奎巷及银台第等建筑，并加以修缮利用。完成9800平方米考古发掘，发掘出北宋高丽使馆遗址、南宋“水则碑”亭、“都酒务”遗迹以及南宋史家宅第等，并加以适当的修建设施予以保护。完成洁水清淤和湖岸整修改建，拓增水面0.85万平方米，形成约20万平方米的湖面。修缮南侧望湖闸口，改造北侧闸门，在中部马衙街处开口，以明渠形式与天一阁南门的马眼槽相通，并在马眼槽西侧以暗渠与北斗河水系相连，开挖月亮湾、菊花洲、芳草洲等水域，改造月岛、菊花洲地形。修缮宝奎巷等古建筑，新增亭、廊、阁、舫、轩、堂、榭等共19个单体建筑3000平方米。修缮景观园桥4座，新建宝奎桥、芳草西桥、映月桥等景观桥10座，修建园路、广场、绿化15万余平方米，完成月湖周边“七路一桥”（长春路、三支街、马衙街、迎凤街、镇明路、偃月街、共青路、虹桥）等基础设施建设。

2007年底，月湖西区旧城改造项目（一期）启动。月湖西区占地54.3万平方米，呈南北向“长条形”，西临北斗河，南接长春路，北依中山西路，除天一阁外，拥有各类传统民居院落145座。2010年，动工建设天一阁广场，位于天一阁景区西侧、长春路东侧。2012年6月，由于文物保护需要，市政府终止月湖西区旧城改造项目；2016年7月，完成月湖西区旧城改造项目（一期）地块（东至偃月街，南临三板桥街—青石街，西接规划支路，北临中山西路）改造。2016年5月，天一阁广场建成投用，作为月湖历史文化街区的游客集散区。2017年3月，海曙区启动月湖水生态综合治理工程，为期10年（整治期1年、维养期9年）。经治理，月湖水质常规指标基本稳定在地表水Ⅲ类及以上，透明度常年保持在1米以上，“清可见底”效果已然显现。2022年8月，在月湖西区中部（北至马衙街、东至偃月街，南至大书院巷，西至长春路），启动天一阁南馆及周边配套设施工程。

月湖胜景

月湖自开凿以后，历经修建，在总面积约1平方千米的区域内，建成“十洲七桥三堤”，形成“城中湖、湖中岛、岛中池”的交互格局，即自南而北，湖东有竹屿、月岛、菊花洲，湖西有烟屿、雪汀、芙蓉洲，湖中有松岛（竹洲）、花屿、柳汀、芳草洲10洲；憧憧东桥（陆殿桥）、憧憧西桥（尚书桥）、湖心东桥（月湖桥）、湖心西桥（大厅桥）、感圣桥（虹桥）、衮绣桥（水仙桥）、四明桥（平桥）7桥；偃月堤、广生堤、桃花堤（长春堤）3堤。1998—2001年，实施大规模改造，基本形成现有景点。2013年，天一阁·月湖国家5A级旅游景区创建工作启动。2015年11月，市政府设立宁波市天一阁·月湖景区管理委员会。2019年10月29日，天一阁·月湖景区获批5A级旅游景区。

菊花洲　位于月湖东侧北端，北靠迎凤街，东毗镇明路，南至柳汀街。因诗句“一场秋雨一场凉，芙蓉换作菊花香”得名。1998年改造前，菊花洲上房舍鳞次栉比，除沿镇明路、柳汀街设店肆外，多为民居。改造时，将洲中的平桥街重新挖掘成平桥河，拆除天德巷、九曲巷、欢喜巷、树巷等小巷及周围房屋，改作绿地，扩展湖面，新建梦湖亭、枕流亭、含香亭、金蕊堂等亭台楼阁。洲上现存古建筑较多，有宁波现存较完整的古代居民宝奎巷、建于南宋的宝奎庙、建于明代的大方岳第、南宋庆元知府吴潜立的水则亭、清代建造的银台宅和卢宅、从醋务桥迁建的童祠，以及蒋介石兄长蒋介卿的蒋宅、高丽使馆遗址、徐宅等。

月岛　位于月湖东侧中部，北抵柳汀街，与菊花洲相邻，东靠镇明路，南接竹屿，西南隅从月湖桥（湖心东桥）下筑墙围住，与花屿合成月园，西通过湖心西桥连接共青路，东侧有月湖桥、问字桥，与花果园巷相通。1998年改造时，拆除月湖街、花果园巷、戒珠巷、社坛巷等小巷的民房，以及七牧将军庙等，仅保留花果园庙、民国鄞县县立女子中学校长杨菊庭住宅、首任宁波商会总理吴锡葭的家祠——吴氏支祠。此外，岛上还有院士林、月湖桥、湖心西桥、月亮湾、灵应庙以及增添的印心亭、射碧亭、漾素亭、枕月轩等亭廊轩。

竹屿　位于月湖东南隅，东靠三支街，南至长春路。旧时，屿上多私家花园，如陆氏拗花园、张氏萧园、谢氏天赐园等。1998年改造前，竹屿仅存三支街和月湖之间一狭长地带。改造时，为突出竹的特点，增添竹林、竹廊、竹亭、竹厅，新建含萚亭、宜三轩、佛云堂、深香醉月亭、襟湖桥等。南宋吏部尚书楼钥生于此。屿上现有林宅等古建筑。

竹洲　位于月湖南侧，为一小岛，西有竹洲古津桥通共青路。别名松岛，南宋丞相史浩建真隐馆，更名竹洲。竹洲历来文教繁盛。南宋楼钥于此设立月湖最早的讲舍，史浩建碧沚讲舍，沈焕及弟沈炳与金华吕祖俭（金华学派创始人吕祖谦之弟）共同创办沈端宪讲舍（亦称三先生书院）。清代全祖望曾居于此，重建竹洲三先生书院，光绪年间（1875—1908）知府宗湘文立辨志书院。1912年，宁属县立女子师范学校在此宣告成立，现为宁波二中。

花屿　位于竹洲之北、柳汀之南，四面环水，与月岛西南隅围合在一起，形成“月园”，被称为园中园。南宋知州赵伯圭建沧州阁于湖心寺内，寺外有赓生堂。明嘉靖年间（1522—1566），兵部尚书张时彻改湖心寺为月湖精舍。屿上现有湖心寺、袁宅及一台三亭（袁宅东边的穹顶戏台，沿河的依水居、社稷亭和自雨亭）、古问字桥及沿河水榭长廊等。

柳汀　位于月湖南北之腰，为一小岛。东至陆殿桥与菊花洲相通，西出尚书桥与烟屿相接。据传原是烟笼翠盖、绿柳成荫的湖中小岛，故名。现存贺秘监祠、关帝庙、佛教居士林、瀛洲接武牌坊等古建筑。1021年，僧人蕴臻在柳汀东西两端同时建造憧憧东桥和憧憧西桥，后在明代分别改为陆殿桥（因紧挨陆氏关帝庙得名）与尚书桥（因桥西端有为刑部尚书陆瑜而建的牌坊得名）。1061年，明州知州钱公辅筑众乐亭。1144年，知州莫将建逸老堂，即贺秘监祠。不久，魏王赵恺建成涵虚馆，后续建四宜楼、水云亭、闽国公祠、瀛洲接武牌坊等。1782年，改作玄坛殿；1934年，为佛教居士林所用。1630年，陆世科建关帝庙。南面原有建于1831年的柳汀义学魁星阁，1995年因柳汀街拓宽，移至马衙街口月湖边雪汀，更名超然阁。

芳草洲　位于月湖北端，为一小岛，由芳草东、西二桥连接。别称碧沚、悬水池，内建有亭台楼阁，挖有荷花池。南宋，史浩建碧沚亭于其中。淳熙四先生之一杨简曾在此讲学，史浩四子及长孙史守之皆受业于他，故后人称此处为杨简碧沚讲学处。史守之在此建鸿禧馆藏书楼。明中期，洲上有丰氏（丰坊）宅，后售予范钦，范钦在其上建祠堂。民国时期，为私家茂盛花园，以出售白兰花，故名芳草洲。1955年，此洲改建成儿童公园；1998年改造后，复名芳草洲。洲上现有鼎上楼、碧沚亭、依水居、小飞虹、香祖阁、东西二桥、杨文元书院遗址碑等。

芙蓉洲　位于月湖西侧北端，南与雪汀以虹桥跨马眼漕相连。西靠长春路、西北至三板桥界河，北至衮绣桥（青石街口），囊括偃月街北段、青石街、马衙巷、中营街、天一巷。明代，范钦在洲上建立天一阁藏书楼，历400余年发展，成为天一阁博物院。1981年，东侧濒湖处辟建儿童公园的航空游乐场。1998年改造后，新建芙蓉舫、游船码头，航空游乐场改成圆形露天剧场，也称老月湖戏台。

雪汀　位于月湖西侧中部，在烟屿之北，汀北有马眼漕，自天一阁秦氏支祠前经虹桥流入月湖，与芙蓉洲为界，西靠长春街，南抵柳汀街，囊括偃月街南段、三圣巷、大书院巷、小书院巷、后营巷、太阳巷等。清代，设有义田书院，后改月湖书院，清末于原址办宁波府师范学堂，后为省第四师范学校，是宁波革命摇篮之一；1957年，于书院旧址修建月湖饭店（后改作月湖石浦饭店）。汀上曾古树成荫，有月湖公园、寒光台、1927年建成的翁文灏故居、1994年从柳汀迁建的超然阁、1699年建成的清真寺及三圣殿和其他民居等。2022年，大书院巷以北地块，保留三圣殿、清真寺、超然阁及部分传统民居外，其他拆除，改作天一阁南馆及周边配套设施建设用地；以南地块，除翁文灏故居外，还有宁波华侨温德姆至尊豪廷大酒店、浙江外经贸大厦等。

烟屿　位于月湖西南隅，竹洲、花屿的西面，北抵柳汀街，囊括共青路、桂井街、桂井巷等。屿上有清代学者、藏书家徐时栋的烟屿楼。1998年改造时，将月坛改建为月坛公园。屿之西部有宁波市青少年宫、月湖花园大楼、宁波二中松苑校区等。

七桥三堤　原亦月湖胜景，后改筑马路。花屿、烟屿间为湖心西桥，1084年（宋元丰七年）始建，俗名大厅桥，因清时桥下有参将大厅署在烟屿，后拆建。花屿、月岛间为湖心东桥，1084年建，现称月湖桥。柳汀、烟屿间为憧憧西桥，又名澄清桥，因桥下烟屿有明天顺年间知府张瓒为陆瑜所建的尚书牌坊，今称尚书桥；柳汀、菊花洲间为憧憧东桥，初名升平桥，明代桥下建四明驿馆，又称馆驿桥，1630年大理寺卿陆世科于桥西建关帝殿，俗称陆殿庙，故桥又称陆殿桥。雪汀、芙蓉洲间为虹桥，西通马衙街，南北通偃月街。芙蓉洲与月湖北滨相沟通为衮绣桥，因左侧旧有水仙庙，俗称水仙桥。菊花洲与月湖北滨相沟通为四明桥，1234—1236年，吴潜知庆元府兼沿海制置使，于桥侧置水则亭，立平字碑于亭中，以测水位，遂改名平桥。1819年，巡道陈中孚浚修城河，发现水则亭遗址，重建，后毁。明代张时彻致仕回籍，改筑花屿中湖心寺为书院，架旧月岛、花屿间小桥，东通花果园巷，西通花屿，称古问字桥，尚不在七桥之列。偃月堤连醋务桥与平桥，成东西横堤，1056—1057年知州钱公辅筑，今偃月街北段，迎凤街、镇明路西段。广生堤连月湖、大厅二桥，亦钱公辅所筑。桃花堤在湖南隅，今柳汀街越湖心马路，延伸过竹洲，达南水门，1573—1620年全天叙筑。

月湖文化

一部宁波史，半部在月湖。北宋，王安石任鄞县知县时，于月湖延聘“庆历五先生”，兴教重学，浙东学术自此萌芽；知州楼异于月湖建高丽使行馆，成为宁波“海上丝绸之路”活化石的佐证。宋室南迁后，月湖十洲逐渐成为四明故家望族的择居佳处、文人墨客的荟萃憩息之地。南宋，在“一门三宰相，四世两封王”的史氏家族经营下，月湖周边书院、藏书楼鳞次栉比；“淳熙四先生”讲学月湖，形成宁波历史上第一个独立的学派——“四明学派”。宋元之际，鸿儒王应麟在月湖边潜心著述，由此诞生的“深宁学派”对元明清学术思想有着重要的影响。明代兵部右侍郎范钦于芙蓉洲修建的天一阁，是中国现存历史最久、亚洲第一、世界第三的私家藏书楼，为宁波赢得“书藏古今”美名。

在千余年历史中，月湖区域孕育丰硕的历史资源，有各级文物保护单位（点）50余处，其中全国重点文物保护单位3处。沉淀着深厚的文化积层，大体上可归纳为儒家文化、书院文化、藏书文化、故家文化、辞章文化、书画文化、音乐文化、宗教文化、商贸文化、群众文化、休闲文化、园林文化、碑林文化、酒文化、医药文化、科技文化，共16种。如音乐文化颇具特色，且留下佳话。月湖盛时，春夏之际“士女相属，鼓歌无虚日”，涌现出谱曲家，如北宋作《琴台志》《乐圃余稿》的朱长文等。酒文化，前有“双鱼酒”，后有“十洲春”的贡酒。医药文化，宋有高氏医学，明初有名医孙正科，清初有画家兼行医的李海若，以及月岛宋北川继承开创的宋氏女科，唯宋氏女科传世至今。书画文化，明代全大震精书法，其子全美闲则为书法家兼画家，画马独入神品；清初，李海若画山水人物，善于用淡色，清雅绝伦；清代谢为宪精于画，散漫数笔，则生意迴出。20世纪90年代以后，月湖文化得到挖掘、研究与传承。2003年12月，首届天一阁中国藏书文化节举行，显著提升月湖的文化影响力。2006年9月，“月湖映象”历史文化艺术周举行，凸显月湖无可复制和取代的历史文化资源优势。2024年4月，宁波市天一阁·月湖景区管理办公室联合宁波大学，搭建专业研究平台——宁波大学月湖文化与品牌传播研究院、宁波月湖文化研究院，探索、研究月湖文化内涵及现代价值。

故家文化　古代的月湖文化大多属于故家文化的一部分，尤以宋代最为突出。宋代月湖故家，除史氏外，尚有楼氏、舒氏、袁氏、汪氏、周氏、王氏、应氏、赵氏等。明代，除延续的汪氏外，又有丰氏、陆氏、全氏、闻氏、李氏、范氏、林氏、施氏、陈氏、徐氏、冯氏、汤氏、朱氏、谢氏、蒋氏、沈氏、邵氏等。月湖史氏，号称“二门两王，四世三宰相，五尚书七十二进士”；竹洲楼氏，先后有太师楼异、安抚使楼璹、大学士楼钥等。碧沚丰氏，有名臣丰稷、丰熙及书法名家丰坊等。西湖陆氏，产生过尚书陆瑜、按察使陆称、大理寺卿陆世科等。

儒家文化　宋初，提倡儒学；庆历年间（1041—1048），诏天下州县立学校，聘名师为教授。当时，明州杨适、王致、王说、杜醇和楼郁受聘为名师，人称庆历五先生，其中楼郁住于月湖松岛（竹洲），在县学和州学教授学生，前后达30年；又在竹洲设讲舍，授徒讲学，一时英俊皆在席下受业，对明州城内儒学兴起，功劳甚大。南宋，月湖儒家文化进入鼎盛时期，史浩在月湖提倡陆九渊“心学”。淳熙年间（1174—1189），陆氏弟子杨简、沈焕、袁燮和舒璘在月湖讲学授徒，人称淳熙四先生。他们从不同角度发展陆学，后人称为四明学派。除陆学盛行外，尚有金华学派的吕学。当时，吕祖谦弟吕祖俭任明州监仓，沈焕及弟沈炳在竹洲教学，吕祖俭常常泛棹自城东抵竹洲，与沈氏兄弟在讲堂论学，全祖望称之为竹洲三先生。清代，月湖儒家文化迎来第二次高潮，其中代表人物全祖望，生于烟屿北，是清中期著名经学家、史学家和文学家，浙东史学派的重要代表人物。他注重经世之学，一生七校《水经注》、三笺《困学纪闻》，增修黄宗羲《宋元学案》，选辑《续甬上耆旧诗》，并以巨著《鲒埼亭集》闻名于世。

书院文化　月湖历史上的书院较多。北宋，楼正议（楼郁）讲舍在松岛。南宋，沈端宪（沈焕）讲舍在竹洲，属史浩真隐观的一部分；袁燮在月湖城南书院授课；杨简受聘于史守之的碧沚精舍，为时较久，弟子众多。元明至清初，月湖的书院文化稍衰，如清初的义田书院，后改月湖书院，缺乏讲学风气，多是应试之用，不过在招生对象上普及于中下层。至1879年（清光绪五年），宁波知府宗源瀚在竹洲创办辨志精舍，规模虽不大，是甬上开设舆地、算学等新学科的先导，在宁波书院文化史上占有特殊一页。

辞章文化 历代有关月湖的文章不少，重要的有舒亶《十洲图记》《西湖记》《西湖引水记》，邵亢《众乐亭记》，莫将《逸老堂记》，史浩《鄮峰真隐漫录》《真隐园铭》，吴潜《水则碑记略》，朱翌《信天缘堂记》，闻性道《义田书院规制记》，李文胤《重修雍睦堂记》等。最多的是全祖望，如《贺公逸老堂碑铭》《竹洲三先生书院记》《鄞西湖十洲志》等，特别是《湖语》，以问答形式，全面论述月湖的湖水源流、胜地、掌故、物产、水利、僧道及儒家人物等。月湖风景秀丽，历代墨人骚客留下大量诗词，王安石、司马光、舒亶、曾巩、史浩、楼钥、吴潜、袁桷、陆铨、屠大山、张岱、李邺嗣、万斯同、全祖望等均有关于月湖诗词文选留存后世。自宋至清，诗人还往往在月湖组织诗社，相互唱和，如明代的林泉诗社，清代的西湖七子社、西湖八子社，全祖望的率真社等。

科技文化 早在宋代，楼钥族孙楼修精通历法，指出宋司天监测量日月运行与实际有差距。元代，郭守敬也察觉到这一错误。明代，张渊精通天文、历法、数学，著有《革象新书》《万物数注校》《六壬天语言图说》。清代，月岛社坛桥医学家宋北川，精于女科，世代相传，史称宋氏女科。晚清，月湖科技文化由传统转为近代，始于辨志精舍天算斋主讲黄炳垕（黄宗羲六世孙），他对“地心学”表示怀疑，奉命负责测量余姚沿海地图，著有《两太交食捷算》《测地志要》等。1905年，月湖书院改建为宁波师范学堂，除算学外，还开设动植物课。1912年，设于竹洲的宁属县立女子师范学堂，开设数学、生物、理化等课程，别于中国传统科技之学。

藏书文化 宋室南渡后，宁波私家藏书渐成风气，历代均有书楼兴造，有名可考的著名藏书家多达150余位，著名藏书楼有40余处，在全国乃至全世界都堪称一绝。北宋以楼郁和陈谧为重，南宋以楼钥“东楼”和史守之“碧沚”为重，有“藏书之富，南楼北史”之称，元代以袁桷“清容居”甲浙东，明初以丰坊“万卷楼”居魁首，再后当数范钦“天一阁”为第一。除“清容居”外，其他藏书楼均在月湖，可见月湖藏书文化之盛。明清以后，月湖区域较为知名的藏书楼有：陈朝辅“云在楼”、陆宝“南轩”、全祖望“双韭山房”、徐时栋“烟屿楼”等。诸多藏书楼中，明代范钦建造的天一阁当推第一，为《四库全书》献书最精最多，先后获赐《古今图书集成》《平定回部得胜图》《平定两金川战图》，其书楼式样被推行于四库七阁。私人藏书不易，大多毁于兵火等灾害，或因保管不善等原因散失殆尽，少数遗存的珍贵文献收藏于公共图书馆或文物部门。天一阁历经沧桑变迁，已成为宁波历史文化名城的重要标志，是宁波城市象征与宁波文化独特符号。

天一阁沿革

天一阁坐落在月湖西北的芙蓉洲，是中国现存最古老的藏书楼、世界最早的三大家族图书馆之一，素有“南国书城”之誉，在宁波城市宣传口号“书藏古今、港通天下”中占有半壁江山。原为明南京兵部右侍郎范钦藏书处，清乾隆年间（1736—1795）纂修《四库全书》时，乾隆皇帝特遣杭州织造寅著考察天一阁结构，丈量尺寸，开列书架排列奏报。后来庋藏《四库全书》的文源、文渊、文津、文溯、文汇、文澜、文宗七阁皆仿此式样，于是天一阁享名于世。1959年4月18日、1961年4月15日，先后被公布为宁波市、浙江省的文物保护单位。1982年2月23日，被国务院公布为全国重点文物保护单位。2008年4月29日，被国务院公布为全国重点古籍保护单位。2010年2月1日，入选文化部首批“国家级古籍修复中心”。2018年10月29日，与月湖组合晋升为国家5A级旅游景区。2020年12月，入选第四批国家一级博物馆。2021年9月18日，入选第五批国家级非物质文化遗产代表性项目保护单位。

天一阁空间衍变　1561—1566年（明嘉靖四十年至四十五年），明代南京兵部右侍郎范钦（1506—1585）归里后，于月湖西北芙蓉洲的宅第“司马第”东南隅构六间楼屋以为藏书之所，命名为“天一阁”。在阁前开凿一池以防火，与月湖地下水相潜通，常年不干，名为天一池。1571年，宁波知府王原相立“宝书楼”匾额在楼上正中。1665年，范钦曾孙范光文在阁前池边和阁后，用海山石建假山，筑小桥亭榭，环植竹木。1686年，范光燮修葺天一阁诸屋。1830—1831年，范邦甸等大修藏书楼，疏浚、维修天一池及前后假山。1870年，对战争造成的间接破坏进行修缮。1884—1888年，宁绍台道道员薛福成捐献俸禄维修。1933年9月18日，天一阁东墙因台风而倾塌，书楼受损。同年10月，地方人士成立重修天一阁委员会，筹款维修天一阁，1934年6月动工，1935年底竣工。在修复宝书楼的同时，增建“兰亭”于天一池西畔，迁孔庙的尊经阁（改名思齐楼，后复名尊经阁）及一批历代碑刻于天一阁后，命名为明州碑林；在尊经阁西侧辟千晋斋，收藏马廉捐赠的汉至明（以晋为主）古砖。至此，天一阁占地840平方米。抗日战争全面爆发后，重修天一阁委员会协助范氏族裔分批转移藏书，最终同浙江图书馆藏书一起藏于浙西龙泉县山中，后于1946年12月16日运返宁波天一阁。1953年，征购天一阁西邻三间一弄的二层民居1幢，改建成办公室（今范氏故居）；1959年，征购天一阁东首民房5间（辟为新的千晋斋）、荒地（坟地）10亩（辟为园林，今东园区域），并从祖关山等地迁来百鹤亭、太湖石狮、石虎、八狮亭、石马、铁牛等，种植盘槐、香樟、桂花树、紫藤等。至此，天一阁占地8860平方米。1963年，中营巷44号幼儿园搬出，其五间二弄加厢房的二层楼房租借给天一阁做文物仓库。1973年8月，建东园围墙，嵌入76方碑刻，这是续明州碑林。1980年，将西河街观音寺台门移建为西大门（景区主入口）、西河街观音寺殿堂移建于范氏故居西侧为“东明草堂”（天一阁建成前范钦藏书处）。1981年2月，在天一阁西北角建成第二代藏书楼——北书库（三层钢混结构建筑，使用面积980平方米）。1985年10月，马衙街北的陈氏宗祠划归天一阁管理。1986年10月，建成东园（1982年动工），占地5000平方米，以假山、水池、树木、亭阁为主体，有凝晖堂、林泉雅会馆等迁建建筑。1994年4月，东园南侧的秦氏支祠划归宁波市博物馆；11月，市博物馆与天一阁博物馆合并，秦氏支祠亦并入（2001年作为天一阁扩展部分，成为全国重点文物保护单位）。1996年10月，在秦氏支祠西侧的天一阁书画馆落成，采用明代江南民居左、中、右三轴院落布局，由门厅、状元厅、云在楼、南轩、昼锦堂、昼帘堂、博雅堂等建筑组成。同年，利用城市拆迁得来的明清构件，在原址复建司马第台门（包括一对抱鼓石）、耳房以及门前左右两对旗杆石和旗杆等。1998年12月，在司马第南侧的原范氏花园旧址建成南园（1996年动工），占3400平方米，建有南雷池、明夷桥、待访亭、太湖石假山、长廊，以及迁建的抱经厅、水北阁。同年，将天一街5号、8号（今为办公区）纳入天一阁管理范围。20世纪90年代，在司马第之西复建范氏余屋。2010年12月8日，在新书库西北建成第三代藏书楼——新书库（两层青砖黛瓦建筑，占地5000平方米）。2014年，启动天一阁博物馆东扩工程（2019年2月开工，2023年12月竣工），收入东北角（北临天一街、东临中营巷，南临天一巷，西连天一阁博物馆）、东南角（东临马衙巷，南临马衙街，西、北与天一阁博物馆相连）两处地块，占地面积共3545平方米。至此，天一阁占地面积约3.2万平方米。2016年5月，天一阁景区西侧、长春路东侧的天一阁广场建成投用（2010年动工），作为天一阁的新入口及月湖历史文化街区的游客集散区，有2栋历史院落、7栋新建清末民居特色的建筑，新建“甬郡台”“天一池和天一桥”“宗羲亭与浙东文苑”以及“淳熙亭与四明文院”等景点。2018年3月，开始谋划天一阁扩建提升项目（后明确为天一阁南馆及周边配套设施项目，简称天一阁南馆）；2022年8月，项目启动；2024年7月，主体建筑开工。

天一阁南馆　2018年3月4日，市委主要领导考察天一阁，首次提出建设天一阁新馆的构想；3月27日，主持召开市委专题会，提出要珍视天一阁这样有历史、有文化、有内涵、有精神的文化遗产，以上承前人、泽被后世的历史使命感和高度责任心，以千年大计的视野与格局，高品质谋划天一阁的未来发展规划，为开启天一阁下一个五百年的辉煌谋好篇、布好局。此后，天一阁博物馆邀请专家开展考察调研和咨询论证，形成天一阁扩建意见。9月5日，市委主要领导主持召开市委专题会议，原则上同意专家关于天一阁扩建意见，要求加快推进。10月18日，市政府主要领导主持召开市政府专题会议，决定成立专门的领导小组和工作小组，要求深化扩建方案。2019年4月26日，市委主要领导主持召开市重大片区重大项目推进领导小组第二次专题会议，确定天一阁扩建项目扩建方案，明确扩建范围、建设主体、建设资金来源，要求深化整体设计和功能布局。随后，邀请国际国内一流设计团队进行概念设计。11月20日，市委主要领导主持召开市委专题会议，要求深化概念设计方案，并征求专家意见。12月6日，市委常委会会议讨论并同意启动天一阁扩建项目，要求优化概念设计方案，在广大范围内征求意见。2021年3月，天一阁扩建项目被写入宁波市“十四五”规划及2035远景目标纲要。2022年5月17日，市政府召开市规划委员会第三次常务会议，成立天一阁南馆项目协调领导小组，要求深化完善概念设计方案。6月，在线上线下多个平台启动概念设计方案的公众票选工作，超32万名市民参与投票。8月26日，在市委文化工作会议暨打造全国文明典范之都推进大会上，市委主要领导宣布天一阁南馆项目等十大文化设施工程启动。2023年1月28日，市政府主要领导主持召开市政府专题会议，决定建立天一阁南馆项目建设工作专班，加快推进项目建设。2月10日上午，市文化广电旅游局召开“天一阁南馆及周边配套设施项目概念方案定案”会议，对概念方案予以确认。同日，项目在海曙区发展和改革委员会完成立项备案。5月30日，项目地块内的11处历史建筑修缮开始施工。12月20日，项目设计方案获国家文物局批复同意。2024年4月16日，《宁波市月湖历史文化街区保护规划局部调整（2021—2035年）》获省政府批准。7月3日，“中华民族现代文明城市样本”研究工程启动暨天一阁南馆建设全面推进活动在天一阁状元厅举行，天一阁南馆主体建筑开始施工。

天一阁管理机构　天一阁建成以后，长期由范钦后人管理。直到1947年2月，由范氏后裔和社会各界人士组成的天一阁管理委员会成立，负责筹集资金、修缮房屋、管理书籍等事务。1949年4月，范氏族人召开会议，成立范氏天一阁藏书产业保管委员会，欲重新掌管天一阁藏书。解放前夕，中共中央副主席周恩来指示，南下大军一定要保护好天一阁。1949年5月25日，宁波解放，人民解放军随即派出一个班的战士守护天一阁，直到社会秩序稳定。6月9日，由于范氏族人远走他乡，市军事管制委员会接管天一阁，后设宁波市古物陈列所，负责管理天一阁。1951年9月，鄞县通志馆和文献委员会并入市古物陈列所。1960年2月，宁波市文物管理委员会在天一阁成立，市古物陈列所撤销。1970年2月，市文管会与市图书馆合并成立宁波市图书文物馆，实际分两处工作。1978年6月，宁波市天一阁文物保管所成立，单独建制。1994年11月，天一阁文保所更名为宁波市天一阁博物馆，宁波市博物馆并入，伏跗室划归天一阁博物馆管理。根据1997年8月21日中共中央政治局委员、国务委员、中国地方志指导小组组长李岚清视察天一阁时的提议，1999年12月在水北阁成立中国地方志珍藏馆。1999年、2002年，银台宅、白云庄先后划归天一阁博物馆管理；2004年，天封塔、鼓楼划归天一阁博物馆管理（2016年鼓楼划归宁波市海曙国有资本投资经营集团有限公司管理）。2008年12月，宁波市博物馆正式开馆，与宁波市天一阁博物馆分开，天一阁成为以藏书文化为核心，集藏书的研究、保护、管理、陈列、社会教育、旅游观光于一体的专题性博物馆。2020年4月30日，宁波市天一阁博物馆、宁波市保国寺古建筑博物馆整合组建宁波市天一阁博物院（9月2日挂牌运作），统一管理天一阁、保国寺、伏跗室、浙海关旧址；白云庄、银台第、天封塔划归宁波市文化遗产管理研究院管理。2020年6月，获批成立国家级古籍修复技艺传习所。

天一阁胜迹

宁波市天一阁博物院是以天一阁为核心、藏书文化为特色，内有藏书楼、假山园林、故居、祠堂等古建筑群，形成藏书文化区、园林休闲区、陈列展览区的分布格局。藏书文化区以天一阁藏书楼为核心，包括西大门（含范钦铜像、堆塑《溪山逸马图》等）、东明草堂、范氏故居、范氏余屋、司马第、宝书楼、尊经阁、明州碑林、千晋斋、北书库和古籍新书库等。园林休闲区是天一阁中假山、水域、树木、长廊、亭阁最为集中的区域，包括东园和南园，在建造设计上兼顾水乡环境、庭院空间、文脉遗存因素，主要建筑有凝晖堂、林泉雅会馆、水北阁、抱经厅等。陈列展览区分两个片区，南部片区以近代民居建筑秦氏支祠为中心，包括闻氏宗祠（花轿厅）、陈氏祠堂（麻将起源陈列馆）及书画馆等；东部片区包括捐赠馆、名人与天一阁馆、芸香馆、研学馆等。

藏书楼　建于1561—1566年，占地面积281平方米，是天一阁博物院的核心建筑。坐北朝南，二层重檐硬山顶，六开间（五间一弄），前后檐上下均设窗，梁柱均用松杉等木，山墙为观音兜式。楼上三间（居中四间打通，为一大通间），大通间藏书，中间用书橱分隔，东西各有一道隔板；楼下六间，西梢间设楼梯，东间放些杂物，其余房间当初范钦用于读书、会客。取《易经》注释中“天一生水，地六成之”之意，书楼取名“天一阁”。历经400余年仍基本保持最初建造形制。阁中书橱22个。其中，第一橱不编字号，第二至五橱被分别冠以日、月、星、辰字号，这五橱橱门绘双龙，前设案椅，原藏乾隆御赐《古今图书集成》。第六至二十二橱则分别被编以温、良、恭、俭、让、仁、义、礼、智、信、宫、商、角、徵、羽等字号。书橱前后有门，两面置书，以便透风。随着北书库建成使用，书楼不再藏书。

尊经阁　原宁波府学（孔庙）的藏书楼，南宋绍兴年间（1131—1162）有五经阁，后阁毁经亡；明嘉靖年间（1522—1566）改名敬一亭，后亦毁亡；1744年，重建并命名“尊经阁”。1883年，又重建尊经阁，重檐歇山顶建筑，楼下面宽三间，中间有四大柱。1935年，因建造体育场，宁波府学（孔庙）被拆，正值天一阁修葺，重修天一阁委员会便征购天一阁后假山北的数间民房平屋，平整土地，将尊经阁移建于此，作为古籍阅览之所。同年8月18日竣工，12月31日改名思齐楼。考虑天一阁后有假山所隔，尊经阁便朝北开门，北面空地作为庭院，并迁移浮厝，植树种花。天一阁属公有后，思齐楼改为尊经阁。

千晋斋　原在尊经阁西首围墙边，小屋两楹，1935年天一阁修葺时增筑，以收藏马廉捐赠的古砖。因马廉所藏多为晋砖，有2000余枚，故称其室为“千晋斋”。1959年，将古砖迁入天一阁东墙外平房即今址。后陆续有古砖出土或藏家馈赠，均存入千晋斋。后藏砖几经搬迁，多有缺损。天一阁分别于1991年11月和1993年3月运回在保国寺进行修复的古砖，并对千晋斋古砖进行整理清点，共500余枚。1993年9月，千晋斋修葺完毕，对外开放。整个千晋斋主要由三间平房及种满竹子的庭院组成，房内是千晋斋古砖陈列。

明州碑林　始建于1933—1935年，即民国天一阁维修时期，80余方碑石包括宁波府学的旧存碑碣及新出土宋明墓志嵌入尊经阁之北三面墙壁；因数量众多，均系宁波一地之人文，宁波古称明州，故名“明州碑林”。明州碑林北门门楣上嵌刻有钱罕于1936年所题“明州碑林”四字。1973年修建东园围墙和20世80年代修建东园时，又将原宁波府城隍庙和鄞县县学以及天一阁陆续搜寻逐年积累的碑石安置于东园长廊壁中和陈氏宗祠、秦氏支祠后壁中。其中，东园嵌有石碑的长廊也被作为“明州碑林”扩展延伸部分。

东明草堂 原为天一阁建成前范钦藏书处，五开间建筑，早已无存。现存建筑系1833年所建的西河街观音寺殿堂，1980年移建于此，单层、三开间、硬山式。“东明草堂”匾由书画家沈迈士所题；室内壁上挂有清代鄞县画家陈允升《雨后林泉图》，沈元魁书联“游范宅察人间庋阁千夫悦口碑天一，怀儒家闻域外黉宫万国倾心拜仲尼”；前门廊柱有冯幵书联“圆妙洞庭三百颗，高奇太上五千言”。室内布局还原明代中堂客厅的样式，展示明代中后期士大夫会客场景。草堂前方有一面獬豸堆塑照壁。

范氏故居 系清代建筑，楼屋三楹，并有一弄，由范氏后裔在明代范钦的房屋旧址所建，以防火墙与天一阁藏书楼隔开。1953年，由政府征购，用作天一阁管理机构办公用房。随着北书库建成，范氏故居成为开放景点。故居门前廊柱有范永祺书联“家酿满瓶书满架，山花如绣草如茵”。室内西侧布置成书房场景，有一张书桌，两架书柜。书桌背面，上悬“一吾庐”匾，下挂一幅人物画，两侧对联：“养十年豪气，读万卷诗书。”堂屋东侧是一组长者（范钦）两侧一男（大儿子范大冲）一女（二儿媳陆氏）人物雕塑，名为“代不分书”，表现天一阁“代不分书，书不出阁”家规。

东园 建成于1986年，占地5000余平方米，以假山、水池、树木、亭阁为主体，由园林大师陈从周设计并主持建设。东园将藏书文化区与其南面的3个家族祠堂隔离开来，起到休闲缓冲作用。东园朝天一巷的大门为天一阁博物馆东大门。园内有百鹅亭、凝晖堂、林泉雅会馆等迁建建筑。百鹅亭，原系祖关山墓前祭亭，系明代嘉靖年间的古建筑；亭呈方形，四角梁柱、枋额等处有“鱼跃龙门”“双狮戏球”“麒麟招宝”等浮雕。凝晖堂、林泉雅会馆均为清代三开间硬山顶建筑。园中假山由海礁石堆垒，规模大于天一池畔假山；假山东、西两侧各有一亭，分别名为四明亭、鲒埼亭。园内西有一面直堤、三面曲岸的水池，即“明池”，取四明一池之意，与东园相合，暗合天一阁主人范钦的号——东明。东有碑廊，属明州碑林延伸部分。假山上樟树成林，木绣球、杜鹃花和南天竹及慈竹、凤尾竹等点缀其间，山脚有山茶和海棠。明池周围的月桂、小叶黄杨和紫荆等花灌木，衬托出白皮松和榔榆等乔木的高耸。

南园 位于范氏故居之南，与东园以长廊分隔，占地3400平方米，是天一阁一期扩建工程的重要组成部分。1996年动工，1998年12月8日落成。此地旧为天一阁范氏的花园，后因范氏家道衰落，出售他家。南园以水为主，水岸聚而不分，池岸叠石玲珑；池称“南雷”，桥唤“明夷”，亭呼“待访”，皆以纪念黄宗羲。池岸叠石是太湖石，太湖石的“瘦、皱、漏、透、丑、清、顽、拙”，与丹桂、修竹、红枫、长廊、卵石地坪、石板平桥、抱经厅、水北阁有机组合。不同于东园的浓荫和幽邃，南园具有开阔和高敞的特点。

水北阁　位于天一阁南园南雷池西，原在海曙西门外花池巷18号，由清代藏书家徐时栋于1864年在城西草堂故址上修建。书楼属三开间重檐硬山顶木结构楼房，因设于北面河旁，取名“水北阁”。现藏于天一阁内《徐氏甲子以来书目稿本（4册）》反映水北阁藏书情况，总计3164种，44205卷。1869年，鄞县志局迁移到水北阁，徐时栋出示所藏图书以供需要。1911年，水北阁30大橱藏书尽售于上海书贾，少量流入天一阁等宁波藏书楼。1994年9月，因城市拓展，水北阁迁入天一阁南园。1999年12月，中国地方志珍藏馆在水北阁开馆，以收藏新编地方志书。后因保管条件变化，将志书转藏于天一阁新书库。

抱经厅　抱经楼原在海曙君子街18号，是清代浙东著名藏书楼，与范氏天一阁、郑氏二老阁齐名，更与浙西卢文弨的抱经堂有“东西抱经”之称。1777年，清代卢址模仿天一阁藏书楼所建，楼名取自“春秋三传束高阁，独抱遗经究终始”。藏书楼藏书多为四明文献。鄞县知县钱维乔纂修乾隆《鄞县志》时，卢址尽出所藏，故多所采择。1872年，董沛纂修鄞县志时，寓居卢氏抱经楼观书。1916年，楼内藏书均被卢氏后人出售给上海书贾。藏书楼、楼前假山分别卖给源茂药行、翰香学校。1995年，因旧城改造，抱经楼迁入天一阁。1996年，由于南园占地面积有限，只在南园池南恢复抱经厅（抱经楼木构今藏白云山庄），内无藏书。

秦氏支祠　位于天一阁博物院建筑群中轴线的南端。1923—1925年，甬上富商秦君安出资，其子秦际瀚修造。1994年4月，秦氏支祠划归宁波市博物馆，开始对外开放。同年11月，随同宁波市博物馆，划入天一阁博物馆。2001年，作为天一阁的扩展部分，被公布为全国重点文物保护单位。秦氏支祠以照壁、台门、戏台为中轴线，五间二弄、前后三宸，两侧置有配殿、看楼，总占地面积2000余平方米，建筑面积1400余平方米。祠堂建筑融合木雕、砖雕、石雕、贴金、拷作等民间工艺，是宁波民居建筑艺术集大成之作。马头墙墙脚用青石砌成须弥座式，墙体素面，水磨青砖砌筑，柱头、额枋、斗拱、椽子等构件采用相同青砖雕刻磨制而成。廊墙、隔断墙全部采用拷作法，花式有八六十、正方体等。大殿前门上格“寿”字由一根藤拷作。檐柱全部采用石柱，安四角形雕花磉石。雕饰图案内容有明暗八仙、婴戏图、渔樵耕读图、二十四孝图和岳飞传、三国演义中的人物故事，以及和合二仙、龙凤呈祥、喜鹊登梅、福自天降等吉祥图案共140幅。戏台汇雕刻、金饰、油漆艺术于一体，屋顶为单檐歇山顶；有扩音功效的戏台穹形藻井顶由千百块经过雕刻的板榫搭接构成，形成16层大小不一的如意斗拱，呈螺旋状盘旋而上，最后集中于戏台正中上方的铜镜四周，不用一枚铁钉；台面呈方形，正合“天圆地方”之意。

陈氏宗祠 位于秦氏支祠的东侧，由台门、中厅、正堂组成，均系三开间单檐硬山顶，属晚清建筑，为陈政钥（将麻将由纸牌改为竹牌）家族祠堂。1994年，并入天一阁。2001年6月17日，全国第一家麻将博物馆在天一阁博物馆陈氏宗祠开馆。陈列馆在保持原古建筑风格的基础上，并配以中式、西式两间棋牌室和“三缺一”的塑像，采用综合场景式、橱窗式、开放式等多种手法，展现麻将文化的发展史，以及从宁波方言、航海业等方面佐证麻将文化与宁波有千丝万缕的关系，陈列不同国籍、不同质地、不同模样的麻将牌。

天一阁书画馆 位于天一阁景区西南角，1996年10月1日建成。建筑面积1700平方米，采用明代江南民居左、中、右三轴院落布局，由门厅、状元厅、云在楼、南轩、昼锦堂、昼帘堂、博雅堂等单体建筑组成。状元厅朝南建有大门，面向马衙街，供游人出入。其中，南轩、昼锦堂、画帘堂、博雅堂均为平房；云在楼为一幢重檐硬山顶楼房，阔五开间，有前廊。各单体建筑间或隔以漏窗砖墙，或隔以莲荷水池。以廊轩衔连，既可避雨淋日晒，亦可构成变化丰富的空间结构。门厅是由宁波城西赵宅的倒厅改建。除状元厅属迁移改建外，其余均为仿古建筑，且分别以宁波历史上的藏书楼之名命名。建筑的造型采用明代宁波地方传统建筑样式，简朴素雅，粉墙黛瓦，墨柱褐染，不施彩绘，雕饰为辅，地面用石板铺砌，楼窗及门框以水磨青砖镶嵌；山墙为观音兜式，墀头以砖雕与水墨彩绘加以装饰，会馆以黑、白、灰3色为基调。书画馆以展出天一阁所藏历代名家书画和现代知名人士作品为主要功能，同时也是宁波地方文化艺术研究交流场所。

天一阁藏品

天一阁主范钦宦游所到，均留心收集典籍，寻访碑帖。1560年，范钦去官归里后，又从事抄书、刻书、访碑、刻帖等文化活动20余年，还购入丰坊万卷楼、袁忠彻静思斋等故家散出之书，接受友朋的赠送，构成天一阁藏品基础。到范钦晚年，天一阁藏书5000余部、7万余卷，甲于浙东；此外，还藏有许多碑帖、书画。1773年，清乾隆帝诏修

《四库全书》，点名要天一阁等江浙藏书之家进呈藏书。遵此诏，范钦八世孙范懋柱进呈天一阁珍本641种，其中96种被《四库全书》全本抄入，377种被列入存目。1774年，乾隆帝特颁谕旨，赏赐天一阁《古今图书集成》1部，以示嘉奖；同时，派遣杭州织造寅著前往天一阁了解建筑格局和书架款式，并下旨仿天一阁建造文渊阁等“内廷四阁”，希望借鉴天一阁的设计使得《四库全书》能够安全保存。后来，庋藏《四库全书》的文渊、文源、文溯、文津、文汇、文澜、文宗七阁，就是仿照天一阁的式样建造的，天一阁在全国更享盛名。1779年，乾隆帝赐郎世宁刻《平定回部得胜图》16幅；1787年，再赐《平定两金川战图》12幅。

1841年，宁波府城陷落，英国占领军掠夺《大明一统志》等舆地书数十种。至1847年，天一阁仅存书籍2223部。1861年，太平军攻陷宁波，盗贼乘乱拆毁阁后墙垣，盗取天一阁藏书，论斤贱卖给奉化棠岙造纸商人当造纸原料，后部分书籍被范钦十世孙范邦绥尽力购回。当时有位奉化人出数千金购得部分散出之书，后于1863年遭火灾，所购之书全被烧毁。据薛福成命人所编《天一阁见存书目》，至1884年，天一阁存有原藏书2152部，共17382卷，《古今图书集成》8462卷。1914年，大盗薛继渭潜入天一阁，与楼外盗贼里应外合，将盗走的天一阁书籍运往上海，在书店中出售，后被商务印书馆的张元济斥巨资赎回一部分，藏于东方图书馆涵芬楼。在1932年一·二八淞沪抗战中，东方图书馆遭日机轰炸而焚毁，馆中的天一阁藏书损失千部。经过数次浩劫及零星散佚，到中华人民共和国成立前夕，除清代续增的《古今图书集成》外，只剩下1.3万多卷，而且不少遭受虫蛀霉烂，成为断编残简。

解放后，许多著名藏书家把自己珍藏多年的图书、绘画、碑帖等文物捐献给天一阁。1956年，宁波市图书馆古籍部成立时，天一阁调拨500多箱捐赠藏书入藏。此后，又陆续收到藏书家及有关单位和个人的捐赠。同时，宁波市文物管理部门陆续收集散存民间的天一阁原藏图书。1994年，宁波市博物馆并入天一阁，宁波市天一阁博物馆成立，天一阁博物馆除原藏古籍文物外，陆续入藏天封塔出土、和义路唐代遗址出土的文物，市文管会、市文物商店向社会征集到的文物以及捐赠文物、古籍。天一阁博物馆金属器、陶瓷器等文物渐丰。其中，馆藏金属器以天封塔地宫出土的银塔、银香炉、银佛龛等文物为代表；陶瓷器文物以和义路唐代遗址出土的越窑秘色瓷为代表。1999年12月，中国地方志珍藏馆在北水阁开馆，新方志收藏成为天一阁博物馆馆藏又一特色。2008年12月，宁波市博物馆开馆，原天一阁博物馆部分文物入藏市博物馆。至此，天一阁形成藏书、书画、碑碣墓志为主的馆藏格局，藏品包括古籍、字画碑帖、各种出土和传世的陶瓷器、铜器、玉器等和地方工艺精品。此后，天一阁继续通过收藏家捐赠来增加藏品，还通过拍卖、购买等市场化手段征集藏品。2023年，天一阁登记藏品22万余件，其中古籍30余万卷。

古籍 天一阁博物院古籍藏书以范钦藏书为基础，后汇集《古今图书集成》，范氏家著，清末学者徐时栋、董沛、宗源瀚、薛福成、钱学嘉等人所撰或所整理校刊之书，清末至民国刊印古籍，张氏樵斋图书（14162册、57040卷），张孟契祖上所遗书籍（138种、139部、1393册、3878卷），朱氏别宥斋藏书（10余万卷），孙氏蜗寄庐藏书（1.4万余卷），杨氏清防阁藏书（415部），冯氏伏跗室藏书等，以及天一阁向社会各界、古旧书店、文物商店等处采购的古籍。此外，还访得原藏书3000多卷（不分卷作一卷统计）。早年散存在宁波当地的原天一阁藏书基本归阁。2019年3月，天一阁博物馆历时5年的“天一阁所藏文献分类整理与研究”鉴定结项，明确天一阁藏有古籍2.2万种、15.8万册，其中善本古籍5313种、34626册。这是1949年以后天一阁文献最系统最全面的整理。此后，又有少量古籍入藏。至2022年，天一阁藏有古籍2.2万种、16万余册、30万卷，其中189种、5493册入选国家珍贵古籍名录，尤以成系列成规模的明代地方志、科举录为特色双璧。原藏明代可考的省、府、州、县志有435种，比《明史·艺文志》著录的还要多，现存289种，占全国现存明代方志的80%；其中，172种是各地现存最早的志书，164种堪称海内孤本。藏有明代科举文献（包含登科录、乡试录、武举录、科场条约等）396种、清代科举文献24种；其中，明代科举录370种，绝大部分是国内仅见之本，《洪武四年进士登科录》是明朱元璋开创的首部科举录。政书、地方文献及家谱也是天一阁的特色藏品。天一阁藏有明代各种实录、政书、邸钞、官令、军令、律例、营规、学规、揭帖、招供、奏议、大阅录等典章制度（统称政书），颇为丰富；其中，《天圣令》明抄本填补中国唐宋法令研究有律无令的空白。藏有甬籍历代地方文献1000余种，其中以稿抄本最有特色，如万斯同手稿《明史稿》、黄宗羲稿本《明文案》等；藏有家谱500余种、2000余册，较为知名的有记载范钦的《鄞范氏宗谱》，史浩的《鄞东下水史氏家乘》，包玉刚、包拯的《镇海横河堰包氏重修宗谱》，全祖望的《鄞县桓溪全氏宗谱》，万斯同的《濠梁万氏宗谱》，蒋介石的《奉化蒋氏宗谱》等。天一阁藏书也不乏其他珍椠善本，如明永乐元年刻本《元史续编》，明刻四色套印本《南华经》等，其中《三才广志》1184卷，是中国历史上最大的私纂类书。

书画 天一阁博物院书画藏品，主要包括范氏家族原藏和中华人民共和国成立后新增书画。范氏家族原藏书画有《历代圣贤画像》《历代帝王名臣群儒图》《平定回部得胜图》《平定两金川战图》《范氏二公遗像》《范氏历代祖宗画像》等53件。新增书画则是通过购买、捐赠、移交、写赠等途径入藏。至2010年，天一阁博物馆藏有书画作品共4406件，其中书法2515件，绘画1891件。此后，陆续接受许多书画名家捐赠，书画藏品快速增长。藏品时代上及唐宋，下抵近世，清代作品占大多数。作品中不乏书画大家，如宋代黄庭坚，元代吴镇、李衎，明代文徵明、陈淳、徐渭、蓝瑛、陈洪绶、董其昌，清代王原祁、傅山、八大山人、金农、郑燮、恽寿平，近现代黄宾虹、齐白石、吴昌硕、张大千、潘天寿、李可染等。此外，甬籍历代学者、书画家的作品在天一阁博物馆内占有相当数量。如明代丰坊、沈明臣、张苍水，清代史大成、周容、全祖望、万经、姜宸英、姚燮、陈允升、梅调鼎等，近现代赵叔孺、钱罕、高振霄、沙孟海、吴泽、陈训慈等。

碑帖　1585年范钦去世后，天一阁所藏碑帖处于封闭状态，除范氏子孙外，几乎无人过问。直到1738年，全祖望重登天一阁，发现有一架碑帖，才着手编订碑目，并撰《天一阁碑目记》，惜碑目未能流传下来。根据1808年范懋敏《天一阁碑目》著录数及以后续增的94种，天一阁馆藏三代至宋元碑帖804种，明以后未著录。1861年，天一阁藏书和碑帖遭到前所未有的浩劫，阁中碑版尽为台州游民取出用以造纸。1884年，薛福成的《天一阁见存碑目》，著录存碑拓本仅26种。1914年，天一阁又遭盗窃；至1933年，重修天一阁委员会查看，天一阁碑帖已散失殆尽。天一阁遗存的明代丛帖刻石有范钦模刻《天一阁帖》9种，丰坊模刻《万卷楼帖》3种，薛晨模刻《义瑞堂帖》11种。多为明代书家丰坊法书，计12种，另有文徵明、薛晨、薛选等著名书家法书。最著名的有：汉《西岳华山庙碑》，北宋拓本《石鼓文》《秦封泰山碑》。除上述3种外，另有如汉《冀州刺史王纯碑》《酸枣令刘熊碑》《圉令赵君碑》，梁《旧馆坛碑》等。1935年5月，重修天一阁委员会打拓200套，分送给捐款人及参与重修工作的有关人员。事后，尚留存一部分拓片，这是天一阁新藏碑帖拓本的开端。解放后，天一阁管理机构在征集、收购古籍的同时，也注意收集碑帖拓本。尤其是鄞县通志馆移赠碑帖885种，杨氏清防阁移赠碑帖1155种，朱氏别宥斋移赠碑帖538种，使天一阁新入藏碑帖拓本数量激增。此外，天一阁管理人员收集和抢救保护碑帖1489种。据《鄞县通志馆移赠碑帖目录》《清防阁赠碑帖目录》《别宥斋赠碑帖目录》《天一阁新增碑帖目录》著录，天一阁共藏有石刻拓本（含少量金、木、竹、砖等为载体的拓片）共4077种、9789页（册），另有复本4806页（册）。

碑碣墓志　宁波市碑碣墓志主要收藏于天一阁博物馆（明州碑林）。明州碑林刻石143种，其中唐经幢1种，宋碑13种，元碑20种，明碑42种，清碑62种。如宋《耕织图诗》

《能仁院新佛殿记》《众乐亭诗刻》《重建逸老堂记》，元《庆元绍兴等处海运达鲁花赤千户所记》《唐刺史吴侯庙碑》《张循王庙碑》《移建海道都漕运万户府记》，明《宁波府儒学进士题名碑》、沈恺草书《千字文》和《水月桥诗》，清《镇海防夷图记》《镇海防夷图记书后》等。清代刻石《甬上三忠遗墨》《老易斋法书》10种。改革开放后，随着城市建设和农村地区开发建设，许多碑石入藏天一阁，尚无确切统计。

天一阁古籍保护

天一阁博物院对书籍藏品的保护主要包括藏书楼格局设计、书柜设置、防潮防蠹、借阅制度、藏书目录编写、整理影印出版、古籍修复等。范钦在建天一阁时，命名“天一阁”就是依据“天一生水”之说，取“以水制火”之意，并在阁前挖掘水池；晚年还订下“代不分书，书不出阁”的规矩。从此，藏书归子孙共同所有，共同管理，同时不许外人入阁，亦不外借。1829年，范筠甫、范邦冉等范氏后人对藏书楼大修时，修订天一阁管理制度，立下禁碑3种、条款15项，严格保证天一阁图书“书不出阁”。解放后，天一阁不断完善对藏书的管理保护，多次拨款维修藏书、整理周围环境、建设现代藏书楼；继承合理的传统制度，加强防火、防潮等管理；设修书员，专门修复藏书；加强藏书整理编目和转化。

藏书整理　20世纪50年代，中国科学院图书馆和上海图书馆先后派人到天一阁，拍摄全部明代方志的胶卷。1961年以后，国家在经济极为困难的情况下，斥资影印出版《天一阁藏明代方志选刊》；至1966年，天一阁与上海古籍书店、中华书局共出版107种，是当时全国少有的大型古籍影印项目。1977年8月，天一阁成立编目小组。至1979年，列入上报全国的善本计2652种，20588册、59029卷（加上接受捐赠的有9369种）。1988年，开始整理《天一阁藏明代方志选刊续编》；至1991年，全部影印出版，收书109种。至此，天一阁馆藏明代地方志基本影印出版完毕。1996年7月，骆兆平在1979年编目小组成果基础上编著的《新编天一阁书目》，由中华书局出版发行，该目录与可考的明代范大冲编《天一阁书目》，清代黄宗羲编、范廷辅订《天一阁书目》，清代杨振藩、何松编《天一阁见存书目》，清代薛福成、钱学嘉等编《天一阁见存书目》，民国杨铁夫编《重编宁波范氏天一阁图书目录》，民国冯贞群编《天一阁简目两种》《鄞范氏天一阁书目内编》等，成为记载天一阁不同时期馆藏古籍情况的重要史料。2003年11月，《伏跗室藏书目录》出版发行。后《别宥斋藏书目录（上下）》《清防阁·蜗寄庐·樵斋藏书目录》等天一阁受赠书籍书目陆续整理出版。2006年，天一阁制定“书香天一”系列出版计划，实施长期出版工程。2007年，《天一阁珍藏系列》《天一阁明钞本天圣令校证》《天一阁集》《天一阁藏明代科举录选刊》等相继出版。2008年，天一阁获评第一批全国文化典籍重点保护单位。2010年以后，开始实行古籍数字化载体转化转换，建立古籍数字化平台（至2023年完成320余万筒子页珍贵古籍的数字化扫描），可以在电子平台上查阅，实现古籍文物原件保护、开发利用及文献传播的完美结合。2015年，天一阁获准立项编纂《天一阁藏历代方志汇刊》。至2018年，共出版发行850册，囊括天一阁所藏历代重要方志，总量达515种、3273册，其中五分之三为首次面世，这是当时国内出版的最大体量方志出版物，也是天一阁历代方志首次集体亮相。

古籍修复　由于各种历史原因和保存条件的局限，天一阁所藏古籍虫蛀、霉变、结板、脱页等现象日益凸显。1963—1964年，天一阁专门派员去北京图书馆古籍部学习修补古籍技艺，学成后专门负责修补天一阁藏书。1978年，开始聘请专业人员到天一阁帮助裱画。20世纪80年代，天一阁开始设修书员，对馆藏书籍进行修复。1994年，天一阁博物馆将古籍的科技保护与修复列入工作计划。1996年以后，天一阁博物馆公开招募古籍修补人员，扩展原有队伍。2009年，天一阁成为首批国家级古籍修复中心，建立一支以文物科技保护、化学材料学、造纸学和古籍修复技术等多学科复合交叉的专业人才团队，拥有国家文物局颁发的“纸质类可移动文物修复资质”和文化部授予的“国家级古籍修复中心”称号，能够完整修复各类纸张文物病害。2015年，完成联合国教科文组织《古籍与文书修复导则》的编写，成为该组织向全世界推荐的古籍修复规范流程和教学范本；2016年，天一阁古籍修复技艺入选浙江省非物质文化遗产项目；2020年，天一阁被批准为国家级古籍修复技艺传习所，跻身国家级古籍修复技艺的教学与传授机构。

藏品利用　早在1676年，范钦后人范光燮传抄天一阁百余种书籍供士子阅读。1673年，范光燮破例帮助黄宗羲登楼阅览天一阁藏书，使黄宗羲成为第一个进入天一阁的外族人。黄宗羲编订书目，还撰写《天一阁藏书记》，天一阁藏书从此蜚声于学界，但是基本上仍处于秘不示人的状态。此后近两百年间，获准登楼的学者也仅有十余人，其中有万斯同、全祖望、钱大昕、袁枚、阮元、薛福成等。直到1947年2月，天一阁管理委员会成立后，首次打开天一阁大门，公开展览，招待各界人士参观。但是对藏书无力整理和修补，日常只是偶有外地文教单位委托抄书，接受计费代办而已。解放后，天一阁藏品才真正为广大人民所利用，各地研究人员和文史工作者至天一阁辑录资料，天一阁继续为全国各地图书馆和学术单位代为抄录资料。1978年，天一阁对外开放，仅将分管藏书的人员留在天一阁，其他人员迁移他处办公。通过多年的环境整治与建设，天一阁形成设施齐全、规模较大，集藏书、文物、旅游于一体的江南古园林胜地。天一阁除收藏、征集、鉴定、登编、修复、保管、陈列、宣教、研究馆藏文物古籍，还举办、引进文物展览，开展学术交流等文化活动，提供文化旅游服务，实现藏用并举。至2023年，天一阁博物院累计开发出200余种读书主题文创产品，并走进学校开展古籍修复、装裱拓印体验，对修复工作进行的网络直播吸引大众“云围观”，开展“书与我的故事”“开卷”“晒书香”等系列活动，使天一阁藏品和年轻人产生更多互动。同时，天一阁及相关文化机构，共同打造出“天一讲堂”“天一听书”“天一云读”“天一夜读”“天一开卷”等10多个“天一”系列阅读品牌。

卷二十四 风土民情

风俗习惯

宁波市境内风俗既有同一性，又有差异性，山区、渔区、沿海、内陆各有特色，多姿多彩，源远流长。南宋《宝庆四明志·风俗》引《舆地广记》云："淮海惟扬州人性轻扬而尚鬼好祀。"元《至正四明续志·土风》载："四明在三代时为越国之采地，在秦汉时为会稽郡之鄮、鄞、句章三县，唐始为州，沿革不一，然其遗风余俗，厥有自来。"明《成化宁波郡志·土风考》道："自宋以来，礼俗日盛，家诗户书，科第相继，间占首选，衣冠人物，甲于东南。迨元，习尚浮侈，风俗少靡。大明文教诞敷，游惰者易饬，骄奢者易检，复淳庞澄清之风焉。"民国《鄞县通志·文献志·礼俗》记道："鄞县，昔在扬州之域，古所称为蛮荒也。经周、秦、汉、唐而至于宋，地益加辟，人益加稠，兼之高宗驻跸临安，明为畿辅，家诗户书，人文蔚起，其时若楼、丰、史、郑称盛一时。延而至于朱明，敦庞淳朴，矜尚气节，明季氏〔士〕大夫泣血椎心，耿耿故国，义愤之气争光日月。清初，人民犹勤于身、俭于家，迨商埠既辟，番舶辐辏，奢靡之习遂日中于人心。"随着时代的进步，风气渐开，现代文明增强，宁波习俗中均萌发新的因素。尤其在中华人民共和国成立以后，社会制度根本变革，风俗亦随之丕变，部分传统习俗被赋予新内容，形成新风尚。

岁时节俗　宁波岁时习俗中，有春节、元宵、清明、端午、中秋、重阳、除夕等传统节日，有立春、立夏、立秋、霜降、冬至等时令节日，又有花朝节、浴佛日、葛仙翁生日、关帝生日、吕祖下丹日、狗浴日、彭祖诞、观音成道日、火神诞、雷尊诞、灶神诞、社火、十月醮、十月庙会、祭灶、谢年等民间信仰诸节日，还有吃露天米饭、包红指甲等习俗。部分习俗在1949年之后被废弃或少见。正月初一为春节，人们早起，口念吉词先开门，放鞭炮于门口，称“开门炮”，一般“带四放三”，留一个作“备炮”。宁波习俗重祭祀，尤以上坟祭祖、做清明羹饭为重，海内外游子多归里上坟。立夏，有吃立夏饭、吃软菜和立夏蛋、柱蛋、跳绳、秤人等习俗。立夏饭多用赤豆、黄豆、黑豆、青豆、绿豆等五色豆拌合白粳米煮成“五色饭”，后演变为倭豆（蚕豆）咸肉煮糯米饭；菜有苋菜黄鱼羹、“脚骨笋”（用乌笋烧煮，每根三四寸长，不剖开，拣两根相同粗细的笋一口吃下，寓意吃后能“脚骨健”）。吃软菜（莙荙菜，宁波人称君踏菜），寓意吃后夏天不会生痱子，皮肤会像软菜一样光滑。端午节，有“端午担”、端午虎等习俗。女婿多备“端午担”馈送岳父母家，少者四色、多者八色，其中鱼要成双，鹅头颈涂红颜色，路上鹅叫得越响越好，称“吭吭鹅”。用雄黄在婴孩额上描“王”（即描端午老虎），给孩子穿虎纹的衣服，缝制布老虎和老虎枕头，寓意老虎镇住蛇、蜈蚣、蜥蜴、蜘蛛、蝎子“五毒”；端午老虎雕版印刷花色特多，除姿态各异的老虎和孩子外，尚有李存孝七岁打虎、杨香虎下救父等故事图。八月十五中秋节，但宁波人以十六日为中秋：一说元末方国珍以自己生日改之；一说以史浩之母十六日生而易之；一说史浩于十六日才从临安回到宁波，故百姓等至此日过节。中秋以吃月饼示团圆，宁波月饼以苔菜月饼、水晶月饼别具风味；此时，新鸭肥嫩，全鸭炖芋头为佳肴，俗称“鸭扑芋”。

人生礼俗　在宁波，有别具一格的人生礼俗。在生育方面，有避鱼、催生担、做生姆、送生姆羹、剃头酒、拿周等习俗。在寿诞方面，有“做九不做十”“六十六吃六十六块肉”等习俗。在丧葬方面，有念经、“做七”、百日、周年、生忌日供羹饭、“打水陆”超度等习俗。在婚嫁方面，旧时结婚仪礼，有提亲（互换庚帖）、定亲（议小礼——四洋红或六洋红等、过书——红绿书纸、回帖——文字、择吉迎娶）、成亲（请吃酒、看嫁资、安床、享先、坐花轿、开面、拜堂、贺郎酒）以及成亲后的回门、满月盘等仪式。民国时期，繁缛婚俗渐变，但仍兴新娘坐花轿、结婚拜天地。中华人民共和国成立后，婚姻自由，婚礼从简，吃些糖果，或办酒数席，家人亲友欢聚庆贺。改革开放后，随着生活水平提高，兴起迎亲坐轿车，讲排场、比阔气之风重新滋长。随着社会发展进步，婚事新办、婚事简办也逐渐兴起，迎娶形式更加多样化。旧时，宁波闺女出嫁均坐花轿。传说南宋小康王（高宗）逃难至明州，金兵急追，赖一女子相救得脱，后寻找恩女不得，乃诏明州女子出嫁可享半副銮驾待遇，凤冠霞帔，并坐花轿。花轿，俗称“大红花轿”，有四人抬、八人抬之分。坐花轿寓有明媒正娶原配夫人之意，女子一生只能坐一次。迎亲日，花轿出门，以净茶、四色糕点供“轿神”。放鞭炮，大红灯笼开路，沿途吹吹打打。新郎不到岳父家迎亲，以喜娘（送娘）为使者，持名帖前往。

生活习俗　宁波人主食为大米，早餐称“天亮饭”，条件艰难时多以泡饭、汤饭为主，中餐、晚餐分别称“昼饭”“夜饭”。称菜肴为“下饭”，喜食海鲜，口味偏咸、臭，如咸炝蟹、咸鳓鱼、臭冬瓜、臭苋菜管、臭咸齑等都是旧时农家常备小菜。传统点心有香糕（印糕）、年糕、团子（金团、汤团、圆子、菜汤果、灰汁团、青团、麻团、赤豆团、红团、白团等）、粽子等。称酒为“朝中福水”，传统上以黄酒为主，称老酒，有“十洲春”“双鱼酒”等当地酒。随着经济条件改善和社会发展进步，人们饮食多样化、科学化。传统居住习俗有“看风水”选地、放墙界石、立镇宅石、上梁、乔迁等习俗。传统出行禁忌较多，如忌闻乌鸦叫、压邪火，水路起航前要祭水神等。在卫生健康方面，传统上有度仙治病，拜关帝菩萨为父，叫灵喊魂治病，请米神驱病，摆夜羹饭送瘟神，煎药时在砂罐上放一把剪刀，倒药汁入碗时碗口上放一根筷子，把药渣倒在路中央或十字路口等习俗；有清明吃艾叶米团、黑麻糍，谷雨前后喝谷雨茶，立夏节吃米鸭蛋、田螺、河鲫鱼，入暑喝绿豆汤，立秋吃西瓜，重阳节饮菊花茶和菊花酒，以及喝腊八粥等饮食保健习俗；有春节前“掸尘”、端午划龙舟、打麻将等卫生游娱习俗。

生产习俗　旧时宁波在农业和手工业生产中，形成各式各样的习俗。随着生产力的进步，尤其是城镇化推进、农村劳动力锐减，很多源自传统生产方式的生产习俗越发少见。在传统稻作生产中，立春日不动刀、锄，不割青草，不准施肥挑粪，忌邻里吵架，忌打破碗等习俗，寓意尊崇、迎纳春神，祈望全年丰收。夏历月十六祭潮神，供鸡、鸭、鹅三牲，谐音“底”“压”“瓦”，寓意压低浪潮、瓦解险情；忌供酒与馒头等“发”食和糕点之类食品，寓意不能浪高潮发。稻谷入仓或新建谷仓时，要择土日、辰或巳时，祭拜仓神菩萨（仓满菩萨）。在渔业生产中，称船为“木龙”，破木选料定龙筋时，要择吉至天后宫敬拜海神；船壳造成后，在船头两侧贴“龙头生金角，虎口出银牙”对联，船尾栏板上挂“风平浪静”或“海不扬波”横幅；安装船眼时，要在妈祖神像前掷珓问卜，择吉安装，有专用术语、三道程序；新船下水前，要敬天地、祭海神。在捕捞生产中，有拜龙船（有的称“做福”）、开洋节、谢洋节、祭小海、出海祭、燂红、船上供奉天妃等习俗；在渔船上，忌双脚荡出船舷外、头搁膝盖且手捧双脚、吹口哨、拍手示意打招呼、用大土箕等不干净的东西装鱼、脚踢黄鱼、在“龙头下”（船头）撒尿、家有红事（生育）或白事未满月的人上船、妇女上渔船等行为，还有饮用开洋酒、谢洋酒、“木龙”赴水酒、年节酒、新岁酒等祭海神酒以及日常的扶阳酒等习俗。在山林生产中，有正月十八前后和十月小阳春植树造林乡风，禁砍风水林、标志树。在畜牧生产中，有敬牛日、放牛归山月、不食牛肉、忌白羊入门等习俗。在手工业生产中，各行各业都有敬神和祭祖习俗，还有一系列祈吉避凶的吉词与禁忌。

商贸习俗 旧时，宁波人多谋业于商界，男孩子十五六岁，出门当学徒，学做生意。城区街道巷弄多以集市、店铺、商号集中地冠名，如木行街、药行街、羊行街、卖饭桥、卖席桥、米店弄、笔店弄、鼓店巷、帽店巷、腊店巷、漆铺巷、打铁巷、铁锚巷、铸坊巷、镬厂巷、后市巷等，部分延续至今。也有以市集集期冠名，如南门三市。旧时路遇熟人常问："在阿里（啥地方）发财?"外出经商有成就，谓之"出山"，反之则谓"呒出山"。改革开放后，崇商风气除旧布新，充实新的商品意识，宁波工商业、对外贸易、民营企业的发展，与此崇商风气有关。旧时，商店店堂中央大多供奉财神像，特定时日有接五路神、接送财神、关财神、拜关帝菩萨、躲债庙、赶庙市等习俗。庙会在宁波传统商贸活动中占有重要地位。旧时，城乡大型市集多与祀神赛会相连。鄞江桥它山庙会，每年有三月三日、六月六日、十月十日3次。三月三日庙会插秧在即，上市商品多为犁耙、锄头、粪桶、蓑衣、戴笠等。六月六日庙会，在早稻收获前，上市商品多为竹箩、篾簟、扫帚、畚斗、镰刀等。十月十日庙会，晚稻收割，天气转冷，农民山民多采办冬令商品衣着之类，交易兴旺。其间，鄞江之上"乌山船"挤江，樟溪上竹排、"小滩船"满溪，它山庙演戏，大街小巷，人山人海。当地店铺老板数月前即至宁波办货。城区商家、行贩涌至，赁房屋、租摊基、搭篷帐，临时设店摆摊，三教九流均赶集凑热闹。

赛会 旧时，城乡均有迎神赛会，名目各异，规模不一，祈神保佑"国泰民安，风调雨顺"。赛会行列，一般备有会旗一面作前导。头牌4只，系长方形玻璃框灯，上书某某社，下有执柄。神轿一般8人扛抬，嵌镶精致，八面玲珑。轿前有对锣2副，前后左右护卫"兵勇"8人，开锣喝道。大纛一面，专人执掌。神前仪仗，銮驾全副或半副，有肃静、回避等执事牌，俗称硬脚牌8面。万民伞，黄缎绣制，列于神轿之后。女神出殿增加掌扇二面，由女童执掌。假扮男女"犯人"者随后，多系身患重病时在神前"许愿"者。至闹区时，挑炮担者快步直冲，所用"翘扁担"乘势上下，忽高忽低，引人瞩目。放铳队4或6人，燃放鞭炮。队伍出发前，最先为报马，马头缀绒球，驰至各处先行告知。每逢会期，会社参赛，一般有号马1对，2名号手在马上吹奏长胡筒（长喇叭）；彩马，马鞍上扎五彩绸篷，上坐青年女子，自拉自唱。抬阁，高约2丈，16人扛抬，每台有4个男女孩童扮演"麻姑献寿""昭君和番"等戏剧人物。大旗，杆高3丈，绸制，约2丈见方，由强壮年轻人擎持，以能独手悬空持旗疾行者为优。鼓船，前后4人扛抬，船内置鼓手一人司打，船外右侧挂大锣小锣多面，亦由一人敲打。两旁有管弦乐手班，不绝吹打前进。

后有高跷、造跌，狮子舞、龙舞、大头和尚等各种民间艺术形式，还有各式灯彩，内有九连灯，在长木架上装置阔方形玻璃灯9盏，各盏灯内燃烛，由一人肩负。出赛时，斗奇竞巧，沿途观者如潮。

梁山伯庙香会　全国有梁祝墓、梁祝读书地、祝英台故里20余处，宁波也有梁祝墓、梁山伯庙及梁祝传说。据旧籍记载，晋代梁山伯与祝英台共同游学后，出任鄮县令，病死，葬鄮城西；祝英台出嫁时，舟过墓所，临冢号恸，地忽裂陷，祝氏遂被埋入。晋安帝时，刘裕奏封梁山伯为义忠王，令有司立庙，遂于墓东建义忠王庙（在今海曙高桥镇邵家渡庙根），北宋明州知州李茂诚有记，明鄞县令魏成忠有碑记。清乾隆、道光、光绪三朝，历次重修，1875年鄞县人陈励有碑记。1921年，重修。旧时有庙脚18堡，庙下户口1300余户。夏历三月初一神诞期、八月十六日讳期，均有祀神戏和赛会，各堡出纸会，旗锣、鼓亭、纱船、抬阁、高跷，灯彩纷呈。坐夜香会于八月初七夜举行，拂晓自散。宁波俗谚有云："若要夫妻同到老，梁山伯庙到一到。"前往梁山伯庙祭拜，祈求夫妻恩爱、白头偕老。1999年，在梁祝墓及庙周围建成爱情主题公园——梁祝文化公园；同年12月至次年1月，在公园举行第一届中国梁祝婚俗文化节。

宗教信仰

宁波市历史上曾有佛教、道教、伊斯兰教、天主教、基督教五大宗教传播，摩尼教、犹太教、东正教、巴哈依教等宗教亦曾传入宁波。

佛教于东汉时期传入宁波，经三国东吴至唐代前中期的初步发展，于唐代后期和五代时期走向兴盛，宋元时期达到鼎盛，明清时期趋向衰微，清末民国时期得到振兴，改革开放后重兴。宁波古刹名寺众多，有宁波禅宗双珠——天童寺、阿育王寺，佛教名山——雪窦山。道教于东汉末年和三国东吴时期在宁波开始传播，东晋南朝时期得到一定发展，唐代正式兴起，南宋和元代较为兴盛，明清走向衰退，中华人民共和国成立后逐步断绝，至今尚未恢复。伊斯兰教传入宁波，起源于"海上丝绸之路"。唐代，明州港是著名港口，与阿拉伯伊斯兰国家有海上贸易往来。许多阿拉伯—波斯穆斯林商人到宁波从事商贸活动，并有一部分人定居下来，同时把伊斯兰教传入宁波。天主教在明末开始正式传入宁波，宁波江北天主教堂为第六批全国重点文物保护单位。基督教（新教）在宁波传播较早，1842年中英《南京条约》签订后，宁波被列为五个通商口岸之一，允许外国人经商、传教。此后，英美等国陆续派遣传教士赴甬传教。宁波市基督教百年堂是改革开放后全国第一个恢复宗教活动的基督教堂。

2022年，全市经政府批准登记的宗教活动场所有956处，其中佛教场所623处、伊斯兰教场所1处、天主教场所51处、基督教场所281处。有全市性爱国宗教团体5个，即市佛教协会、市基督教三自爱国运动委员会、市基督教协会、市天主教爱国会、市伊斯兰教协会。

民间信仰 宁波民间信仰雏形可追溯至史前时期。河姆渡遗址出土的“双鸟朝阳”纹牙雕，表明河姆渡人有崇拜太阳的观念。于越时期，越人敬信鬼神，有多种自然崇拜。从秦汉到唐五代，宁波民间信仰在保留浓厚的原始宗教和鬼神祭祀同时，也融合佛道信仰并塑造出本地若干俗神，建庙祭祀。宋元时期，民间信仰主要有以列祖列宗为主的祖先崇拜，以日月、山川诸神为主的自然神崇拜，以及以著名人物为主的先贤崇拜。明清时期，民间信仰官祀和民祭交错式发展。民国时期，在辛亥革命和新文化运动的冲击下，设坛祭祀及庙会等活动曾一度受影响。中华人民共和国成立后，尤其改革开放后，拥有广泛群众基础的民间信仰与其他经济、文化、旅游等活动相结合，得以健康有序地传承和发展，并开始趋向规范化和秩序化。从民间信仰的类型来看，宁波主要有农业信仰、妈祖海神信仰、行业神信仰、神化名人崇拜、人生信俗等类型。2022年，全市有已登记编号的民间信仰活动场所1918处。

方言俗语

宁波方言属吴语浙北区明州片（也称甬江片），既有吴语的共性，又有自己的特色。通行地域包括海曙、江东、江北、镇海、北仑、鄞州、奉化、象山和余姚丈亭、陆埠以东，慈溪观城以东及宁海岔路以北地区，余姚、慈溪西部地区属浙北区临绍片，宁海岔路以南属浙南区台州片。宁波方言起源很早，在历史进程中不断发展演变，大致萌芽于先秦，发展于六朝，定型于唐宋，成熟于元明。宁波方言内部如城区与邻近各区（县、市）、新派与老派之间，在语音、词汇、语法诸方面也存在明显差异。在近代对外通商交往中，宁波方言受到外来语和其他方言（如上海话）的影响。解放后，大批北方干部在甬定居以及普通话的推广，使得许多北方话成分进入宁波方言。改革开放后，宁波经济文化教育快速发展，对外开放进一步扩大，包括有声媒体的普及等诸多因素影响，宁波方言发生明显变化，具体表现为语音趋同简化和词汇书面语化。随着城市经济发展和地位的不断提升，宁波相关部门和专家学者通过创办各类方言影像视听节目，开设方言培训班，利用现代化手段建立方言音档，开展田野调查和学术研讨，出版研究专著和通俗读物等措施，以便更好地保护和利用本土方言。

语音特点　宁波方言最大的语音特点是“石骨铁硬”（硬朗，不婉转柔和），有“宁可听苏州人相骂，弗可听宁波人讲话”之说。宁波方言共有29个声母、50个韵母（分阴声韵、鼻化韵、阳声韵、入声韵、声化韵5类），有阴平、阴上、阴去、阴入、阳平、阳去（阳上归阳去）、阳入7个单字声调。保存着许多古汉语成分，留有中古的全浊声母（并、奉、定、澄、从、邪、床、禅、群、匣各组字均读作浊音声母）、入声韵，没有翘舌声、前鼻音韵尾。有些字保留中古读法，如产、缚、嘶、婿、供、啄、嗅、合、鸟、大等。存在少量小称变调和亲属称谓变调的情况，小称变调主要用于单音节动物名词，亲属称谓通过变调来区别意义、派生新词。保留一些儿化韵的残迹，“儿”字音［ŋ］附缀于表示小的意思或亲昵色彩的字后面，形成略有变化的读音。文白异读的现象比较普遍，即同一个字存在文读音（即读书音、外来音）和白读音（口语音、本地音），有不少字既可以白读也可以文读。

词语特点　与普通话词汇相比较，宁波方言绝大部分词语是相同的，例如：山、水、牛、羊、来、去、唱、跳、大、小、高、低、准定、暂时等。但宁波方言词汇也有自己的特色。其中，有些词语与普通话词形相同，意义却完全不同。如“笑面虎”“大肚皮”“桌凳”“闲话”“天亮”“对手”“快活”“壮”“难熬”“随手”“心焦”“颠”，在宁波方言中意思分别为“笑容”“孕妇”“桌子”“话”“早上、上午”“帮手、为人处世的本领”“休息、轻松、舒服”“肥胖”“悲伤”“随即”“寂寞”“身体剧烈挣扎”。在构词方式上，有些普通话里的单音词，在宁波方言中是复音词，如“鬼”与“活鬼”、“梦”与“乱梦”；反之，有些普通话里的复音词，在宁波方言中是单音词，如“种子”与“种”、“顽皮”与“皮”等。有些复音词的语素顺序在宁波方言和普通话中刚好相反，如“蛳螺”与“螺蛳”、“人客”与“客人”等；有的词语两种语素顺序在宁波方言中同时存在。此外，有些词语词根相同，前缀或后缀却不相同；有些词语词根的前加重叠成分和后加重叠成分不相同；等等。宁波方言中的人称代词有3套：第一套——我、侬/侬（你）、其（他），表示单数，新派多说此套；第二套——我侬、侬侬、其侬，表示单数；第三套——阿拉、侬倷、其拉，表示复数。一般用“荡”（本字为“当”）表示近指，用“该”表示远指，大多是两者对举。更加常见的是用“该”表示泛指，既可表示远指，又可表示近指，此时还可以对举使用。“介”“既”对举表示“这样/这”“那样/那”；“介”作为代词且单用时，相当于“这么”“如此”。疑问代词有3套“谁”“谁侬”“啥人”，第一套已基本不说，新派只说第三套；问事物用“啥西”，义同“什么”；问处所用“阿里”，义同“哪里”。问数量用“咋管”，义同“多少”。

词法特点 单音节动词后面加上“记”，再重叠，构成“A记A记”的格式，少数为“A记B记”式，表示动作的重复或表示某种情态，如：其轧记轧记轧进来。单音节动词重叠与数词“三”“四”或“七”“八”结合使用，构成“三A四A”或“七A八A”的格式，表示动作的重复，如：三弄四弄弄坏。单音节动词重叠中间插入“上加”，构成“A上加A”的格式，表示动作的重复，如：话上加话。单音节动词重叠后，有时表示过去发生的某一动作目前仍在持续，如：生生病有半年了；有时则表示强调完成某一动作，或使祈使、询问等语气更加委婉，如：我饭吃吃好就去，信交交拨其，大剧院咋走走。单音节动词重叠后加上“其”，构成“AA其”的格式，可用在句末，表示祈使或命令的语气，如：马上要考试，书看看其；也可用作状语或主谓结构的谓语，如：该种小毛病药吃吃其会好个。单音节形容词重叠后，表示“比较……”的意思，如：车开慢慢个，雨落大大个。单音节形容词后面加上重叠成分，构成“ABB”的格式，大多表示程度减轻，含有“有点儿”的意思，如：扁窄窄（形容有点儿扁）、热温温（形容有点儿热）。单音节形容词前面加上重叠成分，构成“AAB”的格式，大多表示程度加重，含有“很”的意思，如：滚滚圆（形容很圆）、墨墨黑（形容很黑）。量词重叠中间插入“打”，构成“A打A”的格式，有4种用法。第一种是表示无一例外，相当于“个个”“每一个”（量词可替换，下同），如：考试个打个通过；第二种是表示成某个数量单位地，相当于“一只一只地”，如：该套丛书总共十本，要套打套买，本打本阿拉勿卖个；第三种是用作形容词，相当于“一粒一粒的”，如：饭呒没煮熟，米还粒打粒咯；第四种是形容多，如：该女人花头朵打朵。前缀“阿”使用范围比普通话更加广泛，凡是亲属称谓语素、排行语素、人名语素前面大多可以加“阿”，表示亲昵的意思，如：阿爷、阿爸，阿大、阿二，阿根、阿翠。后缀“头”应用非常广泛，如：黄昏头（黄昏），盖头（盖头儿），领头（领子），后头（后面），十块头（十块的）。后缀“子”的构词能力也很强：时间词后面大多可加后缀“子”，如：今年子；有些一般名词可加后缀“子”，普通话则不带后缀，如：学生子。后缀“三千”用在“乱+单音节动词”的后面，构成“乱A三千”的格式，强调动作胡乱随意，如：药乱吃三千吃勿来个。个别单音节形容词重叠后可以带后缀“叫”或“个”，构成“AA叫”“AA个”的格式，表示行为的方式或状态，如：作业好好叫做，碗盏轻轻个安落去。有些单音节动词或形容词重叠后可以带后缀“动”，构成“AA动”的格式，表示有“……的感觉”“……的样子”等意思，如：老酒吃多，头晕晕动个。有些双音节形容词后面可以带后缀“不刺”，构成“AB不刺”的格式，表示某种情状或感觉，通常用在不好的方面，如：危险不刺，腻腥不刺地方莫去走。有些双音节形容词或名词后面可以带后缀“刮得”或“刮气”，构成“AB刮得”“AB刮气”四字格形容词，表示某种情状或样子，通常带贬义色彩，如：腥气刮得、老三刮气。有些形容词可以带“得”或“格楞敦”“的剥落”等后缀，构成“ABA得”“A格楞敦”“A的剥落”格式。其中“ABA得”式表示某种特殊的情态，除“大面大得”“满嘴满得”等以外，一般用在不好的方面，如：背时背得、多讲多得；“A格楞敦”式常见的只有四个，表示小、杂、斜的样子，如：小格楞敦、杂格楞敦、仄格楞敦、笪格楞敦；“A的剥落”式表示颜色、性状等，如：灰的剥落、黑的剥落。有些双音节偏正式形容词可以插入中缀“刮”或“刮斯”，构成“A刮B”“A刮斯B”格式，这两种格式构词对象大致相同，但是四字格式的语义轻重程度深于三字格式，三字格式深于原词，如：冰刮冷、贼刮老、锃刮亮，冰刮斯冷、贼刮斯老、锃刮斯亮。有些双音节偏正式形容词可以插入中缀“得斯”，构成“A得斯B”四字格形容词，如：滚得斯圆、血得斯红。“A得斯B”式是表示形容词的最高级，如圆滚滚—滚圆—滚得斯圆，汪蒲蒲—拖汪—拖得斯汪，就是语义由轻到重排列的。

句法特点　宁波方言中，倒装句法比较普遍。介词结构“从+地点名词（方位词）”，宁波方言常用“地点名词（方位词）+格”来表示，如：我屋里格动身（我从家里出发）。程度副词“猛”“足”必须后置于形容词之后，表示程度深，相当于“得很”，如：路远猛，有趣足；副词性短语“勿过”也必须后置，表示程度高，如：今末天家热勿过。时间副词“快”往往后置，表示“快要、将要”，词序与普通话相反，如：宁波到快，毛病好快。表示重复的副词“凑”，用在动补结构的后面，相当于“再”，如：吃碗凑，买本凑；“凑”还可与“再”配合使用，意思相同，多见于老派宁波方言，如：再吃碗凑，再买本凑。表示“不能”的“勿来”、表示“不会”的“勿像”等否定意思词语，必须用在动词或动宾结构等的后面，如：穿勿来，该只歌我唱勿像，靠咋勿住，靠勿咋住（“咋”可替换为“大”）。表示数量的宾语或补语放在动词之前，前面再加一个动词“有”（也可以省略“有”字）；若表示比原来多多少，则在“有”前面再加一个“多”，如：马路拓阔了，多有一部汽车好开（马路拓宽了，可以多开一辆汽车）。普通话“动+补+宾”的句式，如果宾语是人称代词，常常说成“动+宾+补”，如：打其赢（打赢他）。表示可能的“勒”和表示否定的“勿”还可以放在动词之后、宾语之前，构成“动+补+宾+补”格式，如：看勒侬起（看得起你），看勿侬起（看不起你）。普通话“我吃过饭了”这类句子，宁波方言通常把受事宾语放在动词的前面，构成主谓谓语句，如：我饭吃过（我吃过饭了），我茶杯敲碎（我敲破了茶杯）；如果要进一步突出、强调受事宾语，还可以把它放在句首，如：饭我吃过，香港阿拉去过。宁波方言的被动句有2种特殊表达方式。第一种是表示被动的介词用“拨”，不用“被”，且必须带施事，如：电瓶车拨贼骨头偷去；第二种是如果施事不出现，可以不用介词，如：门吹开，老屋拆掉。宁波方言的把字句（处置式）不用“把”字提前宾语，有3种特殊表达方式。第一种是提前宾语，在原宾语位置补上一个代词“其”，如：该碗下饭吃掉其（也可以说成“吃其掉”）；第二种是动词重叠，重叠词中还可以嵌入“一”，如：大门关关拢，账结一结；第三种是直接将宾语移到谓语前，表示处置，如：电灯关掉。宁波方言有一种特殊的省略句式，形式为单音节动词重叠中间插入“着”，构成“A着A”的格式，如：买着买，实际上是“买着了就买着了”的省说（隐含意思还有“买不着就买不着”）。

谚语 歇后语 民谣 宁波方言中的谚语、歇后语十分丰富，颇具宁波地方特色，积淀着宁波的历史文化和地域性格。如：“金窠银窠，弗如自家草窠”“天下各省都走过，除了苏杭算宁波”“走过三关六码头，吃过奉化芋艿头”“走遍天下，弗及宁波江厦”“无宁不成市，无绍不成衙”“湾头田弗落空，拔出萝卜就种葱”“东乡寸八隘，南乡十八埭，西乡十八垮”“十天三市黄古林，花席双草白麻筋”“南词唱华堂，走书下农庄，评书进茶坊”“咸齑炒炒，冷饭咬咬”“三日弗吃咸齑汤，两脚有眼酸汪汪”“海里三样蔬：海带、紫菜、苔；地里三样荤：韭菜、大蒜、葱”“闭口黄鱼，开口鲈鱼。墨鱼黑带鱼白，鳓鱼肚皮像刀割”“鲥鱼吃鳞，黄鱼吃唇，甲鱼吃裙”“老酒喝喝，鸡肉版版（音拍）。南风吹吹，烧酒注注”“娘舅大石头，讲话独句头”“讲讲神仙阿爸，做做死蟹一只”“闲话讲道理，带鱼吃肚皮”“螄螺壳里做道场”“八只瓶，七只盖——移东补西”“石板顶掼乌龟——硬怕硬”等等。此外，宁波还流传着具有鲜明地域特色的民谣，如《天封塔·十八格》：“天封塔，十八格，唐朝造起天封塔，背来沙泥往上搭，鲁班师傅会呆煞。”《宁波下饭》：“碧绿苔菜小方烤，头水乌贼剥皮烤；新封炝蟹起红膏，金针木耳炖蹄髈；鸭舌鸡翅并鹅掌，野生甲鱼煮水糖；青蛙剌司加石亢，泥螺蟹酱龙头烤；大大圆蛤炖蛋汤，咸齑黄鱼加大汤。宁波下饭木佬佬，一回吃过真难忘！”《宁波》：“鱼米之乡是宁波，资源丰富特产多，奉化蜜桃只只大，慈城杨梅萝打萝，小白西瓜上山坡，邱隘咸菜屙缸做，樟村贝母名气大，还有三北大泥螺。”

土特名产

宁波土特产比较丰富，许多是宁波特有的或特别著名的，有文化内涵或较长历史的，许多获得农业部“国家地理标志产品”“农产品地理标志”等称号，以及（中华、浙江、宁波）老字号和浙江名优“土特产”称号。宁波土特产中，以海产品较为突出，如石斑鱼、新风鳗鲞、梭子蟹、青蟹、长街蛏子、西店牡蛎、象山海蜒、象山虾皮、宁波淡菜（贻贝）、弹涂鱼、象山黄鱼等。水果颇具特色，如奉化水蜜桃、余慈杨梅、象山柑橘（红美人）、余慈葡萄、宁海白枇杷等。茶叶颇具盛名，如奉化曲毫、宁海望海茶、余姚瀑布仙茗、太白滴翠等。宁波美食也颇受青睐，如红膏呛蟹、宁波泥螺、慈城年糕、奉化千层饼、宁波汤圆、邱隘咸菜、臭冬瓜、油赞子（苔菜麻花）、奉化芋艿头、梁弄大糕、三北豆酥糖等。特色手工艺品颇具历史文化气息，如上林湖越窑青瓷、宁波草席、余姚微雕、象山竹根雕、宁波朱金漆木雕、象山剪纸等。

浙江名优“土特产”　2023年6月，浙江省农业农村厅公布浙江省首批名优“土特产”百品榜名单，宁波市有10个产品上榜，即宁波蔺草、慈城年糕、鄞州雪菜、奉化水蜜桃、余姚杨梅、余姚榨菜、慈溪杨梅、望海茶、象山柑橘、象山梭子蟹。同年10月，有11个产品入选第二批名单，即大雷黄泥拱笋（海曙）、北仑花卉、镇海番茄、奉化千层饼、奉化芋艿头、象山白鹅、象山黄鱼、长街蛏子（宁海）、余姚甲鱼、慈溪泥螺、慈溪葡萄。2024年5月，有11个产品入选第三批名单，即樟村浙贝（海曙）、江北盆景、太白滴翠茶（鄞州）、鄞州对虾、奉化雷笋、奉化曲毫、象山紫菜、岔路黑猪（宁海）、瀑布仙茗（余姚）、余姚葡萄、慈溪蜜梨。至此，宁波市入选浙江省名优“土特产”百品榜的产品达到32个。从产品种类看，茶叶最多，共有4个；其次是杨梅、葡萄和笋，各有2个；其他入选的产品有年糕、雪菜、水蜜桃、柑橘、梭子蟹、番茄、蛏子、泥螺、甲鱼、蔺草等。

老字号　老字号是指历史底蕴深厚、文化特色鲜明、工艺技术独特、设计制造精良、产品服务优质、营销渠道高效、社会广泛认同的品牌（字号、商标等），商务部、浙江省商务厅、宁波市商务局分别认定中华老字号、浙江老字号、宁波老字号。2006年11月7日，商务部公布第一批中华老字号名单，宁波的“楼茂记”“升阳泰”入选；2011年3月17日，“味华”“缸鸭狗”“天胜”“四明”“黄古林”入选第二批中华老字号；2023年9月25日，前两批7个中华老字号全部通过复核；2024年2月1日，“宁波状元楼”“力

洋”“寿全斋”“宁波二百”“东福园”入选第三批中华老字号，全市至此拥有12个中华老字号。2008年11月，省商务厅公布第一批浙江老字号名单，宁波的“楼茂记”“升阳泰”“味华”“黄古林”“正章”“赵大有”“冯恒大”“王升大”“恒利”“毛龙”“王永顺”“四明”“缸鸭狗”“寿全斋”14个品牌（字号、商标等）入选；至2019年，宁波共有42个品牌（字号、商标等）入选前6批浙江老字号；2023年12月22日，全市39个品牌（字号、商标等）通过复核，1个附条件通过，2个未能通过，同时新增9个浙江老字号，全市至此拥有49个浙江老字号。2021年12月14日，宁波市商务局公布第一批宁波老字号67个（其中40个已入选中华老字号、浙江老字号）；2022年10月31日，公布第二批31个；2023年9月15日，公布第三批35个，全市至此拥有133个宁波老字号。

甬帮菜 又称宁波菜，虽无法自成独立的菜系，但具有非常鲜明的特色和风味。甬帮菜以海鲜居多，咸、鲜、臭为特色，蒸、烤、炖、煮等技法为主，以鲜咸合一、原汁原味的特点自成一派。早在河姆渡文化时期，籼稻、菱角、酸枣、鱼、鳖、蚌及真鲨等已是宁波先民的盘中餐。南朝时期，余姚人虞悰撰成《食珍录》一书，这是浙江最早的一本饮食著作。“五口通商”之后，三江口、江厦街一带酒楼、饭铺林立，食客盈门，雪菜大汤黄鱼、剔骨锅烧河鳗、冰糖炖甲鱼等宁波名菜开始崭露头角。至中华人民共和国成立初期，强手如林的上海烹饪界，也有宁波菜立足的一席之地，其中以甬江状元楼、老正兴最为出名，最多时上海有状元楼19家、老正兴饭馆120多家。特别是宁波菜善于与上海菜融合，创成新派上海菜，使上海菜声名大振。宁波传统名菜有冰糖甲鱼、锅烧河鳗、苔菜小方烤、网油包鹅肝、黄鱼海参、苔菜拖黄鱼、火臆金鸡、腐皮包黄鱼、雪菜大汤黄鱼、彩熘黄鱼（宁式鳝丝）等；传统名点（小吃）有猪油汤团、龙凤金团、豆沙盒子酥、水晶油包、猪油洋酥、三上宴面、八宝饭、小笼包子、鲜肉蒸馄饨、烧卖等。改革开放后，宁波烹饪界开发新派宁波菜，如苔香燕鲳鱼、干烤蛏、苔菜江白虾、红烧望潮、椒盐跳鱼、雪菜虾仁、墨鱼、蟹肉冬茸羹、咸米鱼炖奉芋、脆皮虾。2001年5月，在中国第二届美食节上，甬帮菜跻身新八大菜系行列。2002年，在中国第三届美食节上，甬帮菜获中国美食最高奖——金鼎奖和“中国名宴”称号。在甬帮菜声名鹊起的同时，状元楼、东福园、梅龙镇、缸鸭狗等餐饮企业相继开办不同层次的连锁分店，向阳渔港、汉通、阳明、慎业（老板娘）、石浦海味、新彩虹坊等大型化、专业化、连锁化的餐饮集团公司迅速崛起。

卷二十五 | 人物

人物传略

宁波山海相拥、河湖相映，孕育无数名家巨匠、名流奇才，其中不乏“立德立功立言皆居绝顶”的王阳明、黄宗羲，史学奇才胡三省、全祖望、万斯同，藏书名家范钦、徐时栋，文化大使沈光文、朱之瑜，文艺达人虞世南、林逋、沙孟海、潘天寿、周信芳，科技巨匠虞喜、屠呦呦、童第周，教育名师四明庆历五先生、淳熙四先生、王应麟、张雪门、杨贤江，铮铮名士严光、方孝孺、张煌言，革命先锋柔石、殷夫、冯定，商界明星严信厚、叶澄衷、吴锦堂、王宽诚、邵逸夫、包玉刚……最终汇成灿若群星、绵延不绝的人才洪流。

严光（前37—43）

字子陵，一名遵，余姚人。东汉隐士。少有高名，与刘秀同游学。刘秀即位为光武帝，严光隐名换姓，避至他乡。刘秀思贤念旧，令绘形貌寻访，三聘而始至京都洛阳。故人、司徒侯霸遣使问候，严光口授使者：“怀仁辅义天下悦，阿谀顺旨要领绝。”刘秀至馆所看望，他眠卧不起。刘秀抚摸严光腹部说道：“咄咄子陵，不可相助为理邪?”良久乃张目熟视答：“士故有志，何至相迫乎?”刘秀叹息而去。后复请他入宫论道旧故，授谏议大夫之职，不从，归隐富春山（今属浙江桐庐县）耕读垂钓。41年，复特征，仍不就。80岁卒于家，墓在陈山（客星山）。严光以“高风亮节”名闻后世，北宋范仲淹《严先生祠堂记》云：“云山苍苍，江水泱泱，先生之风，山高水长。”

虞喜（281—356）

字仲宁，余姚人。博览好学，钻坚研微。诸葛恢视察余姚，任命他为功曹。307年（晋永嘉元年）征为博士，咸和末举为贤良，咸康初内史何充复荐为博士，均托病不就，隐居治学。东晋穆帝永和初，官吏间为十月殷祭争论难决，朝廷遣特使至余姚请教虞喜，得以解决。卒葬旧慈溪亶州山。精天文及经学，兼涉谶纬诸学，主张宇宙无限宣夜说。330年，发现“岁差”，对以后天文学家影响甚大。宋齐时祖冲之、隋时刘焯将“岁差”应用于历法，制《大明历》《皇极历》，开中国天文学史新纪元。

虞世南（558—638）

字伯施，余姚人。幼过继叔父虞寄为子，与兄虞世基同师事顾野王。后师法文学家徐陵及王羲之七世孙智永和尚。南朝陈天嘉年间（560—566），召为建安王法曹参军。隋大业年间，任秘书郎、起居舍人。隋亡，一度为窦建德黄门侍郎。自621年起，任唐秦王府参军、太子中舍人等职。李世民即位后，任著作郎兼弘文馆学士，与房玄龄共掌文翰，为“十八学士”之一。改任太子右庶子，固辞不就。又改任秘书监，爵永兴县子。议论持正，敢于进谏。638年致仕，授银青光禄大夫、弘文馆学士。未几卒，诏陪昭陵，画像于凌烟阁，赠礼部尚书，谥文懿。唐太宗称虞世南有五绝：德行、忠直、博学、文辞、书翰。书法承“二王”衣钵，外柔内刚，圆融遒丽，与欧阳询、褚遂良、薛稷并称“初唐四大家”，传世书迹有石刻《孔子庙堂碑》等，编有《北堂书钞》160卷，为国内现存最早的类书之一。

黄晟（859—909）

字明远，鄮县（今鄞县）人。唐僖宗时（873—888），应募于望海镇（今镇海区），因身矮未被录用，后募众据守平嘉，明州知州羊馔任为辅将。协助羊馔守卫明州，以战功升任奉化都护兼佽飞都副兵马使，授散骑常侍、浙东道东面副指挥使。892年，明州刺史钟季文卒，众拥黄晟摄明州刺史（一说自称刺史），保境安民，广招文士，江东文士多来归，晟筑宅安置，称“措大营”。郡先无罗郭，民苦野居。898年（乾宁五年），黄晟率民采石筑罗城，保一州生聚之安，周长18里，又重建奉化江东津浮桥。罗城奠定日后宁波州城的空间分布格局，大大纾解明州民众对战乱的恐慌心理，黄晟因此被视为宁波城市之父。黄晟任明州刺史18年，为官廉正，后封江夏县开国子。临终上疏，勿让子荫嗣，府库所蓄，皆题“送使”字样。

林逋（967—1028）

字君复。家谱载，自五代始，世居福建长乐县，传至11世，其父戗定居奉化黄贤村，故宅在奉化大脉岙口（今大茅岙）。少好学，通经史百家。性孤高恬淡，无视名利。及长，漫游江淮，40余岁后隐居杭州西湖，结庐孤山，以湖山为伴，20余年足不及城市。郡守薛映敬其为人，又爱其诗，时趋孤山与他唱和，并出俸银为之重建新宅。1012年，宋真宗闻其名，赐粟帛，并诏府县常加抚恤。人多劝他出仕，均婉言谢绝。终生不仕不娶，唯喜植梅养鹤，人称“梅妻鹤子”。卒谥“和靖先生”，葬孤山故庐侧。善绘画，工行草，尤长诗。诗风格淡远，多写隐逸生活和闲适心情，其中《山园小梅》“疏影横斜水清浅，暗香浮动月黄昏”传诵颇广。

四明庆历五先生

北宋庆历年间（1041—1048），杨适、杜醇、王致、王说、楼郁聚鄞县妙音书院，立孔子像，讲贯经史，开四明讲学风气。其后，五人又各创书院，收聚生徒，历30余年，弟子甚众，史称四明庆历五先生。杨适（生卒年不详），字安道，慈溪人。隐居大隐山（今属余姚），人称大隐先生。为人醇厚忠介，议论持平。庆历年间，明州太守荐为遗逸，不就。杜醇（生卒年不详），字石台，慈溪大隐（今属余姚）人。以孝友称道乡里，躬耕养亲，明经行修，学者以为楷模。1048年，鄞县创建县学，知县王安石两度致书聘为师，方就任。次年，慈溪建县学，知县林肇聘为师。王致（生卒年不详），字若一，鄞县人。隐居桓溪庄家（今属海曙横街镇），讲学授徒。1045年，辞聘县学师，亦不赴任秘书省校书。安贫乐道，乡人颂其德行，称鄞江先生。卒后葬栖凤山。王说（1010—1085），字应求，鄞县人。受学于王致，最初讲学于妙音书院，后在县西武陵村建桃源书院。1076年，宋神宗书赐“桃源书院”额。卒赠银青光禄大夫。楼郁（？—1078），字子文，号城南，人称西湖先生，原籍奉化，迁居鄞县月湖畔。1053年（宋皇祐五年）进士，授庐江县主簿。丁忧离职，服满，自求致仕而归。专于藏书读书，家藏逾万卷，其中手抄本居半。掌教鄞县县学数年，又教授明州郡学。初在柳亭设堂教课，后迁月湖竹洲，乡人翕然师之。

史浩（1106—1194）

字直翁，鄞县江东张斌桥人。少好读书，求学于桃源书院。1145年（南宋绍兴十五年）进士，由温州教授除太学正，升国子博士。因向高宗倡议立太子受知于朝廷。历高宗、孝宗、光宗三代，1163年、1174年二登相位，后以太保致仕，封魏国公。政尚宽厚，辨赵鼎、李光无罪，追复岳飞、岳云官职。归里后，创四明尊老会，建月湖诗社。卒后孝宗震悼，光宗辍朝，封会稽郡王，后赠谥文惠，1221年追封越王，改谥忠定，配享孝宗庙庭。侍母至孝，宁波人八月十六过中秋节的习俗有说源于史浩。史浩的木莲藤史氏是宁波望族。除史浩两登相位外，其子史弥远，任右丞相兼枢密使26年（1207—1233），卒后追赠卫王；史浩二叔史才之曾孙史嵩之，任右丞相兼枢密使4年（1240—1244）。

张孝祥（1132—1170）

字安国，号于湖居士，原籍蜀中简州（今四川简阳），迁居历阳乌江（今属安徽和县）。1129年，张氏举家迁浙；不久，其父张祁任明州观察推官，举家迁居鄞西桃源乡雷锋（今属海曙横街镇）。幼承家学，好读书。1154年（南宋绍兴二十四年），赴临安（今杭州）会试，与宰相秦桧孙秦埙同科。考官惧秦桧势，定秦埙第一、孝祥第二。廷试，高宗见秦埙策文满纸秦桧气，而孝祥策文有主见且精笔墨，遂被擢为进士第一名（人称甬上第一状元），秦埙降为第三名，因此遭秦桧忌恨。登第后，授承事郎、佥书镇东军节度判官，上书为岳飞申冤。秦桧愈加嫉妒，指使亲信风言张祁有反谋，孝祥受牵连下狱。1155年，秦桧死，孝祥出狱，任秘书省正字等职。后以言北伐抗金诸事屡罢屡起，官终知荆南、荆北路安抚使。为政尚简易，有筑堤治水等政绩。1170年夏，在芜湖中暑亡，葬建康（今南京）钟山。文章过人，兼工翰墨，为南宋豪放派词人之一，存词220余首，天童寺存其书《宋故宏智禅师妙光塔铭序》碑刻。

楼钥（1137—1213）

字大防，又字启伯，号攻媿主人。鄞县月湖边人。少好读书，潜心经学，融贯史传。1163年（宋隆兴元年）进士，人称"翰林才"。初任教官，后调温州教授。光宗继位，奏请爱护百姓，保养元气，升任起居郎兼中书舍人，敢于直谏。后迁给事中。宁宗立，韩侂胄掌朝政，不肯依附，遂改显谟阁直学士，出知婺州，移知宁国府。后家居13年，读书课徒。韩侂胄被诛后，起复为翰林学士，升任吏部尚书兼翰林侍讲，迁端明殿学士。嘉定初年，同知枢密院事，升参知政事，获授资政殿大学士，提举万寿观。卒赠少师，谥宣献。博通经史，讲求实学。著《攻媿集》120卷，现存112卷。

淳熙四先生

南宋淳熙年间（1174—1189），杨简、袁燮、舒璘、沈焕研究、师承陆九渊的"心学"，兼综朱熹、吕祖谦诸家学说，不空谈学问，着重于德行的实践，形成以道德立身、育人、行政的四明学派，影响和培养众多弟子，史称淳熙四先生，又称明州四先生。舒璘（1136—1199），字元质，一字元宾，学者称广平先生，奉化广平（今属岳林街道舒家村）人。1172年（乾道八年）进士，授明州教授，未赴任。后任江西转运使干办公事，继任徽州府教授、平阳县令，官终宜州通判，卒谥文靖。沈焕（1139—1191），字叔晦、号定川，定海崇邱乡沈家山（今属北仑小港街道）人。24岁中举，后入太学，师事陆九渊兄陆九龄。1169年（乾道五年）进士，任上虞县尉、太学录事、舒州通判等职，曾讲学于定海（今镇海）南山书院。晚年迁居月湖竹洲。卒谥端宪。杨简（1141—1225），字敬仲，号慈湖，世称慈湖先生，慈溪县城（今江北慈城镇）人。1169年（乾道五年）进士，任富阳主簿，兴学校教生徒，向陆九渊执师生礼，学习“心学”。后任绍兴府司理、国子博士。庆元学禁，遭斥而家居14年，著书讲学。1208年复起，历任秘书郎等职，后出知温州，首创废除妓籍。晚年寓居鄞县月湖畔，设馆讲学。1225年，以耆宿大儒膺宝谟阁直学士、太中大夫，爵慈溪县男，卒谥文元。袁燮（1144—1224），字和叔，人称絜斋先生。早年入太学，深受陆九龄启悟。淳熙年间（1174—1189）进士，任江阴尉、太学正，因党锢、非议去职。后任司封郎官、国子监祭酒、礼部侍郎，与史弥远争和议，罢官回乡。晚年起复，知温州，进直学士。倡言统治者为政宽大，减轻民众负担。

黄震（1213—1281）

字东发，学者称于越先生，慈溪古窑（今掌起镇戎家村黄家）人。1256年（南宋宝祐四年）进士，授迪功郎、吴县尉。后历任国史馆检阅、广德军通判、绍兴府通判、提举江西常平仓司、江西提点刑狱、提举浙东常平茶盐、侍郎官等职。宋亡后，隐居定海灵绪乡泽山（今属慈溪），后寓居鄞县，讲学著述，自称“非圣人之书不观，无益之诗文不作”。卒葬鸣鹤钱家岙，门人私谥文洁先生。为官清廉，自奉俭薄，激励贤善，修明文教。学宗朱熹，兼综叶适“功利之学”，主张经世致用，反对空谈义理，批判“心即天”和道器为二物的观点，认为天是客观存在的自然界，人心之灵可以认识客观世界，主张知先行后，创东发学派。著有《黄氏日钞》《古今纪要》等。

王应麟（1223—1296）

字伯厚，晚号深宁老人，鄞县人。少时通《六经》，1241年（南宋淳祐元年）进士，历任衢州、西安主簿，扬州教授，浙西提举常平茶盐主管帐司及四朝史编修官，后遭诬罢官。1256年（宝祐四年）举“博学鸿词科”，获首选，任浙西安抚使主事，继主三省枢密院架阁文字，历任太常寺主簿、著作佐郎等职。1265年授礼部郎官，起草《百官表》。继迁秘书少监，后任起居舍人、礼部侍郎兼中书舍人等职，终与左丞相留梦炎不合辞归。后诏授翰林学士，见国事日非不赴。宋亡后，闭门著述以终。为学宗朱熹，涉猎经史百家、天文地理，熟悉掌故制度，长于考证，尤以《困学纪闻》考订精详，为世所重，清时全祖望、钱大昕等学者做过笺注。其中《三字经》旧时流传甚广，20世纪80年代被联合国教科文组织定为世界性的启蒙教材。

胡三省（1230—1302）

原名满孙，字身之，又字景参，号梅涧，宁海中胡村（今属深甽镇）人。其父胡钥，长史学，尤精《资治通鉴》，人称“山泽遗才”。三省幼好学，从父攻读《资治通鉴》。

1256年（南宋宝祐四年）进士，授泰和尉，因侍母而未赴任。后改任慈溪县尉，因忤逆知府被罢职。不久复出，历任江都丞、寿春府学教授、江陵知县。1270年丁母忧离职，服满改知怀宁县，同年返临安。宦游所至，搜罗不同版本的《资治通鉴》、求教方家，案牍之余专事《资治通鉴广注》编撰。1275年入贾似道幕，所陈建议均不获采纳，遂还宁海。1276年，元灭南宋，举家迁新昌，《资治通鉴广注》稿散失。归里后，闭门谢客，发愤重注，历时10年，撰成《资治通鉴音注》294卷。又逢宁海杨镇龙起义，县内动荡，遂寓居鄞县城内袁桷家，藏书稿于袁家东轩石窟。晚年迁归故里，著述以终。所著《资治通鉴音注》，于典章、音训、地理考稽精详，订谬甚多，是后人研习《资治通鉴》的工具书。

方孝孺（1357—1402）

字希直，又字希古，号逊志，学者称缑城先生、正学先生，宁海溪上方（今属大佳何镇）人。父方克勤，官济宁知府，因"空印案"牵连，1376年被杀。孝孺少好学，人称"小韩子"，自称"侯城小儒"（后人避嫌，称"侯"为"缑"）。1382年（明洪武十五年）以荐受朱元璋召见，1392年荐授汉中府学教授。蜀献王闻其贤，聘为世子师。1398年朱允炆即位后，历任翰林侍讲、侍讲学士、文学博士。1402年，燕王朱棣率兵南下破京师（今南京），夺得政权。朱棣南下前，军师姚广孝进言："城下之日，彼必不降，幸勿杀之。杀孝孺，天下读书种子绝矣。"至是，朱棣命他进宫草拟登基诏书，孝孺披麻戴孝，恸哭詈骂不绝，拒草诏，疾书"燕贼篡位"，掷笔于地。朱棣怒，以"汝不顾九族乎"相威吓，答道："便十族奈我何？"因是十族（即九族加其学生）873人罹难，数千人入狱谪戍。孝孺葬于南京雨花台西侧山麓。其著作由门人王稌偷偷辑为《缑城集》，后文禁渐弛，遂有《逊志斋集》《秋崖集》行世，其文世称"醇深雄迈"。

谢迁（1449—1531）

字于乔，号木斋，又号木溪。余姚东山乡第四门（今泗门镇）人。1474年（明成化十年）乡试第一，翌年中状元，授翰林院修撰，累迁左庶子，任太子讲官。孝宗即位后，升任少詹事兼侍讲学士。1495年诏命入阁，参与机务，因居丧力辞。期满，才入阁，随即升任詹事，兼官如故。皇太子出阁，加封太子少保、兵部尚书兼东阁大学士。武宗即位后，累加封太子少傅，上书请诛刘瑾，未获准，遂致仕归里，与友人诗词唱和。1509年，被夺诰命，追还所赐玉带服饰等。次年八月，刘瑾被诛，复原职，推辞不受。1527年受征召，入京，世宗待之愈厚，天寒免朝参，病则遣医赐药。次年归余姚，卒赠太傅，谥文正。谢迁"仪观俊伟，秉节直亮""见事明敏，善持论"，与刘健、李东阳同被称为贤相，乡人尊呼"谢阁老"。善书，明王世贞《国朝名贤遗墨》有录；诗文"正大温厚，不事周琢”，著有《谢文正公集》《归田稿》等。

王守仁（1472—1529）

原名云，更名守仁，字伯安，因曾隐居会稽阳明洞、创办阳明书院，号阳明子，世称阳明先生，余姚县城人。其父王华（1446—1522），1481年（明成化十七年）状元，官终南京吏部尚书。守仁幼受家教，1499年（弘治十二年）进士，授刑部主事，旋改兵部主事。1506年，因触怒宦官刘瑾，谪为贵州龙场驿丞，于谪所第三年“悟格物致知，当自求诸心，不当求诸事物”，开始转宗陆九渊“心学”，讲“知行合一”说，是为“龙场大悟”。1509年谪戍期满，历任庐陵知县、南京刑部主事、南京太仆寺少卿。1514年督滁州马政，闲时聚徒讲学，一度强调静坐。1516年升任南赣佥都御史，奉命镇压农民起义，尝谓“破山中贼易，破心中贼难”。1519年升任都察院右副都御史，平定宁王朱宸濠叛乱，但遭谗言而险致咎，旋称病闲居。1521年起复，巡抚江西，于南昌提出“致良知”说；不久改任南京兵部尚书，获封光禄大夫、柱国、新建伯，成为明代因军功封侯的三位文臣之一。嗣后6年因遭排挤，闲居讲学。1527年以南京兵部尚书兼左佥都御史，总督两广军务兼巡抚。1528年病重离开广西，1529年卒于江西大余县。1567年明穆宗追赠新建侯，谥文成；1584年从祀于孔庙。王守仁是“心学”的集大成者，主张“心即理”，倡言“知行合一”说，后专主“致良知”说，“阳明心学”后传入日本、朝鲜等国。其弟子极众，世称“姚江学派”。

范钦（1505—1585）

字尧卿，号东明，鄞县城西（今海曙）人。1532年（明嘉靖十一年）进士，知随州，有惠政。后历任工部员外郎、袁州知州、江西九江兵备副使、广西参政、福建按察使、云南右布政使、陕西左布政使。丁忧期满后，任副都御史，巡抚南赣汀漳诸郡，后晋升南京兵部右侍郎，但遭劾而未赴任，去职归里。与辞归家居的南京兵部尚书张时彻、罢职归里的南京兵部侍郎屠大山相唱和。一生爱书储书，宦游所至，留心收藏当地典籍，所藏日富。1561—1566年（嘉靖四十年至四十五年）于鄞县城内月湖西建楼以藏，名“天一阁”。继遍购海内孤本异本，抄己所未有之书，又购入城西丰坊“万卷楼”火灾后的遗书，聚书七万余卷，被誉为浙东藏书第一家。晚年订立“代不分书，书不出阁”等训规，后世子孙承志护书、增书，历经400余年，使天一阁成为亚洲现存最古老的私人藏书楼。

朱之瑜（1600—1682）

字鲁屿，号舜水，余姚人。早年寄籍松江，师事吴钟峦等。后见国是日非，绝意仕进。明崇祯末两举征辟，不就。1644年（清顺治元年），南明福王朱由崧两次诏征授职，亦不受。清兵下浙，奔走各地，联络义军支援四明山寨王翊。1647—1658年，数次东渡日本乞兵，图复明室，均未成。途中辗转安南、交趾（今越南）、暹罗（今泰国）等地，备历艰险。其间，南明唐王朱聿键、鲁王朱以海也多次诏征授职，俱不受。1659年受郑成功、张煌言邀，返国抗清，败后侨居日本。1663年，被水户藩主德川光国聘为宾师，讲学于水户，向日本学者传讲汉学。1669年，日本初造学宫，他绘画图纸，度量尺寸，指导建造，事后撰《学宫图说》。又制古祭器等，率学生习释奠礼，改定仪注。1672年，指导编纂《大日本史》。在日本讲学20年，其学术思想对当时日本倡导水户学派和后来明治维新均有影响。卒葬日本，门人私谥文恭先生。

黄宗羲（1610—1695）

乳名麟，字太冲、德冰，号南雷，别号梨洲老人等，学人称梨洲先生，余姚人。1623年（明天启三年）补仁和博士弟子。1626年父黄尊素被魏忠贤害。1628年赴京讼冤，五月刑部会审，出庭对证，出袖中锥刺、痛击仇人，人称“姚江黄孝子”，明思宗称其为“忠臣孤子”。秋至绍兴，师事刘宗周。1630年乡试落榜，转攻经史诸子百家，并涉猎西方自然科学。加入南京复社、杭州孤山读书社，又与弟及好友在余姚组织梨洲复社。参与署名《留都防乱公揭》，揭露阮大铖等误国罪行，被捕下狱。清兵攻占南京后，脱身回余姚，变卖家产，组织“世忠营”奉南明鲁王抗清。兵败后返家隐居，讲学著述终其一生。多学博才，是浙东学派创始人，与顾炎武、王夫之并称明末清初三大思想家（清初三大儒）。一生著述50余种300多卷，其中《明夷待访录》从民本立场抨击君主专制，申说限制君主权力;《明儒学案》首创断代学案体。

沈光文（1612—1688）

字文开、斯庵，晚年自号宁波野老，鄞县栎社沈光村（今海曙石碶街道星光村）人。幼承家学，擅辞赋。1627年（明天启七年）补博士弟子员，1630年中乡试副榜，1636年入南京国子监就读。1645年，清兵南下后，辅佐南明政权，任太常博士、太仆寺少卿等职。1652年秋，乘船移家泉州，遇飓风而漂至台湾宜兰，旋至台南。当时荷兰人已占领台湾28年，他躬耕隐居东山乡间，暗捎台湾海防舆图与郑成功。1661年，郑成功收复台湾，以宾礼相见。1662年郑成功去世，子郑经背弃明制，他作《台湾赋》规讽，不为所容，遂削发为僧。后还俗，结庐罗汉门山中，悬壶行医济世，以汉文教授子弟，倡立东吟诗社，一时学馆兴起，台南一带渐以汉文代替荷兰文。1683年清兵入台后，力辞不受官府职事。1688年病卒台湾。著有《花木杂记》《流寓考》《台湾舆地记》《文开诗文集》等台湾文献，全祖望称他“海东文献，推为初祖”。

张煌言（1620—1664）

字玄著，号苍水，鄞县县城（今属海曙）人。1642年（明崇祯十五年）中举人。1645年，清兵入浙，甬上董志宁等“六狂生”拥钱肃乐集众人于宁波府城隍庙举义抗清，他承肃乐命往天台迎鲁王朱以海至绍兴监国，赐进士，授翰林院编修，后任侍讲兼兵科给事中、右佥都御史、兵部尚书等职，辗转各地抗清，曾四度督军入长江。1659年偕郑成功统舟师入长江，破京口，后郑成功前锋兵败江宁（南京），全师溃，乘流出海。他见归路已断，遂焚舟登岸，潜行二千余里返浙东，召集旧部。1664年，见复明无望，解散军队，避居悬忝（今象山花忝岛）。七月十七日被执，严拒劝降。九月七日被害于杭州，鄞人万斯大、李邺嗣等葬其于杭州南屏山麓，与岳飞、于谦同誉为“西湖三杰”，民国时故居所在街道命名苍水街以资纪念。抗清19年，作诗纪其行，名篇有《放歌》《绝命诗》等，有后人编辑的《张苍水集》行世。

万斯同（1638—1702）

字季野，号石园，门生私谥贞文先生，鄞县县城（今属海曙）人。师事黄宗羲。学主慎独，专意古学，博通诸史，尤精明史。承父、师教诲，崇尚气节，以明遗民自居，绝意仕途。1678年（清康熙十七年），浙江巡抚荐应博学鸿词科，力辞不就。次年，清廷诏修《明史》，总裁官大学士徐元文荐入史馆，以翰林院纂修官受七品俸，复力辞。后承父师嘱托，以布衣参史事，不署衔，不受俸，入京修明史，手定《明史稿》500卷。居京期间，屡开讲席，启导后学，学者尊称“万先生”，而他自署“布衣万斯同”。晚年双目失明，仍口授答问、讲学，卒于明史馆。另著有经、史、地理、诗文等集，如《历代史表》《儒林宗派》《两浙忠贤录》等。

全祖望（1705—1755）

字绍衣，号谢山，自署鲒埼亭长、双韭氏、双韭山民等，学者称谢山先生，鄞县沙港口村（今属海曙洞桥镇）人，生于县城月湖西桂井巷。1736年（清乾隆元年）进士，授翰林院庶吉士，入庶常馆。次年散馆时，受权臣交恶影响，被置于最下等，归班以知县候选，遂绝意仕途，归里读书著述。家境渐贫，竟至三餐难继，然好学依旧。1755年，子昭德病夭，悲恸至极，病势转重，遂召集弟子日夜誊录其著作，口授删改，历四月而卒。无钱安葬，后家人售双韭山房藏书万卷，始得安葬。墓在南郊王家桥畔。学术上推崇黄宗羲，且受万斯同影响，研治宋末及南明史事最精，留心乡邦文献，所著《鲒埼亭文集》《鲒埼亭文集外编》，收录明清之际碑传，极富史料价值。以十年工夫续成《宋元学案》，又七校《水经注》，三笺《困学纪闻》等。

徐时栋（1814—1873）

字定宇，一字同叔，号柳泉，学者称柳泉先生，鄞县县城（今属海曙）人。1846年（清道光二十六年）中举人，两赴会试不第，后以输饷授内阁中书。生平酷爱读书，留意搜罗，建烟屿楼于月湖西，藏书6万卷（1863年毁于火）。一生校勘文献甚多，尤致力地方文献，校刻宋元《四明六志》，著《四明六志校勘记》，使六志得以流传后世。曾主四明文坛30余年，后起俊秀多出其门。1868年，受聘主持鄞县志局，发凡起例，总持大纲。为利用自己藏书，次年移志局于西门外新宅水北阁。病重将殁，执董沛手以志局事郑重相委，不语私事。1874年志成，1877年刊行，称光绪《鄞县志》。性急公好义，设义庄，兴义学，资助修东津浮桥、建三桥碶闸等。

严信厚（1838—1906）

字筱舫，慈溪费市（今属江北）人，后人推其为宁波商帮先辈。早年在宁波恒兴钱庄当学徒，继供职于上海宝成银楼，经店主胡光墉介绍，入李鸿章幕，受委托驻沪襄办饷械。旋由李保荐为候补道员，加知府衔，任河南盐务督销。1885年署长芦盐务帮办，1886年于天津自设同德盐号，遂以盐务起家。继而于上海创设源丰润票号，涉足金融业。未几，任上海道道库惠通官银号经理。此后，陆续创办天津物华金店，上海老九章绸缎庄、中英药房、华兴水火保险公司，锦州天一垦务公司，景德镇江西瓷业公司等。1887年，在宁波创办通久源轧花厂，为国内首家使用动力机器生产的轧花厂。1897年，受盛宣怀委派，创办首家华资银行——中国通商银行。1905年，于上海创办同利麻袋厂，投资面粉厂、榨油厂、内河轮船航运等企业。关心地方公益，曾捐助铁路建设，于故里有设义学及医所诸善举。

叶澄衷（1840—1899）

名成忠，镇海庄市叶家人，宁波商帮早期代表人物。世务农，曾入油坊当学徒，14岁至上海法租界一杂货店习业，每日至黄浦江摇舢板，遂通英语。1862年，开设上海第一家华人五金店——顺记洋货号。1870年，创设南顺记五金杂货号，专营美孚火油，兼营五金；盘下德商可炽煤铁号，专营进口煤铁。1876年设新顺记号、1890年设义昌成号后，共有五金商号5家，被称为“五金大王”。后投资银钱业、房地产业及沙船业，所营钱庄百余家；与人合办鸿安轮船公司、燮昌火柴厂，创办纶华缫丝厂。19世纪末，捐候补道衔。于上海创办澄衷蒙学堂，后改名澄衷中学；在家乡捐设忠孝堂、义庄、义塾、牛痘局，抚孤恤寡，修桥铺路，赈济灾民。1902年，后人遵其遗愿，在家乡创办中兴学堂（后为镇海中兴学校），邵逸夫、包玉刚、赵安中等入读于此。

吴锦堂（1855—1926）

名作镆，字锦堂，以字行，慈溪观海卫镇东山头村人。早年务农，1882年至上海虹庙萃丰油烛店帮佣。1885年，与友人合资，集银千元，赴日本经商，获利甚丰，成为日本关西实业界十大巨头之一，其间任神户中华会馆总理。1900年，应李鸿章要求，为清廷捐银3万元，获赐二品花翎道衔；同年，两次捐银6.8万两，救济长江洪灾及直隶、东三省等地荒歉，另向中国红十字会捐3.2万元，获赐三品京堂候补衔。1904年，在日本神户创办中华公学、同文学校，培养华侨子弟。同年，加入日本国籍，仍保留中国国籍。当时孙中山在日本宣传革命，筹组同盟会，他数次设宴款待，并于1911年参加同盟会，任神户支部长。1905年，慈北淫雨为灾，捐2万余元，聘日本工程师指导整修杜湖、白洋湖。1909年，捐26万元建锦堂学校于故里，规模设备一时为省内私立学校之最。1926年病逝日本神户，1930年归葬白洋湖畔。

金雅妹（1864—1934）

女，又名韵梅，鄞县梅墟宝桥金家村人。父为基督教长老会牧师。3岁丧父母，被父亲好友长老会医生、美国驻宁波首任领事麦嘉谛（B. Mecartec）收为养女。1869年，随养父至日本读书。1881年中学毕业，入美国纽约大医院附属女子医科大学，为中国第一位女留学生。毕业后，相继任职于纽约、佛罗里达、华盛顿等地的医院。精于显微照相技术，常于纽约医学杂志上发表文章。1888年回国，先后供职厦门、广州、成都、北京等地医院，医术精深，求诊治者甚众。1908年，于天津创办医科学校，致力医学教育。曾任天津妇女医院院长8年。

张寿镛（1876—1945）

字伯颂，号咏霓，别署约园，鄞县人。1903年（清光绪二十九年）举人，曾任淞沪捐厘总局提调、宁波政法学堂监督、杭州海关监督等职。辛亥革命后，历任浙、鄂、苏、鲁等省财政厅厅长、淞沪道尹、江苏省政府委员、财政部次长等职。1925年，与王丰镐等创办上海光华大学，被选任为校长，收纳在五卅运动中脱离美国教会学校圣约翰大学的500余名爱国师生。抗日战争时期，与郑振铎、何炳松、张元济等人在上海发起文献保存同志会活动，为抢救国家珍稀古籍不遗余力。毕生致力于宁波地方文献和乡贤遗著的收集、校刊，1930年，开始编印《四明丛书》，历时11年，汇成8集。全书凡8集184种、1184卷，卷帙之巨，为国内乡邦文献所罕见。编有《四明经籍志》，著有《约园杂著》等。1952年，其夫人蔡瑛将约园藏书4万余全部捐献给国家，现分藏于国家图书馆、中国社会科学院。

王正廷（1882—1961）

原名正庭，字儒堂，号子白，奉化税务场村（今属奉化西坞街道）人。1896年入天津北洋西学堂学习，毕业后执教新学书院、湖南省立高等学堂。1902年赴日本留学，1903年加入同盟会，1907年赴美国留学。民国时期，先后出任鄂军都督府外交副主任，北洋政府外交总长、代理国务总理，广州军政府外交总长、财政总长，国民政府外交部部长、驻美大使等职。其间，曾任中华基督教青年会总干事、中华全国体育协进会理事长、国际奥林匹克委员会终身委员、北平中国大学校长、全国道路协会会长、中国红十字会会长等职。1919年1月，任中国全权代表出席“巴黎和会”，响应国内的五四运动，拒绝在《巴黎和约》上签字。1949年初，去香港，任太平洋保险公司董事长。1961年逝于香港。爱好体育，关心家乡公益事业，倡议建筑鄞奉公路，捐资开办务本小学，资助鄞奉公益医院、奉化孤儿院等。

蒋梦麟（1886—1964）

余姚人。原名梦熊，字兆贤，号梦麟。教育家。1904年，中秀才，考入上海南洋公学。1908（清光绪三十四年），赴美国加州大学留学，曾为同盟会撰写文章。1917年获博士学位回国，任孙中山秘书，帮助孙中山校订实业计划。五四运动时，支持学生运动。同年7月，代理北京大学校务。后于1920年、1923年，两度代理北京大学校长。1926年“三一八”惨案发生后，支持各校师生的爱国运动，遭到军阀嫉恨，离开北京。1928年任国民政府大学院（后改教育部）院长（部长）。1930年辞去部长职务，重任北大校长，直至1945年。在几次主政北大期间，对北大的发展做出过一定贡献。著有《梦麟文丛》《中国教育原理之研究》《西潮》等。

张雪门（1891—1973）

原名显烈，字承哉、尘芥，鄞县人。早年毕业于浙江省立第四中学。1912年任鄞县私立星荫小学校长，1918年任星荫幼稚园园长，发起募捐创办幼稚师范。1922年在宁波创建湖西幼稚师范学校，任校长。1924年入北京大学，研究幼儿教育。1928年主办中法大学孔德学校幼稚师范科。次年，主持北平香山慈幼院幼稚教育，并主编幼稚教育丛书。1932年主持北平幼稚师范学校，自编教材。当时国内幼教界有“南陈北张”之称（南方陈鹤琴、北方张雪门）。抗日战争全面爆发后，去广西桂林，主持香山慈幼院桂林分院，兼任桂林幼稚师范学校校长，兼任广西女子师范学校校长，致力培训幼教师资。抗日战争胜利后回北平，旋赴台湾，创设儿童保育院，任院长。病逝台北。著有《从孩提到青年》《幼稚园教材教法》《幼稚园行为课程》等。

杨贤江（1895—1931）

又名英甫，笔名李浩吾、李膺扬等，余姚下垫桥（今属慈溪长河镇贤江村）人。1912年入读于浙江省立第一师范学校，1917年毕业后任南京高等师范学校职员。1919年加入少年中国学会，任南京分会书记。1921年1月，应上海商务印书馆聘请，编辑《学生杂志》，历时6年，发表论文190篇、通讯130篇，引导学生投身反帝反封建斗争。同年加入中国社会主义青年团，次年加入中国共产党。1927年参加上海工人三次武装起义，任上海临时市政府教育局代理局长。大革命失败后，转移到日本，任留日学生中共党组织负责人，从事著译。1929年5月回国，任中共中央文化工作委员会委员，发起组织社会科学家联盟。1931年7月去日本治病，8月逝于长崎。骨灰迁葬上海龙华革命烈士公墓。他是中国第一个用马克思主义观点阐述教育问题的教育理论家，教育思想主要见于《教育史ABC》《新教育大纲》两书，曾翻译恩格斯《家族、私有制和国家的起源》。

周信芳（1895—1975）

字士楚，艺名麒麟童，慈溪县城（今江北慈城镇）人，生于江苏清江浦（今属江苏淮安市）。其父好京剧，艺名“金琴仙”。6岁随父旅居杭州，从陈长兴练功学戏，7岁以“七龄童”艺名登台演出，后改艺名“七灵童”。1907年赴上海演出，始用“麒麟童”艺名。1908年赴北京，与梅兰芳等同台演出。1912年返沪，与谭鑫培等同台演出，演技渐趋成熟。后两度赴北平，1924年回沪，尝试改革京剧艺术，形成独特的表演艺术风格，代表作有《四进士》《徐策跑城》《萧何月下追韩信》等。抗日战争时期，组织移风社，演出《文天祥》《史可法》等。1949年应邀出席中国人民政治协商会议第一届全体会议。1959年加入中国共产党，历任中国戏剧家协会副主席、中国戏曲研究院副院长、华东戏曲研究院院长、上海京剧院院长等职。“文化大革命”开始后，因演出《海瑞罢官》遭迫害，逝于上海。1978年8月平反昭雪。

潘天寿（1897—1971）

乳名权，原名天谨，学名天授，后改名天寿，字大颐，早年号寿者、阿寿，晚号雷婆头峰寿者、颐者等，宁海冠庄（今属宁海桃源街道）人。幼喜习画。1915年入浙江第一师范学校，以书画见称校内。1920年毕业后任教宁海、孝丰等地。1923年移教上海女子职业学校，求教国画大师吴昌硕，后入上海美术专科学校任教。1926年参与创办上海新华艺术学院（后改新华艺术专科学校），任艺术教育系主任。1928年以后，任杭州国立艺术专科学校国画系主任、教务主任、校长等职。抗日战争胜利后，辞校长职，致力教育、创作。1949年以后，任浙江美术学院院长、全国美术家协会副主席、苏联艺术科学院名誉院士等职。1964年回宁海，为南溪温泉作石兰画并题诗。“文化大革命”中受迫害，病逝杭州。1977年平反昭雪。其艺术精湛，擅长写意、指画，熔诗、书、画、印于一炉，于画史、画论研究有素，代表作有《雁荡山花》《映日荷花别样红》等，著有《中国绘画史》等。

沙孟海（1900—1992）

原名文若，字孟海，号石荒、沙村、兰沙、决明，以字行，鄞县沙村（今属塘溪镇）人。幼承庭训，早习篆刻。14岁父亡，沙氏5兄弟（文若、文求、文汉、文威、文度）尚幼，赖其母陈龄支撑家庭。1920年，毕业于浙江省立第四师范学校，在宁波任家庭教师、小学教员，以所入养家，资助众弟求学。1925年，到上海的修能学社任教，后任教于商务印书馆图文函授社。其间，从冯君木、陈屺怀学古文字学，从吴昌硕、马一浮等学书法篆刻，书艺大进，章太炎主办的《华国月刊》多次刊载其金石文字，名声渐著。1928年以后，先后在浙江省政府、广州中山大学、南京中央大学、教育部、交通部、蒋介石侍从室等单位任职。解放后，任浙江大学中文系教授、省文物管理委员会常务委员兼调查组组长、浙江美术学院国画系书法科教授、西泠印社社长等职。50岁以前书法广涉篆、隶、真、行、草各体，晚年尤精行书草书，卓然成家，被誉为“书坛泰斗”。对书法学、古文字学、篆刻学、金石学、考古学都有精到研究，著述丰富，主要有《近三百年的书学》《印学概述》《印学史》《沙孟海论书丛稿》等。1992年6月鄞县人民政府于东钱湖畔建沙孟海书学院，10月10日逝于杭州。

朱复戡（1902—1989）

原名义方，字百行，号静龛，40岁后更名起，字复戡，后以字行，鄞州梅墟人，迁居上海（20世纪60年代转迁山东，80年代返沪）。幼承庭训，7岁能作擘窠大字，被吴昌硕称为“小畏友”。16岁时其篆刻作品入选扫叶山房出版的《全国名家印选》。17岁师从乡贤张美翊，18岁参加海上题襟馆，师事吴昌硕，与冯君木、罗振玉、康有为等过从甚密。1928年，任上海美专教授。解放后，从事美术设计，历任山东省政协委员、上海交通大学兼职教授、中国书法家协会名誉理事、西泠印社理事等职。朱复戡一生深耕金石书画，篆、隶、楷、行、草兼擅，以篆书及行草成就最高，尤以金石篆刻名世，著有《复戡印存》《朱复戡大篆》《朱复戡金石书画选》等。2024年12月，朱复戡艺术馆在海曙孝闻街万氏别第开馆。

柔石（1902—1931）

原名赵平福，后改平复，笔名柔石等，宁海县城人。1923年，毕业于浙江省立第一师范学校，在慈溪等地任小学教员，开始创作文学作品。1928年，在上海结识鲁迅，后与鲁迅合办朝花社，出版《朝花》旬刊，编辑《语丝》。1929年2月，参与发起成立中国自由运动大同盟。3月，加入中国左翼作家联盟，编辑机关刊物《萌芽》。5月，加入中国共产党，出席全国苏维埃区域代表大会。1931年1月17日，在东方饭店参加中共会议，因叛徒告密被捕；2月7日，柔石等24人被淞沪警备司令部杀害于龙华，史称“龙华二十四烈士”，墓在上海龙华烈士陵园。他与殷夫、李求实、胡也频、冯铿“左联”5成员，世称“左联五烈士”。后鲁迅撰《中国无产阶级革命文学和先驱的血》《为了忘却的记念》《柔石小传》悼念。生前出版著作、译作百余万字，手稿20余万字，代表作有中篇小说《二月》、短篇小说《为奴隶的母亲》。

冯定（1902—1983）

笔名贝叶、宋彻，慈溪县城（今江北慈城镇）人。1916年入读于宁波省立第四师范学校，1925年任上海商务印书馆文学编辑。1926年加入中国共产党，1927年受中共党组织派遣到莫斯科中山大学学习。1930年回国后，长期从事党的宣传教育和马克思主义基本理论的传播和普及工作。抗战期间，运用辩证唯物主义和历史唯物主义分析当时的政治、经济、军事和文化、教育等问题，写成一批长篇论文。中华人民共和国成立后，历任中央马克思列宁学院一分院副院长，北京大学哲学系教授、党委副书记、副校长、哲学系主任等职，并于1955年当选为中国科学院学部委员，其间陆续写成《工人阶级的历史任务》《共产主义人生观》等书。哲学代表著作《平凡的真理》。

童第周（1902—1979）

鄞州塘溪镇童村人。1927年上海复旦大学毕业，执教中央大学。1930年赴比利时留学，1934年获博士学位，1937年回国。历任山东大学、中央大学、同济大学、复旦大学教授，中央研究院心理研究所研究员，英国剑桥大学、美国耶鲁大学研究员。1948年3月27日，入选中央研究院首届院士。中华人民共和国成立后，历任山东大学教授和副校长，中国科学院副所长、所长、副院长等职，其间担任中国科学院生物学部委员（即院士前身）、主任，全国政协第五届委员会副主席等职。1978年加入中国共产党。是中国实验胚胎学的主要开创者，早期研究脊椎动物、鱼鸟类及两栖类动物卵子发育能力，有独创性发现。20世纪70年代，与牛满江合作，在世界上首次从鲫鱼卵巢成熟卵子中提取信息核糖核酸，注入受精金鱼卵，促使遗传型特性形成。

王宽诚（1907—1986）

又名文侠。鄞县宋严王村（今属海曙古林镇）人。15岁入宁波永丰猪行当学徒，后在源吉钱庄、宁波泰丰面粉厂供职。1935年与人合办维大鼎记面粉厂，任经理。1937年赴上海开设维大洋行（后易名维大华行），设分公司于香港、伦敦、纽约等地。1947年迁香港，设立维大洋行（香港）有限公司，后创办幸福企业有限公司等数十家企业，经营金融、地产、建筑、船运、国内外贸易、百货、食品、木材加工等业。1949年应邀参加开国大典，认购“人民胜利折实公债”21万份。抗美援朝时捐飞机一架。历任香港中华总商会会长、永远荣誉会长。与俞佐宸等倡议成立甬港联谊会，先后任会长、名誉会长。热心公益慈善事业和家乡发展，捐款支持香港及内地20余所学校或社团；1985年出资1亿美元成立王宽诚教育基金会，支持国家选派留学生；捐资助建宁波东恩中学、东恩小学等。1998年，国际编号4651号小行星被命名为“王宽诚星”。

邵逸夫（1907—2014）

原名仁楞，字逸夫，镇海庄市勤勇村人，出生于上海。1923年叶氏中兴学校毕业后，协助兄长邵醉翁在上海创办天一影片公司。1926年赴新加坡协助邵仁枚开拓电影市场。1949年，在香港成立邵氏兄弟影业公司，任总裁，从事电影拍摄与发行业务。20世纪60年代在香港九龙建立邵氏影城。1980年以后，任香港无线电视董事局主席、邵氏影业公司董事长、香港电视有限公司总裁、香港红十字会会长等职。1992年以后，受聘为港事顾问、香港特别行政区筹备委员会委员。关切公益，成立香港邵氏基金会，捐资助建香港等地公益项目，捐巨资支持内地教育卫生等事业，其中对教育事业助力尤多，被誉为“华夏助学第一人”。2002年出巨资设立邵逸夫奖。累计公益事业捐款超过100亿。2005年获“慈善终身奖”。

袁牧之（1909—1978）

原名家莱。鄞县城南（今属海曙）人。13岁入上海澄衷中学学习，业余演剧。14岁入洪深主持的戏剧协社。1927年参加戏剧革新运动，为辛酉剧社主要演员。1930年投身于左翼戏剧事业。1934加入电影制片公司，编写并主演《桃李劫》，主演《风云儿女》《生死同心》，编导经典之作《马路天使》、中国第一部音乐喜剧故事片《都市风光》等。抗日战争全面爆发后，任话剧《保卫芦沟桥》导演委员会成员。1938年8月赴延安，编导《延安与八路军》。1940年加入中国共产党。解放战争时期，参加东北电影制片厂的创建和领导工作。中华人民共和国成立后，曾任文化部电影局局长。著有《牧之随笔》《戏剧化装术》《演剧漫谈》等。

殷夫（1910—1931）

原名徐柏庭，又名徐祖华、徐白、徐文雄，笔名殷夫、白莽等，象山大徐村人。

1923年秋，入上海民立中学。1925年参加“五卅”运动，1926年加入共青团，1927年转为中共党员，1929年5月结识鲁迅，后调任共青团中央宣传部干事。1930年3月以发起人之一加入中国左翼作家联盟，5月出席全国苏维埃区域代表大会。1931年1月17日，在东方旅社参加中共会议，因叛徒出卖被捕；2月7日，殷夫等24人被害于龙华，史称“龙华二十四烈士”，是“左联五烈士”之一，墓在上海龙华烈士陵园。鲁迅作《惯于长夜过春时》等诗文悼念。早期诗作歌咏爱情、故土，谴责黑暗现实与呼喊光明未来相交织，20岁后诗作境界开阔，鲁迅称“是对于前驱者的爱的大纛，也是对于摧残者的憎的丰碑”。1929年，翻译匈牙利诗人裴多菲《自由与爱情》，其中“生命诚宝贵，爱情价更高；若为自由故，二者皆可抛！”成为名句。

卢绪章（1911—1995）

曾用名卢植之，出生于海曙小沙泥街。早年参加革命，1937年加入中国共产党，长期从事党的地下工作，在上海、重庆、香港等地以“广大华行”为掩护，帮助解决党组织经费问题，被誉为“与魔鬼打交道的人”。解放后，创办新中国第一家国营对外贸易公司中国进口公司（中化集团前身），并任第一任总经理，历任华东贸易部副部长，国务院侨办党组成员，国家旅游总局局长、党组书记，对外贸易部常务副部长，第四至第六届全国政协委员等职，是中国对外贸易事业的开拓者和奠基人之一。1984年，受中共中央和邓小平委派，赴宁波帮助开展对外开放工作，并被浙江省、宁波市政府聘为特邀顾问。1988年，与包玉刚等人倡议，在宁波经济协调小组基础上筹建宁波经济建设促进协会，得到谷牧和宁波籍海内外人士的广泛响应。同年10月18日任宁波经济建设促进协会首任会长。1993年第二届改任名誉会长。1995年在北京逝世。

包玉刚（1918—1991）

名起然。镇海庄市钟包村人。1931年从叶氏中兴学校毕业，随父在汉口鞋行习艺，业余补习英文、会计等。后投身金融界。1945年赴上海设立中国工矿银行上海分行，自任经理。1946年任上海市银行业务部经理，次年任副总经理。1948年迁居香港，经营金融、贸易、房地产等业。1955年以一条旧货船开始航运事业，先后建立巴哈马世界航运股份有限公司、环球航运集团等船运企业，任国际独立船东协会主席。1981年，旗下船队吨位达2100万吨，成为“世界船王”。为推动香港回归不遗余力。1986年，向中、英政府建议设立中英友好奖学金，并捐资1400万英镑。1985年，被全国人大常委会任命为《中华人民共和国香港特别行政区基本法》起草委员会常委、副主任。情系家乡，先后率先捐资创办或参与创办宁波大学、镇海中兴学校、龙赛医院、宁波市包玉刚图书馆等，出任国务院宁波经济开发协调小组顾问，促成宁波成为计划单列城市，在宁波对外开放与现代化建设中发挥重要作用，被誉为“宁波大使”。

名人事略

宁波的发展进步是宁波籍人士拼搏奋斗的结果，也是大量非宁波籍人士鼎力相助的结果。他们远道而来投身宁波建设，对宁波的发展进步发挥出重要作用。

韩察（生卒年不详）

京兆万年（今陕西西安）人。唐朝宰相韩休曾孙、宰相韩滉孙。816年（唐元和十一年），受张弘靖辟，以侍御史为河东节度判官。元和末，为京兆富平县令，颇著能名。821年（长庆元年），迁明州刺史。823年离任，其后仕历不详。至明州上任后，韩察将明州州署迁到今鼓楼公园一带，并修建子城，民居子城外。

王元暐（799—？）

琅琊（今山东临沂）人。821年（唐长庆元年）通过科举考试步入仕途，初任翰林院书记，历官翰林院编修、朝议郎、金华府同知。833年（唐大和七年）任鄮县令，于鄞江建它山堰，以蓄淡、阻咸、引流。竣工后，涝则七分水入鄞江，三分水入溪（南塘河），以利泄洪；旱则七分水入溪，三分水入江，以供灌溉。又疏浚小江湖，在南塘河建乌金、积渎、行春三碶（今上水碶、下水碶、石碶），形成水利网络，灌溉鄞西田数千顷。后人感恩其德，建祠以祀，1001年扩建为它山庙，1168年皇帝赐额“遗德”，全称“敕赐它山遗德庙”。1227年追封王元暐为善政侯，1249年追封善政灵德侯，1806年追封孚惠王，并于庙前立“片石留香亭”。它山堰历经千余年仍发挥着蓄淡、阻咸、引流的功能，与都江堰、郑国渠、灵渠并称中国四大古代水利工程，2015年10月被国际灌排委员会评为世界灌溉工程遗产。

布袋和尚（？—917）

俗名契此。幼孤，873—888年（唐僖宗年间）流落奉化长汀，被村民张重天收为义子。及长，笃信佛，自号长汀子，出家奉化大桥岳林寺。体态肥胖，大腹袒露，笑口常开。杖荷布袋。见物即乞，出语无定，随处寝卧。饮食不论鱼肉荤素，吃剩食物，总是投入布袋，人称“布袋和尚”。好学，善吟偈语。善测天气，以形象示人，着草鞋急行示雨，穿高齿木屐示晴。曾去福建募化杉木，助建岳林寺大雄宝殿、千佛阁、钟楼等。917年（后梁贞明三年）于岳林寺东廊石上作偈谓：“弥勒真弥勒，分身千百亿。时时示时人，时人自不识。”偈毕圆寂。嗣后，世人传为弥勒化身，塑像供奉，岳林寺因称弥勒道场（寺圮）。1098年，宋哲宗赐号“定应大师”。后国内佛寺多供奉大肚弥勒佛，在日本被奉为“七福神”之一。

曾巩（1019—1083）

字子固，世称南丰先生，建昌军南丰（今江西南丰县）人。幼年能文，未冠而名闻天下。1057年（宋嘉祐二年）进士及第，授太平州司法参军，后迁馆阁校勘、集贤校理、《英宗实录》检讨官。1069年起，任地方官吏，为政廉洁奉公，致力于平反冤狱、维护治安、打击豪强、救灾防疫、疏河架桥、设置驿馆、修缮城池、兴办学校、削减公文、整顿吏治、废除苛捐杂税，颇有政绩。1081年以后，历任史馆修撰、管勾编修院、判太常寺、中书舍人。1082年遭母丧，罢职。1083年，卒于江宁府（今南京市）。任越州通判时，曾巩曾受明州地方官员邀请，考察宁波西乡的广德湖，并写下《广德湖记》。据曾巩文章自述，1079年农历正月廿五至五月三十任明州知州，兼领市舶司。在明州期间，利用旧砖石，采取募民代役，修缮城墙。

王安石（1021—1086）

字介甫，号半山，世称王文公，临川（今属江西抚州市临川区）人。1042年（北宋庆历二年）进士，历任扬州签判、鄞县知县、舒州通判、翰林学士等职。1069年升任参知政事，主持变法；1070年拜相，推行改革，促成熙河开边。1074年罢相，1075年复位。1076年辞相，出判江宁。1077年获封舒国公，1079年改封荆国公，1086年病逝。1094年，配享神宗庙庭，赠谥“文”。1113年追封舒王，配享孔庙；1226年追夺王爵，毁去配享画像，从祀庙廷。1047年秋，王安石任鄞县知县，十一月巡视东西14乡，历时13天，撰《鄞县经游记》记其事。后浚治东钱湖和附近河道，兴筑堤堰，订定湖界，置立碶闸；低息贷谷于民，春贷秋还，新陈相易；改差役为雇役，按等第（财产大小）出钱免役，由官府雇人服役。次年创建县学，以孔庙为学舍，延聘杜醇、楼郁等名儒为师；复调整一乡五里制，以严治安。1050年离任。

孙中山（1866—1925）

谱名德明，幼名帝象，稍长名文，字日新，后改逸仙。曾化名中山樵、高野长雄等，以“中山”名于世。广东香山（今中山市）人。民族英雄、爱国主义者、中国民主革命先驱，中华民国和中国国民党缔造者，三民主义倡导者。早年习医。1894年，创建兴中会。1905年，组建中国同盟会。1911年辛亥革命后，被推举为中华民国临时大总统。1925年，因癌症在北京逝世。1929年，葬于南京紫金山中山陵。1940年，国民政府通令全国，尊称其为“中华民国国父”。著有《建国方略》《建国大纲》《三民主义》等。1916年，孙中山在宁波中学演讲中赞道：“宁波风气之开，在各省之先，将来整顿有方，自可为各省之模范”，“以宁波既有此土地，有此资力，苟能积极经营，奋发自强，则不难成为中国第二之上海，为中国自己经营模范之上海”，“鄙人虽初到此地，然宁波为通商大埠，当游历各洲时，已熟闻之矣”，“宁波人之实业，非不发达，然其发达者，多在外埠”，“宁波人既素以善于经商著，且具有伟大之魄力”。

圆瑛（1878—1953）

俗姓吴，法名宏悟，字圆瑛，号韬光，又号一吼堂主人，以字行，福建古田人。19岁于福州鼓山涌泉寺出家，20岁从妙莲受具足戒。1903—1909年从宁波天童寺住持敬安参禅6年，继从谛闲和七塔寺慈云等学习，尤致力《楞严经》研究。1909年于宁波接待寺创建佛教讲习所。1914年任中华佛教总会参议长。1917年任宁波佛教会会长。1918年创办宁波佛教孤儿院。1929年与太虚发起成立中国佛教会，被推为理事长（会长），蝉联7届。1930—1936年接任天童寺第164代主持，任内整肃清规，筹划资金，主持修复、改建天童寺的天王殿、藏经楼等建筑。抗日战争时，曾组织上海、汉口、宁波僧侣救护队，开办佛教医院收治伤兵，设佛教难民收容所，后去新加坡等地募捐，其间曾遭日军拘押。1953年6月中国佛教协会成立，当选为会长。同年8月圆寂，天童寺青凤岗建有圆瑛塔院。

陈宝麟（1898—1965）

字冠灵，河北东光人，早年随父定居江宁（今江苏南京）。毕业于北京大学经济学，先从业于教育界，1927年通过浙江省首次县长考试，初任浙江省民政厅第三科科长，1929年1月任鄞县县长。1939年调任省会计长，后历任省政府委员、财政厅厅长、教育厅厅长、省银行董事长等职。他在鄞任职十年，建树颇多，开四境公路、拆旧城墙、辟环城马路、整治东钱湖、改建老江桥为灵桥、修葺天一阁、修缮白云庄、成立鄞县通志馆和县文献委员会、发展教育、力争江北岸白水权等，他均主持或参与其事。曾提出鄞县建设五年计划，限于当时条件，多未能实施。善任用人才，为时人称道。其间，全县安谧，市无苛扰，野无啸聚，政清刑简，形成社会良好秩序，被公认为治县楷模。

谭启龙（1913—2003）

曾用名胡志萍，江西永新人。1928年加入中国共产主义青年团，1933年转为中国共产党党员。先后参加土地革命战争、抗日战争、解放战争。解放后，历任浙江省委副书记、山东省省长、山东省委第一书记、中共中央华东局书记处书记、浙江省委第一书记、青海省委第一书记、四川省委第一书记等职。1942年7月，谭启龙任浙东区党委书记兼三北游击司令部（1944年1月改编为新四军浙东游击纵队）政委，坚持反顽自卫战争，统一领导浙东敌后抗战，发动群众建设浙东抗日根据地。逝世后，根据其遗愿，骨灰安葬在四明山革命先辈碑林。

谷牧（1914—2009）

原名刘家语，曾用名刘曼生、刘竟希，山东荣成人。1932年加入中国共产党。中华人民共和国成立后，曾任国务院副总理、中共中央书记处书记、国务委员、政协全国委员会副主席等职。1973年7月，任国务院港口建设领导小组副组长，推动国务院批准建设镇海港区和北仑港区。1984年4月，考察宁波经济技术开发区预选地址小港，推动当年宁波跻身全国首批对外开放的沿海城市之一，并获准设立国家经济技术开发区。1984年8月1日，在北戴河向邓小平详细汇报宁波开发建设情况，着重介绍“宁波港”“宁波帮”两大突出优势，促成邓小平发出“把全世界的‘宁波帮’都动员起来建设宁波”的号召。1985年10月，国务院召开加快宁波开发现场办公会议，决定成立国务院宁波经济开发协调小组，谷牧任组长。此后3年，谷牧主持召开6次协调小组会议，帮助解决一系列重大问题。1988年国务院宁波经济开发协调小组撤销后，谷牧任宁波经济建设促进会名誉会长，继续发动各方面力量关心支持宁波建设。

世家望族

宁波自古文脉不断，名人辈出。共同的家学渊源与书香传世传统，以及相近的人文环境、爱好、性格、知识结构、思维方式、先天禀赋等造就历史上宁波人才文化的一道独特景观——家族人才群。宁波历史上的名门望族，基本上都是从外来移民户发展而来，其空间分布的重心，也随着时日的推移，从余姚江上游地区转移到下游两岸，留存至今的宁波望族族谱多达1701种。清代全祖望《甬上族望表》一书，记载宁波每个家族里面有名望的人，共涉及229个甬上氏族。

两汉之交，诸多中原民众因北方兵燹频仍而避乱南下，其中一部分迁居于今宁波境内，尔后在区域经济开发及社会进步中，逐渐成长为著姓望族，余姚虞氏就是典型代表。余姚虞氏诞生易经学家兼天文历算家虞翻，著名天文学家虞耸、虞喜，以及经学、史学家虞预、虞荔、虞愿、虞僧诞，文学家虞炎，著名史学家、书法家虞世南等。然而东晋在江南立国之后，随着由侨姓士族所主导的门阀社会的最终确立，社会等级分层固化，故汉唐之际宁波地域除余姚虞氏外再无世家大族。

907年吴越王国建都杭州之后，诸多移民陆续东迁，定居于宁波境内。北宋庆历年间（1041—1048），宋仁宗推行兴学、普及教育之国策，“庆历五先生”开始宁波的文化启蒙，加之鄞令王安石、余姚令谢景初等地方官推行革新，促使宁波文教事业盛况空前、社会面貌快速改善，宁波逐渐取代绍兴，成为新的浙东政治、经济和文化中心。在此背景下，通过重视教育、传承儒学，以及参与地方活动、联姻等方式，发展而成的名门望族呈井喷式涌现。南宋的宁波四大家族是西湖楼氏、鄞县史氏、丰氏、郑氏，他们都是宰相家族，此外还有西湖汪氏、城南袁氏、桂芳桥高氏等。其中，史氏家族最著名，有“一门三宰相，四世两封王”之称，在南宋历史上影响深远，对宁波文化更是有着不可低估的作用。楼氏，有庆历五先生之一的楼郁，曾经废广德湖、修建高丽使馆的明州太守楼异，文学家楼钥，画《耕织图》的楼璹。郑氏有宰相郑清之。丰氏有宰相丰稷，在明代还有书法家、万卷楼主丰坊，其近现代支系桐乡石门丰氏有著名画家丰子恺。

明清时期，宁波境内的世家望族，尽管在政治领域的发展态势总体上明显不如南宋时期，却也不乏西湖陆氏、江北屠氏、槎湖张氏、镜川杨氏、鄞县万氏等官宦世家。前四者都是尚书世家。陆氏世居烟屿，有刑部尚书陆瑜、御史陆世科，月湖柳汀上的陆殿桥、尚书桥，即陆家所修。槎湖张氏有张邦奇、张时彻2位尚书。屠氏家族有吏部尚书屠滽，文学家屠隆，海洋生物学家、文学家屠本畯。诺贝尔奖得主屠呦呦也是该支屠氏后人。镜川杨氏出过杨守陈、杨守阯2位尚书。万氏作为唯一以军功起家的明代甬上望族，建立起其他宁波望族无法企及的军功战绩，在弃武从文之后，万泰的八子——万斯年、万斯程、万斯祯、万斯昌、万斯选、万斯大、万斯同，在经学、史学、文学等领域取得足以笑傲学林的不俗成就，被时人誉为“万氏八龙”。虽然明清宁波官宦世家为数不少，但是文化家族更多，如余姚黄宗羲、黄百家、黄炳垕三代人同为天文学家、数学家。浮石周氏、芍庭钱氏、砌街李氏、城西范氏、栎社沈氏、鉴桥屠氏、桓溪全氏、鄞县丰氏、慈溪鹳浦郑氏、慈溪孙家境孙氏、余姚邵氏都是文化家族中的佼佼者。

在明清易代之前，宁波望族大多脱胎于政界，主要是族人通过科第入仕为官，然后整个家族借助政治权势而发迹。然而在明清易代之际，宁波涌现出不少像张煌言这样的反清复明斗士，从而招致清政府对甬籍人士的屠戮。被阻断正常入仕途径的宁波人最终涉足工商业。因此，明清易代之后的宁波望族大多出自工商实业领域，主要通过发财致富而崛起，诞育出诸如镇海十七房郑氏、小港李氏、马径张氏、庄市包氏和邵氏等众多商业世家。及至近现代，宁波望族成因多元化，在诸多领域涌现出成就非凡、代代传承的世家望族。如北京文史名家“五马”，即鄞县的马裕藻、马衡、马鉴、马太玄、马廉；

鄞县“沙氏六兄弟”，即著名书法家沙孟海与革命家弟弟沙文求、沙文汉、沙文威、沙文度及画家堂弟沙耆；慈溪官桥陈氏兄弟陈训正、陈布雷、陈训慈；自然科学家翁文灏、翁文波兄弟；教育家慈溪冯君木、冯定叔侄；革命家慈溪赵家蕃、赵家荪、赵家艺兄弟；镇海包氏、邵氏、应氏家族等也涌现许多杰出人才。

宁波籍海内外人士

“宁波帮”是宁波籍海内外人士的杰出代表，泛指明清以后旧宁波府属鄞县、镇海、慈溪、奉化、象山、定海和南田县以及余姚市、宁海县在外地活动的工商企业家群体，是中国近代最大的商帮、中国传统“十大商帮”之一。

“宁波帮”的形成源于宁波人悠久的经商传统。早在秦代，“鄮”这个地名，顾名思义就是贸易城邑，足证当时的宁波有比较繁盛的商业活动。宁波枕山臂海，拥有开展海外贸易的优势，唐五代及宋元时期，宁波一直是对外贸易重要城市，可谓东南商贸大埠。明代，政府开始实行海禁政策，对外贸易大受挫折。直到隆庆（1567—1572）万历（1573—1620）时期，张居正改革促进国内特别是江南地区商品经济发展，商人阶层日益活跃。因此，原本就没有多少土地可耕作且有经商传统的宁波人，纷纷外出经商谋生，诞育出著名的经商世家如孙氏、徐氏、董氏、秦氏、陈氏、李氏等家族。在外地经商的宁波人渐成规模，开始以血缘、地缘为基础结成同业集团，北京鄞县会馆、浙慈会馆便于明末清初应运而生，标志着宁波商帮的诞生。此时的“宁波帮”以中小商人为主体，经营行业主要是海产品、南北货、药业、成衣业等，活动区域主要在长江下游地区、浙江和福建沿海地区以及北京等大都市。此时海商十分微弱，不敢在沿海从事大规模的海上贸易、创建会馆，仅在日本长崎，包括“宁波帮”海商在内的三江系（江苏、浙江、江西等省）海商于1623年建立具有会馆性质的兴福寺（俗称南京寺）。

清乾隆（1736—1795）嘉庆（1796—1820）时期，“宁波帮”海商迅速发展。一部分以南北号船商和沙船商为代表，从事沿海贸易，逐步发展成为清代北洋航线上重要的海运势力；另一部分则从事对日铜料贸易，成为清代东南洋铜商的主角。“宁波帮”开始由一个普通的中国沿海地域商帮，一跃而成为国内著名商帮。至1840年鸦片战争爆发前后，中国国内主要的商帮由徽、晋两帮对峙演变为晋、粤、闽、宁波四强争雄格局。

鸦片战争后，“宁波帮”凭借自身特殊的有利条件，迅速介入新兴的对外贸易领域，形成新式商人群体。19世纪80年代以后，上海的“宁波帮”超过广东帮而居于上海工商界首位，并将其势力和影响扩大到天津、汉口等地。“宁波帮”进出口贸易随着近代对外贸易的扩大而迅速发展，在金属、染料、棉布、棉纱、砂糖、机械、杂货等领域，长期占据近乎独霸的地位。“宁波帮”新式商人在与西方商人交往过程中，感受到兴办近代企业的巨大利益，因而在关心商品流通领域的同时，格外关注商品生产过程。19世纪80年代特别是90年代以后，他们将商业利润投资于航运业、金融业、工业等新兴领域，形成实力雄厚的“宁波帮”金融资本和工业资本。在近代银行业中，“宁波帮”长期控制着中国第一家华资银行——中国通商银行，创办四明商业储蓄银行、中国垦业银行等著名银行；在近代航运业中，早在清咸丰年间，就以保护承运漕粮的海船为由，得到清政府有关官员的默许，在广东购得外国轮船一艘——宝顺轮，为漕粮海运的船只护航，此轮也是中国第一艘由中国人经营的轮船。此后，“宁波帮”商人创办的戴生昌轮船公司、宁绍轮船公司、三北轮埠公司，更是中国近代著名的轮船公司。在近代工业企业中，有三友实业社、中国化学工业社、五洲药房、信谊化学制药厂、民丰华丰造纸厂、大中华橡胶厂等著名民族资本大中型企业。即使在动荡的1941年，宁波人在上海的企业仍多达2230家，因此有“无宁不成市”之说。在创办和经营近代企业的过程中，涌现出诸如严信厚、叶澄衷、朱葆三、宋炜臣、虞洽卿、刘鸿生、项松茂、余芝卿、陈万运、沈九成、方椒伯、方液仙、李云书、李康年、秦润卿、周祥生、胡西园、竺梅先、金润庠、鲍咸昌、鲍国昌、孙衡甫、盛竹书、叶琢堂、卢鸿沧、孙梅堂、周宗良、宋汉章等为代表的一大批企业家、金融家，形成“宁波帮”近代企业家群体。

20世纪四五十年代以后，有一批“宁波帮”工商业者移居海外各地，但大部分以香港为中心继续发展，涌现出世界船王、电影大王、纺织大王等工商巨子。80年代以后，许多宁波人走出国门，移居海外各地。至2023年，宁波籍港澳台及海外人士有47.7万，分布在159个国家和地区，活跃在社会经济各个领域，并产生若干新的组织。同时，在国内不少城市，相继成立以宁波籍人士为主体的宁波经济建设促进协会，在促进宁波经济和社会的协调发展上，发挥出相当大的作用。

亦文亦武、会通中外的“宁波帮”是“最宁波”的文化符号。以“宁波帮”为代表的宁波籍海内外人士步履四海、心系祖国、念旧乡梓，重工兴商、开拓创新、艰苦创业，支持革命、促进统一、回报社会，涌现出严信厚、叶澄衷、王宽诚、包玉刚等爱国爱乡知名人士。他们在金融、贸易、航运、制造等行业赢得各种“企业大王”称誉，创造百余个中国“第一”，为中国经济社会的现代化发展尤其民族工商业的发展做出巨大贡献。他们在海外尤其是香港的商业成功，为宁波带来大量投资和捐赠，支持家乡建设，从王宽诚、包玉刚、邵逸夫，到赵安中、曹光彪、李达三、魏绍相等大批“宁波帮”人士慷慨解囊，捐资助学。李达三、邵逸夫、王宽诚、曹光彪等人士名字被用来命名小行星，宁波市建立宁波帮博物馆，表彰、宣扬他们的贡献和精神。

在中国社会从传统向现代转型、中华民族伟大复兴征程中，以“宁波帮”为代表的宁波籍海内外人士把自己的前途与国家、民族的命运结合在一起，在各自工作领域投身民族解放与复兴的时代洪流之中，得到孙中山、毛泽东、邓小平、习近平的高度赞许。1916年，孙中山在宁波商界发表演说：“宁波人既素以善于经商著，且具有伟大之魄力”；“查甬地开埠在广东之后，而风气之开不在粤省之下。且凡吾国各埠，莫不有甬人事业，即欧洲各国，亦多甬商足迹，其能力之大，固可首屈一指也”。1949年4—5月，杭州、宁波一线即将解放，毛泽东在北京致电前线解放军，特别提到：“在占领绍兴、宁波等处时，要注意保护‘宁波帮’大中小资本家的房屋财产，以利我们拉住这些资本家在上海和我们合作，或者减少他们的捣乱行为。”1984年8月1日，邓小平在北戴河听取国务委员谷牧关于沿海开放城市和对外开放工作情况汇报后，高兴地说，“宁波人海外侨胞人数不多，质量较高”，提出“把全世界的‘宁波帮’都动员起来建设宁波”。在他亲自过问下，1985年12月，国务院成立宁波经济开发协调小组，指导、协调宁波开发开放工作。自此，宁波踏上发展的快车道。习近平在浙江工作期间，多次对以“宁波帮”为代表的宁波籍海内外人士表示关心并寄予殷切期望。2024年7月30日，习近平给祖籍宁波的香港企业家回信，称赞宁波籍海内外人士“传承先辈爱国爱乡的优良传统，积极创新创业、捐资助学，为家乡建设和国家发展贡献力量，用实际行动诠释了薪火相传的爱国心、桑梓情”；勉励他们“继续发挥各自优势，积极主动融入国家改革开放大局，为中国式现代化建设添砖加瓦，为实现中华民族伟大复兴的中国梦作出新的贡献”。

为凝聚宁波籍海内外人士力量，共同推动宁波、浙江乃至全国发展，宁波市为贡献突出者授予荣誉市民称号，举办各种联谊联络活动、形势通报会、环境推介活动等。2004年7月1日至8月7日，举行“邓小平同志诞辰100周年暨邓小平同志关于‘宁波帮’指示发表20周年大型纪念活动”，世界各地的宁波籍知名人士以及与宁波关系比较密切的帮宁波知名人士、国内外友好城市代表等约1500人参加。2012年4月13日至15日，召开首届世界“宁波帮”大会，各地宁波经济建设促进协会代表、宁波籍港澳台及海外人士、国内市外甬商代表等1300余人参加。2018年11月15日至17日，举行第一届世界“宁波帮·帮宁波”发展大会，千余位宁波籍海内外人士和外地籍在甬人士参加。2019年10月17日至19日，举行第二届世界“宁波帮·帮宁波”发展大会，1100多位宁波籍海内外人士和外地籍在甬人士参加。2020年10月27日，举行第三届“宁波帮·帮宁波”发展大会，1600多位宁波籍海内外人士和外地籍在甬人士在线上线下同步参加。

院士之乡

中国的首届院士于1947年开始评选，1948年3月27日选出81名中央研究院院士，宁波籍的翁文灏当选数理组院士，贝时璋、童第周当选生物组院士，人数占浙江（18人）的六分之一。1949年，中华人民共和国成立，中央研究院院士制度作废。

1954年6月，经中共中央和政务院批准，中国科学院开始筹建学部，并于1955年6月召开中国科学院学部成立暨第一次学部委员大会。与此同时，开始推选首届学部委员（1994年改称院士），章名涛、纪育沣、童第周、贝时璋、李庆逵5名宁波籍学者获聘。1994年6月，中国工程院成立暨首届院士大会公布首批中国工程院院士，朱高峰、何德全、汪成为、倪光南、郑哲敏、陈俊亮、路甬祥7名宁波籍学者当选，其中郑哲敏、陈俊亮、路甬祥此前已当选中国科学院院士。1997年以后，中国科学院、中国工程院固定为每两年选聘一次院士。至2023年，宁波籍院士有122人，其中，中国科学院院士66人、中国工程院院士59人（有3人为两院院士），遍布中国科学院和中国工程院所有15个研究学部。以籍贯计，数量居全国第一位，是名副其实的“院士之乡”。此外，还有薛群基、蔡荣根、赵玉芬、杜时贵等非宁波籍院士，以及孙学良、Torgeir Moan等外籍院士在宁波从事科研教育、科技指导等工作，为宁波发展服务。除院士外，还有诺贝尔奖获得者屠呦呦以及杨国栋、马荣荣、庄启宁等科技专家，活跃在宁波科技界。谈家桢、贝时璋、吴祖泽、屠呦呦、郑敏哲、贺贤土、杨福家（2024年）及庄启宁等人以其不平凡的贡献，其名字被用来命名小行星。宁波籍院士绝大部分出生在宁波，在家乡读完小学甚至中学，才离开宁波到外地深造。他们研究的专业领域分布很广，在中国“两弹一星”的研制、信息技术的发展、人类基因之谜的破解、现代工业与农业科技的历史性突破方面，建立卓越功勋，在国际科学界享有崇高威望。

20世纪90年代末，宁波市开始持续开展科学家精神弘扬平台载体建设，文化内涵挖掘和宣传教育工作。成立宁波市院士文化研究中心（后成为中国科协科学文化与科学家精神宁波研究基地），建立“科学文化与科学家精神宁波研究基地”，实施宁波籍院士文化建设工程，抢救挖掘整理科学家传记、口述史料，编辑出版相关著作，绘制甬籍院士故（旧）居地图，举办科学家纪念展及研讨会，创编演出宁波籍院士系列故事的科普剧，走进学校、社区讲授科普课。

在宁波，建有院士林、院士公园、院士雕塑群、院士路、甬籍院士陵，以及童第周故居、翁文灏故居、戴传曾故居、贝时璋故居、童志鹏故居、屠呦呦旧居、谈家桢生命科学教育馆、钟观光纪念馆等众多纪念空间与活动场所，在宁波帮博物馆和部分甬籍科学家故乡文化礼堂设立甬籍科学家专题展厅和文化长廊，建成3家国家级、6家省级科学家精神教育基地。这些纪念空间与活动场“串珠成链”，成为传承和弘扬科学家精神的文化教育基地，全市形成尊重知识、崇尚创新、尊重人才、热爱科学、献身科学的浓厚氛围。

表25-5-1：2024年宁波籍中国科学院院士与中国工程院院士名录表

姓名	籍贯（今址）	出生时间	院士名称	所属学部	当选年份
纪育沣	鄞州	1899.12.22（1982.5.18逝世）	中国科学院院士	化学部	1955
童第周	鄞州	1902.5.28（1979.3.30逝世）	中国科学院院士	生命科学和医学学部	1955
贝时璋	镇海	1903.10.10（2009.10.29逝世）	中国科学院院士	生命科学和医学学部	1955
章名涛	鄞州	1907.7.23（1985.1.9逝世）	中国科学院院士	信息技术科学部	1955
李庆逵	海曙	1912.2.12（2001.2.25逝世）	中国科学院院士	生命科学和医学学部	1955
翁文波	鄞州	1912.2.18（1994.11.18逝世）	中国科学院院士	地学部	1980
任美锷	鄞州	1913.9.8（2008.11.4逝世）	中国科学院院士	地学部	1980
鲍文奎	鄞州	1916.5.8（1995.9.15逝世）	中国科学院院士	生命科学和医学学部	1980
朱祖祥	慈溪	1916.10.5（1996.11.18逝世）	中国科学院院士	生命科学和医学学部	1980
黄　量	宁波	1920.5.22（2013.11.21逝世）	中国科学院院士	化学部	1980
戴传曾	鄞州	1921.12.21（1990.11.18逝世）	中国科学院院士	数学物理学部	1980

续表

姓名	籍贯（今址）	出生时间	院士名称	所属学部	当选年份
郑哲敏	海曙	1924.10.2 （2021.8.25逝世）	中国科学院院士 中国工程院院士	技术科学部 土木、水利与建筑工程学部	1980 1994
陈中伟	宁波	1929.10.1 （2004.3.23逝世）	中国科学院院士	生命科学和医学学部	1980
谈家桢	江北	1909.9.15 （2008.11.1逝世）	中国科学院院士	生命科学和医学学部	1990
颜鸣皋	江北	1920.6.12 （2014.12.24逝世）	中国科学院院士	技术科学部	1991
周毓麟	镇海	1923.2.12 （2021.3.2逝世）	中国科学院院士	数学物理学部	1991
陈子元	鄞州	1924.10.5	中国科学院院士	生命科学和医学学部	1991
杨福愉	镇海	1927.10.30 （2023.1.5逝世）	中国科学院院士	生命科学和医学学部	1991
李志坚	北仑	1928.5.1 （2011.5.2逝世）	中国科学院院士	信息技术科学部	1991
刘元方	镇海	1931.2.17	中国科学院院士	化学部	1991
陈俊勇	鄞州	1933.5.16	中国科学院院士	地学部	1991
陈俊亮	鄞州	1933.10.10	中国科学院院士 中国工程院院士	信息技术科学部 信息与电子工程学部	1991 1994
石钟慈	鄞州	1933.12.5 （2023.2.13逝世）	中国科学院院士	数学物理学部	1991
杨福家	镇海	1936.6.11 （2022.7.17逝世）	中国科学院院士	数学物理学部	1991
白以龙	镇海	1940.12.22 （2024.5.9逝世）	中国科学院院士	数学物理学部	1991
杨雄里	北仑	1941.10.14	中国科学院院士	生命科学和医学学部	1991
路甬祥	慈溪	1942.4.28	中国科学院院士 中国工程院院士	技术科学部 机械与运载工程学部	1991 1994
应崇福	宁波	1918.6.15 （2011.6.30逝世）	中国科学院院士	数学物理学部	1993
孙儒泳	江北	1927.6.12 （2020.2.14逝世）	中国科学院院士	生命科学和医学学部	1993

续表

姓名	籍贯（今址）	出生时间	院士名称	所属学部	当选年份
朱兆良	奉化	1932.8.21（2022.1.30逝世）	中国科学院院士	生命科学和医学学部	1993
吴祖泽	北仑	1935.10.19	中国科学院院士	生命科学和医学学部	1993
周兴铭	余姚	1938.12.4	中国科学院院士	信息技术科学部	1993
汪成为	奉化	1933.7.1	中国工程院院士	信息与电子工程学部	1994
何德全	海曙	1933.7.31	中国工程院院士	信息与电子工程学部	1994
朱高峰	镇海	1935.5.27	中国工程院院士	信息与电子工程学部	1994
倪光南	镇海	1939.8.1	中国工程院院士	信息与电子工程学部	1994
徐祖耀	鄞州	1921.3.21（2017.3.7逝世）	中国科学院院士	技术科学部	1995
於崇文	北仑	1924.2.15（2022.6.12逝世）	中国科学院院士	地学部	1995
朱起鹤	鄞州	1924.7.12（2024.2.20逝世）	中国科学院院士	化学部	1995
陈宜张	慈溪	1927.9.28	中国科学院院士	生命科学和医学学部	1995
沈珠江	慈溪	1933.1.25（2006.10.2逝世）	中国科学院院士	技术科学部	1995
王阳元	北仑	1935.1.1	中国科学院院士	信息技术科学部	1995
吴常信	鄞州	1935.11.15	中国科学院院士	生命科学和医学学部	1995
贺贤土	北仑	1937.9.28	中国科学院院士	数学物理学部	1995
汤德全	镇海	1915.12.14（2006.8.19逝世）	中国工程院院士	能源与矿业工程学部	1995
陈敬熊	镇海	1921.10.16（2022.3.16逝世）	中国工程院院士	信息与电子工程学部	1995
郁铭芳	鄞州	1927.10.3（2020.4.12逝世）	中国工程院院士	农业、轻纺与环境工程学部	1995
朱英浩	鄞州	1929.5.24（2022.9.1逝世）	中国工程院院士	机械与运载工程学部	1995
毛用泽	海曙	1930.9.1（2022.3.6逝世）	中国工程院院士	能源与矿业工程学部	1995
周永茂	镇海	1931.5.15	中国工程院院士	能源与矿业工程学部	1995

续表

姓名	籍贯（今址）	出生时间	院士名称	所属学部	当选年份
何友声	鄞州	1931.7.28（2018.1.17逝世）	中国工程院院士	机械与运载工程学部	1995
林永年	镇海	1932.2.13	中国工程院院士	信息与电子工程学部	1995
翁史烈	镇海	1932.5.21	中国工程院院士	能源与矿业工程学部	1995
阮可强	慈溪	1932.12.19（2017.4.29逝世）	中国工程院院士	能源与矿业工程学部	1995
袁渭康	鄞州	1935.7.1	中国工程院院士	化工、冶金与材料工程学部	1995
周光耀	鄞州	1935.12.13	中国工程院院士	化工、冶金与材料工程学部	1995
乐嘉陵	北仑	1936.3.21	中国工程院院士	机械与运载工程学部	1995
胡思得	海曙	1936.3.31	中国工程院院士	能源与矿业工程学部	1995
沈昌祥	奉化	1940.8.22	中国工程院院士	信息与电子工程学部	1995
陆道培	鄞州	1931.10.30	中国工程院院士	医药卫生学部	1996
陈亚珠	鄞州	1936.7.23	中国工程院院士	医药卫生学部	1996
沈自尹	镇海	1928.3.22（2019.3.7逝世）	中国科学院院士	生命科学和医学学部	1997
洪国藩	海曙	1939.12.24	中国科学院院士	生命科学和医学学部	1997
戎嘉余	鄞州	1941.12.7	中国科学院院士	地学部	1997
韩启德	慈溪	1945.7.19	中国科学院院士	生命科学和医学学部	1997
翁心植	鄞州	1919.5.10（2012.7.7逝世）	中国工程院院士	医药卫生学部	1997
余松烈	江北	1921.3.13（2016.4.20逝世）	中国工程院院士	农业学部	1997
童志鹏	江北	1924.8.12（2017.12.19逝世）	中国工程院院士	信息与电子工程学部	1997
陈肇元	鄞州	1931.10.1（2020.6.25逝世）	中国工程院院士	土木、水利与建筑工程学部	1997
徐秉汉	鄞州	1933.8.21（2007.6.14逝世）	中国工程院院士	机械与运载工程学部	1997
陈毓川	鄞州	1934.12.7	中国工程院院士	能源与矿业工程学部	1997
戚正武	鄞州	1932.4.10	中国科学院院士	生命科学和医学学部	1999
余梦伦	慈溪	1936.11.8	中国科学院院士	技术科学部	1999

续表

姓名	籍贯（今址）	出生时间	院士名称	所属学部	当选年份
倪维斗	镇海	1932.10.6	中国工程院院士	能源与矿业工程学部	1999
谢世楞	江北	1935.5.20（2018.11.7逝世）	中国工程院院士	土木、水利与建筑工程学部	1999
俞梦孙	余姚	1936.3.9	中国工程院院士	医药卫生学部	1999
魏正耀	慈溪	1936.3.30	中国工程院院士	信息与电子工程学部	1999
徐志磊	鄞州	1930.8.2	中国工程院院士	机械与运载工程学部	2001
魏敦山	慈溪	1933.5.30	中国工程院院士	土木、水利与建筑工程学部	2001
范立础	镇海	1933.6.8（2016.5.3逝世）	中国工程院院士	土木、水利与建筑工程学部	2001
郑颖人	镇海	1933.11.5	中国工程院院士	土木、水利与建筑工程学部	2001
庄　辉	奉化	1935.1.17	中国工程院院士	医药卫生学部	2001
孙忠良	鄞州	1936.8.26（2019.6.29逝世）	中国工程院院士	信息与电子工程学部	2001
计亮年	鄞州	1934.4.20（2024.4.2逝世）	中国科学院院士	化学部	2003
陈创天	奉化	1937.2.18（2018.10.31逝世）	中国科学院院士	信息技术科学部	2003
章梓雄	鄞州	1944.11.7（2007.6.13逝世）	中国科学院院士	信息技术科学部	2003
陈赛娟	鄞州	1951.5.21	中国工程院院士	医药卫生学部	2003
童坦君	江北	1934.8.15（2022.12.25逝世）	中国科学院院士	生命科学和医学学部	2005
王正敏	鄞州	1935.11.18	中国科学院院士	生命科学和医学学部	2005
陈祖煜	镇海	1943.2.13	中国科学院院士	技术科学部	2005
何积丰	余姚	1943.8.5	中国科学院院士	信息技术科学部	2005
包为民	镇海	1960.3.21	中国科学院院士	信息技术科学部	2005
闻雪友	慈溪	1940.9.14	中国工程院院士	能源与矿业工程学部	2005
柴之芳	海曙	1942.9.1	中国科学院院士	化学部	2007
侯凡凡	余姚	1950.10.16	中国科学院院士	生命科学和医学学部	2009
徐祥德	余姚	1942.7.12	中国工程院院士	环境与轻纺工程学部	2009
郑建华	鄞州	1956.9.5	中国科学院院士	信息技术科学部	2011

续表

姓名	籍贯（今址）	出生时间	院士名称	所属学部	当选年份
张明杰	海曙	1966.9.19	中国科学院院士	生命科学和医学学部	2011
朱英富	海曙	1941.7.12	中国工程院院士	机械与运载工程学部	2011
林忠钦	北仑	1957.12.6	中国工程院院士	机械与运载工程学部	2011
沈祖尧	慈溪	1959.10.22	中国工程院院士	医药卫生学部	2011
陈剑平	鄞州	1963.4.8	中国工程院院士	农业、轻纺与环境工程学部	2011
陈恕行	镇海	1941.6.20	中国科学院院士	数学物理学部	2013
方岱宁	宁波	1958.4.3	中国科学院院士	技术科学部	2013
徐芑南	镇海	1936.3.4	中国工程院院士	机械与运载工程学部	2013
陈　勇	鄞州	1957.6.13	中国工程院院士	能源与矿业工程学部	2013
胡春宏	慈溪	1962.4.30	中国工程院院士	土木、建筑与水利工程学部	2013
俞建勇	象山	1964.5.26	中国工程院院士	农业、轻纺与环境工程学部	2013
景益鹏	慈溪	1964.1.9	中国科学院院士	数学物理学部	2015
陈　纯	象山	1955.12.11	中国工程院院士	信息与电子工程学部	2015
陈建峰	慈溪	1965.8.29	中国工程院院士	化工、冶金与材料工程学部	2015
郑志明	镇海	1953.10.7	中国科学院院士	信息技术科学部	2017
王建宇	鄞州	1959.6.4	中国科学院院士	信息技术科学部	2017
马余刚	宁海	1968.3.1	中国科学院院士	数学物理学部	2017
郑裕国	象山	1961.11.5	中国工程院院士	化工、冶金与材料工程学部	2017
冯煜芳	余姚	1963.1.29	中国工程院院士	机械与运载工程学部	2017
郑纬民	鄞州	1946.3.4	中国工程院院士	信息与电子工程学部	2019
黄　震	鄞州	1960.8.6	中国工程院院士	能源与矿业工程学部	2019
李　骏	鄞州	1961.3.30	中国科学院院士	数学物理学部	2021
马余强	宁海	1964.11.23	中国科学院院士	数学物理学部	2021
应汉杰	慈溪	1969.7.17	中国工程院院士	化工、冶金与材料工程学部	2021
夏　强	北仑	1966.9	中国工程院院士	医药卫生学部	2023

后　记

《宁波简志》是浙江省二轮修志以来最先成稿的市级简志。本志以资政辅治、教化育人为重点，力求综合、简明、流畅，篇幅约58万字，设志文25卷，辅以志首图照、总述等内容。2023年3月开始调研谋划《宁波简志》，11月完成编纂方案及纲目设计，于12月启动编纂工作。2024年1月，编纂《宁波简志》被写入2024年政府工作报告，列为市政府年度重点工作任务；9月形成总纂稿，12月完成征求意见工作，并通过专家评审；2025年1月呈送编委会审核，3月31日市政府第100次常务会议审议并原则通过《宁波简志》，4月报经市委审定。

《宁波简志》编纂期间，各级领导和各部门、各单位给予了莫大的支持和保障，并提出了很好的意见建议。浙江省地方志工作办公室、商务印书馆给予了具体指导和帮助，特别是章其祥、阎勤、傅晓、杨明祥、徐建成、周祝伟、沈松平等专家认真审读志稿，提出了许多宝贵的修改意见。市地方志办公室建立三级审稿制度，志书编纂人员广泛收集整理资料，深入细致撰写志文，为志稿如期高质量完成奠定了坚实基础。市自然资源和规划研究中心、市测绘和遥感技术研究院，市地方志办公室方志处、年鉴处、市史志研究中心有关同志也做了大量具体工作。在此，向所有给予《宁波简志》编纂工作支持、鼓励、点拨和帮助的各方人士，致以衷心的感谢。

正如专家评审组所说的，《宁波简志》指导思想正确，框架结构合理，体例符合实际，主题主线清晰，内容全面系统，地域特色突出，时代特征鲜明，记述简明扼要，全面客观反映了“一地之全史、一域之全貌”，充分彰显了宁波的历史厚实、人文厚实、成就厚实，是一部简而有度、实而不繁的创编性简志，是一部以史资政、鉴古知今的市情百科书，亦可作为了解宁波、知悉宁波的工具书和案头书。

编纂综合性的通纪体简志，是新编方志的一项开拓性尝试。由于编辑水平和掌握资料所限，书中难免不足之处，欢迎广大读者批评指正。

编　者

2025年4月